Direito Civil

SUCESSÕES

3ª Edição

Conselho Editorial

Antônio Celso Alves Pereira
Antônio Pereira Gaio Júnior
Cleyson de Moraes Mello
Germana Parente Neiva Belchior (FA7) – Ceará
Guilherme Sandoval Góes
Gustavo Silveira Siqueira
João Eduardo de Alves Pereira
José Maria Pinheiro Madeira
Martha Asunción Enriquez Prado (UEL) – Paraná
Maurício Jorge Pereira da Mota
Nuria Belloso Martín – UBU – Burgos – Espanha
Rafael Mário Iorio Filho
Ricardo Lodi Ribeiro
Sidney Guerra
Valfredo de Andrade Aguiar Filho (UFPB) – Paraíba
Vanderlei Martins
Vânia Siciliano Aieta

Conselho Científico

Adriano Moura da Fonseca Pinto
Alexandre de Castro Catharina
Bruno Amaro Lacerda
Carlos Eduardo Japiassú
Claudia Ribeiro Pereira Nunes
Célia Barbosa Abreu
Daniel Nunes Pereira
Elena de Carvalho Gomes
Jorge Bercholc
Leonardo Rabelo
Marcelo Pereira Almeida
Nuno Manuel Morgadinho dos Santos Coelho
Sebastião Trogo
Theresa Calvet de Magalhães
Thiago Jordace

Cleyson de Moraes Mello

Vice-Diretor da Faculdade de Direito da UERJ
Professor do PPGD da UERJ e UVA
Professor Titular da Unesa e UNIFAA
Membro do Instituto dos Advogados do Brasil – IAB

Direito Civil

SUCESSÕES

3ª Edição

Freitas Bastos Editora

Copyright © 2021 *by* Cleyson de Moraes Mello
Todos os direitos reservados e protegidos pela Lei 9.610, de 19.2.1998.
É proibida a reprodução total ou parcial, por quaisquer meios,
bem como a produção de apostilas, sem autorização prévia,
por escrito, da Editora.

Direitos exclusivos da edição e distribuição em língua portuguesa:

Maria Augusta Delgado Livraria, Distribuidora e Editora

Editor: *Isaac D. Abulafia*
Capa e Diagramação: *Jair Domingos de Sousa*

DADOS INTERNACIONAIS PARA CATALOGAÇÃO
NA PUBLICAÇÃO (CIP)

M477d

Mello, Cleyson de Moraes
Sucessões: direito civil / Cleyson de Moraes Mello. 3ª Ed.
– Rio de Janeiro: Maria Augusta Delgado, 2021.
508 p.; 23 cm.

Inclui bibliografia.
ISBN 978-65-5675-037-8

1. Herança e sucessão – Brasil. I. Título.

CDD- 346.81052

Freitas Bastos Editora

Tel./Fax: (21) 2276-4500
freitasbastos@freitasbastos.com
vendas@freitasbastos.com
www.freitasbastos.com

A vida eterna aos que, com perseverança em fazer bem, procuram glória, honra e incorrupção;

Mas a indignação e a ira aos que são contenciosos, desobedientes à verdade e obedientes à iniquidade;

Tribulação e angústia sobre toda a alma do homem que faz o mal; primeiramente do judeu e também do grego;

Glória, porém, e honra e paz a qualquer que pratica o bem; primeiramente ao judeu e também ao grego;

Porque, para com Deus, não há acepção de pessoas.

Porque todos os que sem lei pecaram, sem lei também perecerão; e todos os que sob a lei pecaram, pela lei serão julgados.

Porque os que ouvem a lei não são justos diante de Deus, mas os que praticam a lei hão de ser justificados.

(Romanos 2: 7-13)

Faz Um Milagre Em Mim
Regis Danese

*Como Zaqueu
Eu quero subir
O mais alto que eu puder
Só pra te ver
Olhar para Ti
E chamar sua atenção para mim.
Eu preciso de Ti, Senhor
eu preciso de Ti, Oh! Pai
Sou pequeno demais
Me dá a Tua Paz
Largo tudo pra te seguir.*

*Entra na minha casa
Entra na minha vida
Mexe com minha estrutura
Sara todas as feridas
Me ensina a ter Santidade
Quero amar somente a Ti,
Porque o Senhor é o meu bem maior,
Faz um Milagre em mim.*

*Para MATHEUS, meu filho, benção de DEUS em nossa FAMÍLIA.
Para MARCIA, minha querida esposa, sempre ao meu lado.*

DO MESMO AUTOR

Parte Geral: Direito Civil. 4. ed. Rio de Janeiro: Freitas Bastos, 2021.

Obrigações: Direito Civil. 3. ed. Rio de Janeiro: Freitas Bastos, 2021.

Contratos: Direito Civil. 3. ed. Rio de Janeiro: Freitas Bastos, 2021.

Direito das Coisas: Direito Civil. 3. ed. Rio de Janeiro: Freitas Bastos, 2021.

Famílias: Direito Civil. 3. ed. Rio de Janeiro: Freitas Bastos, 2021.

Sucessões: Direito Civil. 3. ed. Rio de Janeiro: Freitas Bastos, 2021.

PREFÁCIO – 3ª EDICÃO

Seja como possibilidade de riqueza e/ou fonte de sua geração, seja como meio para promoção da dignidade humana e/ou instrumento para a realização das suas potencialidades, a grande maioria das pessoas assim percebe o direito fundamental à propriedade, constitucionalmente garantido em nosso ordenamento jurídico. E, como corolário de todo o esforço e sacrifício que o homem emprega em uma vida na formação de um patrimônio, surge o direito de herança, que, assim como o de propriedade, deve ser considerado como direito fundamental de 1ª geração, garantido no art. 5º, inciso XXX, da Constituição da República.

Destarte, o direito sucessório, como regulador das transferências patrimoniais *mortis causa*, tem a sua relevância na medida em que permite a certeza e atende às expectativas sociais da justa sucessão dos cidadãos, por ele legitimados, nos bens e direitos deixados pelo falecido.

A presente obra trata do direito sucessório. Nele, o Professor Doutor Cleyson de Moraes Mello nos brinda com uma rica exposição doutrinária, plenamente alinhavada com a perspectiva constitucional. São diferenciais dignos de menção a utilização de uma linguagem objetiva e acessível a todos, o que reflete a preocupação didática do autor para com a obra, e os vários exemplos, sempre atuais e elucidativos, habitualmente utilizados pelo jurista.

Impressiona a produção literária do professor Cleyson Mello. Com mais de 40 títulos publicados, a sua contribuição acadêmica para o Direito é indiscutível. A qualidade de seus textos se evidencia pela crescente procura de suas obras.

Agora, o que certamente é mais impressionante em Cleyson Mello é a sua generosidade. Isto seus colegas e amigos próximos não podem negar. Incansável, ele não mede esforços para ajudar na produção acadêmica e publicações dos trabalhos de alunos, orientandos e colegas professores. Quem tem o privilégio de sua amizade, se gratifica com a ternura de seus aconselhamentos e firmeza de sua lealdade. Afinal, que prova maior de magnanimidade acadêmica que a de um Mestre ao convidar um aluno para prefaciar uma obra sua? Desconheço.

Valença, 2021.

Prof. Neimar Roberto Sousa e Silva
Advogado e Mestre em Direito
Professor do UNIFAA

Valença

SUMÁRIO

INTRODUÇÃO

Capítulo 1 – Direito Civil Constitucional..3
1.1 Direitos Fundamentais..3
1.2 A Concepção dos Direitos Fundamentais na Constituição de 1988........5
1.3 Diferença entre Direitos Fundamentais e Direitos Humanos................7
1.4 As Dimensões dos Direitos Fundamentais..7
1.5 Direitos Fundamentais no Âmbito das Relações entre Particulares.....10
1.6 A Eficácia dos Direitos Fundamentais...15
1.7 A Importância do Direito Civil Constitucional....................................17
1.8 Um Novo Locus Hermenêutico e a Nova Metódica do Direito Civil....22
    1.8.1 O círculo hermenêutico e a questão dos preconceitos..................25
    1.8.2 A questão da pertença...26
    1.8.3 O Tempo em sua Produtividade Hermenêutica...........................26
    1.8.4 A questão da história efeitual e situação hermenêutica..............26
    1.8.5 A importância de ter horizontes. A fusão de horizontes.............27
    1.8.6 A hermenêutica como aplicação..29

Capítulo 2 – Dignidade da Pessoa Humana..31
2.1 Construção Histórica..32
2.2 Dignidade Humana e Instrumentos Internacionais............................40
2.3 A Dignidade da Pessoa Humana Como Discurso Legitimador
    do Direito..52

SUCESSÃO EM GERAL

Capítulo 3 – Introdução ao Direito Sucessório.......................................75
3.1 Considerações Iniciais..75
3.2 Sucessão inter vivos e causa mortis...75
3.3 Modalidades de Sucessão mortis causa..80
    3.3.1 Quadro Sinóptico da Sucessão hereditária em sentido subjetivo 81
3.4 Morte..82
    3.4.1 Extinção da Personalidade Natural...82
    3.4.2 Morte real..82
    3.4.3 Comoriência ou morte simultânea...83
    3.4.4 Morte civil...86

3.4.5 Morte presumida...86
    3.4.5.1 Morte presumida com declaração de ausência................86
    3.4.5.2 Morte presumida sem declaração de ausência................88
3.4.6 Desaparecimento em razão de atividade política........................89
3.5 Lei de Introdução às Normas do Direito Brasileiro............................89

Capítulo 4 – Abertura da Sucessão Hereditária........................90
4.1 Abertura da Sucessão e Princípio de Saisine...................................90
4.2 Lugar da Sucessão..94
4.3 Conflito de Leis Sucessórias no Tempo...94
4.4 Limitação do poder de dispor...95

Capítulo 5 – Sucessão do Ausente..96
5.1 Considerações Iniciais..96
5.2 Da Curadoria dos Bens do Ausente...96
5.3 Da Sucessão Provisória..98
    5.3.1 Dos interessados na abertura da Sucessão Provisória..............98
5.4 Da prestação de garantias pelos herdeiros....................................99
5.5 Da Sucessão Definitiva...100
    5.5.1 Do Retorno do Ausente...100
5.6 O Registro Civil das Sentenças Declaratórias de Ausência.............101
5.7 Dissolução da Sociedade Conjugal..101

Capítulo 6 – Herança..103
6.1 Indivisibilidade da Herança..103
6.2 Cessão de Direitos Hereditários..104
    6.2.1 Conceito...104
    6.2.2 Cessão, substituição e direito de acrescer............................106
    6.2.3 Cessão de bens individuados...107
    6.2.4 Anulação de cessão de direitos hereditários.........................109
    6.2.5 Meação e cessão de direitos hereditários.............................109
    6.2.6 Direito de Preferência dos co-herdeiros...............................110
    6.2.7 Imposto de Transmissão "causa mortis" e doações – ITCD........111
        6.2.7.1 Incidência...111
        6.2.7.2 Isenção...111
        6.2.7.3 Progressividade das alíquotas do ITCD.....................112
            6.2.7.3.1 Progressividade e impostos reais...............114
6.3 Inventário e Administração da Herança......................................115
    6.3.1 Considerações Iniciais...115
    6.3.2 Inventário Comum..115
        6.3.2.1 Legitimidade para Requerer o Inventário.................116
        6.3.2.2 Administração da Herança......................................116

  6.3.2.3 Sonegação 118
  6.3.2.4 Remoção do Inventariante 118
 6.3.3 Arrolamento 119
 6.3.4 Inventário Negativo 119
 6.3.5 Inventário Cumulativo 120

Capítulo 7 – Parentesco 121
7.1 Relações de Parentesco 121
7.2 Parentes em Linha Reta 123
7.3 Parentes em Linha Colateral 124
7.4 Parentes em Afinidade 126
7.5 Graus de Parentesco para Fins de Nepotismo
  (Súmula Vinculante nº 13) 126

Capítulo 8 – Sucessão na União Estável 128
8.1 Considerações Iniciais 128
8.2 Conceito 130
8.3 Efeitos Sucessórios 131
 8.3.1 Direito de concorrência do companheiro com os filhos
   comuns 137
 8.3.2 Direito de concorrência do companheiro com os filhos do
   falecido (enteado) 137
 8.3.3 Direito de concorrência do companheiro com filiação híbrida
   (com filhos comuns e com filhos do falecido-enteado) 138
 8.3.4 Direito de concorrência do companheiro com outros parentes
   sucessíveis do falecido (ascendentes e colaterais) 139
 8.3.5 Direito de concorrência do companheiro não havendo
   parentes sucessíveis do falecido 141
 8.3.6 Supremo Tribunal Federal (STF) afasta a diferença entre
   cônjuge e companheiro para fim sucessório. 141

Capítulo 9 – Vocação Hereditária 144
9.1 Considerações Iniciais 144
9.2 Capacidade Sucessória 148
 9.2.1 Sucessão Legítima 148
   9.2.1.1 Capacidade sucessória na inseminação post mortem ... 149
   9.2.1.2 Capacidade sucessória – Consórcio e carta de crédito . 150
 9.2.2 Sucessão Testamentária 150
 9.2.3 Incapacidade relativa testamentária passiva das pessoas 152
 9.2.4 Nulidade das disposições testamentárias (simulações) 153
9.3 Quadro Sinóptico 153

Capítulo 10 – Aceitação e Renúncia da Herança.................154
10.1 Considerações Iniciais 154
10.2 Aceitação da Herança..154
    10.2.1 Aceitação expressa e tácita...................................155
    10.2.2 Renúncia da Herança..159
    10.2.3 Aceitação da herança pelos credores do repudiante..............161

Capítulo 11 – Exclusão da Herança por Indignidade.......162
11.1 Considerações Iniciais 162
11.2 Causas de Indignidade..163
    11.2.1 Caso Suzane Richthofen..165
11.3 Caráter pessoal da indignidade 168
11.4 Sentença Judicial 169
11.5 Atos praticados pelo herdeiro, antes da sentença de exclusão 171
11.6 Perdão. Reabilitação do indigno em Testamento 171

Capítulo 12 – Herança Jacente e Vacante 173
12.1 Herança Jacente..173
12.2 Procedimentos 174
    12.2.1 Juízo competente...175
    12.2.2 Legitimidade...175
    12.2.3 Arrecadação dos bens..175
    12.2.4 Chamamento dos Sucessores do Falecido 177
    12.2.5 Conversão da Arrecadação em Inventário.............177
    12.2.6 Habilitação dos Credores 177
    12.2.7 Alienação dos Bens Arrecadados 178
    12.2.8 Declaração de Vacância 178
12.3 Adjudicação provisória pelo Estado..........................178
12.4 Segunda Hipótese de Jacência da Herança...............179

Capítulo 13 – Petição de Herança 180
13.1 Considerações Iniciais...180
13.2 Restituição dos Bens do Acervo 182
13.3 Terceiro Adquirente 185
13.4 Herdeiro aparente (ou putativo) de boa-fé...............185
13.5 Petição de Herança em Reconhecimento Póstumo de Paternidade .185

DA SUCESSÃO LEGÍTIMA

Capítulo 14 – Da Ordem da Vocação Hereditária............189
14.1 Considerações Iniciais...189
14.2 Sucessão dos descendentes em concorrência com o cônjuge............190

  14.2.1 Regime da Comunhão Parcial de Bens 194
    14.2.1.1 Bens Incomunicáveis ou Particulares 196
    14.2.1.2 Bens Comunicáveis ou Comuns 201
  14.2.2 Regime da Separação de Bens 203
    14.2.2.1 Aplicabilidade da Súmula 377 do STF 205
  14.2.3 Regime da Comunhão Universal de Bens 206
  14.2.4 Regime da Participação final dos Aquestos 207
14.3 Ordem de vocação hereditária e bem gravado com cláusula de
  incomunicabilidade 212
14.4 Sucessão entre Cônjuges 213
  14.4.1 Concorrência entre o cônjuge sobrevivente e o
    companheiro sobrevivente 216
  14.4.2 Direito real de Habitação 219
  14.4.3 Cônjuge em concorrência com descendentes 222
    14.4.3.1 Concorrência do cônjuge sobrevivente com
     os descendentes 222
    14.4.3.2 A cota parte do cônjuge sobrevivente não
     poderá ser inferior a 1/4 da herança 222
    14.4.3.3 Caso hipotético diagramado 222
    14.4.3.4 A cota parte do cônjuge sobrevivente na filiação
     híbrida 225
14.5 Sucessão dos descendentes e o direito de representação 227
14.6 Sucessão dos descendentes socioafetivos 227
14.7 Sucessão dos ascendentes 228
  14.7.1 Concorrendo o cônjuge com o ascendente em
    primeiro grau 229
14.8 Sucessão dos colaterais 232
  14.8.1 Sucessão entre irmãos 233
14.9 O chamamento do Estado – Município, Distro Federal ou
  União à herança 234

Capítulo 15 – Dos Herdeiros Necessários 235
15.1 Conceito 235
15.2 Cálculo da Legítima 235
15.3 Intangibilidade relativa da legítima 235
15.4 Parte disponível cumulada com legítima 237
15.5 Exclusão dos colaterais da herança 238

Capítulo 16 – Do Direito de Representação 239
16.1 Sucessão por representação 239
16.2 Representação e Comoriência 241

DA SUCESSÃO TESTAMENTÁRIA

Capítulo 17 – Testamento em Geral 243
17.1 Conceito.. 245
17.2 Invalidade do Testamento. Prazo 246
17.3 Capacidade para testar... 247
    17.3.1 Incapacidade superveniente do testador 263
17.4 Formas ordinárias do testamento... 263
17.5 Testamento conjuntivo... 263
17.6 Testamento Vital (biológico, de vida, do paciente) 264

Capítulo 18 – Testamento Público... 272
18.1 Considerações Iniciais.. 272
18.2 Requisitos essenciais 273
18.3 Surdez e cegueira no momento de testar..................................... 274
18.4 Cumprimento do Testamento e Juízo Competente..................... 274

Capítulo 19 – Testamento Cerrado... 275
19.1 Considerações Iniciais.. 275
19.2 Requisitos Essenciais.. 275
 19.3 Auto de Aprovação 278
19.4 Falecimento do testador 279

Capítulo 20 – Testamento Particular... 280
20.1 Considerações Iniciais.. 280
20.2 Requisitos Essenciais.. 280
20.3 Falecimento do Testador 282
20.4 Testamento de Emergência (testamento hológrafo simplificado)....283

Capítulo 21 – Dos Codicilos... 284
21.1 Considerações Iniciais.. 284
21.2 Autonomia da Cédula Codicilar.. 285
21.3 Revogação do Codicilo 285
21.4 Codicilo Fechado 285

Capítulo 22 – Testamentos Especiais... 286
22.1 Considerações Iniciais.. 286
22.2 Testamento Marítimo e Testamento Aeronáutico 286
22.3 Testamento Militar 287
    22.3.1 Requisitos Essenciais 287
    22.3.2 Modalidades de Testamento Militar 287
        22.3.2.1 Testamento militar semelhante à forma pública ...287

  22.3.2.2 Testamento militar semelhante à forma cerrada...288
  22.3.2.3 Testamento nuncupativo 288

Capítulo 23 – Disposições Testamentárias...289
23.1 Nomeação de herdeiro ou legatário 289
23.2 Interpretação de Cláusulas Testamentárias 293
23.3 Nulidade das disposições testamentárias..293
23.4 Validade das disposições testamentárias...294
23.5 Disposições testamentárias anuláveis 294
  23.5.1 Erro 294
  23.5.2 Dolo...299
  23.5.3 Coação..300
  23.5.4 Prazo para anular a disposição testamentária 302
23.6 Disposições testamentárias em favor dos pobres,
  estabelecimentos de caridade e assistência pública 302
23.7 Nomeação de dois ou mais herdeiros..302
23.8 Nomeações individuais e em grupo 302
23.9 Sobras da porção disponível..302
23.10 Quinhões definidos e não definidos 303
23.11 Objeto certo e determinado 303
23.12 Ineficácia das disposições testamentárias.....................................303
23.13 Cláusula de Inalienabilidade 303

Capítulo 24 – Legados 307
24.1 Conceito e classificação..307
24.2 Legado de coisa alheia e ineficácia do legado.................................307
24.3 Legado de coisa comum 308
24.4 Legado de coisa genérica 308
24.5 Legado de coisa singularizada 309
24.6 Legado de coisa localizada 310
24.7 Legado de crédito ou de quitação de dívida....................................310
24.8 Legado feito ao credor do testador..311
24.9 Legado de Alimentos 311
24.10 Legado de Usufruto 314
24.11 Legado de Imóvel 316
24.12 Domínio e Posse da Coisa Legada 316
24.13 Direito de pedir o Legado 317
24.14 Legado em dinheiro 317
24.15 Legado de renda ou pensão periódica..317
24.16 Legado de prestações periódicas...317
24.17 Responsabilidade pelo pagamento do legado..............................318
24.18 Legados com Encargo 318

24.19 Caducidade dos Legados..318
24.20 Legado Alternativo 321

Capítulo 25 – Direito de Acrescer entre Herdeiros e Legatários....322
25.1 Direito de Acrescer..322
25.2 Espécies 323
25.3 Direito de Acrescer entre colegatários 323
25.4 Legado Conjunto...324

Capítulo 26 – Das Substituições..325
26.1 Substituição 325
26.2 Espécies 325

Capítulo 27 – Da Substituição Fideicomissária 327
27.1 Substituição Fideicomissária..327
27.2 Distinção entre Substituição Fideicomissária e Usufruto 328
27.3 Restrições a substituição fideicomissária 328
27.4 Fideicomissário concebido e não nascido ao tempo da morte
     do testador. 328
27.5 Resolubilidade da propriedade na substituição fideicomissária.......328
27.6 Renúncia do Fideicomissário..329
27.7 Direito de acrescer do fideicomissário 329
27.8 Encargos da Herança 329
27.9 Caducidade do fideicomisso 329
27.10 Nulidade do fideicomisso 330

Capítulo 28 – Deserdação 331
28.1 Conceito e requisitos 331
28.2 Causas da deserdação..331
28.3 Prova das causas de deserdação 333

Capítulo 29 – Da Redução das Disposições Testamentárias 335
29.1 Considerações Iniciais..335
29.2 Ordem da redução das disposições testamentárias 335
29.3 Redução das disposições testamentárias no caso de prédio
     divisível 336
29.4 Bem Indivisível 336
29.5 Bens remanescentes 336
29.6 Doação inoficiosa 336

Capítulo 30 – Da Revogação do Testamento 339
30.1 Considerações Iniciais 339
30.2 Revogação total ou parcial 340
30.3 Caducidade e Invalidade 340
30.4 Revogação do testamento cerrado 340

Capítulo 31 – Do Rompimento do Testamento 342
31.1 Rompimento do Testamento 342
31.2 Herdeiros desconhecidos 343
31.3 Não rompimento do testamento 343
31.4 Quadro Sinóptico: Revogação, nulidade, caducidade e
     rompimento do testamento 344

Capítulo 32 – Do Testamenteiro 345
32.1 Testamenteiro 345
32.2 Testamenteiro Universal 346
32.3 Deveres do Testamenteiro 346
     32.3.1 Requerimento do Inventário e Registro do Testamento 346
     32.3.2 Prazo e Prestação de Contas 346
     32.3.3 Outros deveres 347
32.4 Prazo para o cumprimento do testamento e prestação de contas 347
32.5 Responsabilidade solidária dos testamenteiros aceitantes 347
32.6 Prêmio, remuneração ou Vintena 347
32.7 Funções de Inventariante 349

INVENTÁRIO E PARTILHA

Capítulo 33 – Do Inventário 353
33.1 Inventário 353
33.2 Inventário Negativo 354
33.3 Inventário Judicial 354
     33.3.1 Considerações Iniciais 354
     33.3.2 Administrador Provisório 355
     33.3.3 Legitimidade para requerer o inventário 356
     33.3.4 Inventariante e Primeiras Declarações 356
            33.3.4.1 Nomeação do Inventariante e Ordem de
                     Preferência 356
            33.3.4.2 Termo de Compromisso 357
            33.3.4.3 Atribuições do Inventariante 358
            33.3.4.4 Primeiras Declarações 358
            33.3.4.5 Sonegação de Bens 359
            33.3.4.6 Remoção do Inventariante 359

    33.3.4.7 Destituição do Inventariante 360
    33.3.4.8 Citações e Impugnações 361
    33.3.4.9 Avaliação e Cálculo do Imposto............................362
33.4 Inventário Extrajudicial..364
33.5 Arrolamento..370
  33.5.1 Arrolamento Sumário 371
  33.5.2 Arrolamento Simples 371
  33.5.3 Aplicação do rito de arrolamento simples para o caso
     de herdeiro incapaz..372
33.6 Alvará Judicial..372

Capítulo 34 – Sonegados..373
34.1 Sonegados..373
34.2 Ação de Sonegados 374

Capítulo 35 – Pagamento das Dívidas 377
35.1 Pagamento das Dívidas...377
35.2 Requerimento dos Credores 378
35.3 Despesas Funerárias 380
35.4 Ação Regressiva...381
35.5 Exigência de Legatários e credores...382
35.6 Herdeiro devedor 382

Capítulo 36 – Colação 384
36.1 Colação 384
36.2 Sistemas de Colação 388
36.3 Valor da colação dos bens doados 388
  36.3.1 Conceito...388
  36.3.2 Correção monetária..389
36.4 Dispensa da Colação 390
36.5 Doação Inoficiosa e sujeitas à redução...390
36.6 Renúncia ou exclusão da herança...393
36.7 Representação do herdeiro donatário..393
36.8 Gastos Ordinários 394
36.9 Doações Remuneratórias 394
36.10 Doação por Ambos os Cônjuges 395
36.11 Impugnação à Colação 395

Capítulo 37 – Partilha..397
37.1 Partilha..397
37.2 Espécies de Partilha 399
  37.2.1 Partilha Extrajudicial 399

37.2.2 Partilha amigável com homologação 400
37.2.3 Partilha Judicial 401
37.3 Bens insuscetíveis de divisão cômoda 401
37.4 Partilha-testamento e Partilha-doação 402
37.5 Frutos 403
37.6 Bens remotos 403
37.7 Sobrepartilha 403
37.8 Formal de Partilha 406
    37.8.1 O esboço de partilha feito pelo partidor Judicial 406
    37.8.2 Impugnação ao esboço de partilha 406
    37.8.3 Requisitos da Partilha 406
    37.8.4 Sentença homologatória da partilha 406
    37.8.5 Efetivação da Sentença 407
    37.8.6 Correção dos vícios da partilha transitada em julgada 407

Capítulo 38 – Garantia dos Quinhões Hereditários 408
38.1 Considerações Iniciais 408
38.2 Evicção dos bens herdados 408
    38.2.1 Evicção 408
    38.2.2 Excludentes da responsabilidade 409
    38.2.3 Indenização dos co-herdeiros 409

Capítulo 39 – Anulação da Partilha 410
39.1 Anulação da Partilha 410

Capítulo 40 – Transmissibilidade de Alimentos 411
40.1 Considerações Iniciais 411
    40.1.1 Conceito 411
    40.1.2 Fundamentos 411
    40.1.3 Finalidade 412
    40.1.4 Trinômio: Possibilidade, Necessidade e Proporcionalidade . 412
40.2 Classificação 413
40.3 Características dos Alimentos 418
    40.3.1 Direito Personalíssimo 418
    40.3.2 Reciprocidade 418
    40.3.3 Proximidade 419
    40.3.4 Irrenunciabilidade 420
    40.3.5 Transmissibilidade da obrigação 422
        40.3.5.1 Limites à transmissibilidade dos alimentos 423
    40.3.6 Imprescritibilidade 426

40.3.7 Irrepetibilidade 426
40.3.8 Incedibilidade 428
40.3.9 Impenhorabilidade 428
40.3.10 Incompensabilidade 429
40.3.11 Não Solidariedade (artigo 265, CC) da obrigação
   alimentar 429
40.4 Alternatividade da prestação alimentar 430
40.5 Prisão Civil 431
   40.5.1 Impossibilidade de Prisão Civil do Inventariante pelo
      Inadimplemento de Pensão Alimentícia 433
40.6 Alimentos na União Estável entre Pessoas do mesmo Sexo 433
40.7 Alimentos no vínculo Socioafetivo... 435
40.8 Alimentos aos Sobrinhos.. 436
40.9 Alimentos Gravídicos... 436
40.10 Alimentos entre genro/nora e sogro/sogra 437
40.11 Alimentos de Idosos 438
40.12 Alimentos Compensatórios ou Compensação Econômica..... 439
40.13 Alimentos Transitórios ou Resolúveis 441
40.14 Alimentos intuitu familiae ou globais 441
40.15 Reembolso de Despesas de Caráter Alimentar 441
40.16 Alimentos entre parentes... 443
40.17 Alimentos entre cônjuges ou companheiros 445
40.18 Novo relacionamento familiar do credor de alimentos
   (alimentando).. 446
40.19 Novo relacionamento familiar do devedor de alimentos
   (alimentante).. 447
40.20 Quadro Sinóptico... 448

Anexo 451

Referências Bibliográficas 470

Índice Remissivo 483

INTRODUÇÃO

Capítulo 1
DIREITO CIVIL CONSTITUCIONAL

> "O protagonismo do Poder Judiciário no que tange à concretização de pretensões que há tempos clamavam por uma tutela efetiva comprovou não apenas que os órgãos judicantes são os primeiros a serem chamados a se manifestar frente às novas demandas sociais, mas também sua importância no reconhecimento do direito de família como um espaço de luta para as causas civilizatórias, para a emancipação das pessoas e para a concretização da dignidade humana."
> (Maria Celina Bodin de Moraes)[1]

1.1 Direitos Fundamentais

A expressão "direitos fundamentais" é encontrada na dogmática jurídica em várias expressões, tais como: "direitos humanos", "direitos do homem", "direitos subjetivos públicos", "liberdades públicas", "direitos individuais", "liberdades fundamentais" e "direitos humanos fundamentais".[2]

No próprio texto constitucional, a expressão direitos fundamentais se apresenta de forma diversificada, como: a) direitos humanos (art. 4º, II da CRFB/88); b) direitos e garantias fundamentais (Título II e art. 5º, § 1º da CRFB/88); c) direitos e liberdades constitucionais (art. 5º, LXXI da CRFB/88); e d) direitos e garantias constitucionais (art. 60, § 4º, IV da CRFB/88).

A compreensão dos direitos fundamentais é vital para a superação do direito positivo, já que pretende aproximá-lo da filosofia do Direito. É uma espécie de aproximação do direito com a moral. Daí a importância do estudo do Direito Civil em harmonia com os direitos fundamentais na busca de uma fundamentação constitucional para as decisões dos casos concretos na esfera interprivada.

---
1 BODIN DE MORAES, Maria Celina. Um ano histórico para o direito de família. Editorial à Civilistica.com. Rio de Janeiro, a. 5, n. 2, 2016. Disponível em:< http://civilistica.com/wp-content/uploads/2016/12/Editorial-civilistica.com-a.5.n.2.2016.pdf>. Acesso em: 21 jan. 2017.
2 SARLET, Ingo Wolfgang. *A eficácia dos direitos fundamentais*. 3. ed. Porto Alegre: Livraria do Advogado, 2003, p. 31.

Gregorio Peces-Barba Martínez ensina que "*en los derechos fundamentales el espíritu y la fueza, la moral y el Derecho están entrelazados y la separación los mutila, los hace incomprensibles. Los derechos fundamentales son una forma de integrar justicia y fuerza desde la perspectiva Del individuo propio de la cultura antropocentrica del mundo moderno*".[3]

Não obstante o insucesso de consenso conceitual e terminológico relativo aos direitos fundamentais[4], alguns pontos de encontro entre tantos conceitos elaborados podem nos fazer chegar a uma conceituação aceitável, em que os direitos fundamentais são prerrogativas/instituições (regras e princípios) que se fizeram e se fazem necessárias ao longo do tempo, para formação de um véu protetor das conquistas dos direitos do homem (que compreendem um aspecto positivo, a *prestação*, e um negativo, a *abstenção*) positivados em um determinado ordenamento jurídico, embasados, em especial, na dignidade da pessoa humana, tanto em face das ingerências estatais, quanto, segundo melhor doutrina, nas relações entre particulares (seja esta proteção positivada ou não, é inegável a constitucionalização do direito privado, e, por consequência, a força normativa da constituição nestas relações), onde, em ambos os casos podem possuir eficácia imediata (chamada eficácia direta dos direitos fundamentais nas relações privadas), ou imediata, no primeiro caso, e mediata, no segundo (chamada eficácia indireta dos direitos fundamentais nas relações privadas), ou, ainda, possuindo eficácia só no primeiro caso (não aplicabilidade dos direitos fundamentais nas relações privadas), conforme o ordenamento no qual se encontram os referidos direitos.

Na precisa lição de José Afonso da Silva[5], qualificar tais direitos como fundamentais é apontá-los como situações jurídicas essenciais sem as quais o homem "não se realiza, não convive e, às vezes nem sobrevive; fundamentais do *homem* no sentido de que a todos, por igual, devem ser não apenas formalmente reconhecidos, mas concreta e materialmente efetivados", o que nos leva à intrínseca ligação de tais direitos ao princípio da dignidade humana e da igualdade.

Marçal Justen Filho afirma que direito fundamental "consiste em um conjunto de normas jurídicas, previstas primariamente na Constituição e destinadas a assegurar a dignidade humana em suas diversas manifestações, de que derivam posições jurídicas para os sujeitos privados e estatais".[6]

---

3 MARTÍNEZ, Gregorio Peces-Barba. *Lecciones de derechos fundamentales*. Madrid: Dykinson, 2004, p. 31.
4 José Afonso da Silva entende que são "aqueles que reconhecem autonomia aos particulares, garantindo a iniciativa e a independência aos indivíduos diante dos demais membros da sociedade política e do próprio Estado". SILVA, José Afonso da. *Curso de Direito Constitucional Positivo*. 24. ed. São Paulo: Malheiros, 2004, p. 191.
5 SILVA, José Afonso da, *Op. cit.*, p. 178.
6 JUSTEM FILHO, Marçal. *Curso de Direito Administrativo*. 8. ed. Belo Horizonte: Fórum, 2012, p. 140.

Jorge Miranda define os direitos fundamentais como "direitos ou as posições jurídicas ativas das pessoas enquanto tais, individual ou institucionalmente consideradas, assentes na Constituição, seja na Constituição formal, seja na Constituição material. [...] os direitos fundamentais podem ser entendidos *prima facie* como direitos inerentes à própria noção de pessoa, como direitos básicos de pessoa, como os direitos que constituem a base jurídica da vida humana no seu nível atual de dignidade".[7]

Marcelo Galuppo ensina que "os direitos humanos transformaram-se em direitos fundamentais somente no momento em que o princípio do discurso se transformou no princípio democrático, ou seja, quando a argumentação prática dos discursos morais se converte em argumentação jurídica limitada pela faticidade do Direito, que implica sua positividade e coercibilidade, sem, no entanto, abrir mão de sua pretensão de legitimidade. Os direitos fundamentais representam a constitucionalização daqueles direitos humanos que gozaram de alto grau de justificação ao longo da história dos discursos morais, que são, por isso, reconhecidos como condições para a construção e o exercício dos demais direitos".[8]

Já Bacelar Gouveia entende direitos fundamentais como "posições jurídicas ativas das pessoas integradas no Estado-Sociedade, exercidas por contraposição ao Estado-Poder, positivadas no texto constitucional".[9] Desta definição, é possível perceber os três elementos dos direitos fundamentais, a saber: (a) subjetivo (contraponto entre o particular e o Estado-Poder), (b) objetivo (conjunto de vantagens que decorrem na proteção conferida pelos direitos fundamentais), e (c) formal (consagração dos direitos fundamentais na Constituição).

Neste ponto, é válido destacar as lições de Cristina Queiroz quanto à dupla dimensionalidade dos direitos fundamentais: "a dupla natureza (*doppel Gestalt*) dos direitos e liberdades fundamentais [...] na medida em que não garantem apenas direitos subjetivos, mas também princípios objetivos básicos para a ordem constitucional democrática do Estado de Direito".[10]

1.2 A Concepção dos *Direitos Fundamentais* na Constituição de 1988

O Título II (Dos Direitos e Garantias Fundamentais) da Constituição da República Federativa do Brasil de 1988 apresenta um rol extenso de direitos

---

7 MIRANDA, Jorge. *Manual de Direito Constitucional*, Tomo IV, 3. ed. Coimbra: Coimbra Editora, 2000, p. 7-10.
8 GALUPPO, Marcelo Campos. O que são direitos fundamentais? In: SAMPAIO, José Adércio Leite. (Coord.) *Jurisdição constitucional e direitos fundamentais*. Belo Horizonte: Del Rey, 2003, p. 213-250.
9 GOUVEA, Jorge Bacelar. *Manual de Direito Constitucional*, V. II. 3. ed. Coimbra: Almedina, 2010, p. 1031.
10 QUEIROZ, Cristina. *Direito Constitucional*: as instituições do Estado democrático e constitucional. Coimbra: Coimbra Editora, 2009, p. 365.

fundamentais. Somente o artigo 5º constitucional contempla 77 incisos.[11] Já o artigo 7º, com seus 34 incisos, apresenta um vasto rol de direitos sociais dos trabalhadores.

O catálogo dos direitos fundamentais consagrados na Constituição abarca vários direitos em suas variadas dimensões: direito à vida, à liberdade, à propriedade, direitos sociais básicos, direito ao meio ambiente ecologicamente equilibrado (art. 225 da CRFB/88), proteção ao consumidor, dentre outros.

Os direitos fundamentais podem ser classificados, de acordo com sua multifuncionalidade, em dois grandes grupos, a saber:[12]

    a) direitos de defesa, aí incluídos os direitos de liberdade, igualdade, as garantias, bem como parte dos direitos sociais (liberdades sociais) e políticos. São direitos que impõem uma abstenção por parte do Estado e, em regra, representam os direitos subjetivos;

    b) direitos a prestações integrados pelos direitos a prestações em sentido amplo, tais como os direitos à proteção e à participação na organização e procedimento, assim como pelos direitos a prestações em sentido estrito, representados pelos direitos sociais de natureza prestacional.

É necessário lembrar a cláusula de abertura prevista pelo art. 5º, § 2º da Constituição. Nesse sentido, cumpre referir que o "conceito materialmente aberto dos direitos fundamentais consagrado pelo art. 5º, § 2º, da CF, aponta para a existência de direitos fundamentais positivados em outras partes do texto constitucional e até mesmo em tratados internacionais, bem assim para a previsão expressa da possibilidade de se reconhecerem direitos fundamentais não escritos, implícitos nas normas do catálogo, bem como decorrentes do regime e dos princípios da Constituição".[13]

Vale destacar que o catálogo dos direitos fundamentais constitui em si uma concretização do princípio fundamental da dignidade da pessoa humana (art. 1º, inciso III, da CRFB/88). Daí que o princípio da dignidade humana constitui um *locus* hermenêutico aberto que deve ser harmonizado com a diversidade de valores que se manifestam nas sociedades complexas e plurais. É a questão da intersubjetividade e da alteridade da norma jurídica, já que a dimensão intersubjetiva da dignidade humana deve ser compreendida a partir da relação do ser humano com os demais membros da sociedade em que vive.

---

11 O artigo 5º apesar de exaustivo, não apresenta cunho taxativo.
12 SARLET, op. cit., p. 246.
13 SARLET, op. cit., p. 79.

1.3 Diferença entre *Direitos Fundamentais* e *Direitos Humanos*

Segundo Ingo Wolfgang Sarlet, a distinção é de que a expressão *direitos fundamentais* "se aplica para aqueles direitos do ser humano reconhecidos e positivados na esfera do Direito Constitucional positivo de determinado Estado, ao passo que a expressão "direitos humanos" guardaria relação com os documentos de direito internacional, por referir-se àquelas posições jurídicas que se reconhecem o ser humano como tal, independentemente de sua vinculação com determinada ordem constitucional, e que, portanto, aspiram à validade universal, para todos os povos e tempos, de tal sorte que revelam um inequívoco caráter supranacional (internacional)".[14]

Dessa maneira, os *direitos fundamentais* representam os direitos reconhecidos pelo ordenamento constitucional interno de cada Estado e os *direitos humanos* são aqueles reconhecidos pelo direito internacional com validade universal e de contornos mais amplos e imprecisos.

Da mesma forma, as lições de Antonio-Enrique Pérez Luño, *"Los derechos humanos suelen venir entendidos como un conjunto de facultades e instituciones que, en cada momento histórico, concretan las exigencias de la dignidad, la libertad y la igualdad humanas, las cuales deben ser reconocidas positivamente por los ordenamientos jurídicos a nivel nacional e internacional. En tanto que con la noción de los derechos fundamentales se tiende a aludir a aquellos derechos humanos garantizados por el ordenamiento jurídico positivo, en la mayor parte de los casos en su normativa constitucional, y que suelen gozar de una tutela reforzada".*[15]

1.4 As Dimensões dos *Direitos Fundamentais*

O processo de reconhecimento dos direitos fundamentais no âmbito do direito positivo dá margem a sua compreensão a partir das características de seu conteúdo. Tais características podem ser agrupadas em dimensões (gerações):

a) *Direitos fundamentais da primeira geração*: São aqueles de índole liberal-individualista, fruto do pensamento liberal-burguês do século XVIII, que representam os direitos individuais frente ao Estado. Os direitos fundamentais de primeira geração estão relacionados aos direitos de cunho jusnaturalista, tais como: os direitos à vida, à liberdade, à propriedade, à igualdade (igualdade formal) perante a lei. Nesta dimensão estão incluídos, também, os direitos de participação política e as liberdades de expressão coletiva (liberdades de expressão, imprensa, manifestação, reunião, associação etc.),

---

14 Ibid., p. 33-34.
15 PEREZ LUÑO, Antonio-Enrique. *Los derechos fundamentales*. 8. ed. Madrid: Tecnos, 2004, p. 46.

b) *Direitos fundamentais da segunda geração*: os direitos fundamentais da segunda geração estão relacionados aos direitos econômicos, sociais e culturais. Como observa Ingo Sarlet, estes direitos "não englobam apenas direitos de cunho positivo, mas também as assim denominadas 'liberdades sociais', do que dão conta os exemplos da liberdade de sindicalização, do direito de greve, bem como do reconhecimento de direitos fundamentais aos trabalhadores, tais como o direito a férias e ao repouso semanal remunerado, a garantia de um salário mínimo, a limitação da jornada de trabalho".[16]

c) *Direitos fundamentais da terceira geração*: os direitos fundamentais da terceira geração são aqueles denominados de direitos de solidariedade. É caracterizado pelos direitos transindividuais, também chamados direitos coletivos e difusos e que, no geral, compreendem os direitos do consumidor e dos direitos relacionados à proteção do meio ambiente, respectivamente.

d) *Direitos fundamentais da quarta geração*: os direitos fundamentais da quarta geração são os direitos de manipulação genética, relacionados à biotecnologia e bioengenharia, e que tratam de questões sobre a vida e a morte, sobre cópias de seres humanos, e que requerem uma discussão ética prévia.

e) *Direitos fundamentais da quinta geração*: Os direitos fundamentais da quinta geração estão relacionados aos direitos da realidade virtual, que surgem do grande desenvolvimento da cibernética.

f) *Direitos fundamentais da sexta geração?* Os direitos de *sexta dimensão* para Agra são aqueles relacionados com a questão dos direitos dos animais.[17] Aqui, a discussão é acirrada já que os animais, de acordo com o Código Civil brasileiro são considerados bens semoventes e não sujeitos de direito. Interessante notar que várias pesquisas em sede de mestrado e doutorado em direito caminham no sentido desta discussão, ou seja, o direito dos animais não humanos.[18]

---

16 SARLET, op. cit., p. 53.
17 Ibid.
18 Neste sentido, ver: FRISKE, Gabriela. *O Direito dos Animais não Humanos*. Juiz de Fora: UNIPAC, Dissertação de Mestrado, 2013. Ver também: (1) EBERLE, Simone. *Deixando a Sombra dos Homens*: Uma Nova Luz sobre o Estatuto Jurídico dos Animais. 2006. 431 f. Tese de Doutorado (Direito Civil) – Faculdade de Direito da Universidade Federal de Minas Gerais. Belo Horizonte, 417 p.; (2) LOURENÇO, Daniel Braga. *Direito dos animais*: fundamentação e novas perspectivas. Porto Alegre: Sergio Antônio Fabris Editor, 2008, 566 p.; (3) OST, François. *A Natureza à Margem da Lei* – A ecologia à prova do direito. Trad. Joana Chaves. Lisboa: Instituto Piaget, 1995, 172 p.; (4) SINGER, Peter. *Ética Prática*. Trad. Jefferson Luiz Camargo. São Paulo: Martins Fontes, 2002, 399 p.; (5) SINGER, Peter. *Libertação Animal*. Trad. Marly Winckler. Porto Alegre: Lugano, 2004 e (6) SUNSTEIN,

Vale lembrar que a Unesco proclamou, em 27 de janeiro de 1978, a Declaração dos Direitos dos Animais. A partir desta declaração, os animais passaram a ser protegidos ao se tornarem seres de direito.[19]

Cass R. *The Rights of Animals*, in: The University of Chicago Law Review, vol. 70, 2003.
19 DECLARAÇÃO UNIVERSAL DOS DIREITOS DOS ANIMAIS
Art. 1º) Todos os animais nascem iguais perante a vida e têm os mesmos direitos à existência.
Art. 2º) O homem, como a espécie animal, não pode exterminar outros animais ou explorá-los violando este direito; tem obrigação de colocar os seus conhecimentos a serviço dos animais.
Art. 3º) 1) Todo animal tem direito a atenção, aos cuidados e a proteção dos homens. 2) Se a morte de um animal for necessária, deve ser instantânea, indolor e não geradora de angústia.
Art. 4º) 1) Todo animal pertencente a uma espécie selvagem tem direito a viver livre em seu próprio ambiente natural, terrestre, aéreo ou aquático, e tem direito a reproduzir-se, 2) Toda privação de liberdade, mesmo se tiver fins educativos, é contrária a este direito.
Art. 5º) 1) Todo animal pertencente a uma espécie ambientada tradicionalmente na vizinhança do homem tem direito a viver e crescer no ritmo e nas condições de vida e liberdade que forem próprias da sua espécie; 2) Toda modificação desse ritmo ou dessas condições, que forem impostas pelo homem com fins mercantis, é contrária a este direito.
Art. 6º) 1) Todo animal escolhido pelo homem para companheiro tem direito a uma duração de vida correspondente á sua longevidade natural; 2) Abandonar um animal é ação cruel e degradante.
Art. 7ª) Todo animal utilizado em trabalho tem direito à limitação razoável da duração e da intensidade desse trabalho, alimentação reparadora e repouso.
Art. 8º) 1) A experimentação animal que envolver sofrimento físico ou psicológico, é incompatível com os direitos do animal, quer se trate de experimentação médica, científica, comercial ou de qualquer outra modalidade; 2) As técnicas de substituição devem ser utilizadas e desenvolvidas.
Art. 9º) Se um animal for criado para alimentação, deve ser nutrido, abrigado, transportado e abatido sem que sofra ansiedade ou dor.
Art. 10º) 1) Nenhum animal deve ser explorado para divertimento do homem; 2) As exibições de animais e os espetáculos que os utilizam são incompatíveis com a dignidade do animal.
Art. 11º) Todo ato que implique a morte desnecessária de um animal constitui biocídio, isto é, crime contra a vida.
Art. 12º) 1) Todo ato que implique a morte de um grande número de animais selvagens, constitui genocídio, isto é, crime contra a espécie; 2) A poluição e a destruição do ambiente natural conduzem ao genocídio.
Art. 13º) 1) O animal morto deve ser tratado com respeito; 2) As cenas de violência contra os animais devem ser proibidas no cinema e na televisão, salvo se tiverem por finalidade evidencias ofensa aos direitos do animal.
Art. 14º) 1) Os organismo de proteção e de salvaguarda dos animais devem ter representação em nível governamental; 2) Os direitos do animal devem ser defendidos por lei como os direitos humanos.

1.5 Direitos Fundamentais no Âmbito das Relações entre Particulares

Nos últimos anos, a questão do Direito Civil-constitucional está em voga, ou seja, discute-se a influência do direito constitucional na esfera jurídica civilística, onde se indaga o papel dos princípios e regras constitucionais aplicados às normas infraconstitucionais. É o fenômeno denominado de "constitucionalização do Direito Civil".

A dogmática e a codificação civilista não podem ser interpretadas dissociadas dos valores e princípios constitucionais. Daí a importância, cada vez maior, do estudo do Direito Civil em harmonia e consonância com a normativa constitucional.

Nesses termos, um pensamento originário começa a fluir no campo jurídico civilístico. Esse caminhar foi guiado não só pela filosofia constitucional, bem como por estudiosos do vigor de Luiz Edson Fachin, Francisco Amaral, Gustavo Tepedino, Maria Celina Bodin de Moraes, Teresa Negreiros, Judith Martins-Costa, Daniel Sarmento dentre outros, que já trilharam caminhos inesperados sempre adornados com novas cores. São estes autores que estão dispostos a conhecer e a buscar a essência do Direito Civil, em seu sentido originário.

Daí a necessidade de apresentar, de forma preliminar, no Curso de Direito Civil, a problemática da eficácia das normas de direitos fundamentais no âmbito das relações interprivadas. É um tema que se discute desde a década de 50 do século passado, em especial, na Alemanha sob a denominação de "efeito frente a terceiros dos direitos fundamentais" (*Drittwirkung der Grundrechte*). De igual forma, nos Estados Unidos o assunto é chamado de *state action doctrine*.

As teses ou orientações doutrinárias quanto à eficácia dos direitos fundamentais relativamente a terceiros podem ser agrupadas em: a) a tese de recusa de eficácia; b) a tese da eficácia mediata ou indireta; c) as teses dos deveres de proteção; d) a tese da eficácia direta ou imediata.[20]

Em Portugal e na Espanha vários autores já enfrentaram o referido tema. José Joaquim Gomes Canotilho, em seu artigo em homenagem a Paulo Bonavides, denominado de "Civilização do Direito Constitucional ou Constitucionalização do Direito Civil? A eficácia dos direitos fundamentais na ordem jurídico-civil no contexto do direito pós-moderno", apresenta alguns exemplos que merecem atenção de todos os juristas.[21] Vejamos:

---

20 NOVAIS, Jorge Reis. *Direitos fundamentais*: trunfos contra a maioria. Coimbra: Coimbra Editora, 2006, p. 71-72.
21 CANOTILHO, José Joaquim Gomes. Civilização do direito constitucional ou constitucionalização do Direito Civil? A eficácia dos direitos fundamentais na ordem jurídico-civil no contexto do direito pós-moderno. In: GRAU, Eros Roberto; GUERRA FILHO, Willis Santiago. Direito constitucional. Estudos em homenagem a Paulo Bonavides. São Paulo: Malheiros, 2001, p. 111-115.

"Caso 1 – A urbanização quimicamente branca ou a *"action under color of State law"*. O caso conta-se em poucas palavras. Os compradores de moradias dentro de uma urbanização localizada numa cidade norte-americana teriam de aceitar a cláusula contratual de proibição de venda a indivíduos de raça negra. Um dos adquirentes violou a cláusula contratual, alienando a sua propriedade a um "cidadão preto". O problema aí está: será de imputar a violação do princípio da igualdade ao próprio Estado na medida em que este, por meio de seus tribunais, dá razão aos titulares da urbanização, reconhecendo a nulidade da venda em violação de uma cláusula contratual? Mas o que é que é "nulo": é a própria cláusula contratual por amor à Constituição (princípio da igualdade) ou a venda em violação da cláusula por amor à liberdade contratual?

Caso 2 – A *"terceira mulher"*: da *"mulher diabolizada"* e da *"mulher exaltada"* à *"mulher criadora do seu papel"*. Este caso é hoje sobejamente conhecido como o caso do "diferencialismo das executivas". A história tem mulheres de carne e osso e conta-se também em curtas palavras. Uma multinacional propõe a uma sua executiva de *top* a colocação imediata num importante posto de chefia com a cláusula de proibição de gravidez ou de "barriga de aluguer" durante 10 anos. A opção para a mulher de 26 anos é clara: ser mãe ou ser mulher de sucesso. A "proibição de gravidez" é uma cláusula constitucionalmente proibida; mas como proibir, no mundo da autonomia contratual-global, a inserção de uma condição que mais não é, segundo alguns, que a invenção da "terceira mulher": a "mulher criadora do seu próprio papel"?

Caso 3 – *As antenas parabólicas dos emigrantes portugueses*. O caso vem relatado em revistas alemãs. Vale a pena conhecer a história. Um emigrante português solicitou ao senhorio do prédio que tomara de arrendamento a autorização necessária para colocar no telhado uma antena parabólica de televisão para melhor captar os programas de língua portuguesa. O senhorio denegou tal autorização, e, perante esta recusa, o emigrante português intentou a ação competente junto dos tribunais para o reconhecimento do seu direito fundamental à informação. O êxito junto aos tribunais ordinários foi nulo, mas o mesmo já não aconteceu quando, por meio de ação constitucional de defesa, o Tribunal Constitucional alemão se teve de pronunciar sobre o assunto. A ordem jurídica dos direitos fundamentais está presente na "ordem dos contratos". "Os contratos de arrendamento não são espaços livres de direitos fundamentais como o direito de informar-se e ser informado".

Outros casos e hipóteses no direito português do problema metódico da aplicação dos direitos fundamentais nas relações jurídicas privadas são apontados por Canotilho em sua obra:[22]

---

22 CANOTILHO, José Joaquim Gomes. *Direito constitucional e teoria da constituição*. 7. ed. Coimbra: Almedina, 2003, p. 1285-1286.

(1) Uma empresa industrial celebrou contratos de trabalho em que os trabalhadores renunciaram a qualquer atividade partidária e à filiação em sindicados. Se as normas consagradoras dos direitos, liberdades e garantias (CRP, arts. 46°, 51° e 55°) vinculam entidades privadas, como reagir contra o "desvalor constitucional" de tais contratos de trabalho?

(2) Num congresso de um partido político destinado a escolher os candidatos desse partido às eleições parlamentares, foi excluída a participação de indivíduos de raça negra (hipótese próxima da discutida nos célebres casos da jurisprudência americana, *Smith v. Allright* (1944) e *Terry v. Adams* (1946)). O princípio da igualdade (CRP, art. 13° /2) vinculará ou não, diretamente, uma associação partidária?

(3) A senhora X havia sido contratada como professora por um colégio particular, vinculando-se à "cláusula do celibato". Posteriormente, ela celebrou casamento e a empresa proprietária do colégio desencadeou o procedimento do despedimento, invocando a violação de uma cláusula do contrato. A senhora X contestou a ação de despedimento, apelando diretamente para o art. 36.° /1 da CRP, que vincularia entidade privadas como a empresa proprietária do colégio (caso já discutido em Portugal, mas com contornos um pouco diferentes, num Parecer da Comissão Constitucional).

(4) A empresa Z contratou dois indivíduos de sexo feminino para o seu serviço de informática, mas condicionou a manutenção do contrato de trabalho a três cláusulas (i) sujeitarem-se a testes de gravidez no momento da admissão; (ii) aceitarem como justa causa de despedimento o fato de ocorrer uma gravidez durante o contrato; (iii) considerarem também como justa causa de despedimento o fato eventual de virem a ser de "mães hospedeiras" (inseminação artificial) durante a vigência do contrato. Como conciliar estas cláusulas com direitos, liberdades e garantias com os direitos à intimidade pessoal (CRP, art. 26°) e o direito de constituir família (CRP, art. 36° /1)?

(5) As entidades patronais e as organizações sindicais celebraram um contrato coletivo de trabalho, onde incluíram a cláusula de *closed-shop*, ou seja, a proibição de contratação de operários não sindicalizados. Como conciliar esta cláusula contratual com os arts. 47° e 55° /6 da CRP?

(6) Uma escola particular de alunos deficientes, subsidiada pelo Estado, recusa-se a receber crianças deficientes não batizadas ou cujos pais professem uma religião diferente da ensinada nessa escola. Poderão os pais dessas crianças recorrerem diretamente aos arts. 13°/2 e 41°/2/3?

Este é um dos dilemas atuais da dogmática jurídica contratual: até que ponto os direitos fundamentais devem interferir na autonomia e liberdade contratual? Qual o limite que representa a perda da irredutível autonomia do direito privado, já que o conteúdo contratual, por vezes, é alterado pelos Tribunais de Justiça em prol da eficácia direta dos direitos fundamentais na ordem jurídica privada. O Direito Civil está em crise.[23]

Se por um lado devemos refletir sobre a eficácia dos direitos fundamentais na ordem jurídica civilística, por outro, devemos ficar atentos a essa influência, para não transformar o Direito Civil em um direito de "não liberdade", já que a gênese do direito privado é a liberdade e autonomia das partes.

Em nome da autonomia da vontade e da liberdade contratual seria possível admitir a violação da dignidade da pessoa humana quando ameaçada por outros particulares? Jorge Reis Novais admite que dessa maneira seria "fazer prevalecer os direitos patrimoniais e o direito de propriedade sobre os direitos de liberdade pessoais, seria sacrificar os direitos fundamentais no altar de uma sacralização da livre iniciativa privada numa hierarquização de prioridades que, objetivamente, oculta o domínio dos economicamente mais poderosos".[24]

Aqui a divergência doutrinária resplandece. Vejamos as lições de Novais: "Por isso, diz-se, quem é mais pelos direitos fundamentais favorece a tese da aplicabilidade direta, quem é mais pela autonomia privada sustentará as outras teses. Quem é pela intervenção estatal de correção das assimetrias sociais e de limitação dos poderes privados, quem tem preocupações igualitárias, sustentará a aplicabilidade geral dos direitos fundamentais, incluindo as relações econômicas e sociais privadas; quem tem uma maior preocupação com a conservação de um *status* inigualitário favorecerá o acantonamento dos direitos fundamentais nas relações com o Estado, preservando a esfera privada das perturbações implicadas numa generalização indiscriminada dos destinatários dos direitos fundamentais".[25]

---

23 Exemplo interessante é apontado por Stefano Rodotà, destacado por Tepedino da seguinte forma: "a notícia publicada por um tablóide sensacionalista inglês, que pôs em dúvida a paternidade do príncipe William. Insinuou-se então que o herdeiro real poderia ser filho não de Charles, mas de um ex-professor de educação física da princesa Diana. O repórter, aproveitando-se de um descuido do jovem príncipe, acometido de uma gripe, apropriou-se de um lenço de papel por ele utilizado e jogado em uma lata de lixo. Valendo-se também de uma amostra do sangue (ou tecido) do pretenso pai, realizou o confronto das cadeias de DNA, cujo resultado negativo estancou a explosão nas vendas dos jornais populares e a apreensão geral relacionada à sucessão do trono. O Professor Rodotà, analisando a questão, esclareceu apropriadamente que não se tratava apenas de um lenço descartado (*res derelictae*), mas de informações que diziam respeito à própria essência da personalidade daqueles de quem foram apropriados". TEPEDINO, Gustavo. Normas constitucionais e Direito Civil na construção unitária do ordenamento. In: SOUZA NETO, Cláudio Pereira de; SARMENTO, Daniel. *A Constitucionalização do Direito*: Fundamentos Teóricos e Aplicações Específicas, Rio de Janeiro: Lumen Juris, 2007, p. 318.
24 NOVAIS, op. cit., 78.
25 Ibid., p. 78.

Na atualidade não se pode afirmar que os direitos fundamentais devam ser exercidos somente contra o Estado, deixando a liberdade contratual e a autonomia da vontade livres da interferência do Estado para serem conduzidas somente pelos particulares.

Na aplicação dos direitos fundamentais nas relações entre particulares ocorrerá uma colidência ou conflito de um direito fundamental e o princípio da autonomia privada que também representa uma garantia jurídico-constitucional.

Contudo, o tema não é apresentado e discutido nos manuais de Direito Civil, razão pela qual a problemática somente é enfrentada em sede de pós-graduação em direito. Como tantos outros temas, tornou-se necessário enfrentar a questão da incidência dos direitos fundamentais e sua eficácia no âmbito das relações jusprivatísticas. Não obstante a controvérsia que permeia a dogmática jurídica constitucional, entende-se que os direitos fundamentais se projetam sobre as relações interprivadas de forma a conformá-las sob o manto constitucional. Daí a importância da interpretação do Código Civil à luz dos cânones e princípios constitucionais. Nesse contexto, Tepedino ensina que "propriedade, empresa, família, relações contratuais tornam-se institutos funcionalizados à realização dos valores constitucionais, em especial da dignidade da pessoa humana, não mais havendo setores imunes a tal incidência axiológica, espécies de zonas francas para atuação da autonomia privada. A autonomia privada deixa de configurar um valor em si mesmo, e será merecedora de tutela somente se representar, em concreto, a realização de um valor constitucional".[26]

Dessa maneira, as relações jurídicas privadas devem ser conformadas pelos princípios jurídicos constitucionais, tais como, o princípio da dignidade da pessoa humana (CRFB/88, art. 1º, III), e os princípios do trabalho e da livre iniciativa como valores sociais (CRFB/88, art. 1º, IV), com vistas a construir uma sociedade livre, justa e solidária (CRFB/88, art. 3º, I), a garantir o desenvolvimento nacional (CRFB/88, art. 3º, II), erradicar a pobreza e a marginalização e reduzir as desigualdades sociais e regionais (CRFB/88, art. 3º, III), bem como promover o bem de todos, sem preconceitos de origem, raça, sexo, cor, idade e quaisquer outras formas de discriminação (CRFB/88, art. 3º, IV).

Não obstante a nossa Constituição da República Federativa do Brasil de 1988 não apresentar explicitamente o mandamento da eficácia dos direitos fundamentais a ordem jurídica privada, estes devem possuir eficácia tanto no plano das relações verticais (relações entre indivíduo e Estado) como nas

---

26 TEPEDINO, Gustavo. Normas constitucionais e Direito Civil na construção unitária do ordenamento. In: SOUZA NETO, Cláudio Pereira de; SARMENTO, Daniel. *A constitucionalização do direito*: fundamentos teóricos e aplicações específicas, Rio de Janeiro: Lumen Juris, 2007, p. 310-311.

relações horizontais (relações entre particular e particular), com o firme propósito de perseguir uma sociedade livre, justa e solidária.

1.6 A Eficácia dos Direitos Fundamentais

A eficácia dos direitos fundamentais está relacionada com a força normativa dos preceitos constitucionais. O artigo 5°, § 1°, da Constituição da República Federativa do Brasil de 1988 determina que "as normas definidoras dos direitos e garantias fundamentais têm aplicação imediata". Além da clássica distinção entre as normas autoaplicáveis (*self-executing*, *self-acting*, ou *self-enforcing*) e as normas não autoaplicáveis (*not self-executing*, *not self-acting*, ou *not self-enforcing*) e das diversas concepções doutrinárias existentes, José Afonso da Silva apresenta uma teoria tricotômica das normas constitucionais, discriminando-as em três categorias:[27]

I – *normas constitucionais de eficácia plena* – São as normas que dotadas de aplicabilidade direta, imediata e integral, não dependem da atuação do legislador ordinário para que alcancem sua plena operatividade;

II – *normas constitucionais de eficácia contida* – São normas constitucionais de aplicabilidade direta e imediata, mas possivelmente não integral. Algumas normas desse tipo indicam "elementos de sua restrição que não a lei, mas certos conceitos de larga difusão no direito público, tais como ordem pública, segurança nacional ou pública, integridade nacional, bons costumes, necessidade ou utilidade pública, perigo público iminente etc.";[28]

III – *normas constitucionais de eficácia limitada ou reduzida*. São normas de aplicabilidade indireta e reduzida, já que necessário se faz a intervenção legislativa ordinária para a produção de seus efeitos jurídicos. Estas normas podem ser subdivididas em normas declaratórias de princípios institutivos ou organizativos e normas declaratórias de princípio programático.

Já Maria Helena Diniz classifica as normas constitucionais quanto ao seu efeito, em quatro grupos, a saber:[29]

a) *Normas com eficácia absoluta* – São normas intangíveis e insuscetíveis de alteração, até mesmo por Emenda Constitucional. São normas que independem da atuação do legislador ordinária para geração de efeitos.

b) *Normas com eficácia plena* – são normas que independem da atuação do legislador ordinário para geração de efeitos, criando desde

---

27 SILVA, José Afonso da. *Aplicabilidade das normas constitucionais*. 3. ed. São Paulo: Malheiros, 1998.
28 Ibid., p. 103-104.
29 DINIZ, Maria Helena. *Norma constitucional e seus efeitos*. 6. ed. São Paulo: Saraiva, 2003.

logo direitos subjetivos. Todavia, são suscetíveis de alteração por meio de emenda constitucional.

c) *Normas com eficácia relativa restringível* – spresentam aplicabilidade direta e imediata, gerando os efeitos jurídicos nela previstos. Estas normas estão sujeitas a restrições previstas na legislação ordinária ou podem depender de regulamentação posterior, reduzindo a sua aplicabilidade.

d) *Normas com eficácia relativa complementável ou dependente de complementação legislativa, de aplicação apenas mediata (indireta)* – são aquelas que não geram efeitos jurídicos desde logo, abrangendo as normas de princípios institutivos e as normas programáticas.

Além das classificações anteriores, Luís Roberto Barroso apresenta a seguinte tipologia das normas constitucionais:[30]

a) *Normas constitucionais de organização* – são normas que têm por objeto organizar o exercício do poder político.

b) *Normas constitucionais definidoras de direitos* – são as normas que devem fixar os direitos fundamentais dos indivíduos.

c) *Normas constitucionais programáticas* – são as normas constitucionais que procuram traçar os fins públicos a serem alcançados pelo Estado.

As diversas concepções e distinções das normas jurídicas constitucionais sob o aspecto da aptidão de geração de efeitos (eficácia jurídica) são fruto do entendimento doutrinário de que inexiste norma constitucional completamente destituída de eficácia. Daí a importância da análise e estudo da graduação da carga eficacial das normas jurídicas.

Para Ingo Wolfgang Sarlet, em todas as classificações se destacam dois grupos de normas:[31]

a) as normas que dependem, para a geração de seus efeitos principais, da intervenção do legislador infraconstitucional (normas constitucionais de baixa densidade normativa).

b) as normas que, desde logo, por apresentarem suficiente normatividade, estão aptas a gerar seus efeitos e, portanto, dispensam uma *interpositio legislatoris* (normas constitucionais de alta densidade normativa).

---

30 BARROSO, Luís Roberto. *O direito constitucional e a efetividade de suas normas*. 5. ed. Rio de Janeiro: Renovar, 2001, p. 94.
31 SARLET, op. cit., p. 237-238.

Sarlet prefere acompanhar a sistematização binária da norma jurídica, distinguindo entre as normas de *eficácia plena* e as normas de *eficácia limitada ou reduzida*. Vale lembrar que até mesmo as normas constitucionais de baixa densidade normativa apresentam uma normatividade mínima, já que sempre apresentam certo grau de eficácia jurídica.[32]

Dessa forma, levando em consideração a distinção sistemática das normas constitucionais, bem como o teor da norma contida no artigo 5º, § 1º, da Constituição da República Federativa do Brasil de 1988, a melhor exegese deste dispositivo constitucional é no sentido de que ele apresenta um viés principiológico. Melhor dizendo: O artigo 5º, § 1º, de nossa Constituição representa uma espécie de "mandado de otimização (ou maximização), isto é, estabelecendo aos órgãos estatais a tarefa de reconhecerem a maior eficácia possível aos direitos fundamentais".[33]

A partir da exegese do artigo 5º, § 1º, da CRFB/88, podemos entender que os direitos fundamentais possuem aplicabilidade imediata e plenitude eficacial, bem como incumbe aos poderes públicos atribuir a estes maior eficácia possível (postulado otimizador).

1.7 A Importância do Direito Civil Constitucional

A importância do Direito Civil constitucional despontou com um artigo de Maria Celina Bodin de Moraes, publicado em 1991, e que se intitulava precisamente "A caminho de um Direito Civil constitucional".[34] Outro texto paradigmático é o artigo "Premissas metodológicas para a constitucionalização do Direito Civil", de Gustavo Tepedino.[35]

O Código Civil de 1916, fruto das doutrinas individualistas e voluntaristas tinha como seu valor fundamental o indivíduo (Código de Napoleão). Naquela época, as pessoas tinham por finalidade precípua desmantelar os privilégios feudais, ou seja, queriam contratar, adquirir bens, circular as riquezas sem os óbices legais. Melhor dizendo: O Código Civil de 1916 tinha uma visão individualista do direito e era baseado nos dogmas do Estado Liberal clássico. O princípio da autonomia da vontade era o alicerce de sustentação do Estado Liberal. Nessa época, o paradigma era a liberdade. Daí o contrato era considerado justo, desde que firmado sob a égide da autonomia e liberdade das partes. O Estado Liberal não interferia no conteúdo dos contratos. A função do Estado Liberal clássico, na esfera contratual, se resumia

---

32 Ibid., p. 238.
33 Ibid., p. 258.
34 Maria Celina Bodin de Moraes. A caminho de um Direito Civil Constitucional. In: *Revista Direito, Estado e Sociedade*, nº 1, 2ª ed., jul./dez. 1991, Departamento de Ciências Jurídicas da PUC-Rio, p. 59-73. In: NEGREIROS, Teresa. *Teoria do contrato* – novos paradigmas. Rio de Janeiro. Renovar. 2002, p. 63.
35 TEPEDINO, Gustavo. *Temas de Direito Civil*. Rio de Janeiro. Renovar, 199, p. 1-22.

a garantir a liberdade das partes para contratar, já que atendia ao seguinte pressuposto: se as partes fossem livres, tudo o que elas ajustassem seria justo, porque atenderia aos seus interesses jusprivatísticos. Não seria de bom alvitre o Estado intervir na vontade das partes, já que esta era fruto da liberdade e autonomia contratual.

O Código Civil era tido como a Constituição do direito privado. Tal diploma legal era tido 'como estatuto único e monopolizador das relações privadas'.[36]

No século XX a burguesia ascende como classe dominante. É na modelagem capitalista que se encontra uma sociedade organizada em torno do lucro e da propriedade privada, sustentada no individualismo e na livre iniciativa. O capitalismo visa tornar a economia mais eficiente, gerando desta maneira mais recursos e riquezas, em um ambiente competitivo e desregulamentado, ou seja, sem as amarras do governo e da política.

Restou-se provado que a liberdade das partes em si e por si não garantia o equilíbrio contratual, isto porque, não obstante a existência da liberdade contratual, em havendo uma parte mais forte que a outra, seja economicamente, seja tecnicamente, a mais forte acabaria impondo a sua vontade, o seu interesse. Por isso, é que começou o dirigismo contratual a temperar o princípio da autonomia da vontade.

A partir do dirigismo contratual, o Estado vai se transformando em Estado intervencionista, começando a intervir na esfera contratual, com o firme propósito de proibir certas cláusulas consideradas abusivas ou impor a inserção de certas cláusulas para proteger o mais fraco.

Também, a estabilidade e a segurança do Código Civil de 1916 começam a declinar nos anos 1920, em razão da intervenção cada vez maior do Estado brasileiro na economia (época da eclosão da Primeira Grande Guerra). A partir de então, a dogmática civilística não mais atendia aos anseios sociais e o Estado legislador passou a publicar leis extravagantes, muitas em dissonância com os princípios basilares do Código Civil de 1916.[37]

A partir dos anos 1930, o nosso Código Civil de 1916 já tinha perdido seu caráter exclusivo de regulador das relações interprivadas. A legislação extravagante, em face da evolução econômica, disputava *pari passu* a importância na sua aplicação. Nessa época devemos destacar, também, a política legislativa do Welfare State – fenômeno do dirigismo contratual (Constituição de 1934).[38]

A partir da Constituição brasileira de 1946, o Código Civil perde definitivamente seu papel de Constituição do direito privado. Os princípios constitucionais passam a ter mais relevância e influência na exegese dos

---

36 TEPEDINO, op. cit. p. 3.
37 Ibid., p. 4.
38 Ibid., p. 6.

temas relacionados ao direito privado. "A função social da propriedade, os limites da atividade econômica, a organização da família, matérias típicas do direito privado", ganham proeminência na nova ordem pública constitucional.[39]

Essa publicização do Direito Civil atinge seu ápice com o advento da Constituição da República Federativa do Brasil de 1988, "valorado e interpretado juntamente com inúmeros diplomas setoriais, cada um deles com vocação universalizante. Era dos Estatutos'.[40] Daí que o direito privado é nominado de direito privado socializado, publicizado, constitucionalizado ou despatrimonializado, no sentido de maior relevo para a realização da personalidade e a tutela da dignidade da pessoa humana, nortes da nova ordem constitucional brasileira. Os princípios e valores constitucionais ganham proeminência no processo de interpretação e aplicação do Direito.

Com o advento do Código Civil brasileiro de 2002 ganham destaque às cláusulas gerais e os direitos da personalidade. As cláusulas gerais devem ser interpretadas em consonância com os princípios fundantes da Constituição da República, já que o intérprete jurídico deve colorir a exegese civilística com os matizes axiológicos da principiologia constitucional. Nesse momento, os valores civilísticos de índole liberal devem ser mitigados pelos valores coletivos de solidariedade e justiça social.

No mesmo sentido, MARTINS-COSTA ensina que "hoje adquire alargada dimensão pelo generalizado acolhimento, inclusive no plano da dogmática civilista, da ideia de 'redescoberta', 'refundação' ou 'renovação' do direito privado centrada justamente na alteração do seu eixo, que passa da esfera patrimonial à esfera existencial da pessoa humana, à qual é reconhecida, inclusive no patamar constitucional".[41]

Os direitos da personalidade, inseridos no Código Civil de 2002, devem ser interpretados em sintonia com as cláusulas constitucionais protetivas da personalidade, quais sejam: dignidade humana como valor fundamental da Constituição da República (art. 1º, III, da CRFB/88) e igualdade substancial (art. 3º, III, da CRFB/88).

Na esteira da filosofia existencialista (Heidegger, Sartre, Jaspers), a personalidade humana deve ganhar status de valor jurídico de cunho existencialista, já que esta não pode ficar aprisionada ao rol de direitos subjetivos típicos adotados pelo Código Civil. Daí a importância do entrelaçamento principiológico do Direito Civil com os direitos humanos.

---
39 Ibid., p. 7.
40 Ibid., p. 8.
41 MARTINS-COSTA, Judith. Direito e cultura: entre as veredas da existência e da história. In: MARTINSCOSTA, Judith; BRANCO, Gerson. Diretrizes teóricas do novo Código Civil. São Paulo: Saraiva. 2002, p. 180-181

A personalidade jurídica não pode ser considerada como um reduto do poder do indivíduo, mas sim "como valor máximo do ordenamento, modelador da autonomia privada, capaz de submeter toda a atividade econômica a novos critérios de legitimidade".[42] Nesse sentido que o autor fala de uma verdadeira "cláusula geral de tutela e promoção da pessoa humana", tomada como valor máximo pelo ordenamento.[43] Vejamos as suas lições:[44]

Cabe ao intérprete ler o novelo de direitos introduzidos pelos arts. 11 a 23 do Código Civil à luz da tutela constitucional emancipatória, na certeza de que tais diretrizes hermenêuticas, longe de apenas estabelecerem parâmetros para o legislador ordinário e para os poderes públicos, protegendo o indivíduo contra a ação do Estado, alcançam também a atividade econômica privada, informando as relações contratuais. Não há negócio jurídico ou espaço de liberdade privada que não tenha seu conteúdo redesenhado pelo texto constitucional.

Da mesma forma, antes do advento do novo Código Civil de 2002, Francisco Amaral já alertava sobre as tendências do Direito Civil contemporâneo, a saber:[45]

1. Interpenetração crescente do Direito Civil com o constitucional e a consequente superação da clássica dicotomia direito público-direito privado;
2. Personalização do Direito Civil, no sentido da crescente importância da vida e da dignidade da pessoa humana, elevadas à categoria de direitos e de princípio fundamental da Constituição. É o personalismo ético da época contemporânea.
3. Desagregação do Direito Civil, face ao surgimento de ramos jurídicos autônomos, que se formam devido à complexidade das relações jurídicas. Por exemplo, direito imobiliário, direito bancário, direito previdenciário etc.
4. Reservas à Codificação. O Código Civil deixa de ser o "estatuto orgânico da vida privada", em virtude da necessidade da releitura do Código Civil à luz dos princípios constitucionais.
5. Surgimento dos microssistemas jurídicos. É a chamada "Era dos Estatutos", que surge para disciplinar temas específicos.

---

42 TEPEDINO, Gustavo. Crise de fontes normativas e técnica legislativa na parte geral do Código Civil de 2002. In: TEPEDINO, Gustavo. (Org.) *A parte geral do novo Código Civil – estudos na perspectiva constitucional*. Rio de Janeiro: Renovar, 2002, p. XXV.
43 Ibid., p. XXV.
44 Ibid., p. XXVI.
45 AMARAL, Francisco. *Direito Civil – introdução*. 3. ed. Rio de Janeiro: Renovar, 2000, p. 151-153.

É nesta linha de pensamento que a personalidade jurídica não pode ser considerada somente como a aptidão de ser titular de direitos e deveres, conforme prescreve o artigo 1º do Código Civil, ou seja, considerada como sinônimo de capacidade jurídica. Ao contrário, a compreensão da personalidade jurídica deve se dar em duas vertentes: a primeira, como a possibilidade de ser sujeito de direitos e deveres e a segunda, e mais relevante, como o sentido existencial do próprio ser humano, visto como valor fundamental de nosso ordenamento jurídico. Neste caso, é o princípio da dignidade da pessoa humana ressoando em sua mais nobre originalidade.

Nesse caso, destaca-se a importância dos estudos avançados de hermenêutica jurídica e Direito Civil-constitucional, uma vez que aquela deixa de ser considerada como hermenêutica de orientação metodológico-científica (modo de conhecer) para ser estudada como hermenêutica ontológica (modo de ser).

Nessa linha, a clássica dicotomia direito público – direito privado não representa nos dias de hoje esferas distintas de atuação do intérprete jurídico, pelo contrário, constituem um conteúdo nuclear comum que representa a incidência de vetores axiológicos constitucionais no direito privado. Este fenômeno é chamado de "constitucionalização do Direito Civil" ou "civilização do direito constitucional".

O núcleo comum constituído pelo entrelaçamento das normas do direito público e do direito privado refere-se à incidência da principiologia constitucional no âmbito do Direito Civil, especialmente, no que versa sobre direitos da personalidade, direito de família, direito de propriedade[46] e relações negociais, razão pela qual o Direito Civil deve ser estudado à luz dos paradigmas constitucionais com o firme propósito de construir-se uma sociedade justa e solidária.

Na sua peculiar lucidez, Gustavo Tepedino aponta que o direito público e o direito privado constituíram, para a cultura jurídica dominante na Escola da Exegese, "dois ramos estanques e rigidamente compartimentados. Para o Direito Civil, os princípios constitucionais equivaleriam a normas políticas, destinadas ao legislador e, apenas excepcionalmente, ao intérprete, que delas poderia timidamente se utilizar, nos termos do art. 4º da Lei de Introdução ao Código Civil, como meio de confirmação ou de legitimação de um princípio geral de direito".[47] Daí que, ainda hoje, muitos operadores do direito apli-

---

46 Vale destacar que a Constituição de 1934, em seu artigo 113, já determinava que o direito de propriedade não poderia ser exercido contra o interesse social e coletivo. Todavia, a Constituição de 1937 não proibia que o direito de propriedade fosse exercido contrariamente aos interesses sociais e coletivos. A Constituição de 1967 e a Emenda Constitucional de 1969 foram as primeiras Cartas que utilizam o termo "função social da propriedade", conforme art. 157 da Constituição de 1967 e artigo 160 da EC de 1969.
47 TEPEDINO, Gustavo. O Código Civil, os chamados microssistemas e a Constituição: premissas para uma reforma legislativa. In: TEPEDINO, Gustavo (Org.). *Problemas de Direito*

cam a legislação ordinária civilista no âmbito das relações de direito privado, desatentos às normas e princípios constitucionais.

Nesse contexto, a dogmática jurídica utilizada nas salas de aula considera o Direito por meio da dicotomia: direito público e direito privado. São professores que pertencem ao departamento de direito público e professores integrantes do departamento de direito privado. Isso sem contar que as disciplinas de hermenêutica jurídica e direito da personalidade, quando muito, são consideradas disciplinas eletivas. É certo que esse modelo é fruto de uma tradição liberal-individualista-normativista no qual o Código Civil sempre desempenhou uma referência normativa predominante e exclusiva no recinto das relações interprivadas.

1.8 Um Novo *Locus Hermenêutico* e a Nova Metódica do Direito Civil

A cultura jurídica operada em salas de aula e nos tribunais de justiça deve ser desconstruída (visão de um sistema fechado codicista) em busca de uma postura metodológica mais aberta, prospectiva que dê suporte a uma sociedade complexa e pluralista. Isso não quer dizer que o julgador desconsidere a segurança jurídica e passe a decidir de forma arbitrária (neste caso, estaríamos diante de um Estado-Judiciário). Pelo contrário, a jurisprudência deve reconhecer a eficácia normativa dos princípios constitucionais no âmbito das relações jurídicas de direito privado, bem como recorrer à hermenêutica jurídica não como um conjunto de métodos (hermenêutica metodológica), mas sim como condição de possibilidade (hermenêutica filosófica). É a reconstrução do Direito Civil a partir do como hermenêutico, ou seja, um *locus hermenêutico* constitucional com fincas no princípio fundante da proteção da dignidade da pessoa humana.

Daí que a norma jurídica civilística não pode ser compreendida como um juízo hipotético ancorada nos princípios da lógica formal, a partir de um rigorismo da separação dos mundos do "ser" e "dever ser". O Direito Civil e o direito constitucional devem estar em perfeita harmonia a fim de que possam espelhar a realização e concretização do direito.

Diante disso, as lições de Friedrich Muller são esclarecedoras: "Assim se evidenciou que o positivismo legalista ainda não superado pela teoria e práxis refletidas, com a sua compreensão do direito como sistema sem lacunas, da decisão como uma subsunção estritamente lógica, e com a sua eliminação de todos os elementos da ordem social não reproduzidos no texto da norma é tributário de uma ficção que não pode ser mantida na prática".[48]

A tarefa da práxis do Direito Civil é a concretização de suas normas a

---

Civil constitucional. Rio de Janeiro. Renovar. 2000, p. 3.
48 MÜLLER, Friedrich. *Métodos de trabalho do direito constitucional*. 3. ed. Rio de Janeiro: Renovar, 2005, p. 32-33.

partir de uma leitura constitucional de forma que "Direito Civil" e "realidade" sejam os lados de uma mesma moeda.

O operador do direito deve levar em conta a multiplicidade de situações da vida interprivada em que numa sociedade moderna (ou pós-moderna!) e complexa se impõe a necessidade de realizar uma (re)leitura da dogmática civilística à luz de uma axiologia constitucional.

Pode-se dizer, portanto, que a fundamentação da decisão jurídica deve ser conformada no espaço (*locus*) hermenêutico da juridicidade, vinculada a uma permanente reflexão crítica do homem enquanto ser-no-mundo. Isto significa dizer que as questões jurídicas concretas emergem num quadro cunhado por um horizonte hermenêutico, superando a relação sujeito-objeto.

Nas lições de Castanheira Neves é possível compreender que o problema da interpretação jurídica relaciona-se com o direito e não com a lei. Vejamos:[49]

> O problema da interpretação jurídica está, com efeito, a sofrer uma radical mudança de perspectiva no actual contexto metodológico. Deixou de conceber-se tão-só e estritamente como *interpretação da lei*, para se pensar como *actus* da *realização do direito*. E isto significa, por um lado, que a realização do direito não se identifica já com a interpretação da lei, nem nela se esgota; por outro lado, que não será em função da interpretação da lei, tomada abstractamente ou em si, que havemos de compreender a realização do direito – em termos de se dizer que esta será o que for aquela –, antes é pela própria problemática autônoma e específica realização do direito, e como seu momento metodológico-normativo, que se haverá de entender o que persista dizer-se interpretação da lei. Com o que o próprio conceito de interpretação jurídica se altera: de interpretação da lei converte-se em *interpretação do direito*, de novo a *interpretatio legis* se confronta com a *interpretatio iuris*.
>
> É que, se intencional e normativamente o direito deixou de identificar-se com a lei, também metodologicamente a realização do direito deixou de ser mera aplicação das normas legais e manifesta-se como o acto judicativamente decisório através do qual, pela mediação embora do critério jurídico possivelmente oferecido por essas normas, mas com ampla actividade normativamente constitutiva, se cumprem em concreto as intenções axiológicas e normativas do direito, enquanto tal. Dir-se-á que, nestes termos, o pensamento jurídico recuperou o concreto, que

---

[49] NEVES, Castanheira. *O actual problema metodológico da interpretação jurídica* – I. Coimbra: Coimbra Editores, 2003, p. 11-12.

vai na essencial vocação do direito, depois que o positivismo legalista, com o seu normativismo analítico-dedutivo, o levara a refugiar-se no alienante abstracto.

Uma metódica do Direito Civil destinada a ir além de um núcleo normativo monolítico deve assumir uma postura de que o problema hermenêutico não está fincado no problema de método produzindo um conhecimento de segurança inabalável, mas sim está relacionado ao problema da hermenêutica filosófica. O fenômeno da compreensão perpassa a experiência da filosofia, a experiência da arte e a experiência da própria história. Todos esses modos de experiência nos apresenta (manifesta) uma verdade que não pode ser verificada com os meios metódicos da ciência.

O filósofo alemão Hans-Georg Gadamer (1900 – 2002), autor de *verdade e método* – esboços de uma hermenêutica filosófica, é um dos autores mais importantes acerca da hermenêutica contemporânea. Gadamer lastreado em estudos fenomenológicos entendia que a tradição não podia mais se apoiar nas interpretações metafísicas da razão. Daí que os estudos gadamerianos estão voltados para a consciência histórica, em que a historicidade do sentido tem papel relevante na autocompreensão que o ser humano alcança como participante e intérprete da tradição histórica.

Gadamer procura superar o problema hermenêutico relacionado ao conceito metodológico da moderna ciência. Na introdução de *Verdade e método*, Gadamer afirma que "o fenômeno da compreensão e da maneira correta de se interpretar o que se entendeu não é apenas, e em especial, um problema da doutrina dos métodos aplicados nas ciências do espírito. Sempre houve também, desde os tempos mais antigos, uma hermenêutica teológica e outra jurídica, cujo caráter não era tão acentuadamente científico e teórico, mas, muito mais, assinalado pelo comportamento prático correspondente e a serviço do juiz ou do clérigo instruído".[50]

A hermenêutica desenvolvida por Gadamer se afasta de uma doutrina de métodos das ciências do espírito e procura caminhar para um olhar além de sua autocompreensão metódica por meio da experiência do homem no mundo. É um (re)pensar o universo da compreensão, já que o filósofo procura refletir sobre a questão da verdade nas ciências do espírito. É um afastamento dos modelos clássicos hermenêuticos, nos quais a exegese era considerada um conjunto de métodos.

Os estudos de Hans-Georg Gadamer estão entrelaçados na sua forma mais original com os estudos antecedentes de Husserl, Dilthey e Heidegger. Nas palavras de Gadamer: "A conscienciosidade da descrição fenomenológica, que Husserl nos tornou um dever, a abrangência do horizonte histórico,

---

50 GADAMER, Hans-Georg. *Verdade e método*: traços fundamentais de uma hermenêutica filosófica. Tradução Flávio Paulo Meurer. Petrópolis: Vozes, 1997. p. 31.

onde Dilthey situou todo o filosofar, e, não por último, a compenetração de ambos os impulsos, cuja iniciativa recebemos de Heidegger há décadas, assinalam o paradigma sob o qual se colocou o autor".[51]

1.8.1 O círculo hermenêutico e a questão dos preconceitos

O círculo hermenêutico deve ser compreendido a partir dos estudos heideggerianos, ou seja, a estrutura circular da compreensão é dada a partir da temporalidade do ser-aí (*Dasein*). É o círculo hermenêutico em um sentido ontológico originário, por meio do qual a verdade se manifesta pelo desvelamento do ser.

A compreensão é sempre um projetar-se. Gadamer afirma que "quem quiser compreender um texto realiza sempre um projetar. Tão logo apareça um primeiro sentido no texto, o intérprete prelineia o sentido do todo."[52] Melhor dizendo: a compreensão é um constante reprojetar-se a partir de determinadas perspectivas do intérprete. As perspectivas do intérprete (opiniões prévias), ou seja, antecipações de sentido do texto não devem ser confundidas com arbitrariedade do julgador.

É nesse sentido que Gadamer ensina que "a compreensão somente alcança sua verdadeira possibilidade, quando as opiniões prévias, com as quais ela inicia, não são arbitrárias. Por isso faz sentido que o intérprete não se dirija aos textos diretamente, a partir da opinião prévia que lhe subjaz, mas que examine tais opiniões quanto à sua legitimação, isto é, quanto à sua origem e validez".[53]

Com isso o intérprete deve deixar que o texto diga alguma coisa por si, para que se evite a possibilidade do mal-entendido (opiniões prévias que levam à arbitrariedade). Daí que o que importa é "dar-se conta das próprias antecipações, para que o próprio texto possa apresentar-se em sua alteridade e obtenha assim a possibilidade de confrontar sua verdade com as próprias opiniões prévias".[54]

Na verdade, porém, Gadamer fala dos preconceitos. Estes podem ser classificados em positivos e negativos. O caráter negativo está relacionado com a época da Ilustração/Iluminismo (*Aufklärung*) representando um "juízo não fundamentado" e decidido "diante do tribunal da razão"[55] (preconceitos limitadores).[56] Os preconceitos positivos são aqueles reconhecidos como legítimos e enlaçados com a questão central de uma hermenêutica verdadeiramente histórica.

---

51 Ibid., p. 36.
52 Ibid., p. 402.
53 Ibid., p. 403.
54 Ibid., p. 405.
55 Ibid., p. 410.
56 Ibid., p. 416.

1.8.2 A questão da pertença

Esse comportamento histórico-hermenêutico realizado por meio da comunidade de preconceitos fundamentais e sustentadores é o sentido da pertença.[57] Logo, *pertença* é o momento da tradição no comportamento histórico-hermenêutico.[58] É a consciência hermenêutica incluída na consciência histórica. Os preconceitos fundamentais e sustentadores são aqueles que tornam possível a compreensão (preconceitos produtivos). Daí que a compreensão é um comportamento produtivo e não (re)produtivo. É o texto "levado a sério na sua pretensão de verdade".[59]

1.8.3 O Tempo em sua Produtividade Hermenêutica

A compreensão como comportamento produtivo dá-se como um existencial a partir da interpretação temporal aplicada ao modo de ser da pre-sença (*Dasein*), conforme ensinamentos heideggerianos. O tempo é o fundamento que sustenta o acontecer.[60] O *ser é tempo*.[61] Dessa maneira, a questão do tempo está relacionada com a questão central da hermenêutica, ou seja, nesse contexto devemos "distinguir os verdadeiros preconceitos, sob os quais compreendemos, dos falsos preconceitos que produzem os mal-entendidos. Nesse sentido, uma consciência formada hermeneuticamente terá de incluir também a consciência histórica".[62]

Portanto, Gadamer afirma: "Entender é, essencialmente, um processo de história efeitual".[63]

1.8.4 A questão da história efeitual e situação hermenêutica

A consciência da história efeitual está relacionada com a consciência da *situação hermenêutica*. Nas palavras de Gadamer, "quando procuramos compreender um fenômeno histórico a partir da distância histórica que determina nossa situação hermenêutica como um todo, encontramo-nos sempre sob os efeitos dessa história efeitual".[64]

Nas lições de Jean Grondin, por história efeitual (*Wirkungsgeschichte*) entende-se, desde o século XIX, nas ciências literárias, "o estudo das interpretações produzidas por uma época, ou a história de suas recepções. Nela se torna claro, que as obras, em determinadas épocas específicas, despertam e devem mesmo

---
57 Ibid., p. 442.
58 Ibid., p. 442.
59 Ibid., p. 444.
60 Ibid., p. 445.
61 Para um estudo mais detalhado da temporalidade em Heideger, ver obra *Ser e tempo*.
62 Ibid., p. 447.
63 Ibid., p. 448.
64 Ibid., p. 449.

despertar diferentes interpretações. A consciência da história efeitual, a ser desenvolvida, está inicialmente em consonância com a máxima de se visualizar a própria situação hermenêutica e a produtividade da distância temporal".[65]

Gadamer entende que a consciência da história efeitual funciona como um princípio no processo de compreensão. A compreensão a partir de uma compreensão objetivista guindada no viés metodológico, obnubila o entrelaçamento efeitual-histórico que deve permear o processo hermenêutico. Melhor dizendo: A fé no processo metodológico acaba por obscurecer a própria historicidade.

É dessa maneira que o magistrado, no processo de decisão judicial, deve considerar os efeitos da história efeitual no processo exegético, ou seja, é preciso tornar consciente a própria situação hermenêutica, para melhor "dizer o Direito". Isso ocorre na medida em que o julgador analisa o caso concreto decidindo, a partir da interpretação da própria pré-compreensão, consoante ensinamentos heideggerianos. A história efeitual seria o "pano de fundo" do processo decisório, já que o julgador deve inserir-se na situação hermenêutica.

Segundo *Verdade e método*, Gadamer ensina que o conceito de situação "se caracteriza pelo fato de não nos encontrarmos diante dela e, portanto, não podemos ter um saber objetivo dela. Nós estamos nela, já nos encontramos sempre numa situação, cuja iluminação é a nossa tarefa, e esta nunca pode se cumprir por completo. E isso vale também para a situação hermenêutica, isto é, para a situação em que nos encontramos face à tradição que queremos compreender. Também a iluminação dessa situação, isto é, a reflexão da história efeitual, não pode ser plenamente realizada, mas essa impossibilidade não é defeito da reflexão, mas encontra-se na essência mesma do ser histórico que somos. *Ser histórico quer dizer não se esgotar nunca no saber-se*".[66]

1.8.5 A importância de ter horizontes. A fusão de horizontes

O conceito de situação hermenêutica encontra-se entrelaçado com o conceito de horizontes. Isso porque o julgador, no momento da prestação jurisdicional, deve ampliar e abrir seus horizontes. Segundo Gadamer, horizonte é "o âmbito de visão que abarca e encerra tudo o que é visível a partir de determinado ponto".[67] Aplicando-se ao meio jurídico falamos então que o magistrado não tem visão, seus horizontes são limitados ao Códex, da possibilidade de ampliar a exegese civilística aos princípios constitucionais, da abertura de novos horizontes jurídicos em razão do multiculturalismo, dos

---

65 GRONDIN, Jean. *Introdução à hermenêutica filosófica*. Tradução: Benno Dischinger. São Leopoldo: Unisinos, 1999, p. 190.
66 GADAMER, op. cit., 1997, p. 451.
67 Ibid., p. 452.

direitos humanos etc. Aquele juiz que não possui horizontes é um magistrado que não vê suficientemente longe e que, dessa forma, supervaloriza as regras do Código Civil (é um esforço intelectual reduzido preocupado apenas com o que lhe está mais próximo) sem o entrelaçamento devido com as normas e preceitos constitucionais. Pelo contrário, a leitura das regras jurídicas inter-privadas à luz da axiologia constitucional significa não estar limitado ao mais próximo, mas poder ver para além disso. Aquele que tem horizontes sabe valorizar corretamente o significado de ser magistrado. Assim, a elaboração da *situação hermenêutica* pelo juiz significa a obtenção do horizonte de questionamento correto para as questões que se colocam frente ao magistrado.

Neste contexto, Gadamer afirma que "quem omitir esse deslocar-se ao horizonte histórico a partir do qual fala a tradição, estará sujeito a mal-entendidos com respeito ao significado dos conteúdos daquela. Nesse sentido, parece ser uma exigência hermenêutica justificada o fato de termos de nos colocar no lugar do outro para poder entendê-lo".[68]

Surge então a necessidade do julgador deslocar-se à situação histórica e procurar reconstruir seu horizonte. Por essa razão que Gadamer afirma que "o horizonte é, antes, algo no qual trilhamos nosso caminho e que conosco faz o caminho. Os horizontes se deslocam ao passo de quem se move".[69] O operador do direito ou magistrado que permanece alheio às mudanças sociais não realiza o "deslocar-se" para a situação hermenêutica.

Há, portanto, uma necessidade de compreender o outro homem a partir da intersubjetividade, considerando a alteridade da norma jurídica. Esse deslocar-se não é um ato de subjetividade ou arbitrariedade, nem a submissão do outro sob os padrões do julgador, mas significa uma ascensão a uma universalidade hermenêutica. Daí a importância de termos horizontes. Aplicando ao problema hermenêutica as questão de se ter horizontes, Hans-Georg Gadamer afirma que "ganhar um horizonte quer dizer sempre aprender a ver mais além do próximo e do muito próximo, não para apartá-lo da vista, senão que precisamente para vê-lo melhor, integrando-o em um todo maior e em padrões mais corretos".

É evidente que para ganhar para si um horizonte histórico requer um esforço pessoal do magistrado. Ele não pode ficar limitado ao modelo de decisão judicial pautado na lógica formal, de padrão matematizante. Ele deve ir além na busca de novos horizontes e paradigmas de decidibilidade judicial, como ser-no-mundo e mundo vivido.

A questão da decidibilidade judicial é muito importante, em especial, em uma sociedade plural e complexa, em constantes mutações. Daí que essa questão é muito mais complexa do que se pensa, já que cabe ao magistrado proferir sentenças judiciais que não sejam aparentes e superficiais fincadas

---

68 Ibid., p. 453.
69 Ibid., p. 455.

em uma hermenêutica de superfície, ao contrário deve partir do fato de que uma situação hermenêutica está delimitada pelos preconceitos que trazemos conosco. É um ir além do que já não se consegue ver com a hermenêutica metodológica. Na verdade, o horizonte do presente está num processo de constante formação e mutação que condiciona os nossos preconceitos. A cada momento devemos pôr à prova tais preconceitos, a partir da fusão de horizontes. É o encontro do passado com a tradição da qual nós mesmos procedemos.[70] Segundo Gadamer a fusão de horizontes ocorre constantemente na tradição, pois "nela o velho e o novo crescem sempre juntos para uma validez vital, sem que um e outro cheguem a se destacar explicitamente por si mesmos".[71]

Toda essa tarefa hermenêutica deve ser desenvolvida conscientemente pelo magistrado, já que em si experimenta por si mesma à relação de tensão entre o texto legal e o presente. O julgador não pode decidir a demanda judicial com um comportamento hermenêutico ingênuo, desconsiderando a situação hermenêutica da qual faz parte.

Se formos em direção às lições gadamerianas, encontraremos: "A consciência histórica é consciente de sua própria alteridade e por isso destaca o horizonte da tradição com respeito ao seu próprio. [...] O projeto de um horizonte histórico é, portanto, só uma fase ou momento na realização da compreensão, e não se prende na autoalienação de uma consciência passada, mas se recupera no próprio horizonte compreensivo do presente. Na realização da compreensão tem lugar uma verdadeira fusão horizôntica que, com o projeto do horizonte histórico, leva a cabo simultaneamente sua suspensão. Nós caracterizamos a realização controlada dessa fusão como a tarefa da consciência histórico-efeitual. Enquanto que, na herança da hermenêutica romântica, o positivismo estático-histórico ocultou essa tarefa, temos de dizer que o problema central da hermenêutica se estriba precisamente nela. É o problema da aplicação que está contido em toda compreensão."[72]

1.8.6 A hermenêutica como aplicação

O problema da hermenêutica jurídica de cariz metodológico sofre uma ruptura com Gadamer. Isso porque "compreender é sempre também aplicar".[73] Uma regra jurídica não pode ser compreendida desalinhada com sua aplicação no instante concreto da decidibilidade judicial. Uma lei somente será compreendida adequadamente se "compreendida em cada instante, isto é, em cada situação concreta de uma maneira nova e distinta".[74] É o afas-

---
70 Ibid., p. 457.
71 Ibid.
72 Ibid., p. 458.
73 Ibid., p. 461.
74 Ibid.

tamento da tarefa hermenêutica ao modelo metodológico. Gadamer ensina que "a compreensão é menos um método por meio do qual a consciência histórica se aproxima do objeto eleito para alcançar seu conhecimento objetivo do que um processo que tem como pressuposição o estar dentro de um acontecer tradicional. A própria compreensão se mostrou como um acontecer".[75]

Dessa forma, o sentido de um texto jurídico e sua aplicação a um caso jurídico concreto não são atos separados, ao contrário representam uma unidade exegética.

---

75 Ibid., p. 462.

Capítulo 2
DIGNIDADE DA PESSOA HUMANA

Não é qualquer direito mínimo que se transforma em mínimo existencial. Exige-se que seja um direito a situações existenciais dignas.

Sem o mínimo necessário à existência cessa a possibilidade de sobrevivência do homem e desaparecem as condições iniciais da liberdade. A dignidade humana e as condições materiais da existência não podem retroceder aquém de um mínimo, do qual nem os prisioneiros, os doentes mentais e os indigentes podem ser privados.

O mínimo existencial não tem dicção constitucional própria. Deve-se procurá-lo na ideia de liberdade, nos princípios constitucionais da dignidade humana, da igualdade, do devido processo legal e da livre iniciativa, na Declaração dos Direitos Humanos e nas imunidades e privilégios do cidadão.

Só os direitos da pessoa humana, referidos a sua existência em condições dignas, compõem o mínimo existencial. Assim, ficam fora do âmbito do mínimo existencial os direitos das empresas ou das pessoas jurídicas, ao contrário do que acontece com os direitos fundamentais em geral.

O direito à existência deve ser entendido no sentido que lhe dá a filosofia, ou seja, como direito ancorado no ser-aí (Da-sein) ou no ser-no-mundo (in-der-Welt-sein). Integra a "estrutura de correspondências de pessoas ou coisas", em que afinal consiste o ordenamento jurídico. Não se confunde com o direito à vida, que tem duração continuada entre o nascimento e a morte e extensão maior que o de existência, que é situacional e não raro transitória. A Corte Constitucional da Alemanha define o míni-

mo existencial como o que "é necessário à existência digna" (ein menschenwürdiges Dasein notwendig sei).[1]

[...]

O mínimo existencial não é um valor nem um princípio jurídico, mas o conteúdo essencial dos direitos fundamentais.

(Ricardo Lobo Torres)[2]

2.1 Construção Histórica

A análise da construção histórica da *dignidade humana* se impõe como necessário, pois existe uma distinção entre dignidade (a *dignitas* romana ou expressões gregas) como valor, honra e apreço e a expressão *dignidade da pessoa humana* como inerente à própria condição humana. Aquela é condicional, transitória, inigualitária e contingente; esta é universal e incondicional. A dignidade como valor, honra e apreço se refere a uma postura pessoal objetivamente apreciada pela sociedade; já a dignidade referida à condição humana possui caráter polissêmico e aberto encontrando-se em estado permanente de mutação e desenvolvimento ao longo do tempo e do espaço que está em constante concretização e delimitação pela práxis constitucional.[3] Daí a importância da distinção, pois ambas andam de mãos dadas nos dias atuais: ora a expressão dignidade pode ser utilizada como qualidade, apreço ou status social; ora pode ser entendida como ideia de igual dignidade inerente a todo e qualquer ser humano, especialmente, incorporada nos diplomas jurídico-constitucionais do segundo pós-guerra.

Na Roma antiga, a expressão *dignitas* estava relacionada ao status social do indivíduo na sociedade, tais como honra, respeito, deferência e consideração social até mesmo pela função pública que o sujeito exerce na comunidade. Era uma espécie de status privilegiado particular que o indivíduo ostentava no seio da sua comunidade.

De acordo com Ingo Sarlet, "no pensamento filosófico e político da antiguidade clássica, verificava-se que a dignidade (*dignitas*) da pessoa humana dizia, em regra, com a posição social ocupada pelo indivíduo e o seu grau de reconhecimento pelos demais membros da comunidade, daí poder falar-se em uma quantificação e modulação da dignidade, no sentido de se admitir a existência pessoas mais dignas ou menos dignas. Por outro lado, já no pensamento estoico, a dignidade era tida como a qualidade que, por ser inerente

---

1 TORRES, Ricardo Lobo. *O Direito ao Mínimo Existencial*. Rio de Janeiro: Renovar, 2009, p. 36.
2 Ibid., p. 83.
3 ROCHA, Cármen Lúcia Antunes. *O princípio da dignidade da pessoa humana e a exclusão social*. In: Revista interesse público. Belo Horizonte. n. 4. 1999. p. 24.

ao ser humano, o distinguia das demais criaturas, no sentido de que todos os seres humanos são dotados da mesma dignidade, noção esta que se encontra, por sua vez, intimamente ligada à noção de liberdade pessoal de cada indivíduo (o homem como ser livre e responsável por seus atos e seu destino), bem como a ideia de que todos os seres humanos, no que diz com a sua natureza, são iguais em dignidade. Com efeito, de acordo com o jurisconsulto político e filósofo romano Marco Túlio Cícero, é a natureza quem descreve que o homem deve levar em conta os interesses de seus semelhantes, pelo simples fato de também serem homens, razão pela qual todos estão sujeitos às mesmas leis naturais, de acordo com as quais é proibido que uns prejudiquem aos outros, passagem na qual (como, de resto, encontrada em outros autores da época) se percebe a vinculação da noção de dignidade com a pretensão de respeito e consideração a que faz jus todo ser humano. Assim, especialmente em relação a Roma – notadamente a partir das formulações de Cícero, que desenvolveu um compreensão da dignidade desvinculada do cargo ou posição social – é possível reconhecer a coexistência de um sentido moral (seja no que diz às virtudes pessoais do mérito, integridade, lealdade, entre outras, seja na acepção estoica referida) e o sociopolítico de dignidade (aqui no sentido da posição social e política ocupada pelo indivíduo)."[4]

Dessa maneira, é possível afirmar que os primórdios da dignidade da pessoa humana encontram-se na antiguidade clássica e o seu sentido e alcance estava relacionado à posição que cada indivíduo ocupava na sociedade. Como dito acima, a palavra *dignidade* provém do latim *dignus* que representa aquela pessoa que *merece estima e honra*, ou seja, aquela pessoa que é importante em um grupo social.

No período medieval, a *dignidade da pessoa humana* passou a entrelaçar-se aos valores inerentes à filosofia cristã. Melhor dizendo: a ideia de dignidade passa a ficar vinculada a cada individuo, lastreada no pensamento cristão em que o homem é criação de Deus sendo salvo de sua natureza originária por Ele e possuindo livre arbítrio para a tomada de suas decisões. Severino Boécio (480-524) é o divisor de águas de dois tempos: a antiguidade e o medievo. Boécio é, pois, o precursor da definição filosófica de pessoa (humana), embora seu desenvolvimento pleno tenha se dado na metade do século XIII. O seu contributo foi situar a pessoa humana no horizonte da racionalidade a partir de sua condição de singularidade. A partir de Boécio, a noção de pessoa como substância individual e racional elevou o ser humano a uma nova esfera de dignidade e responsabilidade, implicando em nova perspectiva de ser e estar no mundo.

---
4   SARLET, Ingo Wolfgang. *A eficácia dos direitos fundamentais: uma teoria geral dos direitos fundamentais na perspectiva constitucional*. 10. ed. Porto Alegre: Livraria dos Advogados; 2011, p. 34-36.

De acordo com Savian Filho[5] e Ricardo Antonio Rodrigues[6], "Boécio elabora no capítulo III, do texto *Contra Eutychen et Nestorium* a definição de Persona que se tornará clássica no pensamento medieval e moderno. Já presente no contexto das controvérsias teológicas dos primeiros séculos, em oposição com natura (*physis*) e essentia (*ousia*), persona tornou-se palavra central também para a antropologia filosófica e teológica. Para um breve histórico dos principais passos da evolução do conceito convém considerar que há sempre controvérsias em torno dessa palavra, mas que passou por seu significado ligado ao teatro; sentido de máscara, inclusive ligada à antiguidade Greco-romana do culto à divindade Perséfone, onde a tal objeto se chamava *phersu*, e era usado nos rituais religiosos; depois o próprio sentido do teatro, inclusive é essa conotação mais aproximada se considerarmos a língua grega. O sentido geral dos romanos é que persona não era apenas o objeto em si, mas também o papel desempenhado por cada ator e ligando ao Direito e ao sentido político, tal máscara não caracterizava algo de essencial, pois era a expressão do papel mutável e não essencial exercido por quem a usava. Tinha como uma conotação de personalidade no sentido do não essencial. Isso em se tratando do século I. Já para os gregos *prosopón* tinha uma conotação que transcendia o aspecto gramatical, jurídico, religioso, e fundava-se num caráter mais filosófico de insurreição contra o trágico da existência, que somos também contingência e isso implica numa luta para a afirmação da liberdade. Parece haver uma relação entre a leitura de Boécio, Agostinho e os padres Capadócios, pois a ideia de individualidade, substância etc. tem relação direta com a leitura trinitária de Deus. Ou seja, não há como negar que a leitura filosófica e antropológica de Boécio sobre a pessoa humana tenha um viés fortíssimo da teologia trinitária cristã."

Para Boécio o primordial não é o coletivo como fundamento, mas o sujeito que pensa e reflete e, por isso, é capaz de viver em comunidade. Assim, a contribuição de Boécio foi deslocar o sentido de racionalidade e individualidade como condição primeira, destacando a noção de individualidade com o acento na racionalidade da pessoa. Na visão do autor, as coisas inanimadas, os animais, os vegetais não podem nunca serem elevados à condição de pessoa, mas somente dos seres portadores de alma racional.[7]

Boécio afirma que "disso tudo decorre que, se há pessoa tão somente nas substâncias, e naquelas racionais, e se toda substância é uma natureza, mas não consta nos universais, e, sim, nos indivíduos, a definição que se

---

5 BOÉCIO. *Escritos* (OPUSCULA SACRA). Tradução, introdução, estudos introdutórios e notas Juvenal Savian Filho. Prefácio de Marilena Chauí. São Paulo: Martins Fontes, 2005, p. 225-227.
6 RODRIGUES, Ricardo Antonio. *Severino Boécio e a invenção filosófica da dignidade humana*. In: Seara filosófica. N. 5, Verão, 2012, p. 3-20.
7 Ibid.

obtém de pessoa é a seguinte: "substância individual de natureza racional".[8] Aqui a pessoa humana um estatuto de 'superioridade' aos demais seres, exceto aos anjos e as pessoas divinas.

Boécio "ao enfatizar a dimensão da natureza racional e do caráter individual da pessoa, sua definição ao considerar que a pessoa humana, como na tradição cristã, é imagem da própria Trindade, essa ênfase na dimensão racional e individual acabou sendo o pressuposto central, não só no cristianismo, mas em toda cultura ocidental para o que denominamos de dignidade humana."[9]

Dessa forma, a compreensão da dignidade humana é vista a partir de um estatuto ontológico. A própria condição humana, o simples fato de sermos humanos, representa a garantia de certos direitos fundamentais fundados numa dignidade que é a priori.

BOAVENTURA DE BAGNOREGIO (São Boaventura) também elaborou uma síntese filosófica sobre pessoa ao escrever o *De Trinitate* em 1254-7. De acordo com Ricardo Antonio Rodrigues, São Boaventura, "certamente tenha se dado conta de que a pessoa divina não pode ser interpretada dentro do mesmo estatuto epistêmico que se apreende e compreende intelectivamente qualquer ente, ou como algo similar a uma coisa, pois a relação que é uma herança da noção trinitária, e por analogia aplicada à pessoa humana. [...] a pessoa humana como relação, é condição de estar e ser-no-mundo com os demais seres e coisas, e, com isso, não esteja apenas orientada para um solipsismo, ou mesmo uma solidão fechada e desesperadora que angustia e oprime. Para o nosso autor, a pessoa como relação é abertura, projeção e orientação que tende ao transcendente, aos outros e ao mundo. A relação como categoria essencial (São Boaventura, Hex., col. 12, nº 14) dispõe a condição humana como singularidade, incomunicabilidade e suprema dignidade (São Boaventura, III Sent., d. 5, a. 2, q. 2, ad.1)".[10]

Assim, a expressão da pessoa humana como alguém e não como algo, portanto, para Boaventura lhe dá "um caráter de dignidade diferenciada, inspira-se num movimento imitativo, mas com as devidas proporções e diferenças da realidade trinitária. Com isso, é possível pensarmos a pessoa, segundo o autor, no caso do humano, não apenas como coisa ou mesmo supercoisa, mas como um existente em processo, e numa perspectiva do devir, que é sendo; uma recorrente vocação a ser o que se é e o que se deve ser num complexo feixe ou nó de relações, como no exemplo da Trindade, algo que racionalmente é apreensível, de certo modo e até certo ponto, mas, que em sua mais profunda realidade, mantém-se mistério. [...] Assim, dentro desse

---

8 Ibid.
9 Ibid.
10 RODRIGUES, Ricardo Antonio. *A pessoa humana é relação.* In: Thaumazein, ano IV, número 08, Santa Maria (dezembro de 2011), pp. 73-87.

horizonte a pessoa humana como semelhança da trindade não é um produto acabado ou uma essência fechada, mas perspectiva, eterna possibilidade, uma incomunicabilidade que tende à saída de si como projeção que se identifica ao relacionar-se, ao tender com tudo e com todos. Não que lhe falte algo que se consiga por meio da relação, mas a relação aperfeiçoa, mas que só se dá pela singularidade e pela realidade concreta do que se é.[...] A pessoa humana na perspectiva bonaventuriana possui uma exigência própria de ser que o impele a ser mais sempre, quase que de uma forma imperativa no sentido do "torna-te quem tu deves ser". E esse ser mais tem um significado de que a relação que o situa e o identifica pode agregar ao seu ser, não um acréscimo identitário que lhe falte, mas a possibilidade de enriquecer ainda mais a sua realidade singular e pessoal ao encontrar-se com a alteridade".[11]

Vale destacar que o conceito da pessoa humana na concepção bonaventuriana como relação é importantíssimo para o direito, já que traduz a relação com os outros, o cuidado, a alteridade, característica fundamental da norma jurídica. É essencial para a compreensão do direito como relação jurídica de cooperação, ou seja, o ser com os outros.

Santo Tomás de Aquino (1225-1274), a partir da sistematização plena da cultura grega e latina, desencadeou o chamado *humanismo filosófico*. Com ele a pessoa humana é vista como portadora de uma dignidade vigorosa por ser Imagem de Deus. Há indícios de que Tomás de Aquino tenha escrito a Suma Teológica, pelo menos a primeira parte, segundo alguns cronologistas entre 1265 e 1271, ou seja, mais ou menos uma década após Boaventura ter redigido suas conclusões sobre a Trindade.[12]

São Tomás de Aquino afirma que "o termo dignidade é algo absoluto e pertence à essência", situando-o como um requisito inerente à condição humana.[13] Bruno Amaro Lacerda diz que Tomás de Aquino, partindo da definição de "pessoa" formulada por Boécio ("substância individual de natureza racional"), explica que "o homem é uma substância racional porque tem o domínio de seus atos, agindo por si mesmo e não pelo comando de outros seres. Em outras palavras, o homem é livre, pois tem o poder de determinar-se, de agir por si mesmo. Isso lhe confere uma superioridade em relação a todas as outras substâncias (entes) que não compartilham da mesma potência. Essa superioridade é chamada expressamente de dignidade: "Ora, é grande dignidade subsistir em uma natureza racional. Por isso dá-se o nome pessoa a todo indivíduo dessa natureza, como foi dito" (Suma Teológica, I, 29, 3)."[14]

---

11 Ibid.
12 Ibid.
13 AQUINO, São Tomás de. *Suma de Teología*. 4. ed. Madri: Biblioteca de Autores Cristianos, 2001, p. 411.
14 LACERDA, Bruno Amaro. *A dignidade humana em Giovanni Pico Della Mirandola*. In: Revista *Legis Augustus* (Revista Jurídica), vol. 3, n. 1, p. 16-23, setembro 2010.

Dessa forma, com São Tomás de Aquino, a dignidade da pessoa humana fincou fundamento na ideia de que o ser humano fora criado à imagem e semelhança de Deus, mas sobretudo na capacidade de autodeterminação inerente à natureza humana. O ser humano é livre por sua natureza, vivendo em função de usa própria vontade. Nos estudos de São Tomás de Aquino é possível perceber o destaque para a liberdade do homem o que, certamente, auxiliou Kant em seus estudos sobre a autonomia ética do ser humano.

Outro destaque na filosofia relacionada à *dignidade da pessoa* é Giovanni Pico. Ele nasceu em Mirandola, norte da Itália, em 24 de fevereiro de 1463, e faleceu em Florença, também na Itália, em 17 de novembro de 1496. Dentre suas obras, é importante destacar o *Discurso sobre a dignidade do homem*, uma espécie de manifesto renascentista do homem, descrito como centro do mundo (antropocentrismo).

De acordo com as lições de Bruno Amaro Lacerda, Giovanni Pico "não se limita a dizer que o homem é livre para escolher seus próprios fins, mas que, ao escolhê-los, o homem encontra a sua própria essência. O homem não é apenas o "animal racional" capaz de escolher, mas o ser que está fadado a escolher. É como se Deus houvesse condenado o homem à escolha, dado a ele a capacidade de, por seus atos livres, tornar-se o que deve ser. Percebe-se, então, que o homem está acima dos animais não simplesmente por ser racional, mas porque a razão o impele em direção a algo que nenhum animal pode conseguir: a determinação do seu próprio ser. É interessante relacionar essa constatação com outro aspecto da filosofia de Pico, o apreço pela magia, vista não como poder sobrenatural, mas como capacidade de conhecer a natureza, de descobrir seus segredos e transformá-la. O homem não está apenas "no mundo"; ele também atua "sobre o mundo", coloca-o a seu serviço. [...] Isto é interessante porque mostra de que modo o homem é semelhante a Deus. O homem, ser livre, é capaz de atos de criação, de transformação de si mesmo e do mundo onde vive. Sua dignidade decorre dessa capacidade criadora e inovadora, que o torna imagem de Deus, microcosmo que reflete, em escala menor, o poder divino da criação. O que torna Pico um dos primeiros renascentistas é essa visão da dignidade humana como capacidade de autodeterminação e criação a partir da transformação da natureza. A razão e a inteligência do homem não possuem exclusivamente um alcance ético, mas também um viés poiético (de poiésis: produção, fabricação). A originalidade de Pico, que o torna elo entre duas eras, a medieval e a moderna, está nessa visão do homem. A liberdade é o dom que o homem recebeu. Sua dignidade está em saber usá-lo bem, transformando o mundo e a si mesmo em direção ao melhor [...] O melhor, assim, é tudo aquilo que eleva o homem, que o torna construtor, criador, uma espécie de demiurgo do mundo, aproximando-o de Deus. É isso que, segundo Pico, converte o homem em um ser digno, merecedor de respeito por parte dos outros homens: o autoaperfeiçoamento, a capacidade de se tornar, pelo uso da razão, um "animal celeste", próximo à máxima perfeição".[15]

Importante destacar, também, o contributo de Marsilio Ficino (1433-1499) no Humanismo renascentista, em especial, quanto à noção de dignidade da pessoa humana.[16]

De acordo com Guilherme Camargo Massaú "é possível visualizar em Ficino (como em Pico Della Mirandola) obra e atuação, uma ideia histórica diretamente ligada a um momento "original" da visão ocidental; trata-se de um percurso de representações teológicas específicas que contribuíram na formação do conceito de dignidade, estruturando pensamentos filosóficos puros, muitas vezes, ainda, de conceitualidade com base teológica.

A ideia de dignidade de Ficino enraizou-se, sobretudo, na imagem e semelhança do homem com Deus [...] O conceito de semelhança de Deus do homem de Ficino não se baseia somente sobre o parentesco de essência presumido e principiológico entre o espírito humano e o divino. Tal perspectiva é fundamentada, especialmente, com a posição mediana cósmica do homem e seu papel intermediário no universo. A partir da representação platônica do provir e, simultaneamente, a do regresso, o florentino tenta demonstrar que o *mens* do homem origina-se do espírito divino e, ao mesmo tempo, da sua determinação finalística. A *mens* é *speculum Dei*, Deus é correlato da consciência da dignidade humana".[17]

Importante destacar também um grande autor que fincou a questão da dignidade humana na esfera social e política: *Francisco de Vitoria* (Burgos ou Vitória, 1483 – Salamanca, 12 de agosto de 1546), teólogo, filósofo, jurista e iniciador do movimento que, ao longo do século XVI, congregou romanistas, canonistas e teólogos e formou a chamada Escola Clássica Espanhola do Direito Natural e das Gentes, cuja contribuição doutrinária é altamente relevante na formação do Direito Internacional moderno. O pioneirismo de Vitoria contribuiu, fundamentalmente, para os sucessos do movimento de renovação da escolástica tomista no período renascentista.

Além de Francisco de Vitória, na questão da proteção dos povos indígenas, é importante mencionar Bartolemé de Las Casas (1474-1566), além dos discípulos de ambos: Melchor Cano (1509-1560) e Domingo Soto (1494-1560), e posteriormente Francisco Suarez (1548-1617).

O problema estava centrado no reconhecimento da *alteridade do índio*, ou seja, sobre a natureza humana do indígena. O enfrentamento desta questão era crucial para legitimar ou não a conquista de novas terras e a domina-

---

15 Ibid.
16 MASSAÚ, Guilherme Camargo. Dignidade Humana e *Marsilio Ficino*: a perspectiva do Renascimento. In: *Revista Direitos Humanos e Democracia* Unijuí: Unijuí, ano 2, n. 3, jan./jun, 2014, p. 128-124.
17 Ibid.

ção dos indígenas. Esta disputa política foi parar na mais alta corte da época, o papa Paulo III. O papa teve que editar uma bula *Sublimis Deus*, em 9 de junho de 1537, favorável à alteridade indígena que dizia: "Determina-se, como coisa de fé, que os índios são verdadeiros homens como os demais, capazes de salvação e de todos os sacramentos". Este documento papal estabeleceu, pois, um marco de poder simbólico que possibilitou avançar na construção de discursos a favor da dignidade humana.

Outrossim, é a partir da filosofia Kantiana – pensamento antropocentrista – que o conceito de *dignidade humana* passa a ser uma qualidade peculiar e insubstituível do ser humano. Em Kant, o homem é compreendido como ser racional e não como mero objeto social. É a partir de sua racionalidade que o homem é qualificado como pessoa (um ser racional como um fim em si mesmo, provido de razão). Dessa maneira, somente o ser humano é pessoa, já que este é racional. Kant ensina que "age de tal sorte que consideres a Humanidade, tanto na tua pessoa como na pessoa de qualquer outro, sempre e simultaneamente como fim e nunca simplesmente como meio [...] os seres racionais estão submetidos à lei segundo a qual cada um deles jamais se trate a si mesmo ou aos outros simplesmente como meio, mas sempre e simultaneamente como fim em si [...] o homem não é uma coisa, não é, por consequência, um objeto que possa ser tratado simplesmente como meio, mas deve em todas as suas ações ser sempre considerado como um fim em si."[18] [19]

Em Kant, a dignidade deixa de ser considerada a partir da crença religiosa, buscando lastro na capacidade de atuação racional e autodeterminação e responsabilização moral da pessoa humana. Neste diapasão, Jorge Reis Novais afirma que "fosse a aptidão racional do homem concebida como dádiva de um Deus que o projectou como ser essencialmente livre ou, diversamente, fosse ela resultado de criação natural, desenvolve-se toda uma construção de dignidade assente sobre as ideias de razão, pensamento independente, valia intrínseca, igualdade, autonomia moral e auto-responsabilidade, ou seja, os atributos que são também ineliminários no sentido moral e jurídico da dignidade em nossos dias."[20]

Dessa forma, a maior qualidade de uma pessoa é, pois, a sua dignidade, como elemento fundamental e inerente à pessoa humana.

---

[18] KANT, Immanuel. *Fondements de la métaphysique des Moeurs*. Paris: Librairie Philosophique J. Vrin, 1992. p. 105-111.

[19] BARCELLOS, Ana Paula. *A Eficácia Jurídica dos Princípios Constitucionais*. O princípio da Dignidade da Pessoa Humana. Rio de Janeiro: Renovar, 2002, p. 107: "[...] Pode-se dizer que, para Kant, o homem é um fim em si mesmo – e não uma função do Estado, da sociedade ou da nação – dispondo de uma dignidade ontológica. O Direito e o Estado, ao contrário, é que deverão estar organizados em benefício dos indivíduos [...]."

[20] NOVAIS, Jorge Reis. *A Dignidade da Pessoa Humana*: Dignidade e Direitos Fundamentais. Vol. 1. Coimbra: Almedina, 2015, p. 43.

2.2 Dignidade Humana e Instrumentos Internacionais

Verificou-se, pois, que o conceito de dignidade humana foi construído historicamente alinhado a evolução do pensamento humano.

No seio jurídico, a ideia de dignidade humana já possui uma bela demonstração em diversos textos internacionais.

A *Declaração Universal dos Direitos do Homem*, de 1948,[21] no artigo 1º, diz que "todos os seres humanos nascem livres e iguais em dignidade e em direitos. Dotados de razão e de consciência, devem agir uns para com os outros em espírito de fraternidade." No artigo 23, em relação ao direito do trabalho afirma que "quem trabalha tem direito a uma remuneração equitativa e satisfatória, que lhe permita e à sua família uma existência conforme com a *dignidade humana*, e completada, se possível, por todos os outros meios de protecção social".

A *Declaração dos Direitos da Criança*, de 1959;[22] determina em seu princípio 2º que "a criança gozará de uma proteção especial e beneficiará de oportunidades e serviços dispensados pela lei e outros meios, para que possa desenvolver-se física, intelectual, moral, espiritual e socialmente de forma saudável e normal, assim como em condições de liberdade e *dignidade*. Ao promulgar leis com este fim, a consideração fundamental a que se atenderá será o interesse superior da criança".

A *Declaração das Nações Unidas sobre a Eliminação de todas as formas de Discriminação Racial*, de 1963, afirmando solenemente a necessidade de eliminar rapidamente todas as formas e todas as manifestações de discriminação racial em todas as partes do mundo e de assegurar a compreensão e o *respeito da dignidade da pessoa humana*, esclarece em seu artigo 1º que "a discriminação entre seres humanos com base na raça, cor ou origem étnica constitui um *atentado à dignidade humana* e deverá ser condenada enquanto negação dos princípios da Carta das Nações Unidas, bem como enquanto violação dos direitos humanos e liberdades fundamentais proclamados na Declaração Universal dos Direitos do Homem, obstáculo às relações amistosas e pacíficas entre as nações e fato susceptível de perturbar a paz e segurança entre os povos."

---

21 *Preâmbulo – Considerando* que o reconhecimento da dignidade inerente a todos os membros da família humana e dos seus direitos iguais e inalienáveis constitui o fundamento da liberdade, da justiça e da paz no mundo; [...]*Considerando* que, na Carta, os povos das Nações Unidas proclamam, de novo, a sua fé nos direitos fundamentais do homem, na dignidade e no valor da pessoa humana, na igualdade de direitos dos homens e das mulheres e se declararam resolvidos a favorecer o progresso social e a instaurar melhores condições de vida dentro de uma liberdade mais ampla; [...]

22 *Preâmbulo – Considerando* que os povos das Nações Unidas reafirmaram, na Carta, a sua fé nos direitos fundamentais, na dignidade do homem e no valor da pessoa humana e que resolveram favorecer o progresso social e instaurar melhores condições de vida numa liberdade mais ampla;

Posteriormente, o *Pacto Internacional relativo aos Direitos Civil e Políticos*, de 1966; em seu artigo 10, nº 1, dispôs que "todos os indivíduos privados da sua liberdade devem ser tratados com humanidade e com respeito da *dignidade inerente à pessoa humana*".

O *Pacto Internacional sobre os Direitos Económicos, Sociais e Culturais*, de 1966,[23] ao cuidar do direito à educação, em seu artigo 13, nº 1, esclarece que "os Estados Partes no presente Pacto reconhecem o direito de toda a pessoa à educação. Concordam que a educação deve visar ao *pleno desenvolvimento da personalidade humana e do sentido da sua dignidade* e reforçar o respeito pelos direitos do homem e das liberdades fundamentais. Concordam também que a educação deve habilitar toda a pessoa a desempenhar um papel útil numa sociedade livre, promover compreensão, tolerância e amizade entre todas as nações e grupos, raciais, étnicos e religiosos, e favorecer as actividades das Nações Unidas para a conservação da paz".

A *Declaração sobre a Eliminação da Discriminação contra as Mulheres*, de 1967, já afirmava em seu artigo 1º que a discriminação contra as mulheres, na medida em que nega ou limita a sua igualdade de direitos em relação aos homens, é fundamentalmente injusta e constitui uma *ofensa à dignidade humana*.

A *Proclamação de Teerão* (Conferência Internacional dos Direitos Humanos), de 1968, diz, em seu item 5, que "o objetivo primordial das Nações Unidas na área dos direitos humanos consiste em fazer com que cada indivíduo alcance a máxima liberdade e *dignidade*. Para a realização deste objectivo, as leis de todos os países devem conceder a cada pessoa, independentemente da respectiva raça, língua, religião ou convicção política, liberdade de expressão, de informação, de consciência e de religião, bem como o direito de participar na vida política, económica, cultural e social do seu país." Os participantes desta conferência, terminam o documento, instando "todos os povos e governos a dedicarem-se aos princípios consagrados na Declaração Universal dos Direitos do Homem e a redobrar os seus esforços com vista a proporcionar a todos os seres humanos uma vida compatível com a liberdade e a *dignidade* e favorável ao bem-estar físico, mental, social e espiritual."

Na *Declaração sobre a Proteção de Todas as Pessoas contra a Tortura e outras Penas ou Tratamentos Cruéis, Desumanos ou Degradantes*, adotada pela Assembleia Geral das Nações Unidas, em 1975, o artigo 2º diz que "qualquer ato de tortura ou qualquer outra pena ou tratamento cruel, desumano ou degradante constitui uma *ofensa à dignidade humana* e será condenado como

---

23 Considerando que, em conformidade com os princípios enunciados na Carta das Nações Unidas, o reconhecimento da *dignidade* inerente a todos os membros da família humana e dos seus direitos iguais e inalienáveis constitui o fundamento da liberdade, da justiça e da paz no Mundo; Reconhecendo que estes direitos decorrem da *dignidade inerente à pessoa humana*;

violação dos objectivos da Carta das Nações Unidas e dos direitos humanos e liberdades fundamentais proclamados na Declaração Universal dos Direitos do Homem".

A *Declaração sobre a Raça e os Preconceitos Raciais*, de 1978, afirma no artigo 1º, nº 1, que todos os seres humanos pertencem à mesma espécie e descendem de uma origem comum. *Nascem iguais em dignidade* e em direitos e todos fazem parte integrante da Humanidade. O artigo 4º trata do *apartheid* e dos crimes contra a consciência e dignidade da pessoa humana. Vejamos: "1. Qualquer restrição à completa realização pessoal dos seres humanos e à livre comunicação entre eles que se baseie em considerações raciais ou étnicas é contrária ao princípio da igualdade em dignidade e direitos; não pode ser admitida. 2. O apartheid representa uma das mais graves violações deste princípio e constitui, como o genocídio, um crime contra a Humanidade, perturbando gravemente a paz e a segurança internacionais. 3. Outras políticas e práticas de segregação e discriminação racial constituem crimes contra a consciência e dignidade da espécie humana e podem provocar tensões políticas e comprometer gravemente a paz e a segurança internacionais." O artigo 9º do mesmo diploma internacional esclarece que "1. O *princípio da igualdade em dignidade e direitos de todos os seres humanos e todos os povos*, independentemente da respectiva raça, cor e origem, constitui um princípio de direito internacional geralmente aceite e reconhecido. Por conseguinte, qualquer forma de discriminação racial praticada pelo Estado constitui uma violação do direito internacional que dá origem a responsabilidade internacional. 2. Deverão ser tomadas medidas especiais para garantir a igualdade em dignidade e direitos dos indivíduos e grupos, sempre que necessário, evitando dar a estas medidas um carácter que possa parecer discriminatório no plano racial. A este respeito, deverá ser prestada particular atenção aos grupos raciais ou étnicos social ou economicamente desfavorecidos, de forma a garantir-lhes, em completa igualdade e sem discriminação ou restrição, a protecção da lei e regulamentos e os benefícios das medidas sociais em vigor, em particular nos domínios da habitação, emprego e saúde, respeitar a autenticidade da sua cultura e valores, e facilitar o seu progresso social e ocupacional, especialmente através da educação. 3. Os grupos populacionais de origem estrangeira, particularmente trabalhadores migrantes e suas famílias que contribuem para o desenvolvimento do país de acolhimento, deverão beneficiar de medidas adequadas destinadas a garantir-lhes segurança e o respeito da sua dignidade e valores culturais e a facilitar a sua adaptação ao meio de acolhimento e a progressão profissional com vista à posterior reintegração no respectivo país de origem e à sua contribuição para o desenvolvimento do mesmo; deverão ser tomadas medidas que permitam aos seus filhos aprender a sua língua materna. 4. Os desequilíbrios existentes nas relações económicas internacionais contribuem para exacerbar o racismo e os preconceitos raciais; por conseguinte, todos os Estados devem tentar contribuir para a reestruturação da economia internacional numa base mais equitativa".

Em 1981, foi proclamada a *Declaração sobre a Eliminação de todas as Formas de Intolerância e Discriminação baseadas na Religião ou Convicção*. O artigo 3º diz claramente que "a discriminação entre seres humanos por motivo de religião ou convicção constitui um *atentado à dignidade humana* e uma negação dos princípios da Carta das Nações Unidas, e deverá ser condenada enquanto violação dos direitos humanos e liberdades fundamentais proclamados na Declaração Universal dos Direitos do Homem e enunciados em detalhe nos Pactos Internacionais sobre Direitos Humanos, e enquanto obstáculo às relações amistosas e pacíficas entre nações."

A *Convenção Internacional sobre a Proteção de Todos os Trabalhadores Migrantes e dos Membros das suas Famílias*, de 1990, no artigo 17, nº 1, diz que estes devem ser tratados com humanidade e com respeito da *dignidade inerente à pessoa humana* e à sua identidade cultural.

Os *Princípios das Nações Unidas para as Pessoas Idosas*, adotados pela Resolução nº 46/91 da Assembleia Geral das Nações Unidas, de 1991, na parte que trata da assistência ao idoso, em seu item 14, dispõem que "os idosos devem ter a possibilidade de gozar os direitos humanos e liberdades fundamentais quando residam em qualquer lar ou instituição de assistência ou tratamento, incluindo a garantia do pleno respeito da sua *dignidade*, convicções, necessidades e privacidade e do direito de tomar decisões acerca do seu cuidado e da qualidade das suas vidas." Já os itens 17 e 18 tratam especificamente da *dignidade do idoso*. Vejamos: "17. Os idosos devem ter a possibilidade de viver com dignidade e segurança, sem serem explorados ou maltratados física ou mentalmente. 18. Os idosos devem ser tratados de forma justa, independentemente da sua idade, género, origem racial ou étnica, deficiência ou outra condição, e ser valorizados independentemente da sua contribuição económica."

Da mesma forma, é importante destacar, em 1992, a *Declaração sobre a Proteção de Todas as Pessoas contra os Desaparecimentos Forçados*. O artigo 1º diz claramente que qualquer ato de desaparecimento forçado constitui um atentado à dignidade da pessoa humana.[24]

---

24   1. Qualquer acto de desaparecimento forçado constitui um atentado à dignidade humana. É condenado enquanto negação dos objectivos das Nações Unidas e uma grave e flagrante violação dos direitos humanos e liberdades fundamentais proclamados na Declaração Universal dos Direitos do Homem e reafirmados e desenvolvidos em outros instrumentos internacionais nesta matéria.
    2. Todo o acto de desaparecimento forçado subtrai as pessoas que a ele são sujeitas à protecção da lei e provoca grandes sofrimentos a essas pessoas e às suas famílias. Constitui uma violação das normas de direito internacional que garantem, nomeadamente, o direito ao reconhecimento da personalidade jurídica, o direito à liberdade e segurança pessoal e o direito de não ser sujeito a tortura ou a outras penas ou tratamentos cruéis, desumanos ou degradantes. Também viola ou constitui uma grave ameaça ao direito à

A *Declaração e Programa de Ação de Viena*,[25] adotada a 25 de junho de 1993 pela Conferência Mundial sobre Direitos Humanos, que se realizou em Viena, Áustria, de 14 a 25 de junho de 1993, no item 11, ao tratar do direito ao desenvolvimento, diz que "todos têm direito a usufruir dos benefícios decorrentes do progresso científico e das suas aplicações práticas. A Conferência Mundial sobre Direitos Humanos toma nota de que alguns progressos, nomeadamente nas ciências biomédicas e da vida, bem como nas tecnologias da informação, podem ter consequências potencialmente adversas para a integridade, a dignidade e os direitos humanos do indivíduo, apelando à cooperação internacional para garantir o pleno respeito pelos direitos humanos e pela *dignidade da pessoa humana* nesta área de preocupação universal."

Da mesma forma, no item 18, ao destacar os direitos humanos das mulheres e das crianças do sexo feminino, afirma que "a violência baseada no género e todas as formas de assédio e exploração sexuais, nomeadamente as que resultam de preconceitos culturais e do tráfico internacional, são incompatíveis com a *dignidade e o valor da pessoa humana* e devem ser eliminadas. Isto pode ser alcançado por meio de medidas de carácter legislativo e da acção nacional e cooperação internacional em áreas tais como o desenvolvimento socioeconômico, a educação, a maternidade segura e os cuidados de saúde, e a assistência social".

No item 20, a Conferência Mundial sobre Direitos Humanos reconhece a inerente *dignidade dos povos indígenas* e o contributo único destes povos para o desenvolvimento e o pluralismo da sociedade e reafirma fortemente o empenho da comunidade internacional no seu bem-estar económico, social e cultural e no seu gozo dos frutos do desenvolvimento sustentável.

No mesmo documento, item 25, afirma que a pobreza extrema e a exclusão social constituem uma *violação da dignidade humana* e que são necessárias medidas urgentes para alcançar um melhor conhecimento da pobreza extrema e suas causas, incluindo as que se relacionam com o problema do desenvolvimento, com vista a promover os direitos humanos dos mais pobres, a pôr fim à pobreza extrema e à exclusão social e a promover o gozo dos frutos do progresso social. É essencial que os Estados estimulem a participação das pessoas mais pobres no processo decisório da comunidade onde vivem, a promoção dos direitos humanos e os esforços para combater a pobreza extrema.

---

vida.
25 *Reconhecendo* e afirmando que todos os direitos humanos decorrem da dignidade e do valor inerentes à pessoa humana, que a pessoa humana é o sujeito central dos direitos humanos e das liberdades fundamentais, e que, consequentemente, deve ser o seu principal beneficiário e participar activamente na realização desses direitos e liberdades, [...] *Relembrando* o Preâmbulo da Carta das Nações Unidas, em particular a determinação em reafirmar a fé nos direitos humanos fundamentais, na dignidade e no valor da pessoa humana, e na igualdade de direitos dos homens e das mulheres, assim como das nações, grandes e pequenas,

Capítulo 2 – Dignidade da Pessoa Humana

Por fim, trata no item 54 e seguintes da proibição da tortura, sublinhando que uma das violações mais atrozes da *dignidade humana* consiste no acto de tortura, cujos efeitos destroem a dignidade das vítimas e comprometem a sua capacidade para prosseguirem as suas vidas e as suas actividades.

Vale destacar, também, a *Declaração Universal sobre o Genoma Humano e os Direitos Humanos*, de 1997,[26] Parte A, que trata da dignidade humana e genoma humano. O artigo 1º do documento diz que "o genoma humano tem subjacente a unidade fundamental de todos os membros da família humana, bem como o reconhecimento da sua inerente dignidade e diversidade. Em sentido simbólico, constitui o património da Humanidade". Todas as pessoas têm direito ao respeito da sua dignidade e dos seus direitos, independentemente das respectivas características genéticas (artigo 2º, a) e essa dignidade impõe que os indivíduos não sejam reduzidos às suas características genéticas e que se respeite o carácter único de cada um e a sua diversidade (artigo 2º, b).

Nenhuma pessoa poderá sofrer discriminação com base nas características genéticas, que tenha como objetivo ou como efeito atentar contra os direitos humanos, as liberdades fundamentais e a *dignidade humana* (artigo 6º).

Ademais, nenhuma investigação na área do genoma humano ou respectivas aplicações, em particular nas áreas da biologia, da genética e da medicina, deve prevalecer sobre o respeito pelos direitos humanos, pelas liberdades fundamentais e pela *dignidade das pessoas* ou, se for caso disso, dos grupos de pessoas (artigo 10).

---

26 Recordando que o Preâmbulo da Constituição da UNESCO refere o "ideal democrático de dignidade, igualdade e respeito pela pessoa humana", rejeita qualquer "dogma da desigualdade das raças e dos homens", estabelece que "a difusão da cultura e a educação da humanidade para a justiça, a liberdade e a paz são indispensáveis à dignidade humana e constituem um dever sagrado que todas as nações devem cumprir com espírito de assistência mútua", proclama que "para que a paz subsista deverá assentar na solidariedade intelectual e moral da humanidade" e declara que a Organização procura promover "mediante a cooperação das nações do Mundo nos domínios da educação, da ciência e da cultura, os objectivos de paz internacional e bem-estar comum da humanidade, que presidiram à criação da Organização das Nações Unidas e que a respectiva Carta proclama", [...]
Tendo também presente a Convenção sobre a Diversidade Biológica, das Nações Unidas, de 5 de Junho de 1992, e destacando a este respeito que o reconhecimento da diversidade genética da Humanidade não pode dar origem a qualquer interpretação de natureza social ou política que possa pôr em causa a "dignidade inerente a todos os membros da família humana e [os] seus direitos iguais e inalienáveis", em conformidade com o Preâmbulo da Declaração Universal dos Direitos do Homem, [...]
Reconhecendo que a investigação sobre o genoma humano e suas consequentes aplicações abre amplas perspectivas de progresso ao nível da melhoria da saúde dos indivíduos e da Humanidade no seu conjunto, mas sublinhando que tal investigação deve respeitar plenamente a dignidade humana, a liberdade e os direitos humanos, bem como a proibição de todas as formas de discriminação com base nas características genéticas,

As práticas que sejam contrárias à *dignidade humana*, como a clonagem de seres humanos para fins reprodutivos, não serão permitidas. Os Estados e as organizações internacionais competentes são convidados a cooperar na identificação de tais práticas e na adopção, a nível nacional ou internacional, das medidas necessárias para garantir o respeito dos princípios enunciados na presente Declaração (artigo 11).

O Artigo 12, alínea a, diz que "os benefícios dos progressos nas áreas da biologia, da genética e da medicina, relativos ao genoma humano, serão postos à disposição de todos, *tendo devidamente em conta a dignidade e os direitos humanos de cada pessoa*".

Cabe aos Estados tomar providências adequadas para proporcionar um enquadramento favorável ao livre exercício da investigação sobre o genoma humano tendo devidamente em conta os princípios enunciados na referida Declaração, a fim de salvaguardar o respeito pelos direitos humanos, liberdades fundamentais e *dignidade humana* e proteger a saúde pública. Devem tentar assegurar-se de que os resultados das investigações não são utilizados para fins não pacíficos, conforme artigo 15.

Por fim, vale lembrar o artigo 21 ao afirmar que "os Estados devem tomar medidas apropriadas para promover outras formas de investigação, formação e divulgação de informação que fomentem a sensibilização da sociedade e de todos os seus membros para as suas responsabilidades associadas às questões fundamentais relativas à *defesa da dignidade humana* que podem ser suscitadas pela investigação na área da biologia, da genética e da medicina, e suas aplicações. Devem também tentar facilitar uma discussão aberta, a nível internacional, sobre esta matéria, garantindo a livre expressão de diversas opiniões socioculturais, religiosas e filosóficas."

A *Declaração do Milénio das Nações Unidas*, adotada pela Assembleia Geral das Nações Unidas por meio da Resolução 55/2, de 8 de setembro de 2000, por ocasião da Cimeira do Milênio (Nova Iorque, 6 a 8 de setembro de 2000), reconhece no Capítulo I que, para além das responsabilidades que todos temos perante as nossas sociedades, temos a responsabilidade coletiva de respeitar e defender os *princípios da dignidade humana*, da igualdade e da equidade, a nível mundial. Como dirigentes, temos, pois, um dever para com todos os habitantes do planeta, em especial para com os mais vulneráveis e, em particular, as crianças do mundo, a quem pertence o futuro.

Considera, ainda, que determinados valores fundamentais são essenciais para as relações internacionais no século XXI. Entre eles, destaca-se a liberdade, afirmando que "os homens e as mulheres têm o direito de viver a sua vida e de criar os seus filhos com *dignidade*, livres da fome e livres do medo da violência, da opressão e da injustiça. A melhor forma de garantir estes direitos é por meio de uma governação democrática e participada baseada na vontade popular."

No capítulo VI cuida da proteção dos grupos vulneráveis, decidindo intensificar a cooperação internacional, designadamente a partilha de responsabilidades com os países que recebem refugiados, e a coordenação da assistência humanitária a estes países, e ajudar todos os refugiados e pessoas deslocadas a regressar voluntariamente às suas casas, em condições de segurança e de *dignidade*, e a reintegrarem-se sem dificuldade nas suas respectivas sociedades.

A *Conferência Mundial contra o Racismo, Discriminação Racial, Xenofobia e Intolerância Conexa* realizada na cidade de Durban, África do Sul, entre os dias 31 de Agosto e 8 de Setembro de 2001, representou um evento de importância crucial nos esforços empreendidos pela comunidade internacional para combater o racismo, a discriminação racial e a intolerância em todo o mundo, bem como a proteção da dignidade da pessoa humana.[27]

---

27 Declaração e Programa de Acção da III Conferência Mundial contra o Racismo e a Discriminação Racial (Durban, 2001). [...]
8. Reconhecemos que a religião, a espiritualidade e as convicções desempenham um papel central nas vidas de milhões de mulheres e homens, e na forma como vivem e tratam as outras pessoas. A religião, a espiritualidade e as convicções podem, na teoria e na prática, contribuir para a promoção da dignidade e do valor inerentes à pessoa humana e para Racismo, Discriminação Racial, Xenofobia e Intolerância Conexa 26 a erradicação do racismo, da discriminação racial, da xenofobia e da intolerância conexa; [...]
34. Reconhecemos que as pessoas de ascendência africana são desde há séculos vítimas de racismo, discriminação racial, xenofobia e intolerância conexa e da negação histórica de muitos dos seus direitos, e afirmamos que devem ser tratadas de forma justa e com respeito pela sua dignidade, não devendo sofrer qualquer tipo de discriminação. Deverão, assim, ser-lhes reconhecidos os direitos à cultura e à sua identidade própria; a participar livremente e em condições de igualdade na vida política, social, económica e cultural; ao desenvolvimento no contexto das suas próprias aspirações e costumes; a conservar, manter e dinamizar as suas próprias formas de organização, o seu modo de vida, a sua cultura, as suas tradições e as suas práticas religiosas; a manter e utilizar as suas línguas; à protecção dos seus saberes tradicionais e da sua herança cultural e artística; a utilizar, fruir e conservar os recursos naturais renováveis da zona onde vivem e à participação activa na concepção, aplicação e execução de sistemas e programas educativos, incluindo os de natureza específica e própria; e, se for caso disso, às terras ancestralmente habitadas; [...]
39. Reconhecemos que os povos indígenas são vítimas de discriminação desde há séculos e afirmamos que eles são livres e iguais em dignidade e em direitos e não devem sofrer qualquer discriminação, em particular com base na sua origem e identidade indígenas, e sublinhamos a contínua necessidade de medidas para ultrapassar o racismo, a discriminação racial, a xenofobia e a intolerância conexa que os continuam a afectar; [...]
54. Sublinhamos a urgência de fazer face às causas profundas das deslocações de pessoas e de encontrar soluções duradouras para os refugiados e deslocados internos, em particular o regresso voluntário em condições de segurança e dignidade aos seus países de origem, bem como a reinstalação em países terceiros e a integração local, se e sempre que apropriado e possível; [...]
65. Reconhecemos o direito dos refugiados a regressar voluntariamente aos seus lares e propriedades em condições de dignidade e segurança, e instamos todos os Estados a facilitar este regresso; [...]

82. Afirmamos que o Diálogo entre Civilizações constitui um processo que visa identificar e promover os elementos comuns às diversas civilizações, o reconhecimento e promoção da dignidade inerente a todos os seres humanos e da igualdade dos seus direitos, e o respeito dos princípios fundamentais de justiça; desta forma, pode dissipar ideias de superioridade cultural baseadas no racismo, na discriminação racial, na xenofobia e na intolerância conexa, e facilitar a reconciliação de todos os membros da família humana; [...]
92. Reconhecemos também a necessidade de promover a utilização das novas tecnologias da informação e comunicação, incluindo a INTERNET, para Declaração da Conferência Mundial contra o Racismo, Discriminação Racial, Xenofobia e Intolerância Conexa 45 contribuir para a luta contra o racismo, a discriminação racial, a xenofobia e a intolerância conexa; as novas tecnologias podem ajudar na promoção da tolerância e do respeito pela dignidade humana, e dos princípios da igualdade e não discriminação; [...]
101. A fim de encerrar esses capítulos negros da História e como forma de reconciliação e cicatrização de feridas, convidamos a comunidade internacional e os seus membros a honrar a memória das vítimas de tais tragédias. Constatamos também que alguns tomaram a iniciativa de lamentarem o sucedido, de manifestarem arrependimento ou de apresentarem desculpas, e apelamos a todos os que não contribuíram ainda para restabelecer a dignidade das vítimas para que encontrem formas adequadas de o fazer e, neste sentido, agradecemos aos países que o fizeram; [...]
103. Reconhecemos que as consequências das formas passadas e contemporâneas de racismo, discriminação racial, xenofobia e intolerância conexa constituem sérios desafios à paz e segurança a nível global, ao respeito da dignidade humana e à realização dos direitos humanos e liberdades fundamentais de muitas pessoas do mundo, em particular africanos, pessoas de ascendência africana, pessoas de ascendência asiática e povos indígenas; [...]
105. Orientados pelos princípios consagrados na Declaração do Milénio e pelo reconhecimento de que temos uma responsabilidade colectiva de defender os princípios da dignidade humana, da igualdade e da justiça e de garantir que a globalização se torne numa força positiva para todos os povos do mundo, a comunidade internacional compromete-se a trabalhar em prol da integração benéfica dos países em desenvolvimento na economia global e a combater a sua marginalização, determinada em alcançar um crescimento económico acelerado e um desenvolvimento sustentável e em erradicar a pobreza, a desigualdade e a miséria; [...]
ESTRATÉGIAS PARA ALCANÇAR UMA PLENA E EFECTIVA IGUALDADE, NOMEADAMENTE COOPERAÇÃO INTERNACIONAL E REFORÇO DAS NAÇÕES UNIDAS E OUTROS MECANISMOS NO DOMÍNIO DO COMBATE AO RACISMO, À DISCRIMINAÇÃO RACIAL, À XENOFOBIA E À INTOLERÂNCIA CONEXA
63. Encoraja o sector empresarial, em particular a indústria do turismo e os fornecedores de acesso à INTERNET, a elaborar códigos de conduta, a fim de prevenir o tráfico de pessoas e proteger as vítimas deste tráfico, especialmente pessoas envolvidas na prostituição, contra a discriminação baseada no género e a discriminação racial, e promover os seus direitos, a sua dignidade e a sua segurança; [...]
126. Encoraja todos os Estados, em cooperação com as Nações Unidas, a Organização das Nações Unidas para a Educação, Ciência e Cultura e outras organizações internacionais competentes, a instituir e desenvolver programas culturais e educativos destinados a combater o racismo, a discriminação racial, a xenofobia e a intolerância conexa, a fim de garantir o respeito pela dignidade e valor de todos os seres humanos e de reforçar a compreensão mútua entre todas as culturas e civilizações. Insta também os Estados a apoiar e levar a cabo campanhas de informação pública e programas de formação específicos na área dos direitos humanos, se necessário, formulados nas línguas locais, a

Capítulo 2 – Dignidade da Pessoa Humana

Em 2006, é necessário lembrar os *Princípios de Yogyakarta*, na Indonésia, elaborados por especialistas em legislação internacional de direitos humanos, orientação sexual e identidade de gênero.[28] O Princípio 3º dispõe que

> fim de combater o racismo, a discriminação racial, a xenofobia e a intolerância conexa e promover o respeito pelos valores da diversidade, do pluralismo, da tolerância, do respeito mútuo, da sensibilidade cultural, da integração e da inclusão. Estas campanhas e programas dever-se-ão dirigir a todos os sectores da sociedade, particularmente às crianças e aos jovens; [...]
> NÍVEL INTERNACIONAL
> 148. Insta todos os intervenientes na cena internacional a construir uma ordem internacional baseada na inclusão, justiça, igualdade e equidade, dignidade humana, compreensão mútua e promoção e respeito da diversidade cultural e dos direitos humanos universais, e a rejeitar todas as doutrinas de exclusão baseadas no racismo, na discriminação racial, na xenofobia e na intolerância conexa; [...]
> 180. Convida a Assembleia Geral das Nações Unidas a considerar a possibilidade de elaborar uma convenção internacional completa e abrangente destinada a proteger e promover os direitos e a dignidade das pessoas com deficiência, incluindo, em especial, disposições que visem as práticas e os tratamentos discriminatórios que as afectam; [...]
> 185. Manifesta a sua profunda preocupação pela gravidade do sofrimento humano das populações civis afectadas e pelo fardo suportado por muitos países receptores, particularmente países em desenvolvimento e países em transição, e solicita às instituições internacionais competentes que garantam a manutenção de uma urgente e adequada assistência financeira e humanitária aos países de acolhimento, de forma a permitir-lhes auxiliar as vítimas e fazer face, numa base equitativa, às dificuldades das populações expulsas dos seus lares, e apela à concessão de salvaguardas suficientes, que permitam aos refugiados exercer livremente o seu direito de regressar aos seus países de origem voluntariamente, em segurança e dignidade; [...]
> Reafirmamos que: A Europa é uma comunidade de valores partilhados, multicultural no seu passado, presente e futuro; a tolerância garante a manutenção da Europa enquanto sociedade pluralista e aberta, no seio da qual é promovida a diversidade cultural;
> Todos os seres humanos nascem livres e iguais em dignidade e em direitos e com capacidade para participar de forma construtiva no desenvolvimento e bem-estar das nossas sociedades;
> A igual dignidade de todos os seres humanos e o princípio do Estado de Direito deverão ser respeitados e a igualdade de oportunidades deverá ser promovida;
> Profundamente convencida de que a Europa é uma comunidade de valores partilhados, incluindo o valor da igual dignidade de todos os seres humanos, e de que o respeito desta igual dignidade é a pedra angular de todas as sociedades democráticas;

28 Um grupo eminente de especialistas em direitos humanos preparou um documento preliminar, desenvolveu, discutiu e refi nou esses Princípios. Depois de uma reunião de especialistas, realizada na Universidade Gadjah Mada, em Yogyakarta, Indonésia, entre 6 e 9 de novembro de 2006, 29 eminentes especialistas de 25 países, com experiências diversas
e conhecimento relevante das questões da legislação de direitos humanos, adotaram por unanimidade os Princípios de Yogyakarta sobre a Aplicação da Legislação Internacional de
Direitos Humanos em relação à Orientação Sexual e Identidade de Gênero.
O relator da reunião, professor Michael O'Flaherty, deu uma contribuição imensa à versão preliminar e a revisão dos Princípios. Seu compromisso e esforço incansável foram críticos
para o sucesso desse processo.

"Toda pessoa tem o direito de ser reconhecida, em qualquer lugar, como pessoa perante a lei. As pessoas de orientações sexuais e identidades de gênero diversas devem gozar de capacidade jurídica em todos os aspectos da vida. A orientação sexual e identidade de gênero autodefinidas por cada pessoa constituem parte essencial de sua personalidade e um dos aspectos mais básicos de sua autodeterminação, *dignidade* e liberdade. Nenhuma pessoa deverá ser forçada a se submeter a procedimentos médicos, inclusive cirurgia de mudança de sexo, esterilização ou terapia hormonal, como requisito para o reconhecimento legal de sua identidade de gênero. Nenhum status, como casamento ou status parental, pode ser invocado para evitar o reconhecimento legal da identidade de gênero de uma pessoa. Nenhuma pessoa deve ser submetida a pressões para esconder, reprimir ou negar sua orientação sexual ou identidade de gênero."

Outro documento de fundamental importância é a *Convenção sobre os Direitos das Pessoas com Deficiência*, de 2007, com entrada em vigor na ordem internacional, em maio de 2008. Ora, é mais que reconhecido que a discriminação contra qualquer pessoa com base na deficiência é uma violação da dignidade e valor inerente à pessoa humana. O objeto da referida Convenção, consoante o artigo 1º, é promover, proteger e garantir o pleno e igual gozo de todos os direitos humanos e liberdades fundamentais por todas as pessoas com deficiência e promover o respeito pela sua *dignidade* inerente.

Um dos princípios gerais da presente Convenção é o respeito pela dignidade inerente, autonomia individual, incluindo a liberdade de fazerem as suas próprias escolhas, e independência das pessoas (artigo 3º, a).

Neste documento, no artigo 8º (Sensibilização), os Estados Partes comprometeram-se a adotar medidas imediatas, efetivas e apropriadas para sensibilizar a sociedade, incluindo a nível familiar, relativamente às pessoas com deficiência e a fomentar o respeito pelos seus direitos e *dignidade*. Devem tomar, também, medidas apropriadas para promover a recuperação e reabilitação física, cognitiva e psicológica, assim como a reintegração social das pessoas com deficiência que se tornem vítimas de qualquer forma de exploração, violência ou abuso, incluindo da disponibilização de serviços de proteção. Tal recuperação e reintegração devem ter lugar num ambiente que favoreça a

---

Os Princípios de Yogyakarta tratam de um amplo espectro de normas de direitos humanos e de sua aplicação a questões de orientação sexual e identidade de gênero. Os Princípios
afirmam a obrigação primária dos Estados de implementarem os direitos humanos. Cada princípio é acompanhado de detalhadas recomendações aos Estados. No entanto, os especialistas também enfatizam que muitos outros atores têm responsabilidades na promoção e proteção dos direitos humanos. São feitas recomendações adicionais a esses outros atores, que incluem o sistema de direitos humanos das Nações Unidas, instituições nacionais de direitos humanos, mídia, organizações não governamentais e financiadores.

saúde, bem-estar, autoestima, *dignidade e autonomia da pessoa* e ter em conta as necessidades específicas inerentes ao gênero e idade (artigo 16, nº 4).

O artigo 24 desta Convenção trata da educação, reconhecendo o direito das pessoas com deficiência à educação. Com vista ao exercício deste direito sem discriminação e com base na igualdade de oportunidades, os Estados Partes deve assegurar um sistema de educação inclusiva a todos os níveis e uma aprendizagem ao longo da vida, direcionados para: a) O pleno desenvolvimento do potencial humano e *sentido de dignidade* e autoestima e ao fortalecimento do respeito pelos direitos humanos, liberdades fundamentais e diversidade humana; b) O desenvolvimento pelas pessoas com deficiência da sua personalidade, talentos e criatividade, assim como das suas aptidões mentais e físicas, até ao seu potencial máximo; c) Permitir às pessoas com deficiência participarem efectivamente numa sociedade livre.

O artigo 25 cuida do direito à saúde das pessoas com deficiência. Deve-se, pois, exigir dos profissionais de saúde a prestação de cuidados às pessoas com deficiência com a mesma qualidade dos dispensados às demais, com base no *consentimento livre e informado, inter alia*, da sensibilização para os direitos humanos, *dignidade, autonomia* e necessidades das pessoas com deficiência por meio da formação e promulgação de normas deontológicas para o setor público e privado da saúde.

Assim, sobreleva notar que em diversas declarações e textos internacionais afirmam a proteção da dignidade da pessoa humana. Daí a necessidade de sua delimitação e concretização no sistema jurídico internacional. Ademais, a ideia de dignidade humana possui um amplo espectro epistemológico e tem servido de base a diversas decisões de cortes internacionais e comunitárias.

Constata-se, portanto, que a dignidade da pessoa humana, "na sua acepção jurídica, não pode ficar restrita a campos definidos pelo direito positivo, mas pressupõe para sua materialização jurídica perspectivas mais amplas do que permite o espaço jurídico positivado."[29]

Todavia, vale lembrar que *dignidade humana* não se confunde com *direitos humanos*. Neste sentido, André de Carvalho Ramos defende o princípio da consubstancialidade parcial da dignidade humana com os direitos humanos, ou seja, a unidade ou comunhão entre dignidade humana e direitos humanos é parcial não havendo sinonímia. O autor explica que "em um primeiro nível (primário), todos os direitos humanos consistem minimamente com uma projeção da dignidade humana; em um segundo nível essa presença é distante, o que redunda em uma consubstancialidade parcial."[30]

---

[29] BARRETTO, Vicente de Paulo; MOTA, Mauricio. *Por que estudar filosofia do Direito?* Aplicações da filosofia do Direito nas decisões judiciais. Brasília: ENFAM, 2011, p. 191.
[30] RAMOS, André de Carvalho. *Dignidade humana como obstáculo à homologação de sentença strangeira*. In: Revista de Processo, vol. 249. Ano 40. São Paulo: RT, 2015, p. 43.

2.3 A Dignidade da Pessoa Humana Como Discurso Legitimador do Direito

Pensar o Direito em sua forma mais originária. Este é o desafio em direção às sendas da realização da tutela da dignidade da pessoa humana. É um pensar o Direito com as lentes voltadas para o mais essencial: a dignidade humana como valor fundamental da Constituição da República (art. 1º, III, da CRFB/88).

O "saber" jurídico não pode ficar atrelado ao ente, dominado pela sua estrutura, mas sim deve caminhar sempre para além deste, ultrapassando-o, constantemente. O operador jurídico deve procurar superar o texto da lei, em busca do seu fundamento – em direção ao ser. O saber essencial do Direito não está posto, não é algo dado, objetificado (entitativo), mas sim desvelado ao julgador na análise do caso concreto decidendo. É um "saber" essencial que passa por cima do ente e procura atingir a sua forma mais originária. Somente quando ultrapassamos o ente, em busca do seu ser, as "proposições" jurídicas terão alguma justificação.

Nesse contexto, HEIDEGGER, na obra Sobre o Humanismo, afirma que "somente na medida em que o homem, ec-sistindo na Verdade do Ser, pertence ao Ser, é que pode provir do próprio Ser a recomendação das prescrições que tornar-se-ão para o homem lei e regra. Em grego, recomendar é *némein*. O *nómos* não é apenas a lei, porém, mais originalmente, a recomendação protegida pelo destinar-se do Ser. Só essa recomendação pode dispor o homem para o Ser. E somente essa disposição pode trazer e instaurar obrigações. Do contrário, toda a lei permanecerá e continuará apenas um produto (das Gemächte) da razão humana. Mais essencial para o homem do que todo e qualquer estabelecimento de regras é encontrar um caminho para a morada da Verdade do Ser."[31]

O esquecimento da Verdade do Ser em favor da "coisificação" do Direito, não pensado em sua essência, é o sentido de sua decadência. Sem a percepção desta essência todo o esforço e o cuidado para se "dizer o direito" transborda no vazio. As normas jurídicas em abstrato devem ganhar mais plenitude e colorido se considerarmos os estudos avançados de hermenêutica jurídica e concretude judicial, uma vez que aquela deixa de ser considerada como hermenêutica de orientação metodológico-científica (modo de conhecer) para ser estudada como hermenêutica ontológica (modo de ser).

Vicente de Paulo Barretto e Mauricio Mota, baseados nos argumentos de Bernard Edelman, afirmam que o conceito de dignidade humana situa-se em outro plano epistemológico. "Ela não designa nem mais nem menos a essência do homem, como formulada nos direitos humanos, mas atribui outro

---
31 HEIDEGGER, Martin. *Sobre o humanismo*. Tradução de Emmanuel Carneiro Leão. 2. ed. Rio de Janeiro: Tempo Brasileiro, 1995, p. 4-95.

significado a essa essência".[32] Dessa maneira, a dignidade humana "situa-se no cerne da luta contra o risco de desumanização, consequência do desenvolvimento desmesurado da tecnociência e do mercado. O inimigo não é mais unicamente e exclusivamente o poder do Estado, mas também o próprio produto do conhecimento humano e do sistema produtivo".[33] Daí a necessária diferenciação entre dignidade humana e direitos humanos. A conceituação de ambos estão atrelados à pessoa humana. Ocorre que a dignidade "de alguma forma situa-se em nível mais profundo na essência do homem".[34] Os autores traçam, pois a diferenciação entre o homem dos direitos humanos e a humanidade. Vejamos as lições: "verifica-se então como a dignidade humana encontra-se referida à questão não do indivíduo, mas da humanidade. O homem dos direitos humanos representa, juridicamente, o indivíduo universal no exercício de sua liberdade também universal. A humanidade, por sua vez, é a reunião simbólica de todos os homens enquanto seres humanos".[35]

A dogmática jurídica não pode esconder as vicissitudes da realidade material (mundo vivido) que o Direito deve tutelar, em especial, nas questões diretamente relacionadas ao Homem, sua dignidade e personalidade.

Sem focar o Direito na dignidade da pessoa humana, como pode o operador do direito aplicar as regras do direito posto? O primeiro passo é, pois, conhecer a dimensão ontológica do Direito.

A partir desse novo *lócus hermenêutico*, a relação jurídica deve ser compreendida como a realização do Direito, inserida no seu contexto histórico-cultural, ou seja, a ideia de relação jurídica deve estar em harmonia com os direitos fundamentais, com vistas a repersonalização da pessoa. É a realização do direito conduzida por uma questão prévia: a sintonia do Direito com os cânones da tutela da dignidade da pessoa humana. Daí a necessidade de uma nova racionalidade a partir de uma perspectiva ontológico-existencial.[36]

Melhor dizendo: é a possibilidade de análise do fenômeno jurídico a partir de suas vicissitudes totalitárias concretas no mundo da vida. É a relação jurídica ajustada a uma nova dinâmica social de inter-relação humana vista a partir de suas especificidades concretizantes. É o Direito inserido na pós-modernidade.

É justamente por isso que os operadores do direito precisam ajustar a dogmática jurídica ao novo, ao efêmero, ao *poder-ser*, a diversidade, à diferença, ao pluralismo, bem como enfrentar as relações jurídicas a partir de sua dinamicidade espaço-tempo cultural.

---

32 EDELMAN, Bernard. La personne em danger. Paris: Presses Universitaires de France, 1999, p. 508. In: BARRETTO, Vicente de Paulo; MOTA, Mauricio. *Por que estudar Filosofia do Direito?* Aplicações da Filosofia do Direito nas Decisões Judiciais. Brasília: ENFAM, 2011, p. 193.
33 Ibid.
34 Ibid, p. 192.
35 Ibid, p. 193.
36 MELLO, Cleyson de Moraes. *Hermenêutica e Direito.* Rio de Janeiro: Freitas Bastos, 2006.

O jurista não pode fechar os olhos para esta nova realidade, refugiando-se num formalismo positivista que prescinda de aproximações com a hermenêutica filosófica e constitucional.

É desta forma que o Direito não pode se ancorar no paradigma epistemológico da filosofia da consciência e na subjetividade. Observa-se a entificação do Direito. O Direito deve restar harmonioso com o modo de ser-no-mundo (mundo da vida). Dessa maneira é possível reconhecer o fundamento da concretização normativa desejada.

O pensamento jurídico não pode ser concebido a partir de um predomínio imposto pelos limites da razão e edificado com os poderes da racionalidade abstrata. A transcendência existencial torna-se uma alavanca de evolução da ciência jurídica, já que a concretização normativa ficará garantida por meio dos pilares do círculo hermenêutico.

A superação da filosofia da consciência, da relação sujeito-objeto, do subjetivismo, é à busca do homem em sua essência, como possibilidade e modo de ser-no-mundo, ou seja, é o caminho em direção a uma humanização do Direito. É o caminho para a (de)sentificação do Direito, já que um ente não pode fundar os entes. É a partir da hermenêutica como modo de ser-no-mundo que o Direito deve procurar caminhar por uma área de valores humanos peculiares, subtraídos à lógica formal do direito positivo.[37]

O Direito é um sendo, é um acontecer, é uma abertura de possibilidades. O ser deve ser compreendido a partir do homem em seu próprio acontecer, historicamente situado. A hermenêutica, com o viés da ontologia fundamental, procura interrogar o ser por meio da historicidade e da temporalidade do ser-aí, ou seja, compreender a questão do ser fora do contexto da tradição metafísica.

Desse modo, é a partir do pensar originário que a ciência jurídica vai desdobrando o seu jogo de preceitos legais. No viço dessa originalidade, pensar o Direito quer dizer: vir e chegar à plenitude de ser no Direito são a clareira, *aletheia*; é a essência do pensamento jurídico em seu desvelar-se, em seu dar-se originário. Vê-se, pois, a produção do Direito e não, simplesmente, a sua (re)produção jurídica. É essa operação do pensamento jurídico que possibilita a sua renovação pela (re)fundamentação de seu ser.

A compreensão é a própria abertura do ser-no-mundo, bem como é um existencial. Todo o compreender é derivado dessa compreensão existencial,

---

[37] Nessa linha de pensamento, Gianni Vattimo afirma que "se é verdade que é preciso procurar obter também no campo das ciências humanas uma forma de rigor e de exatidão que satisfaça as exigências de um ser metódico, isto deve fazer-se desde que se reconheça o que existe no homem de irredutível e peculiar; e esse núcleo é o humanismo da tradição, centrado em torno da liberdade, da escolha, da imprevisibilidade do comportamento, isto é, da sua constitutiva historicidade." VATTIMO, Gianni. *O Fim da Modernidade*: Niilismo e Hermenêutica na Cultura Pós-Moderna. Tradução Maria de Fátima Boavida. Lisboa: Presença, 1987. p. 32.

que é a própria luz, iluminação, abertura, clareira, revelação do ser-aí, Alethéia.

O Direito deve ser compreendido de modo originário e autêntico, desvinculado dos conceitos ingênuos e opiniões que a tradição em si as carrega. Há que se buscar uma abertura mais abrangente e mais originária do Direito.

É certo que na civilização moderna o conceito de pessoa brilha como estrela de primeira grandeza em seus mais diversos matizes nos campos da Moral, do Direito, da Filosofia, da Antropologia, da Sociologia, da Psicologia, da Religião etc. Daí as diversas linhas teóricas e paradigmas que possuem como epicentro o conceito de pessoa. Nesta perspectiva torna-se difícil à busca de uma definição precisa acerca da dignidade da pessoa humana, em especial, na seara jurídica.

Na filosofia moderna, duas linhas teóricas condicionam-se mutuamente:[38] "é a reformulação do conceito de pessoa no campo conceptual da metafísica da subjetividade, intentada por Descartes e pelos cartesianos, que é o alvo da crítica empirista; e é a polêmica com essa crítica que leva Kant a um último e mais radical aprofundamento da concepção de pessoa em direção ao terreno da subjetividade absoluta. Na verdade, de Descartes a Kant e de Hobbes a Hume o conceito de pessoa oscila entre a unidade da consciência-de-si e a pluralidade das representações do Eu, aquela primeira e originária, essas coordenadas nominalisticamente nas múltiplas designações de que a pessoa é objeto".

Portanto, que é o homem? A despeito da interrogação filosófica sobre o homem no correr dos séculos, considerando o paradigma heideggeriano, é na dimensionalidade do *Dasein* que a dignidade da pessoa humana e a sua personalidade se desvelarão, uma vez que neste espaço o homem não é um ente, senão o aí-do-ser. É um novo paradigma de fundamentação do direito, já que pautado na dimensionalidade ontológica da pessoa humana.

Hoje em dia, o dizer o Direito nos chega por meio de um pensamento jurídico alienante e silente, pautado em um positivismo legalista.

Angustiante por natureza, a busca desenfreada pela segurança jurídica sufoca cada vez mais o pensar original. Um sistema jurídico axiologicamente neutro, a-temporal, a-histórico já representa um perigo a ser evitado e uma ameaça a ser controlada pelos juristas. Caso contrário, imperar-se-á por toda a parte uma atitude de subserviência ao texto legal, representando, assim, a inautenticidade do Direito, isto é, a reificação do direito. Isso representa uma prestação jurisdicional restrita às atividades lógicas, científicas, cuja visão objetivista dos entes está em distonia com o mais digno de ser pensado, qual seja: o pensar o ser e a verdade da faticidade do ser-aí.

---

38 VAZ, Henrique Cláudio Lima. *Antropologia Filosófica II*. 4. ed. São Paulo: Loyola, 2003, p. 195.

Dessa maneira o estatuto legitimador do Direito não será mais de cunho objetivista. Uma espécie de antropologia da faticidade abre-se como único lugar para a problematização do homem e da filosofia.[39] E por que não dizer do Direito? É, pois, um novo plano para se dizer o Direito em que se dão ente e ser, no nível do ente privilegiado. É a filosofia de Hedeigger ancorada nos teoremas da diferença ontológica e círculo hermenêutico. É neste nível que o Direito passa a receber seu estatuto legitimador.

Caberá, pois a jurisdição constitucional enfrentar as questões acerca da natureza da dignidade da pessoa humana a partir das especificidades dos casos concretos decidendos (concretude judicial), a partir de uma (re)fundamentação do pensamento jurídico.[40]

A dignidade da pessoa humana deve ser reconhecida pelo Direito, não como questão de validade da norma jurídica, senão como sentido do ser, como algo preexistente e anterior a todo fenômeno jurídico. É uma espécie de *a priori* do conhecimento na ontologia como hermenêutica da faticidade, como analítica existencial. É, pois, o Dasein como ser-no-mundo, como pressuposto de qualquer teoria do conhecimento ou fenômeno jurídico. A dignidade humana encontra-se na ordem daquilo que não é demonstrável, mas que existe como pré-condição.[41]

Em Ser e Tempo, Heidegger chama a atenção, logo no início, para a importância da compreensão pré-ontológica do ser. O filósofo afirma que "esse ente que cada um de nós somos e que, entre outras, possui em seu ser a possibilidade de questionar, nós o designamos com o termo pre-sença. A colocação explícita e transparente da questão sobre o sentido do ser requer uma explicação prévia e adequada de um ente (pre-sença) no tocante ao ser ser."[42]

Heidegger afirma, em entrevista ao *Der Spiegel*, que Dasein (pre-sença, ser-aí) "não é sinônimo nem de homem, nem de ser humano, nem de humanidade, embora conserve uma relação estrutural. Evoca o processo de constituição ontológica de homem, ser humano e humanidade. É na pre-sença que o homem constrói o seu modo de ser, a sua existência, a sua história etc."[43]

Dessa maneira a compreensão da dignidade da pessoa humana não é uma compreensão empírica de algo enquanto algo, e sim condição de possibilidade desta última.

---

39 STEIN, Ernildo. *Nas Proximidades da Antropologia*: Ensaios e Conferências Filosóficas. Ijuí: Unijuí, 2003, p. 16.

40 Neste contexto, existem doutrinadores que negam a possibilidade de os juízes ingressarem na esfera do conteúdo ético da dignidade, já que tal tarefa deve ser efetuada a partir de um debate público que se processará na esfera parlamentar.

41 BARRETTO, Vicente de Paulo; MOTA, Mauricio. *Por que estudar Filosofia do Direito?* Aplicações da Filosofia do Direito nas Decisões Judiciais. Brasília: ENFAM, 2011, p. 193.

42 HEIDEGGER, Martin. *Ser e Tempo*. Parte I. Tradução de Márcia Sá Cavalcante Schuback. 12. ed. Petrópolis: Vozes, 2002, p. 33.

43 Revista Tempo Brasileiro, n.50, julho/set. 1977. In HEIDEGGER, Martin. *Ser e Tempo*. Parte I. Tradução de Márcia Sá Cavalcante Schuback. 12. ed. Petrópolis: Vozes, 2002, p. 309

É necessário, pois, que o elemento nuclear da noção de dignidade da pessoa humana seja reconduzido a uma matriz heideggeriana, cujo ser-no-mundo é constituição necessária e fundamental do *Dasein*. É um existencial.

O esquecimento da Verdade do Ser em favor da avalanche do ente, não pensado em sua essência, é o sentido da "decadência", mencionada em *Ser e Tempo*. Da mesma forma, o esquecimento da tutela da dignidade humana em favor da ideia minimalista do homem-objeto, é o sentido da "decadência" do Direito.

A metafísica pensa o homem a partir da animalitas. Ela não o pensa na direção de sua humanitas.[44] É dessa maneira que Heidegger remete o ser humano para o lugar da compreensão do ser. Em *Sobre o Humanismo*, o filósofo afirma que "só se pode dizer ec-sistência da Essência do homem, isto é, do modo humano de "ser", pois somente o homem, até onde alcança a nossa experiência, foi introduzido no destino da ec-sistência."[45]

Heidegger chama a ec-sistência do homem, o estar na clareira do Ser. "Esse modo de ser só é próprio do homem. Assim entendida, a ec-sistência não é apenas o fundamento de possibilidade da razão, *ratio*. É também onde a Essência do homem conserva a proveniência de sua determinação".[46]

Assim, o que o homem é repousa em sua ec-sistência. A ec-sistência em Heiddeger não se identifica com o conceito tradicional de *existentia*. Ele afirma que "Kant apresenta a *existentia* como sendo realidade, no sentido de objetividade da experiência. Hegel determina a *existentia*, como a ideia da subjetividade absoluta, que se sabe a si mesma. Nietzsche concebe a *existentia*, como o eterno retorno do mesmo".[47]

Dessa maneira, na esteira da concepção heideggero-gadameriana, a dignidade da pessoa humana deve ser pensada no âmbito da "compreensão do Ser", isto é, a partir da analítica existencial do "ser-no-mundo". Na concretude judicial, a partir das circunstâncias do caso concreto decidendo, sempre que o indivíduo for considerado como objeto cognoscível (como ente – direito coisificado), a sua dignidade será atingida de forma inequívoca.

É neste sentido que doutrina e jurisprudência possuem papel relevante nessa mudança de postura. A noção de dignidade da pessoa humana vai se conformando, a partir do momento em que o Direito é desvelado a partir da ec-sistência. Pois é ec-sistindo que o homem pode pensar a Verdade do Ser. A ec-sistência do homem é uma ec-sistência Histórica.[48] O que se percebe é a necessidade de contextualização histórico-cultural da dignidade da pessoa humana.

---

44 HEIDEGGER, op. cit., 1995, p. 40.
45 Ibid., p. 41
46 Ibid.
47 Ibid. p. 43-44
48 Ibid., p. 59.

Os princípios que permeiam a dignidade da pessoa humana estão fincados no rol dos direitos da personalidade, bem como ancorados no conjunto de direitos fundamentais, de tal sorte que, caso ocorra (des)respeito pela vida, pela integridade psicofísica, pela moral, ou imagem do ser humano, ou suas condições mínimas de existência sejam violadas estar-se-á diante da violação da dignidade da pessoa humana.

O Ser não pode ser pensado partir do ente, tal qual a metafísica do "esquecimento do ser". A Verdade do Ser, como a própria clareira, permanece oculta à metafísica. Heidegger afirma que "o Ser se clareia para o homem no projeto ec-stático. Todavia, esse projeto não cria o Ser. Ademais, o projeto é Essencialmente um projeto lançado. O que lança no projeto não é o homem, mas o próprio Ser. Esse destina o homem na ec-sistência do Da-sein, como sua Essência."[49]

Heidegger procura "destruir" a metafísica ocidental, ancorada em concepções objetificantes, para introduzir uma relação entre ser humano e coisas que precede qualquer relação. É no viés ontológico que a compreensão do ser como *Dasein* supera os paradigmas objetificantes.

Neste contexto Heidegger afirma que "ora, o que uma coisa é, em seu ser, não se esgota em sua ob-jetividade e principalmente quando a ob-jetividade possui o caráter de valor. Toda valorização, mesmo quando valoriza positivamente, é uma subjetivação. Pois ela não deixa o ente ser, mas deixa apenas que o ente valha, como objeto de sua atividade (*Tun*). O esforço extravagante, de se provar a objetividade dos valores, não sabe o que faz. Dizer-se que "Deus" é o "valor supremo", é uma degradação da Essência de Deus. Pensar em termos de valor é aqui – como alhures – a maior blasfêmia, que jamais se possa pensar com relação a teor do art. 1º da Declaração Universal da ONU o Ser. Pensar contra os valores não significa, por conseguinte, tocar os tambores da desvalorização (*Wertlosigkeit*) e da nulidade (*Nichtigkeit*) do ente, mas significa: propor ao pensamento, contra a subjetividade do ente, como simples objeto, a clareira da Verdade do Ser."[50]

Dessa forma, o pensamento jurídico objetificante somente será superado a partir da (re)fundamentação do Direito. O fundamento se dá a partir do ser-no-mundo. Mundo é a clareira do Ser, a qual o homem se expõe por sua Essência lançada.[51] Heidegger explica que o homem nunca é homem como um "sujeito" se referindo a objetos, de sorte que sua Essência esteja na relação sujeito-objeto. Ao contrário, o homem é, em sua Essência, primeiro ec-sistente na abertura do Ser.[52]

Na esfera jurídica, ao se pensar o Direito, deve-se pensar a questão da Verdade do Ser, ou seja, pensar a *humanitas do homo humanus*. É no pensa-

---

49 Ibid., p. 61.
50 Ibid., p. 78.
51 Ibid. p. 79.
52 Ibid.

mento da ec-sistência do Direito que se deixa de lado a obliteração e arbitrariedade do julgador. A concretização da dignidade da pessoa humana nesta perspectiva caminha na direção da Essência do homem, isto é, na direção da Verdade do Ser (o homem mais do que o *animal rationale*). É, pois, o humanismo do Direito que pensa a humanidade do homem na proximidade do Ser.

Daí que o substrato material da dignidade da pessoa humana somente será desvelado se o operador do direito caminhar inicialmente em direção ao seu fundamento mais originário, qual seja: *Dasein*, ser-no-mundo, ser-aí, pre-sença. É a partir deste *locus hermenêutico* que se irradiam os preceitos e regras que orientará o homem, experimentado a partir da ec-sistência do Ser, historicamente situado.

Somente na ec-sistência do homem na Verdade do Ser é que o Direito poderá ser (des)velado de forma legítima constituindo o lugar originário de sua dignidade e personalidade.

A dignidade da pessoa humana é, pois, um sendo. Melhor dizendo: uma conjuntura, sempre de acordo com o destino Histórico do homem que mora na Verdade do Ser. Logo, a contextualização histórico-cultural da dignidade da pessoa humana é necessária e relativa.

Daí a necessidade de correlação entre *direito* e *pessoa*. Bruno Amaro Lacerda já alerta que "as Constituições, todavia, não dizem *o que é* a dignidade humana, apenas garantem-na em seu texto como princípio fundamental. É preciso, então, preencher a norma *de sentido*: devemos compreender *o que é o homem e por qual razão ele possui uma dignidade que deve ser socialmente protegida.*"[53]

Perez Luño ensina que "os direitos humanos surgem como um conjunto de faculdades e instituições que, em cada momento histórico, concretizam as exigências de dignidade, liberdade e igualdade humanas, as quais devem ser reconhecidas positivamente pelos ordenamentos jurídicos, nos planos nacional e internacional."[54]

Aqui vale lembrar o teor do art. 1º da Declaração Universal da ONU (1948), que diz: "todos os seres humanos nascem livres e iguais em dignidade e direitos. Dotados de razão e consciência, devem agir uns para com os outros em espírito e fraternidade."

Para José Alfredo de Oliveira Baracho "a pessoa é um *prius* para o direito, isto é, uma categoria ontológica e moral, não meramente histórica ou jurídica."[55] De acordo com o constitucionalista a "pessoa é todo indivíduo

---

[53] LACERDA, Bruno Amaro. *A Dignidade Humana Em Giovanni Pico Della Mirandola. In*: Revista *Legis Augustus* (Revista Jurídica) Vol. 3, n. 1, p. 16-23, setembro 2010.
[54] PEREZ LUÑO, Antonio Enrique. *Derechos humanos, Estado de derecho e Constitución*. 4. ed. Madrid: Tecnos, 1991, p. 48.
[55] BARACHO, José Alfredo de Oliveira. *Direito Processual Constitucional*. Belo Horizonte: Fórum, 2006, p. 106.

humano, homem ou mulher, por sua própria natureza e dignidade, à qual o direito se limita a reconhecer esta condição."[56]

Já a autora portuguesa Cristina Queiroz ensina que é fundamental a elucidação do conceito jurídico-constitucional de *dignidade*. Vejamos: "Este conceito de "dignidade" sofreu igualmente uma evolução. Não se refere ao indivíduo desenraizado da abstracção contratualista setecentista ("teorias do contrato social"), mas o ser, na sua dupla dimensão de "cidadão" e "pessoa", inserido em determinada comunidade, e na sua relação "vertical" com o Estado e outros entes públicos, e "horizontal" com outros cidadãos. A ideia de "indivíduo" não corresponde hoje ao valor (individualista) da independência, mas ao valor (humanista) da autonomia onde se inclui, por definição, a relação com os outros, isto é a sociabilidade. O conceito de "pessoa jurídica" não constitui hoje somente a partir da "bipolaridade" Estado/indivíduo, antes aponta para um sistema "multipolar" no qual as grandes instituições sociais desempenham um papel cada vez mais relevante."[57]

No mesmo sentido, o Ministro Ricardo Lewandowski na Ação Direta De Inconstitucionalidade 3.510-0, diz que "a dignidade humana, não só constitui o cerne dos direitos fundamentais, como configura, igualmente, um dos pilares da própria República, conforme consigna, de modo solene, o art. 1º, III, da vigente Carta Magna. Daí cuidar-se de um valor que transcende a pessoa compreendida como ente individual, consubstanciando verdadeiro parâmetro ético de observância obrigatória em todas as interações sociais. [...] Cumpre ressaltar, porém, que a dignidade da pessoa humana, na qualidade de "núcleo essencial" da Carta de 1988, ou seja, enquanto valor que ostenta a maior hierarquia em nosso ordenamento jurídico, do ponto de vista axiológico, não se resume apenas a um imperativo de natureza ética ou moral, mas configura um enunciado dotado de plena eficácia jurídica, achando-se, ademais, refletido em diversas normas de caráter positivo, formal e materialmente constitucionais.

Esse enunciado, com efeito, não apenas empresta significado a diferentes dispositivos da Carta Magna, sobretudo àqueles que tratam dos direitos fundamentais em sentido estrito, como também encontra menção expressa em vários outros artigos disseminados em seu texto. Por exemplo, quando estabelece: no art. 170, que a ordem econômica "tem por fim assegurar a todos existência digna"; ou no art. 226, § 6º, que o planejamento familiar funda-se "nos princípios da dignidade humana e da paternidade responsável"; ou, ainda, no art. 227, *caput*, que a criança e o adolescente têm, com absoluta prioridade, dentre outros, o direito "à dignidade" e "ao respeito"."[58]

---

56 Ibid.
57 QUEIROZ, Cristina. *Direitos Fundamentais Sociais*. Coimbra: Coimbra, 2006, p. 19-20.
58 Disponível em: <http://www.stf.jus.br/arquivo/cms/noticiaNoticiaStf/anexo/adi3510RL.pdf>. Acesso em: 26 jun 2014.

A expressão *dignidade humana* já era encontrada na Constituição Alemã de *Weimar* de 1919 (modelo de Constituição de Estado social de Direito). Ao tratar da vida econômica, disciplinou no artigo 151 que *"A ordem econômica deve corresponder aos princípios da justiça tendo por objetivo garantir a todos uma existência conforme a dignidade humana. Só nestes limites fica assegurada a liberdade econômica do indivíduo"*. O que se buscava na época era uma "vida digna" para os trabalhadores, isto é, caberia ao Estado estabelecer e assegurar a todos os cidadãos um programa de vida digna e promocional da dignidade humana.

Da mesma forma, a Constituição da Finlândia de 1919 já afirmava que cabia a lei proteger a vida, a *dignidade*, a liberdade pessoal e a propriedade dos cidadãos.

José Afonso da Silva ensina que "a dignidade da pessoa humana não é uma criação constitucional, pois ela é um desses conceitos *a priori*, um dado preexistente a toda a experiência especulativa, tal como a própria pessoa humana. A constituição, reconhecendo a sua existência e a sua eminência, transformou-a num valor supremo da ordem jurídica."[59]

Após a segunda guerra mundial, com a *Declaração Universal dos Direitos do Homem* em 1948, vários países adotaram o princípio da *dignidade da pessoa humana* em suas constituições. Podemos citar: A Alemanha (art. 1º, inciso I), a Espanha (preâmbulo e art. 10.1), a Grécia (art. 2º, inc. I), a Irlanda (preâmbulo) e Portugal (art. 1º). A Constituição da Itália (art. 3º – "dignidade social"), a Constituição da Bélgica (art. 23 – "aos belgas e estrangeiros que se encontram em território belga, o direito de levar uma vida de acordo com a dignidade humana"), a Constituição da República Federativa do Brasil (art. 1º, inciso III), Paraguai (preâmbulo), Cuba (art. 8º), Venezuela (preâmbulo), Peru (art. 4º), Bolívia (art. 6, inciso II), Chile (art. 1), Guatemala (art. 4). Constituição da Rússia aprovada em 1993 (art. 12-1), dentre outras.[60]

A Constituição da Irlanda de 1937, por exemplo, apresenta em seu preâmbulo: "[...] E tratando de fomentar o bem comum, com a devida observância das virtudes de Prudência, Justiça e Caridade, de tal modo que se garanta a *dignidade e a liberdade do indivíduo*, se atinja o autentico ordem social, se restaure a unidade de nosso país e se estabeleça a concórdia com as demais Nações".

Já no segundo pós-guerra é possível destacar a Constituição italiana, de 1947, que afirma em seu artigo 3º: *"Tutti i cittadini hanno pari dignità sociale e sono eguali davanti alla legge, senza distinzione di sesso, di razza, di lingua, di religione, di opinioni politiche, di condizioni personali e social.* [...]"[61]

---

59 SILVA, José Afonso da. *A Dignidade da Pessoa Humana como Valor Supremo da Democracia*. Revista de Direito Administrativo, n. 212, 1998, p. 91.
60 SARLET, Ingo Wolfgang. *Dignidade da pessoa humana e os direitos fundamentais na constituição Federal de 1988*. Porto Alegre, RS: Livraria do Advogado, 2001, p. 63-65.
61 Constituição Italiana de 1947 – Artigo 3 – Todos os cidadãos terão a mesma dignidade social e serão iguais ante a lei, sem distinção de sexo, raça, língua, religião, opiniões políticas

É possível perceber então que a questão da dignidade da pessoa humana surge com maior vigor após o segundo pós-guerra, resultado de uma consciência humanitária, sobretudo a partir da *Declaração Universal dos Direitos do Homem*.

Dessa maneira, a dignidade humana ganha status de princípio universal das sociedades democráticas, sendo reproduzida em diversos textos internacionais de proteção aos direitos humanos.

A *dignidade da pessoa humana*, hoje, é o epicentro do ordenamento jurídico e imprescindível seu entrelaçamento com o estudo dos direitos fundamentais e do direito constitucional de forma geral no contexto do Estado Democrático e Social de Direito instituído pela Constituição Federal de 1988.

É, pois, um conceito em eterno processo de construção e desenvolvimento – histórico-culturalmente situado no mundo da vida que vai se concretizando (aqui o papel do hermeneuta e exegeta é fundamental) a partir da práxis constitucional.

Em relação à dignidade da pessoa humana, Jürgen Habermas ensina que "é o sismógrafo que indica o que é constitutivo de uma ordem jurídica democrática [...] o portal através do qual o conteúdo igualitário e universalista da moral é importado para o direito."[62]

Em Portugal, a Constituição da República Portuguesa de 1976, aponta no seu artigo 1º que "Portugal é uma República soberana baseada na dignidade da pessoa humana e na vontade popular e empenhada na construção de uma sociedade livre, justa e solidária." Dessa maneira, é possível afirmar que a pessoa humana antecede a organização política do Estado, bem como as relações jurídico-sociais têm como primazia a própria pessoa. É neste diapasão que CANOTILHO afirma que a elevação da dignidade da pessoa humana é a trave mestra de sustentação e legitimação da República e da respectiva compreensão da organização do poder político.[63]

Neste sentido, o Tribunal Constitucional Português, por meio do Conselheiro Bravo Serra, no Acordão nº 105/90[64], já decidiu acerca da *dignidade da pessoa humana* que "não se nega, decerto, que a «dignidade da pessoa humana» seja um valor axial e nuclear da Constituição portuguesa vigente, e, a esse título, haja de inspirar e fundamentar todo o ordenamento jurídico. Não se trata efectivamente — na afirmação que desse valor se faz logo no artigo 1º da Constituição — de uma mera proclamação retórica, de uma simples

---

nem circunstâncias pessoas e sociais.
62 HABERMAS, Jürgen. *Um Ensaio sobre a Constituição da Europa*. Tradução de Mirian Toldy; Teresa Toldy. Lisboa: Edições 70, 2012, p. 37.
63 CANOTILHO, Joaquim José Gomes. *Direito Constitucional e Teoria da Constituição*. 7. ed. Coimbra: Almedina, 2010, p. 235-236.
64 Disponível em: <http://www.tribunalconstitucional.pt/tc/acordaos/19900105.html.> Acesso em: 07 fev. 2014.

«fórmula declamatória», despida de qualquer significado jurídico-normativo; trata-se, sim, de reconhecer esse valor — o valor eminente do homem enquanto «pessoa», como ser autónomo, livre e (socialmente) responsável, na sua «unidade existencial de sentido» — como um verdadeiro princípio regulativo primário da ordem jurídica, fundamento e pressuposto de «validade» das respectivas normas». E, por isso, se dele não são dedutíveis «directamente», por via de regra, «soluções jurídicas concretas», sempre as soluções que naquelas (nas «normas» jurídicas) venham a ser vasadas hão-de conformar-se com um tal princípio, e hão-de poder ser controladas à luz das respectivas exigências (sobre o que fica dito, v., embora não exactamente no mesmo contexto, Vieira de Andrade, Os Direitos Fundamentais na Constituição Portuguesa de 1976, Coimbra, 1983, pp. 106 e segs. e, especialmente, pp. 130 e segs.). Quer tudo isto dizer — em suma — que o princípio da «dignidade da pessoa humana» é também seguramente, só por si, padrão ou critério possível para a emissão de um juízo de constitucionalidade sobre normas jurídicas.

Simplesmente, não pode também deixar de reconhecer-se que a ideia de «dignidade da pessoa humana», no seu conteúdo concreto — nas exigências ou corolários em que se desmultiplica —, não é algo de puramente apriorístico (cfr. Gomes Canotilho e Vital Moreira, Constituição da República Portuguesa Anotada, 1º vol., 2ª ed., Coimbra, 1984, p. 70, anotação IV) e ou a-histórico, mas algo que justamente se vai fazendo (e que vai progredindo) na história, assumindo, assim, uma dimensão eminentemente «cultural». Para dizer ainda com Vieira de Andrade: «o valor da dignidade da pessoa humana [...] corresponde a uma potencialidade característica do ser humano, que se vai actualizando nas ordens jurídicas concretas» (ob. cit., p. 113). Ora, este ponto reveste-se da máxima importância, quanto à possibilidade de emitir um juízo de inconstitucionalidade sobre determinada solução legal, com base tão-só em que ela viola esse valor, ideia ou princípio.

É que, se o conteúdo da ideia de dignidade da pessoa humana é algo que necessariamente tem de concretizar-se histórico-culturalmente, já se vê que no Estado moderno — e para além das projecções dessa ideia que encontrem logo tradução ao nível constitucional em princípios específicos da lei fundamental (maxime, os relativos ao reconhecimento e consagração dos direitos fundamentais) — há de caber primacialmente ao legislador essa concretização: especialmente vocacionado, no quadro dos diferentes órgãos de soberania, para a «criação» e a «dinamização» da ordem jurídica, e democraticamente legitimado para tanto, é ao legislador que fica, por isso, confiada, em primeira linha, a tarefa ou o encargo de, em cada momento histórico, «ler», traduzir e verter no correspondente ordenamento aquilo que nesse momento são as decorrências, implicações ou exigências dos princípios «abertos» da Constituição (tal como, justamente, o princípio da «dignidade da pessoa humana»). E daí que — indo agora ao ponto — no controlo jurisdicional da constitucionalidade das soluções jurídico-normativas a que o legislador tenha, desse modo, chegado (no controlo, afinal, do modo como o legislador preencheu o espaço que a Constituição lhe deixou, precisamente a ele, para preencher) haja de operar-se com uma particular cautela e contenção. Decerto, assim, que só onde ocorrer uma real e inequívoca incompatibilidade de tais soluções com o princípio regulativo constitucional que esteja em causa — real e inequívoca, não segundo o critério subjectivo do juiz, mas segundo um critério objectivo, como o será, p. ex. (e para usar aqui uma fórmula doutrinária expressiva), o de «todos os que pensam recta e justamente» —, só então, quando for indiscutível que o legislador, afinal, não «concretizou», e antes «subverteu», a matriz axiológica constitucional por onde devia orientar-se, será lícito aos tribunais (e ao Tribunal Constitucional em particular) concluir pela inconstitucionalidade das mesmas soluções.

E, se estas considerações são em geral pertinentes, mais o serão ainda quando na comunidade jurídica tenham curso perspectivas diferenciadas e pontos de vista díspares e não coincidentes sobre as decorrências ou implicações que dum princípio «aberto» da Constituição devem retirar-se para determinado domínio ou para a solução de determinado problema jurídico. Nessa situação sobretudo — em que haja de reconhecer-se e admitir-se como legítimo, na comunidade jurídica, um «pluralismo» mundividencial ou de concepções — sem dúvida cumprirá ao legislador (ao legislador democrático) optar e decidir.

Ora, crê-se que quanto vem de expor-se é já suficiente para dever arredar-se a pretendida inconstitucionalidade da norma do artigo 1.785º, nº 2, primeira parte, do Código Civil, por violação do princípio constitucional da «dignidade da pessoa humana»."

Para Luis Roberto Barroso, a dignidade da pessoa humana representa "um espaço de integridade moral a ser assegurado a todas as pessoas por sua só existência no mundo."[65]

Na Alemanha, por meio do artigo 1º da Lei Fundamental, a *dignidade da pessoa humana* se coloca como o valor central do Direito Constitucional, derivando, pois, o exercício de todos os demais direitos fundamentais básicos. Dessa forma, na Alemanha, a dignidade humana é considerada o "mais fundamental de todos os direitos do homem", não podendo ser violada sob quaisquer circunstâncias.

---

65 BARROSO, Luís Roberto. *Curso de Direito Constitucional Contemporâneo.* Os conceitos fundamentais e a construção do novo modelo. São Paulo: Saraiva, 2009, p. 252. "[...] A dignidade relaciona-se tanto com a liberdade e valores do espírito quanto com as condições materiais de subsistência. O desrespeito a esse princípio terá sido um dos estigmas do século que se encerrou e a luta por sua afirmação, um símbolo do novo tempo. Ele representa a superação da intolerância, da discriminação, da exclusão social, da violência, da incapacidade de aceitar o outro, o diferente, na plenitude de sua liberdade de ser, pensar e criar [...]."

Neste sentido, Karl Larenz ensina que "[...] Haverá que dizer, sem vacilar, que à vida humana e, do mesmo modo, à dignidade humana, corresponde um escalão superior ao de outros bens, em especial os bens materiais. O Tribunal Constitucional Federal dá claramente uma prevalência valorativa, mesmo frente a outros direitos fundamentais, aos direitos de liberdade de opinião e de liberdade de informação, por causa do seu <significado, pura e simplesmente constitutivo> para a convivência democrática [...]."[66]

Os direitos fundamentais carregam em si um patrimônio histórico--constitucional que devem desvelar um passado, presente e futuro, resultado de uma espiral hermenêutica onde o intérprete deve restar situado. Melhor dizendo: é um projetar-se em que passado e futuro se entrelaçam a partir de uma interpretação dos direitos fundamentais, tendo como epicentro o *princípio da dignidade da pessoa humana*.[67]

Neste contexto, as normas constitucionais principiológicas ganham força na construção do direito, já que este necessita de uma exegese constitucional adequada aos dias atuais, ou seja, uma construção aberta de forma a abarcar os novos paradigmas de uma sociedade pluralista e democrática. A sociedade atual é marcada por diversas diferenças, ideologias e projetos de vida que traduzem em si um relativismo social. A jurisprudência constitucional historicamente concreta deve refletir, pois, a abertura constitucional necessariamente adequada.

Ainda em relação à dignidade da pessoa humana, Luís Roberto Barroso aponta três observações relevantes. Vejamos: "A primeira: a dignidade da pessoa humana é parte do conteúdo dos direitos materialmente fundamentais, mas não se confunde com qualquer deles. Nem tampouco é a dignidade um direito fundamental em si, ponderável com os demais. Justamente ao contrário, ela é o parâmetro da ponderação, em caso de concorrência entre direitos fundamentais. Em segundo lugar, embora seja qualificada como um valor ou princípio fundamental, a dignidade da pessoa humana não tem caráter absoluto. É certo que ela deverá ter precedência na maior parte das situações em que entre em rota de colisão com outros princípios, mas, em determinados contextos, aspectos especialmente relevantes da dignidade poderão ser sacrificados em prol de outros valores individuais ou sociais, como na

---

66 LARENZ, Karl. *Metodologia da Ciência do Direito*. Lisboa: Fundação Calouste Gulbenkian, 1997, p. 586.
67 SARMENTO, Daniel. *A Ponderação de Interesses na Constituição Federal*. Rio de Janeiro: Lumen Juris, 2002, p. 59-60: "[...] Nessa linha, o princípio da dignidade da pessoa humana representa o epicentro axiológico da ordem constitucional, irradiando efeitos sobre todo o ordenamento jurídico e balizando não apenas os atos estatais, mas também toda a miríade de relações privadas que se desenvolvem no seio da sociedade civil e do mercado. A despeito do caráter compromissório da Constituição, pode ser dito que o princípio em questão é o que confere unidade de sentido e valor ao sistema constitucional, que repousa na ideia de respeito irrestrito ao ser humano – razão última do Direito e do Estado [...]."

pena de prisão, na expulsão do estrangeiro ou na proibição de certas formas de expressão. Uma última anotação: a dignidade da pessoa humana, conforme assinalado acima, se aplica tanto nas relações entre indivíduo e Estado como nas relações privadas."[68]

Importante destacar, também, as lições de Jorge Miranda ao afirmar que "a Constituição confere uma unidade de sentido, de valor e de concordância prática ao sistema dos direitos fundamentais. E ela repousa na dignidade da pessoa humana, ou seja, na concepção que faz a pessoa fundamento e fim da sociedade e do Estado."[69]

No mesmo sentido, Flávia Piovesan ensina que "seja no âmbito internacional, seja no âmbito interno (à luz do Direito Constitucional ocidental), a dignidade da pessoa humana é o princípio que unifica e centraliza todo o sistema normativo, assumindo especial prioridade. A dignidade humana simboliza, desse modo, verdadeiro superprincípio constitucional, a norma maior a orientar o constitucionalismo contemporâneo, nas esferas local e global, dotando-lhe de especial racionalidade, unidade e sentido."[70]

Na mesma linha, Ana Paula de Barcellos sustenta que "as normas-princípios sobre a dignidade pessoa humana são, por todas as razões, as de maior grau de fundamentalidade na ordem jurídica como um todo. A elas devem corresponder as modalidades de eficácia jurídica mais consistentes."[71]

Ives Gandra Martins Filho, em artigo, publicado no Jornal Correio Braziliense, intitulado "O que significa dignidade da pessoa humana?", merecendo transcrição, ensina que:[72]

"Muito se tem usado a expressão 'dignidade da pessoa humana' para defender direitos humanos fundamentais, mas sem se chegar ao âmago do conceito e seus corolários ineludíveis. Daí a invocação da expressão em contextos diametralmente opostos, para justificar seja o direito à vida do nascituro, seja o direito ao aborto. Diante de tal paradoxo, *mister* se faz trazer alguns elementos de reflexão sobre realidades e sofismas na fixação de um conceito de 'dignidade da pessoa humana' que sirva de base sólida à defesa dos direitos essenciais do ser humano, sob pena de deixá-los sem qualquer amparo efetivo e, por conseguinte, sem garantia de respeito."

---

68 BARROSO, Luis Roberto. *A Dignidade da Pessoa Humana no Direito Constitucional Contemporâneo*: Natureza Jurídica, Conteúdos Mínimos e Critérios de Aplicação. Disponível em: <http://www.luisrobertobarroso.com.br/wp-content/uploads/2010/12/Dignidade_texto-base_11dez2010.pdf>. Acesso em: 10 fev. 2014.
69 MIRANDA, Jorge. Manual de Direito Constitucional. v. 4. Coimbra: Coimbra Editores, 1988, p. 166.
70 PIOVESAN, Flávia. *Direitos Humanos e o Direito Constitucional Internacional*. 13. ed. São Paulo: Saraiva, 2012, p. 87.
71 BARCELLOS, Ana Paula de. *A eficácia jurídica dos princípios constitucionais*: o princípio da dignidade da pessoa humana. Rio de Janeiro: Renovar, 2002, p. 202-203.
72 MARTINS FILHO, Ives Gandra. *O que significa dignidade da pessoa humana?* Jornal Correio Braziliense, de 08-09-08, p. 27.

A dignidade é essencialmente um atributo da pessoa humana: pelo simples fato de 'ser' humano, a pessoa merece todo o respeito, independentemente de sua origem, raça, sexo, idade, estado civil ou condição social e econômica. Nesse sentido, o conceito de dignidade da pessoa humana não pode ser relativizado: a pessoa humana, enquanto tal, não perde sua dignidade quer por suas deficiências físicas, quer mesmo por seus desvios morais. Deve-se, nesse último caso, distinguir entre o crime e a pessoa do criminoso. O crime deve ser punido, mas a pessoa do criminoso deve ser tratada com respeito, até no cumprimento da pena a que estiver sujeito. Se o próprio criminoso deve ser tratado com respeito, quanto mais a vida inocente.

Com efeito, a ideia de dignidade da pessoa humana está na base do reconhecimento dos direitos humanos fundamentais. Só é sujeito de direitos a pessoa humana. Os direitos humanos fundamentais são o 'mínimo existencial' para que possa se desenvolver e se realizar. Há, ademais, uma hierarquia natural entre os direitos humanos, de modo que uns são mais existenciais do que outros. E sua lista vai crescendo, à medida que a Humanidade vai tomando consciência das implicações do conceito de dignidade da vida humana. Por isso, Tomás de Aquino, ao tratar da questão da imutabilidade do Direito Natural, reconhecia ser ele mutável, mas apenas por adição, mediante o reconhecimento de novos direitos fundamentais. Nesse diapasão seguiram as sucessivas declarações dos Direitos Humanos Fundamentais (francesa de 1789 e da ONU de 1948), desenvolvendo-se a ideia de diferentes 'gerações' de direitos fundamentais: os de 1ª geração, como a vida, a liberdade, a igualdade e a propriedade; os de 2ª geração, como a saúde, a educação e o trabalho; e os de 3ª geração, como a paz, a segurança e o resguardo do meio ambiente.

Ora, só se torna direito humano fundamental a garantia de um meio ambiente saudável, quando se toma consciência de que o descuido da Natureza pode comprometer a existência do homem sobre o planeta. Assim, os direitos humanos de 3a geração dependem necessária e inexoravelmente dos direitos de 1a geração. Daí que, sendo o direito à vida o mais básico e fundamental dos direitos humanos, não pode ser relativizado, em prol de outros valores e direitos. Sem vida não há qualquer outro direito a ser resguardado.

Assim, a defesa do aborto, em nome da dignidade da pessoa humana, ao fundamento de que uma vida só é digna de ser vivida se for em 'condições ótimas de temperatura e pressão' é dos maiores sofismas que já surgiram, desde os tempos de Sócrates, quando Cálicles tentava demonstrar, com sua retórica, que o natural era a prevalência do mais forte sobre o mais fraco. Não é diferente com aqueles que defendem o sacrifício de vidas inocentes, em nome quer da cura de doenças graves, quer do bem-estar psicológico da mulher.

Uma coisa é o sacrifício voluntário do titular do direito à vida, para salvar outra vida. Outra coisa bem diferente é a imposição do sacrifício por parte do mais forte em relação ao mais fraco, que não tem nem sequer como se defender, dependendo que outros o façam por ele, por puro altruísmo (consola saber que 83% da população brasileira, em recente pesquisa jornalística, é contrária ao aborto de anencéfalos). Sempre pareceu um gesto de extrema covardia suprimir a vida nascente e indefesa, e mais ainda quando se procura revestir tal gesto de uma áurea de nobreza, em nome da dignidade. Seria o caso de perguntar àqueles que serão suprimidos se realmente não quereriam viver, nas condições que sejam. Do contrário, o que se está criando é a sociedade dos perfeitos, dos mais fortes e aptos, pura eugenia.

Desde a autorização para a instrumentalização de fetos humanos com vistas a pesquisas científicas (verdadeiras cobaias humanas, canibalizadas), passando pela discussão quanto ao aborto do anencéfalo (cujo índice de ocorrências subirá astronomicamente no caso de liberação, atestando-se anencefalia para toda criança indesejada), até se chegar ao aborto puro e simples, o caminho que vai sendo trilhado no desrespeito ao direito humano mais fundamental, sob o rótulo de se lutar por uma vida digna, faz com que as discussões judiciais sobre os demais direitos humanos passem a ser mera perfumaria em Cortes herodianas que já condenaram as mais indefesas das criaturas humanas. Daí a necessidade de se resgatar o conceito de dignidade da pessoa humana, limpando-o de matizações que acabam por reduzir a pessoa, de sujeito em mero objeto de direito alheio.

Vale lembrar, também, a importância do fenômeno denominado de *constitucionalização do direito*. Ricardo Guastini entende tal fenômeno como *"un proceso de transformación de un ordenamiento, al término del cual, el ordenamiento en custtión resulta totalmente "impregnado" por las normas constitucionales. Un ordenamineto jurídico constitucionalizado se caracteriza por una Constitución extremadamente invasora, entrometida, capz de condicionar tanto la legislación como la jurisprudencia y el estilo doctrinal, la acción de los actores políticos así como las relaciones sociales."*[73]

No Brasil, a importância do Direito Civil-constitucional despontou com um artigo de Maria Celina Bodin de Moraes, publicado em 1991, e que se intitulava precisamente 'A caminho de um Direito Civil constitucional'.[74] Outro texto paradigmático é o artigo "Premissas metodológicas para a constitucionalização do Direito Civil", de Gustavo Tepedino.[75]

Com o advento do Código Civil Brasileiro de 2002 ganham destaque às cláusulas gerais e os direitos da personalidade. As cláusulas gerais devem ser

---

[73] GUASTINI, Ricardo. *Estudios de teoria constitucional*. UNAM/Fontamara, México, 2003, p. 153.

[74] Maria Celina Bodin de Moraes, 'A caminho de um Direito Civil constitucional' in Revista *Direito, Estado e Sociedade*, nº 1, 2ª. ed., jul.-dez. 1991, Departamento de Ciências Jurídicas da PUC-Rio, p. 59-73 apud NEGREIROS, Teresa. *Teoria do Contrato* – novos paradigmas. Rio de Janeiro. Renovar. 2002. p. 63

[75] TEPEDINO, Gustavo. *Temas de Direito Civil*. Rio de Janeiro. Renovar. 1999. p. 1-22.

interpretadas em harmonia com os princípios fundantes da Constituição da República, já que o intérprete jurídico deve colorir a exegese civilística com os matizes axiológicos da principiologia constitucional. Nesse momento, os valores civilísticos de índole liberal devem ser mitigados pelos valores coletivos de solidariedade e justiça social.

Antes do advento do novo Código Civil de 2002, Francisco Amaral já alertava sobre as tendências do Direito Civil contemporâneo, a saber:[76]

> I) Interpenetração crescente do Direito Civil com o constitucional e a consequente superação da clássica dicotomia direito público-direito privado.
>
> II) Personalização do Direito Civil, no sentido da crescente importância da vida e da dignidade da pessoa humana, elevadas à categoria de direitos e de princípio fundamental da Constituição. É o personalismo ético da época contemporânea.
>
> III) Desagregação do Direito Civil, face ao surgimento de ramos jurídicos autônomos, que se formam devido a complexidade das relações jurídicas. Por exemplo, direito imobiliário, direito bancário, direito previdenciário etc.
>
> IV) Reservas à Codificação. O Código Civil deixa de ser o "estatuto orgânico da vida privada", em virtude da necessidade da releitura do Código Civil à luz dos princípios constitucionais.
>
> V) Surgimento dos microssistemas jurídicos. É a chamada "Era dos Estatutos", que surge para disciplinar temas específicos.

É, pois, uma nova essência contida na exegese das relações jurídicas interprivadas. Referimo-nos à chamada *alteridade* ou *alteritas*. É um agir pensando no *outro*, isto é, o *"eu"* reclama um agir pressupondo o *"outro"*; o *ego*, o *alter*. Não podemos pensar o "eu", sem nesse pensar ir já envolto o "outro". Esta alteridade é, pois, da essência do Direito Civil-constitucional. Desde Tomás de Aquino (1225 – 1274) até os recentes estudos do Existencialismo, a alteridade esteve e está presente. O *eu* e o *outro* são como os dois polos da relação jurídica, sempre *plural*, nunca *singular*. Ora é aqui que justamente se nos impõe a ideia de superação do individualismo de índole liberal, já que as relações jurídicas se aproximam mais à ideia de *colaboração, convivência, mundo vivido, solidariedade* e *justiça social*. É, pois, a essência da alteridade que se desvela ao mundo jurídico.

Estes elementos não podem ser pensados como grandezas estáticas, abstratas, formais. É uma ideia de relação jurídica interprivada que se equivale a uma coexistência, ou um existir lado-a-lado que se impõe em sua di-

---

[76] AMARAL, Francisco. *Direito Civil* – Introdução. 3. ed. Rio de Janeiro: Renovar, 2000, p. 151-153.

namicidade do mundo vivido. São grandezas dinâmicas de um movimento próprio a que podemos chamar de "ontológico".

Na esteira da filosofia de Heidegger, Sartre, Jaspers, a personalidade humana deve ganhar *status* de valor jurídico de cunho existencialista, já que esta não pode ficar aprisionada no rol de direitos subjetivos típicos adotados pelo Código Civil. Daí a importância do entrelaçamento principiológico entre o *Direito Civil* e os *direitos humanos-direitos fundamentais*.

É não menos que (re)visitar os institutos jurídicos do Direito Civil a partir de uma hermenêutica plural individualizadora cunhada por uma essencial unidade socializadora, a partir da qual a relação jurídica de direito privado é vista como *uns e muitos*, como *eu e outro*, como uma relação jurídica irremediavelmente lastreada pelos princípios fundamentais de proteção da dignidade da pessoa humana (art. 1º, III, CRFB/88), solidariedade social (art. 3º, I, CRFB/88), valor social da livre iniciativa (art. 1º, IV, CRFB/88) e igualdade substancial (art. 3º, III, CRFB/88). É, pois, uma essência-relacional de cariz civil-constitucional.

Ora, dentro deste diapasão, torna-se necessário o abandonamento do papel puramente *descritivo* das normas jurídicas, em especial, das normas constitucionais, com vistas a ser uma força normativa constitutiva do homem historicamente situado.

Daí a necessidade de uma reflexão crítica do direito constitucional, tendo como ponto de partida a questão do sentido do homem e sua consequente mutabilidade social, isto é, a partir desta compreensão do direito, esperam-se respostas concretas historicamente adequadas, a partir das novas questões que surgem na sociedade hodierna.

Aqui, mais uma vez, estamos à frente das seguintes questões: *o que é o direito? Qual o seu sentido? Como ele deve ser interpretado e aplicado? É possível dizer o Direito dissociado de sua historicidade do mundo da vida?*

Importante destacar as lições de Gustavo Zagrebelsky ao afirmar que a *"historia constitucional es cambio, es contingencia política, es acumulación de experiencia del pasado en el presente, es realidad social, es relación entre pasado y futuro, es movimiento de sujetos a priori indefinibles, es imprevisibilidad de problemas y espontaneidad de soluciones."* [77]

Como visto acima, o conteúdo da dignidade da pessoa humana se relaciona estreitamente com o *núcleo dos direitos fundamentais*. Devemos reconhecer, ainda, que o princípio da dignidade da pessoa humana está, também, intrinsecamente correlacionado com o denominado "mínimo existencial", isto é, um conjunto de condições mínimas básicas para a existência da pessoa. Aqui, mais uma vez, vale destacar as lições de Ricardo Lobo Torres ao dizer: "[...] Não é qualquer direito mínimo que se transforma em mínimo

---

77 ZAGREBELSKY. Gustavo. *Historia y Constitución*. Madrid: Trotta, 2005, p. 36.

existencial. Exige-se que seja um direito a situações existenciais dignas. [...] Sem o mínimo necessário à existência cessa a possibilidade de sobrevivência do homem e desaparecem as condições iniciais da liberdade. A dignidade humana e as condições materiais da existência não podem retroceder aquém de um mínimo, do qual nem os prisioneiros, os doentes mentais e os indigentes podem ser privados [...]."[78]

Barroso, da mesma forma, ensina que "[...] Dignidade da pessoa humana expressa um conjunto de valores civilizatórios incorporados ao patrimônio da humanidade. O conteúdo jurídico do princípio vem associado aos direitos fundamentais, envolvendo aspecto dos direitos individuais, políticos e sociais. Seu núcleo material elementar é composto do mínimo existencial, locução que identifica o conjunto de bens e utilidades básicas para a subsistência física e indispensável ao desfrute da própria liberdade. Aquém daquele patamar, ainda quando haja sobrevivência, não há dignidade. O elenco de prestações que compõem o mínimo existencial comporta variação conforme a visão subjetiva de quem o elabore, mas parece haver razoável consenso de que inclui: renda mínima, saúde básica e educação fundamental. Há, ainda, um elemento instrumental, que é o acesso à justiça, indispensável para a exigibilidade e efetivação dos direitos [...]"[79]

Em apresentação de discurso na ONU, em 23 de junho de 2014, o Ministro Luis Roberto Barroso afirmou que "o núcleo essencial dos direitos humanos equivale a uma reserva mínima de justiça (Alexy) a ser respeitada ou promovida pela sociedade e pelo Estado. Chega-se aqui ao conceito de mínimo existencial, que inclui o acesso a algumas prestações essenciais – como educação básica e serviços de saúde –, assim como a satisfação de algumas necessidades elementares, como alimentação, água, vestuário e abrigo. Este conjunto mínimo de direitos sociais é exigível judicialmente e não deve ficar na dependência do processo político majoritário."[80]

Aqui vale lembrar, ainda, as lições de Humberto D´Ávila acerca dos postulados. Para o autor estes consubstanciam verdadeiras *metanormas*, isto é, normas que estabelecem a maneira pela qual outras normas devem ser aplicadas. Ora, neste sentido, seria possível afirmar que a *dignidade da pessoa humana é postulado normativo*, isto é, uma *metanorma*, conferindo, pois, significância aos *direitos fundamentais*.[81]

---

78 TORRES, Ricardo Lobo. *O direito ao mínimo existencial*. Rio de Janeiro: Renovar, 2009, p. 36.
79 BARROSO, Luís Roberto. *Fundamentos teóricos e filosóficos do novo Direito Constitucional brasileiro*. Revista de Direito da Procuradoria-Geral do Estado do Rio de Janeiro. Rio de Janeiro, volume 54, 2001, p. 72.
80 Disponível em: <http://www.migalhas.com.br/Quentes/17,MI203146,101048-Ministro+Barroso+Desenvolvimento+sustentavel+deve+incorporar+a>. Acesso em: 24 jun 2014.
81 ÁVILA, Humberto. *Teoria dos Princípios*: da definição à aplicação dos princípios jurídicos. 5ª ed. São Paulo: Malheiros, 2006, p. 121-166.

SUCESSÃO EM GERAL

Capítulo 3
INTRODUÇÃO AO DIREITO SUCESSÓRIO

3.1 Considerações Iniciais

Com a morte, as coisas que pertenciam ao *de cujus* (falecido) são transmitidas aos seus sucessores. É a chamada sucessão *mortis causa*. O *direito das sucessões* é, pois, um conjunto de normas jurídicas no âmbito do direito civil que regulam a transmissão dos bens e obrigações do sujeito após a sua morte, além dos atos de disposição de última vontade. Isto significa dizer que a sucessão pode ser *legítima* (*ab intestato*, sem testamento, de acordo com as regras do Código Civil) ou *testamentária* (através da feitura do testamento, de acordo com os atos de última vontade). Obviamente, que para que ocorra a sucessão, é necessária a existência de um patrimônio a ser partilhado. Dessa maneira, o direito sucessório está intrinsecamente relacionado aos direitos das coisas e direito de família, especialmente, neste último caso, se considerarmos as relações entre ascendentes, descendentes e cônjuge/companheiro.

De acordo com as lições de CLÓVIS BEVILAQUÁ, "*Direito das Sucessões*, ou *hereditário*, é o complexo dos princípios, segundo os quais se realiza a transmissão do patrimônio de alguém, que deixa de existir. Esta transmissão constitui a *sucessão*; o patrimônio transmitido é a *herança*; quem recebe a herança é *herdeiro* ou *legatário*.

A ideia de sucessão não é exclusiva do direito hereditário. Aqui ela se opera *mortis causa*, em outros domínios será *inter vivos*. Esta ultima é, sempre, a título *singular*, como na cessão de um crédito, na transferência de um bem, ou ainda, de um complexo de bens. A sucessão hereditária pode ser *singular*, nos legados, ou *universal*. É universal a sucessão, quando se transfere a totalidade do acervo hereditário ou uma quota parte dele; é a título singular quando se transfere determinada porção de bens".[1]

3.2 Sucessão *inter vivos* e *causa mortis*

Os negócios jurídicos podem ser celebrados *inter vivos* com eficácia durante a vida e *mortis causa* que possuem eficácia com a morte da pessoa, tal

---
1 BEVILAQUA, Clóvis. *Código Civil dos Estados Unidos do Brasil comentado por Clóvis Bevilaqua*. Edição Histórica. Rio de Janeiro: Rio, 1976, p. 743.

como o testamento. Nestes, os efeitos jurídicos são produzidos após a morte da pessoa.

O vocábulo *sucessão* é originado de *succedere*, ou seja, substituir alguém. Essa substituição pode ocorrer por atos *inter vivos*, de acordo com o direito obrigacional, tais como na cessão de crédito, assunção de dívida, cessão de contrato, através dos contratos de compra e venda, permuta, doação, dentre outros. No caso do direito sucessório, esta substituição ocorre em razão do evento morte, ou seja, aqui, a transmissão é *mortis causa*. Vale destacar que antes do evento morte, o que se tem é uma expectativa de direito em relação aos bens patrimoniais do sujeito. O patrimônio (ativo e passivo: direitos e obrigações presentes e futuros) do falecido é considerado uma *universalidade de direito*.[2][3] É a chamada *herança*, cuja base constitucional está prevista no artigo 5o, inciso XXX, da Constituição da República de 1988: "é garantido o direito de herança". A herança é composta de um conjunto de ativos e passivos do acervo da pessoa falecida. Daí se incluem na herança: os bens e as dívidas, os créditos e os débitos, os direitos e as obrigações, as pretensões e ações de que era titular o falecido, e as que contra ele foram propostas, desde que transmissíveis.

O *direito a herança* encontra fundamento principiológico na própria dignidade da pessoa humana, consoante o artigo 1º, inciso III, da CR. Isto porque com a transmissibilidade do patrimônio do falecido aos seus herdeiros ou familiares mais próximos, de certa forma, possibilita uma vida mais digna de seus familiares. Vale lembrar que na hipótese de inexistência de familiares próximos ou de qualquer manifestação de última vontade do falecido, o patrimônio deste será acolhido pelo Poder Público.[4]

A sucessão hereditária possui dois sentidos: um sentido objetivo e outro subjetivo. O sentido objetivo está relacionado ao patrimônio a ser transferido deixado pelo falecido (herança, acervo hereditário), já o sentido subjetivo da sucessão hereditária é o direito fundamental dos herdeiros de receber a própria herança (artigo 5o, inciso XXX, da CR).

Em algumas situações é possível que ocorra a denominada *herança negativa* (*hereditas damnosa*), ou seja, é aquela em que existem mais débitos do que créditos ou ambos na mesma proporção no acervo hereditário.

---

2 CC 2002 – Art. 91. Constitui universalidade de direito o complexo de relações jurídicas, de uma pessoa, dotadas de valor econômico. A herança representa uma universalidade de direito, já que compreende um complexo de relações jurídicas dotadas de valor econômico.

3 CC – Art. 1.791. A herança defere-se como um todo unitário, ainda que vários sejam os herdeiros.Parágrafo único. Até a partilha, o direito dos co-herdeiros, quanto à propriedade e posse da herança, será indivisível, e regular-se-á pelas normas relativas ao condomínio.

4 CC – Art. 1.844. Não sobrevivendo o cônjuge, ou companheiro, nem parente algum sucessível, ou tendo eles renunciado a herança, esta se devolve ao Município ou ao Distrito Federal, se localizada nas respectivas circunscrições, ou à União, quando situada em território federal.

Outrossim, nem todos os bens, direitos e obrigações se transmitem com a herança. Isto porque os direitos personalíssimos (*intuito personae*) são intransmissíveis por lei, por sua própria natureza ou por convenção. *Questão controvertida é quanto a transmissibilidade do dano moral*? Não resta dúvidas que o espólio e os herdeiros possam figurar no polo ativo da demanda, na qualidade de substitutos processuais do falecido. O artigo 110 do CPC diz que "ocorrendo a morte de qualquer das partes, dar-se-á a sucessão pelo seu espólio ou pelos seus sucessores, observado o disposto no art. 313, §§ 1º e 2º." A questão é a seguinte: o sujeito sofreu agressão e foi atingido em sua honra e não ingressou com ação reparatória por dano moral. Seria possível que os herdeiros postulassem ação reparatória após a sua morte? Parte da jurisprudência entende não ser possível que os herdeiros do falecido ajuízem uma ação reparatória, se o falecido não o fez, uma vez que trata-se de direitos da personalidade, insucessível de transmissão aos herdeiros do ofendido. *Data maxima venia*, entendemos ser possível o ajuizamento da ação de indenização, ainda que o falecido não a tenha proposto em vida. No mesmo sentido, LUIZ PAULO VIEIRA DE CARVALHO ensina que "mesmo não tendo sido ajuizada a ação reparatória, embora os direitos da personalidade relativos ao falecido, repetimos, não sejam transferíveis por morte deste, em nosso sentir o conteúdo patrimonial da ofensa moral à personalidade do falecido transfere-se aos seus sucessores, por integrarem a herança como crédito do espólio, sendo, portanto, direito eminentemente obrigacional, nos mesmos moldes do prefalado art. 943 do Código Civil, sendo, desse modo, cabível a sua cobrança pelos herdeiros do hereditando."[5] Da mesma forma, SERGIO CAVALIERI FILHO diz que "é possível a transmissão do direito à indenização por dano moral, e não do próprio dano moral. O problema se restringe em saber se houve ou não dano moral, se a vítima, antes de morrer, foi ou não atingida em sua dignidade. Se foi, não há por que não transmitir aos herdeiros o direito à indenização, mormente em face de texto expresso de lei."[6] [7]

---

5 CARVALHO, Luiz Paulo Vieira. *Direito das Sucessões*. São Paulo: Atlas, 2014, p. 38.
6 CAVALIERI FILHO, Sergio. *Programa de Responsabilidade Civil*. 8. ed. São Paulo: Atlas, 2009, p. 102.
7 RECURSO ESPECIAL DO ESTADO DE SÃO PAULO. RESPONSABILIDADE CIVIL. DANO MORAL. OFENDIDO FALECIDO. LEGITIMIDADE DOS SUCESSORES PARA PROPOR AÇÃO DE INDENIZAÇÃO. TRANSMISSIBILIDADE DO DIREITO À REPARAÇÃO.
1. Na hipótese dos autos, o filho dos recorridos, em abordagem policial, foi exposto a situação vexatória e a espancamento efetuado por policiais militares, o que lhe causou lesões corporais de natureza leve e danos de ordem moral. A ação penal transitou em julgado. Após, os genitores da vítima, quando esta já havia falecido por razões outras, propuseram ação de indenização contra o fato referido, visando à reparação do dano moral sofrido pelo filho.
2. A questão controvertida consiste em saber se os pais possuem legitimidade ativa ad

causam para propor ação, postulando indenização por dano moral sofrido, em vida, pelo filho falecido.

3. É certo que esta Corte de Justiça possui orientação consolidada acerca do direito dos herdeiros em prosseguir em ação de reparação de danos morais ajuizada pelo próprio lesado, o qual, no curso do processo, vem a óbito. Todavia, em se tratando de ação proposta diretamente pelos herdeiros do ofendido, após seu falecimento, a jurisprudência do Superior Tribunal de Justiça possui orientações divergentes. De um lado, há entendimento no sentido de que "na ação de indenização de danos morais, os herdeiros da vítima carecem de legitimidade ativa ad causam" (REsp 302.029/RJ, 3ª Turma, Rel. Min. Nancy Andrighi, DJ de 1º.10.2001); de outro, no sentido de que "os pais – na condição de herdeiros da vítima já falecida – estão legitimados, por terem interesse jurídico, para acionarem o Estado na busca de indenização por danos morais, sofridos por seu filho, em razão de atos administrativos praticados por agentes públicos (...)". Isso, porque "o direito de ação por dano moral é de natureza patrimonial e, como tal, transmite-se aos sucessores da vítima (RSTJ, vol. 71/183)" (REsp 324.886/PR, 1ª Turma, Rel. Min. José Delgado, DJ de 3.9.2001).

4. Interpretando-se sistematicamente os arts. 12, *caput* e parágrafo único, e 943 do Código Civil (antigo art. 1.526 do Código Civil de 1916), infere-se que o direito à indenização, ou seja, o direito de se exigir a reparação de dano, tanto de ordem material como moral, foi assegurado pelo Código Civil aos sucessores do lesado, transmitindo-se com a herança. Isso, porque o direito que se sucede é o de ação, que possui natureza patrimonial, e não o direito moral em si, que é personalíssimo e, portanto, intransmissível.

5. José de Aguiar Dias leciona que não há princípio algum que se oponha à transmissibilidade da ação de reparação de danos, porquanto "a ação de indenização se transmite como qualquer outra ação ou direito aos sucessores da vítima. Não se distingue, tampouco, se a ação se funda em dano moral ou patrimonial. A ação que se transmite aos sucessores supõe o prejuízo causado em vida da vítima" (Da Responsabilidade Civil, Vol. II, 4ª ed., Forense: Rio de Janeiro, 1960, p. 854).

6. Como bem salientou o Ministro Antônio de Pádua Ribeiro, no julgamento do REsp 11.735/PR (2ª Turma, DJ de 13.12.1993), "o direito de ação por dano moral é de natureza patrimonial e, como tal, transmite-se aos sucessores da vítima".

7. "O sofrimento, em si, é intransmissível. A dor não é 'bem' que componha o patrimônio transmissível do *de cujus*. Mas me parece de todo em todo transmissível, por direito hereditário, o direito de ação que a vítima, ainda viva, tinha contra o seu ofensor. Tal direito é de natureza patrimonial. Leon Mazeaud, em magistério publicado no Recueil Critique Dalloz, 1943, pág. 46, esclarece: 'O herdeiro não sucede no sofrimento da vítima. Não seria razoável admitir-se que o sofrimento do ofendido se prolongasse ou se entendesse (deve ser estendesse) ao herdeiro e este, fazendo sua a dor do morto, demandasse o responsável, a fim de ser indenizado da dor alheia. Mas é irrecusável que o herdeiro sucede no direito de ação que o morto, quando ainda vivo, tinha contra o autor do dano.

Se o sofrimento é algo entranhadamente pessoal, o direito de ação de indenização do dano moral é de natureza patrimonial e, como tal, transmite-se aos sucessores'." (PORTO, Mário Moacyr, in Revista dos Tribunais, Volume 661, pp. 7/10).

8. "O dano moral, que sempre decorre de uma agressão a bens integrantes da personalidade (honra, imagem, bom nome, dignidade etc.), só a vítima pode sofrer, e enquanto viva, porque a personalidade, não há dúvida, extingue-se com a morte. Mas o que se extingue – repita-se – é a personalidade, e não o dano consumado, nem o direito à indenização. Perpetrado o dano (moral ou material, não importa) contra a vítima quando ainda viva, o direito à indenização correspondente não se extingue com sua morte. E

Dessa forma, quanto à alegação de intransmissibilidade dos direitos de personalidade, a jurisprudência desta Corte é pacífica no sentido de que "embora a violação moral atinja apenas o plexo de direitos subjetivos da vítima, o direito à respectiva indenização transmite-se com o falecimento do titular do direito, possuindo o espólio e os herdeiros legitimidade ativa *ad causam* para ajuizar ação indenizatória por danos morais, em virtude da ofensa moral suportada pelo *de cujus*" (AgRg nos EREsp 978.651/SP, Rel. Min. FELIX FISCHER, DJe 10.2.11).

No mesmo diapasão, não se transmitem aos herdeiros o contrato de mandato (este é personalíssimo), o contrato de empreitada (artigo 626, CC), as obrigações personalíssimas, dentre outros. Da mesma forma não se transmite a indenização por seguro de vida, já que o capital livremente estipulado

---

assim é porque a obrigação de indenizar o dano moral nasce no mesmo momento em que nasce a obrigação de indenizar o dano patrimonial – no momento em que o agente inicia a prática do ato ilícito e o bem juridicamente tutelado sofre a lesão. Neste aspecto não há distinção alguma entre o dano moral e patrimonial. Nesse mesmo momento, também, o correlativo direito à indenização, que tem natureza patrimonial, passa a integrar o patrimônio da vítima e, assim, se transmite aos herdeiros dos titulares da indenização" (CAVALIERI FILHO, Sérgio. Programa de Responsabilidade Civil, 7ª ed., São Paulo: Atlas, 2007, pp. 85/88).

9. Ressalte-se, por oportuno, que, conforme explicitado na r. sentença e no v. acórdão recorrido, "o finado era solteiro e não deixou filhos, fato incontroverso comprovado pelo documento de fl. 14 (certidão de óbito), sendo os autores seus únicos herdeiros, legitimados, pois, a propor a demanda" (fl. 154). Ademais, foi salientado nos autos que a vítima sentiu-se lesada moral e fisicamente com o ato praticado pelos policiais militares e que a ação somente foi proposta após sua morte porque aguardava-se o trânsito em julgado da ação penal.

10. Com essas considerações doutrinárias e jurisprudenciais, pode-se concluir que, embora o dano moral seja intransmissível, o direito à indenização correspondente transmite-se causa mortis, na medida em que integra o patrimônio da vítima. Não se olvida que os herdeiros não sucedem na dor, no sofrimento, na angústia e no aborrecimento suportados pelo ofendido, tendo em vista que os sentimentos não constituem um "bem" capaz de integrar o patrimônio do *de cujus*. Contudo, é devida a transmissão do direito patrimonial de exigir a reparação daí decorrente. Entende-se, assim, pela legitimidade ativa ad causam dos pais do ofendido, já falecido, para propor ação de indenização por danos morais, em virtude de ofensa moral por ele suportada.

11. Recurso especial do Estado de São Paulo conhecido, mas desprovido.
RECURSO ESPECIAL ADESIVO. QUANTUM INDENIZATÓRIO. MAJORAÇÃO.
1. A falta de indicação do dispositivo infraconstitucional tido por violado inviabiliza o conhecimento do recurso especial. Incidência da Súmula 284/STF.
2. É inviável a apreciação de recurso especial fundado em divergência jurisprudencial quando o recorrente não demonstra o suposto dissídio pretoriano nos termos previstos no art. 255, §§ 1º, 2º e 3º, do RISTJ, e no art. 541, parágrafo único, do CPC.
3. Recurso especial adesivo não-conhecido.
(REsp 978.651/SP, Rel. Ministra DENISE ARRUDA, PRIMEIRA TURMA, julgado em 17/02/2009, DJe 26/03/2009).

entre o segurado e a seguradora cabe aos beneficiários escolhidos na apólice de seguro. O artigo 794 do Código Civil determina que "no seguro de vida ou de acidentes pessoais para o caso de morte, o capital estipulado não está sujeito às dívidas do segurado, nem se considera herança para todos os efeitos de direito." Todavia, "na falta de indicação da pessoa ou beneficiário, ou se por qualquer motivo não prevalecer a que for feita, o capital segurado será pago por metade ao cônjuge não separado judicialmente, e o restante aos herdeiros do segurado, obedecida a ordem da vocação hereditária.", conforme artigo 792 do mesmo diploma legal.

3.3 Modalidades de Sucessão *mortis causa*

Os sucessores (sujeitos passivos da transmissão hereditária) são aqueles que recebem o patrimônio deixado pelo falecido. São os denominados *herdeiros*: legais ou testamentários. Os herdeiros recebem a herança em razão da lei (sucessão legal ou legítima), de acordo com a vocação hereditária[8] ou feitura de testamento (sucessão testamentária). O artigo 1.786 diz que a sucessão dá-se por lei ou por testamento. O nosso Código Civil não prevê a sucessão contratual, não obstante o artigo 2.018 dispor que "é válida a partilha feita por ascendente, por ato entre vivos ou de última vontade, contanto que não prejudique a legítima dos herdeiros necessários".[9]

Já os legatários são considerados sucessores particulares ou singulares, uma vez que o falecido pode deixar bens singularizados, através de testamento ou codicilo.

Dessa forma, existem duas modalidades de sucessão *mortis causa*, a saber: a *título singular* e a *título universal*. Aquela está relacionada ao *legatário*, nesta os *herdeiros* recebem a totalidade do patrimônio deixado pelo *de cujus*. Vale destacar que nada impede que um herdeiro seja, também, legatário. Os herdeiros assumem os direitos e obrigações decorrentes do falecimento da pessoa até o limite da herança; já o legatário não responde pelas dívidas do espólio, uma vez que, em regra, não é representante do falecido.

---

[8] CC-Art. 1.829. A sucessão legítima defere-se na ordem seguinte: I – aos descendentes, em concorrência com o cônjuge sobrevivente, salvo se casado este com o falecido no regime da comunhão universal, ou no da separação obrigatória de bens (art. 1.640, parágrafo único); ou se, no regime da comunhão parcial, o autor da herança não houver deixado bens particulares; II – aos ascendentes, em concorrência com o cônjuge; III – ao cônjuge sobrevivente; IV – aos colaterais.

[9] Partilha-doação e partilha-testamento. CC-Art. 2.018. É válida a partilha feita por ascendente, por ato entre vivos ou de última vontade, contanto que não prejudique a legítima dos herdeiros necessários. (Correspondente ao art. 1.776 no CCB de 1916).

3.3.1 Quadro Sinóptico da Sucessão hereditária em sentido subjetivo

Sucessão Hereditária em sentido subjetivo		
Espécies	**Espécies/descrição**	**Base legal (Código Civil)**
Herdeiros legais ou legítimos (segue a ordem de vocação hereditária e se faz sempre a título universal, uma vez que os herdiros participam da totalidade do ativo e passivo do acervo hereditário, excetuados os bens deixados como legado)	**Herdeiros legais necessários** – aqueles que não podem ser afastados da sucessão, cabendo-lhes a quota legítima. Estes podem ser afastados da herança por força de sentença judicial de indignidade (artigo 1.814) ou de deserdação (artigo 1.961). Podem ainda, se desejarem, renunciar sua quota parte.	Artigo 1.845. São herdeiros necessários os descendentes, os ascendentes e o cônjuge. Art. 1.846. Pertence aos herdeiros necessários, de pleno direito, a metade dos bens da herança, constituindo a legítima. Art. 1.847. Calcula-se a legítima sobre o valor dos bens existentes na abertura da sucessão, abatidas as dívidas e as despesas do funeral, adicionando-se, em seguida, o valor dos bens sujeitos a colação. Art. 1.789. Havendo herdeiros necessários, o testador só poderá dispor da metade da herança.
	Herdeiros legais facultativos – são os familiares que não são tão próximos ao falecido (colaterais até o 4º grau) e não possuem a condição de herdeiros necessários. Podem ser afastados da sucessão por vontade do hereditando. Estes podem renunciar a herança e, ainda, podem ser excluídos por sentença judicial de indignidade (artigo 1.814).	Art. 1.850. Para excluir da sucessão os herdeiros colaterais, basta que o testador disponha de seu patrimônio sem os contemplar.
Herdeiros testamentários (pode ser realizada a título universal ou singular)	Escolhido através de negócio jurídico unilateral denominado testamento. Estes podem renunciar a herança e, ainda, podem ser excluídos por sentença judicial de indignidade (artigo 1.814).	Artigo 1.857 – Toda pessoa capaz pode dispor, por testamento, da totalidade dos seus bens, ou de parte deles, para depois de sua morte.
Legatários	Estes são herdeiros à título singular, eis que recebem bens, coisas ou direitos singularizados, mediante testamento (artigo 1.857) ou codicilo (artigo 1.881).	Art. 1.881. Toda pessoa capaz de testar poderá, mediante escrito particular seu, datado e assinado, fazer disposições especiais sobre o seu enterro, sobre esmolas de pouca monta a certas e determinadas pessoas, ou, indeterminadamente, aos pobres de certo lugar, assim como legar móveis, roupas ou jóias, de pouco valor, de seu uso pessoal.

Verifica-se, portanto, que a *sucessão legal ou legítima* segue a ordem de vocação hereditária.[10] O artigo 1.788 do Código Civil diz que "morrendo a pessoa sem testamento, transmite a herança aos herdeiros legítimos; o mesmo ocorrerá quanto aos bens que não forem compreendidos no testamento; e subsiste a sucessão legítima se o testamento caducar, ou for julgado nulo." Dessa maneira, três são as situações em que ocorrem a sucessão legítima, a saber: (a) quando inexistir testamento; (b) ocorrendo testamento, quanto aos bens por ele não compreendidos; (c) em caso de caducidade do testamento (por exemplo, no caso de morte do beneficiário antes da abertura da sucessão), rompimento (de acordo com os artigos 1.793 e 1.794, do CC)[11] ou nulidade.

A sucessão a *título singular* é aquela em que o testador deixa um determinado bem (e.g., carro, relógio, terreno) para um beneficiário. É o chamado legado. Daí que o legatário (beneficiário) não se confunde com o herdeiro. Este sucede a titulo universal, aquele a título singular.

3.4 Morte

A morte, como fato jurídico *stricto sensu*, põe termo à pessoa física, gerando efeitos jurídicos a seus sucessores, conforme dispõe os artigos 6º e 1.784 do Código Civil.

3.4.1 Extinção da Personalidade Natural

De acordo com a regra do artigo 6º do nosso Código Civil, "a existência da pessoa natural termina com a morte; presume-se esta, quanto aos ausentes, nos casos em que a lei autoriza a abertura de sucessão definitiva".[12]

3.4.2 Morte real

A *morte real* é causa de extinção da personalidade natural, conforme artigo 6º, 1ª parte, do Código Civil. A morte da pessoa é provada pelo atestado

---

10 CC – Da Ordem da Vocação Hereditária. Art. 1.829. A sucessão legítima defere-se na ordem seguinte: I – aos descendentes, em concorrência com o cônjuge sobrevivente, salvo se casado este com o falecido no regime da comunhão universal, ou no da separação obrigatória de bens (art. 1.640, parágrafo único); ou se, no regime da comunhão parcial, o autor da herança não houver deixado bens particulares; II – aos ascendentes, em concorrência com o cônjuge; III – ao cônjuge sobrevivente; IV – aos colaterais.
11 CC – CAPÍTULO XIII – Do Rompimento do Testamento
Art. 1.973. Sobrevindo descendente sucessível ao testador, que não o tinha ou não o conhecia quando testou, rompe-se o testamento em todas as suas disposições, se esse descendente sobreviver ao testador.
Art. 1.974. Rompe-se também o testamento feito na ignorância de existirem outros herdeiros necessários.
Art. 1.975. Não se rompe o testamento, se o testador dispuser da sua metade, não contemplando os herdeiros necessários de cuja existência saiba, ou quando os exclua dessa parte.
12 Correspondente ao art. 10 do CC de 1916.

de óbito, de acordo com o *caput* do artigo 77 da Lei de Registro Público (LRP) que diz "nenhum sepultamento será feito sem certidão, do oficial de registro do lugar do falecimento, extraída após a lavratura do assento de óbito, em vista do atestado de médico, se houver no lugar, ou em caso contrário, de duas pessoas qualificadas que tiverem presenciado ou verificado a morte".

No caso de *óbito de criança* de menos de um ano, caberá ao oficial de registro do lugar de falecimento verificar se houve registro de nascimento, que, em caso de falta, será previamente feito (LRP, art. 77, § 1°).

A *cremação de cadáver* somente será feita daquele que houver manifestado a vontade de ser incinerado ou no interesse da saúde pública e se o atestado de óbito houver sido firmado por 2 (dois) médicos ou por 1 (um) médico legista e, no caso de morte violenta, depois de autorizada pela autoridade judiciária (LRP, art. 77, § 2°).

3.4.3 Comoriência ou morte simultânea

Se duas ou mais pessoas falecerem na mesma ocasião, não se podendo afirmar quem morreu primeiro, presumir-se-á simultaneamente mortas. A comoriência é fundamental no direito sucessório, já que não existe transmissão de bens entre os comorientes.

O artigo 8° do CCB preceitua que "se dois ou mais indivíduos falecerem na mesma ocasião, não se podendo averiguar se algum dos comorientes precedeu aos outros, presumir-se-ão simultaneamente mortos".[13]

J. M. de Carvalho Santos,[14] à luz das regras do Código Civil de 1916, apresenta o seguinte exemplo: "Imagine-se um avô e o neto morrendo no mesmo desastre ferroviário. O avô não tem outro parente senão um irmão; o neto é casado. Se o avô morrer primeiro o neto será seu herdeiro; a viúva do neto herdará, por isso, não só o que pertencia ao seu marido, mas também a herança do avô que aquele havia tocado. Se ao contrário, é o neto que falece em primeiro lugar, a mulher ficará com a sua meação, herdando o avô a outra metade. E o irmão do avô herdará os bens deste, acrescidos já da metade dos bens do neto. Está claro que no primeiro caso a viúva terá de provar que o avô morreu primeiro que o neto; no segundo caso, o tio-avô terá de provar o contrário, isto é, que o avô foi quem sobreviveu".

O interesse em averiguar a existência ou não da *comoriência* somente procederá quando duas ou mais pessoas morrerem no mesmo acidente, sendo uma herdeira ou beneficiária da outra. Isto porque, como dito acima, não existe transmissão de bens entre os comorientes.[15] Se existir prova de quem faleceu primeiro, a solução será diferente. Daí que a dúvida sobre a comoriência poderá causar grandes litígios.

---

13 Correspondente ao art. 11 do CC de 1916.
14 CARVALHO SANTOS, J. M. *Código Civil Brasileiro Interpretado*. Volume I. 6. ed. Rio de Janeiro: Freitas Bastos. 1953. p. 313.
15 Comoriência. Falecimento de marido e mulher em acidente aéreo. Pecúlio previdenciário pago

Diogo Leite de Campos ensina que "a prova do momento da morte interessa para determinar a ordem dos sucessores. Com efeito, para que alguém seja chamado à sucessão, é preciso que exista no momento da morte do de cujus, que o seu falecimento seja posterior ao deste. Se isso não suceder, serão chamadas outras pessoas, que ocupem na sucessão o lugar imediato ao dele para sucederem em vez dele. Normalmente, não só é possível fixar o momento da morte, como é fácil provar que este momento é anterior ao do falecimento dos seus sucessíveis: que estes existiam ainda neste momento. Quando duas pessoas morrem ao mesmo tempo, e interessa provar a ordem dos falecimentos, a norma geral é a de que a prova do momento da morte se faça por qualquer meio, sendo utilizados mesmo presunções de fato (um dos falecidos era muito mais resistente fisicamente que o outro) para formar a convicção do juiz. Assim, na morte simultânea do pai e do filho, a herança do pai será diferenciada aos seus herdeiros (com a exclusão do filho morto simultaneamente) e a do filho também aos seus herdeiros, com exclusão do pai." [16] [17]

---

aos pais do falecido varão. Pretendida devolução em face da transmissão do direito à mulher. Descabimento. Intransmissibilidade de direitos entre comorientes. CCB, art. 11. (Cita doutrina). "Comoriência. Falecimento de marido e mulher no mesmo desastre. CCB, art. 11. Se marido e mulher falecem ao mesmo tempo, não haverá transmissão de direitos entre eles. É que os direitos a serem transmitidos não encontrariam sujeito para os receber. Assim, o pecúlio previdenciário do marido é desde logo atribuído a seus dependentes ou ascendentes, sem contemplação aos da esposa, porque ela não sobreviveu a ele". (TJRJ – Apelação Cível 877/89 – RJ – Rel.: Des. Paulo Roberto de A. Freitas – J. em 25.8.1989 – Jurisprudência Brasileira 158/000269).

16 CAMPOS, Diogo Leite. *Direito da família e das sucessões*. 2. ed. Coimbra: Coimbra, 2007, p. 479.

17 Vejamos a decisão da Medida Cautelar n° 3.482-SE (2001/0002797-0), de relatoria do Ministro Sálvio de Figueiredo Teixeira, em 6.2.2001: "1. Em consequência do falecimento de Corina Teles Sobral Hagenbeck e de seus dois filhos menores, Henrique e Bruna, em acidente de automóvel, foi providenciada pela ora requerente, mãe da primeira, a abertura do inventário da sua filha. Afirmou a requerente que teria havido **comoriência,** de sorte que os bens de Corina não teriam sido transmitidos aos filhos, ocasionando a sucessão na linha ascendente, em cuja ordem de vocação hereditária seria ela, Edênia Barbosa Teles Sobral, a única herdeira desse patrimônio.

O marido de Corina e pai de Bruna e Henrique, ora requerido, promoveu por seu lado a abertura do inventário tanto de Corina quanto da filha Bruna, afirmando que, segundo o laudo da polícia técnica elaborado no local do acidente, mas três horas após o evento, a filha Bruna teria sido retirada das ferragens do automóvel ainda com vida, vindo a falecer no trajeto até o hospital, pelo que a hipótese de comoriência estaria afastada e os bens de Corina teriam sido transmitidos a Bruna, sendo ele o único herdeiro da filha na linha ascendente.

O Juiz de Direito da 6ª Vara Cível de Aracaju houve por bem extinguir o inventário aberto pela requerente ao fundamento de não assistir à mãe a legitimidade ativa ad causam, uma vez que 'a documentação acostada pelo marido e pai dos falecidos no trágico acidente, demonstra a possibilidade de averiguar-se o momento do falecimento de Bruna, portanto, em relação à mesma não houve comoriência', concluindo que, 'tendo Bruna Sobral Hagenbeck tornado-se herdeira de Corina Teles Sobral Hagenbeck, ainda que por breve momento, com o seu falecimento tornou-se o seu genitor o seu único sucessor, e por via de consequência, de todos os bens que a menor herdou de sua genitora'.

Interpôs a vencida apelação, argumentando que a questão da comoriência, como fundamento para a decretação de plano da sua ilegitimidade, fora mal decidida pelo magistrado, estando a merecer exame pela via ordinária, sendo-lhe possível produzir prova em sentido contrário, que poderia demonstrar essa circunstância. A menina, segundo sua assertiva, fora levada ao hospital apenas porque não se achava, como os demais ocupantes do veículo acidentado, presa nas ferragens, embora tivesse falecido também no momento do impacto. Concomitantemente, foi ajuizada pela apelante, perante o Tribunal de Justiça de Sergipe, ação cautelar com pedido liminar, para ser suspenso o inventário aberto pelo ora requerido, na pendência da apelação. Concedida a liminar pelo Presidente do Tribunal, manifestou o apelado agravo regimental, provido pelo Grupo II da Câmara Cível, em acórdão de cuja ementa se lê: 'Agravo Regimental – Ação Cautelar inominada – Sucessão – Comoriência – Inventário duplo – Extinção de um dos processos – Apelação – Ação cautelar para impedir a prática de atos de inventariante e andamento do processo restante – Liminar – Deferimento – Ausência de um dos requisitos autorizadores – Inexistência do periculum in mora – Liminar cassada – Agravo conhecido e provido – Decisão unânime. 'Da decisão que concede ou nega efeito suspensivo ao agravo, que concede liminar em mandado de segurança sujeito à competência do Tribunal, que concede liminar em ação cautelar ou em outra ação qualquer, cabe agravo regimental desde que comprovadas as suas hipóteses, como a ausência do *fumus boni iuris* e o *periculum in mora*'.

Adveio recurso especial interposto pela agravada, fundamentado em alegação de negativa de vigência dos artigos 798 e 804, CPC, ainda não admitido, tendo sido aforada também a cautelar em exame com a finalidade de emprestar a esse recurso efeito suspensivo, 'no sentido de suspender os efeitos do Acórdão n° 1891/2000, de sorte a continuar em vigor a liminar deferida na ação cautelar inominada n° 006/2000 em trâmite no TJ/SE, que determinou a suspensão do Processo de Inventário n° 2000.1060023-3 ajuizado perante a 6ª Vara Cível da Comarca de Aracaju/SE'.

O *periculum in mora* acha-se caracterizado, argumenta a requerente, uma vez que, com a suspensão daquela liminar concedida em segundo grau, "os bens da inventariada passarão, mediante formal de partilha, em definitivo à propriedade de herdeiros não legítimos, mormente o requerido, o que demandará a posteriori demasiado esforço da requerente em anular todo esse processo', acrescentando, mais adiante, estar 'a ação suscetível de causar dano grave e de difícil reparação à autora, mediante a consumação dos atos de partilha e consequentemente fruição dos bens divididos, por parte daqueles cuja legitimidade ainda não está positivada, sendo que o espírito do art. 798 está exatamente voltado à prevenção, mais eficiente do que a reparação posterior'.

2. Não descortino o periculum in mora nas circunstâncias apontadas pela requerente. Esse requisito da tutela cautelar ocorre quando há possibilidade de dano de difícil ou incerta reparação, o que não ocorre pelo prosseguimento do inventário, que demanda a adoção das providências administrativas a ele concernentes, mediante arrolamento e avaliação dos bens e pagamento dos tributos devidos. A questão que requer a realização de prova ampla, outrossim, não pode ser solucionada no inventário, que somente se presta à definição das questões de direito ou das questões de fato cuja demonstração seja documental, nos termos do art. 984, CPC (a propósito, REsp 4.625-SP, DJ de 20.5.91). E nada impede que a requerente apresente solicitação perante o juízo do inventário, promovido pelo viúvo, do resguardo dos direitos que esteja pleiteando na via ordinária, circunstância que enfraquece ainda mais o periculum in mora por ela alegado. A situação posta a exame não favorece a concessão de liminar por este Tribunal Superior, a fim de emprestar efeito suspensivo ao recurso especial interposto pela ora requerente contra o acórdão que, julgando agravo interno manifestado pelo seu adversário processual contra a liminar a ela concedida pelo Presidente do Tribunal de origem, imprimira efeito suspensivo à apelação por ela interposta contra a sentença terminativa do inventário que ajuizara.

3. À luz do exposto, indefiro a liminar e a própria cautelar".

O Código Civil português adotou a regra da *comoriência* no artigo 68°, n° 2, que se traduz em presumir, em caso de dúvida, que duas ou mais pessoas faleceram simultaneamente, sem que uma delas tenha sobrevivido à outra. A regra preceitua que "Art. 68° (Termo da personalidade). 2. Quando certo efeito jurídico depender da sobrevivência de uma a outra pessoa, presume-se, em caso de dúvida, que uma e outra faleceram ao mesmo tempo".

Da mesma forma, o Código Civil espanhol, em seu artigo 33, determina que *"si se duda, entre dos o más personas llamadas a sucederse, quién de ellas ha muerto primero, el que sostenga la muerte anterior de una o de otra, debe probarla; a falta de prueba, se presumen muertas al mismo tiempo y no tiene lugar la transmisión de derechos de uno a otro"*.

No mesmo sentido, o Código Civil italiano adota, em seu artigo 4°, o instituto jurídico da comoriência, afirmando que "Art. 4. *Commorienza – Quando un effetto giuridico dipende dalla sopravvivenza di una persona a un'altra e non consta quale di esse sia morta prima, tutte si considerano morte nello stesso momento"*.

3.4.4 Morte civil

O Código Civil sustenta a *morte civil*, timidamente, quando trata dos excluídos da sucessão. O artigo 1.816 dispõe que "são pessoais os efeitos da exclusão; os descendentes do herdeiro excluído sucedem, *como se ele morto fosse antes da abertura da sucessão"*.

3.4.5 Morte presumida

3.4.5.1 Morte presumida com declaração de ausência

De acordo com a regra do artigo 6° do nosso Código civil, "a existência da pessoa natural termina com a morte; presume-se esta, quanto aos ausentes, nos casos em que a lei autoriza a abertura de sucessão definitiva".[18]

O instituto da *ausência* encontra-se tipificado em nosso Código Civil, na Parte Geral, Livro I – Das pessoas, Título I – Das Pessoas Naturais, Capítulo – Da Ausência, Seções I a III, nos artigos 22 a 39. A ausência comporta 3 momentos distintos: a curadoria dos bens do ausente (arts. 22 a 25), a sucessão provisória (arts. 26 a 36) e a sucessão definitiva (arts. 37 a 39).

Assim, a *morte é presumida* quanto aos ausentes, nos casos em que a lei autoriza a abertura da sucessão definitiva. Isto ocorre quando o ausente desaparece de seu domicílio sem notificar seu paradeiro ou deixar representante.

A sentença declaratória de ausência deverá ser registrada em registro público (CC, art. 9°, IV).

---

18 Correspondente ao art. 10 do CC de 1916.

O Ministro PAULO DE TARSO SANSEVERINO já decidiu que "o instituto da ausência e o procedimento para o seu reconhecimento revelam um *iter* que se inaugura com a declaração, perpassa pela abertura da sucessão provisória e se desenvolve até que o decênio contado da declaração da morte presumida se implemente.

Transcorrido o interregno de um decênio, contado do trânsito em julgado da decisão que determinou a abertura da sucessão provisória, atinge sua plena eficácia a declaração de ausência, consubstanciada na morte presumida do ausente e na abertura da sua sucessão definitiva.

A lei, fulcrada no que normalmente acontece, ou seja, no fato de que as pessoas, no trato diário de suas relações, não desaparecem intencionalmente sem deixar rastros, elegeu o tempo como elemento a solucionar o dilema, presumindo, em face do longo transcurso do tempo, a probabilidade da ocorrência da morte do ausente.

Estabelecida pela a lei a presunção da morte natural da pessoa desaparecida, é o contrato de seguro de vida alcançado por esse reconhecimento, impondo-se apenas que se aguarde pelo momento da morte presumida e a abertura da sucessão definitiva". (REsp 1298963/SP, Rel. Ministro PAULO DE TARSO SANSEVERINO, TERCEIRA TURMA, julgado em 26/11/2013, DJe 25/02/2014).

O reconhecimento da morte presumida do segurado, com vistas à percepção de benefício previdenciário (art. 78 da Lei n° 8.213/91), não se confunde com a declaração de ausência prevista nos Códigos Civil e de Processo Civil, razão pela qual compete à Justiça Federal processar e julgar a ação (REsp 256.547/SP, Rel. Ministro FERNANDO GONÇALVES, SEXTA TURMA, julgado em 22.8.2000, DJ 11.9.2000 p. 303).

Da mesma forma, "PREVIDENCIÁRIO. PROCESSUAL CIVIL. DECLARAÇÃO DE AUSÊNCIA. BENEFÍCIO. INTERPRETAÇÃO LÓGICO-SISTEMÁTICA DO PEDIDO E DA CAUSA DE PEDIR. JULGAMENTO *EXTRA PETITA*. INEXISTÊNCIA. 1. Trata-se, na origem, de Ação movida por cônjuge de desaparecido em que se visa declarar ausência para recebimento de benefício previdenciário. 2. A sentença de procedência foi mantida pelo Tribunal a quo. 3. Na causa de pedir, a agravada demonstra vontade de perceber o benefício decorrente da declaração judicial da morte presumida do seu marido. 4. O art. 78 da Lei 8.213/91 dispõe que a concessão da pensão provisória pela morte presumida do segurado decorre tão somente da declaração emanada da autoridade judicial, depois do transcurso de 6 meses da ausência. Dispensa-se pedido administrativo para recebimento do benefício. 5. "O acolhimento de pedido extraído da interpretação lógico-sistemática de toda a argumentação desenvolvida na peça inicial, e não apenas do pleito formulado no fecho da petição, não implica julgamento *extra petita*" (AgRg no Ag 1.351.484/RJ, Rel. Ministro Gilson Dipp, Quinta Turma, DJe 26.3.2012). 6. Agravo Regimental não provido. (AgRg no REsp 1309733/RJ, Rel. Ministro HERMAN BENJAMIN, SEGUNDA TURMA, julgado em 02/08/2012, DJe 23/08/2012).

3.4.5.2 Morte presumida sem declaração de ausência

O artigo 7° do Código Civil brasileiro permite que seja declarada a morte presumida, *sem decretação de ausência*, nos seguintes casos: I – se for extremamente provável a morte de quem estava em perigo de vida; II – se alguém, desaparecido em campanha ou feito prisioneiro, não for encontrado até dois anos após o término da guerra.

A declaração da morte presumida, nesses casos, somente poderá ser requerida depois de esgotadas as buscas e averiguações, devendo a sentença fixar a data provável do falecimento (CC, art. 7°, parágrafo único).[19]

A sentença declaratória de morte presumida será registrada em registro público (CC, art. 9°, IV).

Quanto ao desaparecimento em campanha, os óbitos serão registrados em livro próprio, para esse fim designado, nas formações sanitárias e corpos de tropas, pelos oficiais da corporação militar correspondente, autenticado cada assento com a rubrica do respectivo médico chefe, ficando a cargo da unidade que proceder ao sepultamento o registro, nas condições especificadas, dos óbitos que se derem no próprio local de combate (LRP, art. 85).

Será também admitida a *justificação* no caso de desaparecimento em campanha, quando provados a impossibilidade de ter sido feito o registro no referido livro e os fatos que convençam da ocorrência do óbito (LRP, art. 88, parágrafo único).

Quanto ao *desaparecimento de pessoas em naufrágio, inundação, incêndio, terremoto ou qualquer catástrofe*, poderão, também, os juízes togados admitir justificação para o assento de óbito, desde que provada a sua presença no local do desastre e não for possível encontrar-se o cadáver para exame (LRP, art. 88).[20]

Um exemplo de morte presumida sem declaração de ausência foi a tragédia com o avião da Air France (voo AF 447) que caiu no Oceano Atlântico. Neste caso, aplica-se o artigo 7° do Código Civil brasileiro combinado com o artigo 88 da Lei de Registro Público (LRP) visando à declaração de morte presumida sem declaração de ausência. Esta declaração substitui judicialmente o atestado de óbito, possibilitando, pois, que os parentes possam obter indenizações, heranças, pensões por morte e seguro decorrentes do acidente.

Em relação à pensão previdenciária, o Superior Tribunal de Justiça já decidiu a concessão do benefício por morte presumida começa a contar da data do desaparecimento do segurado (e.g., no caso da tragédia do voo AF 447, a data da morte foi considerada aquela em que ocorreu o último contato da aeronave com a torre de controle de voo).

---

19 Sem correspondência ao CC de 1916.
20 CPC – Art. 381. A produção antecipada da prova será admitida nos casos em que: I – haja fundado receio de que venha a tornar-se impossível ou muito difícil a verificação de certos fatos na pendência da ação; II – a prova a ser produzida seja suscetível de viabilizar a autocomposição ou outro meio adequado de solução de conflito; III – o prévio conhecimento dos fatos possa justificar ou evitar o ajuizamento de ação.

O artigo 78 da Lei n° 8.213/91, que trata dos planos de benefícios da Previdência Social, determina que, "por morte presumida do segurado declarada pela autoridade judicial competente, depois de 6 (seis) meses de ausência, será concedida pensão provisória". O § 1° do referido dispositivo legal indica que, mediante prova do desaparecimento do segurado em consequência de acidente, desastre ou catástrofe, seus dependentes farão jus à pensão provisória independentemente da declaração e do prazo deste artigo.

3.4.6 Desaparecimento em razão de atividade política

A Lei 9.140, de 4.12.95, reconhece como mortas pessoas desaparecidas em razão de participação, ou acusação de participação, em atividades políticas, no período de 2 de setembro de 1961 a 15 de agosto de 1979.

São reconhecidas como mortas, para todos os efeitos legais, as pessoas que tenham participado, ou tenham sido acusadas de participação, em atividades políticas, no período de 2 de setembro de 1961 a 5 de outubro de 1988, e que, por este motivo, tenham sido detidas por agentes públicos, achando-se, deste então, desaparecidas, sem que delas haja notícias (art. 1° da Lei 9.140/95 com redação dada pela Lei n° 10.536, de 2002).

3.5 Lei de Introdução às Normas do Direito Brasileiro

Em relação ao conflito de leis no espaço, o artigo 10 da LINDB determina que "a sucessão por morte ou por ausência obedece à lei do país em que domiciliado o defunto ou o desaparecido, qualquer que seja a natureza e a situação dos bens."

A sucessão de bens de estrangeiros, situados no País, será regulada pela lei brasileira em benefício do cônjuge ou dos filhos brasileiros, ou de quem os represente, sempre que não lhes seja mais favorável a lei pessoal do *de cujus* (artigo 10, § 1°, da LINDB). Esta é a mesma redação do artigo 5°, inciso XXXI, do texto constitucional.[21]

A lei do domicílio do herdeiro ou legatário regula a capacidade para suceder (artigo 10, § 2°, da LINDB).

Vale destacar ainda o artigo 23, inciso II, do CPC que diz: "Compete à autoridade judiciária brasileira, com exclusão de qualquer outra: [...] II – em matéria de sucessão hereditária, proceder à confirmação de testamento particular e ao inventário e à partilha de bens situados no Brasil, ainda que o autor da herança seja de nacionalidade estrangeira ou tenha domicílio fora do território nacional.

---

21 CRFB/88 – artigo 5°, XXXI – a sucessão de bens de estrangeiros situados no País será regulada pela lei brasileira em benefício do cônjuge ou dos filhos brasileiros, sempre que não lhes seja mais favorável a lei pessoal do *"de cujus"*.

Capítulo 4
ABERTURA DA SUCESSÃO HEREDITÁRIA

4.1 Abertura da Sucessão e Princípio de Saisine

De acordo com o artigo 1.784 do Código Civil, "aberta a sucessão, a herança transmite-se, desde logo, aos herdeiros legítimos e testamentários."[1] Originado no direito francês, o direito de *saisine* informa que a posse da herança se transmite incontinenti aos herdeiros do de *cujus*. De acordo com as lições de EDUARDO DE OLIVEIRA LEITE a noção de *saisine* "remonta ao tempo dos francos, mas são os documentos dos tempos merovíngios e

---

[1] PROCESSO CIVIL. RECURSO ESPECIAL. AÇÃO DE EXECUÇÃO DE TÍTULO EXTRAJUDICIAL. ILEGITIMIDADE PASSIVA DO *DE CUJUS*. POSSIBILIDADE DE EMENDA À INICIAL ATÉ A CITAÇÃO. NEGATIVA DE PRESTAÇÃO JURISDICIONAL. INEXISTÊNCIA. AUSÊNCIA DE INVENTÁRIO DOS BENS DO FALECIDO. LEGITIMIDADE DO ESPÓLIO PARA FIGURAR COMO DEVEDOR EM AÇÃO DE EXECUÇÃO. REPRESENTAÇÃO. ADMINISTRADOR PROVISÓRIO. POSSIBILIDADE.
1. Até a citação, a parte autora pode emendar a inicial, com a correção do polo passivo, em razão de não ter ocorrido a estabilização do processo. Inteligência dos arts. 264 e 294 do CPC.
2. O Tribunal de origem, embora fundado em premissa equivocada, manifestou-se expressamente quanto à questão suscitada pelo recorrente, não havendo falar em negativa de prestação jurisdicional.
3. Pelo princípio da saisine, previsto no art. 1.784 do CC-02, a morte do *de cujus* implica a imediata transferência do seu patrimônio aos sucessores, como um todo unitário, que permanece em situação de indivisibilidade até a partilha.
4. Enquanto não realizada a partilha, o acervo hereditário – espólio – responde pelas dívidas do falecido (art. 597 do CPC) e, para tanto, a lei lhe confere capacidade para ser parte (art. 12, V, do CPC).
5. Acerca da capacidade para estar em juízo, de acordo com o art. 12, V, do CPC, o espólio é representado, ativa e passivamente, pelo inventariante. No entanto, até que o inventariante preste o devido compromisso, tal representação far-se-á pelo administrador provisório, consoante determinam os arts. 985 e 986 do CPC.
6. O espólio tem legitimidade para figurar no pólo passivo de ação de execução, que poderia ser ajuizada em face do autor da herança, acaso estivesse vivo, e será representado pelo administrador provisório da herança, na hipótese de não haver inventariante compromissado.
7. Recurso especial conhecido e provido. (REsp 1386220/PB, Rel. Ministra NANCY ANDRIGHI, TERCEIRA TURMA, julgado em 03/09/2013, DJe 12/09/2013).

carolíngios que nos permitem avaliar o sentido do termo saisine designando na Idade Média, o poder legítimo de uma pessoa obter e conservar uma coisa que pertencera a um parente. Diversas palavras expressavam o mesmo poder, assim: vestitura, ou investitura, tenura, gewere e os derivados do verbo sacire (de onde vem, saisir, e por extensão, saisine).[2][3]

Como dito alhures, a herança representa uma universalidade de direito, já que compreende um complexo de relações jurídicas dotadas de valor econômico. Não integram a herança: as relações jurídicas de caráter personalíssimo, tais como: as obrigações de fazer infungíveis (art. 247);[4] o direito de revogar a doação por ingratidão do donatário, exceto no caso de homicídio doloso do doador

---

2   LEITE, Eduardo de Oliveira. *Comentários ao Novo Código Civil*. Volume XXI. 4. ed. Rio de Janeiro: Forense, 2005, p. 6.
3   REsp 1.392.314-SC, Rel. Min. Marco Aurélio Bellizze, por unanimidade, julgado em 6/10/2016, DJe 20/10/2016.
    Ocorrido o falecimento do autor da ação de investigação de paternidade cumulada com nulidade da partilha antes da prolação da sentença, sem deixar herdeiros necessários, detém o herdeiro testamentário, que o sucedeu a título universal, legitimidade e interesse para prosseguir com o feito, notadamente, pela repercussão patrimonial advinda do potencial reconhecimento do vínculo biológico do testador.
    Cingiu-se a controvérsia a decidir sobre a legitimidade *ad causam* do herdeiro testamentário para prosseguir em ação de investigação de paternidade cumulada com nulidade de partilha proposta por autor que, a despeito de ser adotado, pleiteia o reconhecimento de paternidade biológica. Incialmente, cumpre assinalar que a relação socioafetiva estabelecida com o pai registral – a qual, inclusive, não se confunde com adoção – não impede a ação de investigação de paternidade proposta pelo filho, que tem o direito personalíssimo, indisponível e imprescritível de esclarecer sua paternidade biológica, com todos os consectários legais. No que toca ao direito do herdeiro testamentário, tendo ocorrido o falecimento do autor após o ajuizamento da ação, não há nenhum óbice para que ele ingresse no feito dando-lhe seguimento, autorizado não apenas pela disposição de última vontade do *de cujus* quanto à transmissão de seu patrimônio, mas também pelo art. 1.606 do CC, que permite o prosseguimento da ação de investigação de paternidade pelos herdeiros, independentemente de serem eles sucessores pela via legítima ou testamentária. Nessa mesma linha de entendimento, a dicção dos arts. 1.784 do CC, no sentido de que, "aberta a sucessão, a herança transmite-se, desde logo, aos herdeiros legítimos e testamentários" e 43 do CPC/1973, então vigente, este último dispondo que, "ocorrendo a morte de qualquer das partes, dar-se-á a substituição pelo seu espólio ou pelos seus sucessores, observado do disposto no art. 265". Haveria alguma dúvida apenas se a ação tivesse por objetivo, exclusivamente, o reconhecimento do vínculo biológico do autor, caso em que, estando a pretensão circunscrita à descoberta de sua origem genética, seria questionável a utilidade da sentença para além do interesse dos filhos e netos do investigante. Todavia, no caso, em que há cumulação da ação de investigação de paternidade com pedido de nulidade da partilha, é extreme de dúvida que, tendo ocorrido o falecimento do autor da ação antes da prolação da sentença, sem deixar herdeiros legítimos, detém o testamentário, que o sucedeu a título universal, legitimidade e interesse para prosseguir com o feito, tendo em vista a repercussão patrimonial que pode advir do reconhecimento ao falecido da condição de filho, porquanto, embora a ação de prova de filiação seja personalíssima, não é intransmissível.
4   Por exemplo: a obrigação do médico, que ficou de fazer uma cirurgia; a obrigação do advogado, que prometeu entregar um parecer etc.

(arts. 560 e 561); o direito de preempção ou preferência (art. 520); o contrato de prestação de serviço (art. 607); a empreitada ajustada em consideração às qualidades pessoais do empreiteiro (art. 626); o mandato (art. 682, II); a constituição de renda, em relação ao credor (art. 806); os direitos de usufruto, de uso e de habitação (arts. 1.410, 1.411, 1.413 e 1.416).

Não se deve confundir a *abertura da sucessão* com a *abertura do inventário*. São, pois, momentos distintos: aquela se dá no momento da morte (extinção da pessoa natural), está ocorre quando se ingressa com a ação de inventário.

A transmissão da herança é, pois, instantânea, abrangendo o domínio e a posse da herança, sendo possível, inclusive, o ajuizamento das ações possessórias. Neste sentido: "Cinge-se a questão em saber se o compossuidor que recebe a posse em razão do princípio *saisine* tem direito à proteção possessória contra outro compossuidor. Inicialmente, esclareceu o Min. Relator que, entre os modos de aquisição de posse, encontra-se o *ex lege*, visto que, não obstante a caracterização da posse como poder fático sobre a coisa, o ordenamento jurídico reconhece, também, a obtenção desse direito pela ocorrência de fato jurídico – a morte do autor da herança –, em virtude do princípio da *saisine*, que confere a transmissão da posse, ainda que indireta, aos herdeiros independentemente de qualquer outra circunstância. Desse modo, pelo mencionado princípio, verifica-se a transmissão da posse (seja ela direta ou indireta) aos autores e aos réus da demanda, caracterizando, assim, a titularidade do direito possessório a ambas as partes. No caso, há composse do bem em litígio, motivo pelo qual a posse de qualquer um deles pode ser defendida todas as vezes em que for molestada por estranhos à relação possessória ou, ainda, contra ataques advindos de outros compossuidores. *In casu*, a posse transmitida é a civil (art. 1.572 do CC/1916), e não a posse natural (art. 485 do CC/1916). Existindo composse sobre o bem litigioso em razão do *droit de saisine* é direito do compossuidor esbulhado o manejo de ação de reintegração de posse, uma vez que a proteção à posse molestada não exige o efetivo exercício do poder fático – requisito exigido pelo tribunal de origem. O exercício fático da posse não encontra amparo no ordenamento jurídico, pois é indubitável que o herdeiro tem posse (mesmo que indireta) dos bens da herança, independentemente da prática de qualquer outro ato, visto que a transmissão da posse dá-se *ope legis*, motivo pelo qual lhe assiste o direito à proteção possessória contra eventuais atos de turbação ou esbulho. Isso posto, a Turma deu provimento ao recurso para julgar procedente a ação de reintegração de posse, a fim de restituir aos autores da ação a composse da área recebida por herança. Precedente citado: REsp 136.922-TO, DJ 16/3/1998. REsp 537.363-RS, Rel. Min. Vasco Della Giustina (Desembargador convocado do TJ-RS), julgado em 20/4/2010."[5]

---

5 AGRAVO DE INSTRUMENTO. DIREITO CIVIL E PROCESSUAL CIVIL. AÇÃO DE REINTEGRAÇÃO DE POSSE. COMPROVAÇÃO DO EXERCÍCIO DA POSSE, MORMENTE EM VIRTUDE DO ÓBITO DO GENITOR DO INVENTARIANTE. ART. 1.784, DO CÓDI-

Dessa forma, frise-se que a posse transmitida com a abertura da sucessão é a posse indireta, eis que a posse direta pode estar com um dos herdeiros ou terceiros.[6][7]

GO CIVIL. PRINCÍPIO DA SAISINE. POSSE COM FORÇA VELHA. LIMINAR. POSSIBILIDADE NA HIPÓTESE DOS AUTOS. RECURSO IMPROVIDO. – Nos termos do art. 1.784, do Código Civil, segundo o qual, "aberta a sucessão, a herança transmite-se, desde logo, aos herdeiros legítimos e testamentários", resta configurada a posse do bem pelo Inventariante do espólio Agravado. – Princípio da Saisine. – Embora, em princípio, não se admita o deferimento de liminar em ações cuja discussão recaia sobre posse com força velha, a doutrina e jurisprudência admitem, de acordo com o caso concreto, mediante convencimento motivado do Magistrado, destinatário das provas. – Agravo de Instrumento Improvido. (TJ-PE – AI: 30920088171300 PE 0004727-37.2012.8.17.0000, Relator: Cândido José da Fonte Saraiva de Moraes, Data de Julgamento: 05/09/2012, 2ª Câmara Cível, Data de Publicação: 172).

TRIBUTÁRIO – AGRAVO DE INSTRUMENTO – EXECUÇÃO FISCAL – EXCEÇÃO DE PRÉ-EXECUTIVIDADE OPOSTA PELOS HERDEIROS – LEGITIMIDADE – INTELIGÊNCIA DOS ARTIGOS 1.784 E 1.791 DO CÓDIGO CIVIL. PROMESSA DE COMPRA E VENDA DEVIDAMENTE REGISTRADA NO CARTÓRIO COMPETENTE – COMPROVAÇÃO DE SUCESSÃO DO DIREITO REAL DE PROPRIEDADE – IMPOSSIBILIDADE DE AJUIZAMENTO EM FACE DO PROMITENTE VENDEDOR – AUSÊNCIA DE CONTEMPORANEIDADE ENTRE O EXERCÍCIO DA PROPRIEDADE E DA POSSE – ENTENDIMENTO DO SUPERIOR TRIBUNAL DE JUSTIÇA CONSIGNADO DO RESP 1.073.846/SP JULGADO PELO RITO DO ARTIGO 543-C DO CÓDIGO DE PROCESSO CIVIL – INAPLICABILIDADE DA NORMA MUNICIPAL QUE DETERMINA A RESPONSABILIDADE SOLIDÁRIA DO PROMITENTE VENDEDOR E DO PROMITENTE COMPRADOR. VERBA HONORÁRIA – CONDENAÇÃO DO MUNICÍPIO – MANUTENÇÃO DA DECISÃO DE PRIMEIRO GRAU. RECURSO DESPROVIDO. Os herdeiros são parte legítima para opor exceção de pré-executividade, pois, aberta a sucessão, a herança transmite-se desde logo, constituindo uma universalidade de bens, em condomínio a todos os herdeiros. É entendimento do Superior Tribunal de Justiça que o imposto, nos casos em que incidir sobre o patrimônio, segue o bem tributado, devendo o atual proprietário, possuidor ou titular do domínio útil responder pelos impostos. Tendo o bem objeto da tributação sido compromissado a terceiros, e tendo este contrato sido registrado no cartório competente, comprova-se a sucessão do direito de propriedade, razão pela qual apenas o promitente comprador possui responsabilidade pelo pagamento do imposto. Julgadas procedentes as exceções de pré-executividade para excluir o espólio do pólo passivo da execução, cabe ao Município o pagamento da verba honorária. (TJ-PR – AI: 7418822 PR 0741882-2, Relator: Silvio Dias, Data de Julgamento: 24/05/2011, 2ª Câmara Cível, Data de Publicação: DJ: 647).

6 CC – Art. 2.020. Os herdeiros em posse dos bens da herança, o cônjuge sobrevivente e o inventariante são obrigados a trazer ao acervo os frutos que perceberam, desde a abertura da sucessão; têm direito ao reembolso das despesas necessárias e úteis que fizerem, e respondem pelo dano a que, por dolo ou culpa, deram causa.

7 CC – Art. 1.923. Desde a abertura da sucessão, pertence ao legatário a coisa certa, existente no acervo, salvo se o legado estiver sob condição suspensiva.
§ 1º Não se defere de imediato a posse da coisa, nem nela pode o legatário entrar por autoridade própria.
§ 2º O legado de coisa certa existente na herança transfere também ao legatário os frutos que produzir, desde a morte do testador, exceto se dependente de condição suspensiva, ou de termo inicial.

Ademais, não podemos esquecer que o direito à herança é indivisível até o momento da partilha. Dessa forma, os herdeiros são considerados condôminos sobre os bens pertencentes ao espólio até o momento que se efetivar a partilha.

Outrossim, não há falar-se em *usucapião* em favor de um herdeiro contra o outro, uma vez que a herança até a partilha é considerada um bem imóvel e um todo indivisível.

4.2 Lugar da Sucessão

A sucessão abre-se no lugar do *último domicílio do falecido* (artigo 1.785, do Código Civil). Na hipótese de mais de um domicílio, a competência será dará por prevenção, ou seja, o juízo que em primeiro lugar tomou conhecimento da herança, é tido como competente para a ação de inventário. Já se o falecido não possuía domicílio certo, a competência será definida pelo lugar em que os bens se encontrem. Neste sentido, o artigo 48 e parágrafo único do CPC diz que "o foro de domicílio do autor da herança, no Brasil, é o competente para o inventário, a partilha, a arrecadação, o cumprimento de disposições de última vontade, a impugnação ou anulação de partilha extrajudicial e para todas as ações em que o espólio for réu, ainda que o óbito tenha ocorrido no estrangeiro. Parágrafo único. Se o autor da herança não possuía domicílio certo, é competente: I – o foro de situação dos bens imóveis; II – havendo bens imóveis em foros diferentes, qualquer destes; III – não havendo bens imóveis, o foro do local de qualquer dos bens do espólio.

Se porventura, no curso do inventário, o cônjuge meeiro vier a falecer e os bens deixados se limitarem à quota na herança, haverá conexão, isto é, o segundo inventário correrá nos autos do primeiro inventário.[8]

4.3 Conflito de Leis Sucessórias no Tempo

A sucessão será regulada pela lei em vigor no dia em que o *de cujus* faleceu. O artigo 1.787 diz que "regula a sucessão e a legitimação para suceder a lei vigente ao tempo da abertura daquela." [9]

---

[8] CPC – Art. 672. É lícita a cumulação de inventários para a partilha de heranças de pessoas diversas quando houver:
I – identidade de pessoas entre as quais devam ser repartidos os bens;
II – heranças deixadas pelos dois cônjuges ou companheiros;
III – dependência de uma das partilhas em relação à outra.
Parágrafo único. No caso previsto no inciso III, se a dependência for parcial, por haver outros bens, o juiz pode ordenar a tramitação separada, se melhor convier ao interesse das partes ou à celeridade processual.
Art. 673. No caso previsto no art. 672, inciso II, prevalecerão as primeiras declarações, assim como o laudo de avaliação, salvo se alterado o valor dos bens.

[9] LINDB – Art. 1º Salvo disposição contrária, a lei começa a vigorar em todo o País quaren-

Ademais, o artigo 2.041 do Código Civil determina que "as disposições deste Código relativas à ordem da vocação hereditária (arts. 1.829 a 1.844) não se aplicam à sucessão aberta antes de sua vigência, prevalecendo o disposto na lei anterior (Lei n° 3.071, de 1° de janeiro de 1916)." Dessa maneira, se a pessoa faleceu durante a vigência do Código Civil de 1916 (Código Beviláqua), estas regras serão aplicadas a sucessão. Ao contrário, se a pessoa faleceu após a entrada em vigor do Código Civil de 2002 (Código Reale), a nova codificação civilística será aplicada as regras do direito sucessório.

4.4 Limitação do poder de dispor

Por fim, como dito alhures, o artigo 1.789 do Código Civil dispõe que "havendo herdeiros necessários, o testador só poderá dispor da metade da herança." Isto porque a outra metade se destina aos herdeiros necessários.

---

ta e cinco dias depois de oficialmente publicada. § 1° Nos Estados, estrangeiros, a obrigatoriedade da lei brasileira, quando admitida, se inicia três meses depois de oficialmente publicada. (Vide Lei 2.145, de 1953) § 2° A vigência das leis, que os Governos Estaduais elaborem por autorização do Governo Federal, depende da aprovação deste e começa no prazo que a legislação estadual fixar. § 3° Se, antes de entrar a lei em vigor, ocorrer nova publicação de seu texto, destinada a correção, o prazo deste artigo e dos parágrafos anteriores começará a correr da nova publicação. § 4° As correções a texto de lei já em vigor consideram-se lei nova.

LINDB – Art. 2° Não se destinando à vigência temporária, a lei terá vigor até que outra a modifique ou revogue. § 1° A lei posterior revoga a anterior quando expressamente o declare, quando seja com ela incompatível ou quando regule inteiramente a matéria de que tratava a lei anterior. § 2° A lei nova, que estabeleça disposições gerais ou especiais a par das já existentes, não revoga nem modifica a lei anterior. § 3° Salvo disposição em contrário, a lei revogada não se restaura por ter a lei revogadora perdido a vigência.

Capítulo 5
SUCESSÃO DO AUSENTE

5.1 Considerações Iniciais

O instituto jurídico da *ausência* encontra-se em nosso Código Civil, na Parte Geral, Livro I – Das pessoas, Título I – Das Pessoas Naturais, Capítulo – Da Ausência, Seções I a III, nos artigos 22 a 39. A ausência comporta três momentos distintos, a saber: a *curadoria dos bens do ausente* (arts. 22 a 25), a *sucessão provisória* (arts. 26 a 36) e a *sucessão definitiva* (arts. 37 a 39).

De acordo com o artigo 22,[1] a pessoa *ausente* é aquela que desaparece de seu domicílio sem dar notícias de seu paradeiro e sem deixar um representante ou procurador para administrar seus bens.[2]

5.2 Da Curadoria dos Bens do Ausente

Verificado, pois, o desaparecimento da pessoa, do seu domicílio, sem que dela haja notícia, e sem que tenha nomeado procurador ou representante a quem caiba administrar-lhes os bens, o magistrado, a requerimento de qualquer interessado (cônjuge, companheiro, parentes etc.), ou do Ministério Público, declarará a ausência e nomeará curador (CC, art. 22).[3]

Da mesma forma, o juiz declarará a ausência e nomeará curador, quando o ausente deixar mandatário que não possa ou não queira exercer ou continuar o contrato de mandato, ou se os seus poderes forem insuficientes, conforme a regra do artigo 23 do nosso diploma civilístico.[4]

---

1 Correspondente ao art. 463 do CC de 1916.
2 CPC – Seção VII – Dos Bens dos Ausentes (artigos 744 e 745).
3 CPC – Art. 626. Feitas as primeiras declarações, o juiz mandará citar, para os termos do inventário e da partilha, o cônjuge, o companheiro, os herdeiros e os legatários e intimar a Fazenda Pública, o Ministério Público, se houver herdeiro incapaz ou ausente, e o testamenteiro, se houver testamento.
§ 1º O cônjuge ou o companheiro, os herdeiros e os legatários serão citados pelo correio, observado o disposto no art. 247, sendo, ainda, publicado edital, nos termos do inciso III do art. 259.
§ 2º Das primeiras declarações extrair-se-ão tantas cópias quantas forem as partes.
§ 3º A citação será acompanhada de cópia das primeiras declarações.
§ 4º Incumbe ao escrivão remeter cópias à Fazenda Pública, ao Ministério Público, ao testamenteiro, se houver, e ao advogado, se a parte já estiver representada nos autos.
4 Correspondente ao art. 464 do CC de 1916.

Ao curador são atribuídos poderes e obrigações, sendo o mesmo responsável pela administração e conservação do patrimônio do ausente (CC, art. 24).[5]

De acordo com o artigo 744 do Código de Processo Civil, o juiz mandará arrecadar os bens do ausente seguindo os procedimentos previstos nos artigos 744 e 745 do diploma processual civil.

Feita a arrecadação, o juiz mandará publicar editais na rede mundial de computadores, no sítio do tribunal a que estiver vinculado e na plataforma de editais do Conselho Nacional de Justiça, onde permanecerá por 1 (um) ano, ou, não havendo sítio, no órgão oficial e na imprensa da comarca, durante 1 (um) ano, reproduzida de 2 (dois) em 2 (dois) meses, anunciando a arrecadação e chamando o ausente a entrar na posse de seus bens. (artigo 745 do CPC).[6]

O artigo 25 trata da escolha do curador ao preceituar que "o cônjuge do ausente, sempre que não esteja separado judicialmente, ou de fato por mais de dois anos antes da declaração da ausência, será o seu legítimo curador". Em falta do cônjuge, a curadoria dos bens do ausente incumbe aos pais ou aos descendentes, nesta ordem, não havendo impedimento que os iniba de exercer o cargo (CC, art. 25, § 1°).[7] Entre os descendentes, os mais próximos precedem os mais remotos (CC, art. 25, § 2°).[8] Na falta das pessoas mencionadas, compete ao juiz a escolha do curador (CC, art. 25, § 3°).

O Conselho da Justiça Federal, na I Jornada de Direito Civil, em relação ao artigo 25 do nosso Código Civil, publicou o Enunciado 97 que diz "no que tange à tutela especial da família, as regras do Código Civil que se referem

---

5 Correspondente ao art. 465 do CC de 1916.
6 CPC – Seção VII – Dos Bens dos Ausentes
Art. 744. Declarada a ausência nos casos previstos em lei, o juiz mandará arrecadar os bens do ausente e nomear-lhes-á curador na forma estabelecida na Seção VI, observando-se o disposto em lei.
Art. 745. Feita a arrecadação, o juiz mandará publicar editais na rede mundial de computadores, no sítio do tribunal a que estiver vinculado e na plataforma de editais do Conselho Nacional de Justiça, onde permanecerá por 1 (um) ano, ou, não havendo sítio, no órgão oficial e na imprensa da comarca, durante 1 (um) ano, reproduzida de 2 (dois) em 2 (dois) meses, anunciando a arrecadação e chamando o ausente a entrar na posse de seus bens.
§ 1° Findo o prazo previsto no edital, poderão os interessados requerer a abertura da sucessão provisória, observando-se o disposto em lei.
§ 2° O interessado, ao requerer a abertura da sucessão provisória, pedirá a citação pessoal dos herdeiros presentes e do curador e, por editais, a dos ausentes para requererem habilitação, na forma dos arts. 689 a 692.
§ 3° Presentes os requisitos legais, poderá ser requerida a conversão da sucessão provisória em definitiva.
§ 4° Regressando o ausente ou algum de seus descendentes ou ascendentes para requerer ao juiz a entrega de bens, serão citados para contestar o pedido os sucessores provisórios ou definitivos, o Ministério Público e o representante da Fazenda Pública, seguindo-se o procedimento comum.
7 Correspondente ao art. 467 do CC de 1916.
8 Correspondente ao art. 467, p. u. do CC de 1916.

apenas ao cônjuge devem ser estendidas à situação jurídica que envolve o companheiro, como, por exemplo, na hipótese de nomeação de curador dos bens do ausente (art. 25 do Código Civil)".

Nomeado o curador, a este incumbe representar a herança em juízo ou fora dele, com assistência do órgão do Ministério Público, ter em boa guarda e conservação os bens arrecadados e promover a arrecadação de outros porventura existentes, executar as medidas conservatórias dos direitos da herança, apresentar mensalmente ao juiz um balancete da receita e da despesa e prestar contas ao final de sua gestão.

5.3 Da Sucessão Provisória

Consoante o artigo 26 do Código Civil brasileiro, a *sucessão provisória* será aberta:

a) Decorrido um ano da arrecadação dos bens do ausente, ou
b) Decorridos três anos da arrecadação dos bens do ausente, se este deixou representante ou procurador.

5.3.1 Dos interessados na abertura da Sucessão Provisória

O artigo 27 do Código Civil brasileiro elenca os interessados na abertura da sucessão provisória. São eles: I – o cônjuge não separado judicialmente (da mesma forma o companheiro face o artigo 226, parágrafo 3°, da CRFB/88); II – os herdeiros presumidos, legítimos ou testamentários; III – os que tiverem sobre os bens do ausente direito dependente de sua morte; IV – os credores de obrigações vencidas e não pagas.[9]

Vale lembrar que não havendo interessados na sucessão provisória, cumpre ao Ministério Público requerê-la ao juízo competente (art. 28, parágrafo primeiro, do CCB).[10]

A sentença determinando a *abertura da sucessão provisória* produzirá efeito após 180 dias depois de publicada pela imprensa, mas logo após o trânsito em julgado, proceder-se-á à abertura do testamento, se houver, e ao inventário e partilha de bens, como se o ausente fosse falecido (CC, art. 28).[11] Não comparecendo herdeiro ou interessado para requerer o inventário até 30 dias do trânsito em julgado da sentença, proceder-se-á à arrecadação dos bens do ausente (art. 28, parágrafo 2°, do CCB).[23][24]

Averbar-se-á no assento de ausência, a *sentença de abertura de sucessão provisória*, após o trânsito em julgado, com referência especial ao testamento do ausente se houver a indicação de seus herdeiros habilitados. (LRP, art. 104, parágrafo único).

---

9 Correspondente ao art. 470 do CC de 1916.
10 Correspondente ao art. 471, § 1° do CC de 1916.
11 Correspondente ao art. 471 do CC de 1916.

Nesse mesmo livro será feita a averbação das sentenças que puserem termo à interdição, das substituições dos curadores de interditos ou ausentes, das alterações dos limites de curatela, da cessação ou mudança de internação, bem como da cessação da ausência pelo aparecimento do ausente, de acordo com o disposto nos artigos anteriores (LRP, art. 104).

5.4 Da prestação de garantias pelos herdeiros

Os herdeiros que se imitirem na posse dos bens do ausente, darão garantia da restituição deles, mediante penhores ou hipotecas equivalentes aos quinhões respectivos, conforme disposto no artigo 30 do Código Civil brasileiro.[12] Aquele que não puder prestar a referida garantia, será excluído, mantendo-se os bens que lhe deviam caber sob a administração do curador, ou de outro herdeiro designado pelo juiz, e que preste essa garantia. (CC, art. 30, § 1°).[13] Todavia, os ascendentes, os descendentes e o cônjuge, uma vez provada a qualidade de herdeiros, poderão, independentemente de garantia, entrar na posse dos bens do ausente (CC, art. 30, § 2°).

Quanto aos bens imóveis do ausente, a regra do artigo 31 do CCB proíbe a sua alienação, ressalvada a hipótese de desapropriação e de venda para evitar a sua ruína.[14]

Os sucessores provisórios representarão ativa e passivamente o ausente nas ações pendentes e as posteriormente movidas (CC, art. 32).[15]

Em relação aos rendimentos e frutos produzidos pelos bens entregues aos cônjuges e companheiros, ascendentes ou descendentes, com estes ficarão em sua totalidade, enquanto que os demais sucessores deverão capitalizar a metade desses frutos e rendimentos, ouvido o Ministério Público e devendo prestar contas anualmente ao juiz competente (CC, art. 33).[16]

O Código Civil brasileiro de 2002 traz regra nova no parágrafo único do artigo 33, dispondo que se o ausente aparecer, e ficar provado que a ausência foi voluntária e injustificada, perderá ele, em favor do sucessor, sua parte nos frutos e rendimentos.

O sucessor excluído da posse provisória, face à impossibilidade de prestar a garantia prevista no artigo 30 do CCB, poderá justificadamente, requerer que lhe seja entregue metade dos rendimentos do quinhão que lhe tocaria (CC, artigo 34).[17]

---

12 Sem Correspondente ao CC de 1916.
13 Correspondente ao art. 473, § Único do CC de 1916.
14 Correspondente ao art. 475 do CC de 1916.
15 Correspondente ao art. 476 do CC de 1916.
16 Correspondente ao art. 477 do CC de 1916.
17 Correspondente ao art. 478 do CC de 1916.

Se durante a posse provisória se provar a época exata do falecimento do ausente, considerar-se-á, nessa data, aberta a sucessão em favor dos herdeiros, que o eram àquele tempo (CC, art. 35).[18]

No caso do aparecimento do ausente, ou ficando provado a sua existência, depois de estabelecida a posse provisória, cessarão para logo as vantagens dos sucessores nela imitidos, ficando, todavia, obrigados a tomar as medidas assecuratórias precisas, até a entrega dos bens a seu dono (CC, art. 36).[19]

5.5 Da Sucessão Definitiva

Os interessados poderão requerer a *sucessão definitiva* visando o levantamento das cauções prestadas, quando: a) Passados 10 anos após o julgado da sentença que concedeu a abertura da sucessão provisória; (CC, art. 37); b)

Provando-se que o ausente conta com 80 anos de idade, e que de 5 anos datam as últimas notícias dele, ou seja, o ausente contava com pelo menos 75 anos de idade na época do seu desaparecimento (CC, art. 38).

5.5.1 Do Retorno do Ausente

Com a abertura da sucessão definitiva, os herdeiros deixam de ser provisórios e assumem a condição de proprietários dos bens recebidos. Dessa forma existe a possibilidade de disposição dos referidos bens. A propriedade é resolúvel (CC, art. 39, § único). Daí que caso retorne o ausente ou algum dos seus descendentes ou ascendentes, nos 10 anos seguintes após a abertura da sucessão definitiva, receberão os bens no estado em que se encontrarem, podendo, inclusive, receber aqueles sub-rogados ou ainda o preço resultante da sua alienação (CCB, art. 39).[20] Ultrapassados os referidos dez anos, o ausente nada receberá.[21]

Se nos dez anos seguintes após a abertura da sucessão definitiva o ausente não regressar, e nenhum interessado promover a sucessão definitiva, os bens arrecadados passarão ao domínio do Município ou do Distrito Federal, se localizados nas respectivas circunscrições, incorporando-se ao domínio da União, quando situados em território federal. (CCB, art. 39, parágrafo único).[22]

---

18 Correspondente ao art. 479 do CC de 1916.
19 Correspondente ao art. 480 do CC de 1916.
20 Correspondente ao art. 483, caput, do CC de 1916.
21 O Código Civil brasileiro de 2002 traz regra nova no parágrafo único do artigo 33, dispondo que se o ausente aparecer, e ficar provado que a ausência foi voluntária e injustificada, perderá ele, em favor do sucessor, sua parte nos frutos e rendimentos.
22 Correspondente ao art. 483 do CC de 1916.

5.6 O Registro Civil das Sentenças Declaratórias de Ausência

De acordo com o artigo 94 da LRP, "o registro das sentenças declaratórias de ausência, que nomearem curador, será feita no cartório do domicílio anterior do ausente, com as mesmas cautelas e efeitos do registro de interdição, declarando-se: 1°) data do registro; 2°) nome, idade, estado civil, profissão e domicílio anterior do ausente, data e cartório em que foram registrados o nascimento e o casamento, bem como o nome do cônjuge, se for casado; 3°) tempo de ausência até a data da sentença; 4°) nome do promotor do processo; 5°) data da sentença, nome e vara do Juiz que a proferiu; 6°) nome, estado, profissão, domicílio e residência do curador e os limites da curatela".[23]

5.7 Dissolução da Sociedade Conjugal

A declaração de ausência e abertura de sucessão provisória, e a definitiva, conforme os artigos 22 e seguintes do Código Civil, constitui causa de dissolução da sociedade conjugal, de acordo com o estabelecido no § 1°, do artigo 1.571 do nosso Código Civil, que diz: "Art. 1.571. A sociedade conjugal termina: [...] § 1° O casamento válido só se dissolve pela morte de um dos cônjuges ou pelo divórcio, aplicando-se a presunção estabelecida neste Código quanto ao ausente".[24]

Isto quer dizer que se o ausente retornar após a presunção de sua morte e aberta a sucessão definitiva o seu casamento não prevalecerá se o seu cônjuge tiver contraído novo matrimônio nesse ínterim.

Da mesma forma, no *direito civil alemão,* de acordo com o artigo 18, a *declaração de falecimento* cria a presunção de que o matrimônio do ausente se dissolveu por sua morte. Daí que se o outro cônjuge celebra um novo matrimônio, este é válido e o primeiro fica dissolvido (Código Civil alemão, arts. 1.309 a 1.326).[25]

---

23 LRP – Art. 107. O óbito deverá ser anotado, com as remissões recíprocas, nos assentos de casamento e nascimento, e o casamento no deste. § 1° A emancipação, a interdição e a ausência serão anotadas pela mesma forma, nos assentos de nascimento e casamento, bem como a mudança do nome da mulher, em virtude de casamento, ou sua dissolução, anulação ou desquite. § 2° A dissolução e a anulação do casamento e o restabelecimento da sociedade conjugal serão, também, anotadas nos assentos de nascimento dos cônjuges.
CPC – Art. 755, § 3. – A sentença de interdição será inscrita no registro de pessoas naturais e imediatamente publicada na rede mundial de computadores, no sítio do tribunal a que estiver vinculado o juízo e na plataforma de editais do Conselho Nacional de Justiça, onde permanecerá por 6 (seis) meses, na imprensa local, 1 (uma) vez, e no órgão oficial, por 3 (três) vezes, com intervalo de 10 (dez) dias, constando do edital os nomes do interdito e do curador, a causa da interdição, os limites da curatela e, não sendo total a interdição, os atos que o interdito poderá praticar autonomamente.
24 Sem correspondente ao CCB de 1916.
25 Von TUHR, Andreas. *Derecho Civil:* Teoria General del Derecho Civil Alemán. Vol. I. Tradução: Tito Ravà. Buenos Aires: Depalma, 1946, p. 35.

No *direito civil português*, de acordo com o artigo 116º do Código Civil, se o ausente regressar depois de decretada sua morte presumida e o seu cônjuge não tiver contraído novo matrimônio, o casamento subsistirá; caso contrário, se o cônjuge tiver contraído novo casamento, considera-se dissolvido o primeiro, por divórcio, à data do decretamento da morte presumida.

Capítulo 6
HERANÇA

6.1 Indivisibilidade da Herança

O direito à herança é *cláusula pétrea*, de acordo com o artigo 5º, inciso XXX, da Constituição da República de 1988.

A *herança* (monte, acervo hereditário ou espólio) é uma universalidade de direito (artigo 91, CC) contendo o conjunto de bens, direitos e obrigações transmissíveis aos herdeiros do falecido. A herança é considerada coisa indivisa até a realização da partilha.

De acordo com JOSÉ DA SILVA PACHECO, "a herança, provisoriamente, permanece indivisa, ficando os herdeiros na posição de comuneiros. Cada herdeiro é proprietário e possuidor da herança, sem distinguir o quinhão que lhe caberá. Com a partilha, após o pagamento das dívidas, ônus e encargos, entregam-se os quinhões aos herdeiros, extinguindo a comunhão hereditária." [1]

Como dito acima, são fundamentos do direito sucessório: a devolução unitária da herança aos herdeiros (universalidade de direito – *universitas iuris*) e a *noção de indivisibilidade do monte hereditário*. A herança defere-se como um todo unitário, ainda que vários sejam os herdeiros (artigo 1.791, CC). Até a partilha, o direito dos co-herdeiros, quanto à propriedade e posse da herança, será indivisível, e regular-se-á pelas normas relativas ao condomínio (artigo 1.791, parágrafo único, CC).[2]

---

[1] PACHECO, José da Silva. *Inventários e Partilhas*. 13. ed. Rio de Janeiro: Forense, 1999, p. 74.
[2] APELAÇÃO CÍVEL. CESSÃO DE DIREITOS HEREDITÁRIOS. BEM SINGULARIZADO. REGISTRO IMOBILIÁRIO. ALVARÁ JUDICIAL. IMPOSSIBILIDADE. PRINCÍPIO DA INDIVISIBILIDADE DA HERANÇA (ART. 1791, PARÁGRAFO ÚNICO DO CÓDIGO CIVIL). EXTINÇÃO DO FEITO POR IMPOSSIBILIDADE JURÍDICA DO PEDIDO. CONFIRMAÇÃO DA SENTENÇA MONOCRÁTICA. APELO IMPROVIDO. 1 – A escritura de cessão de direitos hereditários não constitui modo de aquisição da propriedade, uma vez que os herdeiros só podem transferir o domínio da herança após o registro do formal de partilha, em respeito ao princípio da indivisibilidade da herança (art. 1791, parágrafo único do Código Civil). 2 – Via alvará judicial levantam-se apenas pequenas quantias deixadas pelo falecido, a exemplo de saldos bancários, de depósitos de privados do FGTS e do PIS-PASEP não recebidos em vida pelo respectivo titular, cadernetas de poupança, restituição de tributos e investimentos de pequeno valor, se o de cujus não tiver deixado dependentes habilitados

De acordo com o artigo 80, inciso II, do Código Civil, são considerados bens imóveis para os efeitos legais, *o direito à sucessão aberta*.

O herdeiro não responde por encargos superiores às forças da herança; incumbe-lhe, porém, a prova do excesso, salvo se houver inventário que a escuse, demonstrando o valor dos bens herdados (artigo 1.792, CC). Dessa forma, os herdeiros devem honrar as obrigações do falecido e a herança líquida será, portanto, distribuída com a partilha.[3]

A herança responde pelo pagamento das dívidas do falecido; mas, feita a partilha, só respondem os herdeiros, cada qual em proporção da parte que na herança lhe coube (artigo 1.997, CC).

6.2 Cessão de Direitos Hereditários

6.2.1 Conceito

A *cessão de direitos hereditários* é um negócio jurídico consensual, oneroso ou gratuito, aleatório[4] e deve ser realizado por escritura pública. É um ato *inter vivos* e translativo.

O direito à sucessão aberta, bem como o quinhão de que disponha o co-herdeiro, pode ser objeto de cessão por *escritura pública* (artigo 1.793, CC). Consoante interpretação sistêmica dos arts. 1.793 e 1.806 do Código Civil, a cessão de direitos hereditários deve ser formalizada mediante escritura pública ou por termo nos autos de inventário/arrolamento, neste último caso, assinado pessoalmente pelo cedente ou por advogado com poderes especiais para ceder, conferidos por instrumento público de mandato.

De acordo com EDUARDO DE OLIVEIRA LEITE, "através da cessão transfere-se do cedente para o cessionário o direito sobre a herança indivisa ou sobre um seu quinhão, consoante for aquela ou este o objeto mediato do negócio em causa. Ou seja, é transferida do herdeiro para o adquirente, a titularidade do quinhão ou legado e não, certamente, a qualidade de herdeiro,

---

perante a Previdência Social, nos termos da Lei n º 6. 858/80 3 – Apelo improvido. Unanimidade. (TJ-MA – AC: 373232009 MA, Relator: RAIMUNDO FREIRE CUTRIM, Data de Julgamento: 18/02/2010, SAO LUIS).

3 "AÇÃO DE COBRANÇA COTA CONDOMINIAL AJUIZADA EM FACE DE HERDEIRA. ILEGITIMIDADE PASSIVA. ABERTURA DE INVENTÁRIO DOS BENS DO FALECIDO PROPRIETÁRIO DO IMÓVEL. A ação de cobrança de cotas condominiais foi ajuizada sem observar que houve a abertura de inventário dos bens do falecido proprietário, tendo sido nomeada como inventariante a mãe da requerente. O inventário ainda não finalizado.A Apelante não tem legitimidade para figurar no polo passivo desta demanda, eis que, de acordo com o artigo 1792 do Código Civil, são as forças da herança que respondem por eventuais dívidas do falecido. TJRJ – Niterói – 7ª Vara Cível. Apelação 0070012242006819000002.

4 O cedente garante apenas o seu lugar na sucessão, ou seja, a qualidade de herdeiro, não se responsabilizando pelo direito hereditário transmitido.

pessoal e intransferível."⁵

Quem poderá ser o cessionário? Os cessionários podem ser os demais herdeiros, os legatários ou terceiros. Não podemos esquecer que os demais herdeiros possuem direito de preferência na aquisição dos direitos hereditários. No caso de terceiros substituírem o herdeiro na sucessão, aqueles não serão considerados herdeiros, mas tão somente equiparados a estes.

Se o cedente for casado ou convivente será necessária a outorga uxória ou marital, salvo se o regime de bens for o da separação absoluta, conforme o artigo 1.647, inciso I, do CC.⁶

"O herdeiro que cede seus direitos hereditários possui legitimidade para pleitear a declaração de nulidade de doação inoficiosa (arts. 1.176 do CC/1916 e 549 do CC/2002) realizada pelo autor da herança em benefício de terceiros. Isso porque o fato de o herdeiro ter realizado a cessão de seus direitos hereditários não lhe retira a qualidade de herdeiro, que é personalíssima. De fato, a cessão de direitos hereditários apenas transfere ao cessionário a

---

5   LEITE, Eduardo de Oliveira. *Comentários ao Novo Código Civil.* Volume XXI. Rio de Janeiro: Forense, 2005, p. 80-81.
6   No caso de a anulação de partilha acarretar a perda de imóvel já registrado em nome de herdeiro casado sob o regime de comunhão universal de bens, a citação do cônjuge é indispensável, tratando-se de hipótese de litisconsórcio necessário. (REsp 1.706.999-SP, Rel. Min. Ricardo Villas Bôas Cueva, Terceira Turma, por unanimidade, julgado em 23/02/2021). Conforme determina o art. 1.647 do Código Civil, a alienação, a cessão, a desistência e a renúncia de bens imóveis necessitam de outorga uxória.
    O que norteia a conclusão de que o cônjuge do herdeiro deve participar do processo é a correspondência entre a renúncia, a cessão e a desistência com a alienação de bem imóvel. Essa situação fica ainda mais preponderante nos casos em que o herdeiro é casado sob o regime de comunhão universal de bens, pois tudo o que houver sido adquirido por herança passa imediatamente a integrar o patrimônio comum, cabendo ao outro cônjuge por metade.
    No caso de ação de anulação de partilha, parece que o mesmo raciocínio deve orientar a verificação quanto à necessidade de participação do cônjuge do herdeiro no processo. Assim, se houver a possibilidade de ser atingido negativamente o patrimônio do casal, com a alienação (perda) de bem imóvel, o cônjuge do herdeiro deve ser chamado para integrar a lide. Caso contrário, é dispensada sua participação.
    Na hipótese dos autos, o regime de casamento dos herdeiros é a comunhão universal de bens e a partilha anteriormente realizada contemplou bens imóveis.
    Nessa situação, em que os imóveis recebidos pelos recorrentes por conta da anterior partilha já foram levados a registro, integrando o patrimônio comum do casal, mostra-se indispensável a citação do cônjuge do herdeiro para a ação de anulação de partilha. Isso porque poderá haver a perda do imóvel que atualmente pertence a ambos, devendo a lide ser decidida de forma uniforme para ambos.
    Vale lembrar, ainda, que de acordo com o artigo 10, § 1º, I, do CPC/1973 (art. 73, § 1º, I, do CPC/2015), os cônjuges serão necessariamente citados para a ação que trate de direitos reais imobiliários (art. 1.225 do CC). Nesse contexto, se o imóvel passou a integrar o patrimônio comum, a ação na qual se pretende a anulação da partilha envolve a anulação do próprio registro de transferência da propriedade do bem, mostrando-se indispensável a citação.

titularidade da situação jurídica do cedente, de modo a permitir que aquele exija a partilha dos bens que compõem a herança. REsp 1.361.983-SC, Rel. Min. Nancy Andrighi, julgado em 18/3/2014."

6.2.2 Cessão, substituição e direito de acrescer

Os direitos, conferidos ao herdeiro em consequência de substituição ou de direito de acrescer, presumem-se não abrangidos pela cessão feita anteriormente (artigo 1.793, § 1º, CC).

"Por isso, o parágrafo primeiro ressalva que os direitos, conferidos ao herdeiro em consequência de substituição ou de direito de acrescer não estão abrangidos pela cessão feita anteriormente.

Uma coisa é a cessão de bens (quinhão ou legado), outra, é o direito que o herdeiro continua tendo, no caso de substituição ou acréscimo, situações eventuais, posteriores à cessão. Porque a substituição, enquanto mera troca de titulares de forma a impedir que o testamento se esvazie por falta de titular, pode ou não ocorrer. É eminentemente eventual e, pois, pode não vir a se concretizar. Logo, não há porque fazer depender a cessão de uma eventualidade.

Igualmente o direito de acrescer quando o testador distribui seu patrimônio entre vários herdeiros ou legatários e um deles não chega a adquirir sua parte por premoriência, incapacidade ou renúncia. A eventualidade se faz, aqui, novamente presente. O direito de acrescer se materializará quando, sendo vários os herdeiros ou legatários nomeados pelo testador, a falta de um deles acarretará o acréscimo de seu quinhão no dos outros".[7][8]

---

[7] LEITE, Eduardo de Oliveira. *Comentários ao Novo Código Civil*. Volume XXI. Rio de Janeiro: Forense, 2005, p. 80-81.

[8] CC – Do Direito de Acrescer entre Herdeiros e Legatários
Art. 1.941. Quando vários herdeiros, pela mesma disposição testamentária, forem conjuntamente chamados à herança em quinhões não determinados, e qualquer deles não puder ou não quiser aceitá-la, a sua parte acrescerá à dos co-herdeiros, salvo o direito do substituto.
Art. 1.942. O direito de acrescer competirá aos co-legatários, quando nomeados conjuntamente a respeito de uma só coisa, determinada e certa, ou quando o objeto do legado não puder ser dividido sem risco de desvalorização.
Art. 1.943. Se um dos co-herdeiros ou co-legatários, nas condições do artigo antecedente, morrer antes do testador; se renunciar a herança ou legado, ou destes for excluído, e, se a condição sob a qual foi instituído não se verificar, acrescerá o seu quinhão, salvo o direito do substituto, à parte dos co-herdeiros ou co-legatários conjuntos.
Parágrafo único. Os co-herdeiros ou co-legatários, aos quais acresceu o quinhão daquele que não quis ou não pôde suceder, ficam sujeitos às obrigações ou encargos que o oneravam.
Art. 1.944. Quando não se efetua o direito de acrescer, transmite-se aos herdeiros legítimos a quota vaga do nomeado.

6.2.3 Cessão de bens individuados

É ineficaz a cessão, pelo co-herdeiro, de seu direito hereditário sobre qualquer bem da herança considerado singularmente (artigo 1.793, § 2°, CC). Como visto alhures, a herança é considerada uma *universalidade de direito*, sendo, portanto, ineficaz a cessão cujo objeto seja um individuado. Daí que os bens singulares que compõe a herança somente poderão ser alienados com autorização judicial. Ineficaz é a disposição, sem prévia autorização do juiz da sucessão, por qualquer herdeiro, de bem componente do acervo hereditário, pendente a indivisibilidade (artigo 1.793, § 3°, CC). De acordo com o artigo 619 do CPC, incumbe ainda ao inventariante, ouvidos os interessados e com autorização do juiz: I – alienar bens de qualquer espécie; II – transigir em juízo ou fora dele; III – pagar dívidas do espólio; IV – fazer as despesas necessárias para a conservação e o melhoramento dos bens do espólio.

"Sem embargo, poderá ser realizada a alienação de bem específico, desde que haja *concordância de todos os sucessores e autorização judicial*, providência esta que viabilizará o controle de legalidade do negócio jurídico, coibindo fraudes e prejuízo aos demais herdeiros e aos credores". (REsp 1072511/RS, Rel. Ministro MARCO BUZZI, QUARTA TURMA, julgado em 12/03/2013, DJe 30/04/2013) (grifo nosso).

É necessário o registro da escritura pública de cessão de direitos hereditários? A questão é polêmica, especialmente, em relação ao bem imóvel. Não existe previsão legal para efetivação de tal registro no artigo 167 da Lei de Registros Públicos (Lei 6.015/73), uma vez que estes integram uma universalidade de direito que é indivisível até o momento da partilha de bens. Melhor dizendo: é um negócio jurídico sob condição suspensiva. Ademais, a cessão de direitos hereditários possui natureza aleatória, eis que o cedente não garante ao cessionário a qualidade e quantidade em relação aos bens que compõem o quinhão hereditário cedido.

Parágrafo único. Não existindo o direito de acrescer entre os co-legatários, a quota do que faltar acresce ao herdeiro ou ao legatário incumbido de satisfazer esse legado, ou a todos os herdeiros, na proporção dos seus quinhões, se o legado se deduziu da herança.
Art. 1.945. Não pode o beneficiário do acréscimo repudiá-lo separadamente da herança ou legado que lhe caiba, salvo se o acréscimo comportar encargos especiais impostos pelo testador; nesse caso, uma vez repudiado, reverte o acréscimo para a pessoa a favor de quem os encargos foram instituídos.
Art. 1.946. Legado um só usufruto conjuntamente a duas ou mais pessoas, a parte da que faltar acresce aos co-legatários.
Parágrafo único. Se não houver conjunção entre os co-legatários, ou se, apesar de conjuntos, só lhes foi legada certa parte do usufruto, consolidar-se-ão na propriedade as quotas dos que faltarem, à medida que eles forem faltando.

Por outro lado, outra corrente entende que os efeitos da cessão de direitos hereditários devem restar atrelados ao registro imobiliário. Assim, tratando-se de bens imóveis, além da escritura pública, torna-se necessário o registro do ato, sob pena de sua ineficácia perante terceiros ou *erga omnes*. Vejamos: "[...] O registro não é exigido apenas pelo art. 129 da Lei de Registros Públicos (LRP) como uma obrigação genérica. Também o art. 130 prevê regra específica a seu respeito, determinando que, dentro do prazo de vinte dias da data de sua assinatura pelas partes, todos os atos enumerados nos arts. 128 e 129 serão registrados no domicílio das partes contratantes e, quando residentes em circunscrições territoriais diversas, far-se-á o registro em todas elas. Assim, não basta meramente registrar o ato de cessão, deve-se registrá-lo no domicílio das partes. A escritura pública ora discutida não foi lavrada nem no domicílio do contratante nem no domicílio do contratado nem na comarca em que se processava o inventário. Logo, ainda que a lavratura do ato possa dar ao negócio alguma publicidade, ela não estaria de modo algum apta a suprir a finalidade do registro disposto na referida lei. Dessa forma, entendeu correto o acórdão recorrido, isso porque, sem o registro do contrato na cidade em que residem as partes e sem ao menos a informação tempestiva quanto à cessão no inventário dos bens objeto do negócio jurídico, não é possível afirmar a existência de qualquer ato que supra a necessidade de publicidade que a cessão deveria ter para que fosse oponível a terceiros. Diante desses argumentos, entre outros, a Turma negou provimento ao recurso. REsp 1.102.437-MS, Rel. Min. Nancy Andrighi, julgado em 7/10/2010."[9]

---

9 A questão posta no REsp cinge-se em saber se é necessário o registro da escritura pública de cessão de direitos hereditários, para que seja oponível a terceiros. Inicialmente, observou a Min. Relatora haver, na espécie, a peculiaridade de que a referida escritura foi lavrada em comarca distinta daquela na qual se processa o inventário, bem como da do domicílio das partes, e não foi noticiada, nos autos do inventário, a existência do instrumento de cessão. Desse modo, na hipótese, ressaltou que a cessão da universalidade de direitos hereditários não apresenta visibilidade alguma. Nada há, nos autos, a permitir a aferição de que os credores do herdeiro poderiam ter ciência do negócio jurídico de cessão. Asseverou que também não se sustenta o argumento de que apenas as cessões feitas por instrumento particular seriam passíveis de registro, dispensável para as cessões feitas por escritura pública, visto que o registro não é exigido apenas pelo art. 129 da Lei de Registros Públicos (LRP) como uma obrigação genérica. Também o art. 130 prevê regra específica a seu respeito, determinando que, dentro do prazo de vinte dias da data de sua assinatura pelas partes, todos os atos enumerados nos arts. 128 e 129 serão registrados no domicílio das partes contratantes e, quando residentes em circunscrições territoriais diversas, far-se-á o registro em todas elas. Assim, não basta meramente registrar o ato de cessão, deve-se registrá-lo no domicílio das partes. A escritura pública ora discutida não foi lavrada nem no domicílio do contratante nem no domicílio do contratado nem na comarca em que se processava o inventário. Logo, ainda que a lavratura do ato possa dar ao negócio alguma publicidade, ela não estaria de modo algum apta a suprir a finalidade do registro disposto na referida lei. Dessa forma, entendeu correto o acórdão recorrido, isso

6.2.4 Anulação de cessão de direitos hereditários

O termo inicial do prazo decadencial para terceiro/credor ajuizar ação objetivando a anulação de cessão de direitos hereditários deve coincidir com o momento em que este teve ou podia ter ciência inequívoca da existência do contrato a ser invalidado. Na ausência de elementos que indiquem o momento efetivo do conhecimento pelo terceiro da celebração da cessão de direitos hereditários, a data do registro do negócio no Cartório Imobiliário deve ser considerada como termo inicial do prazo decadencial. (REsp 546.077/SP, Rel. Ministra NANCY ANDRIGHI, TERCEIRA TURMA, julgado em 02/02/2006, DJ 13/11/2006, p. 243).

6.2.5 Meação e cessão de direitos hereditários

A disposição da meação não se confunde com a cessão de direitos hereditários. "A lavratura de escritura pública é essencial à validade do ato praticado por viúva consistente na cessão gratuita, em favor dos herdeiros do falecido, de sua meação sobre imóvel inventariado cujo valor supere trinta salários mínimos, sendo insuficiente, para tanto, a redução a termo do ato nos autos do inventário. Isso porque, a cessão gratuita da meação não configura uma renúncia de herança, que, de acordo com o art. 1.806 do CC, pode ser efetivada não só por instrumento público, mas também por termo judicial. Trata-se de uma verdadeira doação, a qual, nos termos do art. 541 do CC, far-se-á por escritura pública ou instrumento particular, devendo-se observar, na hipótese, a determinação contida no art. 108 do CC, segundo a qual "a escritura pública é essencial à validade dos negócios jurídicos que visem à constituição, transferência, modificação ou renúncia de direitos reais sobre imóveis de valor superior a trinta vezes o maior salário mínimo vigente no País". De fato, enquanto a renúncia da herança pressupõe a abertura da sucessão e só pode ser realizada por aqueles que ostentam a condição de herdeiro – a posse ou a propriedade dos bens do *de cujus* transmitem-se aos herdeiros quando e porque aberta a sucessão (princípio do *saisine*) –, a meação, de outro modo, independe da abertura da sucessão e pode ser objeto de ato de disposição pela viúva a qualquer tempo, seja em favor dos herdeiros ou de terceiros, já que aquele patrimônio é de propriedade da viúva em decorrência

---

porque, sem o registro do contrato na cidade em que residem as partes e sem ao menos a informação tempestiva quanto à cessão no inventário dos bens objeto do negócio jurídico, não é possível afirmar a existência de qualquer ato que supra a necessidade de publicidade que a cessão deveria ter para que fosse oponível a terceiros. Diante desses argumentos, entre outros, a Turma negou provimento ao recurso. REsp 1.102.437-MS, Rel. Min. Nancy Andrighi, julgado em 7/10/2010.

do regime de bens do casamento. Além do mais, deve-se ressaltar que o ato de disposição da meação também não se confunde com a cessão de direitos hereditários (prevista no art. 1.793 do CC), tendo em vista que esta também pressupõe a condição de herdeiro do cedente para que possa ser efetivada. Todavia, ainda que se confundissem, a própria cessão de direitos hereditários exige a lavratura de escritura pública para sua efetivação, não havendo por que prescindir dessa formalidade no que tange à cessão da meação. REsp 1.196.992-MS, Rel. Min. Nancy Andrighi, julgado em 6/8/2013."

6.2.6 Direito de Preferência dos co-herdeiros

O artigo 1.794 diz que "o co-herdeiro não poderá ceder a sua quota hereditária a pessoa estranha à sucessão, se outro co-herdeiro a quiser, tanto por tanto." [10] Os herdeiros possuem o direito real de preferência sobre o quinhão objeto da cessão.

O co-herdeiro, a quem não se der conhecimento da cessão, poderá, depositado o preço, haver para si a quota cedida a estranho, se o requerer até cento e oitenta dias (prazo decadencial) após a transmissão (artigo 1.795, do CC). Sendo vários os co-herdeiros a exercer a preferência, entre eles se distribuirá o quinhão cedido, na proporção das respectivas quotas hereditárias (artigo 1.795, parágrafo único, CC).

Vale lembrar que o artigo 504 do CC determina que "não pode um condômino em coisa indivisível vender a sua parte a estranhos, se outro consorte a quiser, tanto por tanto. O condômino, a quem não se der conhecimento da

---

[10] CIVIL. INVENTÁRIO. ALIENAÇÃO DE BEM PERTENCENTE AO ESPÓLIO MEDIANTE AUTORIZAÇÃO JUDICIAL. DIREITO DE PREFERÊNCIA DA AGRAVADA RECONHECIDO TANTO POR SUA QUALIDADE DE HERDEIRA COMO EM DECORRÊNCIA DE ANTERIOR DECISÃO JUDICIAL EM AÇÃO DE INDENIZAÇÃO POR BENFEITORIAS. APLICAÇÃO ANALÓGICA DE DETERMINAÇÕES LEGAIS REFERENTES À CESSÃO DE DIREITOS HEREDITÁRIOS CONSTANTES NOS ARTS. 1.794 E 1.795 DO ATUAL CÓDIGO CIVIL. VENDA DO IMÓVEL À TERCEIRO SEM A DEVIDA NOTIFICAÇÃO DA DETENTORA DO DIREITO PARA REALIZAR CONTRAPROPOSTA. ANULAÇÃO. DECISÃO QUE REPUTOU FORMALIZADA A ALIENAÇÃO À AGRAVADA DIANTE DO DEPÓSITO JUDICIAL DE VALOR SUPERIOR AO DO CONTRATO ANULADO. MANUTENÇÃO. RECURSO DESPROVIDO. Apesar da compra e venda de bem do espólio mediante autorização judicial diferir da cessão onerosa de apenas uma quota de herdeiro, está-se diante de situação muito semelhante, razão pela qual, para o julgamento de questões relativas à primeira hipótese, cabe aplicação analógica dos dispositivos referentes à segunda. Não pode o inventariante realizar alienação de imóvel pertencente ao espólio sem dar conhecimento ao detentor de direito de preferência acerca da melhor proposta oferecida, para que este tenha oportunidade de oferecer contraproposta em condições superiores à apresentada pelo terceiro. (TJ-SC – AI: 73561 SC 2007.007356-1, Relator: Marcus Tulio Sartorato, Data de Julgamento: 30/07/2007, Terceira Câmara de Direito Civil, Data de Publicação: Agravo de Instrumento n°, de Ibirama).

venda, poderá, depositando o preço, haver para si a parte vendida a estranhos, se o requerer no prazo de cento e oitenta dias, sob pena de decadência".[11] O parágrafo único estabelece uma ordem de preferência: "Sendo muitos os condôminos, preferirá o que tiver benfeitorias de maior valor e, na falta de benfeitorias, o de quinhão maior. Se as partes forem iguais, haverão a parte vendida os coproprietários, que a quiserem, depositando previamente o preço".

Daí que o condômino de coisa indivisível[12] somente poderá vender a sua quota-parte a estranhos após oferecer, através de comunicação judicial ou extrajudicial expressa, aos demais comunheiros.[13]

6.2.7 Imposto de Transmissão "causa mortis" e doações – ITCD

6.2.7.1 Incidência

O âmbito de incidência do ITCD está descrito no artigo 155, I, da CR de 1988, e abrange a totalidade de bens em caso de transmissão "causa mortis" e doações, de quaisquer naturezas. A função do imposto sobre heranças e doações é fiscal. Ele tem a finalidade de gerar recursos financeiros para os cofres públicos. O imposto de caráter fiscal é aquele em que o Estado arrecada pura e simplesmente com o propósito de obter recursos para o custeio dos serviços públicos. De acordo com o artigo 155, § 1º, III da Constituição da República, o imposto de transmissão "causa mortis" e doações – ITCD – é um imposto de competência dos Estados e do Distrito Federal. A competência para sua instituição será regulada por Lei Complementar, se o *"de cujus"* possuía bens, era residente ou domiciliado ou teve seu inventário processado no exterior (letra "b", inciso III do artigo 155 da Constituição Federal). Vale lembrar que a CR permite a incidência do ITCD sobre bens móveis.

6.2.7.2 Isenção

"No âmbito do inventário, compete ao juiz apreciar o pedido de isenção de imposto de transmissão *causa mortis*, a despeito da competência administrativa atribuída à autoridade fiscal pelo art. 179 do CTN. Porém, nos in-

---

11 Correspondente ao art. 1.139, *caput*, do CCB/1916.
12 CC 2002 – Art. 87. Bens divisíveis são os que se podem fracionar sem alteração na sua substância, diminuição considerável de valor, ou prejuízo do uso a que se destinam. CC 2002 – Art. 88. Os bens naturalmente divisíveis podem tornar-se indivisíveis por determinação da lei ou por vontade das partes.
13 CPC – Da Alienação Judicial – Art. 730. Nos casos expressos em lei, não havendo acordo entre os interessados sobre o modo como se deve realizar a alienação do bem, o juiz, de ofício ou a requerimento dos interessados ou do depositário, mandará aliená-lo em leilão, observando-se o disposto na Seção I deste Capítulo e, no que couber, o disposto nos arts. 879 a 903.

ventários processados sob a modalidade de arrolamento sumário (nos quais não cabe conhecimento ou apreciação de questões relativas ao lançamento, pagamento ou quitação do tributo de transmissão *causa mortis*, tendo em vista, a ausência de intervenção da Fazenda até a prolação da sentença de homologação de partilha ou a adjudicação), revela-se incompetente o juízo do inventário para reconhecer a isenção do ITCMD (Imposto sobre Transmissão *Causa Mortis* e Doação de quaisquer Bens ou Direitos), por força do art. 179 do CTN, que confere à autoridade administrativa atribuição para aferir o direito do contribuinte à isenção não concedido em caráter geral. Assim, a Seção, ao julgar o recurso sob o regime do art. 543-C do CPC c/c a Res. n° 8/2008-STJ, entendeu que, falecendo competência ao juízo do inventário (na modalidade de arrolamento sumário) para apreciar pedido de reconhecimento de isenção do ITCMD, impõe-se o sobrestamento do feito até a resolução da questão na seara administrativa, o que viabilizará à adjudicatória futura juntado de certidão de isenção aos autos. Precedentes citados: REsp 138.843-RJ, DJ 13/6/2005; REsp 173.505-RJ, DJ 23/9/2002; REsp 238.161-SP, DJ 9/10/2000, e REsp 114.461-RJ, DJ 18/8/1997. REsp 1.150.356-SP, Rel. Min. Luiz Fux, julgado em 9/8/2010."

6.2.7.3 Progressividade das alíquotas do ITCD

As alíquotas do ITCD podem ser progressivas? Como visto acima, o Imposto sobre a transmissão *causa mortis* e doação é de competência dos Estados e do DF (CTN – Art. 155. Compete aos Estados e ao Distrito Federal instituir impostos sobre: I – transmissão *causa mortis* e doação, de quaisquer bens ou direitos). O fato gerador do ITCM é a transmissão, por causa mortis (herança ou legado) ou por doação, de quaisquer bens ou direitos. No caso de transmissão por *causa mortis*, o fato gerador ocorre no momento da "abertura da sucessão" (morte) (art. 1.784 do CC).

A Súmula 112 do STF diz que "o imposto de transmissão "causa mortis" é devido pela alíquota vigente ao tempo da abertura da sucessão." E a Súmula 331-STF dispõe que "é legítima a incidência do imposto de transmissão "causa mortis" no inventário por morte presumida".

Segundo o art. 155, § 1°, IV, da CR/88, compete ao Senado Federal fixar as alíquotas máximas do ITCD. A alíquota máxima do ITCD é 8% (Resolução n° 09/1992 do Senado). O ITCD é um imposto real. Quais as diferenças entre o imposto real e pessoal? Vejamos o quadro abaixo:[14]

---

14 Disponível em: <http://www.dizerodireito.com.br/2013/03/as-aliquotas-do-itcmd-podem-ser.html>. Acesso em: 26 fev. 2017.

IMPOSTO REAL	IMPOSTO PESSOAL
Ocorre quando ele incide sobre algum elemento econômico de maneira objetiva, não levando em consideração a situação pessoal do contribuinte. Em palavras simples, imposto real é aquele que incide objetivamente sobre uma coisa, sem levar em conta a pessoa do contribuinte.	O imposto é classificado como pessoal quando a tributação varia de acordo com aspectos pessoais do contribuinte. A tributação será maior ou menor conforme a capacidade contributiva do devedor.
Ex: o IPVA é imposto real e incide sobre a propriedade de veículos. Assim, se um milionário possui um "Gol modelo X, ano 2010" e um indivíduo pobre também possui o mesmo carro, modelo e ano, ambos irão pagar o mesmo valor de IPVA.	Ex: o IR é pessoal, tendo em vista que a tributação varia de acordo com as faixas de rendimentos de cada contribuinte.
Nos impostos reais, em regra, a capacidade contributiva é observada por meio da técnica da proporcionalidade, segundo a qual as alíquotas são fixas e o que varia é a base de cálculo (AL fixa e BC variável).	Nos impostos pessoais, a capacidade contributiva, em regra, é observada por meio da técnica da progressividade, segundo a qual as alíquotas são maiores conforme se aumenta a base de cálculo (BC varia, AL varia progressivamente).

A CR/88 determina que os impostos, sempre que possível, tenham caráter pessoal: Art. 145 (...) § 1º Sempre que possível, os impostos terão caráter pessoal e serão graduados segundo a capacidade econômica do contribuinte (...)

O STF decidiu que todos os impostos, independentemente de sua classificação como de caráter real ou pessoal, podem e devem guardar relação com a capacidade contributiva do sujeito passivo (RE 562045/RS).

A *progressividade* é uma técnica de tributação que tem como objetivo fazer com que os tributos atendam à capacidade contributiva. Na prática, a progressividade funciona da seguinte forma: a lei prevê alíquotas variadas para o imposto e o aumento dessas alíquotas ocorre na medida em que se aumenta a base de cálculo. Assim, na progressividade, quanto maior a base de cálculo, maior será a alíquota.[15] O exemplo comum citado pela doutrina é o do imposto de renda, que é progressivo. No IR, quanto maior for a renda (BC), maior será o percentual (alíquota) do imposto. Quanto mais a pessoa ganha, maior será a alíquota que irá incidir sobre seus rendimentos.

---

15 Ibid.

6.2.7.3.1 Progressividade e impostos reais[16]

A progressividade só pode ser aplicada aos impostos pessoais ou também aos reais?

O que diz a maioria da doutrina:	O que decidiu o STF:
A lei somente pode prever a técnica da progressividade para os impostos pessoais.	A lei pode prever a técnica da progressividade tanto para os impostos pessoais como também para os reais. O § 1º do art. 145 da CF/88 não proíbe que os impostos reais sejam progressivos.
O § 1º do art. 145 da CF/88, de forma implícita, somente permite a progressividade para os impostos pessoais.	É errada a suposição de que o § 1º do art. 145 da CF/88 somente permite a progressividade para os impostos pessoais. Todos os impostos estão sujeitos ao princípio da capacidade contributiva, mesmo os que não tenham caráter pessoal, e o que esse dispositivo estabelece é que os impostos, sempre que possível, deverão ter caráter pessoal.
Os impostos reais não podem ser progressivos, salvo se expressamente autorizados pela CF/88 (ex: IPTU).	O ITCMD (que é um imposto real) pode ser progressivo mesmo sem que esta progressividade esteja expressamente prevista na CF/88. Ao contrário do que ocorria com o IPTU (Súmula 668-STF), não é necessária a edição de uma EC para que o ITCMD seja progressivo.
No caso dos impostos reais, o princípio da capacidade contributiva é atendido pela técnica da proporcionalidade. Desse modo, para atender ao princípio da capacidade contributiva, os impostos reais devem ser proporcionais e não progressivos.	No caso do ITCMD, por se tratar de imposto direto, o princípio da capacidade contributiva pode ser também realizado por meio da técnica da progressividade. Desse modo, existem impostos reais que podem ser progressivos.

Exemplo de progressividade no ITCMD:[17]
Lei estadual prevê as seguintes alíquotas:

Base de cálculo (valor venal dos bens ou direitos transmitidos)	Alíquotas
R$ 50.000	2%
De R$ 50.001 até 100.000	3%
De 100.001 até 200.000	4%
De 200.001 até 300.000	5%
Acima de 300.000	6%

---

16 Ibid.
17 Ibid.

A Resolução n° 9/1992 do Senado prevê, em seu art. 2°, que as alíquotas do ITCD, fixadas em lei estadual, poderão ser progressivas em função do quinhão que cada herdeiro efetivamente receber.

Neste sentido, vejamos a decisão do STF proferida pelo Plenário no julgamento do RE 562045/RS, Min. Ricardo Lewandowski, red. p/ o acórdão Min. Cármen Lúcia, 6/2/2013: RECURSO EXTRAORDINÁRIO. CONSTITUCIONAL. TRIBUTÁRIO. LEI ESTADUAL: PROGRESSIVIDADE DE ALÍQUOTA DE IMPOSTO SOBRE TRANSMISSÃO CAUSA MORTIS E DOAÇÃO DE BENS E DIREITOS. CONSTITUCIONALIDADE. ART. 145, § 1°, DA CONSTITUIÇÃO DA REPÚBLICA. PRINCÍPIO DA IGUALDADE MATERIAL TRIBUTÁRIA. OBSERVÂNCIA DA CAPACIDADE CONTRIBUTIVA. RECURSO EXTRAORDINÁRIO PROVIDO.(RE 562045, Relator(a): Min. RICARDO LEWANDOWSKI, Relator(a) p/ Acórdão: Min. CÁRMEN LÚCIA, Tribunal Pleno, julgado em 06/02/2013, REPERCUSSÃO GERAL – MÉRITO DJe-233 DIVULG 26-11-2013 PUBLIC 27-11-2013 EMENT VOL-02712-01 PP-00001).

6.3 Inventário e Administração da Herança

6.3.1 Considerações Iniciais

Com o advento da Lei 11.441/07, além do inventário judicial, é possível a feitura do inventário e partilha por escritura pública. Havendo testamento ou interessado incapaz, proceder-se-á ao inventário judicial (artigo 610, CPC). Se todos forem capazes e concordes, o inventário e a partilha poderão ser feitos por escritura pública, a qual constituirá documento hábil para qualquer ato de registro, bem como para levantamento de importância depositada em instituições financeiras (artigo 610, § 1°, CPC). O tabelião somente lavrará a escritura pública se todas as partes interessadas estiverem assistidas por advogado ou por defensor público, cuja qualificação e assinatura constarão do ato notarial (artigo 610, § 2°, CPC).

Os procedimentos previstos em nosso ordenamento jurídico para a sucessão por morte são: (a) *inventário comum*; (b) *arrolamento*; (c) *inventário negativo*; (d) *inventário cumulativo*.

6.3.2 Inventário Comum

O artigo 1.796 do Código Civil prevê um prazo de trinta dias, a contar da abertura da sucessão, para instaurar o inventário do patrimônio hereditário, perante o juízo competente no lugar da sucessão, para fins de liquidação e, quando for o caso, de partilha da herança.

Ocorre que o artigo 611 do CPC diz que "o processo de inventário e de partilha deve ser instaurado dentro de 2 (dois) meses, a contar da abertura da sucessão, ultimando-se nos 12 (doze) meses subsequentes, podendo o juiz prorrogar esses prazos, de ofício ou a requerimento de parte."

Até que o inventariante preste o compromisso, continuará o espólio na posse do administrador provisório (artigo 613, CPC).

O administrador provisório representa ativa e passivamente o espólio, é obrigado a trazer ao acervo os frutos que desde a abertura da sucessão percebeu, tem direito ao reembolso das despesas necessárias e úteis que fez e responde pelo dano a que, por dolo ou culpa, der causa (artigo 614, CPC).

O foro competente para a abertura e processamento do inventário é o lugar do último domicílio do falecido (artigo 48, CPC).[18]

6.3.2.1 Legitimidade para Requerer o Inventário

De acordo com o artigo 615 do CPC, o requerimento de inventário e de partilha incumbe a quem estiver na posse e na administração do espólio, no prazo de 2 (dois) meses, a contar da abertura da sucessão. O requerimento será instruído com a certidão de óbito do autor da herança.

Têm, contudo, legitimidade concorrente: I – o cônjuge ou companheiro supérstite; II – o herdeiro; III – o legatário; IV – o testamenteiro; V – o cessionário do herdeiro ou do legatário; VI – o credor do herdeiro, do legatário ou do autor da herança; VII – o Ministério Público, havendo herdeiros incapazes; VIII – a Fazenda Pública, quando tiver interesse; IX – o administrador judicial da falência do herdeiro, do legatário, do autor da herança ou do cônjuge ou companheiro supérstite (artigo 616, CPC).

6.3.2.2 Administração da Herança

Até compromisso do inventariante, de acordo com o artigo 1.797 do Código Civil, a administração da herança caberá, sucessivamente:

I – ao cônjuge ou companheiro, se com o outro convivia ao tempo da abertura da sucessão;

II – ao herdeiro que estiver na posse e administração dos bens, e, se houver mais de um nessas condições, ao mais velho;

III – ao testamenteiro;

IV – a pessoa de confiança do juiz, na falta ou escusa das indicadas nos incisos antecedentes, ou quando tiverem de ser afastadas por motivo grave levado ao conhecimento do juiz.

---

18 CPC – Art. 48. O foro de domicílio do autor da herança, no Brasil, é o competente para o inventário, a partilha, a arrecadação, o cumprimento de disposições de última vontade, a impugnação ou anulação de partilha extrajudicial e para todas as ações em que o espólio for réu, ainda que o óbito tenha ocorrido no estrangeiro.
Parágrafo único. Se o autor da herança não possuía domicílio certo, é competente:
I – o foro de situação dos bens imóveis;
II – havendo bens imóveis em foros diferentes, qualquer destes;
III – não havendo bens imóveis, o foro do local de qualquer dos bens do espólio.

Consoante o artigo 617 do CPC, o juiz nomeará inventariante na seguinte ordem: I – o cônjuge ou companheiro sobrevivente, desde que estivesse convivendo com o outro ao tempo da morte deste; II – o herdeiro que se achar na posse e na administração do espólio, se não houver cônjuge ou companheiro sobrevivente ou se estes não puderem ser nomeados; III – qualquer herdeiro, quando nenhum deles estiver na posse e na administração do espólio; IV – o herdeiro menor, por seu representante legal; V – o testamenteiro, se lhe tiver sido confiada a administração do espólio ou se toda a herança estiver distribuída em legados; VI – o cessionário do herdeiro ou do legatário; VII – o inventariante judicial, se houver; VIII – pessoa estranha idônea, quando não houver inventariante judicial.

O inventariante, intimado da nomeação, prestará, dentro de 5 (cinco) dias, o compromisso de bem e fielmente desempenhar a função (artigo 617, parágrafo único, do CPC).

Incumbe ao inventariante, de acordo com a regra processual do artigo 618 do Código de Processo Civil: I – representar o espólio ativa e passivamente, em juízo ou fora dele, observando-se, quanto ao dativo, o disposto no art. 75, § 1º do CPC; II – administrar o espólio, velando-lhe os bens com a mesma diligência que teria se seus fossem; III – prestar as primeiras e as últimas declarações pessoalmente ou por procurador com poderes especiais; IV – exibir em cartório, a qualquer tempo, para exame das partes, os documentos relativos ao espólio; V – juntar aos autos certidão do testamento, se houver; VI – trazer à colação os bens recebidos pelo herdeiro ausente, renunciante ou excluído; VII – prestar contas de sua gestão ao deixar o cargo ou sempre que o juiz lhe determinar; VIII – requerer a declaração de insolvência.

Incumbe ainda ao inventariante, ouvidos os interessados e com autorização do juiz: I – alienar bens de qualquer espécie; II – transigir em juízo ou fora dele; III – pagar dívidas do espólio; IV – fazer as despesas necessárias para a conservação e o melhoramento dos bens do espólio (artigo 619, CPC).

Dentro de 20 (vinte) dias contados da data em que prestou o compromisso, o inventariante fará as primeiras declarações, das quais se lavrará termo circunstanciado, assinado pelo juiz, pelo escrivão e pelo inventariante, no qual serão exarados: I – o nome, o estado, a idade e o domicílio do autor da herança, o dia e o lugar em que faleceu e se deixou testamento; II – o nome, o estado, a idade, o endereço eletrônico e a residência dos herdeiros e, havendo cônjuge ou companheiro supérstite, além dos respectivos dados pessoais, o regime de bens do casamento ou da união estável; III – a qualidade dos herdeiros e o grau de parentesco com o inventariado; IV – a relação completa e individualizada de todos os bens do espólio, inclusive aqueles que devem ser conferidos à colação, e dos bens alheios que nele forem encontrados, descrevendo-se: a) os imóveis, com as suas especificações, nomeadamente local em que se encontram, extensão da área, limites, confrontações, benfeitorias, origem dos títulos, números das matrículas e ônus que os gravam; b) os móveis, com os sinais característicos; c) os semoventes, seu número, suas espécies, suas marcas e seus sinais distintivos; d) o dinheiro, as joias, os objetos de ouro e prata e as pedras preciosas, declarando-se-lhes especificadamente a qualidade, o peso e a importância; e) os títulos da dívida pública, bem como as ações, as quotas e os títulos de sociedade, mencionando-se-lhes o número, o valor e a data; f) as dívidas ativas e passivas, indicando-se-lhes as datas, os títulos, a origem da obrigação e os nomes dos credores e dos devedores; g) direitos e ações; h) o valor corrente de cada um dos bens do espólio (conforme o artigo 620, do CPC).

O juiz determinará que se proceda: I – ao balanço do estabelecimento, se o autor da herança era empresário individual; II – à apuração de haveres, se o autor da herança era sócio de sociedade que não anônima (artigo 620, § 1º, CPC).

As declarações podem ser prestadas mediante petição, firmada por procurador com poderes especiais, à qual o termo se reportará (artigo 620, § 2º, CPC).

6.3.2.3 Sonegação

Só se pode arguir sonegação ao inventariante depois de encerrada a descrição dos bens, com a declaração, por ele feita, de não existirem outros por inventariar (artigo 621, CPC).

O herdeiro que dolosamente sonegar bens da herança, não os descrevendo no inventário, perderá o direito sobre eles (artigo 1.992, CC), por meio de uma ação de sonegados (artigo 1.994, CC), que deve ser proposta no prazo de dez anos (artigo 205, CC) e distribuída por dependência (art. 61, CPC). Neste diapasão, o herdeiro, uma vez citado das primeiras declarações, deverá descrever os bens pertencentes ao espólio que estão em seu poder e impugnar a omissão no rol de outros bens que ali deveriam estar (art. 627, I, CPC). Se o sonegador for o próprio inventariante, tal circunstância poderá levar à sua remoção do cargo (artigo 1.993 do Código Civil e artigo 622, VI, do CPC).

Como visto acima, frise-se, mais uma vez que o momento próprio para a alegação de sonegação contra o inventariante é após a fase de descrição dos bens (artigo 1.996 do CC), isto é, nas últimas declarações, consoante o artigo 634 do CPC.

6.3.2.4 Remoção do Inventariante

O inventariante que descumprir com seus deveres (artigos 618 a 620 do CPC) pode ser removido do cargo, a qualquer tempo, por requerimento dos interessados. O rol do artigo 622 do CPC, apesar de extenso, é meramente exemplificativo. Vejamos: O inventariante será removido de ofício ou a requerimento: I – se não prestar, no prazo legal, as primeiras ou as últimas declarações; II – se não der ao inventário andamento regular, se suscitar dúvidas infundadas ou se praticar atos meramente protelatórios; III – se, por culpa sua, bens do espólio se deteriorarem, forem dilapidados ou sofrerem dano; IV – se não defender o espólio nas ações em que for citado, se deixar de cobrar dívidas ativas ou se não promover as medidas necessárias para evitar o perecimento de direitos; V – se não prestar contas ou se as que prestar não forem julgadas boas; VI – se sonegar, ocultar ou desviar bens do espólio (artigo 622, CPC).

Requerida a remoção, será intimado o inventariante para, no prazo de 15 (quinze) dias, defender-se e produzir provas. O incidente da remoção correrá em apenso aos autos do inventário (artigo 623 e parágrafo único, CPC).

O artigo 624 do CPC diz que decorrido o prazo, com a defesa do inventariante ou sem ela, o juiz decidirá. Se remover o inventariante, o juiz nomeará outro, observada a ordem estabelecida no art. 617 do CPC.

De acordo com o artigo 625 do CPC, o inventariante removido entregará imediatamente ao substituto os bens do espólio e, caso deixe de fazê-lo, será compelido mediante mandado de busca e apreensão ou de imissão na posse, conforme se tratar de bem móvel ou imóvel, sem prejuízo da multa a ser fixada pelo juiz em montante não superior a três por cento do valor dos bens inventariados.

6.3.3 Arrolamento

O *arrolamento* é possível em duas situações distintas, a saber: a) quando o valor dos bens do espólio for igual ou inferior a 1.000 (mil) salários-mínimos, o inventário processar-se-á na forma de arrolamento, cabendo ao inventariante nomeado, independentemente de assinatura de termo de compromisso, apresentar, com suas declarações, a atribuição de valor aos bens do espólio e o plano da partilha (artigo 664, CPC) ou b) a partilha amigável, celebrada entre partes capazes, nos termos da lei, será homologada de plano pelo juiz, com observância dos arts. 660 a 663 do CPC. (artigo 659, CPC).

6.3.4 Inventário Negativo

O *inventário negativo*, como dito alhures, é aquele em que o passivo é maior que o ativo no acervo hereditário ou aquele que inexiste patrimônio. O procedimento do inventário negativo pode ser através da via judicial ou notarial. Naquele caso, deverá atender aos requisitos do artigo 610 do CPC.

6.3.5 Inventário Cumulativo

O *inventário cumulativo* é aquele que no curso de um inventário e antes da partilha dos bens, vem a falecer o cônjuge ou convivente supérstite, sendo comuns os herdeiros. Neste caso, ter-se-á um único inventariante e as heranças serão inventariadas e partilhadas de forma cumulativa, de acordo com o artigo 672 do Código de Processo Civil. Vejamos: É lícita a cumulação de inventários para a partilha de heranças de pessoas diversas quando houver: I – identidade de pessoas entre as quais devam ser repartidos os bens; II – heranças deixadas pelos dois cônjuges ou companheiros; III – dependência de uma das partilhas em relação à outra. Neste caso, se a dependência for parcial, por haver outros bens, o juiz pode ordenar a tramitação separada, se melhor convier ao interesse das partes ou à celeridade processual (artigo 672, parágrafo único, do CPC).

Capítulo 7
PARENTESCO

A verdadeira família é uma comunhão de afetos, antes de ser um instituto jurídico. (Heloisa Helena Barboza)[1]

7.1 Relações de Parentesco

As relações de parentesco são os vínculos que unem as pessoas de uma família, seja do mesmo tronco ancestral, por afinidade com os parentes do outro cônjuge ou convivente ou pelos laços de afetividade.[2]

De acordo com as lições de ROLF MADALENO, "o parentesco distribui-se em classes, de acordo com os diversos aspectos de vinculação e se define como sendo o vínculo existente entre as pessoas em decorrência da consanguinidade, da afinidade e da adoção, devendo ser ressaltada a igualdade na filiação alcançada pela atual CF (art. 227, § 6º), desenhando já sem tempo, um novo perfil no Direito de Família brasileiro, exatamente no encalço da tendência mundial de igualização da prole."[3]

---

1 BARBOZA, Heloisa Helena. Efeitos jurídicos do parentesco socioafetivo. In: Revista da Faculdade de Direito da UERJ-RFD, v. 2, nº 24, 2013. Disponível em: <http://www.e-publicacoes.uerj.br/index.php/rfduerj/article/viewFile/7284/6376>. Acesso em: 21 jan. 2017.
2 Conselho da Justiça Federal – I Jornada de Direito Civil – CJF – Enunciado – 103 – Art. 1.593: o Código Civil reconhece, no art. 1.593, outras espécies de parentesco civil além daquele decorrente da adoção, acolhendo, assim, a noção de que há também parentesco civil no vínculo parental proveniente quer das técnicas de reprodução assistida heteróloga relativamente ao pai (ou mãe) que não contribuiu com seu material fecundante, quer da paternidade socioafetiva, fundada na posse do estado de filho. CJF – Enunciado – 108 – Art. 1.603: no fato jurídico do nascimento, mencionado no art. 1.603, compreende-se, à luz do disposto no art. 1.593, a filiação consanguínea e também a socioafetiva.
Conselho da Justiça Federal – III Jornada de Direito Civil – CJF – Enunciado – 256 – Art. 1.593: A posse do estado de filho (parentalidade socioafetiva) constitui modalidade de parentesco civil.
Conselho da Justiça Federal – V Jornada de Direito Civil – CJF – Enunciado 519 – Art. 1.593. O reconhecimento judicial do vínculo de parentesco em virtude de socioafetividade deve ocorrer a partir da relação entre pai(s) e filho(s), com base na posse do estado de filho, para que produza efeitos pessoais e patrimoniais.
3 MADALENO, Rolf. *Alimentos e sua restituição judicial*. Revista Jurídica, Porto Alegre, nº 211, p. 5, maio 1995.

O artigo 1.593 do nosso Código Civil determina que o parentesco é natural ou civil, conforme resulte de consanguinidade ou outra origem." Frise-se, ainda, a existência do parentesco por afinidade. Dessa maneira, é possível identificar as seguintes formas de parentesco, a saber:

a) *Parentesco natural ou consanguíneo*. É aquele em que as pessoas estão vinculadas pelo mesmo tronco ancestral, ou seja, são parentes pelo sangue. Este pode ser decomposto em parentesco natural simples (aquele que deriva de apenas um genitor) ou parentesco natural dúplice (é o parentesco que deriva de ambos os genitores).

b) *Parentesco por afinidade*, aquele existente entre um cônjuge ou companheiro e os parentes do outro cônjuge ou convivente.

c) *Parentesco civil*, como a relação de parentesco cujo vínculo é atribuído pela lei, *e.g.*, a relação de adotante e adotado.

d) *Parentesco socioafetivo*, ou seja, aquele que decorre de uma relação socioafetiva, isto é, a relação familiar está fundada no valor jurídico do afeto. É um vínculo parental ligado pelo afeto. Por exemplo: a relação de uma pessoa com os filhos de sua mulher com outro homem. O afeto é hoje o amálgama que une pais e filhos, independentemente do vínculo biológico existente entre ambos. Isto quer dizer que o vínculo afetivo se sobrepõe ao vínculo sanguíneo. Neste sentido, LUIZ EDSON FACHIN afirma que "essa *verdade socioafetiva* não é menos importante que a *verdade biológica*. A realidade jurídica da filiação não é, portanto, fincada apenas nos laços biológicos, mas na realidade de afeto que une pais e filhos, e se manifesta em sua subjetividade e, exatamente, perante o grupo social e à família. Congrega, assim, duas dimensões: objetiva e subjetiva. A verdade socioafetiva da filiação se revela na posse do estado de filho, que oferece os necessários parâmetros para o reconhecimento da relação de filiação. Tal possibilidade denota assento jurídico possível em hermenêutica construtiva da nova codificação".[4] Para MARIA BERENICE DIAS, a filiação que resulta da posse do estado de filho constitui modalidade de parentesco civil de "outra origem", isto é, de origem afetiva. A autora diz que "a filiação socioafetiva corresponde à verdade aparente e decorre do direito de filiação. A necessidade de manter a estabilidade da família, que cumpre a sua função social, faz com que se atribua um papel secundário à verdade biológica".[5] De acordo com as lições

---

[4] FACHIN, Luiz Edson. *Comentários ao novo Código Civil*. Volume XVIII. Rio de Janeiro: Forense, 2004, p. 29.
[5] DIAS, Maria Berenice. *Manual de Direito das Famílias*. 6. ed. São Paulo: Revista dos Tribunais, 2010, p. 367.

de HELOISA HELENA BARBOZA, "As relações que surgem entre pessoas que convivem como se fossem pais e filhos se incluem nas situações de fato, fundadas no afeto, que são aptas a serem juridicamente reconhecidas. O estudo da questão deve levar em conta: a) o importante papel que o afeto tem nas relações familiares, especialmente na construção de vínculos como o do casamento, da união estável e do parentesco; b) a expansão do afeto, surgido no espaço eminentemente privado, para o espaço público, e em razão do qual as pessoas exercem funções sociais que autorizam o reconhecimento jurídico das relações assim criadas; c) a consequente permanência dos efeitos jurídicos dos vínculos gerados pelo exercício dessas funções, atendidos determinados requisitos, ainda que findo o afeto que os originou. [...] A socioafetividade, como origem do parentesco, é um critério para estabelecimento de relações familiares geradas pelo afeto, que se exteriorizam na vida social. É um fato a ser apreendido pelo direito. Seu reconhecimento por sentença é condição para sua eficácia jurídica. Para tanto, deve ser provada a existência dos elementos que a compõem: o externo (o reconhecimento social) e o interno (a afetividade). O elemento externo traduz o interno, podendo ser identificado objetivamente, mediante a aferição dos requisitos típicos das relações fundadas no afeto: *tractatio*, *reputatio* e *nominatio*. Acresça-se o cuidado dedicado ao parente socioafetivo, passível de verificação objetiva, como uma das melhores formas de expressão do afeto".[6]

7.2 Parentes em Linha Reta

O artigo 1.591 diz que "são parentes em linha reta as pessoas que estão umas para com as outras na relação de ascendentes e descendentes." Já a primeira parte do artigo 1.594 do Código Civil dispõe que "contam-se na linha reta, os graus de parentesco pelo número de gerações. Daí que o grau de parentesco corresponde à distância de uma geração a outra. De acordo com FACHIN, é "a unidade de medida utilizada para mensurar a proximidade do vínculo de parentesco (seja natural, afim ou civil) entre as pessoas, e corresponde à distância de uma geração à outra."[7] A linha reta pode ser ascendente ou descendente na medida em que contamos os nossos ascendentes ou descendentes, respectivamente. Vejamos no quadro abaixo como ficam os graus de parentesco ascendente ou descendente.

---
6 BARBOZA, Heloisa Helena. Efeitos jurídicos do parentesco socioafetivo. In: Revista da Faculdade de Direito da UERJ-RFD, v. 2, nº 24, 2013. Disponível em: <http://www.e-publicacoes.uerj.br/index.php/rfduerj/article/viewFile/7284/6376>. Acesso em: 21 jan. 2017.
7 FACHIN, Luiz Edson. *Comentários ao novo Código Civil*. Volume XVIII. Rio de Janeiro: Forense, 2004, p. 31.

Linha reta ascendente	Grau	Linha reta descendente	Grau
∞		**Você**	
Hexavô	7º grau	Filho	1º grau
Pentavô	6º grau	Neto	2º grau
Tetravô	5º grau	Bisneto	3º grau
Trisavô	4º grau	Trineto	4º grau
Bisavô	3º grau	Tetraneto	5º grau
Avô	2º grau	Pentaneto	6º grau
Pai	1º grau	Hexaneto	7º grau
Você		∞	

7.3 Parentes em Linha Colateral

A *linha colateral* é o vínculo entre as pessoas que descendem de um só tronco, sem descenderem um do outro. Esta linha não está relacionada com a ascendência ou descendência, mas, pelo contrário, pelo fato de possuírem o mesmo tronco ancestral. O artigo 1.592 do nosso Código Civil diz que "são parentes em linha colateral ou transversal, até o quarto grau, as pessoas provenientes de um só tronco, sem descenderem uma da outra." O número de graus é contato de acordo com a segunda parte do artigo 1.594, "subindo de um dos parentes até ao ascendente comum, e descendo até encontrar o outro parente." Frise-se que são parentes em linha colateral até o 4º grau. Assim, não há falar-se em 1º grau na linha colateral, uma vez que a linha colateral se inicia já com o segundo grau, uma vez que a contagem de grau deve subir até o ascendente comum e descer até encontrar o outro parente. Não há, pois, parentesco colateral de primeiro grau. Vejamos:

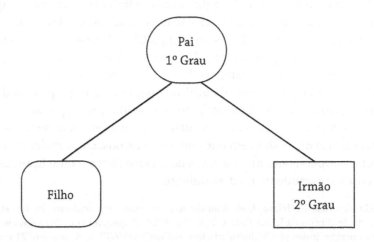

Vejamos, também, a tabela de graus de parentesco (linhas retas e colateral) elaborada pelo Tribunal Regional Eleitoral de São Paulo:[8]

Tabela de Grau de Parentesco

LINHA COLATERAL FEMININA			LINHA RETA	LINHA COLATERAL MASCULINA		
			Trisavô(ó) 4º grau			
			Bisavô(ó) 3º grau			
Tia-avó 4º grau			**Avô(ó) 2º grau**			Tio-avô 4º grau
Filha da Tia-avó 5º grau	Tia 3º grau		**Pai-mãe Sogro(a) 1º grau**		Tio 3º grau	Filho do Tio-avô 5º grau
Neto da Tia-avó 6º grau	Prima 4º grau	**Irmã Cunhado 2º grau**	**EU (candidato) cônjuge**	**Irmão Cunhada 2º grau**	Primo 4º grau	Neto do Tio-avô 6º grau
Bisneto da Tia-avó 7º grau	Filho da Prima 5º grau	Sobrinha 3º grau	**Filho(a) 1º grau**	Sobrinho 3º grau	Filho do Primo 5º grau	Bisneto do Tio-avô 7º grau
Trineto da Tia-avó 8º grau	Neto da Prima 6º grau	Neto da Irmã 4º grau	**Neto(a) 2º grau**	Neto do Irmão 4º grau	Neto do Primo 6º grau	Trineto do Tio-avô 8º grau
	Bisneto da Prima 7º grau	Bisneto da Irmã 5º grau	Bisneto(a) 3º grau	Bisneto do Irmão 5º grau	Bisneto do Primo 7º grau	
	Trineto da Prima 8º grau	Trineto da Irmã 6º grau	Trineto(a) 4º grau	Trineto do Irmão 6º grau	Trineto do Primo 8º grau	

---

8   Disponível em: <http://miss.tse.jus.br/eleicoes/elei2002/parentesco.htm> Acesso em: 21 jan. 2017.

Assim, para identificar o grau de parentesco entre primos, deve-se subir até o ancestral comum (no caso o avô) e descer até o primo. Percebe-se que o grau de parentesco é de 4º grau.

7.4 Parentes em Afinidade

É um laço de parentesco do ponto de vista formal, estabelecido pelo casamento/união estável, ou seja, é a relação de parentesco que circunda o cônjuge aos parentes consanguíneos do outro cônjuge (companheiro), por meio do casamento ou união estável. Nesse sentido, o artigo 1.595 do CC diz que "cada cônjuge ou companheiro é aliado aos parentes do outro pelo vínculo da afinidade".

O parentesco por afinidade limita-se aos ascendentes, aos descendentes e aos irmãos do cônjuge ou companheiro (artigo 1.595, § 1º, CC). Verifica-se, pois, que o vínculo estabelecido pode ser tanto na linha reta que não possui limites de grau (sogro, nora, genro), mantendo-se mesmo após a dissolução do casamento ou da união estável. É o que diz o artigo 1.595, § 2º: "Na linha reta, a afinidade não se extingue com a dissolução do casamento ou da união estável." Dessa maneira, permanece, pois, a afinidade entre sogro(a) e nora ou genro, padrasto/madrasta e enteado(a). Logo, inexiste ex-sogro ou ex-sogra, ex-enteado(a). Ao permanecer o vínculo de parentesco, permanece, pois, o impedimento matrimonial entre eles. Dessa maneira, nunca será possível o casamento com o sogro(a) ou enteada(o). Todavia, é possível o casamento com o irmão(a), tios, sobrinhos ou primos de seu ex-cônjuge ou ex-companheiro.

Já o parentesco por afinidade entre cunhados acaba com a dissolução do casamento ou união estável, estando estes aptos para o casamento após esse fato. A afinidade na linha colateral não passa do segundo grau e se restringe aos cunhados. Da mesma forma, a afinidade colateral existe entre os filhos de um dos cônjuges ou companheiros (padrasto/madrasta e enteado(a)).

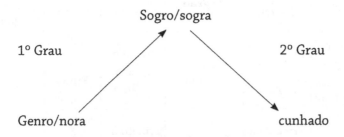

7.5 Graus de Parentesco para Fins de Nepotismo (Súmula Vinculante nº 13)

Importante destacar que no direito público, em razão da moralidade administrativa, a Súmula Vinculante nº 13 inovou, em relação à afinidade, ampliando, destarte, a extensão de graus, sem distinguir quanto às linhas reta e colateral. O Verbete informa que "A nomeação de cônjuge, companheiro ou parente em linha reta, colateral ou por afinidade, até o terceiro grau, inclusive, da autoridade nomeante ou de servidor da mesma pessoa jurídica investido em cargo de direção, chefia ou assessoramento, para o exercício de cargo em comissão ou de confiança ou, ainda, de função gratificada na administração pública direta e indireta em qualquer dos Poderes da União, dos Estados, do Distrito Federal e dos Municípios, compreendido o ajuste mediante designações recíprocas, viola a Constituição Federal" (grifo nosso).

Ora, a Súmula Vinculante nº 13 ampliou, portanto, a afinidade em relação à linha colateral até o terceiro grau. Vejamos, abaixo, os graus de parentesco para fins de nepotismo.[9]

GRAUS DE PARENTESCO PARA FINS DE NEPOTISMO
(Autoridade Nomeante e Cônjuge)

FORMAS DE PARENTESCO			GRAUS DE PARENTESCO		
			1º GRAU	2º GRAU	3º GRAU
Parentes Consanguíneos	Em linha reta	Ascendentes	PAIS (INCLUSIVE MADASTRA E PADASTRO)	AVÓS	BISAVÓS
		Descendente	FILHOS	NETOS	BISNETOS
	Em linha colateral			IRMÃOS	TIOS E SOBRINHOS (E SEUS CÔNJUGES)
Parentes por Afinidade	Em linha reta	Ascendentes	SOGROS (INCLUSIVE MADASTRA E PADASTRO DO CÔNJUGE OU COMPANHEIRO)	AVÓS DO CÔNJUGE OU COMPANHEIRO	BISAVÓS DO CÔNJUGE OU COMPANHEIRO
		Descendente	ENTEADOS, GENROS, NORAS (INCLUSIVE DO CÔNJUGE OU COMPANHEIRO)	NETOS (EXCLUSIVOS DO CÔNJUGE OU COMPANHEIRO)	BISNETOS (EXCLUSIVOS DO CÔNJUGE OU COMPANHEIRO)
	Em linha colateral			CUNHADOS (IRMÃOS DO CÔNJUGE OU COMPANHEIRO)	TIOS E SOBRINHOS DO CÔNJUGE OU COMPANHEIRO (E SEUS CÔNJUGES)

Observação: o cônjuge ou companheiro, embora não seja considerado parente, encontra-se sujeito às vedações contidas na Súmula Vinculante n 13 do Supremo Tribunal Federal.

---

9 Disponível em: <http://www2.camara.leg.br/a-camara/estruturaadm/depes/secretaria-do-parlamentar/diagrama-de-parentesco>. Acesso em: 21 jan. 2017.

Capítulo 8
SUCESSÃO NA UNIÃO ESTÁVEL

8.1 Considerações Iniciais

A *união estável* é considerada uma entidade familiar no direito civil brasileiro. De acordo com RODRIGO DA CUNHA PEREIRA, entidade familiar é um conceito mais amplo de família. "A partir do momento em que a família deixou de ser o núcleo econômico e de reprodução para ser muito mais o espaço do amor, do afeto e do companheirismo, surgiram novas e várias representações sociais para ela – dentre os quais destaca-se a união estável."[1]

A Constituição da República reconhece no artigo 226, § 3º a união estável ao afirmar que "para efeito da proteção do Estado, é reconhecida a união estável entre o homem e a mulher como entidade familiar, devendo a lei facilitar sua conversão em casamento," não havendo, pois, nenhuma hierarquia entre este e aquela.[2] Em 1994, a Lei 8.971/94 regulamentou o direito dos

---

[1] PEREIRA, Rodrigo da Cunha. *Comentários ao Novo Código Civil.* Vol. XX. Rio de Janeiro: Forense, 2007, p. 5-6.

[2] "O Juízo afastou a aplicação do artigo 1.790, inciso III, do Código Civil de 2002, por vislumbrar ofensa aos princípios constitucionais da dignidade da pessoa humana e da igualdade, ante a óptica de o artigo 226, § 3º, da Carta da República prever tratamento paritário entre o casamento e a união estável.
Reconheceu à companheira do falecido o direito à totalidade da herança, o real de habitação, e a legitimidade para receber a indenização do seguro de vida". REPERCUSSÃO GERAL NO RECURSO EXTRAORDINÁRIO 878.694 MINAS GERAIS. O Pedido de vista do ministro Dias Toffoli suspendeu o julgamento, pelo Supremo Tribunal Federal (STF), do Recurso Extraordinário (RE) 878694 em que se discute a legitimidade do tratamento diferenciado dado a cônjuge e a companheiro, pelo artigo 1.790 do Código Civil, para fins de sucessão. Até o momento, sete ministros votaram pela inconstitucionalidade da norma, por entenderem que a Constituição Federal garante a equiparação entre os regimes da união estável e do casamento no tocante ao regime sucessório.
Decisão: Após o voto do Ministro Roberto Barroso (Relator), que dava provimento ao recurso, nos termos do seu voto, no que foi acompanhado pelos Ministros Edson Fachin, Teori Zavascki, Rosa Weber, Luiz Fux, Celso de Mello e Cármen Lúcia, pediu vista dos autos o Ministro Dias Toffoli. Ausentes, justificadamente, o Ministro Gilmar Mendes, e, nesta assentada, o Ministro Ricardo Lewandowski (Presidente). Falaram, pelos *amici curiae* Instituto Brasileiro de Direito de Família – IBDFAM e pelo Instituto dos Advogados Brasileiros, a Dra. Ana Luiza Maia Nevares, e, pelo *amicus curiae* Associação de Direito de Família e das Sucessões – ADFAS, a Dra. Regina Beatriz Tavares da Silva. Presidência da Ministra Cármen Lúcia (Vice-Presidente). Plenário, 31.08.2016.
O recurso, que começou a ser julgado na sessão desta quarta-feira (31), teve repercussão

companheiros a alimentos e à sucessão.[3] Posteriormente, a Lei 9.278/96 regulamentou o § 3º do artigo 226 da Constituição da República.[4] O Código

---

geral reconhecida pela Corte em abril de 2015. Em 05/12/2016 os autos foram devolvidos e está aguardando o julgamento da Corte. Disponível em: <http://www.stf.jus.br/portal/cms/verNoticiaDetalhe.asp?idConteudo=324282>. Acesso em: 17 jan. 2017.

3 Lei 8.971/94 – Art. 1º A companheira comprovada de um homem solteiro, separado judicialmente, divorciado ou viúvo, que com ele viva há mais de cinco anos, ou dele tenha prole, poderá valer-se do disposto na Lei nº 5.478, de 25 de julho de 1968, enquanto não constituir nova união e desde que prove a necessidade.

Parágrafo único. Igual direito e nas mesmas condições é reconhecido ao companheiro de mulher solteira, separada judicialmente, divorciada ou viúva.

Art. 2º As pessoas referidas no artigo anterior participarão da sucessão do(a) companheiro(a) nas seguintes condições:

I – o(a) companheiro(a) sobrevivente terá direito enquanto não constituir nova união, ao usufruto de quarta parte dos bens do de cujus, se houver filhos ou comuns;

II – o(a) companheiro(a) sobrevivente terá direito, enquanto não constituir nova união, ao usufruto da metade dos bens do de cujus, se não houver filhos, embora sobrevivam ascendentes;

III – na falta de descendentes e de ascendentes, o(a) companheiro(a) sobrevivente terá direito à totalidade da herança.

Art. 3º Quando os bens deixados pelo(a) autor(a) da herança resultarem de atividade em que haja colaboração do(a) companheiro, terá o sobrevivente direito à metade dos bens.

Art. 4º Esta lei entra em vigor na data de sua publicação.

Art. 5º Revogam-se as disposições em contrário.

4 Lei 9.278/96 – Art. 1º É reconhecida como entidade familiar a convivência duradoura, pública e contínua, de um homem e uma mulher, estabelecida com objetivo de constituição de família.

Art. 2º São direitos e deveres iguais dos conviventes:

I – respeito e consideração mútuos;

II – assistência moral e material recíproca;

III – guarda, sustento e educação dos filhos comuns.

Art. 3º (VETADO)

Art. 4º (VETADO)

Art. 5º Os bens móveis e imóveis adquiridos por um ou por ambos os conviventes, na constância da união estável e a título oneroso, são considerados fruto do trabalho e da colaboração comum, passando a pertencer a ambos, em condomínio e em partes iguais, salvo estipulação contrária em contrato escrito.

§ 1º Cessa a presunção do *caput* deste artigo se a aquisição patrimonial ocorrer com o produto de bens adquiridos anteriormente ao início da união.

§ 2º A administração do patrimônio comum dos conviventes compete a ambos, salvo estipulação contrária em contrato escrito.

Art. 6º (VETADO)

Art. 7º Dissolvida a união estável por rescisão, a assistência material prevista nesta Lei será prestada por um dos conviventes ao que dela necessitar, a título de alimentos.

Parágrafo único. Dissolvida a união estável por morte de um dos conviventes, o sobrevivente terá direito real de habitação, enquanto viver ou não constituir nova união ou casamento, relativamente ao imóvel destinado à residência da família.

Art. 8º Os conviventes poderão, de comum acordo e a qualquer tempo, requerer a conversão da união estável em casamento, por requerimento ao Oficial do Registro Civil da Circunscrição de seu domicílio.

Civil trata da *união estável* nos artigos 1.723 a 1.727.

8.2 Conceito

O artigo 1.723 do Código Civil brasileiro diz que "é reconhecida como entidade familiar a união estável entre o homem e a mulher, configurada na convivência pública, contínua e duradoura e estabelecida com o objetivo de constituição de família." Daí é possível perceber as características da união estável: a) convivência pública; b) continua e c) duradoura, com animus de constituir família (*animus familiae*). A regra jurídica não exige, pois, um prazo mínimo para a constituição da união estável, nem mesmo a necessidade de coabitação.[5]

Assim, "a lei não exige tempo mínimo nem convivência sob o mesmo teto, mas não dispensa outros requisitos para identificação da união estável como entidade ou núcleo familiar, quais sejam: convivência duradoura e pública, ou seja, com notoriedade e continuidade, apoio mútuo, ou assistência mútua, intuito de constituir família, com os deveres de guarda, sustento e de educação dos filhos comuns, se houver, bem como os deveres de lealdade e respeito."[6]

Art. 9º Toda a matéria relativa à união estável é de competência do juízo da Vara de Família, assegurado o segredo de justiça.

Art. 10. Esta Lei entra em vigor na data de sua publicação.

Art. 11. Revogam-se as disposições em contrário.

5 APELAÇÃO CÍVEL. DIREITO DE FAMÍLIA. AÇÃO DE RECONHECIMENTO DE UNIÃO ESTÁVEL. COABITAÇÃO NO MESMO TETO. DESNECESSIDADE. O art. 1º da Lei nº 9.278/96 não enumera a coabitação como elemento indispensável à caracterização da união estável. Ainda que seja dado relevante para se determinar a intenção de construir uma família, não se trata de requisito essencial, devendo a análise centrar-se na conjunção de fatores presente em cada hipótese. Para o reconhecimento da união estável, a lei exige prova acerca da vida em comum pública, duradoura e contínua, não sendo imprescindível a demonstração de que o casal residia no mesmo teto, bastando a affectio familiar, como demonstrada nos autos. Precedentes do STJ e TJ/RJ. Reforma da sentença. Provimento do recurso. (TJ-RJ ⬜ APELAÇÃO APL 00407401420088190002 RIO DE JANEIRO NITEROI 2ª VARA DE FAMILIA).

6 RECURSO ESPECIAL – NOMEM IURIS – DEMANDA – PRINCÍPIO ROMANO DA MIHI FACTUM DADO TIBI JUS – APLICAÇÃO – UNIÃO ESTÁVEL – ENTIDADE FAMILIAR – RECONHECIMENTO DO ORDENAMENTO JURÍDICO – REQUISITOS – CONVIVÊNCIA PÚBLICA, CONTÍNUA E DURADOURA – OBJETIVO DE CONSTITUIR FAMÍLIA – DEVERES – ASSISTÊNCIA, GUARDA, SUSTENTO, EDUCAÇÃO DOS FILHOS, LEALDADE E RESPEITO – ARTIGO 1.597, DO CÓDIGO CIVIL – PRESUNÇÃO DE CONCEPÇÃO DOS FILHOS NA CONSTÂNCIA DO CASAMENTO – APLICAÇÃO AO INSTITUTO DA UNIÃO ESTÁVEL – NECESSIDADE – ESFERA DE PROTEÇÃO – PAI COMPANHEIRO – FALECIMENTO – 239 (DUZENTOS E TRINTA E NOVE DIAS) APÓS O NASCIMENTO DE SUA FILHA – PATERNIDADE – DECLARAÇÃO – NECESSIDADE – RECURSO ESPECIAL PROVIDO.

I – Desimporta o nomem iuris dado à demanda pois, na realidade, aplica-se-à o adágio romano da mihi factum dado tibi jus.

8.3 Efeitos Sucessórios

Inicialmente é importante não confundir a *meação* (metade dos bens comuns) com o *direito de concorrência* do companheiro.

O artigo Art. 1.790 do Código Civil diz que "a companheira ou o companheiro participará da sucessão do outro, quanto aos bens adquiridos onerosamente na vigência da união estável, nas condições seguintes: I – se concorrer com filhos comuns, terá direito a uma quota equivalente à que por lei for atribuída ao filho; II – se concorrer com descendentes só do autor da herança, tocar-lhe-á a metade do que couber a cada um daqueles; III – se concorrer com outros parentes sucessíveis, terá direito a um terço da herança; IV – não havendo parentes sucessíveis, terá direito à totalidade da herança.

Frise-se, que o *direito de concorrência do companheiro* toma como base de cálculo a metade dos bens adquiridos onerosamente e integram a meação do falecido (artigo 1.790, *caput*). Dessa maneira, o companheiro sobrevivente somente participa da sucessão do companheiro falecido sobre eventuais bens adquiridos, a título oneroso, na constância da união estável (artigo 1.660,

---

II – O ordenamento jurídico pátrio reconhece, como entidade familiar, a união estável entre pessoas (ut ADPF N. 132/RJ, Rel. Min. Ayres Brito, DJe de 14/10/2011), configurada na convivência pública, contínua e duradoura estabelecida com o objetivo de constituição de família (artigo 1723, do Código Civil), com atenção aos deveres de lealdade, respeito, assistência, de guarda, sustento e educação de filhos (artigo 1724, do Código Civil), de modo a permitir aplicação, às relações patrimoniais, no que couber, das regras pertinentes ao regime de comunhão parcial de bens (artigo 1725, do Código Civil).

III – A lei não exige tempo mínimo nem convivência sob o mesmo teto, mas não dispensa outros requisitos para identificação da união estável como entidade ou núcleo familiar, quais sejam: convivência duradoura e pública, ou seja, com notoriedade e continuidade, apoio mútuo, ou assistência mútua, intuito de constituir família, com os deveres de guarda, sustento e de educação dos filhos comuns, se houver, bem como os deveres de lealdade e respeito.

IV – Assim, se nosso ordenamento jurídico, notadamente o próprio texto constitucional (art. 226, § 3º), admite a união estável e reconhece nela a existência de entidade familiar, nada mais razoável de se conferir interpretação sistemática ao art. 1.597, II, do Código Civil, para que passe a contemplar, também, a presunção de concepção dos filhos na constância de união estável.

V – Na espécie, o companheiro da mãe da menor faleceu 239 (duzentos e trinta e nove) dias antes ao seu nascimento. Portanto, dentro da esfera de proteção conferida pelo inciso II do art. 1.597, do Código Civil, que presume concebidos na constância do casamento os filhos nascidos nos trezentos dias subsequentes, entre outras hipóteses, em razão de sua morte.

VI – Dessa forma, em homenagem ao texto constitucional (art. 226, § 3º) e ao Código Civil (art. 1.723), que conferiram ao instituto da união estável a natureza de entidade familiar, aplica-se as disposições contidas no artigo 1.597, do Código Civil, ao regime de união estável.

VII – Recurso especial provido.
(REsp 1194059/SP, Rel. Ministro MASSAMI UYEDA, TERCEIRA TURMA, julgado em 06/11/2012, DJe 14/11/2012.

inciso I, CC).⁷ A base de cálculo, portanto, são os aquestos, tanto para apurar sua meação quanto para identificar sua quota sucessória. Ora, o dispositivo em comento é inconstitucional, uma vez que a própria Constituição da República não estabeleceu nenhuma hierarquia entre tais modelos de família (união estável e casamento). Deve-se reconhecer, pois, uma *igualdade constitucional* entre os institutos jurídicos de forma a não se restringir os direitos dos companheiros.

De acordo com EUCLIDES DE OLIVEIRA, "No paralelo entre companheiro e cônjuge, verifica-se que o primeiro sofre sensível e injustificável desvantagem, em determinadas situações. Basta comparar os dispositivos em comento, "art. 1.790, para o companheiro, arts. 1.829 e 1.832, para o cônjuge, para constatar o seguinte: a) o companheiro nada receberá sobre os bens particulares do outro (havidos antes da convivência, ou, a título gratuito), b) o companheiro terá, pelo direito de concorrência, quota igual à dos filhos comuns e somente metade da quota atribuída aos filhos exclusivos do autor da herança. Já para o cônjuge, a participação será sempre igual ao valor da quota de cada descendente, com um acréscimo, pela garantia do mínimo da quarta parte da herança quando a disputa se der com filhos comuns ao falecido e ao próprio cônjuge sobrevivo".⁸

Com efeito, a questão perpassa pela hermenêutica com fundamento na aplicação dos artigos 5º e 226 § 3º da CF, tendo como substrato de interpretação os princípios da igualdade e da dignidade da pessoa. O artigo 226 da Constituição da República diz: "Art. 226. A família, base da sociedade, tem especial proteção do Estado § 3º – Para efeito da proteção do Estado, é reconhecida a união estável entre o homem e a mulher como entidade familiar, devendo a lei facilitar sua conversão em casamento".

Neste sentido, GUSTAVO TEPEDINO ensina que "verifica-se, do exame dos arts. 226 a 230 da Constituição Federal, que o centro da tutela constitucional se desloca do casamento para as relações familiares dele (mas não unicamente dele) decorrentes; e que a milenar proteção da família como instituição, unidade de produção e reprodução dos valores culturais, éticos, religiosos e econômicos, dá lugar à tutela essencialmente funcionalizada à dignidade de seus membros, em particular no que concerne ao desenvolvimento da personalidade dos filhos [...]. O constituinte de 1988, todavia, além dos dispositivos acima enunciados, consagrou, no art. 1 §, III, entre os princípios fundamentais da República, que antecedem todo o Texto Maior, a dignidade da pessoa humana, impedindo assim que se pudesse admitir a superposição de qualquer estrutura institucional à tutela de seus integrantes, mesmo em

---

7   CC – artigo 1.660, inciso I: "Entram na comunhão: I – os bens adquiridos na constância do casamento por título oneroso, ainda que só em nome de um dos cônjuges; [...]"
8   OLIVEIRA, Euclides de. *OS 7 Pecados Capitais do Novo Direito Sucessório*. Disponível em: < http://www.mundonotarial.org/7pecados.pdf> Acesso em: 15 abril 2017.

se tratando de instituições com status constitucional, como é o caso da empresa, da propriedade e da família. Assim sendo, a família, embora tenha ampliado, com a Carta de 1988, o seu prestígio constitucional, deixa de ter valor intrínseco, como instituição capaz de merecer tutela jurídica pelo simples fato de existir, passando a ser valorada de maneira instrumental, tutelada na medida em que – e somente na exata medida em que – se constitua em um núcleo intermediário de desenvolvimento da personalidade dos filhos e de promoção da dignidade dos seus integrantes".[9]

Em relação ao artigo 1.790, PAULO LÔBO afirma que "As desigualdades de direitos sucessórios perpassam todo o artigo 1.790, tornando inviável a interpretação em conformidade com a Constituição, nomeadamente com os princípios da igualdade, da liberdade, e da não discriminação".[10]

No mesmo diapasão, HELOISA HELENA BARBOZA esclarece que "[...] da análise sistemática dos dispositivos do Código Civil pertinentes à sucessão dos cônjuges e dos companheiros, que induz concluir que, se para efeitos sucessórios, há diferença entre os casamentos em função do regime de bens adotado, não deve haver distinção entre o cônjuge e o companheiro, no que concerne à participação nos bens do outro, sob pena de se criar um privilégio em razão do modelo familiar adotado, que não encontra amparo constitucional, pelas razões expostas".[11]

O STF já decidiu que "*é inconstitucional a distinção de regimes sucessórios entre cônjuges e companheiros prevista no art. 1.790 do CC/2002, devendo ser aplicado, tanto nas hipóteses de casamento quanto nas de união estável, o regime do art. 1.829 do CC/2002*". (10/05/2017 PLENÁRIO Recurso Extraordinário 878.694 MINAS GERAIS. Relator: Ministro ROBERTO BARROSO)

A controvérsia constitucional em questão pode ser sintetizada na seguinte proposição: é legítima a distinção, para fins sucessórios, entre a família proveniente do casamento e a proveniente de união estável?

Vejamos, abaixo, parte do voto do Ministro Luis Roberto Barroso:

"5. O fundamento do Direito Sucessório no Brasil é a noção de continuidade patrimonial como fator de proteção, de coesão e de perpetuidade da família. O regime sucessório no país envolve a ideia de proteção em dois graus de intensidade. O grau fraco aplica-se à parte disponível da herança,

---

9 TEPEDINO, Gustavo. A Disciplina Civil-Constitucional das Relações Familiares. Disponível em: < http://www.egov.ufsc.br/portal/sites/default/files/anexos/15079-15080-1-PB.pdf>. Acesso em: 15 abril 2017.
10 LÔBO, Paulo. Direito Civil: Sucessões, São Paulo: Saraiva, 2013, p. 151.
11 BARBOZA, Heloisa Helena. Direitos sucessórios dos companheiros: reflexões sobre o artigo 1.790 do Código Civil. Revista da Faculdade de Direito de Campos, Ano VI, nº 7 – Dezembro de 2005, p. 149. Disponível em: < https://docs.google.com> Acesso em: 25 fev. 2012.

em relação à qual o sucedido tem liberdade para dispor, desde que respeitados os requisitos legais para sua manifestação de vontade. Quanto a essa parte, a lei tem caráter supletivo, conferindo direito de herança aos herdeiros vocacionados somente no caso de inexistir testamento.

6. Já o grau forte refere-se à parte indisponível da herança (a chamada legítima), que corresponde à metade dos bens da herança que a lei impõe seja transferida a determinadas pessoas da família (os herdeiros necessários), que só deixarão de recebê-la em casos excepcionais também previstos em lei. Sobre essa parcela, o sucedido não tem liberdade de decisão, pois se trata de norma cogente. Apenas se não houver herdeiros necessários, não haverá legítima, e, portanto, o sucedido poderá dispor integralmente de sua herança. Esse regime impositivo justifica-se justamente pela necessidade de assegurar aos familiares mais próximos do sucedido um patamar de recursos que permita que preservem, na medida do possível, o mesmo padrão existencial até então desfrutado".

[...]

15. Sensível às mudanças dos tempos, a Constituição de 1988 aproximou o conceito social de família de seu conceito jurídico. Três entidades familiares passaram a contar com expresso reconhecimento no texto constitucional: (i) a família constituída pelo casamento (art. 226, § 1º); (ii) a união estável entre o homem e a mulher (art. 226, § 3º); e (iii) a comunidade formada por qualquer dos pais e seus descendentes, a chamada família monoparental (art. 226, § 4º). A Constituição rompeu, assim, com o tratamento jurídico tradicional da família, que instituía o casamento como condição para a formação de uma família "legítima".

16. A consagração da dignidade da pessoa humana como valor central do ordenamento jurídico e como um dos fundamentos da República brasileira (art. 1º, III, CF/1988) foi o vetor e o ponto de virada para essa gradativa ressignificação da família. A Carta de 1988 inspirou a repersonalização do Direito Civil, fazendo com que as normas civilistas passassem a ser lidas a partir da premissa de que a pessoa humana é o centro das preocupações do Direito, que é dotada de dignidade e que constitui um fim em si próprio[11]. A família passou, então, a ser compreendida juridicamente de forma funcionalizada, ou seja, como um instrumento (provavelmente o principal) para o desenvolvimento dos indivíduos e para a realização de seus projetos existenciais. Não é mais o indivíduo que deve servir à família, mas a família que deve servir ao indivíduo.

III.5. Família e papel do Estado

17. Paralelamente, modificou-se a compreensão a respeito do papel do Estado na proteção das relações familiares. Ao Estado importa garantir a possibilidade de autorrealização dos indivíduos, assegurando o ambiente e os meios propícios para que possam perseguir as suas próprias concepções

de vida boa. Essa missão é a justificativa e também o limite do Estado para intervir nas relações familiares e na liberdade dos indivíduos. É, portanto, sua justa medida. Qualquer intervenção a mais ou a menos será tida como ilegítima.

18. O reconhecimento do caráter instrumental da família para a promoção da dignidade dos indivíduos e deste novo papel do Estado na tutela das entidades familiares encontra amplo amparo no texto constitucional. Nesse sentido, o art. 226, *caput*, da CF/1988 dispõe que "A família, base da sociedade, tem especial proteção do Estado". Também o art. 226, § 7º, da Carta de 1988 determina que o planejamento familiar "fundado nos princípios da dignidade da pessoa humana e da paternidade responsável", "é livre decisão do casal, competindo ao Estado propiciar recursos educacionais e científicos para o exercício desse direito". Na mesma linha, o art. 205, estabelece que "A educação, direito de todos e dever do Estado e da família, será promovida e incentivada com a colaboração da sociedade, visando ao pleno desenvolvimento da pessoa, seu preparo para o exercício da cidadania e sua qualificação para o trabalho". Já os arts. 227 e 230 impõem à família, à sociedade e ao Estado os deveres de assegurar à criança, ao adolescente e ao jovem sua dignidade e demais direitos fundamentais, e de amparar pessoas idosas, defendendo sua dignidade e bem-estar. [...]

A solução mais acertada é justamente esta última. Se é verdade que o CC/2002 criou uma involução inconstitucional em seu art. 1.790 em relação ao companheiro, é igualmente certo que representou razoável progresso no que concerne ao regramento sucessório estabelecido no art. 1.829 para o cônjuge. No citado artigo 1.829, reforça-se a proteção estatal aos parceiros remanescentes do falecido, tanto pela sua elevação à condição de herdeiro necessário, como pelos critérios de repartição da herança mais protetivos em comparação com a legislação até então existente. Considerando-se, então, que não há espaço legítimo para que o legislador infraconstitucional estabeleça regimes sucessórios distintos entre cônjuges e companheiros, chega-se à conclusão de que a lacuna criada com a declaração de inconstitucionalidade do art. 1.790 do CC/2002 deve ser preenchida com a aplicação do regramento previsto no art. 1.829 do CC/2002, e não daquele estabelecido nas leis revogadas. Logo, tanto a sucessão de cônjuges como a sucessão de companheiros devem seguir, a partir da decisão desta Corte, o regime atualmente traçado no art. 1.829 do CC/2002.

68. É importante observar, porém, que a declaração de inconstitucionalidade da distinção de regimes sucessórios entre cônjuges e companheiros, prevista no art. 1.790 do CC/2002, não impede uma futura atuação do legislador no sentido de garantir a possibilidade de exercício da autonomia da vontade pelos companheiros (e também pelos cônjuges). Desde que mantenha a equiparação de regimes sucessórios entre o casamento e a união estável

como regra geral, o Poder Legislativo poderá criar regime sucessório diverso, ao qual os companheiros poderão optar, em vida, mediante acordo escrito. Nesse caso, porém, para que não se viole a presente decisão, será preciso fixar-se que, não havendo convenção, será aplicável à união estável o regime estabelecido no art. 1.829 do CC/2002. [...][12] Vejamos, abaixo, a ementa:

> Ementa: Direito constitucional e civil. Recurso extraordinário. Repercussão geral. Aplicação do artigo 1.790 do Código Civil à sucessão em união estável homoafetiva. Inconstitucionalidade da distinção de regime sucessório entre cônjuges e companheiros. 1. A Constituição brasileira contempla diferentes formas de família legítima, além da que resulta do casamento. Nesse rol incluem-se as famílias formadas mediante união estável, hetero ou homoafetivas. O STF já reconheceu a "inexistência de hierarquia ou diferença de qualidade jurídica entre as duas formas de constituição de um novo e autonomizado núcleo doméstico", aplicando-se a união estável entre pessoas do mesmo sexo as mesmas regras e mesas consequências da união estável heteroafetiva (ADI 4277 e ADPF 132, Rel. Min. Ayres Britto, j. 05.05.2011) 2. Não é legítimo desequiparar, para fins sucessórios, os cônjuges e os companheiros, isto é, a família formada pelo casamento e a formada por união estável. Tal hierarquização entre entidades familiares é incompatível com a Constituição de 1988. Assim sendo, o art. 1790 do Código Civil, ao revogar as Leis nº 8.971/1994 e nº 9.278/1996 e discriminar a companheira (ou o companheiro), dando-lhe direitos sucessórios bem inferiores aos conferidos à esposa (ou ao marido), entra em contraste com os princípios da igualdade, da dignidade humana, da proporcionalidade como vedação à proteção deficiente e da vedação do retrocesso. 3. Com a finalidade de preservar a segurança jurídica, o entendimento ora firmado é aplicável apenas aos inventários judiciais em que não tenha havido trânsito em julgado da sentença de partilha e às partilhas extrajudiciais em que ainda não haja escritura pública. 4. Provimento do recurso extraordinário. Afirmação, em repercussão geral, da seguinte tese: "No sistema constitucional vigente, é inconstitucional a distinção de regimes sucessórios entre cônjuges e companheiros, devendo ser aplicado, em ambos os casos, o regime estabelecido no art. 1.829 do CC/2002".

---

12 (10/05/2017 PLENÁRIO Recurso Extraordinário 878.694 MINAS GERAIS. Relator: Ministro ROBERTO BARROSO).

8.3.1 Direito de concorrência do companheiro com os filhos comuns

Se o companheiro concorrer com filhos comuns (filhos do casal), ele terá direito a uma quota equivalente à que por lei for atribuída ao filho. Melhor dizendo: o companheiro concorre com os filhos comuns recebendo parte igual a seus filhos. Dessa maneira, o companheiro é meeiro (possuindo metade dos bens comuns) e herdeiro do falecido concorrendo, neste caso, de acordo com a regra estabelecida no inciso I do artigo 1.790.[13]

A divisão será realizada por cabeça, por exemplo, na hipótese de existência de somente um filho do casal, após a exclusão da meação do companheiro, os bens serão divididos por dois. No caso de dois filhos com o companheiro falecido, divide-se, por três, e assim por diante.

Direito de concorrência do companheiro com um filho em comum com o falecido

	Meação	Divisão dos bens (herdeiros)
Companheiro (falecido)	50%	
Companheira	50%	25%
Filho do casal	---	25%

Direito de concorrência do companheiro com dois filhos em comum com o falecido

	Meação	Divisão dos bens (herdeiros)
Companheiro (falecido)	50%	
Companheira	50%	50% ÷ 3 = 16,66%
Filho 1 do casal	---	50% ÷ 3 = 16,66%
Filho 2 do casal	---	50% ÷ 3 = 16,66%

8.3.2 Direito de concorrência do companheiro com os filhos do falecido (enteado)

Se o companheiro concorrer com descendentes só do autor da herança, tocar-lhe-á a metade do que couber a cada um daqueles (artigo 1.790, II, CC). Ora, neste caso, o direito de concorrência é somente com os filhos exclusivos do falecido. Dessa forma, os filhos somente do falecido recebem o dobro do quinhão do companheiro sobrevivente. Os enteados recebem uma quota dupla e o companheiro sobrevivente uma quota simples.

---

13 III Jornada de Direito Civil – Enunciado 266 – Art. 1.790: Aplica-se o inc. I do art. 1.790 também na hipótese de concorrência do companheiro sobrevivente com outros descendentes comuns, e não apenas na concorrência com filhos comuns.

Na hipótese de existirem filhos somente do autor da herança, estes recebem o dobro do companheiro sobrevivente. Melhor dizendo: o companheiro sobrevivente vai receber a metade do que receberá cada um dos enteados.

Matematicamente, para se proceder à partilha, devemos multiplicar por dois o número de filhos e somar mais um, que é a fração do companheiro. Vejamos, por exemplo, como ficariam as quotas na divisão do direito de concorrência do companheiro com 2 (dois) filhos do falecido. Dessa forma, se dois forem os filhos, os bens adquiridos onerosamente precisam ser divididos por cinco, recebendo cada filho duas partes e o companheiro uma parte.

Direito de concorrência do companheiro com dois filhos do falecido (dois enteados)

	Meação	Divisão dos bens (herdeiros)
Companheiro (falecido)	50%	
Companheira	50%	50% ÷ 5 = 10%
Filho 1 do falecido (enteado)	---	(50% ÷ 5 = 10%) x2 = 20%
Filho 2 do falecido (enteado)	---	(50% ÷ 5 = 10%) x2 = 20%

Verifica-se, pois, que os filhos 1 e 2 no exemplo acima, recebem o dobro do quinhão do companheiro sobrevivente. Dessa forma, para saber a fração a ser recebida pela companheira sobrevivente, é necessário dividir a herança pelo dobro do número de filhos mais um, que é a fração a ser recebida pela companheira. Assim, no exemplo acima, cada filho vai receber 2/5 e a companheira receberá 1/5 da herança.

8.3.3 Direito de concorrência do companheiro com filiação híbrida (com filhos comuns e com filhos do falecido-enteado)

O Código Civil é omisso em relação à denominada filiação híbrida, ou seja, quando existem filhos com o companheiro sobrevivente e filhos exclusivos (enteados) do falecido. *Neste caso como se calcularia o direito de concorrência do companheiro sobrevivente?* Não há unicidade doutrinária sobre a questão. *O companheiro sobrevivente receberia quinhão igual ao dos herdeiros ou somente a metade?*

Uma corrente sustenta que a herança deve ser dividida de forma igual entre todos, aplicando, portanto, o artigo 1.790, inciso I, do Código Civil. Uma segunda corrente argumenta que neste caso, aplica-se a regra do inciso II do artigo 1.790, ou seja, como se todos fossem filhos exclusivos do falecido. Neste caso, os filhos estariam sendo prestigiados, eis que recebem o dobro do quinhão do companheiro sobrevivente.

Entendemos que a melhor solução seria conferir ao companheiro sobrevivente uma cota igual a dos filhos (sendo filhos comuns ou exclusivos do autor da herança).[14]

**Direito de concorrência do companheiro com filiação híbrida.
Hipótese de um filho em comum com o falecido e
dois filhos exclusivos do falecido**

	Meação	Divisão dos bens (herdeiros)
Companheiro (falecido)	50%	
Companheira	50%	50% ÷ 4 = 12,5%
Filho 1 do casal	---	50% ÷ 4 = 12,5%
Filho 2 do falecido (enteado)	---	50% ÷ 4 = 12,5%
Filho 3 do falecido (enteado)	---	50% ÷ 4 = 12,5%

8.3.4 Direito de concorrência do companheiro com outros parentes sucessíveis do falecido (ascendentes e colaterais)

O artigo 1.790, inciso III, diz que se o companheiro concorrer com outros parentes sucessíveis, terá direito a um terço da herança; *Quem são os outros parentes sucessíveis?* São os ascendentes e os colaterais. Aqui se garante ao companheiro um terço da herança. Dessa maneira, quando o companheiro concorre com os outros herdeiros sucessíveis, o seu quinhão será sempre um terço da herança.

Dessa forma, se o companheiro sobrevivente concorrer com ambos os pais do falecido, cada um deles receberá um terço do acervo hereditário.

---

14 CÓDIGO CIVIL. INVENTÁRIO. UNIÃO ESTÁVEL. COMPANHEIRA SOBREVIVENTE. MEAÇÃO E SUCESSÃO. NO CASO DE UNIÃO ESTÁVEL, O CÓDIGO CIVIL DE 2002 DISCIPLINOU A SUCESSÃO DO COMPANHEIRO DE MANEIRA DIVERSA DA DO CÔNJUGE. DIANTE DO ART. 1790 DO CC É CORRETO AFIRMAR QUE A INTENÇÃO DO LEGISLADOR É NO SENTIDO DE QUE O COMPANHEIRO SOBREVIVENTE MANTERÁ A SUA MEAÇÃO E, ADICIONALMENTE, P ARTICIPE DA SUCESSÃO DO OUTRO COMPANHEIRO FALECIDO. REFERIDO DISPOSITIVO LEGAL AO DISPOR SOBRE A FORMA DE CONCORRÊNCIA ENTRE A COMPANHEIRA E HERDEIROS, RESTOU OMISSO QUANTO AOS CASOS DE FILIAÇÃO HÍBRIDA, OU SEJA, QUANDO HÁ HERDEIROS EM COMUM DOS COMPANHEIROS E HERDEIROS SOMENTE DO AUTOR DA HERANÇA, O QUE NÃO IMPLICA NA SUA INCONSTITUCIONALIDADE, CABENDO AO APLICADOR DO DIREITO SOLUCIONAR A CONTROVÉRSIA POR OUTROS MEIOS. A MELHOR SOLUÇÃO É DIVIDIR DE FORMA IGUALITÁRIA OS QUINHÕES HEREDITÁRIOS ENTRE O COMPANHEIRO SOBREVIVENTE E TODOS OS FILHOS. RECURSO DE APELAÇÃO E AGRAVO RETIDO PROVIDOS EM PARTE. TJDF – APL 31884120058070006 DF 0003188-41.2005.807.0006.6ª Turma Cível – 12/05/2009, DJ-e Pág. 140.

Direito de concorrência do companheiro com ambos os pais do falecido

	Meação	Divisão dos bens (herdeiros)
Companheiro (falecido)	50%	
Companheira	50%	50% ÷ 3 = 16,66%
Genitor do falecido	---	50% ÷ 3 = 16,66%
Genitora do falecido	---	50% ÷ 3 = 16,66%

Na hipótese do companheiro sobrevivente concorrer com apenas um dos genitores do falecido, este fica com dois terços, e o companheiro só com um terço.

Direito de concorrência do companheiro com apenas um dos genitores do falecido

	Meação	Divisão dos bens (herdeiros)
Companheiro (falecido)	50%	
Companheira	50%	50% ÷ 3 = 16,67% (1/3)
Genitor ou genitora do falecido	---	(50% ÷ 3 = 16,67%) x2 = 33,33% (2/3)

Da mesma forma, acontecerá com os ascendentes do falecido de graus mais distantes, tais como avós, bisavós do autor da herança. Neste caso, o companheiro receberá somente um terço do acervo hereditário. Assim, a divisão vai depender do número de ascendentes vivos. Se o direito de concorrência do companheiro sobrevivente for com os 4 avós do falecido, o parceiro vai receber um terço (1/3) do acervo e o restante (2/3) serão divididos pelos quatro avós, cada um recebendo 1/6. Vejamos:

Direito de concorrência do companheiro com os quatro avós do falecido.

	Meação	Divisão dos bens (herdeiros)
Companheiro (falecido)	50%	
Companheira	50%	(1/3 x 50%) = 16,8% (1/3)
Avô paterno (1)	---	(2/3 x 50%) ÷ 4 = 8,3% (1/6)
Avó paterna (2)	---	(2/3 x 50%) ÷ 4 = 8,3% (1/6)
Avô paterno (3)	---	(2/3 x 50%) ÷ 4 = 8,3% (1/6)
Avó Materna (4)	---	(2/3 x 50%) ÷ 4 = 8,3% (1/6)

E no caso do companheiro concorrer com os parentes colaterais? Ora, na união estável o companheiro concorre com os parentes colaterais até quarto grau (irmãos, sobrinhos, tios, sobrinhos-netos, tios-avôs e primos) herdam antes do companheiro sobrevivente, que somente concorre com eles, eis que a legislação civilística inseriu os colaterais na ordem de vocação hereditária concorrendo com o companheiro sobrevivente.

Ora o artigo 1.790, inciso III, do Código Civil de 2002, representa uma ofensa aos princípios constitucionais da *dignidade da pessoa humana* e da *igualdade*, sob o prisma do artigo 226, § 3º, da Carta da República que prevê tratamento paritário entre o *casamento* e a *união estável*. Importa destacar que existe um caráter constitucional acerca da validade do artigo 1.790 do Código Civil, que *prevê ao companheiro direitos sucessórios distintos daqueles outorgados ao cônjuge pelo artigo 1.829* do mesmo diploma civilístico. Daí que a repercussão geral no RECURSO EXTRAORDINÁRIO 878.694 MINAS GERAIS foi reconhecida.

8.3.5 Direito de concorrência do companheiro não havendo parentes sucessíveis do falecido

O artigo 1.790, inciso IV, do Código Civil preceitua que não havendo parentes sucessíveis, o companheiro terá direito à totalidade da herança.

8.3.6 Supremo Tribunal Federal (STF) afasta a diferença entre cônjuge e companheiro para fim sucessório.

O Supremo Tribunal Federal concluiu julgamento que discutia a equiparação entre cônjuge e companheiro para fins de sucessão, inclusive em uniões homoafetivas. A decisão foi proferida no julgamento dos Recursos Extraordinários (REs) 646721 e 878694, ambos com repercussão geral reconhecida. No julgamento realizado em 10 de maio de 2017, os ministros declararam inconstitucional o artigo 1.790 do Código Civil, que estabelece diferenças entre a participação do companheiro e do cônjuge na sucessão dos bens.

O RE 878694 trata de união de casal heteroafetivo e o RE 646721 aborda sucessão em uma relação homoafetiva. A conclusão do Tribunal foi de que não existe elemento de discriminação que justifique o tratamento diferenciado entre cônjuge e companheiro estabelecido pelo Código Civil, estendendo esses efeitos independentemente de orientação sexual.

No julgamento prevaleceu o voto do ministro Luís Roberto Barroso, relator do RE 878694, que também proferiu o primeiro voto divergente no RE 646721, relatado pelo ministro Marco Aurélio.

"Barroso sustentou que o STF já equiparou as uniões homoafetivas às uniões "convencionais", o que implica utilizar os argumentos semelhantes em ambos. Após a Constituição de 1988, argumentou, foram editadas duas normas, a Lei 8.971/1994 e a Lei 9.278/1996, que equipararam os regimes jurídicos sucessórios do casamento e da união estável.

O Código Civil entrou em vigor em 2003, alterando o quadro. Isso porque, segundo o ministro, o código foi fruto de um debate realizado nos anos 1970 e 1980, anterior a várias questões que se colocaram na sociedade posteriormente. "Portanto, o Código Civil é de 2002, mas ele chegou atrasado relativamente às questões de família", afirma.

"Quando o Código Civil desequiparou o casamento e as uniões estáveis, promoveu um retrocesso e promoveu uma hierarquização entre as famílias que a Constituição não admite", completou. O artigo 1.790 do Código Civil pode ser considerado inconstitucional porque viola princípios como a igualdade, dignidade da pessoa humana, proporcionalidade e a vedação ao retrocesso.

No caso do RE 646721, o relator, ministro Marco Aurélio, ficou vencido ao negar provimento ao recurso. Segundo seu entendimento, a Constituição Federal reconhece a união estável e o casamento como situações de união familiar, mas não abre espaço para a equiparação entre ambos, sob pena de violar a vontade dos envolvidos, e assim, o direito à liberdade de optar pelo regime de união. Seu voto foi seguido pelo ministro Ricardo Lewandowski.

Já na continuação do julgamento do RE 878694, o ministro Marco Aurélio apresentou voto-vista acompanhando a divergência aberta pelo ministro Dias Toffoli na sessão do último dia 30 março. Na ocasião, Toffoli negou provimento ao RE ao entender que o legislador não extrapolou os limites constitucionais ao incluir o companheiro na repartição da herança em situação diferenciada, e tampouco vê na medida um retrocesso em termos de proteção social. O ministro Lewandowski também votou nesse sentido."[15]

Vejamos a decisão: "O Tribunal, apreciando o tema 809 da repercussão geral, por maioria e nos termos do voto do Ministro Relator, deu provimento ao recurso, para reconhecer de forma incidental a inconstitucionalidade do art. 1.790 do CC/2002 e declarar o direito da recorrente a participar da herança de seu companheiro em conformidade com o regime jurídico estabelecido no art. 1.829 do Código Civil de 2002, vencidos os Ministros Dias Toffoli, Marco Aurélio e Ricardo Lewandowski, que votaram negando provimento ao recurso. Em seguida, o Tribunal, vencido o Ministro Marco Aurélio, fixou tese nos seguintes termos: "É inconstitucional a distinção de regimes sucessórios entre cônjuges e companheiros prevista no art. 1.790 do CC/2002, devendo ser aplicado, tanto nas hipóteses de casamento quanto nas de união estável, o regime do art. 1.829 do CC/2002". Ausentes, justificadamente, os Ministros Dias Toffoli e Celso de Mello, que votaram em assentada anterior, e, neste julgamento, o Ministro Luiz Fux, que votou em assentada anterior,

---

15 Disponível em: <http://www.stf.jus.br/portal/cms/verNoticiaDetalhe.asp?idConteudo=324282>. Acesso em: 22 jun. 2017.

e o Ministro Gilmar Mendes. Não votou o Ministro Alexandre de Moraes, sucessor do Ministro Teori Zavascki, que votara em assentada anterior. Presidiu o julgamento a Ministra Cármen Lúcia. Plenário, 10.5.2017."

Para fim de repercussão geral, foi aprovada a seguinte tese, válida para ambos os processos: "No sistema constitucional vigente é inconstitucional a diferenciação de regime sucessório entre cônjuges e companheiros devendo ser aplicado em ambos os casos o regime estabelecido no artigo 1829 do Código Civil."[16]

---

16 Ibid.

Capítulo 9
VOCAÇÃO HEREDITÁRIA

9.1 Considerações Iniciais

A vocação hereditária está relacionada aos sujeitos que vão suceder o monte hereditário do falecido, ou seja, é a convocação dos herdeiros legítimos à sucessão, consoante o critério estabelecido pelo ordenamento jurídico civilístico. É, pois, a ordem de vocação hereditária informada pelo Código Civil.

O artigo 1.829 do Código Civil trata da ordem da vocação hereditária na sucessão legítima. Vejamos: A sucessão legítima defere-se na ordem seguinte:

> I – aos descendentes, em concorrência com o cônjuge sobrevivente, salvo se casado este com o falecido no regime da comunhão universal, ou no da separação obrigatória de bens (art. 1.640, parágrafo único); ou se, no regime da comunhão parcial, o autor da herança não houver deixado bens particulares;
> II – aos ascendentes, em concorrência com o cônjuge;
> III – ao cônjuge sobrevivente;
> IV – aos colaterais.

Ocorre que a sucessão na união estável foi tratada no artigo 1.790, conforme tratado alhures. O artigo 1.790 do Código Civil diz que "a companheira ou o companheiro" participará da sucessão do outro, quanto aos bens adquiridos onerosamente na vigência da união estável, nas condições seguintes: I – se concorrer com filhos comuns terá direito a uma quota equivalente à que por lei for atribuída ao filho; II – se concorrer com descendentes só do autor da herança, tocar-lhe-á a metade do que couber a cada um daqueles; III – se concorrer com outros parentes sucessíveis terá direito a um terço da herança; IV – não havendo parentes sucessíveis, terá direito à totalidade da herança.

Como dito alhures, ocorre que o artigo 1.790, inciso III, do Código Civil de 2002, representa uma ofensa aos princípios constitucionais da dignidade da pessoa humana e da igualdade, ante a óptica de o artigo 226, § 3º, da Carta da República prever tratamento paritário entre o casamento e a união estável. Importa destacar que existe um caráter constitucional acerca da validade do artigo 1.790 do Código Civil, que prevê ao companheiro direitos sucessórios distintos daqueles outorgados ao cônjuge pelo artigo 1.829 do mesmo diploma civilístico.

O STF já decidiu que *"é inconstitucional a distinção de regimes sucessórios entre cônjuges e companheiros prevista no art. 1.790 do CC/2002, devendo ser aplicado, tanto nas hipóteses de casamento quanto nas de união estável, o regime do art. 1.829 do CC/2002"* (10/05/2017 PLENÁRIO Recurso Extraordinário 878.694 MINAS GERAIS. Relator: Ministro ROBERTO BARROSO).

A controvérsia constitucional em questão pode ser sintetizada na seguinte proposição: é legítima a distinção, para fins sucessórios, entre a família proveniente do casamento e a proveniente de união estável?

Vejamos, abaixo, parte do voto do Ministro Luis Roberto Barroso:

"5. O fundamento do Direito Sucessório no Brasil é a noção de continuidade patrimonial como fator de proteção, de coesão e de perpetuidade da família. O regime sucessório no país envolve a ideia de proteção em dois graus de intensidade. O grau fraco aplica-se à parte disponível da herança, em relação à qual o sucedido tem liberdade para dispor, desde que respeitados os requisitos legais para sua manifestação de vontade. Quanto a essa parte, a lei tem caráter supletivo, conferindo direito de herança aos herdeiros vocacionados somente no caso de inexistir testamento.

6. Já o grau forte refere-se à parte indisponível da herança (a chamada legítima), que corresponde à metade dos bens da herança que a lei impõe seja transferida a determinadas pessoas da família (os herdeiros necessários), que só deixarão de recebê-la em casos excepcionais também previstos em lei. Sobre essa parcela, o sucedido não tem liberdade de decisão, pois se trata de norma cogente. Apenas se não houver herdeiros necessários, não haverá legítima, e, portanto, o sucedido poderá dispor integralmente de sua herança. Esse regime impositivo justifica-se justamente pela necessidade de assegurar aos familiares mais próximos do sucedido um patamar de recursos que permita que preservem, na medida do possível, o mesmo padrão existencial até então desfrutado".

[...]

15. Sensível às mudanças dos tempos, a Constituição de 1988 aproximou o conceito social de família de seu conceito jurídico. Três entidades familiares passaram a contar com expresso reconhecimento no texto constitucional: (i) a família constituída pelo casamento (art. 226, § 1º); (ii) a união estável entre o homem e a mulher (art. 226, § 3º); e (iii) a comunidade formada por qualquer dos pais e seus descendentes, a chamada família mono-

parental (art. 226, § 4°). A Constituição rompeu, assim, com o tratamento jurídico tradicional da família, que instituía o casamento como condição para a formação de uma família "legítima".

16. A consagração da dignidade da pessoa humana como valor central do ordenamento jurídico e como um dos fundamentos da República brasileira (art. 1º, III, CF/1988) foi o vetor e o ponto de virada para essa gradativa ressignificação da família. A Carta de 1988 inspirou a repersonalização do Direito Civil, fazendo com que as normas civilistas passassem a ser lidas a partir da premissa de que a pessoa humana é o centro das preocupações do Direito, que é dotada de dignidade e que constitui um fim em si próprio11. A família passou, então, a ser compreendida juridicamente de forma funcionalizada, ou seja, como um instrumento (provavelmente o principal) para o desenvolvimento dos indivíduos e para a realização de seus projetos existenciais. Não é mais o indivíduo que deve servir à família, mas a família que deve servir ao indivíduo.

III.5. Família e papel do Estado

17. Paralelamente, modificou-se a compreensão a respeito do papel do Estado na proteção das relações familiares. Ao Estado importa garantir a possibilidade de autorrealização dos indivíduos, assegurando o ambiente e os meios propícios para que possam perseguir as suas próprias concepções de vida boa. Essa missão é a justificativa e também o limite do Estado para intervir nas relações familiares e na liberdade dos indivíduos. É, portanto, sua justa medida. Qualquer intervenção a mais ou a menos será tida como ilegítima.

18. O reconhecimento do caráter instrumental da família para a promoção da dignidade dos indivíduos e deste novo papel do Estado na tutela das entidades familiares encontra amplo amparo no texto constitucional. Nesse sentido, o art. 226, *caput*, da CF/1988 dispõe que "A família, base da sociedade, tem especial proteção do Estado". Também o art. 226, § 7º, da Carta de 1988 determina que o planejamento familiar "fundado nos princípios da dignidade da pessoa humana e da paternidade responsável", "é livre decisão do casal, competindo ao Estado propiciar recursos educacionais e científicos para o exercício desse direito". Na mesma linha, o art. 205, estabelece que "A educação, direito de todos e dever do Estado e da família, será promovida e incentivada com a colaboração da sociedade, visando ao pleno desenvolvimento da pessoa, seu preparo para o exercício da cidadania e sua qualificação para o trabalho". Já os arts. 227 e 230 impõem à família, à sociedade e ao Estado os deveres de assegurar à criança, ao adolescente e ao jovem sua dignidade e demais direitos fundamentais, e de amparar pessoas idosas, defendendo sua dignidade e bem-estar. [...]

A solução mais acertada é justamente esta última. Se é verdade que o CC/2002 criou uma involução inconstitucional em seu art. 1.790 em relação ao companheiro, é igualmente certo que representou razoável progresso no que concerne ao regramento sucessório estabelecido no art. 1.829 para o cônjuge. No citado artigo 1.829, reforça-se a proteção estatal aos parceiros remanescentes do falecido, tanto pela sua elevação à condição de herdeiro necessário, como pelos critérios de repartição da herança mais protetivos em comparação com a legislação até então existente. Considerando-se, então, que não há espaço legítimo para que o legislador infraconstitucional estabeleça regimes sucessórios distintos entre cônjuges e companheiros, chega-se à conclusão de que a lacuna criada com a declaração de inconstitucionalidade do art. 1.790 do CC/2002 deve ser preenchida com a aplicação do regramento previsto no art. 1.829 do CC/2002, e não daquele estabelecido nas leis revogadas. Logo, tanto a sucessão de cônjuges como a sucessão de companheiros devem seguir, a partir da decisão desta Corte, o regime atualmente traçado no art. 1.829 do CC/2002.

68. É importante observar, porém, que a declaração de inconstitucionalidade da distinção de regimes sucessórios entre cônjuges e companheiros, prevista no art. 1.790 do CC/2002, não impede uma futura atuação do legislador no sentido de garantir a possibilidade de exercício da autonomia da vontade pelos companheiros (e também pelos cônjuges). Desde que mantenha a equiparação de regimes sucessórios entre o casamento e a união estável como regra geral, o Poder Legislativo poderá criar regime sucessório diverso, ao qual os companheiros poderão optar, em vida, mediante acordo escrito. Nesse caso, porém, para que não se viole a presente decisão, será preciso fixar-se que, não havendo convenção, será aplicável à união estável o regime estabelecido no art. 1.829 do CC/2002. [...][1] Vejamos, abaixo, a ementa:

> Ementa: Direito constitucional e civil. Recurso extraordinário. Repercussão geral. Aplicação do artigo 1.790 do Código Civil à sucessão em união estável homoafetiva. Inconstitucionalidade da distinção de regime sucessório entre cônjuges e companheiros. 1. A Constituição brasileira contempla diferentes formas de família legítima, além da que resulta do casamento. Nesse rol incluem-se as famílias formadas mediante união estável, hetero ou homoafetivas. O STF já reconheceu a "inexistência de hierarquia ou diferença de qualidade jurídica entre as duas formas de constituição de um novo e autonomizado núcleo doméstico", aplicando-se a união estável entre pessoas do mesmo sexo as mesmas regras e mesas consequências da união estável heteroafetiva (ADI 4277 e ADPF 132, Rel. Min. Ayres Britto, j. 05.05.2011) 2. Não é legítimo desequiparar, para fins sucessó-

---

1 (10/05/2017 PLENÁRIO Recurso Extraordinário 878.694 MINAS GERAIS. Relator: Ministro ROBERTO BARROSO).

rios, os cônjuges e os companheiros, isto é, a família formada pelo casamento e a formada por união estável. Tal hierarquização entre entidades familiares é incompatível com a Constituição de 1988. Assim sendo, o art. 1790 do Código Civil, ao revogar as Leis nº 8.971/1994 e nº 9.278/1996 e discriminar a companheira (ou o companheiro), dando-lhe direitos sucessórios bem inferiores aos conferidos à esposa (ou ao marido), entra em contraste com os princípios da igualdade, da dignidade humana, da proporcionalidade como vedação à proteção deficiente e da vedação do retrocesso. 3. Com a finalidade de preservar a segurança jurídica, o entendimento ora firmado é aplicável apenas aos inventários judiciais em que não tenha havido trânsito em julgado da sentença de partilha e às partilhas extrajudiciais em que ainda não haja escritura pública. 4. Provimento do recurso extraordinário. Afirmação, em repercussão geral, da seguinte tese: "No sistema constitucional vigente, é inconstitucional a distinção de regimes sucessórios entre cônjuges e companheiros, devendo ser aplicado, em ambos os casos, o regime estabelecido no art. 1.829 do CC/2002".

Dessa maneira, é possível perceber duas ordens de vocação hereditária em nosso ordenamento jurídico: uma para a sucessão legítima em geral e outra específica para os conviventes (união estável).

9.2 Capacidade Sucessória

9.2.1 Sucessão Legítima

A capacidade de direito ou capacidade de gozo é a aptidão para ser titular de direitos e deveres no mundo jurídico. A capacidade de fato ou capacidade de exercício é a aptidão para a prática dos atos jurídicos, ou seja, é a possibilidade de alguém praticar atos jurídicos visando a aquisição, modificação ou extinção das relações jurídicas. A capacidade de fato é variável, já que depende do grau de entendimento e vontade própria da pessoa.

FRANCISCO AMARAL ensina que a capacidade de fato se desdobra em *"capacidade para os atos jurídicos*, consistentes na possibilidade de praticar, atos ou negócios jurídicos, em *capacidade processual*, que é a de atuar em juízo, na defesa de seus interesses, e em *capacidade penal*, possibilidade de ser responsável pela prática de ilícito penal".[2]

A *capacidade* não se confunde com a *legitimidade*. A *capacidade* é a aptidão para ser titular de direitos e deveres no mundo jurídico e a *legitimidade*

---

2   AMARAL, Francisco. *Direito Civil:* introdução. 6. ed. Rio de Janeiro: Renovar, 2006, p. 228.

é a posição em que a pessoa se encontra em relação a um interesse, bens ou situação jurídica, sobre os quais possa agir. Melhor dizendo, a *legitimidade* é a possibilidade que a pessoa tem de agir, de manifestar sua vontade, autorizada pela lei, sobre um interesse, bens ou situação jurídica.

Em regra, a pessoa que possui *legitimidade* para agir sobre determinado interesse, bens ou situação jurídica é o próprio titular de direitos e deveres. Neste caso, legitimidade e titularidade coincidem. Porém, isto pode não acontecer. Há casos, no ordenamento jurídico, que terceiros estão legitimados a agir sem que sejam titulares de direitos e deveres, como no caso do pagamento efetuado por terceiro que não o devedor.

Uma pessoa proprietária de vários bens pode ter *capacidade* de realizar uma doação, mas não terá *legitimidade* de doar todos os seus bens sem reserva de parte, ou renda suficiente para a sua subsistência, já que a lei não autoriza a realização da referida manifestação de vontade (CC, art. 548), ou seja, falta de autorização para o exercício do ato jurídico.

Na esfera sucessória, legitimidade está relacionada à capacidade para herdar, por exemplo: a pessoa pode ter capacidade de fato e não ter legitimidade para herdar, *e.g., nos casos de ser declarada indigna*.

A capacidade para suceder é definida pela lei vigente à época da abertura da sucessão, de acordo com o artigo 1.787. Na sucessão legítima, o artigo 1.798 diz que "legitimam-se a suceder as pessoas nascidas ou já concebidas no momento da abertura da sucessão." (grifo nosso).

9.2.1.1 Capacidade sucessória na inseminação *post mortem*

E a capacidade sucessória na inseminação post mortem? O artigo 1.798 deve ser lido de forma a garantir a legítima daqueles filhos oriundos de procriações artificiais *post mortem*. Daí que a partir de uma hermenêutica prospectiva, o referido dispositivo legal deverá ser interpretado de forma a garantir a sucessão às pessoas nascidas, às já concebidas no momento da abertura da sucessão e às que nascerem por concepção artificial até dois anos após a abertura da sucessão. Esta, também, é a posição de Eduardo de Oliveira Leite.[3]

Em posição contrária, destaca-se as lições de Francisco Cahali e Giselda Hironaka que consideram herdeiros apenas os filhos nascidos ou já concebidos no momento da abertura da sucessão: "Pode causar estranheza a situação, pois, enquanto um ou alguns filhos recebem a herança, outros, por esta contingência, dela ficariam privados. Porém, não haverá desigualdade no tratamento dos filhos, na medida em que, em razão da circunstância peculiar apresentada, a situação jurídica de cada qual é totalmente diversa: uns exis-

---

3 LEITE, Eduardo de Oliveira. *Direito Civil Aplicado ⊠ Direito das Sucessões*. São Paulo: Revista dos Tribunais, 2004, v. 6, p. 71.

tentes no momento da abertura da sucessão; outros, não. E, para o direito sucessório, a legitimação é aferida, como visto, no exato instante da abertura da sucessão."[4]

Vale destacar o Enunciado 267 aprovado na III Jornada de Direito Civil do Conselho da Justiça Federal que diz: "A regra do art. 1.798 do Código Civil deve ser estendida aos embriões formados mediante o uso de técnicas de reprodução assistida, abrangendo, assim, a vocação hereditária da pessoa humana a nascer cujos efeitos patrimoniais se submetem às regras previstas para a petição da herança".

9.2.1.2 Capacidade sucessória – Consórcio e carta de crédito

Os herdeiros de consorciado falecido antes do encerramento do grupo consorcial detêm legitimidade para pleitear a liberação, pela administradora, do montante constante da carta de crédito, quando ocorrido o sinistro coberto por seguro prestamista. Isso porque, mediante a contratação da referida espécie de seguro de vida em grupo (contrato acessório ao consórcio imobiliário), a estipulante/administradora assegura a quitação do saldo devedor relativo à cota do consorciado falecido, o que representa proveito econômico não só ao grupo (cuja continuidade será preservada), mas também aos herdeiros do *de cujus*, que, em razão da cobertura do sinistro, passam a ter direito à liberação da carta de crédito. Em tal hipótese, o direito de crédito constitui direito próprio dos herdeiros e não direito hereditário, motivo pelo qual não há falar em legitimidade ativa *ad causam* do espólio (não é o espólio quem entra com a ação, mas sim os próprios herdeiros, em nome próprio). STJ. 4ª Turma. REsp 1.406.200-AL, Rel. Min. Luis Felipe Salomão, julgado em 17/11/2016 (Info 596).

9.2.2 Sucessão Testamentária

A capacidade para suceder, através da sucessão testamentária está prevista nos artigos 1.799 a 1.803. O artigo 1.799 apresenta o rol de legitimados com capacidade para suceder o falecido nos casos de *sucessão testamentária*. Vejamos: na sucessão testamentária podem ainda ser chamados a suceder:

> I – os *filhos*, ainda não concebidos, de pessoas indicadas pelo testador, desde que vivas estas ao abrir-se a sucessão (grifo nosso); Aqui, o legislador faz menção aos filhos de pessoas indicadas pelo testador. Daí ficam de fora os netos e bisnetos de pessoas indicadas pelo testador.

---

4   CAHALI, Francisco José; HIRONAKA, Gisela Maria Fernandes Novaes. *Direito das Sucessões*. 3. ed. São Paulo: Revista dos Tribunais, 2007, p. 104.

II – as pessoas jurídicas;[5] Neste caso, não seria possível beneficiar por testamento os entes despersonalizados ou despersonificados, haja vista a inexistência de personalidade jurídica, vedando, pois, a aquisição de bens (por exemplo: espólio, massa falida, sociedade de fato e sociedade irregular).[6]
III – as pessoas jurídicas, cuja organização for determinada pelo testador sob a forma de fundação.[7]

Em relação ao inciso I acima, o Conselho da Justiça Federal, na III Jornada de Direito Civil, publicou o Enunciado 268: "Nos termos do inc. I do art. 1.799, pode o testador beneficiar filhos de determinada origem, não devendo ser interpretada extensivamente a cláusula testamentária respectiva."

Ainda em relação ao inciso I acima, os bens deixados a pessoa futura serão confiados, após a liquidação ou partilha, a curador nomeado pelo juiz (artigo 1.800, *caput*, CC). A escolha do curador não é livre, uma vez que deve recair na pessoa determinada pelo testador. É, pois, uma *curatela especial* para proteção dos interesses da pessoa futura. É o que diz o § 1º do artigo 1.800 ao afirmar que "salvo disposição testamentária em contrário, a curatela caberá à pessoa cujo filho o testador esperava ter por herdeiro, e, sucessivamente, às pessoas indicadas no art. 1.775, ou seja, cônjuge ou convivente, pai ou mãe, descendente ou pessoa indicada pelo juiz. Os poderes, deveres e responsabilidades do curador, assim nomeado, regem-se pelas disposições concernentes à curatela dos incapazes, no que couber (artigo 1.800, § 2º, CC).

---

5 CC – Art. 44. São pessoas jurídicas de direito privado: I – as associações; II – as sociedades; III – as fundações. IV – as organizações religiosas; V – os partidos políticos; VI – as empresas individuais de responsabilidade limitada.

6 Flávio Tartuce, Cristiano Chaves de Farias e Nelson Rosenvald entendem ser perfeitamente possível reconhecer a possibilidade de um condomínio edilício receber herança por testamento, caso seja tratado como pessoa jurídica. FARIAS, Cristiano Chaves; ROSENVALD, Nelson. *Curso de Direito Civil*. Direito das sucessões. v. 7, São Paulo: Atlas, 2015. v. 7, p. 88-89. Da mesma forma, TARTUCE, Flávio. Curso de Direito Civil. 10. ed. v. 6. São Paulo, 2017, p. 76. No âmbito da jurisprudência superior, consigne-se que o Superior Tribunal de Justiça já faz esse reconhecimento para fins tributários, conforme se extrai do trecho do seguinte acórdão: "se os condomínios são considerados pessoas jurídicas para fins tributários, não há como negar-lhes o direito de aderir ao programa de parcelamento instituído pela Receita Federal. Embora o Código Civil de 2002 não atribua ao condomínio a forma de pessoa jurídica, a jurisprudência do STJ tem-lhe imputado referida personalidade jurídica, para fins tributários. Essa conclusão encontra apoio em ambas as Turmas de Direito Público: REsp 411.832/RS, Rel. Min. Francisco Falcão, 1ª Turma, j. 18.10.2005,*DJ* 19.12.2005; REsp 1064455/SP, Rel. Min. Castro Meira, 2.ª Turma, j. 19.08.2008, *DJe* 11.09.2008. Recurso especial improvido" (STJ, REsp 1.256.912/AL, 2ª Turma, Rel. Min. Humberto Martins, j. 07.02.2012, *DJe* 13.02.2012).

7 CC 2002 – Art. 62. Para criar uma fundação, o seu instituidor fará, por escritura pública ou testamento, dotação especial de bens livres, especificando o fim a que se destina, e declarando, se quiser, a maneira de administrá-la. Parágrafo único. A fundação somente poderá constituir-se para fins religiosos, morais, culturais ou de assistência.

Nascendo com vida o herdeiro esperado, ser-lhe-á deferida a sucessão, com os frutos e rendimentos relativos à deixa, a partir da morte do testador (artigo 1.800, § 3º, CC).

Se, *decorridos dois anos* após a abertura da sucessão, não for concebido o herdeiro esperado, os bens reservados, salvo disposição em contrário do testador, caberão aos herdeiros legítimos (artigo 1.800, § 4º, CC).

9.2.3 Incapacidade relativa testamentária passiva das pessoas

Com fundamentação ética, não podem ser nomeados herdeiros nem legatários (artigo 1.801, CC):

> I – a pessoa que, a rogo, escreveu o testamento, nem o seu cônjuge ou companheiro, ou os seus ascendentes e irmãos; O que se quer evitar é a má-fé ou a influência quem, a rogo, do testador, escreve o testamento.
>
> II – as testemunhas do testamento; O que se deseja é que a testemunha seja isenta e imparcial. Isto sem contar que esta pode influenciar na redação do testamento.
>
> III – o concubino do testador casado, salvo se este, sem culpa sua, estiver separado de fato do cônjuge há mais de cinco anos;[8] Aqui se quer evitar que o concubino ou concubina do cônjuge falecido venha a se beneficiar em detrimento dos herdeiros legítimos. Em sentido etimológico, concubinatus, do verbo concumbere ou concubare (derivado do grego), significava, então, mancebia, abarregamento, amasiamento. Consoante o artigo 1.727 do Código Civil, as relações não eventuais entre o homem e a mulher, impedidos de casar, constituem concubinato. Inicialmente é preciso fazer a distinção entre os conceitos de união estável e concubinato. A palavra concubinato que antigamente significava união estável, hoje, é tida apenas como uma relação adulterina. O concubinato é visto como uma união impura (concubinato impuro) que representa uma relação constante, duradoura, não eventual em que as partes possuem um impedimento para o casamento. Melhor dizendo: ambos podem ser casados ou pelo menos um deles se mantém casado, consubstanciando, pois uma relação adulterina. O concubinato impuro não é uma entidade familiar, é, pois, uma sociedade de fato. De acordo com a Súmula 380 do STF: "Comprovada a existência de sociedade de

---

8 Conselho da Justiça Federal – III Jornada de Direito Civil: CJF – Enunciado – 269 – Art. 1.801: A vedação do art. 1.801, inc. III, do Código Civil não se aplica à união estável, independentemente do período de separação de fato (art. 1.723, § 1º).

fato entre os concubinos, é cabível a sua dissolução judicial, com a partilha do patrimônio adquirido pelo esforço comum."

IV – o tabelião, civil ou militar, ou o comandante ou escrivão, perante quem se fizer, assim como o que fizer ou aprovar o testamento. O razão aqui é a mesma do inciso I: o que se quer evitar é a má-fé ou a influência do oficial do ato.

9.2.4 Nulidade das disposições testamentárias (simulações)

O artigo 1.802 diz que "são nulas as disposições testamentárias em favor de pessoas não legitimadas a suceder, ainda quando simuladas sob a forma de contrato oneroso, ou feitas mediante interposta pessoa." Dessa maneira, a cláusula testamentária será nula, se o testador se valer de interposta pessoa para beneficiar aquela que se encontra proibida de herdar por testamento. Presumem-se pessoas interpostas os ascendentes, os descendentes, os irmãos e o cônjuge ou companheiro do não legitimado a suceder (artigo 1.802, parágrafo único, CC). Esta presunção é absoluta (*juris et de jure*), não admitindo a prova em contrário. Vale destacar que o rol do parágrafo único do artigo 1.802, do Código Civil não é considerado *numerus clausus*, isto é, outras pessoas podem figurar nesta situação no negócio jurídico simulado.

Por fim, o artigo 1.803 do CC afirma que "é lícita a deixa ao filho do concubino, quando também o for do testador." Melhor dizendo: o filho do testador nascido da relação concubinária pode ser beneficiado pelo testamento. Na realidade, não existe discriminação entre filhos de acordo com as normas constitucionais (artigo 227, § 6º, CR).

9.3 Quadro Sinóptico

Sucessores		
Herdeiros		Legatários
Legítimos(Lei)	Testamentários ou instituídos (testamento)	Testamento
Título Universal		Título Singular

Capítulo 10
ACEITAÇÃO E RENÚNCIA DA HERANÇA

10.1 Considerações Iniciais

Como visto acima, de acordo com o artigo 1.784 do Código Civil, "aberta a sucessão, a herança transmite-se, desde logo, aos herdeiros legítimos e testamentários." Originado no direito francês, o direito de *saisine* informa que a posse da herança se transmite *incontinenti* aos herdeiros do falecido, no momento da abertura da sucessão. Ocorre que direito à herança enquanto não ocorrer a manifestação de vontade (aceitação), resta subordinado a uma condição suspensiva. É, pois, com a aceitação da herança (permanecendo um todo indivisível até o momento da partilha) ou legado que o domínio e a posse indireta ficam consolidados nas mãos dos herdeiros e/ou legatários.

Na realidade, existem quatros fases distintas no que concerne a transmissão do patrimônio *mortis causa*. Vejamos:

a) *abertura da sucessão* – ocorre com a morte do hereditando (autor da herança), ocorrendo a transmissão provisória do patrimônio;
b) *Delação* – nesta fase, os herdeiros são chamados para se manifestarem se aceitam ou não a herança;
c) *Aceitação* ou *renúncia* – aqui ocorre a aceitação ou renúncia propriamente dita; É, pois, o chamado *direito de deliberar*, ou seja, o poder de escolha que o herdeiro possui de aceitar ou renunciar a herança. O artigo 1.804 do CC diz que aceita a herança, torna-se definitiva a sua transmissão ao herdeiro, desde a abertura da sucessão. A transmissão tem-se por não verificada quando o herdeiro renuncia à herança (artigo 1.804, parágrafo único, CC).
d) *Partilha* – com a partilha, a herança deixa de ser um todo indivisível, cabendo a cada herdeiro a sua quota.

10.2 Aceitação da Herança

Como visto acima, a aceitação (ou adição – *additio hereditatis*) da herança ocorre no momento em que o herdeiro manifesta a sua vontade em receber a referida herança, por força de lei ou por testamento. É neste momento que ocorre a transferência definitiva do domínio. A aceitação é um negócio jurídico unilateral, eis que basta a manifestação unilateral de vontade para que ocorram os jurídicos e legais efeitos.

CLÓVIS BEVILAQUA ensina que a aceitação ou adição da herança "é o ato pelo qual o herdeiro manifesta a sua vontade de receber a herança, que lhe é devolvida. É, como diz ENDEMANN, o ato jurídico pelo qual a pessoa chamada a suceder declara que quer ser herdeiro. É manifestação unilateral de vontade. Como a posse e a propriedade da herança se transmite ao herdeiro, independentemente de qualquer ato seu, a aceitação da herança é, apenas, a confirmação da transferência dos direitos operada em virtude da lei. Por outro lado, como ninguém pode ser forçado a assumir a posição de herdeiro de outrem, como acontecia, no direito romano, com os herdeiros necessários, a aceitação da herança é a afirmação de que a pessoa manifesta a sua vontade de adir à herança." [1]

Não se pode aceitar ou renunciar a herança em parte, sob condição ou a termo (artigo 1.808, *caput*, CC). Isto significa dizer que a herança não pode ser aceita em parte, nem mesmo impor os elementos acidentais do negócio jurídico, tais como o termo (inicial e final) e a condição (suspensiva e resolutiva).

A aceitação é irretratável, ou seja, depois de aceita, o herdeiro não poderá renunciá-la. Como visto acima, a aceitação (ou a renúncia) da herança somente poderá ocorrer após a prévia abertura da sucessão. Se a aceitação ocorrer anteriormente à abertura da sucessão, o ato jurídico é, pois, inexistente.

Os incapazes devem ser representados ou assistidos, conforme o caso. Em relação aos tutores e curadores, de acordo com o artigo 1.748, inciso II, do Código Civil, o ato requer prévia autorização judicial.

O cônjuge ou convivente pode manifestar livremente sua aceitação à herança, independentemente da outorga uxória ou marital.

Vale destacar que o herdeiro, a quem se testarem legados, pode aceitá-los, renunciando a herança; ou, aceitando-a, repudiá-los (artigo 1.808, § 1º, CC).

O herdeiro, chamado, na mesma sucessão, a mais de um quinhão hereditário, sob títulos sucessórios diversos, pode livremente deliberar quanto aos quinhões que aceita e aos que renuncia (artigo 1.808, § 2º, CC).

10.2.1 Aceitação expressa e tácita

O artigo 1.805 dispõe que a aceitação da herança, quando expressa, faz-se por declaração escrita (mediante instrumento público ou particular)[2]; quando tácita, há de resultar tão-somente de atos próprios da qualidade de herdeiro, ou seja, o herdeiro pratica um ato inequívoco de vontade em aceitar a herança (*e.g.*, ao celebrar uma cessão de direitos hereditários).

---

1 BEVILAQUA, Clóvis. *Código Civil dos Estados Unidos do Brasil comentado por Clóvis Bevilaqua*. Edição Histórica. Rio de Janeiro: Rio, 1976, p. 762.
2 A aceitação oral somente é válida se formulada em juízo.

A aceitação é, pois, um ato unilateral de vontade de natureza não receptícia, eis que independe de comunicação a outrem para que produza os efeitos jurídicos. De acordo com FRANCISCO CAHALI, ela é "indivisível, não se admitindo no nosso direito positivo a aceitação parcial da herança (CC, art. 1.808), vale dizer, não é possível a aceitação de apenas parte da herança, de alguns bens ou direitos do acervo hereditário e exclusão de outros. E assim é para evitar que o herdeiro, por exemplo, aceite somente os créditos do *de cujus*, descartando suas dívidas. Por exemplo, se no acervo consta um imóvel quitado e outro objeto de compromisso de compra e venda com saldo a pagar, não se pode aceitar aquele e repudiar este."[3]

Não exprimem aceitação de herança os atos oficiosos, como o funeral do finado, os meramente conservatórios, ou os de administração e guarda provisória (artigo 1.805, § 1º, CC).[4] Não importa igualmente aceitação a cessão gratuita, pura e simples, da herança, aos demais co-herdeiros (artigo 1.805, § 2º, CC).

"[...] A presunção relativa (*iuris tantum*) é de que o herdeiro aceitou a herança. Só com ato positivo em sentido contrário (renúncia expressa) é que se tem por não aceita a herança. São demonstrações de aceitação tácita da herança a outorga de procuração para advogado habilitar-se no inventário do falecido, o ajuizamento do inventário, a concordância com a avaliação dos bens que compõem a herança etc. A aceitação ou adição (*aditio*) da herança, expressa ou tácita, torna definitiva a qualidade de herdeiro, de modo que não poderá haver, posteriormente, renúncia à referida herança. O herdeiro que aceitar a herança, e, em seguida não quiser mais ostentar essa situação poderá celebrar negócio jurídico de doação, transferência, alienação ou de cessão dos direitos hereditários de que seja titular".[5]

Da mesma forma, NELSON ROSENVALD e CRISTIANO FARIAS destacam que "a aceitação tácita é comportamental, decorrendo da prática de atos positivos ou negativos do sucessor, demonstrando a sua vontade de receber o patrimônio transmitido automaticamente. [...] Ilustrativamente, é possível falar em aceitação tácita quando o herdeiro exterioriza-se como possuidor e proprietário dos bens transmitidos, ou ainda, quando constitui um advogado para se habilitar no inventário e participar da partilha [...]"[6]

---

3   HIRONAKA, Giselda. Legados. In: CAHALI, Francisco José; HIRONAKA, Giselda Maria Fernandes Novaes. *Direito das Sucessões*, São Paulo: Revista dos Tribunais, 2014, (e-book).
4   Os herdeiros que dizem ter renunciado ao quinhão hereditário promoveram o andamento do feito e praticaram atos reveladores da intenção de aceitar o quinhão hereditário. Tais atos não se enquadram nas hipóteses do § 1º do art. 1.805 do CC. (TJ-PE – ED: 166848 PE 01668484, Relator: Francisco Eduardo Goncalves Sertorio Canto, data de Julgamento: 14/05/2009, 3ª Câmara Cível, Data de Publicação: 93).
5   NERY JUNIOR, Nelson; NERY, Rosa Maria de A. *Código Civil Comentado*. 11. ed. São Paulo: RT, 2014, p. 2.072.
6   FARIAS, Cristiano Chaves de; ROSENVALD, Nelson. *Curso de Direito Civil*. Vol. 7. Salvador:

No mesmo sentido, "A aceitação da herança, expressa ou tácita, torna definitiva a qualidade de herdeiro, constituindo ato irrevogável e irretratável. Não há falar em renúncia à herança pelos herdeiros quando o falecido, titular do direito, a aceita em vida, especialmente quando se tratar de ato praticado depois da morte do autor da herança. O pedido de abertura de inventário e o arrolamento de bens, com a regularização processual por meio de nomeação de advogado, implicam a aceitação tácita da herança. (REsp 1622331/SP, Rel. Ministro RICARDO VILLAS BÔAS CUEVA, TERCEIRA TURMA, julgado em 08/11/2016, DJe 14/11/2016).

Já a aceitação *presumida* ou *ficta* é aquela caracterizada pelo silêncio ou omissão do herdeiro. Daí que o interessado em que o herdeiro declare se aceita, ou não, a herança, poderá, vinte dias após aberta a sucessão, requerer ao juiz prazo razoável, não maior de trinta dias, para, nele, se pronunciar o herdeiro, sob pena de se haver a herança por aceita (artigo 1.807, CC).

O STJ já decidiu que "aquele que renuncia a herança não tem legitimidade para pleitear eventual nulidade de negócio jurídico que envolva um dos bens que integram o patrimônio do *de cujus*". (REsp 1.433.650-GO, Rel. Min. Luis Felipe Salomão, Quarta Turma, por unanimidade, julgado em 19/11/2019, DJe 04/02/2020). Vejamos:

> Diferentemente da informalidade do ato de aceitação da herança, a renúncia a ela, como exceção à regra, exige a forma expressa, cuja solenidade deve constar de instrumento público ou por termos nos autos (art. 1807 do Código Civil), ocorrendo a sucessão como se o renunciante nunca tivesse existido, acrescendo-se sua porção hereditária a dos outros herdeiros da mesma classe. Além disso, a renúncia e a aceitação à herança são atos jurídicos puros não sujeitos a elementos acidentais. Essa é a regra estabelecida no *caput* do art. 1808 do Código Civil, segundo o qual não se pode aceitar ou renunciar a herança em partes, sob condição (evento futuro incerto) ou termo (evento futuro e certo).
> No caso, a renúncia realizou-se nos termos da legislação de regência, produzindo todos os seus efeitos: a) ocorreu após a abertura da sucessão, antes que os herdeiros aceitassem a herança, mesmo que presumidamente, nos termos do art. 1807 do CC/2002; b) observou-se a forma por escritura pública, c) por agentes capazes, havendo de se considerar que os efeitos advindos do ato se verificaram.
> Diante desse cenário, os renunciantes não têm interesse na decretação de nulidade ou anulação do negócio jurídico, que, se-

---

Juspodivm, 2016, p. 214-215.

gundo alegam, realizou-se à margem do ordenamento, tendo em vista que, fosse considerado nulo o negócio, retornando o bem ao patrimônio da falecida irmã, a cuja herança renunciaram, nenhum proveito teriam com a nova situação.

Nessa linha, perfeita a renúncia, considera-se como se nunca tivessem existido os renunciantes, não remanescendo nenhum direito sobre o bem objeto do negócio acusado de nulo, nem sobre bem algum do patrimônio.

Como dito acima, não se pode aceitar ou renunciar a herança em parte, sob condição ou a termo (artigo 1.808, CC). De acordo com CAIO MÁRIO DA SILVA PEREIRA, a adição ou aceitação da herança é um negócio jurídico unilateral e simples. "Não depende de confirmação de quem quer que seja; e não comportará qualquer modalidade, como o termo ou a condição; nem admite prevaleça pro parte, isto é, que o herdeiro aceitante pretenda uma parte apenas dos bens que lhe cabem por direito."[7] O herdeiro, a quem se testarem legados, pode aceitá-los, renunciando a herança; ou, aceitando-a, repudiá-los (artigo 1.808, § 1º, CC). O herdeiro, chamado, na mesma sucessão, a mais de um quinhão hereditário, sob títulos sucessórios diversos, pode livremente deliberar quanto aos quinhões que aceita e aos que renuncia (artigo 1.808, § 2º, CC).

E se o herdeiro falecer antes de declarar a sua aceitação pela herança? Neste caso, "falecendo o herdeiro antes de declarar se aceita a herança, o poder de aceitar passa-lhe aos herdeiros, a menos que se trate de vocação adstrita a uma condição suspensiva, ainda não verificada" (artigo 1.809, CC).[8] Neste último caso, a condição suspensiva não chegou a realizar-se no momento da abertura da sucessão. Melhor dizendo, a condição suspensiva deve realizar-se antes do óbito do testador.

O parágrafo único do artigo 1.809 do CC trata da *aceitação e renúncia em acervos patrimoniais distintos*. A regra jurídica determina que "os chamados à sucessão do herdeiro falecido antes da aceitação, desde que concordem em receber a segunda herança, poderão aceitar ou renunciar a primeira". Vejamos a exemplificação fornecida por EDUARDO DE OLIVEIRA LEITE: "é possível que o herdeiro pós-morto que morreu sem ter exercido seu direito

---

[7] PEREIRA, Caio Mário da Silva. *Instituições de Direito Civil*. 22. ed. Vol. VI: Direito das Sucessões. Rio de Janeiro: Forense, 2015, p. 47.

[8] O pedido de abertura de inventário e o arrolamento de bens, com a regularização processual por meio de nomeação de advogado, implicam a aceitação tácita da herança. Assim, se depois de constituir advogado e pedir a abertura de inventário, a pessoa morre, os herdeiros desta não poderão renunciar à herança porque já houve aceitação tácita. A aceitação da herança (expressa ou tácita) torna definitiva a qualidade de herdeiro, constituindo ato irrevogável e irretratável. STJ. 3ª Turma. REsp 1.622.331-SP, Rel. Min. Ricardo Villas Bôas Cueva, julgado em 8/11/2016

de aceitação tenha sido também titular de outros bens que adquiriu em vida. Dois patrimônios, pois. A lei dispõe que aquele direito de manifestação transmite-se aos seus sucessores, aceitando ou renunciando a herança, de acordo com a sua conveniência. Caso decidam renunciar cabe saber se estão renunciando apenas à herança que não houvera sido aceita pelo herdeiro pós-morto; a renúncia não alcançará o acervo patrimonial amealhado pelo herdeiro morto, do qual estes são, agora, os herdeiros".[9]

10.2.2 Renúncia da Herança

A renúncia é um ato de vontade através do qual o herdeiro denega (recusa) à vocação sucessória. O parágrafo único do artigo 1.804 do CC diz que "a transmissão tem-se por não verificada quando o herdeiro renuncia a herança." A renúncia à herança é a manifestação de vontade do herdeiro (legítimo ou testamentário) em não suceder o falecido em seu acervo patrimonial. É, pois, a não vontade em herdar. A renúncia é um ato jurídico unilateral, não receptício, gratuito, irretratável e formal que exterioriza a não aceitação da herança. É um ato indivisível, pois o herdeiro aceita ou rejeita o seu quinhão em sua totalidade. Uma vez realizada, retroage à abertura da sucessão, no sentido de que o renunciante é tratado como se nunca fosse a ela chamado.[10] Não se pode inserir condição ou termo no ato de renúncia. O ato de renúncia da herança deve ser sempre expresso, realizado através de escritura pública ou termo judicial. Caso a opção seja por instrumento público, este deverá ser levado aos autos do inventário para que produza seus jurídicos e legais efeitos. Já o termo é realizado perante o juízo do inventário. É o que determina o artigo 1.806 do CC ao afirmar que "a renúncia da herança deve constar expressamente de instrumento público ou termo judicial".

Existem basicamente duas espécies de renúncia, a saber: a) renúncia *abdicativa*, ou seja, é aquela em que o herdeiro manifesta o repúdio de forma pura e simples, e antes de praticar qualquer ato que possa ser considerado como aceitação (expressa, tácita ou presumida); b) a renúncia *translativa* (ou *translatícia*), é aquela em que o herdeiro indica uma pessoa (sucessor ou não) em favor de quem renuncia à herança (*in favorem*), ou quando manifestada após a aceitação, em qualquer de suas modalidades.

De acordo com as lições de FRANCISCO CAHALI, a renúncia "tratada, como manifestação positiva do herdeiro repudiando a herança, sem antes ter promovido a aceitação por qualquer de suas modalidades, só se caracteriza pela renúncia abdicativa, pura e simples, ou em favor da massa, para seguir o destino sucessório desta, com incidência exclusiva de imposto causa mortis.

---

9   LEITE, Eduardo de Oliveira. *Comentários ao Novo Código Civil*. Volume XXI. 4. ed. Rio de Janeiro: Forense, 2005, p. 141.
10 PEREIRA, Op. cit., p. 52.

Indicando um favorecido em substituição, embora, em sentido genérico, também o herdeiro abdique do seu quinhão, ter-se-á mais propriamente a cessão da herança (gratuita ou onerosa). E, se manifestada a posteriori, pela irretratabilidade da aceitação, também ocorrerá cessão. Em ambos os casos de renúncia translativa existirão dois atos jurídicos praticados pelo sucessor: o primeiro deles desejando recolher a herança; o segundo transmitindo-a a outros (herdeiros ou não). Como consequência relevante, tem-se a incidência não apenas de imposto causa mortis, como também inter vivos. Daí por que, acertadamente, não se ter como repúdio à herança, propriamente dito, a modalidade translativa, reservando-se para o instituto específico no direito sucessório a renúncia abdicativa, autêntica renúncia ao quinhão hereditário."[11]

A sucessão aberta é bem imóvel por determinação da lei, sendo a renúncia à herança, ato de disposição patrimonial revestido de forma especial. Exige a lei que a renúncia seja realizada por termo nos autos ou escritura pública, tratando-se de requisito da substância do ato, imprescindível à sua existência e validade. (TJ-RJ – AI: 433037920118190000 RJ 0043303-79.2011.8.19.0000, Relator: DES. CLEBER GHELFENSTEIN, Data de Julgamento: 11/10/2011, DECIMA QUARTA CAMARA CIVEL).

Dessa forma, com a morte do autor da herança, ocorre a abertura da sucessão e, também, simultaneamente, o fenômeno da delação, período no qual a herança é oferecida ao sucessor, esperando sua aceitação ou renúncia. A renúncia da herança, por constituir exceção, deve ser expressa, devendo constar expressamente de termo judicial ou de instrumento público, consoante estabelece claramente o art. 1.806 do Código Civil. (Agravo de Instrumento Nº 70024749871, Sétima Câmara Cível, Tribunal de Justiça do RS, Relator: Sérgio Fernando de Vasconcellos Chaves, Julgado em 24/09/2008).

Caso não seja observado os requisitos impostos pelo artigo 1.806 do CC, a renúncia será nula, de acordo com a regra estabelecida no artigo 104 do Código Civil (forma prescrita e não defesa em lei).

Outrossim, a renúncia pode ocorrer através de contrato de mandato, desde que o mandatário possua poderes específicos no instrumento de procuração outorgado por instrumento público.

Na sucessão legítima, a parte do renunciante *acresce* à dos outros herdeiros da mesma classe e, sendo ele o único desta, devolve-se aos da subsequente (artigo 1.810, CC). Aqui vale mencionar o enunciado 575, da VI Jornada de Direito Civil: "Concorrendo herdeiros de classes diversas, a renúncia de qualquer deles devolve sua parte aos que integram a mesma ordem dos chamados a suceder."[12]

---

11 HIRONAKA, Giselda. Legados. In: CAHALI, Francisco José; HIRONAKA, Giselda Maria Fernandes Novaes. *Direito das Sucessões*, São Paulo: Revista dos Tribunais, 2014, (e-book).
12 Justificativa: Com o advento do Código Civil de 2002, a ordem de vocação hereditária passou

Ninguém pode suceder, representando herdeiro renunciante. Se, porém, ele for o único legítimo da sua classe, ou se todos os outros da mesma classe renunciarem a herança, poderão os filhos vir à sucessão, por direito próprio, e por cabeça (artigo 1.811, CC).

Como dito alhures, são *irrevogáveis* os atos de aceitação ou de renúncia da herança (artigo 1.812, CC). Considerando a irrevogabilidade do ato de aceitação da herança, se o herdeiro que inicialmente a aceitou (ainda que tacitamente) se desfaz do seu quinhão em favor do monte, beneficia os co-herdeiros, o que configura cessão de direito hereditário, fato gerador do tributo respectivo. A aceitação ou a renúncia à herança, por se tratar de atos irrevogáveis, nos termos do artigo 1.812 do Código Civil, requer, para sua anulação, ação própria, não se podendo realizá-la nos próprios autos de inventário ou arrolamento. (TJ-PR – AI: 3071105 PR Agravo de Instrumento – 0307110-5, Relator: Mário Rau, Data de Julgamento: 14/12/2005, 11ª Câmara Cível, Data de Publicação: 20/01/2006 DJ: 7042).

10.2.3 Aceitação da herança pelos credores do repudiante

Quando o herdeiro prejudicar os seus credores, renunciando à herança, poderão eles, com autorização do juiz, aceitá-la em nome do renunciante (artigo 1.813, CC).

A habilitação dos credores se fará no prazo de trinta dias seguintes ao conhecimento do fato (artigo 1.813, § 1º, CC).

Pagas as dívidas do renunciante, prevalece a renúncia quanto ao remanescente, que será devolvido aos demais herdeiros (artigo 1.813, § 2º, CC).

"Os credores de prestações alimentícias podem aceitar a herança deixada ao devedor de alimentos e à qual ele renunciou (art. 1.813 do Código Civil). A aceitação de herança pelos credores não importa em alteração de rito da ação de execução, sendo cabível apenas que o valor recebido seja subtraído do valor cobrado. Não carece de liquidez a dívida de alimentos quantificável por simples cálculos matemáticos. É cabível o decreto de prisão civil em razão do inadimplemento de dívida atual, assim consideradas as parcelas alimentares vencidas nos três meses antecedentes ao ajuizamento da execução, bem como aquelas que se vencerem no curso da lide. Súmula nº 309/STJ. (RHC 31.942/SP, Rel. Ministro JOÃO OTÁVIO DE NORONHA, TERCEIRA TURMA, julgado em 28/05/2013, DJe 13/06/2013).

---

a compreender herdeiros de classes diferentes na mesma ordem, em concorrência sucessória. Alguns dispositivos do Código Civil, entretanto, permaneceram inalterados em comparação com a legislação anterior. É o caso do art. 1.810, que prevê, na hipótese de renúncia, que a parte do herdeiro renunciante seja devolvida aos herdeiros da mesma classe. Em interpretação literal, *v.g.*, concorrendo à sucessão cônjuge e filhos, em caso de renúncia de um dos filhos, sua parte seria redistribuída apenas aos filhos remanescentes, não ao cônjuge, que pertence a classe diversa. Tal interpretação, entretanto, não se coaduna com a melhor doutrina, visto que a distribuição do quinhão dos herdeiros legítimos (arts. 1.790, 1.832, 1.837) não comporta exceção, devendo ser mantida mesmo no caso de renúncia.

Capítulo 11
EXCLUSÃO DA HERANÇA POR INDIGNIDADE

11.1 Considerações Iniciais

A indignidade (*indignitas*) representa a destituição do direito de suceder ao herdeiro, já que foi indigno com o *de cujus*. Assim, os herdeiros e legatários que tiverem praticado atos criminosos, ofensivos, desabonadores, extremamente graves contra o autor da herança ou membros de sua família serão excluídos da sucessão. "Se a sucessão consiste na transmissão das relações jurídicas economicamente apreciáveis do falecido para o seu sucessor e tem em seu âmago além da solidariedade, o laço, sanguíneo ou, por vezes, meramente afetuoso estabelecido entre ambos, não se pode admitir, por absoluta incompatibilidade com o primado da justiça, que o ofensor do autor da herança venha dela se beneficiar posteriormente."[1]

O Código Civil trata da exclusão da herança por indignidade nos artigos 1.814 a 1.818. A indignidade não se confunde com a deserdação, esta tratada nos artigos 1.961 a 1.965. Em obra coletiva, LILIAN DIAS COELHO LINS DE MENEZES GUERRA, ANDERSON SOARES MADEIRA e ANDERSON PEREIRA EVANGELISTA alertam que "a deserdação de filhos é o instituto jurídico que exclui o filho, biológico ou adotado, ou ainda o legatário, da sucessão patrimonial. Trata-se de hipótese de alto grau de complexidade, motivo pelo qual sua interpretação deve ser extremamente cuidadosa.

A deserdação não se confunde com a exclusão do herdeiro, apesar do resultado prático comum em ambos. A primeira se extrai do livre convencimento do autor da herança, enquanto que o segundo se dá independentemente da prévia vontade do autor, mas pelo simples acontecimento de uma das hipóteses previstas pela Lei Geral Civil."[2]

---

1 REsp 1185122/RJ, Rel. Ministro MASSAMI UYEDA, TERCEIRA TURMA, julgado em 17/02/2011, DJe 02/03/2011.
2 GUERRA, Lilian Dias Coelho Lins de Menezes; MADEIRA, Anderson Soares; EVANGELISTA, Anderson Pereira. *Curso de Direito de Família*. 2. ed. Rio de Janeiro: Freitas Bastos, 2013, p. 335.

Ademais, a indignidade admite reabilitação, mediante perdão do ofendido, expresso em testamento, por outro lado, a deserdação não comporta perdão. A indignidade alcança os herdeiros legítimos e testamentários (daí o instituto jurídico estar localizado topograficamente no título *Da Sucessão em Geral*), enquanto a deserdação atinge apenas os herdeiros legítimos, mormente, os herdeiros necessários (está localizada no título *Da Sucessão Testamentária*), uma vez que se trata de negócio jurídico unilateral, formalizada por testamento.

Ocorre que *indignidade* e *deserdação* possuem um ponto em comum, qual seja: ambos os institutos induzem a perda do direito de herdar.

Indignidade é, pois, a perda do direito de herdar pelo cometimento de atos danosos contra o autor da herança (hereditando). A indignidade tem como finalidade impedir que aquele que atente contra os princípios basilares de justiça e da moral, nas hipóteses taxativamente previstas em lei, venha receber determinado acervo patrimonial do falecido, não sendo, portanto, permitida interpretação extensiva.[3]

11.2 Causas de Indignidade

O artigo 1.814 do CC apresenta, em *numerus clausus* (as causas não admitem interpretação extensiva ou aplicação analógica), as causas que excluem da sucessão os herdeiros ou legatário por *indignidade*. Vejamos: "São excluídos da sucessão os herdeiros ou legatários:

> I – que houverem sido autores, coautores ou partícipes de homicídio doloso, ou tentativa deste, contra a pessoa de cuja sucessão se tratar, seu cônjuge, companheiro, ascendente ou descendente;[4]
>
> II – que houverem acusado caluniosamente em juízo o autor da herança ou incorrerem em crime contra a sua honra, ou de seu cônjuge ou companheiro; Este inciso prevê duas hipóteses de

---

[3] Ver: REsp 1185122/RJ, Rel. Ministro MASSAMI UYEDA, TERCEIRA TURMA, julgado em 17/02/2011, DJe 02/03/2011.
[4] TJ-SP _ Apelação APL 40091405720138260576 SP 4009140-57.2013.8.26.0576 (TJ-SP) Data de publicação: 16/09/2015
Ementa: "APELAÇÃO CÍVEL. Direito das Sucessões. Ação declaratória de indignidade. Demanda intentada com fundamento na hipótese do art. 1.814, I do CC. Réu, autor de crime de homicídio contra a esposa e as duas filhas, absolvido na esfera criminal, ante o reconhecimento de inimputabilidade por doença mental. Sentença de procedência, que declara a indignidade. Inconformismo. Não acolhimento. A possibilidade de inclusão do agente que cometeu o crime de homicídio na sucessão das vítimas avilta o fundamento ético da indignidade. Irrelevância do reconhecimento da inimputabilidade, no âmbito criminal. Exclusão bem determinada. Sentença mantida. Negado provimento ao recurso". (v. 20396).

indignidade: quando o herdeiro ou legatário acusa o autor da herança, em juízo, caluniosamente. Aqui a conduta consiste em imputar, falsamente, a autoria de crime ao autor da herança, ou divulgar tal acusação, ciente de que ela não é verdadeira. A conduta deve preceder a abertura da sucessão. A outra hipótese prevista neste inciso é o crime contra a honra do hereditando ou de seu consorte. Neste caso, o bem jurídico tutelado é a honra do sujeito passivo, podendo ocorrer nos seguintes crimes: a) calúnia (artigo 138 do Código Penal); b) difamação (artigo 139 do Código Penal); e c) injúria (artigo 140 do Código Penal).[5]

---

[5] CP – DOS CRIMES CONTRA A HONRA
Calúnia – Art. 138 – Caluniar alguém, imputando-lhe falsamente fato definido como crime: Pena – detenção, de seis meses a dois anos, e multa. § 1º – Na mesma pena incorre quem, sabendo falsa a imputação, a propala ou divulga. § 2º – É punível a calúnia contra os mortos. Exceção da verdade – § 3º – Admite-se a prova da verdade, salvo: I – se, constituindo o fato imputado crime de ação privada, o ofendido não foi condenado por sentença irrecorrível; II – se o fato é imputado a qualquer das pessoas indicadas no nº I do art. 141; III – se do crime imputado, embora de ação pública, o ofendido foi absolvido por sentença irrecorrível.
Difamação – Art. 139 – Difamar alguém, imputando-lhe fato ofensivo à sua reputação: Pena – detenção, de três meses a um ano, e multa. Exceção da verdade – Parágrafo único – A exceção da verdade somente se admite se o ofendido é funcionário público e a ofensa é relativa ao exercício de suas funções.
Injúria – Art. 140 – Injuriar alguém, ofendendo-lhe a dignidade ou o decoro: Pena – detenção, de um a seis meses, ou multa. § 1º – O juiz pode deixar de aplicar a pena: I – quando o ofendido, de forma reprovável, provocou diretamente a injúria; II – no caso de retorsão imediata, que consista em outra injúria. § 2º – Se a injúria consiste em violência ou vias de fato, que, por sua natureza ou pelo meio empregado, se considerem aviltantes: Pena – detenção, de três meses a um ano, e multa, além da pena correspondente à violência. § 3º Se a injúria consiste na utilização de elementos referentes a raça, cor, etnia, religião, origem ou a condição de pessoa idosa ou portadora de deficiência: Pena – reclusão de um a três anos e multa
Disposições comuns – Art. 141 – As penas cominadas neste Capítulo aumentam-se de um terço, se qualquer dos crimes é cometido: I – contra o Presidente da República, ou contra chefe de governo estrangeiro; II – contra funcionário público, em razão de suas funções; III – na presença de várias pessoas, ou por meio que facilite a divulgação da calúnia, da difamação ou da injúria. IV – contra pessoa maior de 60 (sessenta) anos ou portadora de deficiência, exceto no caso de injúria. Parágrafo único – Se o crime é cometido mediante paga ou promessa de recompensa, aplica-se a pena em dobro.
Exclusão do crime – Art. 142 – Não constituem injúria ou difamação punível: I – a ofensa irrogada em juízo, na discussão da causa, pela parte ou por seu procurador; II – a opinião desfavorável da crítica literária, artística ou científica, salvo quando inequívoca a intenção de injuriar ou difamar; III – o conceito desfavorável emitido por funcionário público, em apreciação ou informação que preste no cumprimento de dever do ofício. Parágrafo único – Nos casos dos ns. I e III, responde pela injúria ou pela difamação quem lhe dá publicidade.
Retratação – Art. 143 – O querelado que, antes da sentença, se retrata cabalmente da calúnia ou da difamação, fica isento de pena. Parágrafo único. Nos casos em que o querelado tenha praticado a calúnia ou a difamação utilizando-se de meios de comunicação, a retratação dar-se-á, se assim desejar o ofendido, pelos mesmos meios em que se praticou a ofensa.
Art. 144 – Se, de referências, alusões ou frases, se infere calúnia, difamação ou injúria, quem se julga ofendido pode pedir explicações em juízo. Aquele que se recusa a dá-las ou,

III – que, por violência ou meios fraudulentos, inibirem ou obstarem o autor da herança de dispor livremente de seus bens por ato de última vontade." Aqui se preserva a liberdade e espontaneidade do ato de testar. Assim, o herdeiro ou legatário que realizar manobras ou artifícios, por violência ou meios fraudulentos, inibindo ou obstaculizando a liberdade de testar do autor da herança será excluído da sucessão. São, pois, indignos os autores, coautores ou partícipes da conduta dolosa. A reprovabilidade da conduta não está adstrita a dificultar a feitura do testamento, mas também a conduta que tem por finalidade precípua influenciar o testador em relação ao conteúdo do negócio jurídico unilateral.

11.2.1 Caso Suzane Richthofen

A decisão de uma juíza da 1ª Vara da Família e Sucessões excluiu Suzane Von Richthofen, condenada em 2006 pelo assassinato dos pais Marísia e Manfred von Richtofen, do recebimento da herança deixada pelo casal. A ação foi movida pelo irmão de Suzane, Andreas von Richthofen.

A Justiça decidiu que Suzane é indigna de receber a herança deixada por seus pais, pois foi condenada como coautora da morte de Marísia e Manfred von Richthofen. O dinheiro deixado pelo casal foi apontado como a principal motivação para o crime, ocorrido em 2002 na casa da família, na Zona Sul de São Paulo. A decisão da Justiça não cita o valor da herança. Suzane também foi condenada a devolver os frutos e rendimentos de qualquer bem da herança que tenha recebido antecipadamente, além do pagamento das custas e despesas processuais.[6][7][8]

---

a critério do juiz, não as dá satisfatórias, responde pela ofensa.
Art. 145 – Nos crimes previstos neste Capítulo somente se procede mediante queixa, salvo quando, no caso do art. 140, § 2º, da violência resulta lesão corporal. Parágrafo único. Procede-se mediante requisição do Ministro da Justiça, no caso do inciso I do *caput* do art. 141 deste Código, e mediante representação do ofendido, no caso do inciso II do mesmo artigo, bem como no caso do § 3º do art. 140 deste Código.

6 Disponível em: < http://g1.globo.com/sao-paulo/noticia/2011/02/suzane-richthofen-e--indigna-de-receber-heranca-decide-justica.html>. Acesso em: 08 abril 2017.

7 6ª Vara Judicial da Comarca da Capital – SP. Processo nº 001.02.145.854-6 Vistos.
Andréas Albert Von Richthofen, assistido pelo pelo tutor Miguel Abdala, ajuizou Ação de Indignidade em face de Suzane Louise Von Richthofen, alegando, em síntese, que em 31 de outubro de 2002 a demandada, objetivando herdar os bens de seus genitores, planejou as mortes destes, que em companhia de seu namorado, Daniel Cravinhos de Paula e Silva, de 21 anos, e o irmão dele, Cristian, de 26, executaram o casal de forma brutal, vez que munidos de barras de ferro golpearam as vítimas na cabeça até a morte. A demandada foi citada e apresentou contestação (fls. 110/120), em sede preliminar arguiu inépcia da petição inicial, suscitando a impossibilidade jurídica do pedido.
No mérito pediu a improcedência do pedido inicial e aduziu, que agindo sob influência e indução dos efetivos executores, Cristian e Daniel, apenas facilitou o ingresso destes na residência, sem estar ciente das consequências decorrentes.

Sustenta por fim, a impossibilidade de sua exclusão da sucessão, buscando abrigo no artigo 5º, LVII da Constituição Federal de 1988.

Em audiência de Instrução Debates e Julgamentos, foram ouvidas as partes e as testemunhas (fls. 147/152).

É o relatório.

Fundamento e decido.

Os pedidos são procedentes.

A indignidade é uma sanção civil que acarreta a perda do direito sucessório, privando dos benefícios o herdeiro ou o legatário que se tornou indigno, visando à punição cível. É imoral quem pratica atos de desdouro, como fez Suzane, contra quem lhe vai transmitir uma herança, Ação plenamente aplicável conforme art. 1.815, do Código Civil.

No conceito doutrinário, temos que a "Indignidade é a privação do direito hereditário, cominada por lei, ao herdeiro que cometeu atos ofensivos à pessoa ou à honra do de cujus. É uma pena civil imposta ao sucessor, legítimo ou testamentário, que houver praticado atos de ingratidão contra o hereditando".

Não há necessidade da condenação em ação penal para a exclusão por indignidade. As provas da indignidade produzidas nestes autos comprovam a Coautoria da demandada no homicídio doloso praticados contra seus genitores.

A Constituição Brasileira, enfatiza a vida como supremo bem, pressuposto exclusivo para função de qualquer direito. Tanto que todos os bens são chamados "bens da vida"

Desta feita, plenamente aplicável o artigo 1.814, do Código Civil, que prevê:

"São excluídos da sucessão os herdeiros ou legatários:

I – que houverem sido autores, co-autores ou partícipes de homicídio doloso, ou tentativa deste, contra a pessoa de cuja sucessão se tratar, seu cônjuge, companheiro, ascendente ou descendente;

Diante do exposto, JULGO PROCEDENTE a Ação de Indignidade, não nos restando dúvidas de que seu irmão, Andréas, de 16 anos, será o único herdeiro dos bens, excluindo assim, Suzane, da cadeia hereditária.

P.R.I.C.

São Paulo, 24 de Setembro de 2004.

8   AGRAVO EM RECURSO ESPECIAL Nº 914.075 – SP (2016/0118486-8). RELATOR: MINISTRO MARCO AURÉLIO BELLIZZE. AGRAVANTE: GLOBO COMUNICAÇÃO E PARTICIPAÇÕES S/A. AGRAVO EM RECURSO ESPECIAL. MEDIDA CAUTELAR. DEFERIMENTO DE LIMINAR. [...] DECISÃO

Na origem, Globo Comunicação e Participações S.A. interpôs agravo de instrumento contra a decisão do Magistrado de primeiro grau que, em 25/5/2014, nos autos da medida cautelar ajuizada por Suzane Louise

Von Richthofen, deferiu a liminar para ordenar que a Requerida se abstenha de difundir e tornar pública por qualquer meio toda e qualquer informação relativa ao segredo de justiça mantido apenas quanto às peças do exame criminológico, bem assim de imagens da Requerente para as quais não haja autorização para sua captação e veiculação, excetuadas as de captação em situação pública, sob pena de multa de R$ 30.000,00 (trinta mil reais) por minuto de veiculação através de qualquer meio, sem prejuízo da apuração de crime de desobediência (e-STJ, fl. 2).

A Segunda Câmara de Direito Privado do Tribunal de Justiça de São Paulo negou provimento ao agravo de instrumento em acórdão assim ementado (e-STJ, fl. 178):

AGRAVO DE INSTRUMENTO – Medida cautelar inominada – Liminar proibindo a divulgação de documentos e de imagens da autora – Admissibilidade – Documentos que estão abrangidos por segredo de justiça decretado em outro processo – Imagens que podem ser veiculadas, desde que captadas de forma pública – Recurso não provido.

Os embargos de declaração opostos foram rejeitados (e-STJ, fls. 194-201).

Nas razões do recurso especial, fundamentado nas alíneas a e c do permissivo constitucional, Globo Comunicação e Participações S.A. apontou, além de divergência jurisprudencial, ofensa ao arts. 273 e 461, § 3°, do Código de Processo Civil de 1973 e 188, I, do Código Civil.
Aduziu que, "sendo expressamente vedada a censura prévia e devendo eventuais conflitos serem resolvidos a posteriori por meio da reparação civil, é um direito reconhecido da empresa jornalística o de publicar informações de interesse público sem qualquer restrição, devendo os eventuais excessos serem apurados somente em momento ulterior" (e-STJ, fl. 210).
Asseverou, ainda, que o deferimento da liminar teve caráter manifestamente satisfativo e irreversível. Sem contrarrazões.
O Tribunal de origem inadmitiu o recurso sob os fundamentos de não demonstração da alegada ofensa aos dispositivos legais indicados no apelo e da similitude entre os acórdãos recorrido e paradigma, além da incidência da Súmula 7 do STJ. Irresignada, a recorrente apresenta agravo refutando os óbices apontados pela Corte estadual. Contraminuta ao agravo às fls. 346-356 (e-STJ). Brevemente relatado, decido.
O acórdão recorrido está assim fundamentado (e-STJ, fls. 180-184): 6. A ação originária trata de medida cautelar ajuizada por Suzane Louise Von Richthofen, visando à proibição de exibição pela Rede Globo, em seu programa intitulado Fantástico, de matéria jornalística na qual seria divulgada a avaliação psicológica a que foi submetida durante o exame criminológico realizado para fins de progressão de regime prisional, além de imagens obtidas clandestinamente, de dentro da penitenciária, sem autorização.
7. Deferida a liminar, insurge-se a agravante alegando, preliminarmente, a falta de interesse de agir e, no mérito, a violação constitucional da decisão, tendo em vista configurar-se censura prévia. Ressalta o interesse público na divulgação da matéria e, ainda, que as imagens que se pretende exibir não foram captadas de dentro do presídio e, tampouco, sem a autorização devida.
8. A preliminar de falta de interesse de agir não prospera.
9. Em que pese aos argumentos da agravante, o caso era mesmo de ajuizamento de medida cautelar, posto que o que pretendia a agravada era acautelar-se de uma situação iminente que viria a atingir e prejudicar um direito que já houvera sido tutelado pelo Judiciário.
10. Observo que não se trata de ação visando à mera obrigação de não fazer, a qual teria tido caráter satisfativo com a liminar deferida, como quer fazer crer a agravante.
11. Consigno que a agravada informa que a ação principal a ser proposta é de indenização (fls. 52). Assim, não se tem, na espécie, com a liminar deferida, a antecipação do provimento que se pretende.
12. Quanto ao mérito, o recurso não merece melhor sorte.
13. Tem-se que, nos autos do Habeas Corpus n. 2012948-52.2014.8.26.0000, foi proferido o v. acórdão da lavra do em. Des. Rel. José Damião Pinheiro Machado Cogan, no qual restou decidido que O Segredo de Justiça fica mantido apenas quanto às peças do exame criminológico... (fls. 81/86).
14. Assim, indiscutível que todas as peças relativas ao exame criminológico a que foi submetida a agravada estão sob segredo de justiça e a sua divulgação, por qualquer meio, é ato ilícito que deve ser coibido pela Justiça como um todo.
15. Nesse diapasão, de rigor a manutenção da liminar deferida, a fim de determinar a abstenção da agravante em exibir a matéria jornalística mencionada na inicial, no tocante ao propalado exame criminológico.
16. Observo que, não se trata, no caso, de simplesmente informar o telespectador, público em geral, a respeito da realização de exame criminológico pela agravada para fins de progressão de regime prisional.

11.3 Caráter pessoal da indignidade

Os efeitos da exclusão da herança por indignidade são pessoais. Dessa maneira, os herdeiros do excluído não restam prejudicados pela sentença de indignidade. Daí que os herdeiros podem suceder por representação. Nesse sentido, o artigo 1.816 dispõe que "são pessoais os efeitos da exclusão; os

---

17. Do que se infere dos documentos digitalizados às fls. 56/57, a agravante teve acesso à avaliação psicológica da agravada e revelaria com exclusividade, a avaliação dos psicólogos sobre a personalidade da assassina....

18. Não há como negar, pois, que a matéria jornalística em questão violaria o sigilo imposto pelo Poder Judiciário, ao decretar segredo de justiça a respeito dos documentos obtidos.

19. Saliento que não há falar em limitação à liberdade do direito de informar, ou da liberdade de imprensa.

20. Nesse sentido, peço vênia para transcrever trecho do voto proferido pelo i. Des. Francisco Loureiro, em caso análogo: A conduta da ré, ao divulgar fatos objeto de ação judicial que corre em segredo de justiça foi manifestamente ilícita. Não há a excludente de ilicitude do artigo 27, inciso V da Lei de Imprensa, que permite a 'divulgação de articulados, quotas ou alegações produzidas em juízo pelas partes ou seus procuradores'. Na lição da melhor doutrina, 'o único limite para a divulgação é a regra do artigo 155 do CPC. Caso o processo esteja tramitando em segredo de justiça não poderá haver qualquer divulgação, sob pena de restar caracterizado o ato ilícito e, assim, o dever de indenizar' (Renato Marcão e Luiz Manoel Gomes Junior, Comentários à Lei de Imprensa, diversos autores, Editora RT, 2007, p. 330).
Em termos diversos, 'isto não significa que exista para o jornalista um especial direito de acesso a todos os tipos de procedimento oficial. Normas processuais que determinam o sigilo de processos e inquéritos são válidas e atuam como limite à atividade da imprensa' (Enéas Costa Garcia, Responsabilidade Civil dos Meios de Comunicação, Editora Juarez de Oliveira, p. 304) (Apelação Cível nº 498.727.4/0, 4ª Câmara de Direito Privado, j. aos 27.3.2008).

21. Destarte, fica mantida a liminar quanto à vedação de divulgação das peças relativas ao exame criminológico.

22. No que tange à divulgação de imagens da agravada, fica observado que já houvera sido excetuada da proibição decretada pelo magistrado de primeiro grau, aquelas de captação em situação pública, consoante se infere da decisão agravada.

23. Registre-se que contra a permissão desse tipo de divulgação de suas imagens a agravada não se insurgiu, operando-se, pois, no particular, o trânsito em julgado da decisão.

24. De seu turno, resta estreme de dúvidas, conforme mencionado pela recorrente em suas razões, que nenhuma das imagens... foi captada de dentro do presídio e sem a autorização devida.

25. Significa, pois, dizer que deve ser mantida integralmente a r. decisão recorrida, com a observação feita nos itens precedentes.

26. Pelo meu voto, pois, NEGO PROVIMENTO ao recurso, nos termos da fundamentação supra. Com efeito, é firme a orientação do Superior Tribunal de Justiça no sentido de ser inviável a interposição de recurso especial no qual se visa discutir o preenchimento, ou não, dos requisitos da antecipação dos efeitos da tutela, previstos no art. 273 do CPC/1973, porquanto tal discussão ensejaria o reexame do substrato fático-probatório dos autos, o que encontra óbice na Súmula n. 7/STJ.

[...] Publique-se. Brasília (DF), 21 de outubro de 2016. MINISTRO MARCO AURÉLIO BELLIZZE, Relator (Ministro MARCO AURÉLIO BELLIZZE, 09/11/2016).

descendentes do herdeiro excluído sucedem, como se ele morto fosse antes da abertura da sucessão." O excluído da sucessão não terá direito ao usufruto ou à administração dos bens que a seus sucessores couberem na herança, nem à sucessão eventual desses bens (artigo 1.816, parágrafo único, do CC).

Frise-se que os efeitos da indignidade são pessoais. Daí que os herdeiros em linha reta descendente do declarado indigno podem se beneficiar na sucessão legítima, uma vez que não há representação na testamentária.

11.4 Sentença Judicial

A exclusão do herdeiro ou legatário, em qualquer desses casos de indignidade, será declarada por sentença (artigo 1.815). A ação declaratória de exclusão da herança por indignidade (não se propõe a ação nos autos do inventário), com rito ordinário, sendo parte legítima para propositura da ação aqueles herdeiros ou legatários beneficiados com a exclusão.[9] O polo passivo da relação processual é o herdeiro ou legatário que praticou o ato ofensivo. O direito de demandar a exclusão do herdeiro ou legatário extingue-se em quatro anos,

A eficácia da sentença: no caso do indigno, a eficácia da sentença é *ex tunc* (retroatividade da decisão) e quanto aos terceiros de boa-fé, a eficácia é *ex nunc* (efeito sem retroação).[10] [11]

Outrossim, "a ação declaratória de indignidade visa excluir da sucessão herdeiros ou legatários que pratiquem atos indignos dessa condição, previstos nos incisos I a III do art. 1.814 do referido diploma legal. No caso, a par do falecido não haver deixado testamento conhecido, a viúva meeira nem sequer participa na sucessão, por ser casada com o *de cujus* pelo regime

---

9 AÇÃO DECLARATÓRIA DE INDIGNIDADE AJUIZADA AINDA EM VIDA PELO FUTURO AUTOR DA HERANÇA. IMPOSSIBILIDADE JURÍDICA. HIPÓTESE DE NÃO CABIMENTO DE RECURSO ADESIVO. Apelação do autor. A ação de reconhecimento de atos de indignidade, praticados contra futuro autor de herança, só pode ser ajuizada após a morte do ofendido, pelos demais interessados na sucessão, mas nada impede que o ofendido, uma vez ciente dos atos praticados contra ele, venha a perdoar o ofensor, expressa ou tacitamente em testamento. Caso em que é improcedente o argumento recursal de que a sentença, que extinguiu o processo por impossibilidade jurídica do pedido, teria negado vigência ao artigo 1.818 do Código Civil. Mantida a sentença. Recurso adesivo Seja em razão na inexistência de sucumbência recíproca, seja pela falta de preparo, não se conhece do recurso adesivo. NEGARAM PROVIMENTO À APELAÇÃO E NÃO CONHECERAM O RECURSO ADESIVO. (Apelação Cível N° 70066784570, Oitava Câmara Cível, Tribunal de Justiça do RS, Relator: Rui Portanova, Julgado em 03/03/2016).
10 Com fundamento na *teoria da aparência*, já que o indigno apresenta ser sucessor do *de cujus*.
11 CIVIL. DIREITO DE SUCESSÃO. AÇÃO DECLARATÓRIA DE INDIGNIDADE. DEFERIMENTO DE PENSÃO PREVIDENCIÁRIA. O deferimento de pensão previdenciária nada tem a ver com as regras de sucessão, regendo-se por legislação própria. Agravo regimental não provido. (AgRg no REsp 943.605/SP, Rel. Ministro ARI PARGENDLER, TERCEIRA TURMA, julgado em 02/09/2008, DJe 03/11/2008).

da comunhão universal de bens. A noticiada propositura de ação declaratória de indignidade contra a viúva meeira não surtirá qualquer consequência ou reflexo no inventário e partilha dos bens deixados pelo falecido, pois a viúva não ostenta a condição de herdeira nem de legatária, mas tão-somente possui direito à sua meação – o qual não é atingido pela prática de ato de indignidade. Desse modo, não há razão para suspender o andamento do inventário. DERAM PROVIMENTO. UNÂNIME. (Agravo de Instrumento n° 70054350079, Oitava Câmara Cível, Tribunal de Justiça do RS, Relator: Luiz Felipe Brasil Santos, Julgado em 04/07/2013).

PAULO NADER lembra que "aos credores dos herdeiros não se reconhece legitimidade para o pleito de indignidade, embora indiretamente possam ter interesse. É incabível a ação oblíqua, uma vez que o pedido judicial é de natureza pessoal, embora possa apresentar reflexos patrimoniais. Além disto, a iniciativa de credores excluiria a possibilidade de eventual perdão dos demais herdeiros, deixando escoar livremente o prazo decadencial para a propositura da ação declaratória de indignidade."[12]

FRANCISCO CAHALI ensina que "a exclusão do herdeiro produz os seguintes efeitos jurídicos:

a) a sentença declaratória da indignidade produz efeitos *ex tunc*, vale dizer, retroage à data da abertura da sucessão, retirando do sucessor a sua condição adquirida de imediato quando do falecimento do autor da herança;

b) são pessoais os efeitos da exclusão, determinando o art. 1.816 do Código Civil a substituição do indigno pelos seus descendentes, como se ele morto fosse. Assim, equiparada a situação à premoriência, a herança que o indigno deixa de recolher devolve-se aos seus descendentes, que sucedem por direito de representação. Inexistindo sucessores do indigno na linha reta descendente (filhos, netos, bisnetos), seu quinhão ou deixa retorna ao monte, seguindo a destinação legítima ou testamentária, como se o herdeiro excluído não existisse;

c) equiparado ao *morto civil*, o excluído da herança, mesmo conservando o poder familiar, fica privado do direito ao usufruto e administração dos bens que a seus filhos menores forem destinados em razão da substituição, perdendo, também, o direito sucessório sobre o patrimônio devolvido aos descendentes, que em regra teria pelo falecimento destes (art. 1.816, parágrafo único). Nada mais justo que essa solução: caso contrário, o indigno poderia continuar sendo, ainda que de forma indireta ou potencial, beneficiado com a herança da qual foi excluído, retirando a eficácia da punição;

---

12 NADER, Paulo. *Curso de Direito Civil*: Direito das Sucessões. 7. ed. Vol. 6. Rio de Janeiro: Forense, 2016, p. 96.

d) embora com efeito retroativo, a exclusão só se opera após o trânsito em julgado da sentença declaratória. Até então o indigno conserva a condição de sucessor e, como tal, a ele são legitimamente transmitidas a posse e a propriedade do acervo (*princípio da saisine* ou em razão da própria partilha)."[13]

11.5 Atos praticados pelo herdeiro, antes da sentença de exclusão

O artigo 1.817 do Código Civil diz que "são válidas as alienações onerosas de bens hereditários a terceiros de boa-fé, e os atos de administração legalmente praticados pelo herdeiro, antes da sentença de exclusão; mas aos herdeiros subsiste, quando prejudicados, o direito de demandar-lhe perdas e danos."[14]

O excluído da sucessão é obrigado a restituir os frutos e rendimentos que dos bens da herança houver percebido, mas tem direito a ser indenizado das despesas com a conservação deles (artigo 1.817, parágrafo único).

Dessa forma, o artigo 1.817 abrange quatro hipóteses distintas: a) valida as alienações onerosas praticadas pelo herdeiro (aparente) antes da sentença de exclusão; b) reconhece aos co-herdeiros, o direito de demandar perdas e danos; c) obriga o excluído a restituir os frutos e rendimentos percebidos; d) reconhece ao excluído direito a indenização pela conservação dos bens, evitando o enriquecimento ilícito.[15]

11.6 Perdão. Reabilitação do indigno em Testamento

Aquele que incorreu em atos que determinem a exclusão da herança será admitido a suceder, se o ofendido o tiver expressamente reabilitado em testamento, ou em outro ato autêntico (artigo 1.818, CC). Dessa maneira resta claro que o cometimento de uma das causas de indignidade afasta o herdeiro-agressor da sucessão; no entanto, o perdão o reabilita, anulando,

---

13 HIRONAKA, Giselda. Legados. In: CAHALI, Francisco José; HIRONAKA, Giselda Maria Fernandes Novaes. *Direito das Sucessões*, São Paulo: Revista dos Tribunais, 2014, (e-book).
14 CC 2002 – Art. 186. Aquele que, por ação ou omissão voluntária, negligência ou imprudência, violar direito e causar dano a outrem, ainda que exclusivamente moral, comete ato ilícito.
CC 2002 – Art. 402. Salvo as exceções expressamente previstas em lei, as perdas e danos devidas ao credor abrangem, além do que ele efetivamente perdeu, o que razoavelmente deixou de lucrar.
CC 2002 – Art. 927. Aquele que, por ato ilícito (arts. 186 e 187), causar dano a outrem, fica obrigado a repará-lo. Parágrafo único. Haverá obrigação de reparar o dano, independentemente de culpa, nos casos especificados em lei, ou quando a atividade normalmente desenvolvida pelo autor do dano implicar, por sua natureza, risco para os direitos de outrem.
15 LEITE, Eduardo de Oliveira. *Comentários ao Novo Código Civil*. Volume XXI. 4. ed. Rio de Janeiro: Forense, 2005, p. 171.

destarte, os efeitos da sentença declaratória de exclusão da herança por indignidade. Assim, a indignidade é cancelada pela reabilitação do indigno no testamento ou em outro ato autêntico (através de escritura pública ou documento oficial).

Outrossim, se os herdeiros do hereditando não propuserem a ação declaratória de indignidade contra o herdeiro-ofensor, no prazo decadencial de quatro anos, aqueles tacitamente estão a perdoar o agressor.

Não havendo reabilitação expressa, o indigno, contemplado em testamento do ofendido, quando o testador, ao testar, já conhecia a causa da indignidade, pode suceder no limite da disposição testamentária (artigo 1.818, parágrafo único, CC). Vale destacar, ainda, que a reabilitação é iniciativa exclusiva do autor da herança, já que este é a vítima dos atos reprováveis do herdeiro ou legatário. Não há que falar-se em reabilitação tácita, a reabilitação deve ser expressa.

No caso do parágrafo único do artigo 1.818 do CC, o indigno fica autorizado a suceder apenas no limite da disposição testamentária. *O que vem a ser "no limite da disposição testamentária"?* Ora, neste caso, o indigno continua excluído da sucessão legítima, todavia com direito a receber o quinhão que lhe foi destinado em testamento.

Capítulo 12
HERANÇA JACENTE E VACANTE

12.1 Herança Jacente

A *herança jacente* é uma universalidade jurídica em que se desconhecem os seus titulares. Melhor dizendo: é a herança cujos beneficiários ainda não são conhecidos.[1] Da mesma forma, a herança será considerada jacente quando todos os chamados a suceder renunciarem à herança.

De acordo com os ensinamentos de ARNOLDO WALD, "atribui-se ao Direito Romano a equiparação da herança jacente à pessoa jurídica. Realmente, naquela fase da história do Direito, na hipótese de não haver herdeiros necessários, mediava certo lapso de tempo entre a abertura da sucessão, com a morte do *de cujus*, e a aceitação da instituição de herdeiro por quem de direito, pois não se conhecia o princípio da *saisine* (*le mort saisit le vif*), de acordo com o qual a morte do testador importa *ipso jure* numa completa transferência dos seus bens para os herdeiros. A aceitação consistia, então, no ato que tornava o herdeiro titular do patrimônio do *de cujus*, não sendo, como agora, uma simples confirmação de uma situação já existente. Havia necessidade de se proteger a situação do patrimônio hereditário a partir da morte do seu antigo titular até a aceitação do herdeiro. Nesta fase, em que ainda não havia herdeiro, mas se aguardava o seu aparecimento e sua aceitação (*heredum nondum habet sed havere spectat*), diziam os romanos que a herança assemelhava-se a uma pessoa jurídica. Na realidade, tratava-se mais de imagem comparativa do que afirmação de caráter técnico-jurídico. Efetivamente, falta à herança, nessa fase, a existência de órgão de manifestação de vontade que caracteriza as pessoas jurídicas, sendo tomadas apenas medidas acauteladoras para a proteção patrimonial, sem que exista um verdadeiro titular. No Direito moderno, em virtude da *saisine*, entendemos existir um titular latente da herança jacente, sendo ele o herdeiro, que, uma vez reconhecido, vê a sua situação retroagir à data do falecimento. Mesmo se não aparecer herdeiro algum nessa fase provisória, será finalmente o Estado que sucederá, como se fosse titular da herança desde a abertura da sucessão.

---

1   LEITE. Op. cit., p. 182.

A explicação da natureza jurídica da herança jacente tem sido matéria de numerosos estudos, destacando-se a técnica alemã, que nela viu um patrimônio afetado ou patrimônio com uma finalidade especial (*Zweckvermögen*). Há, na realidade, na herança jacente a proteção a um titular desconhecido de um direito, situação análoga à ocorrente em numerosos outros casos, nos quais o nascituro e o ausente recebem uma proteção especial do direito, sendo nomeado um curador para defender os seus interesses. Podemos, pois, reconhecer na herança jacente não uma pessoa jurídica, mas sim uma *universitas juris*, um patrimônio cujo titular momentaneamente é desconhecido e que, por esse motivo, merece proteção do Estado, que determina a nomeação de curador especial para cuidar dos seus interesses".[2]

O artigo 1.819 preceitua que "falecendo alguém sem deixar testamento nem herdeiro legítimo notoriamente conhecido, os bens da herança, depois de arrecadados, ficarão sob a guarda e administração de um curador, até a sua entrega ao sucessor devidamente habilitado ou à declaração de sua vacância".

"A jacência, [...] pressupõe a incerteza de herdeiros, não percorrendo, necessariamente, o caminho rumo à vacância, tendo em vista que, após publicados os editais de convocação, podem eventuais herdeiros apresentar-se dando-se início ao inventário nos termos dos arts. 1.819 a 1.823 do CC/2002. Ademais, nem mesmo a declaração de vacância é em si bastante para transferir a propriedade dos bens ao Estado, uma vez que permanece resguardado o interesse dos herdeiros que se habilitarem no prazo de cinco anos, nos termos do art. 1.822 do CC/2002. Diante disso, a Turma conheceu parcialmente do recurso especial e lhe deu provimento, apenas para afastar a multa aplicada na origem." REsp 445.653-RS, Rel. Min. Luis Felipe Salomão, julgado em 15/10/2009.

"O instituto da herança jacente foi desenvolvido para proteger o patrimônio do *de cujus* de eventuais abusos de terceiros, destinando-o à coletividade, na pessoa do Estado. Em assim sendo, a *mens legis* que orienta o instituto é de considerá-lo como a *ultima ratio*, isto é, considerar a ocorrência da jacência em última análise quando, de nenhuma outra forma, for possível atribuir a herança a quem de direito". (REsp 1532544/RJ, Rel. Ministro MARCO BUZZI, QUARTA TURMA, julgado em 08/11/2016, DJe 30/11/2016).

12.2 Procedimentos

O Código de Processo Civil apresenta os procedimentos da herança jacente nos artigos 738 a 743, de *jurisdição voluntária*, tendo início com a nomeação do curador e a arrecadação dos bens do falecido. A seguir são ultimados os atos necessários à identificação de possível herdeiro ou testamen-

---

2 WALD, Arnoldo. *Curso de Direito Civil Brasileiro: Direito das sucessões*. 11. ed. São Paulo: RT, 1997. vol. 5, p. 44-45.

teiro e ao fim a herança jacente é declarada herança vacante ou convertida em inventário, caso seja identificado algum sucessor do hereditando.

12.2.1 Juízo competente

Qual o juízo competente? O juízo competente para processar a arrecadação e administração da herança jacente é o do domicílio do autor da herança. Se o hereditando não tiver domicílio certo, o foro competente será o da localização dos bens. Na hipótese da existência de diversos bens imóveis em diferentes comarcas, o procedimento poderá ser instaurado em qualquer delas (art. 48, CPC).

12.2.2 Legitimidade

Quem teria legitimidade para iniciar o procedimento de jurisdição voluntária de arrecadação e administração da herança jacente? Ora, como, em princípio, não existem sucessores ou testamenteiro, a arrecadação da herança jacente poderá ser requerida pelos credores do espólio, pela Fazenda Pública ou pelo Ministério Público. Também poderá ser instaurada de ofício pelo juízo. Aqui, em tese, qualquer pessoa poderá informar a situação ao juízo competente para que tome a iniciativa de instauração do procedimento. Vejamos, no item abaixo, os procedimentos indicados na lei processual.

12.2.3 Arrecadação dos bens

Nos casos em que a lei considere jacente a herança, o juiz em cuja comarca tiver domicílio o falecido procederá imediatamente à arrecadação dos respectivos bens (artigo 738, CPC).[3]

A herança jacente ficará sob a guarda, a conservação e a administração de um curador até a respectiva entrega ao sucessor legalmente habilitado ou até a declaração de vacância (artigo 739, CPC). Incumbe ao curador: I – representar a herança em juízo ou fora dele, com intervenção do Ministério Público; II – ter em boa guarda e conservação os bens arrecadados e promover a arrecadação de outros porventura existentes; III – executar as medidas conservatórias dos direitos da herança; IV – apresentar mensalmente ao juiz balancete da receita e da despesa; V – prestar contas ao final de sua gestão

---

[3] Herança jacente e saisine. Não se aplica o princípio da *saisine* ao ente público para a sucessão do bem jacente, pois o momento da vacância não se confunde com o da abertura da sucessão ou da morte do *de cujus* (STJ, 3.ª T., AgRgREsp 1099256-RJ, rel. Min. Massami Uyeda, j. 17.3.2009, DJUE 27.3.2009).
Herança jacente e usucapião. O bem integrante de herança jacente só é devolvido ao Estado com a sentença de declaração de vacância, podendo, até ali, ser possuído *ad usucapionem*. Incidência da STJ 83 (STJ, 3.ª T., AgRgAg 1212745-RJ, rel. Min. Sidnei Beneti, j. 19.10.2010, DJUE 3.11.2010).

(artigo 739, § 1º, CPC). Aplica-se ao curador o disposto nos arts. 159 a 161 do CPC.[4] O curador receberá remuneração que o juiz fixará em consideração à situação dos bens, ao tempo do serviço e às dificuldades de sua execução (art. 160, CPC). Vale lembrar que o curador responde pelos prejuízos que, por dolo ou culpa, causar à parte, perdendo a remuneração que lhe foi arbitrada, ressalvado o direito de haver o que legitimamente despendeu no exercício do encargo, sem prejuízo de sua responsabilidade penal e da imposição de sanção por ato atentatório à dignidade da justiça, quando for o caso (art. 161, CPC).

O juiz ordenará que o oficial de justiça, acompanhado do escrivão ou do chefe de secretaria e do curador, arrole os bens e descreva-os em auto circunstanciado (artigo 740, CPC).

Não podendo comparecer ao local, o juiz requisitará à autoridade policial que proceda à arrecadação e ao arrolamento dos bens, com 2 (duas) testemunhas, que assistirão às diligências (artigo 740, § 1º, CPC).

Não estando ainda nomeado o curador, o juiz designará depositário e lhe entregará os bens, mediante simples termo nos autos, depois de compromissado (artigo 740, § 2º, CPC).

Durante a arrecadação, o juiz ou a autoridade policial inquirirá os moradores da casa e da vizinhança sobre a qualificação do falecido, o paradeiro de seus sucessores e a existência de outros bens, lavrando-se de tudo auto de inquirição e informação (artigo 740, § 3º, CPC).

O juiz examinará reservadamente os papéis, as cartas missivas e os livros domésticos e, verificando que não apresentam interesse, mandará empacotá-los e lacrá-los para serem assim entregues aos sucessores do falecido ou queimados quando os bens forem declarados vacantes (artigo 740, § 4º, CPC).

Se constar ao juiz a existência de bens em outra comarca, mandará expedir carta precatória a fim de serem arrecadados (artigo 740, § 5º, CPC). Por

---

4   CPC – Do Depositário e do Administrador
      Art. 159. A guarda e a conservação de bens penhorados, arrestados, sequestrados ou arrecadados serão confiadas a depositário ou a administrador, não dispondo a lei de outro modo.
      Art. 160. Por seu trabalho o depositário ou o administrador perceberá remuneração que o juiz fixará levando em conta a situação dos bens, ao tempo do serviço e às dificuldades de sua execução.
      Parágrafo único. O juiz poderá nomear um ou mais prepostos por indicação do depositário ou do administrador.
      Art. 161. O depositário ou o administrador responde pelos prejuízos que, por dolo ou culpa, causar à parte, perdendo a remuneração que lhe foi arbitrada, mas tem o direito a haver o que legitimamente despendeu no exercício do encargo.
      Parágrafo único. O depositário infiel responde civilmente pelos prejuízos causados, sem prejuízo de sua responsabilidade penal e da imposição de sanção por ato atentatório à dignidade da justiça.

outro lado, se os bens estiverem situados no exterior, será expedida carta rogatória.

Não se fará a arrecadação, ou essa será suspensa, quando, iniciada, apresentarem-se para reclamar os bens o cônjuge ou companheiro, o herdeiro ou o testamenteiro notoriamente reconhecido e não houver oposição motivada do curador, de qualquer interessado, do Ministério Público ou do representante da Fazenda Pública (artigo 740, § 6º, CPC). Arrolados todos os bens e colocados sob a guarda do curador tem fim a arrecadação.

12.2.4 Chamamento dos Sucessores do Falecido

Ultimada a arrecadação, o juiz mandará expedir edital, que será publicado na rede mundial de computadores, no sítio do tribunal a que estiver vinculado o juízo e na plataforma de editais do Conselho Nacional de Justiça, onde permanecerá por 3 (três) meses, ou, não havendo sítio, no órgão oficial e na imprensa da comarca, por 3 (três) vezes com intervalos de 1 (um) mês, para que os sucessores do falecido venham a habilitar-se no prazo de 6 (seis) meses contado da primeira publicação (artigo 741, CPC).

Verificada a existência de sucessor ou de testamenteiro em lugar certo, far-se-á a sua citação, sem prejuízo do edital (artigo 741, § 1º, CPC).

Quando o falecido for estrangeiro, será também comunicado o fato à autoridade consular (artigo 741, § 2º, CPC).

12.2.5 Conversão da Arrecadação em Inventário

Julgada a habilitação do herdeiro, reconhecida a qualidade do testamenteiro ou provada a identidade do cônjuge ou companheiro, a arrecadação converter-se-á em inventário (artigo 741, § 3º, CPC), aplicando-se a partir deste momento o procedimento regulado nos artigos 610 e seguintes do Código de Processo Civil.

12.2.6 Habilitação dos Credores

Os credores da herança poderão habilitar-se como nos inventários ou propor a ação de cobrança (artigo 741, § 4º, CPC). A habilitação segue o rito contencioso dos arts. 687 a 692 do CPC. O direito de pedir o pagamento das dívidas reconhecidas do espólio persiste, no limite das forças da herança, mesmo depois de declarada a vacância ou convertida a arrecadação em inventário (art. 1.821, CC).

Transitada em julgado a sentença que declarou a vacância, o cônjuge, o companheiro, os herdeiros e os credores só poderão reclamar o seu direito por ação direta (artigo 743, § 2º, CPC).

12.2.7 Alienação dos Bens Arrecadados

O juiz poderá autorizar a alienação: I – de bens móveis, se forem de conservação difícil ou dispendiosa; II – de semoventes, quando não empregados na exploração de alguma indústria; III – de títulos e papéis de crédito, havendo fundado receio de depreciação; IV – de ações de sociedade quando, reclamada a integralização, não dispuser a herança de dinheiro para o pagamento; V – de bens imóveis: a) se ameaçarem ruína, não convindo a reparação; b) se estiverem hipotecados e vencer-se a dívida, não havendo dinheiro para o pagamento (artigo 742, CPC).

Não se procederá, entretanto, à venda se a Fazenda Pública ou o habilitando adiantar a importância para as despesas (artigo 742, § 1º, CPC).

Os bens com valor de afeição, como retratos, objetos de uso pessoal, livros e obras de arte, só serão alienados depois de declarada a vacância da herança (artigo 742, § 2º, CPC).

12.2.8 Declaração de Vacância

Passado 1 (um) ano da primeira publicação do edital e não havendo herdeiro habilitado nem habilitação pendente, será a herança declarada vacante (artigo 743, CPC). Da mesma forma, o artigo 1.820 do Código Civil preceitua que "praticadas as diligências de arrecadação e ultimado o inventário, serão expedidos editais na forma da lei processual, e, decorrido um ano de sua primeira publicação, sem que haja herdeiro habilitado, ou penda habilitação, será a herança declarada vacante."

Pendendo habilitação, a vacância será declarada pela mesma sentença que a julgar improcedente, aguardando-se, no caso de serem diversas as habilitações, o julgamento da última (artigo 743, § 1º, CPC).

Com o pronunciamento judicial da vacância (vocábulo vacante provém do latim *vaco are – estar vazio*) encerra-se a herança jacente (aguardando sucessor conhecido).

12.3 Adjudicação provisória pelo Estado

De acordo com o artigo 1.822, a declaração de vacância da herança não prejudicará os herdeiros que legalmente se habilitarem; mas, decorridos cinco anos da abertura da sucessão, os bens arrecadados passarão ao domínio do Município ou do Distrito Federal, se localizados nas respectivas circunscrições, incorporando-se ao domínio da União quando situados em território federal.

Não se habilitando até a declaração de vacância, os colaterais ficarão excluídos da sucessão (artigo 1.822, parágrafo único).

Dessa maneira, a sentença judicial que declara a vacância possui eficácia *ex nunc* e apresenta os seguintes efeitos jurídicos: a) afasta a sucessão dos colaterais; b) transfere a propriedade e a posse dos bens da herança para a Fazenda Pública.

12.4 Segunda Hipótese de Jacência da Herança

A segunda hipótese de jacência da herança ocorre quando todos os herdeiros conhecidos renunciarem à herança. É, pois, o que diz o artigo 1.823 do Código Civil: "quando todos os chamados a suceder renunciarem à herança, será esta desde logo declarada vacante".

Capítulo 13
PETIÇÃO DE HERANÇA

13.1 Considerações Iniciais

A ação de petição de herança (*petitio hereditatis*) é aquela utilizada pelo herdeiro para que seja reconhecido o seu direito sucessório. Da mesma forma é utilizada quando não for mais possível a simples habilitação nos autos do inventário ou pela via extrajudicial. Igualmente a petição de herança pode ser utilizada pelos herdeiros necessários e os testamentários depois do trânsito em julgado na declaração de vacância. A *petitio hereditalis* também pode ser o instrumento adequado nos casos de descobrimento de testamento após a realização da partilha dos bens ou quando um testamento for anulado e se deseja a regularização da partilha.

Dessa maneira, ocorrendo, pois, o encerramento do inventário e a consequente homologação da partilha, o herdeiro não perde os seus direitos, malgrado não tenha sido contemplado. Daí a necessidade da *ação de petição de herança*, postulando-se a totalidade da herança ou parte dela.

O artigo 1.824 do Código Civil determina que "o herdeiro pode, em ação de petição de herança, demandar o reconhecimento de seu direito sucessório, para obter a restituição da herança, ou de parte dela, contra quem, na qualidade de herdeiro, ou mesmo sem título, a possua." Dessa maneira, em linhas gerais, a petição de herança significa "pedir a herança".

A pretensão de petição de herança prescreve no prazo de 10 anos, nos termos do art. 205 do CC,[1] já que inexiste um prazo específico fixado no ordenamento jurídico civilístico. Vale mencionar a Súmula 149 do STF que diz: "é imprescritível a ação de investigação de paternidade, mas não o é a de petição de herança".

"A viúva meeira que não ostente a condição de herdeira é parte ilegítima para figurar no polo passivo de ação de petição de herança na qual não tenha sido questionada a meação, ainda que os bens integrantes de sua fração se encontrem em condomínio *pro indiviso* com os bens pertencentes ao quinhão hereditário. Isso porque eventual procedência da ação de petição de heran-

---

[1] CC – Art. 205. A prescrição ocorre em dez anos, quando a lei não lhe haja fixado prazo menor.

ça em nada refletirá na esfera de direitos da viúva meeira, tendo em vista que não será possível subtrair nenhuma fração de sua meação, que permanecerá invariável, motivo pela qual não deve ser qualificada como litisconsorte passiva necessária (REsp 331.781-MG, Terceira Turma, DJ 19/4/2004). Deve-se ressaltar, ainda, a natureza universal da ação de petição de herança, na qual, segundo esclarece entendimento doutrinário, não ocorre a devolução de coisas destacadas, mas do patrimônio hereditário: por inteiro, caso o autor seja herdeiro de uma classe mais privilegiada; ou de quota-parte, caso seja herdeiro de mesma classe de quem recebeu a herança (REsp 1.244.118-SC, Terceira Turma, DJe 28/10/2013). Desse modo, o autor terá o reconhecimento de seu direito sucessório e o recebimento de sua quota-parte, e não de bens singularmente considerados, motivo pelo qual não haverá alteração na situação fática dos bens, que permanecerão em condomínio *pro indiviso*. Assim, caso não se questione a fração atribuída à meeira, eventual procedência do pedido em nada a alterará. Ressalte-se que diversa seria a situação se os bens houvessem sido repartidos entre meeira e herdeiros de forma desigual, e o autor da ação se insurgisse contra a avaliação e especificação dos bens atribuídos à meeira, alegando prejuízo à metade destinada aos herdeiros." REsp 1.500.756-GO, Rel. Min. Maria Isabel Gallotti, julgado em 23/2/2016, DJe 2/3/2016.

Assim, o herdeiro que ficou de fora do procedimento do inventário e partilha (não sendo atingido pelos efeitos da coisa julgada) pode propor a ação de petição de herança contra todos os participantes do processo de inventário, perante o juízo orfanológico, com o firme propósito de buscar o reconhecimento do seu direito sucessório, bem como a restituição do seu quinhão hereditário. Julgada procedente a ação de petição de herança, esta tem o condão de rescindir a coisa julgada formada sobre a sentença de partilha.

A *ação de petição de herança*, ainda que exercida por um só dos herdeiros, poderá compreender todos os bens hereditários (artigo 1.825, CC). A ação pode ser ajuizada antes ou após a sentença de partilha e deve ser ajuizada por quem se considera herdeiro. No polo ativo desta ação deve estar presente o consorte, salvo se regime adotado for o da separação de bens. Em caso de recusa, necessário se faz o suprimento judicial (artigo 74, CPC). A ação de petição de herança possui natureza real e não se confunde com a ação de investigação de paternidade (ação de estado), muitas vezes ajuizada cumulativamente.[2] Da mesma maneira a ação de petição de herança não se confunde com a ação

---

2 A ação de petição de herança relacionada a inventário concluído, inclusive com trânsito em julgado da sentença homologatória da partilha, deve ser julgada, não no juízo do inventário, mas sim no da vara de família, na hipótese em que tramite, neste juízo, ação de investigação de paternidade que, além de ter sido ajuizada em data anterior à propositura da ação de petição de herança, encontre-se pendente de julgamento. (CC 124.274-PR, Rel. Min. Raul Araújo, Segunda Seção, julgado em 8/5/2013).

reivindicatória. Esta é uma ação movida pelo proprietário (que não possui a posse) contra o possuidor da coisa; aquela, como já mencionada, é proposta pelo herdeiro, visando a restituição da herança ou de seu quinhão hereditário.

Vale lembrar que a ação do legatário para haver para si o que lhe foi destinado em inventário pelo autor da herança, é a ação reivindicatória, pois recai sobre um bem específico.

Se a ação de petição de herança estiver cumulada com a ação de investigação de paternidade, de forma paralela ao inventário, é possível requerer medida cautelar, conforme artigo 668, inciso I, do CPC, com vistas a obter a reserva do quinhão em benefício do intitulado herdeiro.

13.2 Restituição dos Bens do Acervo

O artigo 1.826 determina que o possuidor da herança está obrigado à restituição dos bens do acervo, fixando-se-lhe a responsabilidade segundo a sua posse, observado o disposto nos arts. 1.214 a 1.222 do Código Civil.

Aqui, vale analisar as regras dos artigos 1.214 a 1.222 do nosso Código Civil. Vejamos:

Diz o artigo 1.214 do CCB que "o possuidor de boa-fé tem direito, enquanto ela durar, aos frutos percebidos". O parágrafo único do referido dispositivo preceitua que "os frutos pendentes ao tempo em que cessar a boa-fé devem ser restituídos, depois de deduzidas as despesas da produção e custeio; devem ser também restituídos os frutos colhidos com antecipação".[3]

O possuidor de boa-fé é aquele que ignora os vícios da posse. Este deverá devolver a coisa ao proprietário, com os frutos pendentes, não podendo antecipar a percepção dos frutos. Os frutos pendentes, portanto, terão que ser devolvidos ao proprietário, junto com a coisa possuída. Todavia, o possuidor de boa-fé conserva os frutos percebidos e consumidos. Não há necessidade de indenização ao proprietário. Melhor dizendo: todos os frutos (naturais, civis, industriais) que o possuidor de boa-fé colher (perceber) durante a posse de boa-fé, a ele pertencerão, não sendo devida qualquer indenização ao proprietário. É, pois, uma proteção ao possuidor de boa-fé.

Diferentemente, o possuidor de má-fé, terá que devolver a coisa com os frutos pendentes e indenizar o proprietário, por todos os frutos percebidos, durante todo o período da posse de má-fé.

Os frutos naturais e industriais reputam-se colhidos e percebidos, logo que são separados; os civis reputam-se percebidos dia por dia (CCB, art. 1.215).

---

3 O Conselho da Justiça Federal, na IV Jornada de Direito Civil, publicou o Enunciado 302: "Art. 1.200 e 1.214. Pode ser considerado justo título para a posse de boa-fé o ato jurídico capaz de transmitir a posse *ad usucapionem*, observado o disposto no art. 113 do Código Civil".

O possuidor de má-fé responde por todos os frutos colhidos e percebidos, bem como pelos que, por culpa sua, deixou de perceber, desde o momento em que se constituiu de má-fé; tem direito às despesas da produção e custeio (CCB, art. 1.216).

O possuidor de boa-fé não responde pela perda ou deterioração da coisa, a que não der causa (CCB, art. 1.217). Daí que o possuidor de boa-fé não responde pela perda ou deterioração da coisa nos casos fortuitos ou por fatos exclusivos de terceiros. Neste caso, o proprietário suportará os prejuízos.

O possuidor de má-fé responde pela perda, ou deterioração da coisa, ainda que acidentais, salvo se provar que de igual modo se teriam dado, estando ela na posse do reivindicante (CCB, art. 1.218).

Benfeitoria é toda obra ou despesa feita na coisa principal para conservá-la, melhorá-la ou embelezá-la. As benfeitorias são bens acessórios que podem ser classificadas em *necessárias, úteis* e *voluptuárias*. As *benfeitorias necessárias* são aquelas que evitam a deterioração da coisa (é o caso da troca de um telhado no imóvel), as *benfeitorias úteis* têm por finalidade aumentar o valor da coisa (p. ex., a construção de mais um banheiro no imóvel) e as *benfeitorias voluptuárias* são aquelas destinadas ao simples deleite de quem as realiza (p. ex., a construção de uma piscina).

O artigo 96 do nosso Código Civil trata a questão das benfeitorias da seguinte forma: "Art. 96. As benfeitorias podem ser voluptuárias, úteis ou necessárias. § 1° São voluptuárias as de mero deleite ou recreio, que não aumentam o uso habitual do bem, ainda que o tornem mais agradável ou sejam de elevado valor. § 2° São úteis as que aumentam ou facilitam o uso do bem. § 3° São necessárias as que têm por fim conservar o bem ou evitar que se deteriore".

A referida classificação das benfeitorias em três espécies – voluptuárias, úteis e necessárias – tem fundamental importância em outras áreas do direito, em especial quando se trata dos efeitos da posse, do direito de retenção, do contrato de locação, dentre outros.

O possuidor de boa-fé tem direito à indenização das benfeitorias necessárias e úteis, bem como, quanto às voluptuárias, se não lhe forem pagas, a levantá-las, quando o puder sem detrimento da coisa, e poderá exercer o direito de retenção pelo valor das benfeitorias necessárias e úteis (CC – Art. 1.219).

Ora, é natural que o proprietário indenize as benfeitorias necessárias e úteis ao possuidor de boa-fé, já que tais benfeitorias revertem em benefício daquele, conservando o seu patrimônio ou tornando-o mais valorizado. Caso contrário, haveria um enriquecimento sem causa do proprietário.

O nosso ordenamento jurídico, também, concede ao possuidor de boa-fé, o exercício do direito de retenção pelo valor das benfeitorias necessárias e úteis.

Ora, o que vem a ser o *direito de retenção*? É, pois, um vestígio da autotutela. O direito de retenção é um meio de coerção indireta utilizado pelo possuidor de boa-fé, objetivando compelir o proprietário a indenizá-lo. É uma espécie de defesa direta do possuidor de boa-fé contra o proprietário, já que aquele retém a coisa.

Em tese, enquanto o proprietário não indenizar o possuidor de boa-fé, este poderá se utilizar do direito de retenção, não havendo, pois, nenhum limite temporal para a utilização desta coerção indireta. O exercício da retenção somente seria extinto após o pagamento da indenização devida.

Um bom argumento em prol do proprietário é no sentido de que o direito de retenção seria extinto a partir do momento da equivalência ao valor das benfeitorias.

Ora, a posse possui um valor econômico, ou seja, a posse contra a vontade do proprietário deve ser valorada, já que o possuidor está usando e gozando a coisa, sem a anuência do proprietário. O uso gratuito da coisa seria extinto quando o seu valor econômico se equivalesse ao valor das benfeitorias. A partir deste momento, o enriquecimento sem causa seria do possuidor.

As benfeitorias voluptuárias não são indenizáveis. O possuidor de boa-fé terá o direito de levantar as benfeitorias voluptuárias. O que significa o direito de levantar as benfeitorias voluptuárias? É o direito de retirá-las, salvo se a sua retirada ofender a substância da coisa.

Ao possuidor de má-fé serão ressarcidas somente as benfeitorias necessárias; não lhe assiste o direito de retenção pela importância destas, nem o de levantar as voluptuárias (CC – Art. 1.220).

O possuidor de má-fé só tem direito de ser indenizado das benfeitorias necessárias, mas sem valer-se do direito de retenção.

Considerando que o possuidor de má-fé não poderá reter a coisa, mesmo em relação às benfeitorias necessárias, este terá que devolver a coisa ao proprietário e, demitido da posse, postular, em ação autônoma, o pedido de indenização das referidas benfeitorias necessárias.

Por que o possuidor de má-fé deve ser indenizado das benfeitorias necessárias? Ora, mesmo o possuidor de má-fé deve ser indenizado das benfeitorias necessárias, uma vez que estas visam à conservação do patrimônio do proprietário.

As benfeitorias compensam-se com os danos, e só obrigam ao ressarcimento se ao tempo da evicção ainda existirem (CC – Art. 1.221).

O reivindicante, obrigado a indenizar as benfeitorias ao possuidor de má-fé, tem o direito de optar entre o seu valor atual e o seu custo; ao possuidor de boa-fé indenizará pelo valor atual (CC – Art. 1.222).

Outrossim, retornando a análise do artigo 1.826 é importante frisar que esta norma jurídica deve ser interpretada em consonância com o artigo 2.020 do CC que diz "Os herdeiros em posse dos bens da herança, o cônjuge sobrevivente e o inventariante são obrigados a trazer ao acervo os frutos que perceberam, desde a abertura da sucessão; têm direito ao reembolso das despesas necessárias e úteis que fizeram, e respondem pelo dano a que, por dolo ou culpa, deram causa."

A partir da citação, a responsabilidade do possuidor se há de aferir pelas regras concernentes à posse de má-fé e à mora (artigo 1.826, parágrafo único, CC).

13.3 Terceiro Adquirente

Ademais, o herdeiro pode demandar os bens da herança, mesmo em poder de terceiros, sem prejuízo da responsabilidade do possuidor originário pelo valor dos bens alienados (artigo 1.827, CC). São eficazes as alienações feitas, a título oneroso, pelo herdeiro aparente a terceiro de boa-fé (artigo 1.827, parágrafo único, CC). Isto significa dizer que se a alienação tiver sido realizada onerosamente a adquirente de má-fé ou gratuitamente (*e.g.*, através de contrato de doação) a terceiro, o negócio deve ser desfeito e o bem alienado (onerosa ou gratuitamente) deverá ser restituído ao verdadeiro sucessor.

13.4 Herdeiro aparente (ou putativo) de boa-fé

O herdeiro aparente, que de boa-fé houver pago um legado, não está obrigado a prestar o equivalente ao verdadeiro sucessor, ressalvado a este o direito de proceder contra quem o recebeu (artigo 1.828, CC).

13.5 Petição de Herança em Reconhecimento Póstumo de Paternidade

DIREITO CIVIL. TERMO INICIAL DO PRAZO PRESCRICIONAL DA AÇÃO DE PETIÇÃO DE HERANÇA EM RECONHECIMENTO PÓSTUMO DE PATERNIDADE. Na hipótese em que ação de investigação de paternidade *post mortem* tenha sido ajuizada após o trânsito em julgado da decisão de partilha de bens deixados pelo *de cujus*, o termo inicial do prazo prescricional para o ajuizamento de ação de petição de herança é a data do trânsito em julgado da decisão que reconheceu a paternidade, e não o trânsito em julgado da sentença que julgou a ação de inventário. A petição de herança, objeto dos arts. 1.824 a 1.828 do CC, é ação a ser proposta por herdeiro para o reconhecimento de direito sucessório ou a restituição da universalidade de bens ou de quota ideal da herança da qual não participou. Trata-se de ação fundamental para que um herdeiro preterido possa reivindicar a totalidade ou parte do acervo hereditário, sendo movida em desfavor do detentor da herança, de modo que seja promovida nova partilha dos bens. A teor do que dispõe o art. 189 do CC, a fluência do prazo prescricional, mais propriamente no tocante ao direito de ação, somente surge quando há violação do direito subjetivo alegado. Assim, conforme entendimento doutrinário, não há falar em petição de herança enquanto não se der a confirmação da paternidade. Dessa forma, conclui-se que o termo inicial para o ajuizamento da ação de petição de herança é a data do trânsito em julgado da ação de investigação de paternidade, quando, em síntese, confirma-se a condição de herdeiro. REsp 1.475.759-DF, Rel. Min. João Otávio de Noronha, julgado em 17/5/2016, DJe 20/5/2016.

DA SUCESSÃO LEGÍTIMA

Capítulo 14
DA ORDEM DA VOCAÇÃO HEREDITÁRIA

14.1 Considerações Iniciais

Na sucessão legítima, baseada no vínculo familiar, a indicação dos herdeiros se opera segundo o critério estabelecido na lei. Já na sucessão testamentária a distribuição do patrimônio ocorre de acordo com a vontade do hereditando (autor da herança). Ainda existe a possibilidade de conjugação dos modelos acima referidos, ou seja, uma combinação da sucessão legítima e testamentária. Isto porque se o autor da herança possui herdeiros necessários, ele somente poderá dispor em testamento metade do seu patrimônio. Como dito alhures, a parte indisponível da herança é denominada de *legítima* (destinada aos herdeiros necessários). Os herdeiros necessários são os descendentes, ascendentes e cônjuge. Já os herdeiros facultativos são os colaterais até o quarto grau. Caso não existam herdeiros necessários, a liberdade de testar é plena.

Vale lembrar mais uma vez que a sucessão dos companheiros (conviventes) foi regulada separadamente no artigo 1.790 do Código Civil.

A ordem de vocação hereditária, na sucessão legítima, segue a ordem estabelecida no artigo 1.829 do Código Civil. Vejamos: a sucessão legítima defere-se na ordem seguinte:

> I – *aos descendentes, em concorrência com o cônjuge sobrevivente, salvo se casado este com o falecido no regime da comunhão universal, ou no da separação obrigatória de bens (art. 1.640, parágrafo único); ou se, no regime da comunhão parcial, o autor da herança não houver deixado bens particulares;*[1]

---

1 Conselho da Justiça Federal – III Jornada de Direito Civil – CJF – Enunciado – 270 – Art. 1.829: O art. 1.829, inc. I, só assegura ao cônjuge sobrevivente o direito de concorrência com os descendentes do autor da herança quando casados no regime da separação convencional de bens ou, se casados nos regimes da comunhão parcial ou participação final nos aquestos, o falecido possuísse bens particulares, hipóteses em que a concorrência se restringe a tais bens, devendo os bens comuns (meação) ser partilhados exclusivamente entre os descendentes.
Conselho da Justiça Federal – V Jornada de Direito Civil – CJF – Enunciado 525 – Arts. 1.723, § 1º, 1.790, 1.829 e 1.830. Os arts. 1.723, § 1º, 1.790, 1.829 e 1.830 do Código

II – *aos ascendentes, em concorrência com o cônjuge*; Independentemente do regime de bens do casamento havido com o autor da herança, o cônjuge sobrevivente sempre concorrerá com os ascendentes, na dicção no art. 1.829, inc. II, do CCB. (Agravo de Instrumento nº 70055403067, Oitava Câmara Cível, Tribunal de Justiça do RS, Relator: Luiz Felipe Brasil Santos, Julgado em 15/08/2013);
III – *ao cônjuge sobrevivente*;[2]
IV – *aos colaterais*.

14.2 Sucessão dos descendentes em concorrência com o cônjuge

O artigo 1.829, inciso I, diz que a sucessão legítima defere-se na ordem seguinte I " – *aos descendentes, em concorrência com o cônjuge sobrevivente, salvo se casado este com o falecido no regime da comunhão universal, ou no da separação obrigatória de bens (art. 1.640, parágrafo único); ou se, no regime da comunhão parcial, o autor da herança não houver deixado bens particulares*".

Quais os nossos regimes de bens? O quadro abaixo apresenta os regimes de bens inseridos no ordenamento jurídico civilístico.

Regime de Bens	
Comunhão Parcial de Bens (regime legal)	Artigos 1.658 a 1.666
Comunhão Universal de Bens	Artigos 1.667 a 1.671
Participação Final dos Aquestos	Artigos 1.672 a 1.686
Separação de Bens - Legal / Obrigatória - Convencional	Artigo 1.641 Artigos 1.687 e 1.688

Como visto acima, em regra, é possível que os cônjuges escolham livremente o regime de bens para o casamento (hetero ou homossexual). O nosso Código Civil apresenta regras especiais quanto aos regimes previstos em nos-

---

Civil admitem a concorrência sucessória entre cônjuge e companheiro sobreviventes na sucessão legítima, quanto aos bens adquiridos onerosamente na união estável.

2 A lei que rege a capacidade sucessória é aquela vigente no momento da abertura da sucessão. Inteligência dos art. 1.787 do CCB. 2. Se o de cujus não deixou nem descendentes, nem ascendentes, o cônjuge é chamado a suceder, pois ocupa o terceiro lugar na ordem de vocação hereditária, sendo, nesse caso, absolutamente irrelevante o regime de bens do casamento. Inteligência dos art. 1.829, inc. III, e art. 1.838 do CCB. 3. Ocupando a viúva o terceiro lugar na ordem de vocação hereditária, resta afastada a legitimidade dos colaterais (irmãos) do de cujus para propor o inventário. 4. Por ostentar a condição de herdeira, compete à viúva preferencialmente o exercício da inventariança, [...]. (Apelação Cível Nº 70058274648, Sétima Câmara Cível, Tribunal de Justiça do RS, Relator: Sérgio Fernando de Vasconcellos Chaves, Julgado em 26/02/2014).

sa codificação civilística, a saber: a) *comunhão parcial* (artigos 1.658 a 1.666), *comunhão universal* (artigos 1.667 a 1.671), *participação final nos aquestos* (artigos 1.672 a 1.686) e *separação de bens* (artigos 1.687 e 1.688).

O regime matrimonial de bens são as regras jurídicas atinentes aos interesses econômicos e patrimoniais escolhidos pelo cônjuges durante a constância da relação matrimonial.

Considerando o regime de bens e a redação do inciso I do artigo 1.829 é possível afirmar que os descendentes e o cônjuge estão entrelaçados em um regime de concorrência da seguinte forma:

a) *regimes em que o cônjuge sobrevivente herda em concorrência com os descendentes*:
- Regime da comunhão parcial de bens, havendo bens particulares do falecido.
- Regime da participação final nos aquestos.
- Regime da separação convencional de bens, decorrente de pacto antenupcial.

b) *regimes em que o cônjuge sobrevivente NÃO herda em concorrência com os descendentes*:
- Regime da comunhão parcial de bens, não havendo bens particulares do falecido.
- Regime da comunhão universal de bens.
- Regime da separação legal ou obrigatória de bens

Dessa maneira, frise-se, mais uma vez, que o Código Civil de 2002 estabeleceu critérios distintos na sucessão, em relação aos cônjuges e aos companheiros. Para os cônjuges aplica-se a regra do artigo 1.829 e para os companheiros aplica-se a regra do artigo 1.790. Não há que se confundir *sucessão* com *meação*.

Aqui, vale destacar o REsp 1.368.123-SP, de Relatoria do Ministro Sidnei Beneti, Rel. para acórdão Min. Raul Araújo, julgado em 22/4/2015, DJe 8/6/2015: "O cônjuge sobrevivente casado sob o regime de comunhão parcial de bens concorrerá com os descendentes do cônjuge falecido apenas quanto aos bens particulares eventualmente constantes do acervo hereditário. O art. 1.829, I, do CC estabelece que o cônjuge sobrevivente concorre com os descendentes do falecido, salvo se casado: i) no regime da comunhão universal; ou ii) no da separação obrigatória de bens (art. 1.641, e não art. 1.640, parágrafo único); ou, ainda, iii) no regime da comunhão parcial, quando o autor da herança não houver deixado bens particulares. Com isso, o cônjuge supérstite é herdeiro necessário, concorrendo com os descendentes do morto, desde que casado com o falecido no regime: i) da separação convencional (ou consensual), em qualquer circunstância do acervo hereditário (ou seja, existindo ou não bens particulares do falecido); ou ii) da comunhão parcial, apenas quando tenha o *de cujus* deixado bens particulares, pois, quanto aos bens comuns, já tem o cônjuge sobrevivente o direito à meação, de modo que se faz necessário assegurar a condição de herdeiro ao cônjuge supérstite apenas quanto aos bens particulares. Dessa forma, se o falecido não deixou bens particulares, não há razão para o cônjuge sobrevivente ser herdeiro, pois já tem a meação sobre o total dos bens em comum do casal deixados pelo inventariado, cabendo a outra metade somente aos descendentes deste, estabelecendo-se uma situação de igualdade entre essas categorias de herdeiros, como é justo. Por outro lado, se o falecido deixou bens particulares e não se adotar o entendimento ora esposado, seus descendentes ficariam com a metade do acervo de bens comuns e com o total dos bens particulares, em clara desvantagem para o cônjuge sobrevivente. Para evitar essa situação, a lei estabelece a participação do cônjuge supérstite, agora na qualidade de herdeiro, em concorrência com os descendentes do morto, quanto aos bens particulares. Assim, impõe uma situação de igualdade entre os interessados na partilha, pois o cônjuge sobrevivente permanece meeiro em relação aos bens comuns e tem participação na divisão dos bens particulares, como herdeiro necessário, concorrendo com os descendentes. A preocupação do legislador de colocar o cônjuge sobrevivente na condição de herdeiro necessário, em concorrência com os descendentes do falecido, assenta-se na ideia de garantir ao cônjuge supérstite condições mínimas para sua sobrevivência, quando não possuir obrigatória ou presumida meação com o falecido (como ocorre no regime da separação convencional) ou quando a meação puder ser até inferior ao acervo de bens particulares do morto, ficando o cônjuge sobrevivente (mesmo casado em regime de comunhão parcial) em desvantagem frente aos descendentes. Noutro giro, não se mostra acertado o entendimento de que deveria prevalecer para fins sucessórios a vontade dos cônjuges, no que tange ao patrimônio, externada na ocasião do casamento com a adoção de regime de bens que exclua da comunhão os bens particulares de cada um. Com efeito, o regime de bens tal qual disciplinado no Livro de Família do Código Civil, instituto que disciplina o patrimônio dos nubentes, não rege o direito sucessório, embora tenha repercussão neste. Ora, a sociedade conjugal se extingue com o falecimento de um dos cônjuges (art. 1.571, I, do CC), incidindo, a partir de então, regras próprias que regulam a transmissão do patrimônio do *de cujus*, no âmbito do Direito das Sucessões, que possui livro próprio e específico no Código Civil. Assim, o regime de bens adotado na ocasião do casamento é considerado e tem influência no Direito das Sucessões, mas não prevalece tal qual enquanto em curso o matrimônio, não sendo extensivo a situações que possuem regulação legislativa própria, como no direito sucessório (REsp 1.472.945-RJ, Terceira Turma, DJe de 19/11/2014). Por fim, ressalte-se que essa linha exegética é a mesma chancelada no Enunciado 270 do Conselho da Justiça Federal, aprovado na III Jornada de Direito Civil. Precedente citado: REsp 974.241-DF, Quarta Turma, DJe 5/10/2011.

No mesmo sentido, vale destacar a decisão no Recurso Especial 1.382.170-SP, Rel. Min. Moura Ribeiro, Rel. para acórdão Min. João Otávio de Noronha, julgado em 22/4/2015, DJe 26/5/2015: "No regime de separação convencional de bens, o cônjuge sobrevivente concorre na sucessão causa mortis com os descendentes do autor da herança. Quem determina a ordem da vocação hereditária é o legislador, que pode construir um sistema para a separação em vida diverso do da separação por morte. E ele o fez, estabelecendo um sistema para a partilha dos bens por causa mortis e outro sistema para a separação em vida decorrente do divórcio. Se a mulher se separa, se divorcia, e o marido morre, ela não herda. Esse é o sistema de partilha em vida. Contudo, se ele vier a morrer durante a união, ela herda porque o Código a elevou à categoria de herdeira. São, como se vê, coisas diferentes. Ademais, se a lei fez algumas ressalvas quanto ao direito de herdar em razão do regime de casamento ser o de comunhão universal ou parcial, ou de separação obrigatória, não fez nenhuma quando o regime escolhido for o de separação de bens não obrigatório, de forma que, nesta hipótese, o cônjuge casado sob tal regime, bem como sob comunhão parcial na qual não haja bens comuns, é exatamente aquele que a lei buscou proteger, pois, em tese, ele ficaria sem quaisquer bens, sem amparo, já que, segundo a regra anterior, além de não herdar (em razão da presença de descendentes) ainda não haveria bens a partilhar. Essa, aliás, é a posição dominante hoje na doutrina nacional, embora não uníssona. No mesmo sentido, caminha o Enunciado 270 do CJF, aprovado na III Jornada de Direito Civil, ao dispor que: "O art. 1.829, inc. I, só assegura ao cônjuge sobrevivente o direito de concorrência com os descendentes do autor da herança quando casados no regime da separação convencional de bens ou, se casados nos regimes da comunhão parcial ou participação final nos aquestos, o falecido possuísse bens particulares, hipóteses em que a concorrência se restringe a tais bens, devendo os bens comuns (meação) ser partilhados exclusivamente entre os descendentes". Ressalta-se ainda que o art. 1.829, I, do CC, ao elencar os regimes de bens nos quais não há concorrência entre cônjuge supérstite e descendentes do falecido, menciona o da separação obrigatória e faz constar entre parênteses o art. 1.640, parágrafo único. Significa dizer que a separação obrigatória a que alude o dispositivo é aquela prevista no artigo mencionado entre parênteses. Como registrado na doutrina, a menção ao art. 1.640 constitui equívoco a ser sanado. Tal dispositivo legal não trata da questão. A referência correta é ao art. 1.641, que elenca os casos em que é obrigatória a adoção do regime de separação. Nessas circunstâncias, uma única conclusão é possível: quando o art. 1.829, I, do CC diz separação obrigatória, está referindo-se apenas à separação legal prevista no art. 1.641, cujo rol não inclui a separação convencional. Assim, de acordo com art. 1.829, I, do CC, a concorrência é afastada apenas quanto ao regime da separação legal de bens prevista no art. 1.641 do CC, uma vez que o cônjuge, qualquer que seja o regime de bens adotado pelo casal, é herdeiro necessário (art. 1.845 do CC). Precedentes citados: REsp 1.430.763-SP, Terceira Turma, DJe 2/12/2014; e REsp 1.346.324-SP, Terceira Turma, DJe 2/12/2014."

14.2.1 Regime da Comunhão Parcial de Bens

Este regime prevalecerá se os consortes não firmarem o pacto antenupcial. É conhecido como *regime legal*. No regime de comunhão parcial, comunicam-se os bens que sobrevierem ao casal durante o casamento, salvo os bens incomunicáveis (artigo 1.658, CC).

No regime da comunhão parcial de bens, havendo bens particulares do falecido, o *cônjuge sobrevivente herda em concorrência com os descendentes*.

Nesse sentido, "Recurso especial. Civil. Direito das sucessões. Cônjuge sobrevivente. Regime de comunhão parcial de bens. Herdeiro necessário. Existência de descendentes do cônjuge falecido. Concorrência. Acervo hereditário. Existência de bens particulares do *de cujus*. Interpretação do art. 1.829, I, do Código Civil. Violação ao art. 535 do CPC. Inexistência. (...). 2. Nos termos do art. 1.829, I, do Código Civil de 2002, o cônjuge sobrevivente, casado no regime de comunhão parcial de bens, concorrerá com os descendentes do cônjuge falecido somente quando este tiver deixado bens particulares. 3. A referida concorrência dar-se-á exclusivamente quanto aos bens particulares constantes do acervo hereditário do '*de cujus*'. 4. Recurso especial provido" (STJ, REsp 1.368.123/SP, 2ª Seção, Rel. Min. Sidnei Beneti, Rel. p/ Acórdão Ministro Raul Araújo, j. 22.04.2015, *DJe* 08.06.2015).

Da mesma forma, a decisão do Ministro RICARDO VILLAS BÔAS CUEVA: "o art. 1.829, I, do Código Civil de 2002 confere ao cônjuge casado sob a égide do regime de separação convencional a condição de herdeiro necessário, que concorre com os descendentes do falecido independentemente do período de duração do casamento, com vistas a garantir-lhe o mínimo necessário para uma sobrevivência digna.

O intuito de plena comunhão de vida entre os cônjuges (art. 1.511 do Código Civil) conduziu o legislador a incluir o cônjuge sobrevivente no rol dos herdeiros necessários (art. 1.845), o que reflete irrefutável avanço do Código Civil de 2002 no campo sucessório, à luz do princípio da vedação ao retrocesso social.

O pacto antenupcial celebrado no regime de separação convencional somente dispõe acerca da incomunicabilidade de bens e o seu modo de administração no curso do casamento, não produzindo efeitos após a morte por inexistir no ordenamento pátrio previsão de ultratividade do regime patrimonial apta a emprestar eficácia póstuma ao regime matrimonial.

O fato gerador no direito sucessório é a morte de um dos cônjuges e não, como cediço no direito de família, a vida em comum. As situações, porquanto distintas, não comportam tratamento homogêneo, à luz do princípio da especificidade, motivo pelo qual a intransmissibilidade patrimonial não se perpetua post mortem.

O concurso hereditário na separação convencional impõe-se como norma de ordem pública, sendo nula qualquer convenção em sentido contrário, especialmente porque o referido regime não foi arrolado como exceção à regra da concorrência posta no art. 1.829, I, do Código Civil.

O regime da separação convencional de bens escolhido livremente pelos nubentes à luz do princípio da autonomia de vontade (por meio do pacto antenupcial), não se confunde com o regime da separação legal ou obrigatória de bens, que é imposto de forma cogente pela legislação (art. 1.641 do Código Civil), e no qual efetivamente não há concorrência do cônjuge com o descendente.

Aplicação da máxima de hermenêutica de que não pode o intérprete restringir onde a lei não excepcionou, sob pena de violação do dogma da separação dos Poderes (art. 2º da Constituição Federal de 1988).

O novo Código Civil, ao ampliar os direitos do cônjuge sobrevivente, assegurou ao casado pela comunhão parcial cota na herança dos bens particulares, ainda que os únicos deixados pelo falecido, direito que pelas mesmas razões deve ser conferido ao casado pela separação convencional, cujo patrimônio é, inexoravelmente, composto somente por acervo particular. Recurso especial não provido. (REsp 1472945/RJ, Rel. Ministro RICARDO VILLAS BÔAS CUEVA, TERCEIRA TURMA, julgado em 23/10/2014, DJe 19/11/2014)."

Frise-se ainda que "no regime de separação convencional de bens, o cônjuge sobrevivente concorre na sucessão *causa mortis* com os descendentes do autor da herança. Quem determina a ordem da vocação hereditária é o legislador, que pode construir um sistema para a separação em vida diverso do da separação por morte. E ele o fez, estabelecendo um sistema para a partilha dos bens por *causa mortis* e outro sistema para a separação em vida decorrente do divórcio. Se a mulher se separa, se divorcia, e o marido morre, ela não herda. Esse é o sistema de partilha em vida. Contudo, se ele vier a morrer durante a união, ela herda porque o Código a elevou à categoria de herdeira. São, como se vê, coisas diferentes. Ademais, se a lei fez algumas ressalvas quanto ao direito de herdar em razão do regime de casamento ser o de comunhão universal ou parcial, ou de separação obrigatória, não fez nenhuma quando o regime escolhido for o de separação de bens não obrigatório, de forma que, nesta hipótese, o cônjuge casado sob tal regime, bem como sob comunhão parcial na qual não haja bens comuns, é exatamente aquele que a lei buscou proteger, pois, em tese, ele ficaria sem quaisquer bens, sem amparo, já que, segundo a regra anterior, além de não herdar (em razão da presença de descendentes) ainda não haveria bens a partilhar. Essa, aliás, é a posição dominante hoje na doutrina nacional, embora não uníssona. No mesmo sentido, caminha o Enunciado 270 do CJF, aprovado na III Jornada de Direito Civil, ao dispor que: "O art. 1.829, inc. I, só assegura ao cônjuge sobrevivente o direito de concorrência com os descendentes do autor da herança quando casados no regime da separação convencional de bens ou, se casados nos regimes da comunhão parcial ou participação final nos aquestos, o falecido possuísse bens particulares, hipóteses em que a concorrência se restringe a tais bens, devendo os bens comuns (meação) ser partilhados exclusivamente entre os descendentes". Ressalta-se ainda que o art. 1.829, I, do CC, ao elencar os regimes de bens nos quais não há concorrência entre cônjuge supérstite e descendentes do falecido, menciona o da separação obrigatória e faz constar entre parênteses o art. 1.640, parágrafo único. Significa dizer que a separação obrigatória a que alude o dispositivo é aquela prevista no artigo mencionado entre parênteses. Como registrado na doutrina, a menção ao art. 1.640 constitui equívoco a ser sanado. Tal dispositivo legal não trata da questão. A referência correta é ao art. 1.641, que elenca os casos em que é obrigatória a adoção do regime de separação. Nessas circunstâncias, uma única conclusão é possível: quando o art. 1.829, I, do CC diz separação obrigatória, está referindo-se apenas à separação legal prevista no art. 1.641, cujo rol não inclui a separação convencional. Assim, de acordo com art. 1.829, I, do CC, a concorrência é afastada apenas quanto ao regime da separação legal de bens prevista no art. 1.641 do CC, uma vez que o cônjuge, qualquer que seja o regime de bens adotado pelo casal, é herdeiro necessário (art. 1.845 do CC). Precedentes citados: REsp 1.430.763-SP, Terceira Turma, DJe 2/12/2014; e REsp 1.346.324-SP, Terceira Turma, DJe 2/12/2014. REsp 1.382.170-SP, Rel. Min. Moura Ribeiro, Rel. para acórdão Min. João Otávio de Noronha, julgado em 22/4/2015, DJe 26/5/2015.

14.2.1.1 Bens Incomunicáveis ou Particulares

Os *bens incomunicáveis* estão elencados no artigo 1.659, excluindo, portanto, da comunhão dos consortes. São eles:

a) os bens que cada cônjuge possuir ao casar, e os que lhe sobrevierem, na constância do casamento, por doação[3] ou sucessão, e os sub-rogados

---

3 DIREITO CIVIL. INCOMUNICABILIDADE DE BEM RECEBIDO A TÍTULO DE DOAÇÃO NO REGIME DA COMUNHÃO PARCIAL DE BENS. No regime de comunhão parcial de bens, não integra a meação o valor recebido por doação na constância do casamento – ainda que inexistente cláusula de incomunicabilidade – e utilizado para a quitação de imóvel

em seu lugar (artigo 1.659, I); Aqui são os chamados *bens particulares*[4] que cada um dos nubentes possuía antes do casamento. Da

---

adquirido sem a contribuição do cônjuge não donatário. De início, cumpre observar que, na relação conjugal em que há opção pelo regime de comunhão parcial, os cônjuges reconhecem que o fruto do esforço comum deve ser compartilhado pelo casal, não o patrimônio anterior, nem tampouco aquele que não advenha – direta ou indiretamente – do labor do casal. Ademais, sob o citado regime, a doação realizada a um dos cônjuges somente será comunicável quando o doador expressamente se manifestar nesse sentido e, no silêncio, presume-se feita apenas à donatária. Por fim, não há que aplicar norma atinente ao regime de comunhão universal, qual seja, a necessidade de cláusula de incomunicabilidade para excluir bens doados, quando há expressa regulação da matéria em relação ao regime da comunhão parcial de bens (arts. 1.659, I, 1.660, III, e 1.661 do CC). REsp 1.318.599-SP, Rel. Min. Nancy Andrighi, julgado em 23/4/2013.

4 O cônjuge sobrevivente casado sob o regime de comunhão parcial de bens concorrerá com os descendentes do cônjuge falecido apenas quanto aos bens particulares eventualmente constantes do acervo hereditário. O art. 1.829, I, do CC estabelece que o cônjuge sobrevivente concorre com os descendentes do falecido, salvo se casado: i) no regime da comunhão universal; ou ii) no da separação obrigatória de bens (art. 1.641, e não art. 1.640, parágrafo único); ou, ainda, iii) no regime da comunhão parcial, quando o autor da herança não houver deixado bens particulares. Com isso, o cônjuge supérstite é herdeiro necessário, concorrendo com os descendentes do morto, desde que casado com o falecido no regime: i) da separação convencional (ou consensual), em qualquer circunstância do acervo hereditário (ou seja, existindo ou não bens particulares do falecido); ou ii) da comunhão parcial, apenas quando tenha o *de cujus* deixado bens particulares, pois, quanto aos bens comuns, já tem o cônjuge sobrevivente o direito à meação, de modo que se faz necessário assegurar a condição de herdeiro ao cônjuge supérstite apenas quanto aos bens particulares. Dessa forma, se o falecido não deixou bens particulares, não há razão para o cônjuge sobrevivente ser herdeiro, pois já tem a meação sobre o total dos bens em comum do casal deixados pelo inventariado, cabendo a outra metade somente aos descendentes deste, estabelecendo-se uma situação de igualdade entre essas categorias de herdeiros, como é justo. Por outro lado, se o falecido deixou bens particulares e não se adotar o entendimento ora esposado, seus descendentes ficariam com a metade do acervo de bens comuns e com o total dos bens particulares, em clara desvantagem para o cônjuge sobrevivente. Para evitar essa situação, a lei estabelece a participação do cônjuge supérstite, agora na qualidade de herdeiro, em concorrência com os descendentes do morto, quanto aos bens particulares. Assim, impõe uma situação de igualdade entre os interessados na partilha, pois o cônjuge sobrevivente permanece meeiro em relação aos bens comuns e tem participação na divisão dos bens particulares, como herdeiro necessário, concorrendo com os descendentes. A preocupação do legislador de colocar o cônjuge sobrevivente na condição de herdeiro necessário, em concorrência com os descendentes do falecido, assenta-se na ideia de garantir ao cônjuge supérstite condições mínimas para sua sobrevivência, quando não possuir obrigatória ou presumida meação com o falecido (como ocorre no regime da separação convencional) ou quando a meação puder ser até inferior ao acervo de bens particulares do morto, ficando o cônjuge sobrevivente (mesmo casado em regime de comunhão parcial) em desvantagem frente aos descendentes. Noutro giro, não se mostra acertado o entendimento de que deveria prevalecer para fins sucessórios a vontade dos cônjuges, no que tange ao patrimônio, externada na ocasião do casamento com a adoção de regime de bens que exclua da comunhão os bens particulares de cada um. Com efeito, o regime de bens tal qual disciplinado no Livro de Família do Código Civil, instituto que disciplina o patrimônio dos nubentes, não rege o direito sucessório, embora tenha repercussão neste. Ora, a socie-

mesma forma, não se comunicam os bens recebidos por doação ou sucessão e os sub-rogados (sub-rogação real) em seu lugar.

b) *os bens adquiridos com valores exclusivamente pertencentes a um dos cônjuges em sub-rogação dos bens particulares* (artigo 1.659, II); Esta é uma situação bastante comum. O cônjuge, na constância do casamento, vende um bem incomunicável e adquire outro em seu lugar. É a denominada sub-rogação dos bens particulares. Vale lembrar que se o bem adquirido (sub-rogado) tiver um valor a maior do que o bem particular alienado, a diferença (a maior) terá comunicação com o outro consorte. Por exemplo, Camilo é casado em regime da comunhão parcial de bens com Juliana. Ocorre que antes da celebração do casamento, ele já possuía um apartamento. Ele vende o imóvel e recebe R$ 300 mil reais. A seguir adquire outro imóvel no valor de R$ 400 mil reais. Nesse caso, haverá sub-rogação em R$ 300 mil reais e a diferença a maior no valor de R$ 100 mil reais terá comunicação com Juliana. Não podemos esquecer que na aquisição do novo imóvel, deve restar claro e expresso na escritura de compra e venda do imóvel sub-rogado que parte do preço deste imóvel foi proveniente da sub-rogação do bem particular de Camilo.[5] ROLF MADALENO alerta que "esta cautela

---

dade conjugal se extingue com o falecimento de um dos cônjuges (art. 1.571, I, do CC), incidindo, a partir de então, regras próprias que regulam a transmissão do patrimônio do *de cujus*, no âmbito do Direito das Sucessões, que possui livro próprio e específico no Código Civil. Assim, o regime de bens adotado na ocasião do casamento é considerado e tem influência no Direito das Sucessões, mas não prevalece tal qual enquanto em curso o matrimônio, não sendo extensivo a situações que possuem regulação legislativa própria, como no direito sucessório (REsp 1.472.945-RJ, Terceira Turma, DJe de 19/11/2014). Por fim, ressalte-se que essa linha exegética é a mesma chancelada no Enunciado 270 do Conselho da Justiça Federal, aprovado na III Jornada de Direito Civil. Precedente citado: REsp 974.241-DF, Quarta Turma, DJe 5/10/2011. REsp 1.368.123-SP, Rel. Min. Sidnei Beneti, Rel. para acórdão Min. Raul Araújo, julgado em 22/4/2015, DJe 8/6/2015.

[5] AGRAVO INTERNO NO AGRAVO EM RECURSO ESPECIAL. INVENTÁRIO. MEAÇÃO. VIOLAÇÃO AO ART. 364 DO CPC/1973. AUSÊNCIA DE PREQUESTIONAMENTO. MÁ VALORAÇÃO DA PROVA. INEXISTÊNCIA. CASAMENTO REALIZADO SOB O REGIME DA COMUNHÃO PARCIAL DE BENS. SUB-ROGAÇÃO. AUSÊNCIA DE COMPROVAÇÃO.
REVISÃO. MATÉRIA FÁTICO-PROBATÓRIA. SÚMULA 7/STJ. AGRAVO NÃO PROVIDO.
1. Fica inviabilizado o conhecimento de tema trazido na petição de recurso especial, mas não debatido e decidido no acórdão recorrido, tampouco suscitado em embargos de declaração, porquanto ausente o indispensável prequestionamento. Aplicação, por analogia, das Súmulas 282 e 356 do STF.
2. No que diz respeito à má valoração da prova, a orientação jurisprudencial deste Sodalício estabelece que "vigora, no direito processual pátrio, o sistema de persuasão racional, adotado pelo Código de Processo Civil nos arts. 130 e 131, não cabendo compelir o magistrado a acolher com primazia determinada prova, em detrimento de outras

deve ser tomada inclusive para servir de prova contra terceiros, por exemplo, em uma situação bastante plausível de o cônjuge se resguardar contra credores de seu esposo e subtrair seu imóvel de eventual execução, isto quando o débito não conta com o aval ou a fiança da esposa e nem se trate de uma aquisição simulada para, exatamente contornar proibição legal ou fraudar direitos de terceiro, especialmente quando a lei presume existir simulação em contrato oneroso feito com ascendentes, descendentes, irmãos, cônjuge ou companheiro, que são vistos como interpostas pessoas (CC, art. 1.802, parágrafo único)."[6]

c) *as obrigações anteriores ao casamento* (artigo 1.659, III); A dívidas contraídas anteriormente ao casamento não se comunicam.

d) *as obrigações provenientes de atos ilícitos, salvo reversão em proveito do casal* (artigo 1.659, IV); A responsabilidade pelo ato ilícito é pessoal, não se comunicando ao outro cônjuge. Ocorre que somente haverá comunicação se no cometimento do ato ilícito houver reversão em proveito do casal. MADALENO destaca, por exemplo, "o marido pratica um crime de estelionato e com os recursos do ilícito penal adquire bem familiar ou paga uma cirurgia da esposa."[7] Ademais, pouco importa se o ilícito tenha ocorrido antes ou após o casamento. É importante destacar, mais uma vez, que se ambos os cônjuges tiraram proveito do ato ilícito, o quantum indenizatório recairá sobre os bens comuns dos consortes. Não obstante a

---

pretendidas pelas partes, se pela análise das provas em comunhão estiver convencido da verdade dos fatos" (AgRg no REsp 1.251.743/SP, Rel. Ministro LUIS FELIPE SALOMÃO, QUARTA TURMA, julgado em 16/09/2014, DJe de 22/9/2014).
3. A Corte de origem, ao dirimir a controvérsia, mediante o exame dos elementos informativos da demanda, entendeu pela configuração da condição de meeira da ora agravada, não tendo, ainda, ficado demonstrado que o patrimônio adquirido na constância do casamento seria decorrente da sub-rogação de bens particulares do de cujus.
Desse modo, infirmar as conclusões do julgado, como ora postulado, para excluir da meação os bens deixados pelo de cujus, demandaria o revolvimento do suporte fático-probatório da demanda, o que encontra óbice no enunciado da Súmula 7 do Superior Tribunal de Justiça.
4. Na hipótese, a irresignação das ora agravantes não trata de apenas conferir diversa qualificação jurídica aos fatos delimitados na origem e nova valoração dos critérios jurídicos concernentes à utilização da prova, mas, ao revés, de realização de novo juízo valorativo que substitua o realizado pelo Tribunal a quo para o fim de formar nova convicção sobre os fatos a partir do reexame de provas, circunstância, todavia, vedada nesta instância extraordinária. Incidência da Súmula 7 do Superior Tribunal de Justiça.
5. Agravo interno a que se nega provimento.
(AgInt no AREsp 904.524/GO, Rel. Ministro RAUL ARAÚJO, QUARTA TURMA, julgado em 04/08/2016, DJe 12/08/2016)

6 MADALENO, Rolf. *Direito de Família*, 7. ed. São Paulo: Forense, 11/2016. VitalBook file.
7 Ibid.

Súmula 251 do STJ, *verbis*: "A meação só responde pelo ato ilícito quando o credor, na execução fiscal, provar que o enriquecimento dele resultante aproveitou ao casal," o inciso IV ora em análise permite a comunicabilidade das obrigações provenientes de ato ilícito, no caso de reversão em benefício dos nubentes.

e) *os bens de uso pessoal, os livros e instrumentos de profissão* (artigo 1.659, V); Aqui estão incluídos coleções raras de livros, computadores, celulares, relógios, os instrumentos de um dentista, de um médico, de um enfermeiro, de um músico, dentre outros exemplos.

f) *os proventos do trabalho pessoal de cada cônjuge* (artigo 1.659, VI); O salário é, pois, um *bem particular*. Este inciso representa verdadeiro desequilíbrio das relações econômicas-financeiras dos cônjuges. Ora, como a maioria das pessoas vive em razão e por conta de seus salários, teríamos a seguinte situação: aquele cônjuge que prefere economizar os seus proventos (fruto do seu trabalho pessoal) ao invés de adquirir bens conjugais seria beneficiado, eis que sua economia salarial seria considerada um bem particular, logo, incomunicável. Esta conduta desestimularia, inclusive, a aquisição de bens conjugais consubstanciando um maior lastro conjugal.

Ora, a melhor hermenêutica deste dispositivo é no sentido de evitar que na dissolução da sociedade conjugal, um dos cônjuges tivesse direito permanente à metade dos proventos do outro cônjuge. Dessa maneira, o *direito aos proventos* deve ser tido como incomunicável, mas não o valor recebido em si durante a constância da sociedade conjugal.

De acordo com a Rel. Ministra NANCY ANDRIGHI, da TERCEIRA TURMA do STJ, no julgamento do REsp 1024169/RS, em 13/04/2010, "a interpretação harmônica dos arts. 1.659, inc. VI, e 1.660, inc. V, do CC/02, permite concluir que, os valores obtidos por qualquer um dos cônjuges, a título de retribuição pelo trabalho que desenvolvem, integram o patrimônio do casal tão logo percebidos. Isto é, tratando-se de percepção de salário, este ingressa mensalmente no patrimônio comum, prestigiando-se, dessa forma, o esforço comum."

Diante da importância da questão, existe projeto de lei (276/2007) com objetivo de retirar do Código Civil o inciso VI, do artigo 1.659.

g) *as pensões, meios-soldos* (metade do soldo paga a militar reformado), *montepios* (pensão paga pelo Estado aos herdeiros de funcionário falecido) *e outras rendas semelhantes* (artigo 1.659, VII).

Vale lembrar que são incomunicáveis os bens cuja aquisição tiver por título uma causa anterior ao casamento (artigo 1.661, CC).

14.2.1.2 Bens Comunicáveis ou Comuns

Já o artigo 1.660 apresenta as hipóteses de *comunicabilidade dos bens*. Pois bem, entram na comunhão:

a) *os bens adquiridos na constância do casamento por título oneroso, ainda que só em nome de um dos cônjuges* (artigo 1.660, I); Esta é a essência do regime da comunhão parcial de bens, ou seja, a comunicabilidade dos bens, por título oneroso, na constância do casamento. Assim, se um dos cônjuges receber uma doação, *e.g.*, um imóvel, este bem não entrará na comunhão, eis que não foi adquirido à título oneroso, senão gratuito.

b) *os bens adquiridos por fato eventual, com ou sem o concurso de trabalho ou despesa anterior* (artigo 1.660, II); É o caso, por exemplo, de loterias, bingos, apostas, recompensas, sorteios, dentre outros.

c) *os bens adquiridos por doação, herança ou legado, em favor de ambos os cônjuges* (artigo 1.660, III);

d) *as benfeitorias em bens particulares de cada cônjuge* (artigo 1.660, IV); Presume-se, portanto, que as despesas relacionadas as benfeitorias (necessárias, úteis e voluptuárias) realizadas em bens particulares de um dos cônjuges são fruto de recursos do casal.[8]

e) *os frutos dos bens comuns, ou dos particulares de cada cônjuge, percebidos na constância do casamento, ou pendentes ao tempo de cessar a comunhão* (artigo 1.660, V). Os frutos, produtos e rendimentos são bens acessórios. O artigo 95 do Código Civil dispõe que "apesar de ainda não separados do bem principal, os frutos e produtos podem ser objeto de negócio jurídico". Não obstante, a omissão quanto aos rendimentos, estes continuam sendo bens acessórios. Os *frutos* são as utilidades que a coisa principal gera, de forma

---

[8] Benfeitoria é toda obra ou despesa feita na coisa principal para conservá-la, melhorá-la ou embelezá-la. As benfeitorias são bens acessórios que podem ser classificadas em *necessárias, úteis* e *voluptuárias*. As *benfeitorias necessárias* são aquelas que evitam a deterioração da coisa (é o caso da troca de um telhado no imóvel), as *benfeitorias úteis* têm por finalidade aumentar o valor da coisa (p. ex., a construção de mais um banheiro no imóvel) e as *benfeitorias voluptuárias* são aquelas destinadas ao simples deleite de quem as realiza (p. ex., a construção de uma piscina).
O artigo 96 do nosso Código Civil trata a questão das benfeitorias da seguinte forma:
"Art. 96. As benfeitorias podem ser voluptuárias, úteis ou necessárias.
§ 1º São voluptuárias as de mero deleite ou recreio, que não aumentam o uso habitual do bem, ainda que o tornem mais agradável ou sejam de elevado valor.
§ 2º São úteis as que aumentam ou facilitam o uso do bem.
§ 3º São necessárias as que têm por fim conservar o bem ou evitar que se deteriore".
A referida classificação das benfeitorias em três espécies – voluptuárias, úteis e necessárias – tem fundamental importância em outras áreas do direito, em especial quando se trata dos efeitos da posse, do direito de retenção, do contrato de locação, dentre outros.

normal e periódica, sem desfalcar a sua substância. São, pois, características dos frutos: a) a periodicidade de sua produção; b) preservação da substância da coisa frutífera.

Os *frutos* quanto à origem podem ser classificados como: *frutos naturais, frutos industriais* e *frutos civis*. Os *frutos naturais* são aqueles provenientes da natureza (vegetais e animais, e.g., a cria de um animal); os *frutos industriais* são aqueles gerados pela participação humana, através do trabalho das pessoas, tais como a fabricação de calçados. Estes são considerados bens acessórios (frutos industriais) em relação à fábrica de calçados; e os *frutos civis* são aqueles que decorrem da lei, como por exemplo, os juros (frutos civis que o capital é capaz de gerar, sem perder a sua substância), aluguéis (contraprestação pela utilização da coisa principal, sem perder a sua substância), dividendos (parcela do lucro de uma sociedade anônima atribuída a cada ação, sem perder a sua substância) etc.

Os *rendimentos* são os frutos civis. Estas são expressões sinônimas. Daí que quando se afirmar que uma pessoa vive de "rendimentos", significa dizer que esta pessoa sobrevive com os rendimentos dos aluguéis, juros, dividendos, que representam os frutos civis. Logo, os rendimentos são bens acessórios.

Os *frutos* quanto ao estado podem ser classificados como: frutos pendentes; frutos percebidos ou colhidos; frutos percipiendos e frutos consumidos.

Os *frutos pendentes* são aqueles já gerados e ainda não colhidos, por exemplo, os cajus que estão no cajuzeiro. O parágrafo único do artigo 1.214 do nosso Código Civil determina que "os frutos pendentes ao tempo em que cessar a boa-fé devem ser restituídos, depois de deduzidas as despesas da produção e custeio; devem ser também restituídos os frutos colhidos com antecipação".

Os *frutos percebidos ou colhidos* são aqueles que já foram gerados e já estão colhidos, por exemplo, os cajus já colhidos de determinada plantação. Estes frutos podem ser subdivididos em *estantes* e *consumidos*. Aquele é o fruto já colhido e armazenado ou acondicionado para a venda e este já foi colhido e consumido (destruído ou alienado).

E os *frutos percipiendos* são aqueles que se encontram ligados à coisa e já deveriam ter sido colhidos.

Por sua vez, os *produtos* são tudo aquilo que pode ser retirado do bem principal, diminuindo sua substância, tais como o petróleo, as pedras, o sal etc. Os *produtos* se distinguem dos *frutos*, já que estes são gerados pela coisa sem que ocorra desfalque em sua substância, enquanto que aqueles são retirados da coisa principal, de forma a causar uma redução na substância da coisa.

A regra do artigo 1.660, inciso V, se aplica, pois, aos frutos naturais e civis, ao afirmar que os frutos produzidos por bens comuns ou particulares integram a comunhão, tanto os percebidos na constância do casamento ou pendentes ao término da comunhão.

Por fim, vale lembrar que de acordo com a regra jurídica do artigo 1.662, do Código Civil, "no regime da comunhão parcial, presumem-se adquiridos na constância do casamento os bens móveis, quando não se provar que o foram em data anterior." É uma presunção relativa (*iuris tantum*), pois admite a prova em contrário.

14.2.2 Regime da Separação de Bens

O regime da *separação de bens* pode ser convencionado através de pacto antenupcial (aqui os nubentes fazem a opção pela incomunicabilidade total de bens) ou ser obrigatório (ou legal) nas hipóteses do artigo 1.641 do Código Civil.[9]

O artigo 1.829, inciso I, diz que a sucessão legítima defere-se na ordem seguinte: I – *aos descendentes, em concorrência com o cônjuge sobrevivente, salvo se casado este com o falecido no regime da comunhão universal, ou no da separação obrigatória de bens (art. 1.640, parágrafo único); ou se, no regime da comunhão parcial, o autor da herança não houver deixado bens particulares.*

Ao afastar a concorrência sucessória dos descendentes com o cônjuge sobrevivente, a regra jurídica utiliza a expressão *separação obrigatória*, todavia, mencionou entre parênteses, o art. 1.640, parágrafo único, do Código Civil, que possui a seguinte redação: *"poderão os nubentes, no processo de habilitação, optar por qualquer dos regimes que este código regula. Quanto à forma, reduzir-se-á a termo a opção pela comunhão parcial, fazendo-se o pacto antenupcial por escritura pública, nas demais escolhas"*.

A regra jurídica em comento não está relacionada à *separação legal* ou *obrigatória* (artigo 1.641 do Código Civil), mas sobretudo à *separação convencional*, decorrente de pacto antenupcial.

Dessa forma, não existe a concorrência sucessória na separação legal ou obrigatória de bens. Ao contrário, na separação convencional de bens, a concorrência sucessória se faz presente, uma vez que não está abrangida pela exclusão da parte final do art. 1.829, inciso I, do CC. Neste diapasão, o Enunciado n. 270, aprovado na *III Jornada de Direito Civil*, diz que "o art. 1.829, inc. I, só assegura ao cônjuge sobrevivente o direito de concorrência com os

---

9   CC – Art. 1.641. É obrigatório o regime da separação de bens no casamento:
   I – das pessoas que o contraírem com inobservância das causas suspensivas da celebração do casamento;
   II – da pessoa maior de 70 (setenta) anos; (Redação dada pela Lei nº 12.344, de 2010)
   III – de todos os que dependerem, para casar, de suprimento judicial.

descendentes do autor da herança quando casados no regime da separação convencional de bens ou, se casados nos regimes da comunhão parcial ou participação final nos aquestos, o falecido possuísse bens particulares, hipóteses em que a concorrência se restringe a tais bens, devendo os bens comuns (meação) ser partilhados exclusivamente entre os descendentes."

Neste sentido, a jurisprudência do STJ: "No regime de separação convencional de bens, o cônjuge sobrevivente concorre na sucessão *causa mortis* com os descendentes do autor da herança. Quem determina a ordem da vocação hereditária é o legislador, que pode construir um sistema para a separação em vida diverso do da separação por morte. E ele o fez, estabelecendo um sistema para a partilha dos bens por *causa mortis* e outro sistema para a separação em vida decorrente do divórcio. Se a mulher se separa, se divorcia, e o marido morre, ela não herda. Esse é o sistema de partilha em vida. Contudo, se ele vier a morrer durante a união, ela herda porque o Código a elevou à categoria de herdeira. São, como se vê, coisas diferentes. Ademais, se a lei fez algumas ressalvas quanto ao direito de herdar em razão do regime de casamento ser o de comunhão universal ou parcial, ou de separação obrigatória, não fez nenhuma quando o regime escolhido for o de separação de bens não obrigatório, de forma que, nesta hipótese, o cônjuge casado sob tal regime, bem como sob comunhão parcial na qual não haja bens comuns, é exatamente aquele que a lei buscou proteger, pois, em tese, ele ficaria sem quaisquer bens, sem amparo, já que, segundo a regra anterior, além de não herdar (em razão da presença de descendentes) ainda não haveria bens a partilhar. Essa, aliás, é a posição dominante hoje na doutrina nacional, embora não uníssona. No mesmo sentido, caminha o Enunciado n. 270 do CJF, aprovado na *III Jornada de Direito Civil*, ao dispor que: "O art. 1.829, inc. I, só assegura ao cônjuge sobrevivente o direito de concorrência com os descendentes do autor da herança quando casados no regime da separação convencional de bens ou, se casados nos regimes da comunhão parcial ou participação final nos aquestos, o falecido possuísse bens particulares, hipóteses em que a concorrência se restringe a tais bens, devendo os bens comuns (meação) ser partilhados exclusivamente entre os descendentes". Ressalta-se ainda que o art. 1.829, I, do CC, ao elencar os regimes de bens nos quais não há concorrência entre cônjuge supérstite e descendentes do falecido, menciona o da separação obrigatória e faz constar entre parênteses o art. 1.640, parágrafo único. Significa dizer que a separação obrigatória a que alude o dispositivo é aquela prevista no artigo mencionado entre parênteses. Como registrado na doutrina, a menção ao art. 1.640 constitui equívoco a ser sanado. Tal dispositivo legal não trata da questão. A referência correta é ao art. 1.641, que elenca os casos em que é obrigatória a adoção do regime de separação. Nessas circunstâncias, uma única conclusão é possível: quando o art. 1.829, I, do CC diz separação obrigatória, está referindo-se apenas à separação legal prevista no art. 1.641, cujo rol não inclui a separação convencional. Assim, de acordo com art. 1.829, I, do CC, a concorrência é afastada apenas quanto ao regime da separação legal de bens prevista no art. 1.641 do CC, uma vez que o cônjuge, qualquer que seja o regime de bens adotado pelo casal, é herdeiro necessário (art. 1.845 do CC). Precedentes citados: REsp 1.430.763/SP, 3.ª Turma, DJe 02.12.2014; e REsp 1.346.324/SP, 3.ª Turma, DJe 02.12.2014" (STJ, REsp 1.382.170/SP, Rel. Min. Moura Ribeiro, Rel. para acórdão Min. João Otávio de Noronha, j. 22.04.2015, DJe 26.05.2015).

14.2.2.1 Aplicabilidade da Súmula 377 do STF

Outrossim, vale lembrar a aplicabilidade da súmula 377 do STF que diz "no regime de separação legal de bens, comunicam-se os adquiridos na constância do casamento."[10] A primeira questão que surge é sobre a aplicabilidade ou não da Súmula 377 do STF na atualidade. Uma primeira corrente entende que a súmula está cancelada, uma vez que o Código Civil de 2002 não reproduziu o artigo 259 do Código Civil de 1916.[11] Uma segunda corrente (majoritária) entende que a Súmula não está cancelada, em razão da vedação do enriquecimento sem causa, de acordo com os artigos 884 a 886 do Código Civil de 2002. Melhor dizendo: adotado o regime da separação legal de bens pelos nubentes, como ficam aqueles bens que forem adquiridos durante a convivência familiar? Neste caso, adota-se o regime da comunhão parcial, visando impedir o enriquecimento sem causa de um dos nubentes em relação ao outro. É necessário, pois, resolver outra questão: saber se o esforço comum deve ser presumido ou não, ou seja, deve se presumir que os aquestos se comunicam, dispensando a prova do esforço comum? O STJ entende que deve se exigir a prova do esforço comum. Vejamos: "No regime de separação obrigatória, apenas se comunicam os bens adquiridos na constância do casamento pelo esforço comum, sob pena de se desvirtuar a opção legislativa, imposta por motivo de ordem pública."[12]

---

10 Na sessão plenária em que a súmula foi editada, as referências legislativas primordiais foram os arts. 258 e 259 do CC/16.
11 Com a não reprodução do art. 259 do CC/16, o atual Código Civil, na parte em que rege o regime de separação de bens, optou pela não comunicação dos aquestos, tanto na separação convencional quanto na obrigatória.
12 RECURSO ESPECIAL. CIVIL E PROCESSUAL CIVIL. DIREITO DE FAMÍLIA.
AÇÃO DE RECONHECIMENTO E DISSOLUÇÃO DE UNIÃO ESTÁVEL. PARTILHA DE BENS.
COMPANHEIRO SEXAGENÁRIO. ART. 1.641, II, DO CÓDIGO CIVIL (REDAÇÃO ANTERIOR À LEI Nº 12.344/2010). REGIME DE BENS. SEPARAÇÃO LEGAL.
NECESSIDADE DE PROVA DO ESFORÇO COMUM. COMPROVAÇÃO. BENFEITORIA E CONSTRUÇÃO INCLUÍDAS NA PARTILHA. SÚMULA Nº 7/STJ.
1. É obrigatório o regime de separação legal de bens na união estável quando um dos companheiros, no início da relação, conta com mais de sessenta anos, à luz da redação originária do art. 1.641, II, do Código Civil, a fim de realizar a isonomia no sistema, evi-

ROLF MADALENO ensina que "está sedimentado que um dos evidentes propósitos do Supremo Tribunal Federal ao editar a Súmula n.377, a par da questão pontual do art. 259 do Código Civil de 1916, também foi o de evitar o enriquecimento ilícito nos casamentos de imposição do regime da separação de bens, porque o patrimônio adquirido na constância do casamento pelo esforço comum terminava em mãos de só um dos cônjuges, de hábito o varão, sob cuja titularidade restava inscrito o acervo construído durante toda a história do matrimônio."[13]

Seria possível o afastamento da Súmula 377 do STF pela vontade das partes? Em tese, sim. Isto seria possível através da celebração de um pacto antenupcial (esfera da autonomia privada) em que os nubentes ampliariam os efeitos do regime da separação obrigatória, ocasionando uma separação absoluta dos bens.

14.2.3 Regime da Comunhão Universal de Bens

O regime de comunhão universal importa a comunicação de todos os bens presentes e futuros dos cônjuges e suas dívidas passivas (artigo 1.667, CC), com exceção dos bens incomunicáveis. Neste regime existe a predominância de bens comuns anteriores, presentes ou posteriores a celebração do casamento.[14]

---

tando-se prestigiar a união estável no lugar do casamento.

2. No regime de separação obrigatória, apenas se comunicam os bens adquiridos na constância do casamento pelo esforço comum, sob pena de se desvirtuar a opção legislativa, imposta por motivo de ordem pública.

3. Rever as conclusões das instâncias ordinárias no sentido de que devidamente comprovado o esforço da autora na construção e realização de benfeitorias no terreno de propriedade exclusiva do recorrente, impondo-se a partilha, demandaria o reexame de matéria fático-probatória, o que é inviável em sede de recurso especial, nos termos da Súmula nº 7 do Superior Tribunal de Justiça.

4. Recurso especial não provido.

(REsp 1403419/MG, Rel. Ministro RICARDO VILLAS BÔAS CUEVA, TERCEIRA TURMA, julgado em 11/11/2014, DJe 14/11/2014).

13 MADALENO, Rolf. *Curso de Direito de Família*. 4. ed. Rio de Janeiro. Forense, 2011. p. 73.

14 De acordo com o artigo 1.668 do nosso Código Civil são excluídos da comunhão:

a) *os bens doados ou herdados com a cláusula de incomunicabilidade e os sub-rogados em seu lugar* (artigo 1.668, I); A cláusula de incomunicabilidade impede a comunicação do bem ao outro cônjuge. Da mesma forma se o bem gravado com cláusula de incomunicabilidade for alienado e outro vier a ser sub-rogado em seu lugar. Vale lembrar que a cláusula de incomunicabilidade não impede a alienação do bem.

b) *os bens gravados de fideicomisso e o direito do herdeiro fideicomissário, antes de realizada a condição suspensiva* (artigo 1.668, II); A substituição fideicomissária é aquela em que o testador nomeia desde logo um favorecido (herdeiro ou legatário) e após a morte deste ou depois de certo tempo, ocorre à transmissão para outra pessoa. No caso, existe uma nomeação sucessiva com os seguintes personagens: a) o *fideicomitente* (testador); b) *fiduciário* (é aquela pessoa que sucede em primeiro lugar); e, c) *fideicomissário* (é o último destinatário da herança ou legado).

Na comunhão universal de bens, de acordo com o inciso I do artigo 1.829, não há a concorrência sucessória.

14.2.4 Regime da Participação final dos Aquestos

O regime da *participação final dos aquestos* é um regime novo que não existia no anterior Código Civil de 1916. Na realidade este regime de bens acabou substituindo o regime dotal. Ele está previsto no artigo 1.672 e seguintes do Código Civil de 2002. No regime de participação final nos aquestos, cada cônjuge possui patrimônio próprio e lhe cabe, à época da dissolução da sociedade conjugal, direito à metade dos bens adquiridos pelo casal, a título oneroso, na constância do casamento. É, pois, um regime misto, já que durante a constância do casamento aplicam-se as regras da separação total e, após a sua dissolução, as da comunhão parcial. Neste caso, é necessário a fei-

---

São espécies de fideicomisso: a) vitalício (a substituição ocorre com a morte do fiduciário); b) a termo (a substituição ocorre a partir de determinado momento fixado pelo testador); c) condicional (é aquela que depende de uma condição resolutiva).

São requisitos da substituição fideicomissária: a) dupla vocação, ou seja, deve haver duas disposições testamentárias a respeito do mesmo bem em favor de duas pessoas diferentes, a saber: o fiduciário e o fideicomissário; b) eventualidade da vocação do fideicomissário, já que este é proprietário sob condição resolutiva; c) sucessividade subjetiva, uma vez que o fideicomissário substituirá o fiduciário; d) capacidade testamentária das partes envolvidas; e) obrigação do fiduciário de conservar a coisa fideicometida, visando restituí-la ao fideicomissário em bom estado de conservação (é uma relação de confiança).

Dessa maneira, os bens recebidos pelo fiduciário não se comunicam com o seu cônjuge. Já os direitos do fideicomissário se comunicam com o seu consorte apenas com a aquisição do domínio, isto é, antes de realizada a condição suspensiva, este possui apenas uma expectativa de direito.

c) *as dívidas anteriores ao casamento, salvo se provierem de despesas com seus aprestos, ou reverterem em proveito comum* (artigo 1.668, III); As obrigações assumidas antes do casamento integram o patrimônio particular do cônjuge, exceto se provenientes de despesas com os aprestos do casamento, tais como enxoval, mobiliário, festas de casamento, dentre outras. Da mesma forma, se comunicam as dívidas que tragam proveito ao casal, por exemplo, um pagamento parcelado de uma viagem de lua de mel, assumidas antes do casamento ou a aquisição parcelada de um automóvel para o casal.

d) *as doações antenupciais feitas por um dos cônjuges ao outro com a cláusula de incomunicabilidade* (artigo 1.668, IV); Aqui é o caso do noivo que doa algo a sua futura esposa inserindo nesta doação uma cláusula de incomunicabilidade. Após o casamento, o objeto doado é bem particular do donatário, não se comunicando com o outro consorte. É a denominada doação *propter núpcias*, isto, decorrente do casamento.

e) *Os bens referidos nos incisos V a VII do art. 1.659*. Estes bens são aqueles excluídos do patrimônio comum no regime da comunhão parcial de bens. Não se comunicam, portanto, "IV – as obrigações provenientes de atos ilícitos, salvo reversão em proveito do casal; V – os bens de uso pessoal, os livros e instrumentos de profissão; VI – os proventos do trabalho pessoal de cada cônjuge; VII – as pensões, meios-soldos, montepios e outras rendas semelhantes."

A incomunicabilidade dos bens acima mencionados não se estende aos frutos, quando se percebam ou vençam durante o casamento (artigo 1.669, CC).

tura do pacto antenupcial. Carlos Roberto Gonçalves ensina que o regime de participação final de aquestos é um regime híbrido ou misto, já que, durante o casamento, seriam aplicáveis as regras do regime de separação de bens e após a sua dissolução, aquelas regras jurídicas da comunhão parcial.[15]

De acordo com as lições de PAULO LÔBO, "aquestos, etimologicamente, significa bens adquiridos; no direito de família, bens adquiridos na constância do matrimônio. Para fins do regime, os aquestos não são apenas os que restarem no momento da dissolução da sociedade conjugal. Sua apuração, de natureza contábil, levará em conta todos os bens adquiridos durante o tempo em que durou o casamento ou os respectivos valores, se tiverem sido alienados. Se houver saldo em favor de um dos cônjuges, este será credor do outro do respectivo montante. Aquestos são apenas os bens adquiridos pelo casal a título oneroso, excluindo-se os que forem recebidos por liberalidade (doação ou sucessão hereditária) de terceiro. [...] A apuração dos bens comuns, e das respectivas meações, no momento da extinção da sociedade conjugal, interessa não apenas aos cônjuges, mas aos herdeiros de cada qual e aos terceiros interessados, como os credores."[16]

Qual é o modo de cálculo? "Não integram os aquestos e são excluídos do cálculo da partilha os bens anteriores ao casamento, os adquiridos por doação ou sucessão, as dívidas relativas a esses bens. [...] Para efeito da partilha e do cálculo, deve ser considerada a data da cessação da convivência entre os cônjuges, e não a da decisão judicial do divórcio ou da separação judicial."[17]

GUILHERME CALMON NOGUEIRA DA GAMA considera que o regime de participação final nos aquestos se fundamenta "não apenas no princípio de igualdade entre os cônjuges, mas também no princípio da solidariedade que deve ser considerado nas relações conjugais, eis que, ao término da sociedade conjugal, haverá autêntico ajuste de contas de modo a propiciar a um dos cônjuges sua participação nos ganhos líquidos obtidos pelo outro, independentemente das atividades e das tarefas – sob o ponto de vista econômico – desempenhadas por cada um durante a constância do casamento."[18]

Na obra de Caio Mário da Silva Pereira, atualizada por Tânia da Silva Pereira, a característica fundamental do regime de participação final nos aquestos "consiste em que, na constância do casamento, os cônjuges vivem sob o império da separação de bens, cada um deles com o seu patrimônio separado. Ocorrendo a dissolução da sociedade conjugal (pela morte de um dos cônjuges, pela separação judicial ou pelo divórcio), reconstitui-se contabilmente uma comunhão de aquestos. Nesta reconstituição nominal (não *in natura*),

---

15 GONÇALVES, Carlos Roberto. *Direito Civil Brasileiro*. v. VI. São Paulo: Saraiva, 2005, p. 429.
16 LÔBO, Paulo. *Direito Civil*: Famílias. São Paulo: Saraiva, 2008, p. 332-333.
17 Ibid., p. 334-335.
18 GAMA, Guilherme Calmon Nogueira da. *Direito Civil*: Família. São Paulo Atlas, 2008, p. 208.

levanta-se o acréscimo patrimonial de cada um dos cônjuges no período de vigência do casamento. Efetua-se uma espécie de balanço, e aquele que se houver enriquecido menos terá direito à metade do saldo encontrado.

O novo regime se configura como um misto de comunhão e de separação. A comunhão de bens não se verifica na constância do casamento, mas terá efeito meramente contábil diferido para o momento da dissolução."[19]

De acordo com as lições de ROLF MADALENO, "cuida-se, em realidade, de um regime de separação de bens, no qual cada consorte tem a livre e independente administração do seu patrimônio pessoal, dele podendo dispor quando for bem móvel e necessitando da outorga do cônjuge se imóvel (salvo dispensa em pacto antenupcial para os bens particulares – CC, art. 1.656). Apenas na hipótese de ocorrer a dissolução da sociedade conjugal será verificado o montante dos aquestos levantados à data de cessação da convivência (CC, art. 1.683) e entenda-se como convivência fática ou jurídica o que cessar primeiro, e cada cônjuge participará dos ganhos obtidos pelo outro a título oneroso na constância do casamento."[20]

Enquanto que no Brasil, o regime da participação final dos aquestos depende da realização do pacto antenupcial, em alguns países (Alemanha, Áustria e Suíça) este regime é adotado como regime legal de bens. Da mesma forma, os ordenamentos da França e da Espanha, também, conhecem este tipo de regime de bens.

De acordo com o artigo 1.674 do Código Civil, sobrevindo a dissolução da sociedade conjugal,[21] apurar-se-á o montante dos aquestos, excluindo-se da soma dos patrimônios próprios:

> I – os bens anteriores ao casamento e os que em seu lugar se sub-rogaram;
> II – os que sobrevierem a cada cônjuge por sucessão ou liberalidade;
> III – as dívidas relativas a esses bens.

Como dito acima, os *bens móveis* presumem-se adquiridos durante o casamento (artigo 1.674, parágrafo único, do CC). É, pois, uma presunção relativa (*iuris tantum*), já que admite a prova em contrário.

---

19 PEREIRA, Caio Mário da Silva. *Instituições de Direito Civil.* v. V – Direito de Família. 20. ed. Rio de Janeiro: Forense, 2012, p. 239.
20 MADALENO, Rolf. *Direito de Família*, 7. ed. São Paulo: Forense, 11/2016. VitalBook file.
21 CC 2002 – Art. 1.571. A sociedade conjugal termina: I – pela morte de um dos cônjuges; II – pela nulidade ou anulação do casamento; III – pela separação judicial; IV – pelo divórcio. § 1º O casamento válido só se dissolve pela morte de um dos cônjuges ou pelo divórcio, aplicando-se a presunção estabelecida neste Código quanto ao ausente. § 2º Dissolvido o casamento pelo divórcio direto ou por conversão, o cônjuge poderá manter o nome de casado; salvo, no segundo caso, dispondo em contrário a sentença de separação judicial.

No caso de bens adquiridos pelo trabalho conjunto, terá cada um dos cônjuges uma quota igual no condomínio ou no crédito por aquele modo estabelecido (artigo 1.679, CC).

De acordo com o artigo 1.674 do Código Civil, sobrevindo a dissolução da sociedade conjugal, apurar-se-á o montante dos aquestos, excluindo-se da soma dos patrimônios próprios: (a) os bens anteriores ao casamento e os que em seu lugar se sub-rogaram; (b) os que sobrevieram a cada cônjuge por sucessão ou liberalidade; e (c) as dívidas relativas a esses bens.

Ao determinar-se o montante dos aquestos, computar-se-á o valor das doações feitas por um dos cônjuges, sem a necessária autorização do outro; nesse caso, o bem poderá ser reivindicado pelo cônjuge prejudicado ou por seus herdeiros, ou declarado no monte partilhável, por valor equivalente ao da época da dissolução (artigo 1.675, CC).

Em caso de alienação de bens adquiridos na constância do vínculo conjugal, em detrimento da meação, o cônjuge lesado ou seus herdeiros poderão exercer o direito de preferência sobre estes, reivindicando-os, ou requerer a inclusão do valor no monte a ser partilhado, conforme a regra do artigo 1.676, do CC.

O *direito à meação* dos bens adquiridos na constância da sociedade conjugal, a título oneroso, surge, pois, com a dissolução da sociedade conjugal. O direito à meação não é renunciável, cessível ou penhorável na vigência do regime matrimonial (artigo 1.682, CC).

A apuração dos aquestos, no caso de dissolução do regime de bens por separação judicial ou por divórcio, verificar-se-á na data em que cessou a convivência (artigo 1.683, CC). Já na dissolução da sociedade conjugal por morte, verificar-se-á a meação do cônjuge sobrevivente, deferindo-se a herança aos seus herdeiros (artigo 1.685, CC).

No regime da participação final dos aquestos, MARIA BERENICE DIAS ensina que "quando da separação, cada cônjuge ficará: (a) com a totalidade de seus bens particulares adquiridos antes do casamento; (b) com a metade dos bens comuns, adquiridos em condomínio, por ambos, durante a união; (c) com os bens próprios adquiridos durante o enlace; e (d) e fará jus à metade da diferença dos bens que o outro adquiriu no próprio nome, na constância do vínculo conjugal. [...] O direito não é sobre o acervo do outro, mas sobre o eventual saldo após a compensação dos acréscimos patrimoniais de cada um. [...] Para apurar os valores líquidos, imperiosa a realização de um balanço contábil e financeiro."[22]

Por ocasião da partilha, é preciso lembrar a necessidade de excluir os bens incomunicáveis (conforme artigo 1.674, CC), além das dívidas dos bens próprios, o valor dos bens doados sem anuência do consorte e as alienações

---

22 DIAS, Maria Berenice. *Manual de Direito das Famílias*. 11. ed. São Paulo: Revista dos Tribunais, 2016, p. 321-322.

realizadas em detrimento da meação, consoante o artigo 1.675.

Dessa forma, como se calcula o *montante dos aquestos*? PAULO LÔBO cita um exemplo elaborado por José Lamartine Corrêa de Oliveira e Francisco José Ferreira Muniz. Vejamos:

a) Patrimônio final do marido:	1.700
Menos bens excluídos:	1.000
Ganho ou aquestos:	700
b) Patrimônio final da mulher	800
Menos bens excluídos:	500
Ganho ou aquestos:	300
c) Crédito de participação devido pelo marido à mulher:	(700 – 300) ÷ 2 = 200

Assim, "o crédito de ganho da mulher contra o marido é de 350 (metade de 700). O crédito de ganho do marido contra a mulher é de 150 (metade de 300). Esses créditos são compensados e obtém-se o crédito de participação devido pelo marido à mulher: 350 – 150 = 200. Realizado o crédito de participação em favor da mulher, o marido conserva como ganhos ou aquestos: 700 – 200 = 500. E a mulher terá 300 + 200 = 500. O resultado a que se chega é de igualdade."[23]

Afirma LÔBO que "no montante dos aquestos devem ser computados os valores equivalentes aos bens que foram adquiridos por qualquer dos cônjuges na constância do casamento, por título oneroso, e alienados antes da dissolução da sociedade conjugal, inclusive mediante doação não autorizada. Os bens não mais existem, mas devem ser substituídos por seus valores, para apuração da meação de cada cônjuge. Trata-se de operação contábil."[24]

De acordo com GUILHERME CALMON NOGUEIRA DA GAMA, dois são os aspectos centrais do regime de participação final nos aquestos. Vejamos: "(a) durante a constância do casamento, o regime se assemelha bastante ao regime de separação de bens, eis que há apenas duas massas autônomas de bens; (b) com o término do casamento, há a apuração dos aquestos relativamente aos dois patrimônios individuais, e a diferença apurada deverá ser base do cálculo da metade, que deverá ser revertida em favor do cônjuge que obteve aquestos em menor quantidade."[25]

Outrossim, se não for possível nem conveniente a divisão de todos os bens em natureza, calcular-se-á o valor de alguns ou de todos para reposição em dinheiro ao cônjuge não-proprietário (Artigo 1.684, CC). Neste sentido, por exemplo, Rogério é casado em regime da participação final dos aquestos

---
23 Ibid., p. 336-337.
24 Ibid.
25 GAMA, Guilherme Calmon Nogueira da. *Direito Civil*: Família. São Paulo Atlas, 2008, p. 208.

com Luciana. Na dissolução do vínculo conjugal, o patrimônio final de Rogério é de R$ 10.000 e o de Luciana é de R$ 5.000. Dessa forma, Rogério deverá fazer a reposição em dinheiro à Luciana no valor de R$ 2.500. Vejamos:

> Rogério (10.000 / 2 = 5.000)
> Luciana (5.000 / 2 = 2.500)
> Reposição em dinheiro 2.500 (5.000 − 2.500 = 2.500)

Não se podendo realizar a reposição em dinheiro, serão avaliados e, mediante autorização judicial, alienados tantos bens quantos bastarem (artigo 1.684, parágrafo único, CC).

Por fim, vale destacar que no regime da participação final nos aquestos, o *cônjuge sobrevivente herda em concorrência com os descendentes*.

14.3 Ordem de vocação hereditária e bem gravado com cláusula de incomunicabilidade

Vejamos decisão do STJ envolvendo um bem gravado com cláusula de incomunicabilidade e sua relação com o direito sucessório: "A cláusula de incomunicabilidade imposta a um bem transferido por doação ou testamento só produz efeitos enquanto viver o beneficiário, sendo que, após a morte deste, o cônjuge sobrevivente poderá se habilitar como herdeiro do referido bem, observada a ordem de vocação hereditária. Isso porque a cláusula de incomunicabilidade imposta a um bem não se relaciona com a vocação hereditária. Assim, se o indivíduo recebeu por doação ou testamento bem imóvel com a referida cláusula, sua morte não impede que seu herdeiro receba o mesmo bem. São dois institutos distintos: cláusula de incomunicabilidade e vocação hereditária. Diferenciam-se, ainda: meação e herança. Ressalte-se que o art. 1.829 do CC enumera os chamados a suceder e define a ordem em que a sucessão é deferida. O dispositivo preceitua que o cônjuge é também herdeiro e nessa qualidade concorre com descendentes (inciso I) e ascendentes (inciso II). Na falta de descendentes e ascendentes, o cônjuge herda sozinho (inciso III). Só no inciso IV é que são contemplados os colaterais. Pode-se imaginar, por exemplo, a hipótese em que um bem é doado ao cônjuge (ou legado a ele) com cláusula de inalienabilidade. Dá-se o divórcio e o bem, em virtude daquela cláusula, não compõe o monte a ser partilhado. Outra hipótese, bem diferente, é a do cônjuge que recebe a coisa gravada com aquela cláusula e falece. O bem, que era exclusivo dele, passa a integrar o monte que será herdado por aqueles que a lei determina. Monte, aliás, eventualmente composto por outros bens também exclusivos que, nem por isso, deixam de fazer parte da herança. Não se desconhece a existência de precedente da 4ª Turma, no qual se decidiu, por maioria, que "estabelecida, pelo testador, cláusula restritiva sobre o quinhão da herdeira, de incomunicabilidade, inalienabilidade e impenhorabilidade, o falecimento dela não afasta a eficácia da disposição testamentária, de sorte que procede o pedido de habilitação, no inventário em questão, dos sobrinhos da *de cujus*" (REsp 246.693-SP, DJ 17/5/2004). Ressalte-se, contudo, que a jurisprudência mais recente do STJ, seguindo a doutrina e a jurisprudência do STF, voltou a orientar-se no sentido de que "a cláusula de inalienabilidade vitalícia tem vigência enquanto viver o beneficiário, passando livres e desembaraçados aos seus herdeiros os bens objeto da restrição" (REsp 1.101.702-RS, Terceira Turma, DJe 9/10/2009). Por outro lado, a linha exegética segundo a qual a incomunicabilidade de bens inerente ao regime de bens do matrimônio teria o efeito de alterar a ordem de vocação hereditária prevista no CC/2002 não encontra apoio na jurisprudência atualmente consolidada na Segunda Seção (REsp 1.472.945-RJ, Terceira Turma, DJe 19/11/2014; REsp 1.382.170-SP, Segunda Seção, DJe 26/5/2015; AgRg nos EREsp 1.472.945-RJ, Segunda Seção, DJe 29/6/2015)". REsp 1.552.553-RJ, Rel. Min. Maria Isabel Gallotti, julgado em 24/11/2015, DJe 11/2/2016.

14.4 Sucessão entre Cônjuges

De acordo com o artigo 1.830, somente é reconhecido direito sucessório ao cônjuge sobrevivente se, ao tempo da morte do outro, não estavam separados judicialmente, nem separados de fato há mais de dois anos, salvo prova, neste caso, de que essa convivência se tornara impossível sem culpa do sobrevivente.

Aqui, vale mencionar a decisão proferida no REsp 1.513.252-SP, Rel. Min. Maria Isabel Gallotti, julgado em 3/11/2015, DJe 12/11/2015: "Ocorrendo a morte de um dos cônjuges após dois anos da separação de fato do casal, é legalmente relevante, para fins sucessórios, a discussão da culpa do cônjuge sobrevivente pela ruptura da vida em comum, cabendo a ele o ônus de comprovar que a convivência do casal se tornara impossível sem a sua culpa. A despeito das críticas doutrinárias a respeito do art. 1.830 do CC/2002, no que se refere principalmente à possibilidade de discussão de culpa como requisito para se determinar a exclusão ou não do cônjuge sobrevivente da ordem de vocação hereditária, cumpre definir o sentido e o alcance do texto expresso da lei. Posto isso, observa-se que as regras trazidas pelo CC/2002, na linha de evolução do direito brasileiro, visam elevar a proteção conferida ao cônjuge sobrevivente. Registre-se, desse modo, que o tratamento conferido ao cônjuge pelo CC/1916 considerava a circunstância de que a maioria dos matrimônios seguia o regime legal da comunhão universal. Assim, em caso de falecimento de um dos cônjuges, o outro não ficava desamparado, já que a metade dos bens lhe pertencia, porque lhe era conferida a meação sobre a totalidade do patrimônio do casal. A partir de 1977, com a edição da Lei 6.515 (Lei do Divórcio), o regime legal passou a ser o da comunhão parcial de bens, de modo que o cônjuge supérstite não necessariamente ficaria amparado, em caso de morte de seu consorte, já que a meação incidia apenas sobre os bens adquiridos onerosamente na constância do casamento. Neste contexto, a doutrina esclarece que a exclusão do direito sucessório do cônjuge sobrevivente com a simples separação de fato, independente de lapso temporal ou arguição de culpa, não exprime "o valor da justiça nos casos de abandono de lar por um dos cônjuges, ou de decretação de separação de fato pelo Poder Judiciário dos consortes em virtude de tentativa de morte ou injúria grave, de casais unidos, por exemplo, há mais de vinte anos, e que estão separados de fato há mais de dois anos". Nesse sentido, a doutrina continua: "seria absurdo defender que uma mulher que conviveu por anos com seu esposo e contribuiu para a dilatação do patrimônio do casal, em sendo abandonada por seu marido não tivesse direito à herança do falecido, por ser legalmente apartada da sucessão". Portanto, não há se falar em ilegalidade ou impertinência da discussão da culpa no vigente direito sucessório. Por fim, cabe ao cônjuge sobrevivente o ônus de comprovar que a convivência do casal se tornara impossível sem a sua culpa, a fim de lhe reconhecer o direito sucessório na sucessão de seu consorte. Isso porque, conforme se verifica da ordem de vocação hereditária prevista no art. 1.829 do CC/2002, o cônjuge separado de fato é exceção à ordem de vocação. Ademais, ao alçar o cônjuge sobrevivente à condição de herdeiro necessário, a intenção do CC/2002 é proteger as relações unidas por laços de afetividade, solidariedade e convivência para as quais a proximidade e integração de seus membros são mais relevantes que os laços mais distantes de parentesco."

Da mesma forma, "[...] Declaratória de direito de meação – pretensão a exclusão da viúva meeira, porque estaria separada de fato – separação de fato que não chegou a um ano – exegese do art. 1830 do Código Civil – Sentença de improcedência mantida, com observação. Recurso desprovido. Opostos embargos de declaração, foram rejeitados. No especial, sustentou o agravante, em síntese, violação ao art. 1.725 do Código Civil, buscando a exclusão da agravada da condição de meeira. Alegou que o casal já estava separado de fato há quase dois anos, inclusive a agravada já mantinha união estável com outro. As contrarrazões foram apresentadas às fls. 462/469 (e-STJ).

[...] No tocante à alegação violação ao art. 1.725 do Código Civil, melhor sorte não assiste ao agravante. Com efeito, consignou o Tribunal de origem ao negar provimento o apelo do agravante (e-STJ, fls. 368/369):

Pretende o apelante a reforma do decisum, com a exclusão da agravada Renata Margarida da condição de meeira salientando que o falecido estava separado de fato dela, há quase dois anos, sendo que ela já mantinha união estável com outro.

Ademais formalizaram acordo na cautelar de separação de corpos homologada em agosto de 2005, protocolando inicial de separação judicial em novembro de 2005, entretanto, a ora viúva, deixou de assinar o termo de ratificação.

Assim sendo, não houve sentença homologatória de separação ou de divórcio judicial.

Quando da abertura da sucessão, constatou-se que o casal estava separado de fato há menos de 02 anos, desde 14.09.2005, e, por conta do óbito, o processo de separação judicial acabou extinto.

Desta forma, falecendo Júlio César Bugelli em 01/01/2007, a ré tornou-se viúva, cônjuge sobrevivente e, em resultado, meeira de seus bens.

Como bem fundamentou o magistrado de 1º grau e manifestou-se a douta Procuradoria de Justiça, face à inexistência de sentença que tivesse homologado a separação consensual do casal, embora o pedido para tanto tenha sido formulado em juízo antes do falecimento de Júlio, não assiste razão ao apelante.

Segundo, ainda, o apontado pela douta Procuradora de Justiça, '... o fato de entre a separação de fato, cuja data definitiva restou estabelecida em decisão judicial (13.08.05 – fl. 53/55) e o falecimento do autor da herança (01/01/07 – fl. 67), não decorreu o prazo de dois anos, previsto no artigo 1830, do CC, como necessário para autorizar a exclusão do direito sucessório do cônjuge sobrevivente...'.

Mais não é necessário à mantença do quanto corretamente decidido, acrescentando-se ser evidente que a partilha será feita nos termos do regime de bens adotado no casamento, restando prejudicado eventual intenção de acordo não homologado, vindo à partilha todos os bens adquiridos na constância do casamento e até a data da separação de fato.

Destarte, o Tribunal de origem consignou que "a partilha será feita nos termos do regime de bens adotado no casamento". Outrossim, nenhuma prova foi produzida no sentido de existência de união estável da ora agravada com terceiro. Não há que se falar em ofensa ao art. 1.723 do Código Civil.

Ademais, não houve sentença homologatória de separação ou de divórcio judicial, tendo em vista que o processo foi extinto sem julgamento do mérito, em razão da morte do cônjuge varão, ocorrida em 1/1/2007.

Destarte, as instâncias ordinárias consignaram que a condição de esposa e, consequentemente, de meeira não foi desconstituída (e-STJ, fl. 279).

O Tribunal de origem reconheceu o direito sucessório à ora agravada, nos termos do art. 1.830 do Código Civil: Somente é reconhecido direito sucessório ao cônjuge sobrevivente se, ao tempo da morte do outro, não estavam separados judicialmente, nem separados de fato há mais de dois anos, salvo prova, neste caso, de que essa convivência se tornara impossível sem culpa do sobrevivente.

Correta a conclusão do Colegiado estatal, ao aplicar o direito à espécie.

Com efeito, o agravante não comprovou o dissídio pretoriano nos termos exigidos pelos dispositivos legais e regimentais que o disciplinam, notadamente por terem deixado de transcrever os trechos dos acórdãos em confronto e não terem efetuado o necessário cotejo analítico das teses supostamente divergentes, tampouco indicado o repositório oficial ou juntado cópia do inteiro teor dos julgados paradigmas. Ante o exposto, nego provimento ao agravo em recurso especial. Publique-se. Brasília, 28 de novembro de 2014. MINISTRO MARCO AURÉLIO BELLIZZE, Relator (Ministro MARCO AURÉLIO BELLIZZE, 05/12/2014)."

14.4.1 Concorrência entre o cônjuge sobrevivente e o companheiro sobrevivente

Aqui, vale transcrever na integra as lições de LUIZ PAULO VIEIRA DE CARVALHO acerca das possíveis soluções desta questão controvertida. Vejamos: *"Se o cônjuge, separado de fato do autor da herança, pleitear direito sucessório legal na sucessão desse, seja porque no momento da morte ainda não estava separado de fato há mais de 2 (dois) anos, seja porque, embora separado de fato por período superior tenha ficado assente a sua não culpa pela separação de fato do casal* (art. 1.830 do CC, especialmente para aqueles que entendem que a EC 66/2010 não alterou sua redação), tendo o hereditando, porém, à época de sua morte, constituído união estável com terceiro, uma vez que o § 1º do art. 1.723 do Código Civil admite essa possibilidade, indaga-se: quem recolherá o direito sucessório: o cônjuge ou o companheiro do falecido? É possível, a favor de ambos, a partilha desse direito? Caso a concorrência entre eles seja admitida, de que modo será feita?

A nosso sentir, podem ser admitidas em juízo cinco soluções a respeito dessa intrincada questão não resolvida pelo novel legislador:

I) Pela aplicabilidade pura e simples do art. 1.830 do Código Civil, não se admitindo a aludida concorrência, conferindo-se o direito sucessório exclusivamente a favor do cônjuge, sem maiores explanações, dentro do disposto no art. 1.829 e ss. do Código Civil. O ilustre Inácio de Carvalho Neto trilha esse caminho, porém sob a alegação de que o § 1º art. 1.723 é de ser considerado inconstitucional.

II) O cônjuge sobrevivente juntamente com os eventuais descendentes ou ascendentes do morto, herda sobre os bens havidos pelo falecido na constância da sociedade conjugal conforme o art. 1.832 do Código Civil, sucedendo também o companheiro sobrevivo, na conformidade do art. 1.790 e incisos do Código Civil, porém, apenas sobre os bens adquiridos onerosamente na constância da sociedade conjugal de fato, concorrendo ou não com parentes sucessíveis desse (art. 1.790, *caput*, e incisos I, II e III, do CC), sob pena de enriquecimento indevido, admitida, portanto, a concorrência sucessória peculiar entre ambos.

Nessa hipótese fática, os demais bens obtidos pelo falecido no período da união estável seriam havidos pelo cônjuge sobrevivente e/ou parentes sucessíveis, se existirem esses últimos.

É a opinião do ínclito Aldemiro Rezende Dantas Júnior, embora aduza esse autor sua preferência pelo afastamento sucessório do cônjuge separado de fato há longos anos.

III) Dividindo-se, pura e simplesmente, de forma igualitária, o direito sucessório previsto nos incisos I, II e III do art. 1.829 do Código Civil (direito sucessório legal vinculado ao cônjuge), entre o cônjuge e o companheiro, desprezando-se o art. 1.790, incisos I, II e III, do Código Civil (direito sucessório legal relacionado ao companheiro), mesmo porque a desigualdade estampada nessa norma e também em seus incisos, comparativamente àquela, impediria a equânime divisão sucessória entre tais interessados sucessórios.

IV) Divisão dos bens, como se houvesse duas sucessões distintas: Em tais termos são de considerar, em primeiro lugar, os bens adquiridos até a separação de fato e, quanto a eles, se fará a partilha segundo o art. 1.829, assegurada aí a participação do cônjuge (em concorrência ou não com os sucessíveis legítimos do falecido); logo após se procede a partilha dos bens posteriormente adquiridos, conforme o art. 1.790, recebendo o companheiro o quinhão que, nas circunstâncias, lhe couber.

V) Em posição que conta com a nossa simpatia, deve o magistrado deferir o título de sucessor legal tão só ao companheiro, excluído o cônjuge supérstite, consoante a opinião do culto Francisco José Cahali, *in verbis*: "Existe um conflito entre as normas, na medida em que duas pessoas, pela análise fria dos textos, seriam titulares da mesma herança. Para a convivência das regras, caracterizada a união estável, há de se prestigiar o companheiro viúvo, em detrimento do cônjuge, integrante formal de matrimônio falido, apenas subsistente no registro civil."

[...]

VI) Enunciado 525 da V Jornada de Direito Civil (CEJ-JF/STJ): "Os arts. 1.723, § 1º, 1.790, 1.829 e 1.830 do Código Civil admitem a concorrência sucessória entre cônjuge e companheiro sobreviventes na sucessão legítima, quanto aos bens adquiridos onerosamente na união estável."[26]

Da mesma forma, é importante reproduzir o quadro abaixo, utilizado na petição do Instituto dos Advogados Brasileiros (IAB), formulada por LUIZ PAULO VIEIRA DE CARVALHO, presidente da Comissão de Direito de Família e Sucessões do Instituto, e por TÉCIO LINS E SILVA, presidente da Casa, por ocasião do ingresso como *Amicus Curiae* no RE 878694. Vejamos, pois,

---

26 CARVALHO, Luiz Paulo Vieira de. *Direito das Sucessões*, 3. ed. São Paulo: Atlas, 2017, p. 387-388.

as diferenças legislativas entre o cônjuge e companheiro quanto à sucessão apontados pelo doutrinador:[27]

DIREITOS DO CÔNJUGE	DIREITOS DO COMPANHEIRO
Art. 1.829. A sucessão legítima defere-se na ordem seguinte: I – aos descendentes, em concorrência com o cônjuge sobrevivente, salvo se casado este com o falecido no regime da comunhão universal, ou no da separação obrigatória de bens (art. 1.640, parágrafo único); ou se, no regime da comunhão parcial, o autor da herança não houver deixado bens particulares; II – aos ascendentes, em concorrência com o cônjuge; III – ao cônjuge sobrevivente; IV – aos colaterais.	**Art. 1.790.** A companheira ou o companheiro participará da sucessão do outro, quanto aos bens adquiridos onerosamente na vigência da união estável, nas condições seguintes: I – se concorrer com filhos comuns, terá direito a uma quota equivalente à que por lei for atribuída ao filho; II – se concorrer com descendentes só do autor da herança, tocar-lhe-á a metade do que couber a cada um daqueles; III – se concorrer com outros parentes sucessíveis, terá direito a um terço da herança; IV – não havendo parentes sucessíveis, terá direito à totalidade da herança.
O cônjuge é um dos herdeiros necessários.	O companheiro não está entre os herdeiros necessários.
O cônjuge sempre será herdeiro ou meeiro.	O companheiro poderá não ser herdeiro e nem meeiro.
DIREITOS DO CÔNJUGE	**DIREITOS DO COMPANHEIRO**
O cônjuge só sofre limitação à herança para determinados regimes de bens e somente quando está concorrendo com os descendentes.	Pouco importa o regime de bens que eventualmente os conviventes tenham convencionado, pois só haverá sucessão sobre os bens adquiridos onerosamente durante a união estável.
O cônjuge sobrevivente, na concorrência com os descendentes comuns, tem reservada uma quarta parte do monte partível (art. 1.832).	O companheiro sobrevivo não tem um mínimo resguardado a título de herança.
O cônjuge concorre com os descendentes sem qualquer diferenciação.	O companheiro, na concorrência com os descendentes comuns, herdará uma quota equivalente à do descendente; O companheiro, na concorrência com os descendentes exclusivos do autor da herança, receberá apenas metade do que couber a cada um deles.

---

27 Ibid, p. 418-419.

O Código Civil previu a concorrência do cônjuge com os descendentes, sem qualquer diferenciação entre os descendentes (se comuns ou exclusivos).	O Código Civil silenciou quanto à maneira que o companheiro deve concorrer na hipótese corriqueira de existirem concomitantemente tantos os descendentes comuns quanto os exclusivos.
O cônjuge, se não existir descendentes ou ascendentes, herdará toda a herança, não concorrendo com os demais parentes sucessíveis.	O companheiro concorrerá com "outros parentes sucessíveis" e terá direito a um terço da herança, o que significa dizer que haverá concorrência com os irmãos do falecido, com seus ascendentes e colaterais mais afastados (*v. g.*, o tio-avô), que ficarão com 70% da herança.
O cônjuge herda também todos os bens particulares caso não haja descendentes e nem ascendentes.	Se existirem bens particulares do autor da herança e ele não tiver nenhum herdeiro sucessível, esses bens particulares deverão por absurdo ir para o Poder Público, já que o *caput* do art. 1.790 é claro em dizer que o companheiro só participará da herança quanto aos bens particulares adquiridos onerosamente.
O cônjuge tem direito real de habitação	O companheiro não tem direito real de habitação (o que vem sendo corrigido por algumas decisões judiciais).

14.4.2 Direito real de Habitação

Ao cônjuge sobrevivente, qualquer que seja o regime de bens, será assegurado, sem prejuízo da participação que lhe caiba na herança, o direito real de habitação relativamente ao imóvel destinado à residência da família, desde que seja o único daquela natureza a inventariar (artigo 1.831, CC).

O reconhecimento do direito real de habitação, a que se refere o artigo 1.831 do Código Civil, não pressupõe a inexistência de outros bens no patrimônio do cônjuge/companheiro sobrevivente (REsp 1.582.178-RJ, Rel. Min. Ricardo Villas Bôas Cueva, por maioria, julgado em 11/09/2018, DJe 14/09/2018).[28]

---

28 Registre-se inicialmente que o art. 1.831 do Código Civil e o art. 7º da Lei nº 9.278/1996 impôs como a única condição para garantia do cônjuge sobrevivente ao direito real de habitação é que o imóvel destinado à residência do casal fosse o único daquela natureza a inventariar, ou seja, que dentro do acervo hereditário deixado pelo falecido não existam múltiplos imóveis destinados a fins residenciais. Nenhum dos mencionados dispositivos legais impõe como requisito para o reconhecimento do direito real de habitação a inexistência de outros bens, seja de que natureza for, no patrimônio próprio do cônjuge sobrevivente. Não é por outro motivo que a Quarta Turma, debruçando-se sobre con-

Dessa maneira, o cônjuge possui assegurado o direito real de habitação relativamente ao imóvel destinado à residência da família, desde que seja o único daquela natureza a inventariar, sem prejuízo da participação que lhe caiba na herança, qualquer que seja o regime de bens.[29]

O que é o direito real de habitação? A *habitação* é um direito real, temporário, de ocupar gratuitamente casa alheia, com o firme propósito de constituir a sua morada e de sua família. O objeto do direito real de habitação recai sobre um bem imóvel que possa servir de morada ao titular desse direito (habitador).

O direito real de habitação difere, pois, do usufruto e do uso, já que o habitador não poderá alugar o imóvel, nem mesmo emprestá-lo. O único direito é o de morar no imóvel.

Outra diferença é que o usufruto e o uso podem recair sobre bens móveis, sobre bens imateriais, sobre títulos de crédito, enquanto o direito real de habitação só incide sobre imóveis, por razões óbvias. Ademais, o direito real de habitação não incide sobre qualquer imóvel, mas somente sobre imóveis residenciais. Não haverá, pois, direito real de habitação sobre uma fábrica, galpão, depósito etc., uma vez que o objetivo do referido instituto jurídico é permitir ao titular do direito (habitador) que resida com a sua família.

---

trovérsia semelhante, entendeu que o direito real de habitação é conferido por lei, independentemente de o cônjuge ou companheiro sobrevivente ser proprietário de outros imóveis (REsp 1.249.227/SC, Rel. Min. Luis Felipe Salomão, julgado em 17/12/2013, DJe 25/3/2014). Com efeito, o objetivo da lei é permitir que o cônjuge sobrevivente permaneça no mesmo imóvel familiar que residia ao tempo da abertura da sucessão como forma, não apenas de concretizar o direito constitucional à moradia, mas também por razões de ordem humanitária e social, já que não se pode negar a existência de vínculo afetivo e psicológico estabelecido pelos cônjuges com o imóvel em que, no transcurso de sua convivência, constituíram não somente residência, mas um lar. Além disso, a norma protetiva é corolário dos princípios da dignidade da pessoa humana e da solidariedade familiar que tutela o interesse mínimo de pessoa que, em regra, já se encontra em idade avançada e vive momento de inconteste abalo resultante da perda do consorte.

29 REINTEGRAÇÃO. POSSE. HERDEIRAS. DIREITO. HABITAÇÃO. CÔNJUGE SUPÉRSTITE. *In casu*, com o falecimento da mãe, sua meação transferiu-se para as filhas do casal. Depois, o pai contraiu novas núpcias em regime de separação obrigatória de bens e, dessa união, não houve filhos. Sucede que, quando o pai faleceu, em 1999, as filhas herdaram a outra metade do imóvel. Em 17/2/2002, elas então ajuizaram ação de reintegração de posse contra a viúva de seu genitor. O tribunal *a quo* manteve a sentença que indeferiu o pedido ao argumento de que o art. 1.831 do CC/2002 outorga ao cônjuge supérstite o direito real de habitação sobre o imóvel da família desde que ele seja o único bem a inventariar. Dessa forma, o REsp busca definir se o cônjuge sobrevivente tem direito real de habitação sobre imóvel em que residia com seu falecido esposo, tendo em vista a data da abertura da sucessão e o regime de bens do casamento. Após análise da legislação anterior comparada com a atual, explica o Min. Relator ser possível afirmar que, no caso dos autos, como o cônjuge faleceu em 1999, não se poderia recusar ao cônjuge supérstite o direito real de habitação sobre o imóvel em que residiam desde o casamento, tendo em vista a aplicação analógica por extensão do art. 7º da Lei n. 9.278/1996. Precedentes citados: REsp 872.659-MG, DJe 19/10/2009, e REsp 471.958-RS, DJe 18/2/2009. REsp 821.660-DF, Rel. Min. Sidnei Beneti, julgado em 14/6/2011.

É o que diz o artigo 1.414, *verbis*: "quando o uso consistir no direito de habitar gratuitamente casa alheia, o titular deste direito não a pode alugar, nem emprestar, mas simplesmente ocupá-la com sua família".

Conforme artigo 167 da Lei de Registros Públicos, "no Registro de Imóveis, além da matrícula, serão feitos. I – o registro: [...] 7) do usufruto e do uso sobre imóveis e da habitação, quando não resultarem do direito de família;"

O direito real de habitação é um direito temporário, personalíssimo, indivisível, intransmissível e exercido de forma gratuita.

Determina o artigo 1.415 do CCB que "se o direito real de habitação for conferido a mais de uma pessoa, qualquer delas que sozinha habite a casa não terá de pagar aluguel à outra, ou às outras, mas não as pode inibir de exercerem, querendo, o direito, que também lhes compete, de habitá-la".

Assim, aquele que habita o imóvel não está obrigado a pagar aluguel à outra pessoa, ou às outras, todavia, não poderá impedir o direito real de habitação simultâneo.

São aplicáveis à habitação, no que não for contrário à sua natureza, as disposições relativas ao usufruto (CCB, art. 1.416).

Vale destacar, ainda, que de acordo com o artigo 1.831 do nosso Código Civil brasileiro, "ao cônjuge sobrevivente, qualquer que seja o regime de bens, será assegurado, sem prejuízo da participação que lhe caiba na herança, o *direito real de habitação* relativamente ao imóvel destinado à residência da família, desde que seja o único daquela natureza a inventariar".

Neste sentido, o Ministro CASTRO FILHO, da Terceira Turma do STJ, no Resp 826.838/RJ, em 25.9.2006, decidiu que "DIREITO REAL DE HABITAÇÃO. CÔNJUGE SOBREVIVENTE. CODIFICAÇÃO ATUAL. REGIME NUPCIAL. IRRELEVÂNCIA. RESIDÊNCIA DO CASAL. Segundo o artigo 1.831 do Código Civil de 2002, o cônjuge sobrevivente tem direito real de habitação sobre o imóvel em que residia o casal, desde que seja o único dessa natureza que integre o patrimônio comum ou particular do cônjuge falecido. Recurso não conhecido, com ressalva quanto à terminologia".

Por fim, vale mencionar os Enunciados 117 e 271 publicados nas I e III Jornadas de Direito Civil, respectivamente:

> Conselho da Justiça Federal – I Jornada de Direito Civil
> CJF – Enunciado – 117 – Art. 1.831: o direito real de habitação deve ser estendido ao companheiro, seja por não ter sido revogada a previsão da Lei nº 9.278/96, seja em razão da interpretação analógica do art. 1.831, informado pelo art. 6º, *caput*, da CF/88.

> Conselho da Justiça Federal – III Jornada de Direito Civil
> CJF – Enunciado – 271 – Art. 1.831: O cônjuge pode renunciar ao direito real de habitação, nos autos do inventário ou por escritura pública, sem prejuízo de sua participação na herança.

14.4.3 Cônjuge em concorrência com descendentes

De acordo com o artigo 1.832, do CC, em concorrência com os descendentes (art. 1.829, inciso I) caberá ao cônjuge quinhão igual ao dos que sucederem por cabeça, não podendo a sua quota ser inferior à quarta parte da herança, se for ascendente dos herdeiros com que concorrer.

14.4.3.1 Concorrência do cônjuge sobrevivente com os descendentes

Vamos analisar preliminarmente a 1ª parte do artigo 1.832, do CC. No concurso entre o cônjuge sobrevivente e os descendentes, a partilha será feita por cabeça, ou seja, divide-se a herança em tantas partes quantos forem os herdeiros. A divisão "por cabeça" é a divisão igualitária entre o cônjuge sobrevivente e os descendentes. Por exemplo, na hipótese de cônjuge sobrevivente e 3 (três) filhos. Cada um dos filhos receberá 25% totalizando 75% e o cônjuge receberá 25%.

14.4.3.2 A cota parte do cônjuge sobrevivente não poderá ser inferior a 1/4 da herança

Esta regra jurídica encontra-se na parte final do artigo 1.832, do CC. Neste caso, como ficaria dividida a herança entre o cônjuge sobrevivente e os filhos? Vejamos o quadro abaixo:

Hipóteses	Cota do Cônjuge sobrevivente	Cota dos Filhos
Cônjuge com 1 filho	1/2 (metade)	1/2 (metade)
Cônjuge com 2 filhos	1/3	1/3 para cada filho
Cônjuge com 3 filhos	1/4	1/4 para cada filho
Cônjuge com 4 filhos	1/4 (a cota não poderá ser inferior a 1/4, Art. 1.832, parte final)	3/4 divididos pelos 4 filhos
Cônjuge com 5 filhos	1/4 (a cota não poderá ser inferior a 1/4, Art. 1.832, parte final)	3/4 divididos pelos 5 filhos

14.4.3.3 Caso hipotético diagramado

Vejamos os seguintes exemplos gráficos: Suponha-se que C, cônjuge sobrevivo, concorra com D, E, F, G, H e I, seus filhos com o falecido. A herança será deferida 1/4 para o cônjuge sobrevivente e 1/8 para os filhos. Não sendo o cônjuge sobrevivo ascendente dos demais herdeiros, a herança se partilhará igualmente entre eles, sendo 1/7 para cada um deles. Vejamos primeiro o caso onde C, cônjuge sobrevivo, concorra com os seus filhos, conforme artigo 1.832 do novo Código Civil, assim ficaria a divisão:

Capítulo 14 – Da Ordem da Vocação Hereditária

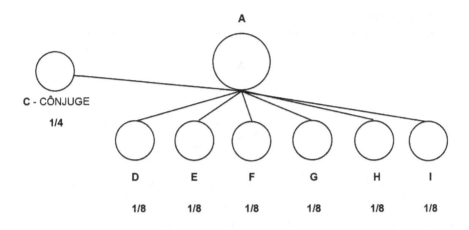

Matematicamente, a modelagem do problema é a seguinte:

- **C. CÔNJUGE SOBREVIVENTE,** pelo disposto no artigo 1.832, *in fine*, do CC, não poderá ser a sua quota inferior à quarta parte da herança, se for ascendente dos herdeiros com que concorrer. Ou seja: 1/4 = 25%

- Assim, a mãe recebendo, no mínimo 1/4, restam 3/4 para serem repartidos pelos filhos D, E, F, G, H, I. Dividindo 3/4 por 6, temos: 3/4 x 1/6 = 3/24 = 1/8, ou seja, 12,5 % para cada filho.

Assim,

Herdeiros	Quinhão
Cônjuge Sobrevivente – B	1/4 = 25%
Filho - D	1/8 = 12,5%
Filho - E	1/8 = 12,5%
Filho - F	1/8 = 12,5%
Filho - G	1/8 = 12,5%
Filho - H	1/8 = 12,5%
Filho - I	1/8 = 12,5%
TOTAL	**1/1 = 100%**

No segundo caso onde C, cônjuge sobrevivo, não sendo ascendente dos demais herdeiros, conforme artigo 1832, primeira parte, do novo Código Civil, teremos:

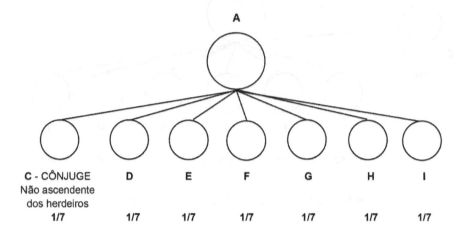

Juridicamente e com o auxílio da matemática, a situação se altera para o seguinte:

- **C. CÔNJUGE SOBREVIVENTE, NÃO ASCENDENTE DOS HERDEIROS,** pelo disposto no artigo 1.832, primeira parte, do NCCB, caberá a este quinhão igual ao dos que sucederem por cabeça. Neste caso, basta dividirmos o todo por sete. Ou seja: 1 dividido por 7 = 1/7 = 14,28%

- Neste caso, também, cada filho receberia 1/7 = 14,28%.

Assim, a divisão total será:

Herdeiros	**Quinhão**
Cônjuge Sobrevivente – B Não ascendente dos herdeiros	1/7 = 14,28%
Filho – D	1/7 = 14,28%
Filho – E	1/7 = 14,28%
Filho – F	1/7 = 14,28%
Filho – G	1/7 = 14,28%
Filho – H	1/7 = 14,28%
Filho – I	1/7 = 14,28%
TOTAL	**1/1 = 100%**

14.4.3.4 A cota parte do cônjuge sobrevivente na filiação híbrida

Na *sucessão híbrida existem basicamente duas correntes: a corrente majoritária afirma que não se deve* fazer a reserva da quarta parte ao cônjuge, tratando-se todos os descendentes como exclusivos do autor da herança.

Neste sentido, o Enunciado 527 do Conselho da Justiça Federal, na V Jornada de Direito Civil: Art. 1.832. Na concorrência entre o cônjuge e os herdeiros do *de cujus*, não será reservada a quarta parte da herança para o sobrevivente no caso de filiação híbrida.

Outra corrente entende que deve ser feita a reserva da quarta parte ao cônjuge, tratando-se todos os descendentes como se fossem comuns (Francisco José Cahali, José Fernando Simão e Sílvio de Salvo Venosa). O argumento é que a existência de filhos comuns justificaria a incidência da reserva, não importando que com eles existam filhos exclusivos do falecido.

Data maxima venia, entendemos que a primeira corrente majoritária deve prevalecer. Neste sentido, a jurisprudência do TJRJ: "Direito civil. Sucessões. Embargos de declaração em agravo de instrumento. Alegação de omissão quanto a um dos pleitos da recorrente. Omissão verificada no que tange à quantificação do quinhão da agravante, cônjuge supérstite. Hipótese de sucessão onde o cônjuge concorre com filhos comuns e exclusivos do *de cujus*. Filiação híbrida. Cota mínima de 25% reservada ao cônjuge sobrevivente (art. 1.832, CC) que somente se aplica em relação aos filhos comuns deste com o falecido, sendo omissa a lei em relação aos casos de filiação híbrida. diversas correntes doutrinárias a respeito. Resolução do caso concreto que se afigura mais adequada com a utilização da tese que defende a divisão per capita da herança, já que, sendo 02 filhos comuns e 02 filhos exclusivos, a repartição da herança em 05 partes iguais não ofende o princípio do tratamento igualitário da prole (art. 227, § 6°, CRFB/88) e também não vulnera o direito do cônjuge à cota mínima em relação aos filhos próprios. Acolhimento dos embargos de declaração para declarar que o quinhão da agravante e todos os demais herdeiros é de 20% do total do monte." (TJRJ – AI 00622369520148190000 RJ 0062236-95.2014.8.19.0000. DES. LUIZ FERNANDO RIBEIRO DE CARVALHO. 3ª Câmara Cível. 22/01/2015).

O STJ já decidiu que "a reserva da quarta parte da herança, prevista no art. 1.832 do Código Civil, não se aplica à hipótese de concorrência sucessória híbrida." (REsp 1.617.650-RS, Rel. Min. Paulo de Tarso Sanseverino, Terceira Turma, por unanimidade, julgado em 11/06/2019, DJe 01/07/2019). Vejamos:

> Cinge-se a controvérsia em torno da fixação do quinhão hereditário a que faz jus a companheira, quando concorre com um filho comum e, ainda, outros seis filhos exclusivos do autor da

herança. O artigo 1.790 do Código Civil, ao tratar da sucessão entre os companheiros, estabeleceu que este participará da sucessão do outro somente quanto aos bens adquiridos onerosamente na vigência da união estável e, concorrendo com filhos comuns, terá direito à quota equivalente ao filho, e, concorrendo com filhos do falecido, tocar-lhe-á metade do que cada um receber. O Supremo Tribunal Federal reconheceu a inconstitucionalidade do art. 1.790 do CC tendo em vista a marcante e inconstitucional diferenciação entre os regimes sucessórios do casamento e da união estável. Sendo determinada a aplicação ao regime sucessório na união estável o quanto disposto no art. 1.829 do CC acerca do regime sucessório no casamento. Esta Corte Superior, interpretando o inciso I desse artigo, reconheceu, através da sua Segunda Seção, que a concorrência do cônjuge e, agora, do companheiro, no regime da comunhão parcial, com os descendentes somente ocorrerá quando o falecido tenha deixado bens particulares e, ainda, sobre os referidos bens. Por sua vez, o art. 1.832 do CC, ao disciplinar o quinhão do cônjuge (e agora do companheiro), estabelece caber à convivente supérstite quinhão igual ao dos que sucederem por cabeça, e que não poderá, a sua quota, ser inferior à quarta parte da herança, se for ascendente dos herdeiros com que concorrer. A norma não deixa dúvidas acerca de sua interpretação quando há apenas descendentes exclusivos ou apenas descendentes comuns, aplicando-se a reserva apenas quando o cônjuge ou companheiro for ascendente dos herdeiros com que concorrer. No entanto, quando a concorrência do cônjuge ou companheiro se estabelece entre herdeiros comuns e exclusivos, é bastante controvertida na doutrina a aplicação da parte final do art. 1.832 do CC. A interpretação mais razoável do enunciado normativo é a de que a reserva de 1/4 da herança restringe-se à hipótese em que o cônjuge ou companheiro concorrem com os descendentes comuns, conforme Enunciado 527 da V Jornada de Direito Civil. A interpretação restritiva dessa disposição legal assegura a igualdade entre os filhos, que dimana do Código Civil (art. 1.834 do CC) e da própria Constituição Federal (art. 227, § 6°, da CF), bem como o direito dos descendentes exclusivos não verem seu patrimônio injustificadamente reduzido mediante interpretação extensiva de norma. Assim, não haverá falar em reserva quando a concorrência se estabelece entre o cônjuge/companheiro e os descendentes apenas do autor da herança ou, ainda, na hipótese de concorrência híbrida, ou seja, quando concorrem descendentes comuns e exclusivos do falecido.

14.5 Sucessão dos descendentes e o direito de representação

Entre os descendentes, os em grau mais próximo excluem os mais remotos, salvo o direito de representação (artigo 1.833, CC). Dessa maneira, os descendentes de primeiro grau afastam os de segundo grau e estes afastam os de terceiro grau, sucessivamente. Isto quer dizer que se uma pessoa falece deixando filho, neto e bisneto, apenas o filho será considerado herdeiro. A parte final do artigo 1.833 diz que "[...] salvo o direito de representação." *O que seria o direito de representação?* Ora, na linha reta descendente existe o direito de representação, isto é, os filhos representam o pai (ou a mãe) pré-morto na herança do avô, concorrendo com os filhos do falecido à época da abertura da sucessão.

Os descendentes da mesma classe têm os mesmos direitos à sucessão de seus ascendentes (artigo 1.834, CC).

Na linha descendente, os filhos sucedem por cabeça, e os outros descendentes, por cabeça ou por estirpe, conforme se achem ou não no mesmo grau (artigo 1.835, CC). A regra é clara: os filhos herdam sempre por cabeça, isto é, por direito próprio e em comum com seus irmãos. Já os descendentes de grau diverso (netos, bisnetos) podem receber o seu quinhão por cabeça ou por estirpe. Ocorre a estirpe quando o herdeiro representa o ascendente de grau mais próximo. Por exemplo: se uma pessoa falece tendo como herdeiros apenas seus netos. Neste caso, a divisão da partilha ocorrerá em quotas iguais e todos herdarão por cabeça. Se porventura houver netos representando os seus pais, estes herdarão por estirpe.

14.6 Sucessão dos descendentes socioafetivos

"A paternidade socioafetiva, declarada ou não em registro público, não impede o reconhecimento do vínculo de filiação concomitante baseado na origem biológica, com todas as suas consequências patrimoniais e extrapatrimoniais", inclusive para fins sucessórios. Vejamos, pois, o RECURSO EXTRAORDINÁRIO 898.060 SÃO PAULO, de relatoria do Ministro LUIZ FUX:

EMENTA: RECURSO EXTRAORDINÁRIO. REPERCUSSÃO GERAL RECONHECIDA. DIREITO CIVIL E CONSTITUCIONAL. CONFLITO ENTRE PATERNIDADES SOCIOAFETIVA E BIOLÓGICA. PARADIGMA DO CASAMENTO. SUPERAÇÃO PELA CONSTITUIÇÃO DE 1988. EIXO CENTRAL DO DIREITO DE FAMÍLIA: DESLOCAMENTO PARA O PLANO CONSTITUCIONAL. SOBREPRINCÍPIO DA DIGNIDADE HUMANA (ART. 1º, III, DA CRFB). SUPERAÇÃO DE ÓBICES LEGAIS AO PLENO DESENVOLVIMENTO DAS FAMÍLIAS. DIREITO À BUSCA DA FELICIDADE. PRINCÍPIO CONSTITUCIONAL IMPLÍCITO. INDIVÍDUO COMO CENTRO DO ORDENAMENTO

JURÍDICO-POLÍTICO. IMPOSSIBILIDADE DE REDUÇÃO DAS REALIDADES FAMILIARES A MODELOS PRÉ-CONCEBIDOS. ATIPICIDADE CONSTITUCIONAL DO CONCEITO DE ENTIDADES FAMILIARES. UNIÃO ESTÁVEL (ART. 226, § 3°, CRFB) E FAMÍLIA MONOPARENTAL (ART. 226, § 4°, CRFB). VEDAÇÃO À DISCRIMINAÇÃO E HIERARQUIZAÇÃO ENTRE ESPÉCIES DE FILIAÇÃO (ART. 227, § 6°, CRFB). PARENTALIDADE PRESUNTIVA, BIOLÓGICA OU AFETIVA. NECESSIDADE DE TUTELA JURÍDICA AMPLA. MULTIPLICIDADE DE VÍNCULOS PARENTAIS. RECONHECIMENTO CONCOMITANTE. POSSIBILIDADE. PLURIPARENTALIDADE. PRINCÍPIO DA PATERNIDADE RESPONSÁVEL (ART. 226, § 7°, CRFB). RECURSO A QUE SE NEGA PROVIMENTO. FIXAÇÃO DE TESE PARA APLICAÇÃO A CASOS SEMELHANTES." (Voto na íntegra no anexo).

14.7 Sucessão dos ascendentes

Na falta de descendentes, são chamados à sucessão os ascendentes, em concorrência com o cônjuge sobrevivente (artigo 1.836, CC).

Na classe dos ascendentes, o grau mais próximo exclui o mais remoto, sem distinção de linhas (artigo 1.836, § 1°, CC). Dessa maneira, se o falecido não deixou descendentes, a herança caberá aos pais. Na falta destes, aos avós. Na falta destes, os bisavós. Na sucessão dos ascendentes não existe direito de representação. Como visto, o grau mais próximo afasta o mais remoto sem distinção de linhas. O direito de representação dá-se na linha reta descendente, mas nunca na ascendente (artigo 1.852, CC).

Havendo igualdade em grau e diversidade em linha, os ascendentes da linha paterna herdam a metade, cabendo a outra aos da linha materna (artigo 1.836, § 2°, CC).

Vejamos a seguinte hipótese: O pai e a mãe do falecido são pré-mortos. Sendo herdeiros um avô paterno do *de cujus* e os dois avós maternos, será atribuído 1/2 da herança ao primeiro e a outra metade, será deferida aos dois últimos, sendo 1/4 para cada um deles, na forma do artigo 1.836, § 2°, da seguinte forma:

Herdeiros	Quinhão
Avô Paterno	1/2 = 50%
Avô Materno	1/4 = 25%
Avó Materna	1/4 = 25%
TOTAL	**1/1 = 100%**

Outras situações relacionadas aos quinhões de cada ascendente:

Ascendente sobrevivente e quinhão (%)
Pai ou mãe (100%)
Pai (50%) e mãe (50%)
Um avô paterno ou materno (100%)
Dois avôs paternos ou maternos (50% – 50%)
Um avô paterno e um materno (50% – 50%)
Dois avôs paternos e um materno (25% – 25% – 50%)
Dois avôs maternos e um paterno (25% – 25% – 50%)
Dois avôs paternos e dois avôs maternos (25% – 25% – 25% – 25%)

14.7.1 Concorrendo o cônjuge com o ascendente em primeiro grau

Concorrendo com ascendente em primeiro grau, ao cônjuge tocará um terço da herança; caber-lhe-á a metade desta se houver um só ascendente, ou se maior for aquele grau (artigo 1.837, CC).

Outras hipóteses são diagramadas:

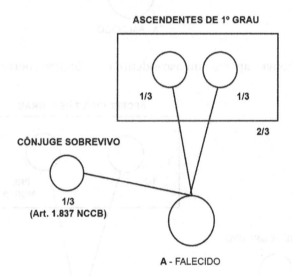

Se os ascendentes forem de 2° grau em diante ou se for apenas um, caberá ao cônjuge sobrevivo 1/2 da herança disponível. Assim, vejamos o primeiro caso entre os ascendentes de 2° grau e o Cônjuge sobrevivente:

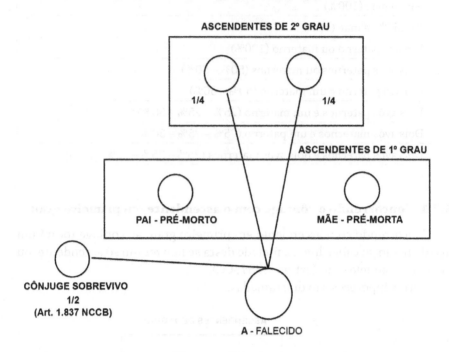

Agora, se houver apenas um ascendente e o Cônjuge sobrevivente, teremos:

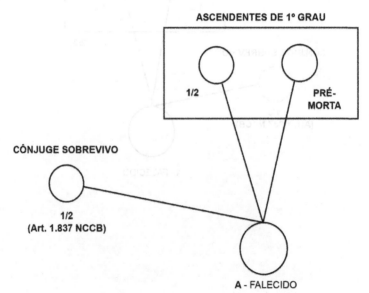

Capítulo 14 - Da Ordem da Vocação Hereditária

A exemplo, concorrendo o cônjuge com ambos os progenitores do falecido, caberá a cada um deles 1/3 da herança, conforme anteriormente demonstrado. Contudo, se o viúvo concorrer com uma avó paterna e os dois avós maternos, a ele caberá 1/2 da herança, à avó paterna caberá 1/4, e aos últimos, 1/8 do acervo hereditário, da seguinte forma:

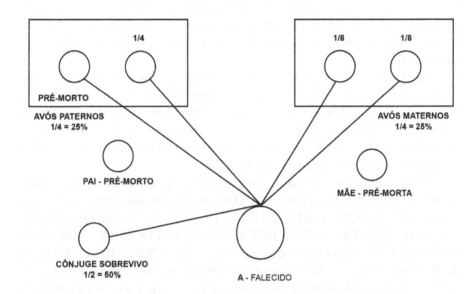

Em falta de descendentes e ascendentes, será deferida a sucessão por inteiro ao cônjuge sobrevivente (artigo 1.838, CC).[30]

Se não houver cônjuge sobrevivente, nas condições estabelecidas no art. 1.830, serão chamados a suceder os colaterais até o quarto grau (artigo 1.839, CC).

---

[30] AGRAVO REGIMENTAL NOS EMBARGOS DE DECLARAÇÃO NO RECURSO ESPECIAL – AÇÃO DE PETIÇÃO DE HERANÇA – DECISÃO MONOCRÁTICA QUE ACOLHEU OS ACLARATÓRIOS, COM EFEITOS INFRINGENTES, PARA NEGAR SEGUIMENTO AO APELO EXTREMO – INSURGÊNCIA RECURSAL DA AUTORA.1. O artigo 1.829 do Código Civil, ao disciplinar a ordem de vocação hereditária, elege a pessoa do cônjuge sobrevivente (CC, art. 1.829, III) em posição anterior aos colaterais (CC, art. 1.829, IV) para o recebimento de direitos sucessórios. Assim, na ausência de descendentes e ascendentes, como é o caso dos autos, ao consorte sobrevivente cabe a totalidade da herança, independentemente do regime de bens adotado no casamento. Precedentes.2. In casu, considerando que a decisão impugnada está em consonância com o entendimento firmado por esta Corte, incide a aplicação da Súmula 83 do STJ. Precedentes.3. Agravo regimental desprovido.(AgRg nos EDcl no REsp 1466647/RS, Rel. Ministro MARCO BUZZI, QUARTA TURMA, julgado em 13/10/2015, DJe 21/10/2015)

14.8 Sucessão dos colaterais

Como visto acima, na falta de descentes, ascendentes e cônjuge sobrevivente, serão chamados a suceder os colaterais até o quarto grau. Estes não possuem a qualidade de herdeiros necessários. São parentes em linha colateral ou transversal, até o quarto grau, as pessoas provenientes de um só tronco, sem descenderem uma da outra (artigo 1.592, CC). Exemplificando: os irmãos são colaterais em segundo grau; os tios e sobrinhos são colaterais em terceiro grau; os primos e tios-avôs e sobrinhos-netos são colaterais de quarto grau.

Na classe dos colaterais, os mais próximos excluem os mais remotos, salvo o direito de representação concedido aos filhos de irmãos (artigo 1.840, CC). Neste caso, se alguém falece, deixando irmãos vivos e já tendo um irmão pré-morto, os filhos deste ficarão com a quota que caberia ao seu pai (ou mãe). O artigo 1.843, § 1º diz que "se concorrerem à herança somente filhos de irmãos falecidos, herdarão por cabeça."

Nesse sentido, vale destacar a decisão no REsp 1064363/SP, Rel. Ministra NANCY ANDRIGHI, TERCEIRA TURMA, julgado em 11/10/2011, DJe 20/10/2011: "INVENTÁRIO. EXCLUSÃO DE COLATERAL. SOBRINHA-NETA. EXISTÊNCIA DE OUTROS HERDEIROS COLATERAIS DE GRAU MAIS PRÓXIMO. HERANÇA POR REPRESENTAÇÃO DE SOBRINHO PRÉ-MORTO. IMPOSSIBILIDADE. 1. No direito das sucessões brasileiro, vigora a regra segundo a qual o herdeiro mais próximo exclui o mais remoto. 2. Admitem-se, contudo, duas exceções relativas aos parentes colaterais: a) o direito de representação dos filhos do irmão pré-morto do *de cujus*; e b) na ausência de colaterais de segundo grau, os sobrinhos preferem aos tios, mas ambos herdam por cabeça. 3. O direito de representação, na sucessão colateral, por expressa disposição legal, está limitado aos filhos dos irmãos."

IAGMAR SENNA CHELLES ao comentar o referido artigo apresenta o seguinte exemplo: "a hipótese em que o falecido, solteiro e sem ascendentes e descendentes, deixa um tio (colateral em terceiro grau) e um primo (colateral em quarto grau). O tio herdará, afastando o primo do falecido, cumprindo-se, aí, a regra geral. Se, entretanto, sobreviverem ao falecido irmãos e filhos de irmãos pré-mortos, a herança será dividida em partes iguais aos irmãos vivos, que herdarão por direito próprio e por cabeça; e aos sobrinhos, que virão por estirpe, representando o pai ou mãe pré-mortos, irmãos do falecido. Em exemplo mais detalhado, vamos supor que a herança deixada consista no valor de R$ 20.000,00, e existam 3 irmãos vivos do falecido, e 1 irmão pré-morto, com 5 filhos. O monte será dividido em 4 partes: cada irmão vivo receberá R$ 5.000,00, sendo que os sobrinhos recolherão, cada um, a quantia de R$ 1.000,00."[31]

---

31 CHELLES, Iagmar Senna. Da ordem de vocação hereditária. In: GUIARONI, Regina

14.8.1 Sucessão entre irmãos

De acordo com o artigo 1.841, concorrendo à herança do falecido irmãos bilaterais com irmãos unilaterais, cada um destes herdará metade do que cada um daqueles herdar. Os irmãos bilaterais ou germanos são os filhos do mesmo pai e mesma mãe. Já os irmãos unilaterais são aqueles que são filhos do mesmo pai (irmãos consanguíneos) ou da mesma mãe (irmãos uterinos), isto é, descendem de apenas uma linha.

Para CLÓVIS BEVILAQUA, "o modo prático de fazer a partilha, aplicando esta regra, é dividir a herança pelo número de irmãos, argumentando de tantas unidades mais quantos forem os bilaterais; este quociente dará o quinhão de cada unilateral; e dobrado será o de cada bilateral."[32] Para o cálculo, sugere-se o uso da seguinte fórmula:[33]

Valor da herança ÷ (n. de irmãos germanos x 2 + n. de irmãos unilaterais)
= herança do irmão unilateral

Não concorrendo à herança irmão bilateral, herdarão, em partes iguais, os unilaterais (artigo 1.842, CC).

Na falta de irmãos, herdarão os filhos destes e, não os havendo, os tios (artigo 1.843, CC). Se concorrerem à herança somente filhos de irmãos falecidos, herdarão por cabeça (artigo 1.843, § 1°, CC). Se concorrem filhos de irmãos bilaterais com filhos de irmãos unilaterais, cada um destes herdará a metade do que herdar cada um daqueles (artigo 1.843, § 2°, CC).

Vejamos a seguinte hipótese: A e B são irmãos bilaterais do falecido e C é irmão unilateral. Os dois primeiros herdarão 2/5 da herança e o último, 1/5. Dessa maneira, considerando que os irmãos unilaterais herdam metade do que é destinado aos irmãos bilaterais, teremos: A recebe 2x – Irmão Bilateral; B recebe 2x – Irmão Bilateral; C recebe x – Irmão Unilateral. Assim, através de uma simples equação do 1° Grau, resolvemos a questão: $2x + 2x + x = 1$; $5x = 1$; $x = 1/5$. Logo, teremos a seguinte distribuição dos quinhões hereditários:

(Coord.). *Direito das sucessões*. Rio de Janeiro: Freitas Bastos, 2004, p. 116.
32 BEVILAQUA, Clóvis. *Código Civil dos Estados Unidos do Brasil Comentado*. Rio de Janeiro: Francisco Alves, 1939, v. 6, p. 808-809
33 MEIRELES, Rose Melo Vencelau. *A Ordem da Vocação Hereditária*: Dos Descendentes aos Colaterais. In: TEIXEIRA, Ana Carolina Brochado; RIBEIRO, Gustavo Pereira Leite. *Manual de Direito das Famílias e das Sucessões*. Belo Horizonte: DelRey, 2008, p. 659.

Herdeiros	Quinhão
Irmão Bilateral – A	2/5 = 40%
Irmão Bilateral – B	2/5 = 40%
Irmão Unilateral – C	1/5 = 20%
TOTAL	**1/1 = 100%**

Graficamente teríamos:

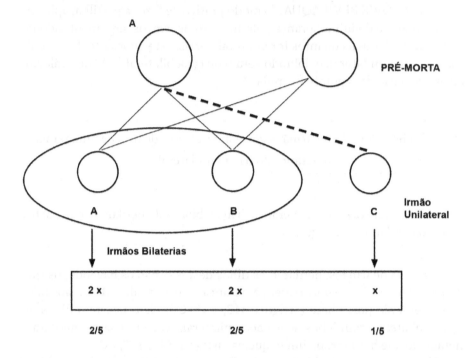

Se todos forem filhos de irmãos bilaterais, ou todos de irmãos unilaterais, herdarão por igual (artigo 1.843, § 3°, CC). Assim, se todos os herdeiros forem irmãos ou sobrinhos bilaterais ou unilaterais, todos herdam por cabeça, sem qualquer distinção quanto à parte no quinhão hereditário, conforme disposto nos artigos 1.842 e 1.843, § 3°.

14.9 O chamamento do Estado – Município, Distro Federal ou União à herança

Não sobrevivendo cônjuge, ou companheiro, nem parente algum sucessível, ou tendo eles renunciado a herança, esta se devolve ao Município ou ao Distrito Federal, se localizada nas respectivas circunscrições, ou à União, quando situada em território federal (artigo 1.844, CC).

Capítulo 15
DOS HERDEIROS NECESSÁRIOS

15.1 Conceito

São herdeiros necessários os descendentes, os ascendentes e o cônjuge (artigo 1.845, CC). Os herdeiros necessários são aqueles que possuem direito à legítima, quais sejam: os descendentes (filho, neto, bisneto etc.) os ascendentes (pai, avô, bisavô etc.) e o cônjuge. A legítima é a parcela de 50% do acervo do testador, da qual os herdeiros necessários não podem ser privados por disposição de última vontade. A legítima somente é fixada no momento da abertura da sucessão. Assim, a porção ou quota disponível é a parcela de 50% livre do acervo do testador. Esta parcela é livre para que o testador a deixe a quem desejar.

Daí que de acordo com a regra jurídica do artigo 1.846, pertence aos herdeiros necessários, de pleno direito, a metade dos bens da herança, constituindo a legítima.

15.2 Cálculo da Legítima

Calcula-se a legítima sobre o valor dos bens existentes na abertura da sucessão, abatidas as dívidas e as despesas do funeral, adicionando-se, em seguida, o valor dos bens sujeitos a colação (artigo 1.847, CC). Dessa maneira, o cálculo da legítima é realizado no momento da abertura da sucessão, isto é, um cálculo realizado sobre o ativo da herança (herança líquida, já que abatidas as dívidas e as despesas do funeral).

15.3 Intangibilidade relativa da legítima

Salvo se houver justa causa, declarada no testamento, não pode o testador estabelecer cláusula de inalienabilidade, impenhorabilidade, e de incomunicabilidade, sobre os bens da legítima (artigo 1.848, CC). Portanto, esta regra jurídica é relativa, já que o artigo informa "Salvo se houver justa causa, declarada no testamento [...]".

A cláusula de inalienabilidade, imposta aos bens por ato de liberalidade, implica impenhorabilidade e incomunicabilidade.[1]

---

1 CC 2002 – Art. 1.911. A cláusula de inalienabilidade, imposta aos bens por ato de liberalidade, implica impenhorabilidade e incomunicabilidade. Parágrafo único. No caso de

Não é permitido ao testador estabelecer a conversão dos bens da legítima em outros de espécie diversa (artigo 1.848, § 1º, CC).

Existe a possibilidade de sub-rogação do ônus, uma vez que mediante autorização judicial e havendo justa causa, podem ser alienados os bens gravados, convertendo-se o produto em outros bens, que ficarão sub-rogados nos ônus dos primeiros (artigo 1.848, § 2º, CC).

O STJ já decidiu que "é possível o cancelamento da cláusula de inalienabilidade de imóvel após a morte dos doadores se não houver justa causa para a manutenção da restrição ao direito de propriedade." (REsp 1.631.278-PR, Rel. Min. Paulo de Tarso Sanseverino, por unanimidade, julgado em 19/03/2019, DJe 29/03/2019). Vejamos:

> O Superior Tribunal de Justiça, ainda sob a vigência do CC/1916, teve a oportunidade de interpretar o art. 1.676 do referido Código com ressalvas, admitindo-se o cancelamento da cláusula de inalienabilidade nas hipóteses em que a restrição, no lugar de cumprir sua função de garantia de patrimônio aos descendentes, representava lesão aos seus legítimos interesses. Nesse sentido, a imobilização do bem nas mãos dos donatários poderá não lhes garantir a subsistência, seja porque a própria função social do imóvel objeto do negócio a título gratuito resta por todo combalida, assumindo-se uma posição "antieconômica", com a sua retirada do mercado por dilargadas décadas, cristalizando-o no patrimônio de quem dele não mais deseja ser o seu proprietário. Assim, o atual Código Civil, no art. 1.848, passou a exigir que o instituidor da inalienabilidade, nos casos de testamento, indique expressamente uma justa causa para a restrição imposta, operando verdadeira inversão na lógica existente sob a égide do CC de 1916. Há de se exigir que o doador manifeste razoável justificativa para a imobilização de determinado bem em determinado patrimônio, sob pena de privilegiarem-se excessos de proteção ou caprichos desarrazoados. Segundo a doutrina, "o que determina a validade da cláusula não é mais a vontade indiscriminada do testador, mas a existência de justa causa para a restrição imposta voluntariamente pelo testador. Pode ser considerada justa causa a prodigalidade, ou a incapacidade por doença mental, que diminuindo o discernimento do herdeiro, torna provável que esse dilapide a herança". Nesse contexto, o

---

desapropriação de bens clausulados, ou de sua alienação, por conveniência econômica do donatário ou do herdeiro, mediante autorização judicial, o produto da venda converter-se-á em outros bens, sobre os quais incidirão as restrições apostas aos primeiros.

ato *intervivos* de transferência de bem do patrimônio dos pais aos filhos configura adiantamento de legítima e, com a morte dos doadores, passa a ser legítima propriamente dita. Não havendo justo motivo para que se mantenha congelado o bem sob a propriedade dos donatários, todos maiores, que manifestam não possuir interesse em manter sob o seu domínio o imóvel, há de se cancelar as cláusulas que os restringem.

15.4 Parte disponível cumulada com legítima

De acordo com o artigo 1.849 do CC, o herdeiro necessário, a quem o testador deixar a sua parte disponível, ou algum legado, não perderá o direito à legítima.

Vejamos a seguinte hipótese: Sendo A, B e C filhos do testador, e tendo este beneficiado B com sua parte disponível, este herdará 2/3 da herança e os demais herdarão 1/6. Vejamos:

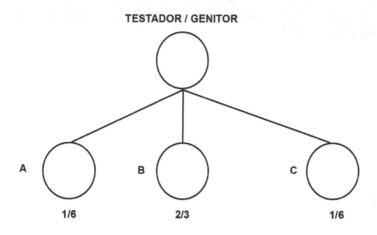

Desta forma, a modelagem do problema é a seguinte: **A legítima**, equivalente a 1/2 (50%) será dividida entre os três filhos (A, B, C). 1/2 divididos por 3 = 1/2 x 1/3 = 1/6 = 16,66% para cada filho. **A disponível,** equivalente a 1/2 (50%) teve como beneficiário apenas o filho B. Então a parte de B é a seguinte: 1/2 (disponível – 50%) + 1/6 (legítima – 16,66%) = 4/6 = 2/3 = 66,68 %. Assim:

Filhos	A disponível	A legítima	Total
A	0	1/6 = 16,66%	1/6 = 16,66%
B	1/2 = 50%	1/6 = 16,66%	2/3 = 66,68%
C	0	1/6 = 16,66%	1/6 = 16,66%
TOTAL			1/1 = 100%

15.5 Exclusão dos colaterais da herança

Para excluir da sucessão os herdeiros colaterais, basta que o testador disponha de seu patrimônio sem os contemplar (artigo 1.850, CC). LUIZ PAULO VIEIRA DE CARVALHO alerta que não se pode confundir *deserdação* com *erepção*. "Enquanto a deserdação é uma pena civil, imposta aos herdeiros necessários, de privação da legítima, a erepção implica, na verdade, a possibilidade de o herdeiro facultativo ser excluído totalmente da sucessão, por testamento válido, feito pelo autor da herança, bastando que o mesmo disponha de todo o seu patrimônio sem o contemplar, consoante o art. 1.850 do Código Civil atual."[2]

---

2 CARVALHO, Luiz Paulo Vieira de. *Direito das Sucessões*, 3. ed. São Paulo: Atlas, 2017, p. 796.

Capítulo 16
DO DIREITO DE REPRESENTAÇÃO

16.1 Sucessão por representação

É uma ficção da lei, através da qual os representantes ocupam o lugar do representado, ou seja, é uma espécie de substituição legal. Melhor dizendo: é a espécie de sucessão *jure repraesentationis* em que o herdeiro recolhe o quinhão hereditário em lugar do herdeiro pré-morto, ausente, indigno ou deserdado.[1] Esta situação jurídica ocorre apenas na sucessão legítima. Neste caso a partilha ocorre por estirpe. O artigo 1.851 do CC dispõe que "dá-se o direito de representação, quando a lei chama certos parentes do falecido a suceder em todos os direitos, em que ele sucederia, se vivo fosse".

MARIA BERENICE DIAS ensina que "quando ocorre a morte de um herdeiro antes da abertura da sucessão, a lei chama os descendentes do falecido a sucedê-lo em todos os direitos. Recebem a herança no lugar dele. Daí dizer-se que não herdam por direito próprio, mas na qualidade de representantes do herdeiro pré-morto. Pelo direito de representação corrige-se a injustiça da rigorosa aplicação do princípio que exclui os mais remotos em favor dos mais próximos. A finalidade do instituto é preservar a igualdade entre os herdeiros descendentes. A lei coroa a igualdade de filiação ao estipular que os descendentes na mesma classe têm os mesmos direitos à sucessão de seus ascendentes. Falecido um deles não se justifica que os seus sucessores fiquem fora da sucessão. Caso contrário se estaria excluindo o direito de herança pelo simples fato de o herdeiro ter morrido, deixando de se atentar ao fato de ele ter prole".[2]

Vejamos a seguinte hipótese: o direito de representação nos traz a figura da sucessão por estirpe, onde os descendentes do herdeiro pré-morto ou excluído da sucessão herdam o seu quinhão, independente de quantos sejam

---
1 CC 2002 – Art. 1.816. São pessoais os efeitos da exclusão; os descendentes do herdeiro excluído sucedem, como se ele morto fosse antes da abertura da sucessão. Parágrafo único. O excluído da sucessão não terá direito ao usufruto ou à administração dos bens que a seus sucessores couberem na herança, nem à sucessão eventual desses bens.
2 DIAS, Maria Berenice. *Manual de Direito das Sucessões*. 7. ed. São Paulo: Revista dos Tribunais, 2010, p. 209.

tais representantes. Portanto, A falece deixando três filhos: B, C e D. Ocorre que E, seu quarto filho, lhe era pré-morto, mas deixou mais três filhos, F, G e H. A sucessão de A será partilhada da seguinte forma: B, C e D recebem cada um 1/4 da herança e F, G e H partilharão o 1/4 destinado a seu pai, resultando em 1/12 para cada herdeiro representante, conforme figura abaixo.

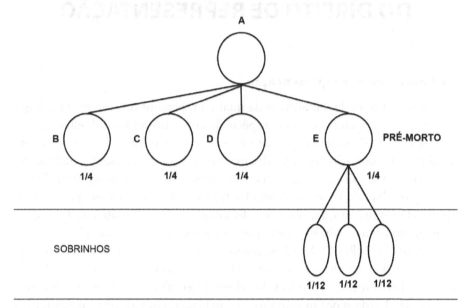

Se não houver diversidade de graus, isto é, os descendentes vivos mais próximos estiverem no mesmo grau, não haverá representação, sendo, pois o patrimônio hereditário dividido por cabeça.

Frise-se que o direito de representação dá-se na linha reta descendente, mas nunca na ascendente (artigo 1.852, CC). Dessa maneira, uma avó jamais poderá herdar do seu neto, representando o seu filho seja pré-morto.

Na linha transversal, somente se dá o direito de representação em favor dos filhos de irmãos do falecido, quando com irmãos deste concorrerem (artigo 1.853, CC). Na linha dos descendentes o direito de representação é ilimitado. Todavia, na linha colateral somente existe representação para os filhos de irmãos do *de cujus*, quando com estes concorrem. Dessa forma, caso um dos sobrinhos seja pré-morto, seus descendentes não farão jus à representação.

Os representantes só podem herdar, como tais, o que herdaria o representado, se vivo fosse (artigo 1.854, CC).[3][4]

---

3 Conselho da Justiça Federal – VII Jornada de Direito Civil – CJF – Enunciado – 610 – Nos casos de comoriência entre ascendente e descendente, ou entre irmãos, reconhece-se o direito de representação aos descendentes e aos filhos dos irmãos.
4 CC – Art. 2.009. Quando os netos, representando os seus pais, sucederem aos avós, serão

Na hipótese de mais de um representado, o artigo 1.855 diz que o quinhão do representado partir-se-á por igual entre os representantes.

Por fim, vale mencionar que no caso de ocorrer a renúncia à herança do sucessor premorto, aplica-se a regra do artigo 1.856 que preceitua: "o renunciante à herança de uma pessoa poderá representá-la na sucessão de outra".

Vale destacar que o referido dispositivo legal trata de situação diversa daquela prevista no artigo 1.811 do CC.[5] O artigo 1.856 trata da renúncia da herança pelo descendente, o que não impede que os filhos destes tenham o direito de representá-lo na sucessão.

16.2 Representação e Comoriência

E no caso de pai e filho morrerem simultaneamente, caracterizando a comoriência (art. 8º, do Código Civil: "se dois ou mais indivíduos falecerem na mesma ocasião, não se podendo averiguar se algum dos comorientes precedeu aos outros, presumir-se-ão simultaneamente mortos), sem se conseguir demonstrar a pré-morte de um deles? Ora, na comoriência, pai e filho não serão considerados herdeiros entre si. *Mas o neto poderia representar o pai na herança de seu avô? Seria possível o direito de representação nos casos de comoriência?* Na comoriência, os comorientes não são herdeiros entre si, não ocorrendo, portanto, o direito de representação dos descendentes de 2º grau (os netos não poderiam representar o pai na sucessão do avô.

O artigo 1.854 do Código Civil diz que "os representantes só podem herdar, como tais, o que herdaria o representado, se vivo fosse". Em tese, *in casu*, ocorrendo a comoriência, não há que se falar em direito de representação. Seria, pois, um paradoxo, eis que a herança não seria distribuída aos descendentes do hereditando.

Nesse sentido, na VII Jornada de Direito Civil foi publicado o enunciado – 610 que diz: "Nos casos de comoriência entre ascendente e descendente, ou entre irmãos, reconhece-se o direito de representação aos descendentes e aos filhos dos irmãos".

---

obrigados a trazer à colação, ainda que não o hajam herdado, o que os pais teriam de conferir.
5 CC – Art. 1.811. Ninguém pode suceder, representando herdeiro renunciante. Se, porém, ele for o único legítimo da sua classe, ou se todos os outros da mesma classe renunciarem a herança, poderão os filhos vir à sucessão, por direito próprio, e por cabeça.

DA SUCESSÃO TESTAMENTÁRIA

Capítulo 17
TESTAMENTO EM GERAL

17.1 Conceito

O testamento é um negócio jurídico unilateral, *mortis causa*, gratuito, revogável (a qualquer tempo pelo testador), formal, personalíssimo e solene, através do qual o sujeito dispõe de seus bens como ato de última vontade, respeitando os direitos dos herdeiros necessários. O testamento é um ato personalíssimo, podendo ser alterado a qualquer tempo (CC 2002 – Art. 1.858). A validade do testamento requer capacidade testamentária ativa e passiva, além dos requisitos formais previstos para cada tipo de testamento. Neste sentido o artigo 1.857 determina que "toda pessoa capaz pode dispor, por testamento, da totalidade dos seus bens, ou de parte deles, para depois de sua morte. Vale lembrar que não pode ser objeto de contrato a herança de pessoa viva (artigo 426, CC). Todavia, como dito alhures, é válida a partilha feita por ascendente, por ato entre vivos ou de última vontade, contanto que não prejudique a legítima dos herdeiros necessários (artigo 2.018, CC).

A formalidade exigida na feitura do testamento é *ad solemnitatem*, isto é, a formalidade é essencial para a validade do negócio jurídico. Nesse sentido, segundo PAULO LÔBO, "a formalidade é de sua natureza e substância (não são *ad probationem*, mas *ad solemnitatem*), levando sua não observância à nulidade insuprível e, consequentemente, ao impedimento de suas finalidades."[1][2]

A legítima dos herdeiros necessários não poderá ser incluída no testamento (artigo 1.857, § 1º, CC).

---

1 LÔBO, Paulo. Dirieto Civil: Sucessões. São Paulo: Saraiva, 2013, p. 190
2 CIVIL. SUCESSÃO. TESTAMENTO. FORMALIDADES. EXTENSÃO. O testamento é um ato solene que deve submeter-se a numerosas formalidades que não podem ser descuradas ou postergadas, sob pena de nulidade. Mas todas essas formalidades não podem ser consagradas de modo exacerbado, pois a sua exigibilidade deve ser acentuada ou minorada em razão da preservação dos dois valores a que elas se destinam – razão mesma de ser do testamento -, na seguinte ordem de importância: o primeiro, para assegurar a vontade do testador, que já não poderá mais, após o seu falecimento, por óbvio, confirmar a sua vontade ou corrigir distorções, nem explicitar o seu querer que possa ter sido expresso de forma obscura ou confusa; o segundo, para proteger o direito dos herdeiros do testador, sobretudo dos seus filhos. Recurso não conhecido. (REsp 302.767/PR, Rel. Ministro CÉSAR ASFOR ROCHA, QUARTA TURMA, julgado em 05.06.2001, DJ 24.09.2001, p. 313).

Em linhas gerais, a finalidade precípua do testamento é a destinação do patrimônio da pessoa após a sua morte. Ocorre que é possível que disposições de cariz extrapatrimonial façam parte do objeto do testamento. Daí que são válidas as disposições testamentárias de caráter não-patrimonial, ainda que o testador somente a elas se tenha limitado (artigo 1.857, § 2°, CC), e.g., o reconhecimento de filho nascido fora do casamento.

17.2 Invalidade do Testamento. Prazo

A pessoa interessada na invalidade (nos casos de nulidade e anulabilidade do negócio jurídico) do testamento dispõe do prazo decadencial de cinco anos para impugnar a validade do testamento, contado o prazo da data do seu registro (artigo 1.859, CC).

Entre os procedimentos especiais de jurisdição voluntária verifica-se aquele destinado ao registro para cumprimento do testamento e do codicilo. Ora, com o falecimento do autor da herança, é necessária a apresentação do testamento em juízo exatamente para que seja verificada a sua regularidade formal, antes que seja ordenado o seu cumprimento. Esta é a finalidade precípua do procedimento de jurisdição voluntária do registro do testamento, qual seja: dar publicidade sobre a sua existência, verificando, destarte, a sua regularidade formal, isto é, é necessária a verificação de seus requisitos formais de existência, validade e eficácia do negócio jurídico. A partir daí seria possível ordenar o seu fiel cumprimento, visando que o inventário e a partilha do acervo hereditário possa ser executada em consonância com as disposições testamentárias.

Qualquer que seja a forma do testamento, é necessário que o magistrado determine o seu registro e cumprimento. Dessa maneira, o Código de Processo Civil regulou inicialmente sobre a abertura, o registro e o cumprimento do testamento cerrado (art. 735 do CPC); em seguida, regulou a apresentação, o registro e o cumprimento do testamento público (art. 736 do CPC); depois, estabeleceu o procedimento para publicação, registro e cumprimento do testamento particular (art. 737 do CPC), determinando ainda a aplicação desse mesmo procedimento às modalidades de testamentos especiais (marítimo, aeronáutico e militar), bem como ao codicilo (§ 3° do art. 737).

O art. 48 do CPC estabeleceu que o foro de domicílio do autor da herança, no Brasil, é o competente para o inventário, a partilha, a arrecadação, o cumprimento de disposições de última vontade, a impugnação ou anulação de partilha extrajudicial e para todas as ações em que o espólio for réu, ainda que o óbito tenha ocorrido no estrangeiro. Dessa forma, ainda que ocorram lacunas legais, o juízo competente é o do foro do apresentante do testamento e considerando que as disposições de última vontade decorrem justamente do procedimento de registro do testamento, o foro competente é o do domicílio do falecido.

Capítulo 17 – Testamento em Geral

O artigo 735, § 2º, do CPC preceitua que "depois de ouvido o Ministério Público, não havendo dúvidas a serem esclarecidas, o juiz mandará registrar, arquivar e cumprir o testamento".

De acordo com o Enunciado 600, da VII Jornada de Direito Civil, "após registrado judicialmente o testamento e sendo todos os interessados capazes e concordes com os seus termos, não havendo conflito de interesses, é possível que se faça o inventário extrajudicial".

17.3 Capacidade para testar

O artigo 1.860 diz que "além dos incapazes, não podem testar os que, no ato de fazê-lo, não tiverem pleno discernimento" e o parágrafo único do mesmo dispositivo legal afirma que "podem testar os maiores de dezesseis anos".

Frise-se que esta regra jurídica deve ser interpretada à luz da Lei 13.146/2015 que trata do *Estatuto da Pessoa com Deficiência*.

A regra é a capacidade das pessoas em realizar os negócios jurídicos. Toda pessoa que se encontre no exercício de seus direitos tem capacidade para estar em juízo (artigo 70, CPC).[3]

---

3 CPC – Art. 75. Serão representados em juízo, ativa e passivamente: I – a União, pela Advocacia-Geral da União, diretamente ou mediante órgão vinculado; II – o Estado e o Distrito Federal, por seus procuradores; III – o Município, por seu prefeito ou procurador; IV – a autarquia e a fundação de direito público, por quem a lei do ente federado designar; V – a massa falida, pelo administrador judicial; VI – a herança jacente ou vacante, por seu curador; VII – o espólio, pelo inventariante; VIII – a pessoa jurídica, por quem os respectivos atos constitutivos designarem ou, não havendo essa designação, por seus diretores; IX – a sociedade e a associação irregulares e outros entes organizados sem personalidade jurídica, pela pessoa a quem couber a administração de seus bens; X – a pessoa jurídica estrangeira, pelo gerente, representante ou administrador de sua filial, agência ou sucursal aberta ou instalada no Brasil; XI – o condomínio, pelo administrador ou síndico.
§ 1º Quando o inventariante for dativo, os sucessores do falecido serão intimados no processo no qual o espólio seja parte.
§ 2º A sociedade ou associação sem personalidade jurídica não poderá opor a irregularidade de sua constituição quando demandada.
§ 3º O gerente de filial ou agência presume-se autorizado pela pessoa jurídica estrangeira a receber citação para qualquer processo.
§ 4º Os Estados e o Distrito Federal poderão ajustar compromisso recíproco para prática de ato processual por seus procuradores em favor de outro ente federado, mediante convênio firmado pelas respectivas procuradorias.
Art. 76. Verificada a incapacidade processual ou a irregularidade da representação da parte, o juiz suspenderá o processo e designará prazo razoável para que seja sanado o vício.
§ 1º Descumprida a determinação, caso o processo esteja na instância originária:
I – o processo será extinto, se a providência couber ao autor;
II – o réu será considerado revel, se a providência lhe couber;
III – o terceiro será considerado revel ou excluído do processo, dependendo do polo em que se encontre.
§ 2º Descumprida a determinação em fase recursal perante tribunal de justiça, tribunal

A *incapacidade* ou *falta de capacidade* é a restrição legal ao exercício dos atos da vida civil. Quanto à capacidade, as pessoas estão agrupadas em três espécies, a saber: a) as pessoas absolutamente incapazes, as pessoas relativamente incapazes e c) as pessoas capazes.

Um dos fundamentos do instituto jurídico da incapacidade é a proteção aos incapazes, na medida em que a lei restringe ou limita que a pessoa incapaz realize os atos da vida civil, sem a *representação* ou *assistência* de outra pessoa.

Daí que os incapazes serão representados ou assistidos por seus pais, tutores ou curadores, na forma da lei civil (CPC, art. 71).

No dia 06/07/2015 foi sancionada a Lei 13.146/2015 que instituiu o *Estatuto da Pessoa com Deficiência*, entrando em vigor 180 dias após a sua publicação. Esta norma jurídica altera substancialmente a *teoria das incapacidades*, com reflexos profundos em vários institutos do Direito de Família.

O artigo 3º do Código Civil foi revogado, permanecendo em vigor apenas o seu *caput* que diz: "são absolutamente incapazes de exercer pessoalmente os atos da vida civil os menores de 16 (dezesseis) anos".

Dessa maneira, em regra, todas as pessoas com deficiências apontadas nos incisos do artigo 3º revogado passam a ser *plenamente capazes para os atos da vida civil*. Neste caso, o legislador visa a *inclusão social* destas pessoas, com vistas a *proteger a sua dignidade*. O artigo 6 da Lei 13.146/2015 afirma que "a deficiência não afeta a plena capacidade civil da pessoa, inclusive para: I – casar-se e constituir união estável; II – exercer direitos sexuais e reprodutivos; III – exercer o direito de decidir sobre o número de filhos e de ter acesso a informações adequadas sobre reprodução e planejamento familiar; IV – conservar sua fertilidade, sendo vedada a esterilização compulsória; V – exercer o direito à família e à convivência familiar e comunitária; e VI – exercer o direito à guarda, à tutela, à curatela e à adoção, como adotante ou adotando, em igualdade de oportunidades com as demais pessoas".

A capacidade jurídica hoje é considerada no rol dos direitos humanos. Vale lembrar que o artigo 12 da *Convenção sobre os Direitos das Pessoas com Deficiência*, aprovada em 13 de dezembro de 2006, em sessão solene da ONU,[4] diz que

---

regional federal ou tribunal superior, o relator:
I – não conhecerá do recurso, se a providência couber ao recorrente;
II – determinará o desentranhamento das contrarrazões, se a providência couber ao recorrido.
4 Decreto n. 6949/2009 – Promulga a Convenção Internacional sobre os Direitos das Pessoas com Deficiência e seu Protocolo Facultativo, assinados em Nova York, em 30 de março de 2007.

"Reconhecimento igual perante a lei.
1. Os Estados Partes reafirmam que as pessoas com deficiência têm o direito de ser reconhecidas em qualquer lugar como pessoas perante a lei.
2. Os Estados Partes reconhecerão que as pessoas com deficiência gozam de capacidade legal em igualdade de condições com as demais pessoas em todos os aspectos da vida.
3. Os Estados Partes tomarão medidas apropriadas para prover o acesso de pessoas com deficiência ao apoio que necessitarem no exercício de sua capacidade legal.
4. Os Estados Partes assegurarão que todas as medidas relativas ao exercício da capacidade legal incluam salvaguardas apropriadas e efetivas para prevenir abusos, em conformidade com o direito internacional dos direitos humanos. Essas salvaguardas assegurarão que as medidas relativas ao exercício da capacidade legal respeitem os direitos, a vontade e as preferências da pessoa, sejam isentas de conflito de interesses e de influência indevida, sejam proporcionais e apropriadas às circunstâncias da pessoa, se apliquem pelo período mais curto possível e sejam submetidas à revisão regular por uma autoridade ou órgão judiciário competente, independente e imparcial. As salvaguardas serão proporcionais ao grau em que tais medidas afetarem os direitos e interesses da pessoa.
5. Os Estados Partes, sujeitos ao disposto neste Artigo, tomarão todas as medidas apropriadas e efetivas para assegurar às pessoas com deficiência o igual direito de possuir ou herdar bens, de controlar as próprias finanças e de ter igual acesso a empréstimos bancários, hipotecas e outras formas de crédito financeiro, e assegurarão que as pessoas com deficiência não sejam arbitrariamente destituídas de seus bens".

A *Convenção sobre os Direitos das Pessoas com Deficiência* da ONU foi inserida no sistema jurídico brasileiro pelo Decreto nº 6.949, de 25.08.2009, que a promulgou. Na medida em que a aprovação da Convenção obedeceu ao rito estipulado pela Emenda Constitucional nº 45/04, sua incorporação em nosso ordenamento se deu com status constitucional.

A Lei 13.146/2015 está em sintonia com o *reconhecimento dos direitos das pessoas com deficiência,* visando a sua *igualdade* e *inclusão social.*[5] O direito

---

5 Lei 13.146/15 – Institui a Lei Brasileira de Inclusão da Pessoa com Deficiência (Estatuto da Pessoa com Deficiência) – Esta Lei tem como base a Convenção sobre os Direitos das Pessoas com Deficiência e seu Protocolo Facultativo, ratificados pelo Congresso Nacional por meio do Decreto Legislativo nº 186, de 9 de julho de 2008, em conformidade com

das pessoas com deficiência a tomar decisões sobre a sua vida e desfrutar sua capacidade jurídica, em condições de igualdade com os outros é uma das questões de *direitos humanos* mais importantes na Europa.

O que se quer é uma postura de reconhecimento, visando a eliminação de barreiras que impedem as pessoas com deficiências de tomar o controle de suas vidas e se tornarem cidadãos ativos contribuindo propositivamente para a sociedade. É, pois, uma abordagem baseada nos direitos humanos para a deficiência. Melhor dizendo: as políticas que visam apenas cuidado, reabilitação médica e benefícios devem ser revistas com vistas a inclusão social.

Na verdade, a Lei 13.146/2015 fornece uma mudança de paradigma nas políticas destinadas a pessoas com deficiência com vistas a igualdade e o processo de inclusão social. A maioria dos sistemas jurídicos apresenta noção obsoleta da capacidade jurídica. Dessa maneira, o artigo 3º do nosso Código Civil foi aprimorado à luz das normas de direitos humanos, e com especial referência ao artigo 12 da Convenção acima citado. É, pois, uma mudança que visa corrigir os defeitos que privavam as pessoas com deficiência sobre os seus direitos, especialmente, no direito de família, como o casamento, a interdição e a curatela.

Lamentavelmente, as pessoas com deficiência ainda sofrem discriminações e preconceitos na sociedade. Basta lembrar que a maioria das escolas não possui preparo docente e infraestrutura para acolher as crianças com deficiência. As oportunidades de negócios e empregos são raras, uma vez que a discriminação se desvela em cores vivas e os locais de trabalho são, em regra, inacessíveis.

Nesse sentido, vale destacar os comentários de Gustavo Caramelo, Sebastián Picasso e Marisa Herrera em relação às mudanças ocorridas no Código Civil Argentino:

> *"El Alto Comisionado de Derechos Humanos de Naciones Unidas ha afirmado que la capacidad jurídica excede la posibilidad de tomar decisiones por sí o por un tercero; guarda relación con el ser persona. De allí que las restricciones a la capacidad deben valorarse con sumo cuidado y de modo excepcional, por constituir una restricción a un derecho humano. Una limitación total de la capacidad jurídica por la sola existencia de una discapacidad intelectual o psicosocial viola los principios de la Convención de Naciones Unidas.*
> *Así también lo ha entendido el Tribunal Europeo de Derechos Humanos en caso Shtukaturov c. Rusia. Consideró que la incapacitación de*

---

o procedimento previsto no § 3º do art. 5º da Constituição da República Federativa do Brasil, em vigor para o Brasil, no plano jurídico externo, desde 31 de agosto de 2008, e promulgados pelo Decreto nº 6.949, de 25 de agosto de 2009, data de início de sua vigência no plano interno.

una persona constituye uma injerencia en la vida privada que debe calificarse de "muy grave", pues la incapacitación total supone la dependencia de un tutor en todos los ámbitos de su vida y se aplica por un periodo indefinido sin que pueda ser impugnada. Afirma asimismo el Tribunal que "la existencia de un trastorno mental, aunque sea grave, no puede ser la única razón para justificar la incapacitación total", debiendo contemplarse una "respuesta a medida" a fin de no limitar el derecho a la vida privada "más de lo estrictamente necesario" (grifo nosso).[6]

O reconhecimento da capacidade de uma pessoa para tomar suas próprias decisões é essencial para que esta pessoa possa decidir sobre a sua vida e participar efetivamente da sociedade em que vive.

Assim, a capacidade jurídica vai além da tomada de uma decisão, ou seja, faz parte da própria essência da pessoa e sua dignidade. As decisões que tomamos em nossa vida representam o nosso próprio caminho, desvelando o nosso próprio ser.

Dessa maneira, é preciso mudar a visão da capacidade civil, com o propósito de colocarmos a pessoa no epicentro do ordenamento jurídico, de forma coerente e harmônica com os direitos humanos, as liberdades fundamentais e a dignidade de todas as pessoas com deficiência.

No mesmo sentido, caminhou, também, o Novo Código Civil Argentino: Artículo 23. – *Capacidad de ejercicio. Toda persona humana puede ejercer por sí misma sus derechos, excepto las limitaciones expresamente previstas en este Código y en una sentencia judicial.*[7]

ROSE MELO VENCELAU MEIRELES destaca que "a principal contribuição do Estatuto do Deficiente constitui a desidentificação do deficiente

---

6 CARAMELO, Gustavo. *Código Civil y Comercial de la Nación Comentado* / Gustavo Caramelo; Sebastián Picasso; Marisa Herrera. – 1a ed. – Ciudad Autónoma de Buenos. Aires: Infojus, 2015, p. 59-60.

7 "El CCyC introduce en forma expresa el principio de capacidad de ejercicio de la persona. Como veremos a continuación, dicho principio conecta con la concepción actual de la capacidad como un derecho humano de la persona, lo que profundiza las exigencias al momento de admitir su eventual restricción. Establece en qué casos dichas restricciones pueden resultar admisibles. La referencia a
las "limitaciones expresamente previstas" en el CCyC aluden a la situación de ninos, ninas y adolescentes que no presenten las condiciones de edad y madurez suficiente que más adelante se introducen; en cuanto a las personas mayores de edad, pueden sufrir restricciones a su capacidad jurídica como consecuencia de una sentencia dictada luego de transitar un proceso judicial, que también debe satisfacer los recaudos exigidos como reglas generales en el CCyC." CARAMELO, Gustavo. *Código Civil y Comercial de la Nación Comentado* / Gustavo Caramelo; Sebastián Picasso; Marisa Herrera. – 1ª ed. – Ciudad Autónoma de Buenos. Aires: Infojus, 2015, p. 57.

com o incapaz. Trata-se do uso da lei na sua função promocional, com vistas a não discriminação. Contudo, nos casos em que houver falta de discernimento faz-se não só possível como imperiosa a curatela. Note-se que a curatela se limita aos atos patrimoniais e negociais, entendidos esses como negociais patrimoniais. O Estatuto do Deficiente, assim, foi ao encontro da teoria que propugna pela necessária tutela qualitativa das situações existenciais."[8]

A nova redação do artigo 3º do Código Civil, diz que são *absolutamente incapazes* apenas os menores de dezesseis anos, excluindo as pessoas "com enfermidade ou deficiência mental" e qualificando como relativamente incapazes os que, por causa transitória, não puderem exprimir sua vontade (na redação originária, eram absolutamente incapazes). É o que diz o artigo 84 do *Estatuto da Pessoa com Deficiência* ao afirmar que "*a pessoa com deficiência tem assegurado o direito ao exercício de sua capacidade legal em igualdade de condições com as demais pessoas.*"

Todavia, em caráter excepcional, a pessoa com deficiência mental ou intelectual poderá ser submetida à curatela, no seu legítimo interesse. Essa curatela está delineada no artigo 84, § 1º do *Estatuto da Pessoa com Deficiência*: "Quando necessário, a pessoa com deficiência será submetida à curatela, conforme a lei."

A definição de curatela de pessoa com deficiência constitui *medida protetiva extraordinária*, proporcional às necessidades e às circunstâncias de cada caso, e durará o menor tempo possível (artigo 84, § 3º da Lei 13.146/2015).

Os curadores são obrigados a prestar, anualmente, contas de sua administração ao juiz, apresentando o balanço do respectivo ano (artigo 84, § 4º da Lei 13.146/2015).

Importante destacar que a curatela afetará tão somente os atos relacionados aos direitos de natureza patrimonial e negocial. A definição da curatela não alcança o direito ao próprio corpo, à sexualidade, ao matrimônio, à privacidade, à educação, à saúde, ao trabalho e ao voto.

Por ser medida extraordinária, a sentença judicial de curatela deve conter as razões e motivações de sua definição, preservados os interesses do curatelado.

No caso de pessoa em situação de institucionalização, ao nomear curador, o juiz deve dar preferência à pessoa que tenha vínculo de natureza familiar, afetiva ou comunitária com o curatelado.

Para emissão de documentos oficiais, não será exigida a situação de curatela da pessoa com deficiência (artigo 86 da Lei 13.146/2015).

---

8 MEIRELES, Rose Melo Vencelau. *A Necessária Distinção entre Negócios Jurídicos Patrimoniais e Existenciais*: o Exemplo da Capacidade Civil. In: MORAES, Carlos Eduardo Guerra de; RIBEIRO, Ricardo Lodi (Coord.); MONTEIRO FILHO, Carlos Edison ddo Rêgo; GUEDES, Gisela Sampaio da Cruz; MEIRELES, Rose Melo Vencelau. Coleção Direito UERJ 80 anos, Direito Civil. Vol. 2. Rio de Janeiro: Freitas Bastos, 2015, p. 178.

Capítulo 17 - Testamento em Geral

Em casos de relevância e urgência e a fim de proteger os interesses da pessoa com deficiência em situação de curatela, será lícito ao juiz, ouvido o Ministério Público, de ofício ou a requerimento do interessado, nomear, desde logo, curador provisório, o qual estará sujeito, no que couber, às disposições do Código de Processo Civil. (artigo 87 da Lei 13.146/2015).

O CPC trata nos artigos 747 a 758 da interdição.[9] Nota-se que o CPC

---

[9] CPC - Da Interdição - Art. 747. A interdição pode ser promovida: I - pelo cônjuge ou companheiro; II - pelos parentes ou tutores; III - pelo representante da entidade em que se encontra abrigado o interditando; IV - pelo Ministério Público. Parágrafo único. A legitimidade deverá ser comprovada por documentação que acompanhe a petição inicial.
Art. 748. O Ministério Público só promoverá interdição em caso de doença mental grave: I - se as pessoas designadas nos incisos I, II e III do art. 747 não existirem ou não promoverem a interdição; II - se, existindo, forem incapazes as pessoas mencionadas nos incisos I e II do art. 747.
Art. 749. Incumbe ao autor, na petição inicial, especificar os fatos que demonstram a incapacidade do interditando para administrar seus bens e, se for o caso, para praticar atos da vida civil, bem como o momento em que a incapacidade se revelou.
Parágrafo único. Justificada a urgência, o juiz pode nomear curador provisório ao interditando para a prática de determinados atos.
Art. 750. O requerente deverá juntar laudo médico para fazer prova de suas alegações ou informar a impossibilidade de fazê-lo.
Art. 751. O interditando será citado para, em dia designado, comparecer perante o juiz, que o entrevistará minuciosamente acerca de sua vida, negócios, bens, vontades, preferências e laços familiares e afetivos e sobre o que mais lhe parecer necessário para convencimento quanto à sua capacidade para praticar atos da vida civil, devendo ser reduzidas a termo as perguntas e respostas.
§ 1º Não podendo o interditando deslocar-se, o juiz o ouvirá no local onde estiver.
§ 2º A entrevista poderá ser acompanhada por especialista.
§ 3º Durante a entrevista, é assegurado o emprego de recursos tecnológicos capazes de permitir ou de auxiliar o interditando a expressar suas vontades e preferências e a responder às perguntas formuladas.
§ 4º A critério do juiz, poderá ser requisitada a oitiva de parentes e de pessoas próximas.
Art. 752. Dentro do prazo de 15 (quinze) dias contado da entrevista, o interditando poderá impugnar o pedido.
§ 1º O Ministério Público intervirá como fiscal da ordem jurídica.
§ 2º O interditando poderá constituir advogado, e, caso não o faça, deverá ser nomeado curador especial.
§ 3º Caso o interditando não constitua advogado, o seu cônjuge, companheiro ou qualquer parente sucessível poderá intervir como assistente.
Art. 753. Decorrido o prazo previsto no art. 752, o juiz determinará a produção de prova pericial para avaliação da capacidade do interditando para praticar atos da vida civil.
§ 1º A perícia pode ser realizada por equipe composta por expertos com formação multidisciplinar.
§ 2º O laudo pericial indicará especificadamente, se for o caso, os atos para os quais haverá necessidade de curatela.
Art. 754. Apresentado o laudo, produzidas as demais provas e ouvidos os interessados, o juiz proferirá sentença.
Art. 755. Na sentença que decretar a interdição, o juiz: I - nomeará curador, que poderá ser o requerente da interdição, e fixará os limites da curatela, segundo o estado e o desenvolvimento mental do interdito; II - considerará as características pessoais do interdito,

desconsiderou a *Convenção sobre os Direitos das Pessoas com Deficiência* (CDPD) – com força de emenda constitucional –, e o *Estatuto da Pessoa com Deficiência* (EPD), já que alude a "interdição", "interditando" e "incapaz", gerando, pois, estigma desnecessário às pessoas com deficiência mental ou intelectual.

O instituto jurídico da *interdição*, como medida de proibição do exercício de direitos, não se mostra adequado com a tendência atual de dignificação da pessoa com deficiência, quer através de sua inclusão, quer através da valoração da sua manifestação de vontade. Em *caráter excepcional*, como dito alhures, utiliza-se a *curatela*, com vistas à proteção da pessoa e à prática de determinados atos, que devem se restringir aos patrimoniais e negociais.

É possível afirmar que a *Convenção sobre os Direitos das Pessoas com Deficiência* (CDPD) e o *Estatuto da Pessoa com Deficiência* (EPD) trouxeram um importante avanço legal, determinando, expressamente, a supressão da deficiência como critério para a incapacidade absoluta. É, pois, a transposição da *dignidade-vulnerabilidade* em direção a *dignidade-igualdade* ou *dignidade--inclusão*.

Destarte, todas as pessoas com deficiência se tornaram, regra geral, plenamente capazes para os atos da vida civil, visando precipuamente a sua

---

observando suas potencialidades, habilidades, vontades e preferências.

§ 1º A curatela deve ser atribuída a quem melhor possa atender aos interesses do curatelado.

§ 2º Havendo, ao tempo da interdição, pessoa incapaz sob a guarda e a responsabilidade do interdito, o juiz atribuirá a curatela a quem melhor puder atender aos interesses do interdito e do incapaz.

§ 3º A sentença de interdição será inscrita no registro de pessoas naturais e imediatamente publicada na rede mundial de computadores, no sítio do tribunal a que estiver vinculado o juízo e na plataforma de editais do Conselho Nacional de Justiça, onde permanecerá por 6 (seis) meses, na imprensa local, 1 (uma) vez, e no órgão oficial, por 3 (três) vezes, com intervalo de 10 (dez) dias, constando do edital os nomes do interdito e do curador, a causa da interdição, os limites da curatela e, não sendo total a interdição, os atos que o interdito poderá praticar autonomamente.

Art. 756. Levantar-se-á a curatela quando cessar a causa que a determinou.

§ 1º O pedido de levantamento da curatela poderá ser feito pelo interdito, pelo curador ou pelo Ministério Público e será apensado aos autos da interdição.

§ 2º O juiz nomeará perito ou equipe multidisciplinar para proceder ao exame do interdito e designará audiência de instrução e julgamento após a apresentação do laudo.

§ 3º Acolhido o pedido, o juiz decretará o levantamento da interdição e determinará a publicação da sentença, após o trânsito em julgado, na forma do art. 755, § 3º, ou, não sendo possível, na imprensa local e no órgão oficial, por 3 (três) vezes, com intervalo de 10 (dez) dias, seguindo-se a averbação no registro de pessoas naturais.

§ 4º A interdição poderá ser levantada parcialmente quando demonstrada a capacidade do interdito para praticar alguns atos da vida civil.

Art. 757. A autoridade do curador estende-se à pessoa e aos bens do incapaz que se encontrar sob a guarda e a responsabilidade do curatelado ao tempo da interdição, salvo se o juiz considerar outra solução como mais conveniente aos interesses do incapaz.

Art. 758. O curador deverá buscar tratamento e apoio apropriados à conquista da autonomia pelo interdito.

plena inclusão social, em prol de sua dignidade. Neste diapasão, como dito alhures, frise-se, o artigo 6º da Lei 13.146/2015 (Lei Brasileira de Inclusão da Pessoa com Deficiência – Estatuto da Pessoa com Deficiência) determina que "a deficiência não afeta a plena capacidade civil da pessoa, inclusive para:

I – casar-se e constituir união estável;

II – exercer direitos sexuais e reprodutivos;

III – exercer o direito de decidir sobre o número de filhos e de ter acesso a informações adequadas sobre reprodução e planejamento familiar;

IV – conservar sua fertilidade, sendo vedada a esterilização compulsória;

V – exercer o direito à família e à convivência familiar e comunitária; e

VI – exercer o direito à guarda, à tutela, à curatela e à adoção, como adotante ou adotando, em igualdade de oportunidades com as demais pessoas".

A *nova teoria da incapacidade* fortaleceu o instituto jurídico da capacidade, quer através do suporte para as decisões, por meio da *tomada de decisão apoiada*, quer pela assistência aos negócios jurídicos, como no caso da curatela.[10]

---

10   CPC – Art. 759. O tutor ou o curador será intimado a prestar compromisso no prazo de 5 (cinco) dias contado da:
I – nomeação feita em conformidade com a lei;
II – intimação do despacho que mandar cumprir o testamento ou o instrumento público que o houver instituído.
§ 1º O tutor ou o curador prestará o compromisso por termo em livro rubricado pelo juiz.
§ 2º Prestado o compromisso, o tutor ou o curador assume a administração dos bens do tutelado ou do interditado.
Art. 760. O tutor ou o curador poderá eximir-se do encargo apresentando escusa ao juiz no prazo de 5 (cinco) dias contado:
I – antes de aceitar o encargo, da intimação para prestar compromisso;
II – depois de entrar em exercício, do dia em que sobrevier o motivo da escusa.
§ 1º Não sendo requerida a escusa no prazo estabelecido neste artigo, considerar-se-á renunciado o direito de alegá-la.
§ 2º O juiz decidirá de plano o pedido de escusa, e, não o admitindo, exercerá o nomeado a tutela ou a curatela enquanto não for dispensado por sentença transitada em julgado.
Art. 761. Incumbe ao Ministério Público ou a quem tenha legítimo interesse requerer, nos casos previstos em lei, a remoção do tutor ou do curador.
Parágrafo único. O tutor ou o curador será citado para contestar a arguição no prazo de 5 (cinco) dias, findo o qual observar-se-á o procedimento comum.
Art. 762. Em caso de extrema gravidade, o juiz poderá suspender o tutor ou o curador do exercício de suas funções, nomeando substituto interino.
Art. 763. Cessando as funções do tutor ou do curador pelo decurso do prazo em que era obrigado a servir, ser-lhe-á lícito requerer a exoneração do encargo.
§ 1º Caso o tutor ou o curador não requeira a exoneração do encargo dentro dos 10 (dez) dias seguintes à expiração do termo, entender-se-á reconduzido, salvo se o juiz o dispensar.
§ 2º Cessada a tutela ou a curatela, é indispensável a prestação de contas pelo tutor ou

A *Tomada de Decisão Apoiada*, de acordo com o artigo 1783-A do Código Civil Brasileiro: "A tomada de decisão apoiada é o processo pelo qual a pessoa com deficiência elege pelo menos 2 (duas) pessoas idôneas, com as quais mantenha vínculos e que gozem de sua confiança, para prestar-lhe apoio na tomada de decisão sobre atos da vida civil, fornecendo-lhes os elementos e informações necessários para que possa exercer sua capacidade."[11]

De acordo com as conclusões de JOYCEANE BEZERRA DE MENEZES a *tomada de decisão apoiada*[12] constitui um "acordo por meio do qual a pessoa

---

pelo curador, na forma da lei civil.

11 CCB – Art. 1.783-A. A tomada de decisão apoiada é o processo pelo qual a pessoa com deficiência elege pelo menos 2 (duas) pessoas idôneas, com as quais mantenha vínculos e que gozem de sua confiança, para prestar-lhe apoio na tomada de decisão sobre atos da vida civil, fornecendo-lhes os elementos e informações necessários para que possa exercer sua capacidade.

§ 1º Para formular pedido de tomada de decisão apoiada, a pessoa com deficiência e os apoiadores devem apresentar termo em que constem os limites do apoio a ser oferecido e os compromissos dos apoiadores, inclusive o prazo de vigência do acordo e o respeito à vontade, aos direitos e aos interesses da pessoa que devem apoiar.

§ 2º O pedido de tomada de decisão apoiada será requerido pela pessoa a ser apoiada, com indicação expressa das pessoas aptas a prestarem o apoio previsto no *caput* deste artigo.

§ 3º Antes de se pronunciar sobre o pedido de tomada de decisão apoiada, o juiz, assistido por equipe multidisciplinar, após oitiva do Ministério Público, ouvirá pessoalmente o requerente e as pessoas que lhe prestarão apoio.

§ 4º A decisão tomada por pessoa apoiada terá validade e efeitos sobre terceiros, sem restrições, desde que esteja inserida nos limites do apoio acordado.

§ 5º Terceiro com quem a pessoa apoiada mantenha relação negocial pode solicitar que os apoiadores contra-assinem o contrato ou acordo, especificando, por escrito, sua função em relação ao apoiado.

§ 6º Em caso de negócio jurídico que possa trazer risco ou prejuízo relevante, havendo divergência de opiniões entre a pessoa apoiada e um dos apoiadores, deverá o juiz, ouvido o Ministério Público, decidir sobre a questão.

§ 7º Se o apoiador agir com negligência, exercer pressão indevida ou não adimplir as obrigações assumidas, poderá a pessoa apoiada ou qualquer pessoa apresentar denúncia ao Ministério Público ou ao juiz

§ 8º Se procedente a denúncia, o juiz destituirá o apoiador e nomeará, ouvida a pessoa apoiada e se for de seu interesse, outra pessoa para prestação de apoio.

§ 9º A pessoa apoiada pode, a qualquer tempo, solicitar o término de acordo firmado em processo de tomada de decisão apoiada.

§ 10. O apoiador pode solicitar ao juiz a exclusão de sua participação do processo de tomada de decisão apoiada, sendo seu desligamento condicionado à manifestação do juiz sobre a matéria.

§ 11. Aplicam-se à tomada de decisão apoiada, no que couber, as disposições referentes à prestação de contas na curatela.

12 MENEZES, Joyceane Bezerra de. Tomada de Decisão Apoiada: Instrumento de Apoio ao Exercício da Capacidade Civil da Pessoa com Deficiência instituído pela Lei Brasileira de Inclusão (Lei n. 13.146/2015). In: *Revista Brasileira de Direito Civil*. Vol.–Jul/Set 2016, p. 31-57. Disponível em: < https://www.ibdcivil.org.br/rbdc.php?ip=123&titulo=VOLU-ME%209%20|%20Jul-Set%202016&category_id=147&arquivo=data/revista/volume9/

interessada e, somente ela, apresenta ao juiz os termos e duração do apoio que requer, indicando duas ou mais pessoas idôneas com as quais mantenha vínculo e relação de confiança para que sejam suas apoiadoras.

O objeto do apoio pode ser matéria de natureza patrimonial ou existencial.

O apoio pode se manifestar por variadas formas, seja favorecendo a informação, a comunicação, a compreensão dos fatos etc., conforme demandar a necessidade do requerente.

O pedido dever ser dirigido ao juiz da vara de família ou àquele que exerça competência nesta área.

Não há transferência de poderes do apoiado para o apoiador.

Não há necessidade de registro da sentença que homologa o acordo de apoio.

Os negócios celebrados pela pessoa apoiada, ainda que sem a presença do apoiador, serão plenamente válidos, haja vista que preservam a capacidade civil íntegra.

Os apoiadores têm deveres em relação à pessoa apoiada, respondendo civilmente pelos prejuízos que causarem-na por negligência, imprudência ou imperícia.

A qualquer tempo o apoiado pode pedir a extinção da medida.

Os apoiadores podem requerer sua liberação do encargo ao juiz, ocasião em que devem prestar contas à semelhança do que se impõe ao curador.

Não há fungibilidade entre os pedidos de decisão apoiada e curatela, muito embora seja deferido ao juiz o poder de adaptação dos procedimentos para melhor atender ao direito material da parte requerente, nos limites da lei."

Os absolutamente incapazes são aqueles que não podem exercer os atos da vida civil desacompanhados. O ato jurídico somente poderá ser praticado pelo seu representante legal.

O artigo 3° do nosso Código Civil trata dos *absolutamente incapazes. Como visto acima, ficam nesta categoria apenas os menores de 16 anos. Melhor dizendo: a idade passou a ser o único critério para se estabelecer a incapacidade absoluta, uma vez que os incisos do artigo 3° foram revogados pela* Lei 13.146/2015. Antes da entrada em vigor do *Estatuto da Pessoa com Deficiência*, a incapacidade absoluta era fixada também por aqueles que por enfermidade ou deficiência mental, não tiverem o necessário discernimento para a prática dos atos da vida civil, além dos que mesmo por causa transitória, não puderem exprimir sua vontade.

Assim os *menores de dezesseis anos são absolutamente incapazes*, já que o legislador deduziu que eles não possuem um desenvolvimento intelectual

---
rbdcivil_vol_9_completo-(final).pdf>. Acesso em: 31 out. 2016.

maduro para a prática dos atos jurídicos e para a condução própria de sua vida sem a representação de seus pais, tutores ou curadores.

O artigo 7°, inciso XXXIII, da Constituição da República Federativa do Brasil de 1988 proíbe "trabalho noturno, perigoso ou insalubre a menores de dezoito e de qualquer trabalho a menores de dezesseis anos, salvo na condição de aprendiz, a partir de quatorze anos".[13]

Da mesma forma, o artigo 60 do Estatuto da Criança e Adolescente (Lei 8.069, de 13 de julho de 1990) proíbe "qualquer trabalho a menores de 14 (quatorze) anos de idade, salvo na condição de aprendiz".

Considera-se *criança* a pessoa até 12 (doze) anos de idade incompletos, e *adolescente* aquela entre doze e dezoito anos de idade (ECA, art. 2°).

A criança e o adolescente gozam de todos os direitos fundamentais inerentes à pessoa humana, sendo assegurada todas as oportunidades e facilidades, a fim de lhes facultar o desenvolvimento físico, mental, moral, espiritual e social, em condições de liberdade e de dignidade (ECA, art. 3°).

É dever da família, da comunidade, da sociedade em geral e do Poder Público assegurar, com absoluta prioridade, à criança e ao adolescente a efetivação dos direitos referentes à vida, à saúde, à alimentação, à educação, ao esporte, ao lazer, à profissionalização, à cultura, à dignidade, ao respeito, à liberdade e à convivência familiar e comunitária (ECA, art. 4°).

O Conselho da Justiça Federal, na III Jornada de Direito Civil, publicou o Enunciado 138, que diz: "A vontade dos absolutamente incapazes, na hipótese do inc. I do art. 3°, é juridicamente relevante na concretização de situações existenciais a eles concernentes, desde que demonstrem discernimento bastante para tanto".

Isso porque no mundo da vida ou mundo vivido é comum as pessoas com menos de dezesseis anos firmarem contratos. É o caso, por exemplo, de uma criança de oito anos que vai para a escola sozinha e de ônibus (contrato de transporte). Ou, talvez, a criança que, no horário do intervalo escolar, adquire um lanche na cantina do colégio (contrato de compra e venda). O instituto da incapacidade foi criado, pois, para a proteção dos incapazes e não para causar-lhes embaraços e dificuldades no cotidiano.

Dessa maneira, a exegese do artigo 166, inciso I, do Código Civil não pode ser realizada de forma ortodoxa. O dispositivo determina que "é nulo o negócio jurídico quando celebrado por pessoa absolutamente incapaz".

Caso contrário, as pessoas menores de dezesseis anos, sozinhas, jamais poderiam fazer um lanche num *shopping center* ou padaria, utilizar os meios de transporte coletivo (ônibus, trem, metrô) etc.

A velhice, a cegueira, a surdez, a mudez e a ausência não são causas de incapacidade.

---

13 Inciso XXXIII com redação dada pela Emenda Constitucional n° 20, de 15.12.98. Redação Anterior: XXXIII – proibição de trabalho noturno, perigoso ou insalubre aos menores de dezoito e de qualquer trabalho a menores de quatorze anos, salvo na condição de aprendiz;

A *representação* é o instituto jurídico de proteção aos incapazes, já que por intermédio da representação ocorre a substituição do incapaz por seu representante (pessoa capaz). [14]

A incapacidade relativa é a limitação a certos atos, ou à maneira de os exercer. Os relativamente incapazes podem manifestar sua vontade, mas devem ser *assistidos*.

A *assistência* é o instituto jurídico que representa a intervenção nos atos jurídicos praticados pelos relativamente incapazes. São assistentes: pais e tutores. Dessa maneira, são representados (representação) os absolutamente incapazes e assistidos (assistência) os relativamente incapazes.

O artigo 4°, também modificado pela Lei 13.146/2015, determina que "são incapazes, relativamente a certos atos ou à maneira de os exercer:

I – os maiores de dezesseis e menores de dezoito anos;

II – os ébrios habituais e os viciados em tóxico;[15]

III – aqueles que, por causa transitória ou permanente, não puderem exprimir sua vontade;[16] [17]

---

[14] CC – Art. 1.690. Compete aos pais, e na falta de um deles ao outro, com exclusividade, representar os filhos menores de dezesseis anos, bem como assisti-los até completarem a maioridade ou serem emancipados.

[15] Redação dada pela Lei n° 13.146, de 2015.

[16] Redação dada pela Lei n° 13.146, de 2015.

[17] Através da Resolução CFM n° 1.407/94, o Conselho Federal de Medicina adotou os *Princípios para a Proteção de Pessoas Acometidas de Transtorno Mental e para a Melhoria da Assistência à Saúde Mental*, da Organização das Nações Unidas, de 17.12.91. (DOU; Poder Executivo, Brasília, DF, 15 jun. 1994. Seção 1, p. 8.799). Dentre os princípios, destacam-se:
PRINCÍPIO 1 – LIBERDADES FUNDAMENTAIS E DIREITOS BÁSICOS
 1 - Todas as pessoas têm direito à melhor assistência disponível à saúde mental, que deverá ser parte do sistema de cuidados de saúde e sociais.
 2 - Todas as pessoas acometidas de transtorno mental, ou que estejam sendo tratadas como tal, deverão ser tratadas com humanidade e respeito à dignidade inerente à pessoa humana.
 3 - Todas as pessoas acometidas de transtorno mental, ou que estejam sendo tratadas como tal, têm direito à proteção contra exploração econômica, sexual, ou de qualquer outro tipo, contra abusos físicos ou de outra natureza, e tratamento degradante.
 4 - Não haverá discriminação sob pretexto de um transtorno mental. "Discriminação" significa qualquer distinção, exclusão ou preferência que tenha o efeito de anular ou dificultar o desfrute igualitário de direitos. Medidas especiais com a única finalidade de proteger os direitos ou garantir o desenvolvimento de pessoas com problemas de saúde mental não serão consideradas discriminatórias. Discriminação não inclui qualquer distinção, exclusão ou preferência realizadas de acordo com os provimentos destes Princípios e necessários à proteção dos direitos humanos de uma pessoa acometida de transtorno mental ou de outros indivíduos.
 5 - Toda pessoa acometida de transtorno mental terá o direito de exercer todos os direitos civis, políticos, econômicos, sociais e culturais reconhecidos pela Declaração Universal dos Direitos do Homem, pela Convenção Internacional de Direitos econômicos, Sociais e Culturais, pela Convenção Internacional de Direitos Civis e Políticos, e por outros instrumentos

relevantes, como a Declaração de Direitos das Pessoas Portadoras de Deficiência, e pelo Corpo de Princípios para a Proteção de Todas as Pessoas sob Qualquer Forma de Detenção ou Aprisionamento.

6 - Qualquer decisão em que, em razão de um transtorno mental, a pessoa perca sua capacidade civil, e qualquer decisão em que, em consequência de tal incapacidade, um representante pessoal tenha que ser designado, somente poderão ser tomadas após uma audiência equitativa a cargo de um tribunal independente e imparcial estabelecido pela legislação nacional. A pessoa, cuja capacidade estiver em pauta, terá o direito de ser representada por um advogado. Se esta pessoa não puder garantir seu representante legal por meios próprios, tal representação deverá estar disponível, sem pagamento, enquanto ela não puder dispor de meios para pagá-la. O advogado não deverá, no mesmo processo, representar um estabelecimento de saúde mental ou seus funcionários, e não deverá também representar um membro da família da pessoa cuja capacidade estiver em pauta, a menos que o tribunal esteja seguro de que não há conflito de interesses. As decisões com respeito à capacidade civil e à necessidade de um representante pessoal deverão ser revistas a intervalos razoáveis, previstos pela legislação nacional. A pessoa, cuja capacidade estiver em pauta, seu representante pessoal, se houver, e qualquer outra pessoa interessada terão o direito de apelar a um tribunal superior contra essas decisões.

7 - Nos casos em que uma corte ou outro tribunal competente concluir que uma pessoa acometida de transtorno mental está incapacitada para gerir seus próprios assuntos, devem-se tomar medidas no sentido de garantir a proteção dos interesses da pessoa, adequadas às suas condições e conforme suas necessidades.

PRINCÍPIO 3 – VIDA EM COMUNIDADE
Toda pessoa acometida de transtorno mental deverá ter o direito de viver e trabalhar, tanto quanto possível, na comunidade.

PRINCÍPIO 6 – CONFIDENCIALIDADE
Deve-se respeitar o direito de todas a pessoas às quais se aplicam estes Princípios, à confidencialidade das informações que lhes concernem.

PRINCÍPIO 12 – INFORMAÇÃO SOBRE OS DIREITOS
1 - O usuário em um estabelecimento de saúde mental deverá ser informado, tão logo quanto possível após sua admissão, de todos os seus direitos, de acordo com estes Princípios e as leis nacionais, na forma e linguagem que possa compreender, o que deverá incluir uma explicação sobre esses direitos e o modo de exercê-los.

2 - Caso o usuário esteja incapacitado para compreender tais informações, e pelo tempo que assim estiver, seus direitos deverão ser comunicados ao representante pessoal, se houver e for apropriado, e à pessoa ou pessoas mais habilitadas a representar os interesses do usuário e dispostas a fazê-lo.

3 - O usuário com a capacidade necessária terá o direito de nomear a pessoa que deverá ser informada em seu nome, bem como a pessoa para representar seus interesses junto às autoridades do estabelecimento.

PRINCÍPIO 13 – DIREITOS E CONDIÇÕES DE VIDA EM ESTABELECIMENTOS DE SAÚDE MENTAL
1 - Todo usuário de um estabelecimento de saúde mental deverá ter, em especial, o direito de ser plenamente respeitado em seu:
(a) Reconhecimento, em qualquer lugar, como pessoa perante a lei;
(b) Privacidade;
(c) Liberdade de comunicação, que inclui liberdade de comunicar-se com outras pessoas do estabelecimento; liberdade de enviar e receber comunicação privada não censurada; liberdade de receber, privadamente, visitas de um advogado ou representante pessoal e, a todo

IV – os pródigos.

Parágrafo único. A capacidade dos indígenas será regulada por legislação especial (artigo 4º, parágrafo único).[18]

Este artigo também foi modificado pelo *Estatuto da Pessoa com Deficiência* (Lei 13.146/2015). O inciso II não apresenta mais referência às pessoas com discernimento reduzido (não são mais consideradas pessoas relativamente incapazes). Manteve-se, entretanto, a referência aos ébrios habituais (e.g., alcoólatras) e aos viciados em tóxicos. Neste caso, torna-se necessário o ajuizamento de uma ação de interdição relativa, com vistas ao reconhecimento da sua incapacidade.

Da mesma forma, o inciso III foi alterado para não mais citar os excepcionais sem desenvolvimento completo. Aqui, é necessário observar que a nova redação faz menção a pessoas que, por causa transitória ou permanente, não puderem exprimir a sua vontade. O que antes da mudança era considerado causa de incapacidade absoluta (previsto no inciso III do artigo 3º – atualmente revogado), hoje, é uma situação prevista no rol da incapacidade relativa.

O artigo 171, inciso I, do CCB determina que é anulável o negócio jurídico por incapacidade relativa do agente.

---

momento razoável, outros visitantes; e liberdade de acesso aos serviços postais e telefônicos, e aos jornais, rádio e televisão;
(d) Liberdade de religião ou crença.
2 - O ambiente e as condições de vida nos estabelecimentos de saúde mental deverão aproximar-se, tanto quanto possível, das condições de vida normais de pessoas de idade semelhante, e deverão incluir, particularmente:
(a) Instalações para atividades recreacionais e de lazer;
(b) Instalações educacionais;
(c) Instalações para aquisição ou recepção de artigos para a vida diária, recreação e comunicação;
(d) Instalações, e estímulo para sua utilização, para o engajamento do usuário em ocupação ativa adequada à sua tradição cultural, e para medidas adequadas de reabilitação vocacional que promovam sua reintegração na comunidade. Essas medidas devem incluir orientação vocacional, habilitação profissional e serviços de encaminhamento a postos de trabalho para garantir que os usuários mantenham ou consigam vínculos de trabalho na comunidade.
3 - Em nenhuma circunstância o usuário será submetido a trabalhos forçados. O usuário terá o direito de escolher o tipo de trabalho que quiser realizar, dentro de limites compatíveis com as suas necessidades e as condições administrativas da instituição.
4 - O trabalho dos usuários em estabelecimentos de saúde mental não será objeto de exploração. Tais usuários deverão ter o direito de receber, por qualquer trabalho realizado, a mesma remuneração que seria paga pelo mesmo trabalho a um não usuário, de acordo com a legislação ou o costume nacional. E deverão também, em todas as circunstâncias, ter o direito de receber sua participação equitativa em qualquer remuneração que seja paga ao estabelecimento de saúde mental por seu trabalho.
18 Redação dada pela Lei nº 13.146, de 2015.

Os maiores de dezesseis anos e menores de dezoito anos são considerados relativamente incapazes, conforme artigo 4°, inciso I, do CCB. Certos atos, entretanto, podem praticar sem a assistência de seus representantes legais, tais como:

a) Ser eleitor, já que o voto secreto e direto é facultativo para os maiores de dezesseis e menores de dezoito anos;[19]
b) podem ser admitidos como testemunha;
c) podem se casar;[20]
d) podem ser mandatário;[21]
e) podem fazer testamento.[22]

De acordo com o artigo 1.634 do Código Civil, compete a ambos os pais, qualquer que seja a sua situação conjugal, o pleno exercício do poder familiar, que consiste em, quanto aos filhos: I – dirigir-lhes a criação e a educação; II – exercer a guarda unilateral ou compartilhada nos termos do art. 1.584; III – conceder-lhes ou negar-lhes consentimento para casarem; IV – conceder-lhes ou negar-lhes consentimento para viajarem ao exterior; V – conceder-lhes ou negar-lhes consentimento para mudarem sua residência permanente para outro Município; VI – nomear-lhes tutor por testamento ou documento autêntico, se o outro dos pais não lhe sobreviver, ou o sobrevivo não puder exercer o poder familiar; VII – representá-los judicial e extrajudicialmente até os 16 (dezesseis) anos, nos atos da vida civil, e assisti-los, após essa idade, nos atos em que forem partes, suprindo-lhes o consentimento; VIII – reclamá-los de quem ilegalmente os detenha; IX – exigir que lhes prestem obediência, respeito e os serviços próprios de sua idade e condição.

Da mesma forma, compete aos pais, e na falta de um deles ao outro, com exclusividade, representar os filhos menores de dezesseis anos, bem como assisti-los até completarem a maioridade ou serem emancipados (CC, art. 1.690).

---

19   CRFB/88 – Art. 14 – A soberania popular será exercida pelo sufrágio universal e pelo voto direto e secreto, com valor igual para todos, e, nos termos da lei, mediante: §
    1° – O alistamento eleitoral e o voto são: I – obrigatórios para os maiores de dezoito anos; II – facultativos para: a) os analfabetos; b) os maiores de setenta anos; c) os maiores de dezesseis e menores de dezoito anos.
20   CC 2002 – Art. 1.517. O homem e a mulher com dezesseis anos podem casar, exigindo-se autorização de ambos os pais, ou de seus representantes legais, enquanto não atingida a maioridade civil.
21   CC 2002 – Art. 666. O maior de dezesseis e menor de dezoito anos não emancipado pode ser mandatário, mas o mandante não tem ação contra ele senão de conformidade com as regras gerais, aplicáveis às obrigações contraídas por menores.
22   CC 2002 – Art. 1.860. Além dos incapazes, não podem testar os que, no ato de fazê-lo, não tiverem pleno discernimento. Parágrafo único. Podem testar os maiores de dezesseis anos.

17.3.1 Incapacidade superveniente do testador

O artigo 1.861 preceitua que "a incapacidade superveniente do testador não invalida o testamento, nem o testamento do incapaz se valida com a superveniência da capacidade".

17.4 Formas ordinárias do testamento

O Código Civil regulou os testamentos realizando desde logo as suas distinções. O artigo 1.862 diz que são testamentos ordinários: I – o público; II – o cerrado; III – o particular. Os testamentos especiais são regulados no artigo 1.886 e seguintes da seguinte forma: a) testamento marítimo; b) testamento aeronáutico; e c) testamento militar. O testamento nuncupativo (testamento in extremis) é considerado uma modalidade especial de testamento militar.

Vale lembrar que inexiste hierarquia entre as formas de testamento. Caso o testador faça a opção por um testamento público, se desejar, poderá revogá-lo por um testamento particular e vice-versa.

17.5 Testamento conjuntivo

É proibido o *testamento conjuntivo*, seja simultâneo (quando os testadores beneficiam terceira pessoa), recíproco (cada sujeito institui o outro como beneficiário, herdando o sobrevivo) ou correspectivo (em que as disposições feitas em retribuição de disposições correspondentes), conforme artigo 1.863, CC). O fundamento, de acordo com as lições de EDUARDO DE OLIVEIRA LEITE, "é a violação do princípio do caráter unipessoal do testamento, globalmente contida no testamento conjuntivo, mais do que o perigo de violentação real ou concreta da vontade de um dos autores em alguma das cláusulas, que a lei pretende combater, por isso, o veda sob todas as formas; ou seja, quer simultâneo (quando os testadores dispõem, conjuntamente, em benefício de terceiro), quer recíproco (no qual os testadores se instituem um ao outro, devendo ser herdeiro o que sobreviver), quer correspectivo (cujas disposições são feitas em retribuição de outras correspondentes)."[23]

Dessa maneira, vejamos: "O testamento é consubstanciado por ato personalíssimo de manifestação de vontade quanto à disponibilização do patrimônio do testador, pelo que pressupõe, para sua validade, a espontaneidade, em que titular dos bens, em solenidade cartorária, unilateral, livremente se predispõe a destiná-los a outrem, sem interferência, ao menos sob o aspecto formal, de terceiros. O art. 1.630 da lei substantiva civil veda o testamento conjuntivo, em que há, no mesmo ato, a participação de mais alguém além do testador, a indicar que o ato, necessariamente unilateral na

---
23 LEITE. Op. cit., p. 332.

sua realização, assim não o foi, pela presença direta de outro testador, a descaracterizá-lo com o vício da nulidade. (REsp 88.388/SP, Rel. Ministro ALDIR PASSARINHO JÚNIOR, QUARTA TURMA, julgado em 05.10.2000, DJ 27.11.2000, p. 164).

PAULO NADER lembra que "a Lei Civil, entretanto, não impede que os disponentes contemplem, um ao outro, em testamentos individuais, *uno contextu*". Tal permissivo não autoriza a chamada *disposição captatória*, pela qual a nomeação do herdeiro fica condicionada à iniciativa deste de contemplá-lo, ou a determinada pessoa, em seu testamento."[24]

17.6 Testamento Vital (biológico, de vida, do paciente)

O testamento vital, também conhecido por testamento biológico, testamento de vida, ou testamento do paciente. Neste documento, o interessado declara a sua vontade (ou não) de submeter-se a determinados tipos de tratamentos médicos, o que deve ser observado em futuros casos em que se encontre impossibilitado de manifestar a sua vontade, de forma inconsciente (*e.g.*, o paciente em estado de coma).

A ideia do testamento vital surgiu, em 1969, no artigo científico de LUIS KUTNER, nominado de *Due Process of Euthanasia: The Living Will, A Proposal*.[25] A finalidade, baseado na autonomia individual da vontade, seria a criação de um documento específico que garantisse eventual desejo de tratamento pelo próprio paciente, quando este estivesse incapacitado de manifestar a sua vontade.

Dessa maneira, o *testamento vital* é um documento no qual uma pessoa no gozo pleno de suas faculdades mentais dispõe sobre a autorização ou restrição de procedimentos pelos quais poderia ou aceitaria passar em caso de não mais poder exprimir sua vontade, é também conhecido como instruções prévias ou testamento biológico, no qual pode ficar previamente determinado, inclusive, qual a vontade do testador para a duração de certo procedimento, a continuidade de um tratamento ou até mesmo o período que ele consideraria para a manutenção de seu eventual estado vegetativo.

A liberdade para elaboração do "testamento vital" foi reconhecida pelo Conselho de Justiça Federal, na V Jornada de Direito Civil, através do enunciado nº 528, *verbis*: "é válida a declaração de vontade, expressa em documento autêntico, também chamado 'testamento vital' em que a pessoa estabelece disposições sobre o tipo de tratamento de saúde, ou não tratamento, que deseja no caso de se encontrar sem condições de manifestar a sua vontade".

---

24 NADER, Paulo. *Curso de Direito Civil:* Direito das Sucessões. 7. ed. Vol. 6. Rio de Janeiro: Forense, 2016, p. 243.
25 KUTNER, L. Due Process of Euthanasia: The Living Will, a Proposal. In: Indiana Law Journal.

A justificativa apresentada para o enunciado está atrelada ao comando normativo do artigo art. 1.729, § único do Código Civil brasileiro no sentido de que o negócio jurídico deve ser formalizado por testamento ou qualquer outro documento autêntico. Daí ser possível admitir qualquer documento autêntico no sentido de retratar as declarações sobre o direito à autodeterminação da pessoa quanto aos tratamentos médicos que deseja submeter ou recusa expressamente.

Por fim, vale destacar a Resolução CFM nº 1.995/2012 que dispõe sobre as diretivas antecipadas de vontade dos pacientes. (DAV´s).

Para o Conselho Federal de Medicina, as diretivas antecipadas de vontade representam um conjunto de desejos, prévia e expressamente manifestados pelo paciente, sobre cuidados e tratamentos que quer, ou não, receber no momento em que estiver incapacitado de expressar, livre e autonomamente, sua vontade.[26]

---

26 RESOLUÇÃO CFM nº 1.995/2012
(Publicada no D.O.U. de 31 de agosto de 2012, Seção I, p. 269-70)
Dispõe sobre as diretivas antecipadas de vontade dos pacientes.
O CONSELHO FEDERAL DE MEDICINA, no uso das atribuições conferidas pela Lei nº 3.268, de 30 de setembro de 1957, regulamentada pelo Decreto nº 44.045, de 19 de julho de 1958, e pela Lei nº 11.000, de 15 de dezembro de 2004, e CONSIDERANDO a necessidade, bem como a inexistência de regulamentação sobre diretivas antecipadas de vontade do paciente no contexto da ética médica brasileira; CONSIDERANDO a necessidade de disciplinar a conduta do médico em face das mesmas;
CONSIDERANDO a atual relevância da questão da autonomia do paciente no contexto da relação médico-paciente, bem como sua interface com as diretivas antecipadas de vontade;
CONSIDERANDO que, na prática profissional, os médicos podem defrontar-se com esta situação de ordem ética ainda não prevista nos atuais dispositivos éticos nacionais;
CONSIDERANDO que os novos recursos tecnológicos permitem a adoção de medidas desproporcionais que prolongam o sofrimento do paciente em estado terminal, sem trazer benefícios, e que essas medidas podem ter sido antecipadamente rejeitadas pelo mesmo;
CONSIDERANDO o decidido em reunião plenária de 9 de agosto de 2012,
RESOLVE:
Art. 1º Definir diretivas antecipadas de vontade como o conjunto de desejos, prévia e expressamente manifestados pelo paciente, sobre cuidados e tratamentos que quer, ou não, receber no momento em que estiver incapacitado de expressar, livre e autonomamente, sua vontade.
Art. 2º Nas decisões sobre cuidados e tratamentos de pacientes que se encontram incapazes de comunicar-se, ou de expressar de maneira livre e independente suas vontades, o médico levará em consideração suas diretivas antecipadas de vontade.
§ 1º Caso o paciente tenha designado um representante para tal fim, suas informações serão levadas em consideração pelo médico.
§ 2º O médico deixará de levar em consideração as diretivas antecipadas de vontade do paciente ou representante que, em sua análise, estiverem em desacordo com os preceitos ditados pelo Código de Ética Médica.
§ 3º As diretivas antecipadas do paciente prevalecerão sobre qualquer outro parecer não médico, inclusive sobre os desejos dos familiares.

§ 4º O médico registrará, no prontuário, as diretivas antecipadas de vontade que lhes foram diretamente comunicadas pelo paciente.

§ 5º Não sendo conhecidas as diretivas antecipadas de vontade do paciente, nem havendo representante designado, familiares disponíveis ou falta de consenso entre estes, o médico recorrerá ao Comitê de Bioética da instituição, caso exista, ou, na falta deste, à Comissão de Ética Médica do hospital ou ao Conselho Regional e Federal de Medicina para fundamentar sua decisão sobre conflitos éticos, quando entender esta medida necessária e conveniente.

Art. 3º Esta resolução entra em vigor na data de sua publicação.

Brasília-DF, 9 de agosto de 2012

ROBERTO LUIZ D'AVILA HENRIQUE BATISTA E SILVA

Presidente Secretário-geral

EXPOSIÇÃO DE MOTIVOS DA RESOLUÇÃO CFM nº 1.995/12

A Câmara Técnica de Bioética do Conselho Federal de Medicina, considerando, por um lado, que o tema diretivas antecipadas de vontade situa-se no âmbito da autonomia do paciente e, por outro, que este conceito não foi inserido no Código de Ética Médica brasileiro recentemente aprovado, entendeu por oportuno, neste momento, encaminhar ao Conselho Federal de Medicina as justificativas de elaboração e a sugestão redacional de uma resolução regulamentando o assunto. Esta versão contém as sugestões colhidas durante o I Encontro Nacional dos Conselhos de Medicina de 2012.

JUSTIFICATIVAS

1) Dificuldade de comunicação do paciente em fim de vida

Um aspecto relevante no contexto do final da vida do paciente, quando são adotadas decisões médicas cruciais a seu respeito, consiste na incapacidade de comunicação que afeta 95% dos pacientes (D'Amico et al, 2009). Neste contexto, as decisões médicas sobre seu atendimento são adotadas com a participação de outras pessoas que podem desconhecer suas vontades e, em consequência, desrespeitá-las.

2) Receptividade dos médicos às diretivas antecipadas de vontade

Pesquisas internacionais apontam que aproximadamente 90% dos médicos atenderiam às vontades antecipadas do paciente no momento em que este se encontre incapaz para participar da decisão (Simón-Lorda, 2008; Marco e Shears, 2006). No Brasil, estudo realizado no Estado de Santa Catarina, mostra que este índice não difere muito. Uma pesquisa entre médicos, advogados e estudantes apontou que 61% levariam em consideração as vontades antecipadas do paciente, mesmo tendo a ortotanásia como opção (Piccini et al, 2011). Outra pesquisa, também recente (Stolz et al, 2011), apontou que, em uma escala de 0 a 10, o respeito às vontades antecipadas do paciente atingiu média 8,26 (moda 10). Tais resultados, embora bastante limitados do ponto de vista da amostra, sinalizam para a ampla aceitação das vontades antecipadas do paciente por parte dos médicos brasileiros.

3) Receptividade dos pacientes

Não foram encontrados trabalhos disponíveis sobre a aceitação dos pacientes quanto às diretivas antecipadas de vontade em nosso país. No entanto, muitos pacientes consideram bem-vinda a oportunidade de discutir antecipadamente suas vontades sobre cuidados e tratamentos a serem adotados, ou não, em fim de vida, bem como a elaboração de documento sobre diretivas antecipadas (in: Marco e Shears, 2006).

4) O que dizem os códigos de ética da Espanha, Itália e Portugal

Diz o artigo 34 do Código de Ética Médica italiano: "Il medico, se il paziente non è in grado di esprimere la propria volontà in caso di grave pericolo di vita, non può non tener conto di quanto precedentemente manifestato dallo stesso" (O médico, se o paciente não está em condições de manifestar sua própria vontade em caso de grave risco de vida, não pode deixar de levar em conta aquilo que foi previamente manifestado pelo mesmo – tra-

Vejamos decisão proferida no TJRS (Apelação Cível nº 70054988266): "APELAÇÃO CÍVEL. ASSISTÊNCIA À SAÚDE. BIODIREITO. ORTOTANÁSIA. TESTAMENTO VITAL.

1. Se o paciente, com o pé esquerdo necrosado, se nega à amputação, preferindo, conforme laudo psicológico, morrer para "aliviar o sofrimento"; e, conforme laudo psiquiátrico, se encontra em pleno gozo das faculdades mentais, o Estado não pode invadir seu corpo e realizar a cirurgia mutilatória contra a sua vontade, mesmo que seja pelo motivo nobre de salvar sua vida.
2. O caso se insere no denominado *biodireito*, na dimensão da *ortotanásia*, que vem a ser a morte no seu devido tempo, sem prolongar a vida por meios artificiais, ou além do que seria o processo natural.
3. O direito à vida garantido no art. 5º, *caput*, deve ser combinado com o princípio da dignidade da pessoa, previsto no art. 2º, III, ambos da CF, isto é, vida com dignidade ou razoável qualidade. A Constituição institui o *direito à vida*, não o *dever à vida*, razão pela qual não se admite que o paciente seja obrigado a se submeter a tratamento ou cirurgia, máxime quando mutilatória. Ademais, na esfera infraconstitucional, o fato de o art. 15 do CC proibir tratamento médico ou intervenção cirúrgica quando há risco de vida, não quer dizer que, não havendo risco, ou mesmo quando para salvar a vida, a pessoa pode ser constrangida a tal.

---

duzimos). Desta forma, o código italiano introduziu aos médicos o dever ético de respeito às vontades antecipadas de seus pacientes. Diz o artigo 27 do Código de Ética Médica espanhol: "[...] Y cuando su estado no le permita tomar decisiones, el médico tendrá en consideración y valorará las indicaciones anteriores hechas por el paciente y la opinión de las personas vinculadas responsables". Portanto, da mesma forma que o italiano, o código espanhol introduz, de maneira simples e objetiva, as diretivas antecipadas de vontade no contexto da ética médica. O recente Código de Ética Médica português diz em seu artigo 46: "4. A actuação dos médicos deve ter sempre como finalidade a defesa dos melhores interesses dos doentes, com especial cuidado relativamente aos doentes incapazes de comunicarem a sua opinião, entendendo-se como melhor interesse do doente a decisão que este tomaria de forma livre e esclarecida caso o pudesse fazer". No parágrafo seguinte diz que o médico poderá investigar estas vontades por meio de representantes e familiares. Deste modo, os três códigos inseriram, de forma simplificada, o dever de o médico respeitar as diretivas antecipadas do paciente, inclusive verbais.
5) Comitês de Bioética
Por diversos motivos relacionados a conflitos morais ou pela falta do representante ou de conhecimento sobre as diretivas antecipadas do paciente, o médico pode apelar ao Comitê de Bioética da instituição, segundo previsto por Beauchamps e Childress (2002, p. 275). Os Comitês de Bioética podem ser envolvidos, sem caráter deliberativo, em muitas decisões de fim de vida (Marco e Shears, 2006; Savulescu; 2006; Salomon; 2006; Berlando; 2008; Pantilat e Isaac; 2008; D'Amico; 2009; Dunn, 2009; Luce e White, 2009; Rondeau et al, 2009; Siegel; 2009). No entanto, embora possa constar de maneira genérica esta possibilidade, os Comitês de Bioética são raríssimos em nosso país. Porém, grandes hospitais possuem este órgão e este aspecto precisa ser contemplado na resolução.
Carlos Vital Tavares Corrêa Lima – Relator.

4. Nas circunstâncias, a fim de preservar o médico de eventual acusação de terceiros, tem-se que o paciente, pelo quanto consta nos autos, fez o denominado *testamento vital*, que figura na Resolução nº 1995/2012, do Conselho Federal de Medicina.

5. Apelação desprovida.

[...]

RELATÓRIO

Des. Irineu Mariani (RELATOR)

O MINISTÉRIO PÚBLICO ingressa com pedido de alvará judicial para suprimento da vontade do idoso JOÃO CARLOS FERREIRA, "*usuário-morador do Hospital Colônia Itapuã e ex-hanseniano*" (fl. 2).

Sustenta que o idoso está em processo de necrose do pé esquerdo, resultante de uma lesão, desde novembro de 2011, que vem se agravando, inclusive com emagrecimento progressivo e anemia acentuada resultante do direcionamento da corrente sanguínea para a lesão tumoral, motivo pelo qual necessita amputar o membro inferior, sob pena de morte por infecção generalizada. Ressalta que o "*paciente está em estado depressivo, conforme laudo da psicóloga Heláde Schroeder, que ainda atesta que o paciente está desistindo da própria vida vendo a morte como alívio do sofrimento.*" (fl. 2). Ressalva que, conforme laudos médicos, o idoso não apresenta sinais de demência. Assim, pugna pelo deferimento do pedido para "*suprir a vontade do idoso JOÃO CARLOS FERREIRA, RG 5007145898, expedindo-se alvará ao Hospital Colônia Itapuã autorizando ampute o pé esquerdo do paciente.*" (fl. 3).

O juízo singular indefere o pedido, argumentando que "*não se trata de doença recente e o paciente é pessoa capaz, tendo livre escolha para agir e, provavelmente, consciência das eventuais consequências, não cabendo ao Estado tal interferência, ainda que porventura possa vir a ocorrer o resultado morte.*" (fl. 16).

O Ministério Público apresenta apelação (fls. 17-9), enfatizando que o idoso corre risco de morrer em virtude de infecção generalizada caso não realize a amputação. Advoga que ele não tem condições psíquicas de recusar validamente o procedimento cirúrgico, porquanto apresenta um quadro depressivo, conforme os laudos médicos juntados aos autos. Reforça a ideia de que "*deve-se reconhecer a prevalência do direito à vida, indisponível e inviolável em face da Constituição Federal, a justificar a realização do procedimento cirúrgico, mesmo que se contraponha ao desejo do paciente, uma vez que reflete o próprio direito à sua sobrevivência frente à doença grave que enfrenta, bem porque não possui ele condições psicológicas de decidir, validamente, não realizar a cirurgia, ante o quadro depressivo que o acomete.*" (fl. 18v.). Assim, pede o provimento (fls. 17-9).

O Ministério Público junta documentos a fim de suprir a carência documental suscitada pelo magistrado na sentença (fls. 21-8).

A douta Procuradoria de Justiça opina pelo desprovimento do recurso (fls. 31-4).

É o relatório.
VOTOS
Des. Irineu Mariani (RELATOR)
Eminentes colegas, temos um caso bastante singular. O Sr. João Carlos Ferreira, nascido em 4-5-1934, portanto, com 79 anos, usuário-morador do Hospital Colônia Itapuã e ex-hanseniano, está com um processo de necrose no pé esquerdo e, segundo o médico, a solução é amputá-lo, sob pena de o processo infeccioso avançar e provocar a morte.

Considerando que, conforme laudo psicológico, o paciente se opõe à amputação e *"está desistindo da própria vida, vendo a morte como alívio do sofrimento"*; considerando que, conforme laudo psiquiátrico, *"continua lúcido, sem sinais de demência"*, o médico buscou auxílio do Ministério Público, no sentido de fazer a cirurgia mutilatória mediante autorização judicial, a fim de salvar a vida do paciente; e considerando que o pedido do Ministério Público foi indeferido de plano, vem a apelação.

Com efeito, dentro do que se está a designar de Biodireito, temos:

(a) a eutanásia, também chamada "boa morte", "morte apropriada", suicídio assistido, crime caritativo, morte piedosa, assim entendida aquela em que o paciente, sabendo que a doença é incurável ou ostenta situação que o levará a não ter condições mínimas de uma vida digna, solicita ao médico ou a terceiro que o mate, com o objetivo de evitar os sofrimentos e dores físicas e psicológicas que lhe trarão com o desenvolvimento da moléstia, o que, embora todas as discussões a favor e contra, a legislação brasileira não permite;

(b) a ortotanásia, que vem a ser a morte no seu devido tempo, sem prolongar o sofrimento, morte sem prolongar a vida por meios artificiais, ou além do que seria o processo natural, o que vem sendo entendido como possível pela legislação brasileira, quer dizer, o médico não é obrigado a submeter o paciente à distanásia para tentar salvar a vida;

(c) a distanásia, também chamada "obstinação terapêutica" (*L'archement thérapeutique*) e "futilidade médica" (*medical futility*), pela qual tudo deve ser feito, mesmo que o tratamento seja inútil e cause sofrimento atroz ao paciente terminal, quer dizer, na realidade não objetiva prolongar a vida, mas o processo de morte, e por isso também é chamada de "morte lenta", motivo pelo qual admite-se que o médico suspenda procedimentos e tratamentos, garantindo apenas os cuidados necessários para aliviar as dores, na perspectiva de uma assistência integral, respeitada a vontade do paciente ou de seu representante legal.

Pois bem.

O caso *sub judice* se insere na dimensão da ortotanásia. Em suma, se o paciente se recusa ao ato cirúrgico mutilatório, o Estado não pode invadir essa esfera e procedê-lo contra a sua vontade, mesmo que o seja com o objetivo nobre de salvar sua vida.

Com efeito, o Papa João Paulo II, ao promulgar, em 1995, a Encíclica *Evangelium Vitae*, condenou apenas a eutanásia e a distanásia, silenciando quanto à ortotanásia. Isso é interpretado como implícita a sua admissão pela Igreja Católica, que é, como sabemos, bastante ortodoxa nos temas relativos à defesa da vida.

Sem adentrar na disciplina dada a esses temas pela Resolução n° 1.805/2006, do Conselho Federal de Medicina, e ficando no âmbito constitucional e infraconstitucional, pode-se dizer que existe razoável doutrina especializada no sentido da previsão da ortotanásia, por exemplo, o Artigo *ANÁLISE CONSTITUCIONAL DA ORTOTANÁSIA: O DIREITO DE MORRER COM DIGNIDADE*, de autoria do Dr. Thiago Vieira Bomtempo, disponível no seu portal jurídico na *Internet*.

Resumindo, o direito à vida garantido no art. 5°, *caput*, deve ser combinado com o princípio da dignidade da pessoa, previsto no art. 2°, III, ambos da CF, isto é, vida com dignidade ou razoável qualidade. Em relação ao seu titular, o direito à vida não é absoluto. Noutras palavras, não existe a obrigação constitucional de viver, haja vista que, por exemplo, o Código Penal não criminaliza a tentativa de suicídio. Ninguém pode ser processado criminalmente por tentar suicídio.

Nessa ordem de ideias, a Constituição institui o direito à vida, não o dever à vida, razão pela qual não se admite que o paciente seja obrigado a se submeter a cirurgia ou tratamento.

Conforme o Artigo acima citado, o entendimento de que "*não se admite que o paciente seja obrigado a se submeter a tratamento, embora haja o dever estatal de que os melhores tratamentos médicos estejam à sua disposição*", é também defendido por Roxana Cardoso Brasileiro Borges. Acrescenta que o desrespeito pelo médico à liberdade do paciente, devidamente esclarecido, em relação à recusa do tratamento, "*pode caracterizar cárcere privado, constrangimento ilegal e até lesões corporais, conforme o caso. O paciente tem o direito de, após ter recebido a informação do médico e ter esclarecidas as perspectivas da terapia, decidir se vai se submeter ao tratamento ou, tendo esse já iniciado, se vai continuar com ele.*"

No final do Artigo, Nota n° 8, o Dr. Thiago Vieira Bomtempo, reproduz mais uma passagem do entendimento da Drª Roxana Borges, a qual reproduzo: "*O consentimento esclarecido é um direito do paciente, direito à informação, garantia constitucional, prevista no art. 5°, XIV, da Constituição, e no Cap. IV, art. 22, do Código de Ética Médica. Segundo Roxana Borges, o paciente tem o direito de, após ter recebido a informação do médico e ter esclarecidas as perspectivas da terapia, decidir se vai se submeter ao tratamento ou, já o tendo iniciado, se vai continuar com ele. Estas informações devem ser prévias, completas e em linguagem acessível, ou seja, em termos que sejam compreensíveis para o paciente, sobre o tratamento, a terapia empregada, os resultados esperados, o risco e o sofrimento a que se pode submeter o paciente. Esclarece a autora, ainda, que para a segurança do médico, o consentimento deve ser escrito.*"

Por coincidência, eminentes colegas, a Revista *SUPERINTERESSANTE*, nº 324, do corrente mês de outubro/2013, publica matéria sob o título *COMO SERÁ SEU FIM?* Nas páginas 83-4, fala justamente da ortotanásia e a possibilidade de o paciente detalhar quais procedimentos médicos quer usar para prolongar a vida, como diálise, respiradores artificiais, ressuscitação com desfibrilador, tubo de alimentação, mas também pode deixar claro que não quer retardar sua morte.

Tal manifestação de vontade, que vem sendo chamada de *TESTAMENTO VITAL*, figura na Resolução nº 1995/2012, do Conselho Federal de Medicina, na qual consta que "*Não se justifica prolongar um sofrimento desnecessário, em detrimento à qualidade de vida do ser humano*" e prevê, então, a possibilidade de a pessoa se manifestar a respeito, mediante três requisitos: (1) a decisão do paciente deve ser feita antecipadamente, isto é, antes da fase crítica; (2) o paciente deve estar plenamente consciente; e (3) deve constar que a sua manifestação de vontade deve prevalecer sobre a vontade dos parentes e dos médicos que o assistem.

Ademais, no âmbito infraconstitucional, especificamente o Código Civil, dispõe o art. 15: "*Ninguém pode ser constrangido a submeter-se, com risco de vida, a tratamento médico ou a intervenção cirúrgica.*"

O fato de o dispositivo proibir quando há risco de vida, não quer dizer que, não havendo, a pessoa pode ser constrangida a tratamento ou intervenção cirúrgica, máxime quando mutilatória de seu organismo.

Por fim, se por um lado muito louvável a preocupação da ilustre Promotora de Justiça que subscreve a inicial e o recurso, bem assim do profissional da medicina que assiste o autor, por outro não se pode desconsiderar o trauma da amputação, causando-lhe sofrimento moral, de sorte que a sua opção não é desmotivada.

Apenas que, eminentes colegas, nas circunstâncias, a fim de preservar o médico de eventual acusação de terceiros, tenho que o paciente, pelo quanto consta nos autos, fez o seu testamento vital no sentido de não se submeter à amputação, com os riscos inerentes à recusa.

Nesses termos, e com o registro final, desprovejo a apelação.

Des. Carlos Roberto Lofego Caníbal (REVISOR) – De acordo com o(a) Relator(a).

Des. Luiz Felipe Silveira Difini – De acordo com o(a) Relator(a).

DES. IRINEU MARIANI – Presidente – Apelação Cível nº 70054988266, Comarca de Viamão: "À UNANIMIDADE, DESPROVERAM".

Julgador(a) de 1º Grau: GIULIANO VIERO GIULIATO

Capítulo 18
TESTAMENTO PÚBLICO

18.1 Considerações Iniciais

Se a declaração de última vontade é declarada em cartório de notas, perante o seu tabelião ou substituto, o testamento é chamado de *público*. Dessa maneira, basta a pessoa interessada em realizar o testamento publico se dirigir ao Cartório de Notas, munida de seus documentos pessoais, visando marcar dia e hora para a lavratura do testamento com o tabelião. Melhor dizendo: o testamento público é negócio jurídico unilateral que é escrito pelo tabelião em seu livro de notas, consoante às declarações do testador, em presença de duas testemunhas. Vale lembrar que o CC 1916 exigia a presença de cinco testemunhas.

Os serviços notariais e de registro são exercidos em caráter privado, por delegação do poder público.[1] A Lei 8.935/94 regulamenta o artigo 236 da Constituição da República, dispondo sobre serviços notariais e de registro. Os serviços notariais e de registro são os de organização técnica e administrativa destinados a garantir a publicidade, autenticidade, segurança e eficácia dos atos jurídicos. Notário, ou tabelião, e oficial de registro, ou registrador, são profissionais do direito, dotados de fé pública, a quem é delegado o exercício da atividade notarial e de registro.

Vale lembrar que a fé pública também aparece no artigo 215, *caput*, do ordenamento jurídico civilístico, segundo o qual "a escritura pública, lavrada em notas de tabelião, é documento dotado de fé pública, fazendo prova plena". E o § 1º do mesmo dispositivo legal diz que "salvo quando exigidos por lei outros requisitos, a escritura pública deve conter:

I – data e local de sua realização;
II – reconhecimento da identidade e capacidade das partes e de

---

1 CRFB/88 – Art. 236 – Os serviços notariais e de registro são exercidos em caráter privado, por delegação do poder público. § 1º – Lei regulará as atividades, disciplinará a responsabilidade civil e criminal dos notários, dos oficiais de registro e de seus prepostos, e definirá a fiscalização de seus atos pelo Poder Judiciário. § 2º – Lei federal estabelecerá normas gerais para fixação de emolumentos relativos aos atos praticados pelos serviços notariais e de registro. § 3º – O ingresso na atividade notarial e de registro depende de concurso público de provas e títulos, não se permitindo que qualquer serventia fique vaga, sem abertura de concurso de provimento ou de remoção, por mais de seis meses.

quantos hajam comparecido ao ato, por si, como representantes, intervenientes ou testemunhas;

III – nome, nacionalidade, estado civil, profissão, domicílio e residência das partes e demais comparecentes, com a indicação, quando necessário, do regime de bens do casamento, nome do outro cônjuge e filiação;

IV – manifestação clara da vontade das partes e dos intervenientes;

V – referência ao cumprimento das exigências legais e fiscais inerentes à legitimidade do ato;

VI – declaração de ter sido lida na presença das partes e demais comparecentes, ou de que todos a leram;

VII – assinatura das partes e dos demais comparecentes, bem como a do tabelião ou seu substituto legal, encerrando o ato.

De acordo com o artigo 7º, inciso II, da Lei 8.935/94, aos tabeliães de notas compete com exclusividade lavrar testamentos públicos e aprovar os cerrados.[2]

18.2 Requisitos essenciais

De acordo com o artigo 1.864 do Código Civil, são requisitos essenciais do testamento público:

I – ser escrito por tabelião ou por seu substituto legal em seu livro de notas, de acordo com as declarações do testador, podendo este servir-se de minuta, notas ou apontamentos;

II – lavrado o instrumento, ser lido em voz alta pelo tabelião ao testador e a duas testemunhas, a um só tempo; ou pelo testador, se o quiser, na presença destas e do oficial;

III – ser o instrumento, em seguida à leitura, assinado pelo testador, pelas testemunhas e pelo tabelião.

---

2   Lei 8.935/94 – Regulamenta o art. 236 da Constituição Federal, dispondo sobre serviços notariais e de registro. (Lei dos Cartórios. Art. 20. Os notários e os oficiais de registro poderão, para o desempenho de suas funções, contratar escreventes, dentre eles escolhendo os substitutos, e auxiliares como empregados, com remuneração livremente ajustada e sob o regime da legislação do trabalho. § 1º Em cada serviço notarial ou de registro haverá tantos substitutos, escreventes e auxiliares quantos forem necessários, a critério de cada notário ou oficial de registro. § 2º Os notários e os oficiais de registro encaminharão ao juízo competente os nomes dos substitutos. § 3º Os escreventes poderão praticar somente os atos que o notário ou o oficial de registro autorizar. § 4º Os substitutos poderão, simultaneamente com o notário ou o oficial de registro, praticar todos os atos que lhe sejam próprios exceto, nos tabelionatos de notas, lavrar testamentos. § 5º Dentre os substitutos, um deles será designado pelo notário ou oficial de registro para responder pelo respectivo serviço nas ausências e nos impedimentos do titular.

O testamento público pode ser escrito manualmente ou mecanicamente, bem como ser feito pela inserção da declaração de vontade em partes impressas de livro de notas, desde que rubricadas todas as páginas pelo testador, se mais de uma (artigo 1.864, parágrafo único).

Se o testador não souber, ou não puder assinar, o tabelião ou seu substituto legal assim o declarará, assinando, neste caso, pelo testador, e, a seu rogo, uma das testemunhas instrumentárias (artigo 1.865, CC).

18.3 Surdez e cegueira no momento de testar

O indivíduo inteiramente surdo, sabendo ler, lerá o seu testamento, e, se não o souber, designará quem o leia em seu lugar, presentes as testemunhas (artigo 1.866, CC).

Ao cego só se permite o testamento público, que lhe será lido, em voz alta, duas vezes, uma pelo tabelião ou por seu substituto legal, e a outra por uma das testemunhas, designada pelo testador, fazendo-se de tudo circunstanciada menção no testamento (artigo 1.867, CC).

Vale destacar que o descumprimento de exigência legal para a confecção de testamento público – segunda leitura e expressa menção no corpo do documento da condição de cego – não gera a sua nulidade se mantida a higidez da manifestação de vontade do testador. (STJ. 3ª Turma. REsp 1.677.931-MG, Rel. Min. Nancy Andrighi, julgado em 15/8/2017).

18.4 Cumprimento do Testamento e Juízo Competente

Quando ocorrer o falecimento do testador, tornar-se necessário que o testamento público seja levado a juízo para que seja determinado o seu registro e cumprimento. É o que diz o artigo 736 do Código de Processo Civil, *verbis*: "Qualquer interessado, exibindo o traslado ou a certidão de testamento público, poderá requerer ao juiz que ordene o seu cumprimento, observando-se, no que couber, o disposto nos parágrafos do art. 735".

O juízo competente para o cumprimento do testamento será aquele do foro do domicílio do autor da herança (*de cujus*), consoante o art. 48 do diploma processual: "O foro de domicílio do autor da herança, no Brasil, é o competente para o inventário, a partilha, a arrecadação, o cumprimento de disposições de última vontade, a impugnação ou anulação de partilha extrajudicial e para todas as ações em que o espólio for réu, ainda que o óbito tenha ocorrido no estrangeiro." A competência é relativa, eis que se o espólio figurar como réu em litígios envolvendo direito de propriedade, direito de vizinhança, servidão, posse, servidão, divisão e demarcação de terras e nunciação de obras novas, o foro competente é aquele do domicílio da coisa.

De acordo com o parágrafo único do artigo 48 do CPC, "se o autor da herança não possuía domicílio certo, é competente: I - o foro de situação dos bens imóveis; II - havendo bens imóveis em foros diferentes, qualquer destes; III - não havendo bens imóveis, o foro do local de qualquer dos bens do espólio".

Capítulo 19
TESTAMENTO CERRADO

19.1 Considerações Iniciais

O testamento cerrado possui origem no direito romano. Era chamado de *testamentum per aes et libram*. O testamento cerrado também é denominado de testamento secreto ou místico, uma vez que somente o testador conhece o seu conteúdo. São requisitos do testamento cerrado: a) cédula testamentária; b) ato de entrega; c) auto de aprovação; e d) cerramento.

19.2 Requisitos Essenciais

Sob pena de nulidade absoluta, o artigo 1.868 preceitua que "o testamento escrito pelo testador, ou por outra pessoa, a seu rogo, e por aquele assinado, será válido se aprovado pelo tabelião ou seu substituto legal, observadas as seguintes formalidades:

> I – que o testador o entregue ao tabelião em presença de duas testemunhas;
> II – que o testador declare que aquele é o seu testamento e quer que seja aprovado;
> III – que o tabelião lavre, desde logo, o auto de aprovação, na presença de duas testemunhas, e o leia, em seguida, ao testador e testemunhas;
> IV – que o auto de aprovação seja assinado pelo tabelião, pelas testemunhas e pelo testador.

O testamento cerrado pode ser escrito mecanicamente, desde que seu subscritor numere e autentique, com a sua assinatura, todas as páginas (artigo 1.868, parágrafo único do CC).[1]

---
1 Testamento cerrado. Falta de assinatura da testadora em testamento datilografado por uma sobrinha, que aparece na relação de herdeiros.
1. Por mais elástica que possa ser a interpretação em matéria testamentária, de modo a fazer prevalecer a vontade do testador, não é possível admitir o testamento cerrado, dati-

É válido testamento cerrado elaborado por testadora com grave deficiência visual? Na discussão jurídica sobre a validade de um testamento, o que deve prevalecer é o respeito à vontade real do testador. Qualquer alegação que justifique a nulidade precisa estar baseada em fato concreto, e não em meras formalidades. Com essa orientação, a 3ª turma do STJ negou o pedido para anular o documento testamentário de uma empresária que estaria cega no ato da elaboração de seu testamento. O relator do recurso foi o ministro Paulo de Tarso Sanseverino.[2] Vejamos a ementa: "Em matéria testamentária, a interpretação deve ser voltada no sentido da prevalência da manifestação de vontade do testador, orientando, inclusive, o magistrado quanto à aplicação do sistema de nulidades, que apenas não poderá ser mitigado, diante da existência de fato concreto, passível de colocar em dúvida a própria faculdade que tem o testador de livremente dispor acerca de seus bens, o que não se faz presente nos autos. 2. O acórdão recorrido, forte na análise do acervo fático-probatório dos autos, afastou as alegações da incapacidade física e mental da testadora; de captação de sua vontade; de quebra do sigilo do testamento, e da não simultaneidade das testemunhas ao ato de assinatura do termo de encerramento. 3. A questão da nulidade do testamento pela não observância dos requisitos legais à sua validade, no caso, não prescinde do reexame do acervo fático-probatório carreado ao processo, o que é vedado em âmbito de especial, em consonância com o enunciado 7 da Súmula desta Corte. 4. Recurso especial a que se nega provimento."[3]

---

lografado por outra pessoa, no caso uma sobrinha, ausente a assinatura do testador, que é requisito essencial nos termos da lei (art. 1.638, II, do Código Civil).
2. Recurso especial não conhecido.
(REsp 163.617/RS, Rel. Ministro CARLOS ALBERTO MENEZES DIREITO, TERCEIRA TURMA, julgado em 07/10/1999, DJ 24/04/2000, p. 51).

2 Disponível em: http://www.migalhas.com.br/Quentes/17,MI120873,91041-STJ+E+valido+testamento+cerrado+elaborado+por+testadora+com+grave>. Acesso em: 12 março 2017.

3 RECURSO ESPECIAL Nº 1.001.674 – SC (2007/0250311-8). "[...] "Destarte, o direito testamentário deve voltar-se para as transformações que sofrem hoje a família e a propriedade, procurando a lei acompanhar agora os novos fenômenos sociais. Assim, sem esquecer do formalismo inerente ao testamento, invólucro que tem em mira validamente proteger a vontade do morto, tal formalismo deve ser adaptado à época do computador, para servir àquelas duas instituições, dinamizando-se as disposições do Código Civil, já anacrônicas, hoje mero exemplo de academismo jurídico. Daí porque plenamente dispensável o excessivo número de regras para interpretar a linguagem testamentária." (cf. "Direito Civil; 3. ed., Ed. Atlas, vol.VII, pp. 127/128, São Paulo, 2003).

Com isso em mente, devemos observar que, em matéria testamentária, a interpretação volta-se no intuito de fazer prevalecer a vontade do testador, que deverá orientar, inclusive, o magistrado quanto à aplicação do sistema de nulidades, que somente não poderá ser afastado, diante da existência de fato concreto, passível de colocar em dúvida a própria

faculdade que tem o testador de livremente dispor acerca de seus bens.
Confiram-se, a esse respeito, os seguintes precedentes:
"TESTAMENTO CERRADO. Auto de aprovação. Falta de assinatura do testador.Inexistindo qualquer impugnação à manifestação da vontade, com a efetiva entrega do documento ao oficial, tudo confirmado na presença das testemunhas numerárias, a falta de assinatura do testador no auto de aprovação é irregularidade insuficiente para, na espécie, causar a invalidade do ato. Art. 1638 do CCivil.Recurso não conhecido. " (REsp 223799/SP, Rel. Ministro RUY ROSADO DE AGUIAR, QUARTA TURMA, DJ 17/12/1999 p. 379)
"TESTAMENTO CERRADO. ESCRITURA A ROGO. NÃO IMPORTA EM NULIDADE DO TESTAMENTO CERRADO O FATO DE NÃO HAVER SIDO CONSIGNADO, NA CEDULA TESTAMENTARIA, NEM NO AUTO DE APROVAÇÃO, O NOME DA PESSOA QUE, A ROGO DO TESTADOR, O DATILOGRAFOU. INEXISTENCIA, NOS AUTOS, DE QUALQUER ELEMENTO PROBATORIO NO SENTIDO DE QUE QUALQUER DOS BENEFICIARIOS HAJA SIDO O ESCRITOR DO TESTAMENTO, OU SEU CONJUGE, OU PARENTE SEU. EXEGESE RAZOAVEL DOS ARTIGOS 1638, I, E 1719, I, COMBINADOS, DO CODIGO CIVIL. ENTENDE-SE CUMPRIDA A FORMALIDADE DO ARTIGO 1638, XI,DO CODIGO CIVIL, SE O ENVELOPE QUE CONTEM O TESTAMENTO ESTA CERRADO, COSTURADO E LACRADO, CONSIGNANDO O TERMO DE APRESENTAÇÃO SUA ENTREGA AO MAGISTRADO SEM VESTIGIO ALGUM DE VIOLAÇÃO.RECURSO ESPECIAL NÃO CONHECIDO". (REsp 228/MG, Rel.Ministro ATHOS CARNEIRO, QUARTA TURMA, DJ 04/12/1989 p. 17884)
Aliás, vetusta é a lição, advinda do Supremo Tribunal Federal, de que "a insanidade mental do testador, causa de anulação do testamento tem de ser provada inequívoca e completamente, pois a capacidade é sempre presumida". (RE 21731, Relator(a): Min. LUIZ GALLOTTI, PRIMEIRA TURMA, julgado em 20/04/1953, ADJ DATA 05-10-1953 PP-02934).
Seguindo esse eixo interpretativo é que o tribunal a quo decidiu a lide, sopesando o depoimento das testemunhas que participaram do encerramento do testamento em questão, para então concluir:
"Nada se provou acerca da captação da vontade da testadora, a não ser que se dotasse as meras insinuações vertidas dos autos de parâmetros de prova cabal e irrefutável" (fls. 609).
(...)
"Frise-se que o essencial, em sede de testamento cerrado, é que o escrito disponente dos bens do testador encerre o desejo pelo mesmo expressamente manifestado.Isso, convenhamos, ocorreu na hipótese questionada neste apelo, posto que as testemunhas da apresentação do testamento em cartório presenciaram essa apresentação, tendo ouvido da testadora a declaração de ser aquela a sua vontade" (fls. 611/612).
(...)
"Quanto ao possível descumprimento de algumas solenidades previstas em lei, mormente aquela relativa à não presença simultânea de cinco testemunhas no ato da entrega do testamento pela de cujus e quando da lavratura do termo de encerramento do testamento atacado, tem-se que a prova não é firme e precisa a encampar as assertivas das acionantes; nenhum adminículo probante existe, de outro lado, a afirmar que as testemunhas testamentárias tenham assinado o ato de disposição em apreço em dias sucessivos." (fls. 612).
Ademais, nessa quadra, é de se ponderar, nos termos da jurisprudência desta Casa, que "o rigor formal deve ceder ante a necessidade de se atender à finalidade do ato, regularmente praticado pelo testador".

Outrossim, vale lembrar que o testamento cerrado que o testador abrir ou dilacerar, ou for aberto ou dilacerado com seu consentimento, haver-se-á como revogado (artigo 1.972, CC).[4][5]

19.3 Auto de Aprovação

O tabelião deve começar o auto de aprovação imediatamente depois da última palavra do testador, declarando, sob sua fé, que o testador lhe entregou para ser aprovado na presença das testemunhas; passando a cerrar e coser o instrumento aprovado (artigo 1.869, CC).

Se não houver espaço na última folha do testamento, para início da aprovação, o tabelião aporá nele o seu sinal público, mencionando a circunstância no auto (artigo 1.869, parágrafo único, CC).

Se o tabelião tiver escrito o testamento a rogo do testador, poderá, não obstante, aprová-lo (artigo 1.870, CC).

---

[4] AÇÃO DE ANULAÇÃO DE TESTAMENTO CERRADO. INOBSERVÂNCIA DE FORMALIDADES LEGAIS. INCAPACIDADE DA AUTORA. QUEBRA DO SIGILO. CAPTAÇÃO DA VONTADE. PRESENÇA SIMULTÂNEA DAS TESTEMUNHAS. REEXAME DE PROVA. SÚMULA 7/STJ.
1. Em matéria testamentária, a interpretação deve ser voltada no sentido da prevalência da manifestação de vontade do testador, orientando, inclusive, o magistrado quanto à aplicação do sistema de nulidades, que apenas não poderá ser mitigado, diante da existência de fato concreto, passível de colocar em dúvida a própria faculdade que tem o testador de livremente dispor acerca de seus bens, o que não se faz presente nos autos.
2. O acórdão recorrido, forte na análise do acervo fático-probatório dos autos, afastou as alegações da incapacidade física e mental da testadora; de captação de sua vontade; de quebra do sigilo do testamento, e da não simultaneidade das testemunhas ao ato de assinatura do termo de encerramento.
3. A questão da nulidade do testamento pela não observância dos requisitos legais à sua validade, no caso, não prescinde do reexame do acervo fático-probatório carreado ao processo, o que é vedado em âmbito de especial, em consonância com o enunciado 7 da Súmula desta Corte.
4. Recurso especial a que se nega provimento.
(REsp 1001674/SC, Rel. Ministro PAULO DE TARSO SANSEVERINO, TERCEIRA TURMA, julgado em 05/10/2010, DJe 15/10/2010).

[5] AGRAVO INTERNO. AÇÃO DE ANULAÇÃO DE TESTAMENTO CERRADO. INOBSERVÂNCIA DE FORMALIDADES LEGAIS. REEXAME DE PROVA. SÚMULA 7/STJ.
I – A questão da nulidade do testamento pela não observância dos requisitos legais à sua validade, no caso, não prescinde do reexame do acervo fático-probatório carreado aos autos, o que é vedado em âmbito de especial, em consonância com o enunciado 7 da Súmula desta Corte.
II – Em matéria testamentária, a interpretação deve ter por fim o intuito de fazer prevalecer a vontade do testador, a qual deverá orientar, inclusive, o magistrado quanto à aplicação do sistema de nulidades, que apenas não poderá ser mitigado diante da existência de fato concreto, passível de colocar em dúvida a própria faculdade que tem o testador de livremente dispor de seus bens, o que não se faz presente nos autos. Agravo provido.
(AgRg no Ag 570.748/SC, Rel. Ministro CASTRO FILHO, TERCEIRA TURMA, julgado em 10/04/2007, DJ 04/06/2007, p. 340).

O testamento pode ser escrito em língua nacional ou estrangeira, pelo próprio testador, ou por outrem, a seu rogo (artigo 1.871, CC).

Vale lembrar que não pode dispor de seus bens em testamento cerrado quem não saiba ou não possa ler (artigo 1.872, CC).

Pode fazer testamento cerrado o surdo-mudo, contanto que o escreva todo, e o assine de sua mão, e que, ao entregá-lo ao oficial público, ante as duas testemunhas, escreva, na face externa do papel ou do envoltório, que aquele é o seu testamento, cuja aprovação lhe pede (artigo 1.873, CC).

Depois de aprovado e cerrado, será o testamento entregue ao testador, e o tabelião lançará, no seu livro, nota do lugar, dia, mês e ano em que o testamento foi aprovado e entregue (artigo 1.874, CC).

19.4 Falecimento do testador

De acordo com o artigo 1.875 do Código Civil, "falecido o testador, o testamento será apresentado ao juiz, que o abrirá e o fará registrar, ordenando seja cumprido, se não achar vício externo que o torne eivado de nulidade ou suspeito de falsidade".

Capítulo 20
TESTAMENTO PARTICULAR

20.1 Considerações Iniciais

O *testamento particular*, também denominado de *testamento hológrafo*, é o negócio jurídico unilateral escrito pelo próprio testador, lido perante três testemunhas e por elas também subscrito. O testamento particular pode ser escrito de próprio punho ou mediante processo mecânico (artigo 1.876, *caput*, CC).

20.2 Requisitos Essenciais

Se o testamento particular for escrito de próprio punho, são requisitos essenciais à sua validade seja lido e assinado por quem o escreveu, na presença de pelo menos três testemunhas, que o devem subscrever (artigo 1.876, § 1º, CC).[1]

Se elaborado por processo mecânico, não pode conter rasuras ou espaços em branco, devendo ser assinado pelo testador, depois de o ter lido na presença de pelo menos três testemunhas, que o subscreverão (artigo 1.876, § 2º, CC).[2]

---

[1] RECURSO ESPECIAL. TESTAMENTO PARTICULAR. VALIDADE. ABRANDAMENTO DO RIGOR FORMAL. RECONHECIMENTO PELAS INSTÂNCIAS DE ORIGEM DA MANIFESTAÇÃO LIVRE DE VONTADE DO TESTADOR E DE SUA CAPACIDADE MENTAL. REAPRECIAÇÃO PROBATÓRIA. INADMISSIBILIDADE. SÚMULA 7/STJ. I – A reapreciação das provas que nortearam o acórdão hostilizado é vedada nesta Corte, à luz do Enunciado 7 da Súmula do Superior Tribunal de Justiça. II – Não há falar em nulidade do ato de disposição de última vontade (testamento particular), apontando-se preterição de formalidade essencial (leitura do testamento perante as três testemunhas), quando as provas dos autos confirmam, de forma inequívoca, que o documento foi firmado pelo próprio testador, por livre e espontânea vontade, e por três testemunhas idôneas, não pairando qualquer dúvida quanto à capacidade mental do de cujus, no momento do ato. O rigor formal deve ceder ante a necessidade de se atender à finalidade do ato, regularmente praticado pelo testador. Recurso especial não conhecido, com ressalva quanto à terminologia. (REsp 828.616/MG, Rel. Ministro CASTRO FILHO, TERCEIRA TURMA, julgado em 05.09.2006, DJ 23.10.2006, p. 313).

[2] RECURSO ESPECIAL. TESTAMENTO PARTICULAR. CONFIRMAÇÃO. REQUISITOS ESSENCIAIS. ASSINATURA DE TRÊS TESTEMUNHAS IDÔNEAS. LEITURA E ASSINATURA NA PRESENÇA DAS TESTEMUNHAS. INOBSERVÂNCIA. ABRANDAMENTO. IMPOSSIBILIDADE. VONTADE DO TESTADOR. CONTROVÉRSIA. REEXAME DE PROVAS.

"Será inválido o testamento particular redigido de próprio punho quando não for assinado pelo testador. De fato, diante da falta de assinatura, não é possível concluir, de modo seguro, que o testamento escrito de próprio punho exprime a real vontade do testador. A propósito, a inafastabilidade da regra que estatui a assinatura do testador como requisito essencial do testamento particular (art. 1.645, I, do CC/1916 e art. 1.876, § 1º, CC/2002) faz-se ainda mais evidente se considerada a inovação trazida pelos arts. 1.878 e 1.879 do CC/2002, que passaram a admitir a possibilidade excepcional de confirmação do testamento particular escrito de próprio punho nas hipóteses em que ausentes as testemunhas, desde que, frise-se, assinado pelo testador. Nota-se, nesse contexto, que a assinatura, além de requisito legal, é mais que mera formalidade, consistindo verdadeiro pressuposto de validade do ato, que não pode ser relativizado (REsp 1.444.867-DF, Rel. Min. Ricardo Villas Bôas Cueva, julgado em 23/9/2014)".

O STJ já decidiu que "é válido o testamento particular que, a despeito de não ter sido assinado de próprio punho pela testadora, contou com a sua impressão digital". (REsp 1.633.254-MG, Rel. Min. Nancy Andrighi, Segunda Seção, por maioria, julgado em 11/03/2020, DJe 18/03/2020). Vejamos:

> Em se tratando de sucessão testamentária, o objetivo a ser alcançado é a preservação da manifestação de última vontade do falecido, devendo as formalidades previstas em lei serem examinadas à luz dessa diretriz máxima, sopesando-se, sempre casuisticamente, se a ausência de uma delas é suficiente para comprometer a validade do testamento em confronto com os demais elementos de prova produzidos, sob pena de ser frustrado o real desejo do testador.
> Conquanto a jurisprudência do Superior Tribunal de Justiça permita, sempre excepcionalmente, a relativização de apenas algumas das formalidades exigidas pelo Código Civil e somente em determinadas hipóteses, o critério segundo o qual se esti-

---

INVIABILIDADE. SÚMULA Nº 7/STJ.1. Cuida-se de procedimento especial de jurisdição voluntária consubstanciado em pedido de confirmação de testamento particular.
2. Cinge-se a controvérsia a determinar se pode subsistir o testamento particular datilografado formalizado sem todos os requisitos exigidos pela legislação de regência, no caso, a assinatura de pelo menos três testemunhas idôneas e a leitura e a assinatura do documento pelo testador perante as testemunhas.
3. A jurisprudência desta Corte tem flexibilizado as formalidades prescritas em lei no tocante às testemunhas do testamento particular quando o documento tiver sido escrito e assinado pelo testador e as demais circunstâncias dos autos indicarem que o ato reflete a vontade do testador.
4. No caso em apreço, o Tribunal de origem, à luz da prova dos autos, concluiu que a verdadeira intenção do testador revela-se passível de questionamentos, não sendo possível, portanto, concluir, de modo seguro, que o testamento exprime a real vontade do testador.
5. Recurso especial não provido. (REsp 1432291/SP, Rel. Ministro RICARDO VILLAS BÔAS CUEVA, TERCEIRA TURMA, julgado em 23/02/2016, DJe 08/03/2016).

pulam, previamente, quais vícios são sanáveis e quais são insanáveis é nitidamente insuficiente, devendo a questão ser verificada sob diferente prisma, examinando-se se da ausência da formalidade exigida em lei efetivamente resulta alguma dúvida quanto à vontade do testador.

Em uma sociedade que é comprovadamente menos formalista, na qual as pessoas não mais se individualizam por sua assinatura de próprio punho, mas, sim, por seus tokens, chaves, logins e senhas, ID's, certificações digitais, reconhecimentos faciais, digitais, oculares e, até mesmo, pelos seus hábitos profissionais, de consumo e de vida, captados a partir da reiterada e diária coleta de seus dados pessoais, e na qual se admite a celebração de negócios jurídicos complexos e vultosos até mesmo por redes sociais ou por meros cliques, o papel e a caneta esferográfica perdem diariamente o seu valor e a sua relevância, devendo ser examinados em conjunto com os demais elementos que permitam aferir ser aquela a real vontade do contratante.

A regra segundo a qual a assinatura de próprio punho é requisito de validade do testamento particular, pois, traz consigo a presunção de que aquela é a real vontade do testador, tratando-se, todavia, de uma presunção *juris tantum*, admitindo-se, ainda que excepcionalmente, a prova de que, se porventura ausente a assinatura nos moldes exigidos pela lei, ainda assim era aquela a real vontade do testador.

É preciso, pois, repensar o direito civil codificado à luz da nossa atual realidade social, sob pena de se conferirem soluções jurídicas inexequíveis, inviáveis ou simplesmente ultrapassadas pelos problemas trazidos pela sociedade contemporânea.

No caso, a despeito da ausência de assinatura de próprio punho do testador e de o testamento ter sido lavrado a rogo e apenas com a aposição de sua impressão digital, não havia dúvida acerca da manifestação de última vontade da testadora que, embora sofrendo com limitações físicas, não possuía nenhuma restrição cognitiva.

O testamento particular pode ser escrito em língua estrangeira, contanto que as testemunhas a compreendam (artigo 1.880, CC).

20.3 Falecimento do Testador

Morto o testador, publicar-se-á em juízo o testamento, com citação dos herdeiros legítimos (artigo 1.877, CC).

O artigo 737 do CPC diz que "a publicação do testamento particular poderá ser requerida, depois da morte do testador, pelo herdeiro, pelo legatário ou pelo testamenteiro, bem como pelo terceiro detentor do testamento, se impossibilitado de entregá-lo a algum dos outros legitimados para requerê-la." Serão intimados os herdeiros que não tiverem requerido a publicação do testamento (artigo 737, § 1º, CPC). Verificando a presença dos requisitos da lei, ouvido o Ministério Público, o juiz confirmará o testamento (artigo 737, § 2º, CPC).

Se as testemunhas forem contestes sobre o fato da disposição, ou, ao menos, sobre a sua leitura perante elas, e se reconhecerem as próprias assinaturas, assim como a do testador, o testamento será confirmado (artigo 1.878, CC).

Se faltarem testemunhas, por morte ou ausência, e se pelo menos uma delas o reconhecer, o testamento poderá ser confirmado, se, a critério do juiz, houver prova suficiente de sua veracidade (artigo 1.878, parágrafo único, CC).

20.4 Testamento de Emergência (testamento hológrafo simplificado)

O direito alemão prevê o *Nottestament* (testamento de emergência). Quando há o perigo de o testador morrer antes que seja possível realizar um testamento perante o notário, ou se a pessoa está em local isolado, em consequência de circunstâncias extraordinárias (13GB, arts. 2.449 e 2450).

Neste sentido, o artigo 1.879 do Código Civil brasileiro dispõe que "em circunstâncias excepcionais declaradas na cédula, o testamento particular de próprio punho e assinado pelo testador, sem testemunhas, poderá ser confirmado, a critério do juiz".

Assim, "é possível flexibilizar as formalidades prescritas em lei no tocante ao testamento particular, de modo que a constatação de vício formal, por si só, não enseja a invalidação do ato, mormente quando demonstrada, por ocasião do ato, a capacidade mental do testador para livremente dispor de seus bens. Nos termos do art. 1.879 do CC, permite-se seja confirmado, a critério do juiz, o testamento particular realizado de próprio punho pelo testador, sem a presença de testemunhas, quando há circunstância excepcional declarada na cédula (AgRg no AREsp 773.835/SP, Rel. Ministro JOÃO OTÁVIO DE NORONHA, TERCEIRA TURMA, julgado em 23/02/2016, DJe 10/03/2016)".

O Conselho da Justiça Federal, na VII Jornada de Direito Civil, publicou o Enunciado 611 que diz "o testamento hológrafo simplificado, previsto no art. 1.879 do Código Civil, perderá sua eficácia se, nos 90 dias subsequentes ao fim das circunstâncias excepcionais que autorizaram a sua confecção, o disponente, podendo fazê-lo, não testar por uma das formas testamentárias ordinárias".

Capítulo 21

DOS CODICILOS

21.1 Considerações Iniciais

O *codicilo* é ato escrito de última vontade, pelo qual alguém faz disposições especiais sobre seu enterro, lega móveis, roupas ou joias de uso pessoal, não muito valiosas, nomeia ou substitui testamenteiros. Daí que podemos afirmar que codicilo é um ato de disposição de última vontade, destinado a disposições de pequena monta. É o que diz o artigo 1.881 do Código Civil brasileiro. Vejamos: "Toda pessoa capaz de testar poderá, mediante escrito particular seu, datado e assinado, fazer disposições especiais sobre o seu enterro, sobre esmolas de pouca monta a certas e determinadas pessoas, ou, indeterminadamente, aos pobres de certo lugar, assim como legar móveis, roupas ou joias, de pouco valor, de seu uso pessoal. [1]

Pelo codicilo será possível nomear ou substituir testamenteiros (artigo 1.883, CC). O testador pode nomear um ou mais testamenteiros, conjuntos ou separados, para lhe darem cumprimento às disposições de última vontade (artigo 1.976, CC).

"Uma simples anotação em papel, sem data ou assinatura da *"de cujus"*, não pode ser aceita como codicilo, por desobediência ao artigo 1881, do Código Civil, devendo prevalecer o válido e regular testamento firmado. (Embargos Infringentes nº 70034580472, Quarto Grupo de Câmaras Cíveis, Tribunal de Justiça do RS, Relator: Claudir Fidelis Faccenda, Julgado em 12/03/2010)".

---

[1] APELAÇÃO CÍVEL. AÇÃO DE COBRANÇA. CODICILO. VALIDADE SÓ PARA BENS DE PEQUENA MONTA. EXIGÊNCIA DE FORMA HOLÓGRAFA. A disposição contida no codicilo, que deliberou a respeito de cerca de metade dos bens hereditários, é imprestável para fins de equiparação ao testamento, uma vez que ao instituto em questão deve se restringir a diminutas questões patrimoniais, tais como móveis, roupas ou jóias, não muito valiosas, de uso pessoal, na forma do disposto no art. 1.651 do Código Civil de 1916. Ademais, verifica-se dos autos que o codicilo foi datilografado, exigindo-se para a validade formal do mesmo que tenha sido manuscrito, ou seja, que tenha a forma hológrafa. Apelo provido, por maioria. (Apelação Cível Nº 70006548143, Oitava Câmara Cível, Tribunal de Justiça do RS, Relator: Antônio Carlos Stangler Pereira, Julgado em 09.06.2005).

21.2 Autonomia da Cédula Codicilar

O artigo 1.882 do Código Civil diz que as recomendações previstas no artigo 1.881 do CC valem como codicilo, deixando ou não testamento o falecido.

21.3 Revogação do Codicilo

O codicilo pode ser revogado por outro codicilo, ou por um testamento posterior (artigo 1.884, CC). É possível a feitura de testamento público e codicilo simultâneos. Dessa forma, não inquina de nulidade o codicilo a superveniência de testamento, mormente se este dispõe sobre bens diversos daquele, que, por sua vez, limitou-se a dispor acerca de joias e dólares. (Agravo de Instrumento Nº 70008859803, Sétima Câmara Cível, Tribunal de Justiça do RS, Relator: Luiz Felipe Brasil Santos, Julgado em 30.06.2004).

21.4 Codicilo Fechado

Aquele que não possui aptidão para realizar testamento, não pode fazer codicilo. O ato jurídico deve ser realizado por escrito, datado e assinado pelo seu autor. O procedimento de registro do testamento particular se aplica também ao codicilo. No caso de codicilo cerrado, este deve ser aberto da mesma forma que o testamento cerrado, ou seja, na presença do apresentante e mediante lavratura de termo de abertura (art. 1.885, CC).

Capítulo 22
TESTAMENTOS ESPECIAIS

22.1 Considerações Iniciais

De acordo com o artigo 1.886, são *testamentos especiais*: I – o marítimo; II – o aeronáutico; III – o militar. O Código Civil não admite outros testamentos especiais além dos já mencionados (artigo 1.887, CC).

Dessa forma, no Código Civil existem os *testamentos ordinários* (testamento público; testamento cerrado; e testamento particular) e os *testamentos especiais* (testamento marítimo; testamento aeronáutico; e testamento militar).

22.2 Testamento Marítimo e Testamento Aeronáutico

O tripulante ou passageiro que estiver em viagem (marítima, fluvial, lacustre, a bordo de navio nacional, de guerra ou mercante) poderá realizar o testamento perante o comandante, que corresponda ao testamento público ou ao cerrado. O registro do testamento deverá ser realizado no diário de bordo, que funcionará, então, como livro de notas. Ao comandante do navio são atribuídas funções notariais. Exerce, no caso, o papel de tabelião.

O artigo 1.888 do CC preceitua que "quem estiver em viagem, a bordo de navio nacional, de guerra ou mercante, pode testar perante o comandante, em presença de duas testemunhas, por forma que corresponda ao testamento público ou ao cerrado".

O registro do testamento será feito no diário de bordo (artigo 1.888, parágrafo único, CC).

Conforme o artigo 1.889 do CC, quem estiver em viagem, a bordo de aeronave militar ou comercial, pode testar perante pessoa designada pelo comandante, em presença de duas testemunhas, por forma que corresponda ao testamento público ou ao cerrado.

O testamento marítimo ou aeronáutico ficará sob a guarda do comandante, que o entregará às autoridades administrativas do primeiro porto ou aeroporto nacional, contra recibo averbado no diário de bordo (artigo 1.890, CC).

Os testamentos especiais perdem sua eficácia se o testador não morrer na circunstância que justificou a feitura do testamento privilegiado. O artigo 1.891 dispõe que "caducará o testamento marítimo, ou aeronáutico, se o testador não morrer na viagem, nem nos noventa dias subsequentes ao seu desembarque em terra, onde possa fazer, na forma ordinária, outro testamento".

Da mesma forma, não valerá o testamento marítimo, ainda que feito no curso de uma viagem, se, ao tempo em que se fez, o navio estava em porto onde o testador pudesse desembarcar e testar na forma ordinária (artigo 1.892, CC).

22.3 Testamento Militar

O testamento militar é utilizado por todos os militares, bem como aquelas pessoas que estão a serviço das Forças Armadas, ou que a elas se agregam (voluntários, diplomatas, correspondentes de guerra, vivandeiros, capelães, pastores, médicos, enfermeiros, domésticos, prisioneiros, reféns etc.).[1] Os caracteres básicos deste testamento são: a) simplicidade das formas, b) não intervenção do notário e c) provisoriedade.

22.3.1 Requisitos Essenciais

De acordo com o artigo 1.893 do Código Civil, o testamento dos militares e demais pessoas a serviço das Forças Armadas em campanha, dentro do País ou fora dele, assim como em praça sitiada, ou que esteja de comunicações interrompidas, poderá fazer-se, não havendo tabelião ou seu substituto legal, ante duas, ou três testemunhas, se o testador não puder, ou não souber assinar, caso em que assinará por ele uma delas.

22.3.2 Modalidades de Testamento Militar

O Código Civil prevê três espécies de testamento militar, a saber: a) testamento semelhante à forma pública; b) testamento semelhante à forma cerrada; e c) testamento nuncupativo.

22.3.2.1 Testamento militar semelhante à forma pública

O testamento militar correspondente à forma pública é aquele previsto no artigo 1.893, § 1º, do CC que diz: "se o testador pertencer a corpo ou seção de corpo destacado, o testamento será escrito pelo respectivo comandante, ainda que de graduação ou posto inferior." Neste caso, o comandante é equi-

---

1 CRFB/88 – Art. 142 – As Forças Armadas, constituídas pela Marinha, pelo Exército e pela Aeronáutica, são instituições nacionais permanentes e regulares, organizadas com base na hierarquia e na disciplina, sob a autoridade suprema do Presidente da República, e destinam-se à defesa da Pátria, à garantia dos poderes constitucionais e, por iniciativa de qualquer destes, da lei e da ordem.

parado ao tabelião, frise-se, ainda que de graduação ou posto inferior. O testamento deve ser lavrado em folhas avulsas rubricadas e deve ser datado e assinado por todos, na parte final do documento.

Se o testador estiver em tratamento em hospital, o testamento será escrito pelo respectivo oficial de saúde, ou pelo diretor do estabelecimento (artigo 1.893, § 2º, CC).

Se o testador for o oficial mais graduado, o testamento será escrito por seu substituto (artigo 1.893, § 2º, CC).

22.3.2.2 Testamento militar semelhante à forma cerrada

Já no testamento militar semelhante à forma cerrada, o testador deverá redigi-lo de próprio punho, rubricando, datando e assinando o documento na parte final. O testamento deverá ser entregue, na presença de testemunhas, ao oficial que desempenhe igual função. Este ao receber o documento deverá anotar no próprio documento o lugar, dia, mês e ano do recebimento, além do nome do testador, além de sua própria assinatura e das testemunhas.

Vejamos o teor do artigo 1.894, *caput*, CC: "se o testador souber escrever, poderá fazer o testamento de seu punho, contanto que o date e assine por extenso, e o apresente aberto ou cerrado, na presença de duas testemunhas ao auditor, ou ao oficial de patente, que lhe faça as vezes neste mister". O auditor, ou o oficial a quem o testamento se apresente notará, em qualquer parte dele, lugar, dia, mês e ano, em que lhe for apresentado, nota esta que será assinada por ele e pelas testemunhas (artigo 1.894, parágrafo único, CC).

Conforme o artigo 1.895, a caducidade do testamento militar ocorre, desde que, depois dele, o testador esteja, noventa dias seguidos, em lugar onde possa testar na forma ordinária, salvo se esse testamento apresentar as solenidades prescritas no parágrafo único do artigo 1.894, do Código Civil.

22.3.2.3 Testamento nuncupativo

Por fim, o testamento nuncupativo (*nuncupatum testamentum* – aquele feito oralmente) é aquele previsto no artigo 1.896 do CC. É o caso das pessoas empenhadas em combate, ou feridas, que podem testar oralmente, confiando a sua última vontade a duas testemunhas.

Vale destacar que não terá efeito o testamento se o testador não morrer na guerra ou convalescer do ferimento (artigo 1.896, parágrafo único, CC).

Capítulo 23
DISPOSIÇÕES TESTAMENTÁRIAS

23.1 Nomeação de herdeiro ou legatário

Consoante o artigo 1.897 do CC, a nomeação de herdeiro, ou legatário, pode fazer-se pura e simplesmente, sob condição, para certo fim ou modo, ou por certo motivo.[1] Dessa maneira, é possível perceber que a nomeação do herdeiro ou legatário pode ser realizada da seguinte forma:

---

1   CC 2002 – Art. 121. Considera-se condição a cláusula que, derivando exclusivamente da vontade das partes, subordina o efeito do negócio jurídico a evento futuro e incerto.
CC 2002 – Art. 122. São lícitas, em geral, todas as condições não contrárias à lei, à ordem pública ou aos bons costumes; entre as condições defesas se incluem as que privarem de todo efeito o negócio jurídico, ou o sujeitarem ao puro arbítrio de uma das partes.
CC 2002 – Art. 123. Invalidam os negócios jurídicos que lhes são subordinados: I – as condições física ou juridicamente impossíveis, quando suspensivas; II – as condições ilícitas, ou de fazer coisa ilícita; III – as condições incompreensíveis ou contraditórias.
CC 2002 – Art. 124. Têm-se por inexistentes as condições impossíveis, quando resolutivas, e as de não fazer coisa impossível.
CC 2002 – Art. 125. Subordinando-se a eficácia do negócio jurídico à condição suspensiva, enquanto esta se não verificar, não se terá adquirido o direito, a que ele visa.
CC 2002 – Art. 126. Se alguém dispuser de uma coisa sob condição suspensiva, e, pendente esta, fizer quanto àquela novas disposições, estas não terão valor, realizada a condição, se com ela forem incompatíveis.
CC 2002 – Art. 127. Se for resolutiva a condição, enquanto esta se não realizar, vigorará o negócio jurídico, podendo exercer-se desde conclusão deste o direito por ele estabelecido.
CC 2002 – Art. 128. Sobrevindo a condição resolutiva, extingue-se, para todos os efeitos, o direito a que ela se opõe; mas, se aposta a um negócio de execução continuada ou periódica, a sua realização, salvo disposição em contrário, não tem eficácia quanto aos atos já praticados, desde que compatíveis com a natureza da condição pendente e conforme aos ditames de boa-fé.
CC 2002 – Art. 129. Reputa-se verificada, quanto aos efeitos jurídicos, a condição cujo implemento for maliciosamente obstado pela parte a quem desfavorecer, considerando-se, ao contrário, não verificada a condição maliciosamente levada a efeito por aquele a quem aproveita o seu implemento.
CC 2002 – Art. 130. Ao titular do direito eventual, nos casos de condição suspensiva ou resolutiva, é permitido praticar os atos destinados a conservá-lo.
CC 2002 – Art. 131. O termo inicial suspende o exercício, mas não a aquisição do direito.

a) *nomeação pura e simples* – é aquela que não se subordina à condição, encargo, motivo certo ou modo ou a termo.

b) *nomeação sob condição* – é possível que a disposição testamentária seja realizada sob condição (frise-se que o elemento acidental do negócio jurídico denominado *condição* é inserido na disposição testamentária, ou seja, nas cláusulas testamentárias. O testamento em si não pode ser realizado sob condição ou termo). A condição pode ser suspensiva ou resolutiva. A condição constitui um dos elementos acidentais do negócio jurídico. A condição é uma cláusula inserida pela vontade das partes, que subordina a eficácia do negócio a um evento futuro e incerto. É o que determina o teor do artigo 121 ao preceituar que "considera-se condição a cláusula que, derivando exclusivamente da vontade das partes, subordina o efeito do negócio jurídico a evento futuro e incerto". Dessa maneira, a condição é a ocorrência de um evento futuro e incerto que condiciona a eficácia do negócio jurídico, ou seja, deste acontecimento depende o nascimento ou extinção do próprio direito.

São requisitos da *condição*: a) voluntariedade; b) futuridade; c) incerteza; d) possibilidade; e) licitude. A *voluntariedade* significa que a condição é estabelecida pela vontade das partes. É a chamada *condictio facti*, ou seja, a condição voluntária estabelecida pelas partes visando condicionar a eficácia do negócio jurídico a um evento futuro e incerto. A condição voluntária (*condictio facti*) não se confunde com a condição legal (*condictio iuris*), já que esta é estabelecida pela lei. É considerada imprópria a denominada condição legal, uma vez que trata-se dos requisitos ou pressupostos legais de certo efeito jurídico. As condições legais não possuem natureza negocial, já que são estatuídas por lei. A *futuridade* traduz que o evento que condiciona a eficácia do negócio jurídico terá de ser futuro. A *incerteza* significa que o evento que condiciona a eficácia do negócio poderá ocorrer ou não. Se o evento for certo, haverá termo, e não condição. O elemento *possibilidade* está relacionado ao fato do evento condicionador ser física e juridicamente possível. Quanto à *licitude,* o artigo 122, 1ª parte, informa que "são lícitas, em geral, todas as condições não contrárias à lei, à ordem pública ou aos bons costumes" Isto quer dizer que as condições estipuladas pelas partes, no seio da autonomia privada, estão sujeitas ao juízo de mérito da licitude.

As condições podem ser classificadas em: a) quanto à atuação: suspensivas e resolutivas; b) quanto à fonte: causais, potestativas e mistas; c) quanto à possibilidade: possíveis e impossíveis; d) quanto à licitude: lícitas ou ilícitas.

A *condição suspensiva* é aquela que depende de um evento condicional para que se origine o próprio direito. Daí que com a verificação do fato condicionante se desencadeia a eficácia do negócio condicionado, produzindo, pois, os seus efeitos jurídicos. A condição é tida por suspensiva, uma vez que o negócio condicionado se mantém suspenso enquanto a condição não se verifica. O artigo 125 determina que "subordinando-se a eficácia do negócio jurídico à condição suspensiva, enquanto esta se não verificar, não se terá adquirido o direito, a que ele visa".

As *obrigações condicionais* cumprem-se na data do implemento da condição, cabendo ao credor a prova de que deste teve ciência o devedor (CC, art. 332).

Os efeitos da disposição da coisa sob condição suspensiva estão previstos na regra do artigo 126, que determina: "se alguém dispuser de uma coisa sob condição suspensiva, e, pendente esta, fizer quanto àquelas novas disposições, estas não terão valor, realizada a condição, se com ela forem incompatíveis".

A *condição resolutiva* é aquela que traduz efeitos ao negócio jurídico desde logo, até o implemento de uma condição. A condição resolutiva pode ser expressa ou tácita. A expressa opera de pleno direito e a tácita opera por interpelação judicial. Nas condições resolutivas a verificação do fato condicionante determina a imediata cessação da eficácia do negócio jurídico.

Nesse sentido, o artigo 127 do Código Civil afirma que "se for resolutiva a condição, enquanto esta se não realizar, vigorará o negócio jurídico, podendo exercer-se desde a conclusão deste o direito por ele estabelecido".

O artigo 128 preceitua que "sobrevindo a condição resolutiva, extingue-se, para todos os efeitos, o direito a que ela se opõe; mas, se aposta a um negócio de execução continuada ou periódica, a sua realização, salvo disposição em contrário, não tem eficácia quanto aos atos já praticados, desde que compatíveis com a natureza da condição pendente e conforme aos ditames de boa-fé".

Na primeira parte do referido dispositivo, verifica-se que, implementada a condição, extinguem-se os efeitos do negócio jurídico que a ela estava subordinado. Já a segunda parte do artigo refere-se a aplicação da condição resolutiva em negócio de execução continuada ou periódica.

A *condição causal* é aquela que depende de um acontecimento fortuito, ou seja, uma causa alheia à vontade das partes contratantes. É o caso, por exemplo, da condição de ocorrência de um incêndio que venha a destruir uma casa, ou um caso de inundação.

A *condição potestativa* é a condição que depende da vontade de apenas uma das partes. Postestade significa poder. Estas condições podem ser classificadas em: a) *condição puramente potestativa* e b) *condição simplesmente ou meramente potestativa*.

As *condições puramente potestativas* são consideradas proibidas conforme artigo 122 do nosso Código Civil. Já as *condições simplesmente potestativas* são permitidas pelo ordenamento jurídico e representam a vontade de apenas uma das partes, bem como dependem de um acontecimento que escapa ao seu controle.

A *condição mista* é aquela que depende, ao mesmo tempo, da vontade de uma das partes e do acaso ou da vontade de terceiro.

As condições podem ser *possíveis* ou *impossíveis*. O elemento *possibilidade* está relacionado ao fato do evento condicionador ser física e juridicamente possível.

Portanto, a impossibilidade da condição pode ser física ou jurídica. Aqui não há falar-se em incerteza do resultado, senão de sua impossibilidade.

>c) *nomeação para certo fim ou modo* – aqui é possível que o testador crie determinado encargo ao herdeiro ou legatário. Melhor dizendo: o beneficiário da herança ou legado possui um dever jurídico de cumprir o encargo.

O artigo 136 do nosso Código Civil informa que "o encargo não suspende a aquisição nem o exercício do direito, salvo quando expressamente imposto no negócio jurídico, pelo disponente, como condição suspensiva".

Considera-se não escrito o encargo ilícito ou impossível, salvo se constituir o motivo determinante da liberalidade, caso em que se invalida o negócio jurídico (CC, art. 137).

>d) *nomeação por certo motivo* – a nomeação por certo motivo ocorre quando o testador procura nomear alguém em razão de uma causa específica, *e.g.*, aquela pessoa que salvou a sua vida em determinado momento do mundo da vida. Vale lembrar que o testador pode inserir ou não o motivo nas cláusulas testamentárias.

>e) nomeação a termo – O *termo* é o momento determinante do início e fim de um prazo. Este pode ser medido em horas, dias, meses e anos. O termo pode determinar o início ou a cessação da eficácia do negócio jurídico. Aquele que dá início, denomina-se termo inicial *(dies a quo)*, caso contrário, se determinar a cessação da eficácia do negócio será chamado de termo final *(dies ad quem)*. Ao termo inicial e final aplicam-se, no que couber, as disposições relativas à condição suspensiva e resolutiva (CC, art. 135). Salvo se tratar de substituição fideicomissária (CC 2002 – Art. 1.951 e seguintes), a nomeação de herdeiro não pode estar vinculada a termo, ou seja, não é permitido nomear herdeiro *ex die* (a partir de certo tempo), nem *ad diem* (até certo tempo).

De acordo com o artigo 1.898, a designação do tempo em que deva começar ou cessar o direito do herdeiro, salvo nas disposições fideicomissárias, ter-se-á por não escrita.[2]

23.2 Interpretação de Cláusulas Testamentárias

Quando a cláusula testamentária for suscetível de interpretações diferentes, prevalecerá a que melhor assegure a observância da vontade do testador (artigo 1.899, CC).

Vale lembrar que nas declarações de vontade se atenderá mais à intenção nelas consubstanciada do que ao sentido literal da linguagem (artigo 112, CC).

23.3 Nulidade das disposições testamentárias

O testamento é ato personalíssimo e unilateral. Daí porque as hipóteses elencadas no artigo 1.900 viciam a gênese das disposições de última vontade. De acordo com o artigo 1.900 do Código Civil, é nula a disposição:

> I – *que institua herdeiro ou legatário sob a condição captatória de que este disponha, também por testamento, em benefício do testador, ou de terceiro*; A condição captatória nulifica o testamento, já que importa em suprimir a liberdade do testador.
>
> II – *que se refira a pessoa incerta, cuja identidade não se possa averiguar*; Neste caso, o testamento é irrealizável.
>
> III – *que favoreça a pessoa incerta, cometendo a determinação de sua identidade a terceiro*; Neste caso, iria se transferir a terceiro a determinação da pessoa a ser beneficiada. Seria uma espécie de delegação do direito de testar.
>
> IV – *que deixe a arbítrio do herdeiro, ou de outrem, fixar o valor do legado*;
>
> V – *que favoreça as pessoas a que se referem os arts. 1.801 e 1.802*. Não podem ser nomeados herdeiros nem legatários: I – a pessoa que, a rogo, escreveu o testamento, nem o seu cônjuge ou companheiro, ou os seus ascendentes e irmãos; II – as testemunhas do testamento; III – o concubino do testador casado, salvo se este, sem culpa

---

2   CC 2002 – Art. 1.951. Pode o testador instituir herdeiros ou legatários, estabelecendo que, por ocasião de sua morte, a herança ou o legado se transmita ao fiduciário, resolvendo-se o direito deste, por sua morte, a certo tempo ou sob certa condição, em favor de outrem, que se qualifica de fideicomissário.

sua, estiver separado de fato do cônjuge há mais de cinco anos; IV – o tabelião, civil ou militar, ou o comandante ou escrivão, perante quem se fizer, assim como o que fizer ou aprovar o testamento (artigo 1.801, CC). São nulas as disposições testamentárias em favor de pessoas não legitimadas a suceder, ainda quando simuladas sob a forma de contrato oneroso, ou feitas mediante interposta pessoa (artigo 1.802, CC). Presumem-se pessoas interpostas os ascendentes, os descendentes, os irmãos e o cônjuge ou companheiro do não legitimado a suceder (artigo 1.802, parágrafo único, CC).

23.4 Validade das disposições testamentárias

Todavia, consoante o artigo 1.901, a disposição testamentária será considerada válida se:

I – *em favor de pessoa incerta que deva ser determinada por terceiro, dentre duas ou mais pessoas mencionadas pelo testador, ou pertencentes a uma família, ou a um corpo coletivo, ou a um estabelecimento por ele designado*; Neste caso a incerteza com relação à pessoa beneficiada pelo testador é relativa (superável, vencível) e não absoluta.

II – *em remuneração de serviços prestados ao testador, por ocasião da moléstia de que faleceu, ainda que fique ao arbítrio do herdeiro ou de outrem determinar o valor do legado.*

23.5 Disposições testamentárias anuláveis

De acordo com o artigo 1.909, são anuláveis as *disposições testamentárias* inquinadas de erro, dolo ou coação.

23.5.1 Erro

O *erro* consiste na falsa percepção da realidade. A *ignorância* é o desconhecimento da realidade. O nosso Código Civil de 2002 equipara erro à ignorância. O *erro* é o conhecimento falso sobre a substância da *natureza* do negócio jurídico, do seu *objeto* ou da *pessoa* com quem se negocia. É um agir de um modo que não seria a vontade real do agente, se este conhecesse a verdadeira situação. É a falsa percepção dos fatos. Daí ocasionar uma não concordância entre a *vontade real* e a *vontade declarada*. Existe um desacordo (descompasso, desarmonia) entre o *querer manifestado* e o que deveria ser o *querer efetivo*. É um vício de vontade que determina a anulação do negócio jurídico.

O fundamento do erro é o princípio de que ninguém deve ficar vinculado a um negócio jurídico, se sua vontade não se formou livre e espontaneamente.

Se o erro for provocado por terceiro, estaremos diante do defeito do negócio jurídico denominado *dolo* (arts. 145 a 150).

O erro que afeta a formação da vontade é designado como *erro próprio* ou *erro-vício (erro na formação da vontade)*, como na hipótese de se adquirir um anel de prata pensando que é de ouro. O *erro obstáculo* ou *impróprio (erreur obstacle, errore ostativo, erro na declaração)* é aquele que a vontade não chega a gerar qualquer negócio jurídico, v.g., A vende uma coisa a B; B entende recebê-la por doação de A. Aqui o erro recai sobre a natureza do negócio (quero vender e escrevo doar). Neste caso, não há nem venda nem doação.

O Código Civil brasileiro de 2002 não diferencia o erro obstáculo (erro impróprio) do erro vício (erro próprio), "desacolhendo a distinção, equipara-os, por lhe parecer que o erro sobre a natureza do negócio ou sobre a identidade do objeto (*erro obstativo*) traduz, em última análise, uma declaração volitiva, cujo resultado jurídico difere do efetivo querer do agente, mas que nem por isso deixa de ser uma declaração de vontade".[3]

Ademais, o "erro não prejudica a validade do negócio jurídico quando a pessoa, a quem a manifestação de vontade se dirige, se oferecer para executá-la na conformidade da vontade real do manifestante" (CC, art. 144). Aqui prevalece o princípio da conservação do negócio jurídico.

De acordo com o artigo 138 do nosso Código Civil, "são anuláveis os negócios jurídicos, quando as declarações de vontade emanarem de erro substancial que poderia ser percebido por pessoa de diligência normal, em face das circunstâncias do negócio". O Código Civil brasileiro de 2002 adotou a mesma orientação do Código Civil italiano (art. 1.428) através do qual a anulação do negócio jurídico por defeito ocasionado por erro se dá quando presentes os seguintes requisitos: a) o erro for substancial; b) o erro for reconhecível pelo outro contratante.

Nesse sentido, o Conselho da Justiça Federal, na I Jornada de Direito Civil, editou o Enunciado 12 afirmando que "na sistemática do art. 138, é irrelevante ser ou não escusável o erro, porque o dispositivo adota o princípio da confiança".

É uma mudança de paradigma operada pelo legislador de 2002, já que o foco da anulabilidade deslocou-se da conduta do agente que pratica o ato para aquele que se beneficia dos efeitos do negócio jurídico.

Segundo HUMBERTO THEODORO JÚNIOR, "o problema da escusabilidade ou inescusabilidade do erro, por parte de quem o comete, perde totalmente o significado. A causa de anulação é o *erro perceptível* em face do outro contratante, vício que prevalecerá ainda que inescusável o erro cometido. Despreza-se no regime atual o requisito da *escusabilidade do erro* porque era dado vinculado à doutrina voluntarista, que foi superada pela moderna preo-

---

3 PEREIRA, Caio Mário da Silva. *Instituições de Direito Civil*. 20. ed. Vol. I. Atualizadora: Maria Celina Bodin de Moraes. Rio de Janeiro: Forense, 2004, p. 518.

cupação com a segurança das relações jurídicas e com a objetiva partilha dos riscos dos erros acaso ocorridos durante a formação do contrato".[4]

Dessa maneira rompe-se com a escusabilidade e caminha-se em direção da cognoscibilidade do erro pelo outro contratante, já que a anulação do negócio jurídico fica condicionada à circunstância de o outro contratante poder verificá-lo.

Portanto, a conduta daquele que contrata com a pessoa em erro será de fundamental importância para a análise da anulação do negócio jurídico. Frise-se, mais uma vez, que o Código Civil, em harmonia com o ordenamento jurídico civilístico italiano, está lastreado na reconhecibilidade e não na escusabilidade do erro.

HUMBERTO THEODORO JÚNIOR, mais uma vez, lembra que "quem declara vontade sob falsa noção da realidade em torno de causa ou elemento essencial do negócio sempre cometerá erro substancial, tenha ou não culpa pelo evento. A anulabilidade, contudo, não dependerá apenas do erro. A ele terá de associar-se a conduta culposa do destinatário da declaração, que tendo condições de perceber o erro do declarante, não o fez e, assim, se tornou responsável pela conclusão do negócio equivocado do outro contratante".[5]

Pelo *princípio da confiança* é irrelevante ser ou não escusável o erro, porque o que define o vício de erro na declaração de vontade é a conduta do destinatário. Daí a anulação do negócio jurídico estará fundada não só na formação da vontade interna do declarante, mas porque o destinatário da manifestação de vontade não agiu com cautela necessária para perceber o erro cometido por aquele que manifestou a sua vontade.

Para que o negócio jurídico seja anulável é necessário, pois, que se verifiquem dois pressupostos, a saber: a *essencialidade* (substancialidade) e a *cognoscibilidade*.

A *substancialidade* ou *essencialidade* significa que o sujeito que manifestou a vontade (declarante) não teria celebrado o negócio se soubesse que estava em erro.

É necessário ainda que o declaratário conhecesse ou não ignorasse a essencialidade. É o que determina o artigo 247° do Código Civil português: "(Erro na declaração) Quando, em virtude de erro, a vontade declarada não corresponda à vontade real do autor, a declaração negocial é anulável, desde que o declaratório conhecesse ou não devesse ignorar a essencialidade, para o declarante, do elemento sobre que incidiu o erro".

O erro substancial ou essencial é aquele que se fosse conhecido pelo declarante, este não realizaria o negócio jurídico. De acordo com o artigo 139, o erro é substancial quando:

---

4   THEODORO JÚNIOR, Humberto. *Comentários ao Novo Código Civil*. Vol. III. Tomo I. Rio de Janeiro: Forense, 2003, p. 41-42.
5   Ibid., p. 46-47.

I – interessa à natureza do negócio, ao objeto principal da declaração, ou
a alguma das qualidades a ele essenciais;
II – concerne à identidade ou à qualidade essencial da pessoa a quem se refira a declaração de vontade, desde que tenha influído nesta de modo relevante;
III – sendo de direito e não implicando recusa à aplicação da lei, for o motivo único ou principal do negócio jurídico.

Vejamos, portanto, as modalidades do erro substancial:

a) Erro substancial quanto à natureza do negócio (*error in negotio*) – é o erro que afeta a própria natureza do ato. Caracteriza-se quando alguém celebra contrato de locação acreditando celebrar contrato de compra e venda. Outro exemplo: João empresta o carro a José, que o recebe como doação.

b) Erro no objeto principal *(error in corpore)* – é o erro que afeta o objeto do negócio jurídico, v.g., João adquire um lote acreditando que é de frente para o mar e não o é.

c) Erro sobre alguma das qualidades essenciais do objeto principal (*error in substancia* ou *error in qualitate*) – Este erro ocorre quando o objeto não possui as qualidades essenciais que reputava o agente e que influíram decisivamente na realização do negócio jurídico. EDUARDO ESPÍNOLA apresenta o seguinte exemplo: "Um indivíduo que adquira por elevado preço uma coisa de baixo valor, por supô-la lembrança de família, pode declarar que efetua o negócio com essa pressuposição ou estabelecer a condição de prevalecer a venda verificado que se trate efetivamente de um objeto que pertencera aos seus antepassados. Pouco importa que o vendedor saiba ou não ser falso o que presumira o comprador: apurado que não tem a coisa aquela qualidade, pode este anular o contrato. Diferente seria a solução, se o motivo não tivesse sido comunicado ao vendedor. Nos contratos em que certas qualidades do objeto se consideram essenciais, de acordo com a prática e os usos civis e comerciais, presumem-se queridas pelas partes, ainda que não expressamente enunciadas".[6]

d) Erro na pessoa (*error in persona*) – ocorre quando o erro incide sobre a identidade física ou moral da pessoa, por exemplo, João negocia com uma pessoa acreditando que é outra (irmãos gêmeos); uma pessoa se engana quanto a características pessoais do inquilino, quando ele seja, v.g., um traficante de drogas; ou na hipótese de uma pessoa se casar com outra e depois verificar que

---

6 ESPÍNOLA, Eduardo. Parte geral: dos fatos jurídicos. In: LACERDA, Paulo de. *Manual do Código Civil Brasileiro.* Vol. III. Rio de Janeiro: Jacintho Ribeiro dos Santos, 1923, p. 245.

esta é homossexual. Pode-se afirmar que o erro sobre a pessoa, ou sobre as qualidades é significante em contratos de doação, fiança, comodato, já que é preponderante a consideração da pessoa. Da mesma forma, os contratos que têm por objeto um fato, positivo ou negativo, infungível. A contratação de um artista famoso, um advogado notável, um professor conceituado dará azo a anulação do negócio jurídico se ocorrer erro sobre a identidade da pessoa, já que em tais casos as qualidades pressupostas são essenciais à formação da avença.

O erro sobre a pessoa no direito de família é tratado nos artigos 1.556 e 1.557. O artigo 1.556 do nosso Código Civil determina que "O casamento pode ser anulado por vício da vontade, se houve por parte de um dos nubentes, ao consentir, erro essencial quanto à pessoa do outro".

Consoante o artigo 1.557, considera-se *erro essencial* sobre a pessoa do outro cônjuge: I – o que diz respeito à sua identidade, sua honra e boa fama, sendo esse erro tal que o seu conhecimento ulterior torne insuportável a vida em comum ao cônjuge enganado; II – a ignorância de crime, anterior ao casamento, que, por sua natureza, torne insuportável a vida conjugal; III – a ignorância, anterior ao casamento, de defeito físico irremediável, ou de moléstia grave e transmissível, pelo contágio ou herança, capaz de pôr em risco a saúde do outro cônjuge ou de sua descendência; IV – a ignorância, anterior ao casamento, de doença mental grave que, por sua natureza, torne insuportável a vida em comum ao cônjuge enganado.[7]

Em relação ao direito sucessório, o artigo 1.903 preceitua que "o erro na designação da pessoa do herdeiro, do legatário, ou da coisa legada anula a disposição, salvo se, pelo contexto do testamento, por outros documentos, ou por fatos inequívocos, se puder identificar a pessoa ou coisa a que o testador queria referir-se".

Assim, o erro, tanto na designação da pessoa do herdeiro ou do legatário (*error in personam*) como em relação à coisa legada, anula a disposição.

Vale lembrar que o artigo 142 preceitua: "o erro de indicação da pessoa ou da coisa, a que se referir a declaração de vontade, não viciará o negócio quando, por seu contexto e pelas circunstâncias, se puder identificar a coisa ou pessoa cogitada".[8]

e) Erro de direito (*error juris*) – O erro de direito foi tratado no artigo 139, inciso II do Código Civil de 2002. O erro de direito é

---

[7] CC 2002 – Art. 1.559. Somente o cônjuge que incidiu em erro, ou sofreu coação, pode demandar a anulação do casamento; mas a coabitação, havendo ciência do vício, valida o ato, ressalvadas as hipóteses dos incisos III e IV do art. 1.557.

[8] Correspondente ao art. 91 do CC de 1916.

aceito como gerador da anulação do ato negocial "quando tenha sido determinante da declaração de vontade, no sentido de que o agente não a emitiria se tivesse real conhecimento do que dispõe a norma legal".[9]

Dessa maneira, o nosso Código trata do *erro de fato* nos incisos I e II do artigo 139 e *erro de direito* no inciso III do mesmo dispositivo legal.

Vale destacar que a teoria clássica não tolera o erro de direito consubstanciado no princípio obrigatório de presunção das leis. O artigo 3º da Lei de Introdução às normas do Direito Brasileiro afirma que "ninguém se escusa de cumprir a lei, alegando que não a conhece".

SERPA LOPES anota que a concepção moderna segue outra diretriz. "Impugna o erro de direito fundado na ignorância da lei, por isso que as normas jurídicas, impostas pelo Estado com caráter obrigatório, se apliquem em todos os casos para os quais hajam sido ditadas, sem que se torne possível ilidir seu cumprimento invocando ignorância ou erro. Mas é preciso sobrelevar que o princípio da obrigatoriedade da lei publicada e a consequente inescusabilidade do seu cumprimento, fundado na ignorância do seu texto, decorrem, não de uma presunção de conhecimento ou da ficção de tal conhecimento, senão da natureza própria da norma, de um dos seus atributos. O que justifica o erro de direito não é a ignorância da lei, senão a própria razão do consentimento viciado, como acentuou Fiore, pelo fato do que assim consentiu ter agido tão só levado pela ignorância, tendo sido esta a causa única de contratar".[10]

Outrossim, o *erro substancial* difere do *erro acidental*. Este é o erro relacionado aos motivos ou qualidades secundárias do objeto ou da pessoa, e não altera a validade do negócio jurídico.

O erro pode ser provado através de prova documental, testemunhal e pericial, e o negócio jurídico produzirá efeitos até a sua anulação.

23.5.2 Dolo

O dolo é o erro induzido por um dos contratantes, ou seja, é uma ação ou omissão que produza na vítima um estado de erro. O dolo é um vício de consentimento que traduz a utilização de um artifício malicioso empregado por uma pessoa com o firme propósito de induzir o outro a erro, prejudicando-o em benefício do autor do dolo ou de terceiro. O dolo dará azo a anulação do negócio jurídico celebrado entre o declarante e o autor do dolo (CC, art. 171, II).

---

9 PEREIRA, Caio Mário da Silva. *Instituições de Direito Civil*. 20. ed. Vol. I. Atualizadora: Maria Celina Bodin de Moraes. Rio de Janeiro: Forense, 2004, p. 526.
10 SERPA LOPES, Miguel Maria de. *Curso de Direito Civil*. Vol. I. 9. ed. Rio de Janeiro: Freitas Bastos, 2000, p. 448.

São requisitos do dolo: a) intenção de enganar o outro contratante *(animus decipiendi)*; b) induzir o outro a erro ou engano; c) causar prejuízo ao outro; d) angariar benefício para seu autor ou terceiro; e) que o dolo tenha sido causa determinante da realização do negócio jurídico.

O artigo 145 determina que "são os negócios jurídicos anuláveis por dolo, quando este for a sua causa". Assim, o dolo principal *(dolus causan dans)* vicia o negócio jurídico, já que é a causa determinante da declaração de vontade, ou seja, a vítima não realizaria o negócio jurídico se não houvesse induzimento malicioso de uma das partes.

O dolo acidental *(dolus incidens)* é aquele em que os ardis e artifícios empreendidos não têm o poder de alterar o consentimento da vítima, que de qualquer maneira teria celebrado o negócio jurídico. Entretanto, poderá ensejar perdas e danos. É o que determina o artigo 146 do nosso Código Civil ao afirmar que "o dolo acidental só obriga à satisfação das perdas e danos, e é acidental quando, a seu despeito, o negócio seria realizado, embora por outro modo".

EDUARDO ESPÍNOLA anota a diferença do dolo principal e dolo incidental: "Ao passo que o dolo principal ou essencial, no caráter de vício do consentimento, produz a anulabilidade do negócio jurídico, o dolo meramente acidental deixa-o subsistir, ou antes, não permite que o impugnem, quer em sua origem e constituição, quer no desdobramento de sua eficácia. Não se deve aqui deduzir que seja indiferente à lei o procedimento do autor do dolo, empregando artifícios que produziram no declarante erro sobre o conteúdo da declaração, erro que, embora não fosse a causa determinante do ato, fez com que se aceitassem cláusulas ou condições não desejadas. Cabe ao declarante em tal hipótese, indenização dos prejuízos que tenha sofrido, por efeito dos artifícios dolosos".[11]

23.5.3 Coação

O Código Civil brasileiro emprega o vocábulo – **coação** – no mesmo sentido em que os Códigos francês e italiano – *violence* e *violenza* –, o alemão – *Druhung* (ameaça) –, e os Códigos chileno e argentino – *fuerza*.

THELMA ARAÚJO ESTEVES FRAGA define coação como "um defeito que macula o elemento manifestação de vontade, e ocorre quando a vontade manifesta nasce de um constrangimento que se opera através do artifício da ameaça grave, dirigida contra o próprio emissor, alguém da sua família ou um ente querido".[12]

---

11 ESPÍNOLA, Eduardo. Parte geral: dos fatos jurídicos. In: LACERDA, Paulo de. *Manual do Código Civil Brasileiro*. Vol. III. Rio de Janeiro: Jacintho Ribeiro dos Santos, 1923, p. 327.

12 MELLO, Cleyson de Moraes; FRAGA, Thelma Araújo Esteves. *Direito Civil*: introdução e parte geral. Niterói: Impetus, 2005, p. 287.

A coação é, pois, o emprego da força para compelir que alguém faça ou não faça alguma coisa. São requisitos da coação: a) ser causa do negócio jurídico; b) ser grave; c) ser injusta; d) ser atual ou iminente; e) recair sobre a pessoa da vítima, família ou bens; f) o medo deve ser intenso.

A coação pode ser física (*vis* absoluta) ou moral (*vis* compulsiva). Na coação física (*vis absoluta*) a vítima é desprovida de vontade, por exemplo, no caso de ser constrangida a assinar um documento. Na coação moral (*vis compulsiva*), a vítima pratica o ato (pode realizá-lo ou não), já que se encontra ameaçada.

No mesmo sentido, PEDRO PAIS DE VASCONCELOS, professor da Faculdade de Direito de Lisboa, anota: "A coação moral distingue-se assim, com facilidade, da chamada coação física, a coação absoluta, porque no caso da coação moral existe vontade negocial, embora viciada pelo medo (*coacta voluntas sed voluntas*), enquanto na coação absoluta, simplesmente não há vontade negocial".[13]

Na coação física se emprega a força física sobre o corpo da vítima e na coação moral é empregada a pressão psicológica, através de ameaça, sobre a vítima.

O ato jurídico praticado sob o manto da *coação física* gera *nulidade* para uns e *inexistência* para outros (neste caso ocorre divergência doutrinária). Como visto anteriormente, o negócio jurídico deve ser analisado inicialmente no plano da existência. Neste plano, a manifestação de vontade é requisito essencial. Na coação física se emprega força física sobre o corpo da vítima, já que esta se recusa a manifestar sua vontade, praticando qualquer ato. Logo, se inexiste manifestação de vontade da vítima, o ato é inexistente, não gerando, portanto, nulidade ou anulabilidade.

A coação que gera anulabilidade do negócio jurídico e constitui defeito do negócio jurídico é a coação moral (CC, art. 171, II).

A *coação* se difere do negócio jurídico chamado *Estado de Perigo*. Ambos os defeitos possuem como ponto nodal o medo. Entretanto, naquela, o medo é implantado por uma ação humana, neste, o medo é causado por fatos externos.

O artigo 151 informa que "a coação, para viciar a declaração da vontade, há de ser tal que incuta ao paciente fundado temor de dano iminente e considerável à sua pessoa, à sua família, ou aos seus bens". Se disser respeito à pessoa não pertencente à família do paciente, o juiz, com base nas circunstâncias, decidirá se houve coação (CC, art. 151, parágrafo único). A coação moral é, pois, uma ameaça de um mal que constrinja a pessoa a manifestar uma vontade não desejada, já que teme um dano *iminente* e *considerável* à sua pessoa, à sua família, ou aos seus bens, causado pelo coator.

A regra exige que o dano seja *iminente*, ou seja, que possa ser realizado em breve, sem que a vítima (coacto) possa socorrer-se da autoridade pública.

---

13 VASCONCELOS, Pedro Pais de. *Teoria Geral do Direito Civil*. 3. ed. Coimbra: Almedina, 2005, p. 515.

Na opinião de AUBRY et RAU "não é indispensável, para que as ameaças viciem o consentimento, que se realizem imediatamente; basta que inspirem atualmente um temor suficientemente intenso para determinar o paciente a contratar. Assim, por exemplo, ameaças de um incêndio podem viciar o consentimento, ainda que o seu efeito pela própria natureza das coisas, tenha de ficar suspenso algum tempo".[14]

23.5.4 Prazo para anular a disposição testamentária

Extingue-se em quatro anos o direito de anular a disposição, contados de quando o interessado tiver conhecimento do vício (artigo 1.909, parágrafo único).

23.6 Disposições testamentárias em favor dos pobres, estabelecimentos de caridade e assistência pública

A disposição geral em favor dos pobres, dos estabelecimentos particulares de caridade, ou dos de assistência pública, entender-se-á relativa aos pobres do lugar do domicílio do testador ao tempo de sua morte, ou dos estabelecimentos aí sitos, salvo se manifestamente constar que tinha em mente beneficiar os de outra localidade (artigo 1.902). As instituições particulares preferirão sempre às públicas (artigo 1.902, parágrafo único, CC).

23.7 Nomeação de dois ou mais herdeiros

Quando o testador nomear mais de um herdeiro, sem discriminar a parte de cada um, será presumida a divisão em partes iguais entre os herdeiros. É o que diz o teor do artigo 1.904 do Código Civil: "se o testamento nomear dois ou mais herdeiros, sem discriminar a parte de cada um, partilhar-se-á por igual, entre todos, a porção disponível do testador".

23.8 Nomeações individuais e em grupo

Se o testador nomear certos herdeiros individualmente e outros coletivamente, a herança será dividida em tantas quotas quantos forem os indivíduos e os grupos designados (artigo 1.905, CC).

23.9 Sobras da porção disponível

Se forem determinadas as quotas de cada herdeiro, e não absorverem toda a herança, o remanescente pertencerá aos herdeiros legítimos, segundo a ordem da vocação hereditária (artigo 1.906, CC).

---

14 Cours cit. Vol. IV. 5. ed. p. 498. In: ESPÍNOLA, Eduardo. Parte geral: dos fatos jurídicos. In: LACERDA, Paulo de. *Manual do Código Civil Brasileiro*. Vol. III. Rio de Janeiro: Jacintho Ribeiro dos Santos, 1923, p. 409.

De acordo com o artigo 1.829, a sucessão legítima defere-se na ordem seguinte: I – aos descendentes, em concorrência com o cônjuge sobrevivente, salvo se casado este com o falecido no regime da comunhão universal, ou no da separação obrigatória de bens (art. 1.640, parágrafo único); ou se, no regime da comunhão parcial, o autor da herança não houver deixado bens particulares; II – aos ascendentes, em concorrência com o cônjuge; III – ao cônjuge sobrevivente; IV – aos colaterais.

23.10 Quinhões definidos e não definidos

Se forem determinados os quinhões de uns e não os de outros herdeiros, distribuir-se-á por igual a estes últimos o que restar, depois de completas as porções hereditárias dos primeiros (artigo 1.907, CC). Dessa maneira, se a determinados herdeiros o testador designou quinhões e a outros não, deve-se deduzir que a sua intenção foi deixar aos últimos, o remanescente.

23.11 Objeto certo e determinado

De acordo com o artigo 1.908, dispondo o testador que não caiba ao herdeiro instituído certo e determinado objeto, dentre os da herança, tocará ele aos herdeiros legítimos. Melhor dizendo: o testador nomeia um herdeiro, porém estabelece que um certo e determinado objeto dentre os da herança não deve caber a ela. Dessa forma, o referido objeto tocará aos herdeiros legítimos.

23.12 Ineficácia das disposições testamentárias

A ineficácia de uma disposição testamentária não prejudicará o testamento inteiro. Dessa maneira, respeitada a intenção das partes, a invalidade parcial de um negócio jurídico não o prejudicará na parte válida, se esta for separável. Dessa maneira, o artigo 1.910 diz que "a ineficácia de uma disposição testamentária importa a das outras que, sem aquela, não teriam sido determinadas pelo testador".

23.13 Cláusula de Inalienabilidade

É possível que o testador inclua uma cláusula de incomunicabilidade a um determinado bem, sem qualquer justificativa, desde que o objeto faça parte da porção disponível.

Salvo se houver justa causa, declarada no testamento, não pode o testador estabelecer cláusula de inalienabilidade, impenhorabilidade, e de incomunicabilidade, sobre os bens da legítima (artigo 1.848, CC).

A cláusula de inalienabilidade, imposta aos bens por ato de liberalidade, implica impenhorabilidade e incomunicabilidade (artigo 1.911). No mesmo sentido, a Súmula 49 do STF diz que "a cláusula de inalienabilidade inclui a incomunicabilidade dos bens".

A melhor interpretação do *caput* do art. 1.911 do Código Civil de 2002 é aquela que conduz ao entendimento de que: a) há possibilidade de imposição autônoma das cláusulas de inalienabilidade, impenhorabilidade e incomunicabilidade, a critério do doador/instituidor; b) uma vez aposto o gravame da inalienabilidade, pressupõe-se, *ex vi lege*, automaticamente, a impenhorabilidade e a incomunicabilidade; c) a inserção exclusiva da proibição de não penhorar e/ou não comunicar não gera a presunção da inalienabilidade; d) a instituição autônoma da impenhorabilidade não pressupõe a incomunicabilidade e vice-versa. (REsp 1.155.547-MG, Rel. Min. Marco Buzzi, por unanimidade, julgado em 06/11/2018, DJe 09/11/2018). Vejamos:

> Cinge-se a controvérsia em definir a interpretação jurídica a ser dada ao *caput* do art. 1.911 do Código Civil de 2002 diante da nítida limitação ao pleno direito de propriedade, para definir se a aposição da cláusula de impenhorabilidade e/ou incomunicabilidade em ato de liberalidade importa automaticamente, ou não, na cláusula de inalienabilidade. Nesse sentido, cumpre salientar que da simples leitura do artigo de lei anteriormente mencionado, depreende-se que o legislador estabeleceu apenas um comando, isto é, que a imposição da inalienabilidade resume a impenhorabilidade e incomunicabilidade. Em outras palavras, a lei civil não estabeleceu, *prima facie*, que a impenhorabilidade ou a incomunicabilidade, gravadas de forma autônoma, importaria na inalienabilidade. A doutrina esclarece que "o art. 1.911 do Código Civil estabelece que a cláusula de inalienabilidade gravada sobre bens que compõem a herança implica, automaticamente, nas cláusulas de 'impenhorabilidade e incomunicabilidade'. Ou seja, basta gravar o patrimônio transmitido com a cláusula de inalienabilidade para que as demais decorram de pleno direito. A recíproca, entretanto, não é verdadeira. Por isso, as cláusulas de impenhorabilidade e de incomunicabilidade podem ser impostas isoladamente, produzindo efeitos únicos. A cláusula de inalienabilidade, porém, se apresenta mais larga e profunda, trazendo consigo, a reboque, as demais". Dessa forma, sendo a inalienabilidade de maior amplitude, é decorrência natural que implique na proibição de penhorar e comunicar, tudo isso seguindo a lógica da antiga máxima de que *in eo quod plus est semper inest et minus* (quem pode o mais, pode o menos). Porém, o contrário não se verifica. A impenhorabilidade e a incomunicabilidade possuem objetos mais limitados, específicos.

A primeira se volta tão somente para os credores e a segunda impõe-se ao cônjuge do beneficiário (donatário ou herdeiro). Nessa seara, é consectário lógico que a previsão de cláusula mais restritiva não possa abranger objeto mais extenso. Esse é o sentido jurídico pelo qual o legislador do Código Civil de 2002 limitou-se a estabelecer, no *caput* do art. 1.911, uma única direção para a norma proibitiva, isto é, que a inalienabilidade implica automaticamente na impenhorabilidade e na incomunicabilidade, restringindo a tanto a vedação.

No caso de desapropriação de bens clausulados, ou de sua alienação, por conveniência econômica do donatário ou do herdeiro, mediante autorização judicial, o produto da venda converter-se-á em outros bens, sobre os quais incidirão as restrições apostas aos primeiros (artigo 1.911, parágrafo único, CC).[15]

Vale destacar que "a cláusula de incomunicabilidade imposta a um bem transferido por doação ou testamento só produz efeitos enquanto viver o beneficiário, sendo que, após a morte deste, o cônjuge sobrevivente poderá se habilitar como herdeiro do referido bem, observada a ordem de vocação hereditária. Isso porque a cláusula de incomunicabilidade imposta a um bem não se relaciona com a vocação hereditária. Assim, se o indivíduo recebeu por doação ou testamento bem imóvel com a referida cláusula, sua morte não impede que seu herdeiro receba o mesmo bem. São dois institutos distintos: cláusula de incomunicabilidade e vocação hereditária. Diferenciam-se, ainda: meação e herança. Ressalte-se que o art. 1.829 do CC enumera os chama-

---

15 TESTAMENTO. CLÁUSULAS VITALÍCIAS. ABRANDAMENTO. A Turma asseverou ser possível, em situações excepcionais de necessidade financeira, flexibilizar a vedação do art. 1.676 do CC/1916 e abrandar as cláusulas vitalícias de inalienabilidade, impenhorabilidade e incomunicabilidade impostas em testamento. Na espécie, a autora recorrida, ao promover o procedimento especial de jurisdição voluntária na origem, requereu o levantamento das cláusulas incidentes sobre o imóvel rural deixado por sua avó sob a alegação de que estaria passando por graves dificuldades financeiras. De acordo com a Min. Relatora, o legislador, ao editar o referido dispositivo, buscou responder às preocupações familiares, assegurando aos descendentes a proteção do patrimônio, o bem-estar e o amparo financeiro diante das incertezas de ordem econômica e social. Contudo, consignou que, havendo alterações supervenientes e significativas na situação fática do herdeiro, como na hipótese dos autos, a impossibilidade de desconstituir os referidos gravames pode ocasionar-lhe maiores prejuízos. Assim, ressaltou que a limitação do direito de dispor livremente dos bens não pode ser absoluta, devendo ser avaliada à luz da função social da propriedade e da dignidade da pessoa humana. Afirmou ainda que o abrandamento dessas cláusulas constitui medida que melhor atende à vontade do testador nos termos dos arts. 85 e 1.666 do CC/1916. Por fim, frisou que o art. 1.911, parágrafo único, do CC/2002 passou a possibilitar a alienação de bens por conveniência econômica mediante autorização judicial. Precedente citado: REsp 10.020-SP, DJ 14/10/1996. REsp 1.158.679-MG, Rel. Min. Nancy Andrighi, julgado em 7/4/2011.

dos a suceder e define a ordem em que a sucessão é deferida. O dispositivo preceitua que o cônjuge é também herdeiro e nessa qualidade concorre com descendentes (inciso I) e ascendentes (inciso II). Na falta de descendentes e ascendentes, o cônjuge herda sozinho (inciso III). Só no inciso IV é que são contemplados os colaterais. Pode-se imaginar, por exemplo, a hipótese em que um bem é doado ao cônjuge (ou legado a ele) com cláusula de inalienabilidade. Dá-se o divórcio e o bem, em virtude daquela cláusula, não compõe o monte a ser partilhado. Outra hipótese, bem diferente, é a do cônjuge que recebe a coisa gravada com aquela cláusula e falece. O bem, que era exclusivo dele, passa a integrar o monte que será herdado por aqueles que a lei determina. Monte, aliás, eventualmente composto por outros bens também exclusivos que, nem por isso, deixam de fazer parte da herança. Não se desconhece a existência de precedente da 4ª Turma, no qual se decidiu, por maioria, que "estabelecida, pelo testador, cláusula restritiva sobre o quinhão da herdeira, de incomunicabilidade, inalienabilidade e impenhorabilidade, o falecimento dela não afasta a eficácia da disposição testamentária, de sorte que procede o pedido de habilitação, no inventário em questão, dos sobrinhos da *de cujus*" (REsp 246.693-SP, DJ 17/5/2004). Ressalte-se, contudo, que a jurisprudência mais recente do STJ, seguindo a doutrina e a jurisprudência do STF, voltou a orientar-se no sentido de que "a cláusula de inalienabilidade vitalícia tem vigência enquanto viver o beneficiário, passando livres e desembaraçados aos seus herdeiros os bens objeto da restrição" (REsp 1.101.702-RS, Terceira Turma, DJe 9/10/2009). Por outro lado, a linha exegética segundo a qual a incomunicabilidade de bens inerente ao regime de bens do matrimônio teria o efeito de alterar a ordem de vocação hereditária prevista no CC/2002 não encontra apoio na jurisprudência atualmente consolidada na Segunda Seção (REsp 1.472.945-RJ, Terceira Turma, DJe 19/11/2014; REsp 1.382.170-SP, Segunda Seção, DJe 26/5/2015; AgRg nos EREsp 1.472.945-RJ, Segunda Seção, DJe 29/6/2015). REsp 1.552.553-RJ, Rel. Min. Maria Isabel Gallotti, julgado em 24/11/2015, DJe 11/2/2016.

Capítulo 24
LEGADOS

24.1 Conceito e classificação

O *legado* é uma coisa certa e determinada deixada pelo testador (legante), a título singular, para um sujeito denominado legatário, através de testamento ou codicilo. O legado precípuo ou prelegado é aquele atribuído ao herdeiro legítimo. Neste caso ocorre o acúmulo das qualidades de herdeiro e legatário.

Já o artigo 1.913 trata do *sub-legado* da seguinte forma: Se o testador ordenar que o herdeiro ou legatário entregue coisa de sua propriedade a outrem (*sub-legatário*), não o cumprindo ele, entender-se-á que renunciou à herança ou ao legado. Neste caso, verifica-se a existência de dois favorecidos: o herdeiro ou legatário a quem se impôs o encargo e a terceira pessoa (*sub-legatária*) a ser beneficiada com o cumprimento do ônus imposto.

Os legados podem ser classificados em: a) legado de coisas; b) legado de crédito ou de quitação de dívida; c) legado de alimentos; d) legado de usufruto; e) legado de imóvel; f) legado de dinheiro; g) legado de renda ou pensão periódica; h) legado alternativo.

24.2 Legado de coisa alheia e ineficácia do legado

É ineficaz o legado de coisa certa que não pertença ao testador no momento da abertura da sucessão. O artigo 1.912 determina que "é ineficaz o legado de coisa certa que não pertença ao testador no momento da abertura da sucessão".

Todavia, existem duas exceções a este dispositivo, a saber: a) o artigo 1.913 acima mencionado diz que se o testador ordenar que o herdeiro ou legatário entregue coisa de sua propriedade a outrem (*sub-legatário*), não o cumprindo ele, entender-se-á que renunciou à herança ou ao legado; b) a regra do artigo 1.915 que dispõe: "se o legado for de coisa que se determine pelo gênero, será o mesmo cumprido, ainda que tal coisa não exista entre os bens deixados pelo testador".

24.3 Legado de coisa comum

No artigo 1.914 são consideradas duas situações específicas: a coisa legada pertence ao testador em parte ou o objeto a ser dado pelo herdeiro ou legatário a terceiro integra o seu patrimônio parcialmente. Vejamos a regra estabelecida no artigo em comento: se tão somente em parte a coisa legada pertencer ao testador, ou, no caso do artigo 1.913, ao herdeiro ou ao legatário, só quanto a essa parte valerá o legado. Para melhor compreensão dos efeitos jurídicos deste artigo, PAULO NADER exemplifica da seguinte forma: "Ao testar, o declarante destina os imóveis "A" e "B" ao legatário, mas, à época da abertura da sucessão, apenas o primeiro lhe pertence. Solução: o legado valerá tão somente quanto ao imóvel "A", sem a previsão de outra consequência. O espólio, assim, não ficará onerado com a obrigação de substituir o imóvel "B" pelo preço correspondente. Em relação à segunda hipótese, consideremos: o disponente deixou determinado apartamento para o sobrinho, obrigando-o a transferir a outrem a moto e uma vaga de garagem, ambas de sua propriedade. Todavia, no momento do óbito, resta o segundo bem, pois a moto foi destruída em acidente. Conclusão: o legado permanece, diminuindo-se apenas o encargo imposto ao legatário".[1]

24.4 Legado de coisa genérica

Se o legado for de coisa que se determine pelo gênero, será o mesmo cumprido, ainda que tal coisa não exista entre os bens deixados pelo testador (artigo 1.915). A *obrigação de dar coisa incerta*, também denominada de obrigações de gênero, é aquela que o credor não a conhece, salvo pelo gênero e quantidade. É o que diz o artigo 243 ao afirmar que "a coisa incerta será indicada, ao menos, pelo gênero e pela quantidade".

A obrigação de dar coisa incerta é uma obrigação de gênero e requer a individualização do objeto através da escolha.[2] A *individualização, escolha, concretização, determinação* ou *concentração* é, pois, a individualização da coisa.

Após a *individualização da coisa*, a obrigação deve ser tratada como obrigação de dar coisa certa. Daí a regra do artigo 245 que informa que "cientificado da escolha o credor, vigorará o disposto na Seção antecedente".

Cabe ao devedor a escolha da coisa, se o contrário não ficou expressamente acordado no contrato (a escolha poderá ficar a cargo do credor ou de terceiro).

---

1 NADER, Paulo. *Curso de Direito Civil:* Direito das Sucessões. 7. ed. Vol. 6. Rio de Janeiro: Forense, 2016, p. 355-356.
2 Distinção entre obrigação de dar coisa incerta e obrigação alternativa. Estas obrigações não se confundem. A obrigação de dar coisa incerta é uma obrigação de gênero e requer a individualização do objeto através da escolha, enquanto a obrigação alternativa é uma obrigação jurídica complexa com pluralidade de objetos, na qual o devedor cumpre a obrigação quando presta apenas um deles *(plures sunt res in obligatione)*.

O critério na escolha da coisa é determinado pelo artigo 244 ao afirmar que o devedor "não poderá dar a coisa pior, nem será obrigado a prestar a melhor". Melhor dizendo: A escolha deverá incidir na coisa média, ou seja, nem a melhor, nem a pior. Aqui se busca um equilíbrio nas relações jurídicas obrigacionais.

Em relação ao legado, o artigo 1.929 determina que se o legado consiste em coisa determinada pelo gênero, ao herdeiro tocará escolhê-la, guardando o meio-termo entre as congêneres da melhor e pior qualidade. Quando a escolha for deixada a arbítrio de terceiro; e, se este não a quiser ou não a puder exercer, ao juiz competirá fazê-la (artigo 1.930).

Já se a opção foi deixada ao legatário, este poderá escolher, do gênero determinado, a melhor coisa que houver na herança; e, se nesta não existir coisa de tal gênero, dar-lhe-á de outra congênere o herdeiro, guardando o meio-termo entre as congêneres da melhor e pior qualidade (artigo 1.931, CC).

No legado alternativo, presume-se deixada ao herdeiro a opção (artigo 1.932, CC).[3] Se o herdeiro ou legatário a quem couber a opção falecer antes de exercê-la, passará este poder aos seus herdeiros (artigo 1.933).

24.5 Legado de coisa singularizada

Se o testador legar coisa sua, singularizando-a, só terá eficácia o legado se, ao tempo do seu falecimento, ela se achava entre os bens da herança; se a coisa legada existir entre os bens do testador, mas em quantidade inferior à do legado, este será eficaz apenas quanto à existente (artigo 1.916, CC).

A obrigação de dar é conceituada por TEIXEIRA DE FREITAS como "aquela cuja prestação consiste na entrega de uma coisa móvel ou imóvel, seja para constituir um direito real, seja somente para facultar o uso, ou, ainda, a simples detenção, seja, finalmente, para restituí-la ao seu dono".[4]

As *obrigações de dar* importam em seu cumprimento na *entrega* ou *restituição* de determinada coisa pelo devedor ao credor. Assim, no contrato de compra e venda, por exemplo, surgem obrigações para ambos os contratantes: o vendedor deverá *entregar* a coisa vendida e o comprador entregar o preço.

---

3   CC 2002 – Art. 252. Nas obrigações alternativas, a escolha cabe ao devedor, se outra coisa não se estipulou. § 1º Não pode o devedor obrigar o credor a receber parte em uma prestação e parte em outra. § 2º Quando a obrigação for de prestações periódicas, a faculdade de opção poderá ser exercida em cada período. § 3º No caso de pluralidade de optantes, não havendo acordo unânime entre eles, decidirá o juiz, findo o prazo por este assinado para a deliberação. § 4º Se o título deferir a opção a terceiro, e este não quiser, ou não puder exercê-la, caberá ao juiz a escolha se não houver acordo entre as partes.
4   In: BEVILÁQUA, Clóvis. *Direito das Obrigações*. 6. ed. Rio de Janeiro: Francisco Alves, 1945, p. 60.

A transferência do domínio depende da *tradição* para os bens móveis e o *registro* para os bens imóveis.

Nas *obrigações de dar coisa certa*, o objeto já é indicado no momento da celebração do negócio, ou seja, o credor já tem a certeza daquilo que lhe será entregue.

Na obrigação de dar coisa certa, o objeto da prestação é uma coisa certa e determinada. Daí que o devedor é obrigado a entregar a coisa certa estipulada no instrumento contratual e o credor não pode ser compelido a receber outra coisa, ainda que mais valiosa. É, pois, a *regra de ouro* estabelecida no artigo 313, que diz: "*o credor não é obrigado a receber prestação diversa da que lhe é devida, ainda que mais valiosa*" A obrigação de dar coisa certa abrange-lhe os acessórios. É o que afirma a regra do artigo 233 ao dizer que "a obrigação de dar coisa certa abrange os acessórios dela embora não mencionados, salvo se o contrário resultar do título ou das circunstâncias do caso".

Principal é o bem que existe sobre si, abstrata ou concretamente; acessório, aquele cuja existência supõe a do principal (CCB, art. 92).

Não havendo culpa do devedor, antes da tradição, ou pendente a condição suspensiva, fica resolvida a obrigação para ambas as partes; se a perda resultar de culpa do devedor, responderá este pelo equivalente e mais perdas e danos (CC, art. 234).

24.6 Legado de coisa localizada

De acordo com o artigo 1.917, o legado de coisa que deva encontrar-se em determinado lugar só terá eficácia se nele for achada, salvo se removida a título transitório.

24.7 Legado de crédito ou de quitação de dívida

O legado de crédito ou de quitação de dívida está previsto no artigo 1.918. No legado de crédito, o devedor é o terceiro, caracterizando-se o fenômeno da cessão, através do qual o legatário substitui o testador, podendo promover a cobrança da prestação.

De acordo com JOÃO LUIZ ALVES,[5] o legado de crédito ou quitação, se refere ao crédito que já tenha o testador, quando faz o testamento e não o que posteriormente o adquira, ainda mesmo contra o legatário, salvo expressa declaração, que é lícita, de que compreende o posterior".

Já no legado de quitação de dívida opera-se uma remissão de dívida (CC 2002 – Art. 386), já que o herdeiro devolverá o título ao legatário. Nesse sentido, o § 1º do referido dispositivo legal afirma que "cumpre-se o legado, entregando o herdeiro ao legatário o título respectivo".

---

5   ALVES, João Luiz. *Código Civil da República dos Estados Unidos do Brasil Anotado*. Rio de Janeiro: F.Briguiet e Cia Editores-Livreiros, 1917, p. 1.185.

Vale lembrar que o legado não compreende as dívidas posteriores à data do testamento (artigo 1.918, § 2º, CC).

24.8 Legado feito ao credor do testador

O legado feito ao credor do testador não se reputa como compensação da dívida, salvo se o testador assim declarou, expressamente. O artigo 1.919 diz que "não o declarando expressamente o testador, não se reputará compensação da sua dívida o legado que ele faça ao credor".

Subsistirá integralmente o legado, se a dívida lhe foi posterior, e o testador a solveu antes de morrer (artigo 1.919, parágrafo único, CC).

24.9 Legado de Alimentos

Os *alimentos* estão relacionados diretamente com a sobrevivência do ser humano. Alimentos são, pois, prestações periódicas para satisfazer as necessidades básicas de quem não possuir condições de fazê-las por si. Vale dizer que *alimentos* é muito mais do que a alimentação em si, senão tudo aquilo que é necessário para a subsistência digna de uma pessoa, tais como moradia, educação, saúde etc. De acordo com CAHALI, "adotado no direito para designar o conteúdo de uma pretensão ou de uma obrigação, a palavra "alimentos" vem significar tudo o que é necessário para satisfazer aos reclamos da vida; são as prestações com as quais podem ser satisfeitas as necessidades vitais de quem não pode provê-las por si; mais amplamente, é a contribuição periódica assegurada a alguém, por um titular de direito, para exigi-la de outrem, como necessária à sua manutenção".[6]

A *finalidade* precípua dos *alimentos* é o atendimento a uma vida digna, ou seja, a subsistência da própria pessoa. O instituto jurídico dos alimentos está ancorado na solidariedade social e familiar (*função social da família*).

Os alimentos podem ser concedidos da seguinte forma: a) *in natura*, ou seja, entregues em bens da vida, tais como entrega de cesta básica, pagamento da escola, do plano de saúde etc.; e b) *in pecúnia*, é a denominada pensão alimentícia, podendo ser fixados em salários mínimos.[7]

Os alimentos são estruturados a partir do trinômio *necessidade-possibilidade-proporcionalidade*. Esta conjugação de elementos pode ser traduzida a partir da *necessidade* de quem pleiteia os alimentos (alimentando),[8] a *possi-*

---

6 CAHALI, Yussef Said. *Dos Alimentos*. 2. ed. São Paulo: Revista dos Tribunais, 1993, p. 16.
7 Súmula 490 do STF – A pensão correspondente à indenização oriunda de responsabilidade civil deve ser calculada com base no salário mínimo vigente ao tempo da sentença e ajustar-se-á às variações ulteriores.
8 De acordo com as lições de CAHALI, "o pressuposto da necessidade do alimentando somente se descaracteriza se referidos bens de que é titular se mostram hábeis para ministrar-lhe rendimento suficiente a sua mantença; ou não se mostra razoável exigir-lhe a conversão de tais bens em valores monetários capazes de atender aos reclamos vitais

bilidade do requerido (alimentante) e a proporcionalidade alimentar que vai nortear a fixação do quantum da pensão alimentícia. Daí que podemos afirmar que este trinômio é, pois, um pressuposto do direito alimentar (artigo 1.694, § 1º, do CC). O alimentando não pode exigir o mesmo padrão de vida que possuía enquanto vivia com o alimentante, aquele terá que readequar a sua vida de acordo com os seus rendimentos.

O artigo 1.695 diz que "são devidos os alimentos quando quem os pretende não tem bens suficientes, nem pode prover, pelo seu trabalho, à própria mantença, e aquele, de quem se reclamam, pode fornecê-los, sem desfalque do necessário ao seu sustento".

Os pressupostos da obrigação alimentar podem ser identificados da seguinte maneira: a) existência de um vínculo de parentesco; b) necessidade do reclamante; c) possibilidade da pessoa obrigada; d) proporcionalidade.

Vale mencionar o Enunciado 573 do CJF publicado na VI Jornada de Direito Civil que diz "Na apuração da possibilidade do alimentante, observar-se-ão os sinais exteriores de riqueza".[9]

---

do possuidor. Mas a matéria é controvertida, impondo-se temperamentos com vistas a uma solução de equidade, ínsita, aliás, na natureza do instituto. Para Laurent, aquele que possui imóveis não se encontra em estado de necessidade, se ele pode procurar os meios para viver, vendendo-os. Diana Amati e Tamburrino dizem que o fato de possuir o alimentando bens não exclui a necessidade, quando a alienação destes, bastando para satisfazer apenas temporariamente às suas necessidades, resolve-se em inútil dilapidação de seu patrimônio. Divergindo deste entendimento, Tedeschi aproxima-se da opinião de Laurent. Tratando-se de questão de fato, nenhum princípio pode ser enunciado. Daí a observação de Cunha Gonçalves: 'Não se pode dizer que é necessitado quem possui importantes valores improdutivos, cuja alienação lhe pode produzir um capital suficiente para subsistir por largo tempo, consumindo-o regradamente, pois necessitado é somente quem não possui recursos alguns para satisfazer às necessidades ou que só os tem os suficientes para parte delas.' [...] Donde se ter decidido que 'poderá reclamar alimentos de seus parentes aquele que, embora possuindo bens, não aufira rendas, por serem os mesmos improdutivos e lhe faltarem possibilidades para explorá-los, para aquela finalidade". CAHALI, Yussef Said. *Dos Alimentos*. 8. ed. São Paulo: Revista dos Tribunais, 2013, p. 500-501.

9   Justificativa: De acordo com o ordenamento jurídico brasileiro, o reconhecimento do direito a alimentos está intrinsicamente relacionado com a prova do binômio necessidade e capacidade, conforme expresso no § 1º do art. 1.694 do Código Civil. Assim, está claro que, para a efetividade da aplicação do dispositivo em questão, é exigida a prova não só da necessidade do alimentado, mas também da capacidade financeira do alimentante. Contudo, diante das inúmeras estratégias existentes nos dias de hoje visando à blindagem patrimonial, torna-se cada vez mais difícil conferir efetividade ao art. 1.694, § 1º, pois muitas vezes é impossível a comprovação objetiva da capacidade financeira do alimentante. Por essa razão, à mingua de prova específica dos rendimentos reais do alimentante, deve o magistrado, quando da fixação dos alimentos, valer-se dos sinais aparentes de riqueza. Isso porque os sinais exteriorizados do modo de vida do alimentante denotam seu real poder aquisitivo, que é incompatível com a renda declarada. Com efeito, visando conferir efetividade à regra do binômio necessidade e capacidade, sugere-se que os alimentos sejam fixados com base em sinais exteriores de riqueza, por presunção induzida da experiência do juízo, mediante a observação do que ordinariamente acontece, nos termos do que

Capítulo 24 – Legados

O *legado de alimentos* abrange o sustento, a cura, o vestuário e a casa, enquanto o legatário viver, além da educação, se ele for menor (artigo 1.920). O legado de alimentos é uma modalidade de obrigação alimentar resultante de manifestação de vontade do testador. Dessa forma, através de disposição testamentária é possível instituir, em favor de legatário, o direito a alimentos.[10]

PONTES DE MIRANDA argumenta que o legado de alimentos pode ser pago a partir da renda de um determinado bem da herança, se assim tiver determinado o falecido. É possível que uma fração do monte hereditário seja separada com o propósito de assegurar o cumprimento da obrigação alimentar. Ademais, o testador pode estabelecer que determinado herdeiro tenha seu quinhão onerado com o pagamento dos alimentos. Neste sentido, o tes-

---

autoriza o art. 335 do Código de Processo Civil, que é também compatível com a regra do livre convencimento, positivada no art. 131 do mesmo diploma processual.

10 APELAÇÕES CÍVEIS. SUCESSÕES. PETIÇÃO DE LEGADO. PRELIMINAR DE LEGITIMIDADE PASSIVA. DISCUSSÃO SOBRE A NATUREZA DA DISPOSIÇÃO TESTAMENTÁRIA. ALIMENTOS. VALOR DA OBRIGAÇÃO. HONORÁRIOS.
APELAÇÃO RÉ Legitimidade passiva das demais sucessoras. Analisando a linha de pensamento da testadora não há dúvida de que a intenção da testadora era de que as tarefas de auxiliar sua amiga cuidadora e seu afilhado deveriam recair nas duas primas mais velhas, herdeiras testamentárias universais dos seus bens. E como uma das primas faleceu antes da testadora, recai somente sobre a apelante a incumbência de prestar auxílio financeiro, em favor do afilhado, ora autor da presente ação. Afastada a preliminar de legitimidade passiva das demais sucessoras. Natureza da disposição testamentária. Provado que a testadora falecida ajudava regularmente no sustento do seu afilhado, de rigor reconhecer que a disposição testamentária tem natureza de legado de alimentos. O entendimento de que o autor/afilhado deve ser ajudado pela herdeira testamentária/apelante somente "quando necessário", traz em si uma incerteza em relação à execução da deixa testamentária (legado de alimentos), pois deixa ao "puro arbítrio" da apelante a execução do legado, provocando a ineficácia da disposição de última vontade. Caso em que é correta a sentença que interpretou a disposição testamentária em favor do autor como um legado de alimentos a ser cumprido pela herdeira apelante. Termo inicial para o pagamento do legado. Tratando-se de pagamento de legado de alimentos, caso fosse aplicada – rigorosamente – a forma de pagamento, a obrigação deveria retroagir à data da morte da testadora, nos termos do artigo 1.926 do Código Civil. Contudo, como a cláusula testamentária é de difícil interpretação, não é adequado exigir que a herdeira/apelante pagasse os alimentos antes de uma declaração judicial. Por isso, adequada a sentença que determinou o pagamento dos alimentos desde a citação. APELAÇÃO AUTOR. Valor dos alimentos Os alimentos fixados pela sentença no valor de 01 salário mínimo apresentam valor proporcional à ajuda que a testadora prestava ao autor, bem como é compatível à forma em que redigido o legado. Mantido o valor dos alimentos. Retroação da obrigação à data da abertura da sucessão. Tema analisado no apelo da ré. Majoração dos honorários advocatícios Considerando-se o grau de zelo do profissional, a natureza e importância da causa e o tempo exigido para a execução do serviço, adequada a majoração dos honorários advocatícios do autor. POR MAIORIA, NEGARAM PROVIMENTO À APELAÇÃO DA RÉ E DERAM PARCIAL PROVIMENTO À APELAÇÃO DO AUTOR. VENCIDO O RELATOR. (Apelação Cível Nº 70049726185, Oitava Câmara Cível, Tribunal de Justiça do RS, Relator: Rui Portanova, Julgado em 18/04/2013).

tamento pode consignar o pagamento do legado como um encargo ou como uma condição da instituição de algum herdeiro ou de outro legatário.[11]

PONTES DE MIRANDA afirma, ainda, que "se o testador determinou o quanto da prestação mensal, ou semanal, ou de outra prestação periódica, não pode o juiz diminuí-la, nem aumentá-la, mesmo que haja deficiência ou excessividade".[12]

24.10 Legado de Usufruto

O *usufruto* é um direito real sobre coisa alheia através do qual o usufrutuário poderá usar e fruir o bem (móvel ou imóvel) pertencente ao nu-proprietário por um período de tempo determinado.

Do próprio nome do instituto jurídico já se deduz o seu significado: *usufruto* (direito de uso e fruição), ou seja, o usufruto concede ao titular do direito retirar de uma coisa as suas utilidades econômicas, podendo então usá-la ou fruí-la. O titular do direito de usufruto está interessado nas utilidades econômicas da coisa.

O usufruto é constituído quando o proprietário da coisa transfere dois poderes da propriedade a outra pessoa. *Quais são os poderes do direito de propriedade que são destacados e transferidos a terceiro*? São os poderes de usar e gozar a coisa. Assim, a propriedade não é transferida a outra pessoa, senão apenas os poderes de usar e gozar a coisa.

Esta pessoa que recebe os poderes de usar e gozar a coisa é chamada de *usufrutuário* e o proprietário que se desfaz de tais poderes, transferindo-os para o usufrutuário é denominado de *nu-proprietário*. Este se despe dos poderes de usar e gozar a coisa em favor do usufrutuário. Com o gravame do usufruto, a propriedade é chamada de *nua-propriedade*, já que fica gravada com o direito real de usufruto.

Com a constituição do direito real de usufruto, ocorre a divisão da posse, já que o usufrutuário fica como possuidor direto da coisa (para poder usá-la e fruí-la) e o nu-proprietário fica como possuidor indireto da coisa. Daí que ambos (nu-proprietário e usufrutuário) poderão utilizar os interditos possessórios, não só entre ambos (por exemplo, o usufrutuário poderá mover o interdito contra o nu-proprietário, se este estiver violando a posse direta daquele), bem como poderão manejar a via interdital contra terceiros que estejam violando a posse.

Ora, a partir da constituição do usufruto, o proprietário que possuía a propriedade plena, passa a ter uma propriedade limitada. É uma propriedade limitada já que o proprietário se despiu dos poderes de uso e fruição inerentes à propriedade.

---

11 PONTES DE MIRANDA, Francisco Cavalcanti. *Tratado de Direito Privado*: parte especial, Tomo LVII. Rio de Janeiro: Borsoi, 1969, p. 203.
12 Ibid.

O usufruto poderá ser constituído sobre bens imóveis, sejam rurais ou urbanos, ou sobre bens móveis, tais como: automóveis, computadores etc. Também, o usufruto poderá ser constituído sobre bens materiais, como bens imateriais, por exemplo, o usufruto de títulos. Pode ser estabelecido sobre uma universalidade de bens ou uma fração ideal de bens. Nada impede que o usufruto seja constituído em benefício de uma única pessoa (um único usufrutuário), ou em benefício de vários usufrutuários. O usufrutuário pode ser uma pessoa natural ou pessoa jurídica.

Diz o artigo 1.390 do nosso Código Civil que "o usufruto pode recair em um ou mais bens, móveis ou imóveis, em um patrimônio inteiro, ou parte deste, abrangendo-lhe, no todo ou em parte, os frutos e utilidades".

Vale destacar que o usufruto possui natureza personalíssima, já que ele é constituído em função da pessoa do usufrutuário. O usufruto é constituído para favorecer o usufrutuário, com vistas a beneficiá-lo. Daí que o usufruto não se transmite aos herdeiros e extingue-se com a morte do usufrutuário. Se ocorrer a morte do nu-proprietário, não ocasionará repercussão no direito do usufrutuário. Dessa maneira, o usufruto se manterá até a morte do usufrutuário, se for vitalício, ou até o advento do termo, se for temporário. Melhor dizendo: os herdeiros do nu-proprietário são obrigados a respeitar o usufruto.

Outrossim, o usufrutuário não poderá transferir (gratuita ou onerosamente) a outra pessoa o direito ao usufruto, em razão da natureza personalíssima do instituto jurídico. O usufrutuário poderá, se desejar, alugar o imóvel. Isto porque o usufrutuário não está transferindo o seu direito a outra pessoa. Na relação jurídica locatícia esta outra pessoa recebe o imóvel na condição de locatário. Ademais, *in casu*, o contrato de locação produzido pelo nu-proprietário é nulo, pois este não tem legitimidade para alugar o imóvel. É o usufrutuário que possui legitimidade para alugar o imóvel recebido em usufruto. Da mesma forma, é o único legitimado para receber os aluguéis, dar quitação e despejar o locatário. Quem figura no polo ativo da ação de despejo é o usufrutuário, na qualidade de locador.[13]

Assim determina o artigo 1.393: "Não se pode transferir o usufruto por alienação; mas o seu exercício pode ceder-se por título gratuito ou oneroso".

E o legado de usufruto? O legado de usufruto entende-se vitalício (deixado por toda a vida do legatário) na hipótese do testador não fixar o tempo

---

13 Lei 8.245/91 – Art. 7º Nos casos de extinção de usufruto ou de fideicomisso, a locação celebrada pelo usufrutuário ou fiduciário poderá ser denunciada, com o prazo de trinta dias para a desocupação, salvo se tiver havido aquiescência escrita do nu-proprietário ou do fideicomissário, ou se a propriedade estiver consolidada em mãos do usufrutuário ou do fiduciário. Parágrafo único. A denúncia deverá ser exercitada no prazo de noventa dias contados da extinção do fideicomisso ou da averbação da extinção do usufruto, presumindo-se, após esse prazo, a concordância na manutenção da locação.

do legado. O artigo 1.921 preceitua que "o legado de usufruto, sem fixação de tempo, entende-se deixado ao legatário por toda a sua vida".

Com o legado de usufruto, o legatário possui o direito subjetivo de retirar de coisa alheia os frutos e as utilidades que a coisa venha a produzir. Como dito acima, entende-se que o legado de usufruto vai produzir efeitos jurídicos até o falecimento do legatário, isto se o legante não fixar o tempo do legado. GISELDA HIRONAKA, destaca que "se o legatário for pessoa jurídica, o legado de usufruto se extinguirá com ela ou, no caso de subsistência, aos trinta anos da data em que se o começou a exercer (CC, art. 1.410, III). Nada obsta que o testador tenha deixado a nua propriedade do bem ao herdeiro e legue o usufruto dela a outra pessoa; ou vice-versa, que legue a nua propriedade, reservando o usufruto para o herdeiro. Não será impossível, também, a ocorrência de legado de usufruto simultâneo, com a instituição de dois ou mais legatários usufrutuários".[14]

24.11 Legado de Imóvel

O *legado de imóvel* está previsto no artigo 1.922 do Código Civil. Vejamos: "Se aquele que legar um imóvel lhe ajuntar depois novas aquisições, estas, ainda que contíguas, não se compreendem no legado, salvo expressa declaração em contrário do testador". Não se aplica o disposto neste artigo às benfeitorias necessárias, úteis ou voluptuárias feitas no prédio legado (artigo 1.922, parágrafo único).

24.12 Domínio e Posse da Coisa Legada

A deixa testamentária constituída por coisa certa e determinada pertence ao legatário a partir da abertura da sucessão, ainda que este não tenha ciência do legado em seu favor. Para que o domínio seja transferido é necessário que o legatário aceito, pois, o legado. Pode acontecer que a deixa testamentária não interesse ao legatário, neste caso, o legatário pode não aceitar o legado, repudiando-o. O legatário deve, portanto, manifestar sua vontade (de forma expressa ou tácita) de receber o legado.

O legatário pode renunciar ao legado. A renúncia é irrevogável e deve ser expressa. Neste caso, surge o direito de acrescer para os demais herdeiros consoante disposição testamentária. Vale lembrar que enquanto o objeto do legado não é entregue ao legatário, os encargos sobre a coisa legada são de responsabilidade do espólio.

De acordo com o artigo 1.923 do Código Civil, desde a abertura da sucessão, pertence ao legatário a coisa certa, existente no acervo, salvo se o legado estiver sob condição suspensiva. Neste caso, a aquisição somente pro-

---

14 HIRONAKA, Giselda. Legados. In: CAHALI, Francisco José; HIRONAKA, Giselda Maria Fernandes Novaes. *Direito das Sucessões*, São Paulo: Revista dos Tribunais, 2014, (e-book).

duzirá efeitos com a verificação do fato previsto. Não se defere de imediato a posse da coisa, nem nela pode o legatário entrar por autoridade própria (artigo 1.923, § 1º, CC). Ao legatário somente é conferido o direito de pedir a coisa certa aos herdeiros, não podendo obtê-la por sua própria autoridade. Cabe, pois, aos herdeiros a entrega do legado de acordo com as condições estabelecidas pelo testador (artigo 1.934), sob pena de responder por perdas e danos causados ao objeto da coisa legada, respondendo por culpa o responsável.

Em relação aos frutos, o legado de coisa certa existente na herança transfere também ao legatário os frutos que produzir, desde a morte do testador, exceto se dependente de condição suspensiva, ou de termo inicial (artigo 1.923, § 2º, CC).

24.13 Direito de pedir o Legado

O direito de pedir o legado não se exercerá, enquanto se litigue sobre a validade do testamento, e, nos legados condicionais, ou a prazo, enquanto esteja pendente a condição ou o prazo não se vença (artigo 1.924, CC).

Ora, o direito de pedir o legado não pode ser exercido se houver litígio em torno do testamento. Da mesma forma, no legado sob condição suspensiva, a entrega da coisa legada está condicionada a evento futuro e incerto; na mesma situação se o prazo estipulado pelo testador não venceu.

24.14 Legado em dinheiro

O legado em dinheiro só vence juros desde o dia em que se constituir em mora a pessoa obrigada a prestá-lo (artigo 1.925, CC).

24.15 Legado de renda ou pensão periódica

Se o legado consistir em renda vitalícia ou pensão periódica, esta ou aquela correrá da morte do testador (artigo 1.926, CC). Neste sentido, "disposição testamentária que beneficia herdeira – Valores provenientes de renda de imóvel locado, pertencente ao espólio – Decisão agravada que, em inventário, determina o levantamento das quantias depositadas em juízo em favor da legatária, bem como ordena à inquilina que faça o pagamento da quantia correspondente ao legado de alimentos diretamente à beneficiária da quantia – Correção – Disposição testamentária plena e eficaz – Legado de alimentos devidos desde a morte da testadora (artigo 1926 CC/2002) – Decisão mantida – Recurso desprovido, na parte conhecida. AG 994092729370 SP – TJSP".

24.16 Legado de prestações periódicas

Se o legado for de quantidades certas, em prestações periódicas, datará da morte do testador o primeiro período, e o legatário terá direito a cada prestação, uma vez encetado cada um dos períodos sucessivos, ainda que venha a falecer antes do termo dele (artigo 1.927, CC).

Sendo periódicas as prestações, só no termo de cada período se poderão exigir (artigo 1.928). Se as prestações forem deixadas a título de alimentos, pagar-se-ão no começo de cada período, sempre que outra coisa não tenha disposto o testador (artigo 1.928, parágrafo único).

24.17 Responsabilidade pelo pagamento do legado

No silêncio do testamento, o cumprimento dos legados incumbe aos herdeiros e, não os havendo, aos legatários, na proporção do que herdaram (artigo 1.934).

O encargo, não havendo disposição testamentária em contrário, caberá ao herdeiro ou legatário incumbido pelo testador da execução do legado; quando indicados mais de um, os onerados dividirão entre si o ônus, na proporção do que recebam da herança (artigo 1.934, parágrafo único, CC).

Se algum legado consistir em coisa pertencente a herdeiro ou legatário (art. 1.913),[15] só a ele incumbirá cumpri-lo, com regresso contra os co-herdeiros, pela quota de cada um, salvo se o contrário expressamente dispôs o testador (artigo 1.935). Neste caso, quando o herdeiro ou legatário não cumpre o legado de coisa de sua propriedade, entregando-a a outrem, entende-se que renunciou à herança, ou ao legado.

As despesas e os riscos da entrega do legado correm à conta do legatário, se não dispuser diversamente o testador (artigo 1.936).

A coisa legada entregar-se-á, com seus acessórios, no lugar e estado em que se achava ao falecer o testador, passando ao legatário com todos os encargos que a onerarem (artigo 1.937). Em princípio, o legatário não paga dívidas da herança, a não ser subsidiariamente, depois de esgotados os quinhões dos herdeiros.

24.18 Legados com Encargo

Conforme artigo 1.938, nos legados com encargo, aplica-se ao legatário o disposto às doações modais (doação com encargo).

24.19 Caducidade dos Legados

Consoante o teor do artigo 1.939, *caducará o legado*:

I – *se, depois do testamento, o testador modificar a coisa legada, ao ponto de já não ter a forma nem lhe caber a denominação que possuía;*

---

[15] CC 2002 – Art. 1.913. Se o testador ordenar que o herdeiro ou legatário entregue coisa de sua propriedade a outrem, não o cumprindo ele, entender-se-á que renunciou à herança ou ao legado.

Aqui, PAULO NADER explica que "se a coisa legada, à época da facção do testamento, possuía determinada forma e, ao tempo da abertura da sucessão, devido a modificações de iniciativa do testador, apresenta formato diverso e que a impede de ser identificada pela antiga denominação, tem-se caracterizada a causa de caducidade do legado."[16] Vejamos alguns exemplos: "[...] Se a disposição testamentária se refere a tábuas de madeira, mantidas pelo testador entre os seus pertences e, posteriormente, as emprega na confecção de um barco, [...] Se o disponente deixa em legado uma pequena barra de ouro, que possuía à época do testamento, mas, posteriormente, com ela faz braceletes e outras joias, [...] Se o objeto do legado for um lote de terreno e, posteriormente, o disponente ali constrói um prédio [...]".[17]

II – *se o testador, por qualquer título, alienar no todo ou em parte a coisa legada; nesse caso, caducará até onde ela deixou de pertencer ao testador;*

III – *se a coisa perecer ou for evicta, vivo ou morto o testador, sem culpa do herdeiro ou legatário incumbido do seu cumprimento*; O legado caducará se a coisa perecer sem culpa do herdeiro ou legatário incumbido do seu cumprimento. Da mesma forma se a coisa for considerada evicta. A evicção é uma garantia legal ofertada ao adquirente, no caso dele perder a propriedade, a posse ou o uso em razão de uma decisão judicial ou de um ato administrativo, que reconheça tal direito a terceiro, possa ele recobrar de quem lhe transferiu esse domínio – posse – uso, o que pagou pela coisa (CCB, art. 447). A palavra evicção deriva do latim *evictio*, do verbo *evincere*. Pontes de Miranda ensina que "*evincere é ex vincere*, vencer pondo fora, tirando, afastando. A língua portuguesa possui o verbo "evencer": o terceiro, ou o próprio outorgante que vence, quer como demandante quer como demandado, evence, porque vence e põe fora, no todo ou em parte, o direito do outorgado".[18]
Evencer significa, portanto, despojar; desapossar, ou seja, promover a evicção de.[19] A pessoa que reivindica o bem é denominada evictor ou evincente (vencedor) e aquela pessoa que perde o bem pela evicção é o evicto (vencido).

---

16 NADER, Paulo. *Curso de Direito Civil*: Direito das Sucessões. 7. ed. Vol. 6. Rio de Janeiro: Forense, 2016, p. 389.
17 Ibid., p. 390.
18 MIRANDA, Pontes de. *Tratado de Direito Privado*. Tomo 38. Campinas: Bookseller, 2005, p. 221.
19 Dicionário Eletrônico Aurélio Século XXI.

Washington de Barros Monteiro frisava: "o alienante é obrigado não só a entregar ao adquirente a coisa alienada, como também a garantir-lhe o uso e gozo. Pode suceder, entretanto, que o adquirente venha a perdê-la, total ou parcialmente, por força de decisão judicial, baseada em causa preexistente ao contrato. É a essa perda, oriunda de sentença fundada em motivo jurídico anterior, que se atribui o nome de evicção (*evincere est vincendo in judicio aliquid auferre*)".[20]

IV – *se o legatário for excluído da sucessão, nos termos do art. 1.815*;[21] Se o legatário se tornar indigno, em sentença judicial com transito em julgado, ele não terá legitimidade para suceder o testador. Dessa forma, ocorrendo uma das hipóteses elencadas no artigo 1.815 do CC, ocasionará a caducidade da cláusula testamentária, excluindo, pois, o legatário da deixa testamentária. Todavia, se a causa autorizadora da exclusão do legatário tiver ocorrido antes da instituição do legado, presumir-se-á que o testador perdoou o legatário pelos atos cometidos, sendo, portanto, válida a instituição da deixa testamentária.

V – *se o legatário falecer antes do testador*. Ora, neste caso, o legatário faleceu antes do legante, o que por si só caducará o legado, em razão da premoriência do legatário.

Em linhas gerais, as hipóteses de caducidade do legado podem ser agrupadas em causas objetivas e subjetivas. Vejamos:

1. *Causas objetivas*: a) modificação da coisa legada (CC 2002 – Art. 1.939, I); b) alienação da coisa legada (CC 2002 – Art. 1.939, II); e c) nos casos de evicção e perecimento da coisa legada (CC 2002 – Art. 1.939, III).
2. *Causas subjetivas*: a) exclusão do legatário por indignidade (CC 2002 Arts. 1.815 c/c 1.939, IV); b) falecimento do legatário (CC 2002 – Art. 1.939, V); c) renúncia do legatário (CC 2002 – Art. 1.943); d) falecimento do legatário antes do implemento da condição suspensiva a que estava subordinada a eficácia da gratificação (CC 2002 – Art. 1.943); e) falta de legitimação do legatário no momento da abertura da sucessão (CC 2002 – Art. 1.802).

---

20 MONTEIRO, Washington de Barros. *Curso de Direito Civil*. Vol. 5. 34. ed. São Paulo: Saraiva, 2003, p. 55.
21 CC 2002 – Art. 1.815. A exclusão do herdeiro ou legatário, em qualquer desses casos de indignidade, será declarada por sentença. Parágrafo único. O direito de demandar a exclusão do herdeiro ou legatário extingue-se em quatro anos, contados da abertura da sucessão.

24.20 Legado Alternativo

Se o legado for de duas ou mais coisas alternativamente, e algumas delas perecerem, subsistirá quanto às restantes; perecendo parte de uma, valerá, quanto ao seu remanescente, o legado (artigo 1.940). Dessa forma, o *legado alternativo* é aquele formado por duas ou mais coisas, entre as quais se escolherá apenas uma, cabendo a opção ao legatário, salvo disposição em contrário. Em caso de perecimento de uma das coisas, o legado recairá na outra coisa subsistente. Se ambas as coisas perecerem, importará caducidade ao legado.

No legado alternativo, presume-se deixada ao herdeiro a opção (artigo 1.932, CC).[22] Se o herdeiro ou legatário a quem couber a opção falecer antes de exercê-la, passará este poder aos seus herdeiros (artigo 1.933).

---

22 CC 2002 – Art. 252. Nas obrigações alternativas, a escolha cabe ao devedor, se outra coisa não se estipulou. § 1º Não pode o devedor obrigar o credor a receber parte em uma prestação e parte em outra. § 2º Quando a obrigação for de prestações periódicas, a faculdade de opção poderá ser exercida em cada período. § 3º No caso de pluralidade de optantes, não havendo acordo unânime entre eles, decidirá o juiz, findo o prazo por este assinado para a deliberação. § 4º Se o título deferir a opção a terceiro, e este não quiser, ou não puder exercê-la, caberá ao juiz a escolha se não houver acordo entre as partes.
Art. 253. Se uma das duas prestações não puder ser objeto de obrigação ou se tornada inexequível, subsistirá o débito quanto à outra.

Capítulo 25
DIREITO DE ACRESCER ENTRE HERDEIROS E LEGATÁRIOS

25.1 Direito de Acrescer

Quando vários herdeiros, pela mesma disposição testamentária, forem conjuntamente chamados à herança em quinhões não determinados, e qualquer deles não puder ou não quiser aceitá-la, a sua parte acrescerá à dos co-herdeiros, salvo o direito do substituto (artigo 1.941).[1]

O *direito de acrescer* ocorre no momento em que vários herdeiros, pela mesma disposição testamentária, em quinhões não determinados, ficam com a parte que caberia a outro co-herdeiro(s) pelo fato deste(s) não puder ou não quiser aceitá-la. Por exemplo, se o testador Belizário nomeou Adriano e Alvarenga como herdeiros da metade do seu acervo, e, com a abertura da sucessão Adriano não quer aceitar a herança, Alvarenga ficará com esta parte além da sua. Isto se Belizário (testador) não tiver designado substituto para Adriano (CC 2002 – Art. 1.947), já que a substituição exclui o acrescimento.

Daí o direito de acrescer beneficia o herdeiro (ou legatário) com a parte que deveria pertencer ao co-herdeiro (co-legatário), instituído conjuntamente, o qual não pôde ou não quis aceitar a herança, salvo se não houver o direito do substituto.

Vale destacar que se os quinhões forem determinados, ou seja, se o testador determinou as quotas, estabelecendo os quinhões de cada nomeado, não se pode falar em direito de acrescer.

---

1 AGRAVO DE INSTRUMENTO Insurgência que, em parte, ataca decisão que manteve determinação anterior Questão que já foi objeto de recurso (Agravo de Instrumento nº 0114860-34.2011.8.26.0000) Recurso não conhecido. AGRAVO DE INSTRUMENTO Testamento Partilha Exclusão dos sucessores de uma das herdeiras pré-morta Direito de acrescer Disposição testamentária sobre herança que instituiu conjuntamente herdeiros, com quinhão não determinado Aplicação dos arts. 1.941 e 1.943 do Código Civil Recurso não provido. (TJ-SP – AI: 2308775620118260000 SP 0230877-56.2011.8.26.0000, Relator: Luís Francisco Aguilar Cortez, Data de Julgamento: 24/04/2012, 2ª Câmara de Direito Privado, Data de Publicação: 25/04/2012).

25.2 Espécies

São espécies de disposições conjuntas: a) conjunção real; b) conjunção verbal; c) conjunção mista. Eduardo de Oliveira Leite ensina que "a conjunção é real, quando, por força de disposições testamentárias distintas, são instituídos herdeiros ou legatários para o recebimento da mesma herança ou do mesmo legado, consistente em coisa certa e determinada, ou indivisível, respectivamente, sem qualquer menção à quota-parte que a cada um deles tocará; é verbal, quando, na mesma disposição testamentária, o testador institui dois ou mais herdeiros ou legatários, fixando a quota-parte a ser por eles recebida; e é mista, quando, na mesma disposição testamentária, o testador institui herdeiros ou legatários para recebimento, em conjunto, da mesma herança ou do mesmo legado, consistente em coisa certa e determinada, ou indivisível, sem fazer remissão à quota-parte que será recebida por cada um deles".[2]

O autor informa ainda que esta classificação remonta ao direito romano que distinguia três tipos de instituição conjunta e que denominavam *re et verbis* (identidade da coisa e inclusão na mesma cláusula), *res tantum* (identidade da coisa, mas inclusão em cláusulas distintas, embora no mesmo testamento) e *verbis tantum* (inclusão na mesma cláusula de beneficiários de bens diferentes).[3]

25.3 Direito de Acrescer entre colegatários

O direito de acrescer competirá aos colegatários, quando nomeados conjuntamente a respeito de uma só coisa, determinada e certa, ou quando o objeto do legado não puder ser dividido sem risco de desvalorização (artigo 1.942, CC). Na 1ª parte do artigo em comento, o objeto é destinado aos colegatários, e.g., "deixo o meu apartamento para Matheus e Marcia". Já na parte final do artigo 1.942, caberá direito de acrescer quando o objeto do legado não puder ser dividido sem risco de desvalorização.

Se um dos co-herdeiros ou colegatários, morrer antes do testador; se renunciar a herança ou legado, ou destes for excluído, e, se a condição sob a qual foi instituído não se verificar, acrescerá o seu quinhão, salvo o direito do substituto, à parte dos co-herdeiros ou co-legatários conjuntos (artigo 1.943, CC). Dessa forma, nas hipóteses apresentadas (casos de morte, renúncia ou exclusão), ocorrerá a caducidade do direito do herdeiro provocando o acrescimento em favor dos demais herdeiros (ou legatários).

Os co-herdeiros ou colegatários, aos quais acresceu o quinhão daquele que não quis ou não pôde suceder, ficam sujeitos às obrigações ou encargos que o oneravam (artigo 1.943, parágrafo único, CC).

---

[2] LEITE. Op. cit., p. 570-571.
[3] Ibid., p. 571.

Quando não se efetua o direito de acrescer, transmite-se aos herdeiros legítimos a quota vaga do nomeado (artigo 1.944). Não existindo o direito de acrescer entre os co-legatários, a quota do que faltar acresce ao herdeiro ou ao legatário incumbido de satisfazer esse legado, ou a todos os herdeiros, na proporção dos seus quinhões, se o legado se deduziu da herança (artigo 1.944, parágrafo único, CC).

O co-herdeiro ou colegatário beneficiado com o direito de acrescer, consoante a regra jurídica do artigo 1.945, não pode repudiá-lo separadamente da herança ou legado que lhe caiba, salvo se o acréscimo comportar encargos especiais impostos pelo testador; nesse caso, uma vez repudiado, reverte o acréscimo para a pessoa a favor de quem os encargos foram instituídos.

25.4 Legado Conjunto

De acordo com o artigo 1.946, legado um só usufruto conjuntamente a duas ou mais pessoas, a parte da que faltar acresce aos co-legatários. Neste caso, se o legado de usufruto foi feito conjuntamente a duas ou mais pessoas, a parte do beneficiário que falta acresce à do co-legatário(s).

Se não houver conjunção entre os co-legatários, ou se, apesar de conjuntos, só lhes foi legada certa parte do usufruto, consolidar-se-ão na propriedade as quotas dos que faltarem, à medida que eles forem faltando (artigo 1.946, parágrafo único).

Capítulo 26
DAS SUBSTITUIÇÕES

26.1 Substituição

A *substituição* é o fenômeno jurídico pelo qual o testador substitui o herdeiro ou legatário nomeado por outra pessoa, nos casos de falta ou não aceitação da herança ou legado por aquele. Daí a figura genérica da instituição (herdeiros instituídos pelo testador) e substituição (aquele que substitui o herdeiro instituído).

26.2 Espécies

São espécies de substituição hereditária: a) substituição vulgar ou ordinária (CC 2002 – Arts. 1.947 e 1.949); b) substituição recíproca (CC 2002 – Art. 1.948 e 1.950) e a substituição fideicomissária (CC 2002 – Arts. 1.951 a 1.960).

A *substituição vulgar* é aquela em que uma pessoa é indicada para ocupar o lugar do herdeiro ou legatário que não pode ou não quer aceitar a herança. Esta substituição pode ser classificada como *simples* (quando existe apenas um substituto) ou *coletiva* ou *plural* (quando existem mais de um substituto). É possível a ocorrência de substituições sucessivas, no caso, do disponente designar mais de um substituto. Por exemplo, deixo um imóvel para Simone. Na hipótese dela não querer aceitar ou não poder aceitar a herança (ou legado), nomeio a sua substituta Raphaella, declarando que, se Raphaella não a quiser ou não puder aceitar, será substituída por Davi.

O artigo 1.947 diz que o testador pode substituir outra pessoa ao herdeiro ou ao legatário nomeado, para o caso de um ou outro não querer ou não poder aceitar a herança ou o legado, presumindo-se que a substituição foi determinada para as duas alternativas, ainda que o testador só a uma se refira.

O substituto fica sujeito à condição ou encargo imposto ao substituído, quando não for diversa a intenção manifestada pelo testador, ou não resultar outra coisa da natureza da condição ou do encargo (artigo 1.949).

Já a *substituição recíproca* é aquela em que os herdeiros são substitutos uns dos outros, ou seja, reciprocamente se substituem. (CC 2002 – Art. 1.948 e 1.950). Se, entre muitos co-herdeiros ou legatários de partes desiguais, for estabelecida substituição recíproca, a proporção dos quinhões fixada na primeira disposição entender-se-á mantida na segunda; se, com as outras anteriormente nomeadas, for incluída mais alguma pessoa na substituição, o quinhão vago pertencerá em partes iguais aos substitutos (artigo 1.950). Aqui, mais uma vez, vale lembrar as lições de PAULO NADER: "Quando o testador, além de instituir o regime de substituição recíproca entre herdeiros e legatários, nomeia outra pessoa apenas para substituir, ao lado das demais, o favorecido que faltar, a quota vaga será partilhada igualmente entre todos sem se observar, portanto, a proporção dos quinhões. Exemplo: nomeio Caio, Eduardo, Vítor e Rômulo meus herdeiros, deixando-lhes, respectivamente, as quotas de 40%, 25%, 20% e 15% da totalidade de meus bens, instituindo-os, também, substitutos entre si, juntamente com Eliana. Na hipótese de Caio renunciar à herança, a sua quota de 40% será dividida em partes iguais entre Eduardo, Vitor, Rômulo e Eliana".[1]

Por fim, a *substituição fideicomissária* é aquela em que o testador nomeia desde logo um favorecido (herdeiro ou legatário) e após a morte deste ou depois de certo tempo, ocorre à transmissão para outra pessoa. No caso, existe uma nomeação sucessiva com os seguintes personagens: a) o *fideicomitente* (testador); b) *fiduciário* (é aquela pessoa que sucede em primeiro lugar); e, c) *fideicomissário* (é o último destinatário da herança ou legado).

---

[1] NADER, Paulo. *Curso de Direito Civil:* Direito das Sucessões. 7. ed. Vol. 6. Rio de Janeiro: Forense, 2016, p. 420.

Capítulo 27
DA SUBSTITUIÇÃO FIDEICOMISSÁRIA

27.1 Substituição Fideicomissária

A *substituição fideicomissária* é aquela em que o testador nomeia desde logo um favorecido (herdeiro ou legatário) e após a morte deste ou depois de certo tempo, ocorre à transmissão para outra pessoa. No caso, existe uma nomeação sucessiva com os seguintes personagens: a) o *fideicomitente* (testador); b) *fiduciário* (é aquela pessoa que sucede em primeiro lugar); e, c) *fideicomissário* (é o último destinatário da herança ou legado).

São espécies de fideicomisso: a) vitalício (a substituição ocorre com a morte do fiduciário); b) a termo (a substituição ocorre a partir de determinado momento fixado pelo testador); c) condicional (é aquela que depende de uma condição resolutiva).

São requisitos da substituição fideicomissária: a) dupla vocação, ou seja, deve haver duas disposições testamentárias a respeito do mesmo bem em favor de duas pessoas diferentes, a saber: o fiduciário e o fideicomissário; b) eventualidade da vocação do fideicomissário, já que este é proprietário sob condição resolutiva; c) sucessividade subjetiva, uma vez que o fideicomissário substituirá o fiduciário; d) capacidade testamentária das partes envolvidas; e) obrigação do fiduciário de conservar a coisa fideicometida, visando restituí-la ao fideicomissário em bom estado de conservação (é uma relação de confiança).[1]

O artigo 1.951 diz que "pode o testador instituir herdeiros ou legatários, estabelecendo que, por ocasião de sua morte, a herança ou o legado se transmita ao fiduciário, resolvendo-se o direito deste, por sua morte, a certo tempo ou sob certa condição, em favor de outrem, que se qualifica de fideicomissário".

O Enunciado 529 da V Jornada de Direito Civil declara que "o fideicomisso, previsto no art. 1.951 do Código Civil, somente pode ser instituído por testamento".

---

1 Fidúcia é confiança, segurança.

27.2 Distinção entre Substituição Fideicomissária e Usufruto

CARLOS ROBERTO GONÇALVES apresenta a distinção entre os dois institutos da seguinte forma: "a) o usufruto é direito real sobre coisa alheia, enquanto o fideicomisso constitui espécie de substituição testamentária; b) naquele, o domínio se desmembra, cabendo a cada titular certos direitos (ao usufrutuário, os de usar e gozar; ao nu-proprietário, os de dispor e reaver), ao passo que no fideicomisso cada titular tem a propriedade plena; c) o usufrutuário e o nu-proprietário exercem simultaneamente os seus direitos; o fiduciário e o fideicomissário exercem-nos sucessivamente; d) no usufruto, só podem ser contempladas pessoas certas e determinadas, enquanto o fideicomisso permite que se beneficie a prole eventual. Na dúvida, concluir-se-á pelo usufruto".[2]

27.3 Restrições a substituição fideicomissária

A substituição fideicomissária somente se permite em favor dos não concebidos ao tempo da morte do testador, ou seja, deve ser realizada em favor de prole eventual da pessoa por ele indicada. A restrição ocorre para que não se use o instituto do fideicomisso em casos que se poderia utilizar o instituto jurídico do usufruto. Vale lembrar que o próprio parágrafo único alerta para esta situação.

O artigo 1.952 dispõe que "a substituição fideicomissária somente se permite em favor dos não concebidos ao tempo da morte do testador." Se, ao tempo da morte do testador, já houver nascido o fideicomissário, adquirirá este a propriedade dos bens fideicometidos, convertendo-se em usufruto o direito do fiduciário (artigo 1.952, parágrafo único, CC).

27.4 Fideicomissário concebido e não nascido ao tempo da morte do testador.

É uma hipótese que inexiste previsão legal. Dessa maneira, como resolver a questão? a) o fideicomisso caduca, consolidando-se a propriedade nas mãos do fiduciário; b) nascendo com vida, ele será tratado para uns como nu-proprietário, para outros como fideicomissário. Melhor seria a busca de uma interpretação de acordo com a vontade do testador, no sentido de beneficiar prole eventual de determinada pessoa.

27.5 Resolubilidade da propriedade na substituição fideicomissária

O fiduciário tem a propriedade da herança ou legado, mas restrita e resolúvel (artigo 1.953). O fiduciário é obrigado a proceder ao inventário dos

---

2 GONÇALVES, Carlos Roberto. *Direito das Sucessões*. 7. ed. Volume 4. São Paulo: Saraiva, 2004, p. 89.

bens gravados, e a prestar caução de restituí-los se o exigir o fideicomissário (artigo 1.953, parágrafo único).

De acordo com o artigo 1.954, salvo disposição em contrário do testador, se o fiduciário renunciar a herança ou o legado, defere-se ao fideicomissário o poder de aceitar. Dessa maneira, caso não exista disposição em contrário, a substituição fideicomissária converte-se em substituição vulgar. Nesta hipótese, o fideicomissário dirá se aceita a herança.

27.6 Renúncia do Fideicomissário

O fideicomissário pode renunciar a herança ou o legado, e, neste caso, o fideicomisso caduca, deixando de ser resolúvel a propriedade do fiduciário, se não houver disposição contrária do testador (artigo 1.955). Ora, nesta situação, o fiduciário passa a ser o proprietário definitivo.

27.7 Direito de acrescer do fideicomissário

Se o fideicomissário aceitar a herança ou o legado, terá direito à parte que, ao fiduciário, em qualquer tempo acrescer (artigo 1.956).

27.8 Encargos da Herança

O fideicomissário responde pelos encargos ainda não satisfeitos pelo fiduciário. O artigo 1.957 diz que "ao sobrevir a sucessão, o fideicomissário responde pelos encargos da herança que ainda restarem".

27.9 Caducidade do fideicomisso

De acordo com o artigo 1.958, caduca o fideicomisso se o fideicomissário morrer antes do fiduciário, ou antes de realizar-se a condição resolutória do direito deste último; nesse caso, a propriedade consolida-se no fiduciário, nos termos do art. 1.955.

São hipóteses de caducidade do fideicomisso: a) a morte do fideicomissário; b) a renúncia da herança; c) o fideicomissário é julgado indigno.

Neste sentido, "a substituição fideicomissária caduca se o fideicomissário morrer antes dos fiduciários, caso em que a propriedade destes consolida-se, deixando, assim, de ser restrita e resolúvel (arts. 1.955 e 1.958, do CC/02). Afastada a hipótese de sucessão por disposição de última vontade, oriunda do extinto fideicomisso, e, por consequência, consolidando-se a propriedade nas mãos dos fiduciários, o falecimento de um destes sem deixar testamento, impõe estrita obediência aos critérios da sucessão legal, transmitindo-se a herança, desde logo, aos herdeiros legítimos, inexistindo herdeiros necessários". (REsp 820.814/SP, Rel. Ministra NANCY ANDRIGHI, TERCEIRA TURMA, julgado em 09/10/2007, DJ 25/10/2007, p. 168).

27.10 Nulidade do fideicomisso

São nulos os fideicomissos além do segundo grau (artigo 1.959). A nulidade da substituição ilegal não prejudica a instituição, que valerá sem o encargo resolutório (artigo 1.960).

Nesse sentido, a Ministra MARIA ISABEL GALLOTTI decidiu que "de acordo com o art. 1959 do Código Civil, "são nulos os fideicomissos além do segundo grau". A lei veda a substituição fiduciária além do segundo grau. O fideicomissário, porém, pode ter substituto, que terá posição idêntica a do substituído, pois o que se proíbe é a sequência de fiduciários, não a substituição vulgar do fiduciário ou do fideicomissário. A substituição fideicomissária é compatível com a substituição vulgar e ambas podem ser estipuladas na mesma cláusula testamentária. Dá-se o que a doutrina denomina substituição compendiosa. Assim, é válida a cláusula testamentária pela qual o testador pode dar substituto ao fideicomissário para o caso deste vir a falecer antes do fiduciário ou de se realizar a condição resolutiva, com o que se impede a caducidade do fideicomisso. É o que se depreende do art. 1958 c.c. 1955, parte final, do Código Civil. [...] (REsp 1221817/PE, Rel. Ministra MARIA ISABEL GALLOTTI, QUARTA TURMA, julgado em 10/12/2013, DJe 18/12/2013).

Capítulo 28
DESERDAÇÃO

28.1 Conceito e requisitos

A *deserdação* ocorre quando o testador motivadamente priva um herdeiro necessário de sua legítima. É, pois, uma penalidade imposta pelo autor da herança ao herdeiro necessário. De acordo com o artigo 1.961, os herdeiros necessários (descendentes, ascendentes e cônjuges) podem ser privados de sua legítima, ou deserdados, em todos os casos em que podem ser excluídos da sucessão.[1] Dessa forma, a deserdação poderá ocorrer unicamente nos casos elencados no artigo 1.814 que trata da exclusão de herdeiros ou legatários, bem como as causas mencionadas nos artigos 1.962 e 1.963. As hipóteses de deserdação são taxativas uma vez que restringem direitos.

São requisitos da deserdação: a) existência de herdeiros necessários; b) testamento válido; c) causa prevista em lei; d) propositura de ação ordinária.

28.2 Causas da deserdação

Além das causas apresentadas no artigo 1.814 do CC 2002, são causas que autorizam a deserdação as elencadas nos artigos 1.962 e 1.963. Vejamos:

Art. 1.962. Além das causas mencionadas no art. 1.814, autorizam a deserdação dos descendentes por seus ascendentes:

I – *ofensa física*; assim, se o filho, neto ou bisneto comete ofensa física contra seu ascendente pode ser privado da herança.

II – *injúria grave*; é uma conduta que atinge a dignidade e a autoestima do autor da herança, razão pela qual o ofensor pode ser excluído da sucessão.

III – *relações ilícitas com a madrasta ou com o padrasto*; estas relações ilícitas se referem, especialmente, as questões sexuais, tais como: namoro,

---

[1] CC 2002 – Art. 1.814. São excluídos da sucessão os herdeiros ou legatários: I – que houverem sido autores, co-autores ou partícipes de homicídio doloso, ou tentativa deste, contra a pessoa de cuja sucessão se tratar, seu cônjuge, companheiro, ascendente ou descendente; II – que houverem acusado caluniosamente em juízo o autor da herança ou incorrerem em crime contra a sua honra, ou de seu cônjuge ou companheiro; III – que, por violência ou meios fraudulentos, inibirem ou obstarem o autor da herança de dispor livremente de seus bens por ato de última vontade.

relações sexuais, práticas libidinosas, dentre outras. Não obstante o rol taxativo das hipóteses que autorizam a deserdação, entendemos que devem ser consideradas as relações homoafetivas, bem como aquelas realizadas com os companheiros e companheiras.

IV – *desamparo do ascendente em alienação mental ou grave enfermidade*. Ora, neste caso, resta caracterizado o descaso e ausência de afetividade com o ascendente. Dessa maneira, cabe, pois, a deserdação, desde que o descendente conheça a real situação médica do autor da herança e tenha condições pessoais de ajudá-lo e nada faz neste sentido, deixando o ascendente desamparado.[2]

Da mesma forma, o artigo 1.963, diz que além das causas enumeradas no art. 1.814, autorizam a deserdação dos ascendentes pelos descendentes:

I – *ofensa física*;

II – *injúria grave*;[3]

---

2 Causa fundada em desamparo imputado pelo testador gravemente enfermo a seus filhos e herdeiros necessários. Eficácia da disposição subordinada à efetiva prova de ocorrência da causa expressa no testamento. Desamparo não comprovado. Testador que não necessitava de auxílio econômico, pois provido de recursos. Insuficiência de prova quanto à ausência de amparo emocional dos filhos ao pai, enquanto se encontrava gravemente enfermo. Ônus da prova do alegado desamparo a cargo dos herdeiros instituídos ou legatários a quem aproveite a deserdação. Parte disponível da herança não atingida pela ausência de prova da causa da deserdação, como, de resto, já previsto e disposto no testamento. Sentença correta, que analisou com serenidade a prova dos autos. Recurso improvido. TJ-SP – Apelação APL 06053339420088260100 SP 0605333-94.2008.8.26.0100 (TJ-SP), 23/06/2016.

3 RECURSO ESPECIAL – AÇÃO DE DESERDAÇÃO – MERO AJUIZAMENTO DE AÇÃO DE INTERDIÇÃO E INSTAURAÇÃO DO INCIDENTE DE REMOÇÃO DA HERANÇA, AMBOS EM DESFAVOR DO TESTADOR SUCEDIDO – "INJÚRIA GRAVE" – NÃO OCORRÊNCIA – EXPEDIENTES QUE SE ENCONTRAM SOB O PÁLIO DO EXERCÍCIO REGULAR DO DIREITO DE AÇÃO – DENUNCIAÇÃO CALUNIOSA – EXIGÊNCIA DE QUE A ACUSAÇÃO SE DÊ EM JUÍZO CRIMINAL – AUSÊNCIA DE COMPROVAÇÃO DE QUE AS AFIRMAÇÕES DO HERDEIRO TENHAM DADO INÍCIO A QUALQUER PROCEDIMENTO INVESTIGATÓRIO OU MESMO AÇÃO PENAL OU DE IMPROBIDADE ADMINISTRATIVA CONTRA O SEU GENITOR – INVIABILIDADE, IN CASU, DE SE APLICAR A PENALIDADE CIVIL – RECURSO IMPROVIDO. 1. Se a sucessão consiste na transmissão das relações jurídicas economicamente apreciáveis do falecido para o seu sucessor e tem em seu âmago além da solidariedade, o laço, sanguíneo ou, por vezes, meramente afetuoso estabelecido entre ambos, não se pode admitir, por absoluta incompatibilidade com o primado da justiça, que o ofensor do autor da herança venha dela se beneficiar posteriormente. 2. Para fins de fixação de tese jurídica, deve-se compreender que o mero exercício do direito de ação mediante o ajuizamento de ação de interdição do testador, bem como a instauração do incidente tendente a removê-lo (testador sucedido) do cargo de inventariante, não é, por si, fato hábil a induzir a pena deserdação do herdeiro nos moldes do artigo 1744, II, do Código Civil e 1916 ("injúria grave"), o que poderia, ocorrer, ao menos em tese, se restasse devidamente caracterizado o abuso de tal direito, circunstância não verificada na espécie. 3. Realçando-se o viés punitivo da deserdação, entende-se que a melhor interpretação jurídica acerca da questão consiste em compreender que o artigo 1595, II, do Código Civil 1916 não se contenta com a acusação caluniosa em juízo qualquer, senão em juízo cri-

III – *relações ilícitas com a mulher ou companheira do filho ou a do neto, ou com o marido ou companheiro da filha ou o da neta;*
IV – *desamparo do filho ou neto com deficiência mental ou grave enfermidade.*

28.3 Prova das causas de deserdação

O autor da herança, consubstanciado em uma das causas que autorizam a deserdação, poderá afastar o herdeiro necessário da sucessão, através de disposição testamentária que de forma inequívoca expresse a sua manifestação de vontade e as razões que o levaram a deserdar o referido herdeiro. Dessa forma, frise-se, mais uma vez, que o autor da herança deve deixar claro no testamento as razões determinantes de seu ato. O artigo 1.964 dispõe que "somente com expressa declaração de causa pode a deserdação ser ordenada em testamento".

Ao herdeiro instituído, ou àquele a quem aproveite a deserdação, incumbe provar a veracidade da causa alegada pelo testador (artigo 1.965). O direito de provar a causa da deserdação extingue-se no prazo de quatro anos, a contar da data da abertura do testamento (artigo 1.965, parágrafo único).

Assim, "além das hipóteses previstas no art. 1.814, para que um dos herdeiros necessários se habilite à discussão de causas de deserdação, imprescindível que o testamento exponha tanto a manifestação expressa do testador em deserdar como a declinação de motivos que levaram à atitude na disposição de última vontade, na forma do art. 1.964 c/c art. 1.965 do Código Civil" (TJMG, AC 10079100681489001 MG, em 22/04/2014).

Da mesma forma, "APELAÇÃO CÍVEL. AÇÃO DE DESERDAÇÃO. Mostra-se possível o testador deserdar herdeiro necessário, pelo desamparo do ascendente por mais de 12 anos, que estava com enfermidade que lhe impossibilitava a locomoção. Ao herdeiro instituído, ou àquele a quem aproveite a deserdação, incumbe provar a veracidade da causa alegada pelo testador. Inteligência do artigo 1.965 do CC. Ausente prova de que o filho tenha realizado injúria grave contra o genitor, nem que houve abandono na ocasião de doença grave a amparar a pretensão de reconhecimento da deserdação. Apelação desprovida. (Apelação Cível Nº 70071078927, Sétima Câmara Cível, Tribunal de Justiça do RS, Relator: Jorge Luís Dall'Agnol, Julgado em 09/11/2016)".

---

minal. 4. Ausente a comprovação de que as manifestações do herdeiro recorrido tenham ensejado "investigação policial, processo judicial, instauração de investigação administrativa, inquérito civil ou ação de improbidade administrativa" (artigo 339 do Código Penal) em desfavor do testador, a improcedência da ação de deserdação é medida que se impõe. 5. Recurso especial improvido. (STJ – REsp: 1185122 RJ 2010/0047028-8, Relator: Ministro MASSAMI UYEDA, Data de Julgamento: 17/02/2011, T3 – TERCEIRA TURMA, Data de Publicação: DJe 02/03/2011)

No mesmo sentido, "a deserdação somente pode ser declarada em testamento, com expressa referência à causa. E a ação de deserdação cabe àqueles que forem beneficiados em razão da exclusão do deserdado, devendo ser ajuizada após a abertura da sucessão, ou seja, depois da morte do testador, para que fique comprovada a causa utilizada como razão para deserdar. 2. Não basta, para o reconhecimento da deserdação, a simples declaração do testador em ato de última vontade, sendo imprescindível a produção de prova em juízo acerca dos fatos declarados através de ação própria, a ser ajuizada no prazo decadência de 04 (quatro anos) contados da abertura da sucessão. A doutrina pátria é assente no sentido de que a ação prevista no art. 1965 do Código Civil se revela verdadeiro pressuposto da deserdação. 3. *In casu*, o pedido de habilitação do Agravante como herdeiro necessário nos autos do inventário de seu avô foi indeferido com base em sentença prolatada em sede de exercício de jurisdição voluntária, quando da Abertura, Registro e Cumprimento do Testamento de Eduardo de Souza Martins. E em que pesem as declarações de última vontade em que o inventariado imputa ao Recorrente diversos fatos que, em tese, são aptos ao reconhecimento da deserdação, tais declarações, por si só, não são suficientes para a aplicação da referida pena civil, porquanto não houve sobre os alegados fatos uma cognição exauriente, amparada pelo contraditório e pela ampla defesa". (TJRJ – AI 00438983920158190000 RIO DE JANEIRO CAPITAL 7 VARA ORFAOS SUC. Relatora: JACQUELINE LIMA MONTENEGRO, em 10/11/2015).

Capítulo 29
DA REDUÇÃO DAS DISPOSIÇÕES TESTAMENTÁRIAS

29.1 Considerações Iniciais

Pode ocorrer que no momento de realizar o testamento, o autor da herança disponha mais do que era possível repartir entre os herdeiros e legatários. Não podemos esquecer que o testador ao realizar o testamento deve respeitar a legítima de seus herdeiros necessários. Daí que no caso de ultrapassamento, é possível a redução das disposições testamentárias se a quota disponível a terceiros ultrapassar o limite de 50%. Isso porque a partir daí afeta a legítima. A redução das disposições testamentárias é, pois, um direito subjetivo dos herdeiros necessários (descendente, ascendente e cônjuge), uma vez que a liberalidade realizada pelo *de cujus* ultrapassa a parte disponível.

Por outro lado, se o autor da herança não comprometer inteiramente a sua porção disponível, diz o artigo 1.966 que "o remanescente pertencerá aos herdeiros legítimos, quando o testador só em parte dispuser da quota hereditária disponível".

29.2 Ordem da redução das disposições testamentárias

E no caso de ocorrer ultrapassamento da legítima? O artigo 1.967 determina que "as disposições que excederem a parte disponível reduzir-se-ão aos limites dela, de conformidade com o disposto nos parágrafos seguintes.

> § 1º Em se verificando excederem as disposições testamentárias a porção disponível, serão proporcionalmente reduzidas as quotas do herdeiro ou herdeiros instituídos, até onde baste, e, não bastando, também os legados, na proporção do seu valor.[1]

---
1 Conselho da Justiça Federal – I Jornada de Direito Civil. CJF – Enunciado – 118 – Art. 1.967, *caput* e § 1º: o testamento anterior à vigência do novo Código Civil se submeterá à redução revista no § 1º do art. 1.967 naquilo que atingir a porção reservada ao cônjuge sobrevivente, elevado que foi à condição de herdeiro necessário.

§ 2º Se o testador, prevenindo o caso, dispuser que se inteirem, de preferência, certos herdeiros e legatários, a redução far-se-á nos outros quinhões ou legados, observando-se a seu respeito a ordem estabelecida no parágrafo antecedente".

29.3 Redução das disposições testamentárias no caso de prédio divisível

De acordo com o artigo 1.968, *caput*, "quando consistir em prédio divisível o legado sujeito a redução, far-se-á esta dividindo-o proporcionalmente".

29.4 Bem Indivisível

Se não for possível a divisão, e o excesso do legado montar a mais de um quarto do valor do prédio, o legatário deixará inteiro na herança o imóvel legado, ficando com o direito de pedir aos herdeiros o valor que couber na parte disponível; se o excesso não for de mais de um quarto, aos herdeiros fará tornar em dinheiro o legatário, que ficará com o prédio (artigo 1.968, § 1º).

Se o legatário for ao mesmo tempo herdeiro necessário, poderá inteirar sua legítima no mesmo imóvel, de preferência aos outros, sempre que ela e a parte subsistente do legado lhe absorverem o valor (artigo 1.968, § 2º).

29.5 Bens remanescentes

Se o autor da herança não dispor de toda a parte disponível, os bens remanescentes pertencem aos herdeiros legítimos, conforme a regra jurídica estabelecida no artigo 1.966 que diz: "O remanescente pertencerá aos herdeiros legítimos, quando o testador só em parte dispuser da quota hereditária disponível".

Da mesma forma, o artigo 1.906 afirma que "se forem determinadas as quotas de cada herdeiro, e não absorverem toda a herança, o remanescente pertencerá aos herdeiros legítimos, segundo a ordem da vocação hereditária".

29.6 Doação inoficiosa

O artigo 549 do CCB trata da *doação inoficiosa*. Neste artigo se estabelece que "nula é também a doação quanto à parte que exceder à de que o doador, no momento da liberalidade, poderia dispor em testamento".[2] Daí que a doação inoficiosa é a parte que ultrapassa à legítima dos herdeiros necessários.

São herdeiros necessários os descendentes, os ascendentes e o cônjuge (CC 2002 – Art. 1.845). Pertence aos herdeiros necessários, de pleno direi-

---

2 Correspondente ao art. 1.176 do CCB/1916.

to, a metade dos bens da herança, constituindo a legítima (CC 2002 – Art. 1.846). Havendo herdeiros necessários, o testador só poderá dispor da metade da herança (CC 2002 – Art. 1.789).

Dessa forma, o doador poderá efetuar a doação até o limite da chamada porção ou quota disponível, calculada pelo patrimônio à época da liberalidade. O excesso da quota disponível constitui a parte inoficiosa da doação.

A doação, para que seja válida, não pode exceder os 50% de patrimônio disponível do doador, restando os demais 50% reservados para a legítima, na hipótese de existência de herdeiros necessários. A parte que exceder esse limite – doação inoficiosa – deve ser anulada em benefício dos demais herdeiros. *Essa verificação deve ser realizada considerando-se o patrimônio do doador no ato da liberalidade, e não quando da realização da partilha, consoante determina o art. 549 do diploma civil.*

A nulidade abarca somente a parte que exceder a disponível. Trata-se de nulidade parcial, também chamada de ineficácia relativa, "em que se aproveita a parte não contaminada do contrato, que continua íntegra, na sua essência, inclusiva quanto ao *animus donandi*".

O herdeiro que cede seus direitos hereditários possui legitimidade para pleitear a declaração de nulidade de doação inoficiosa (arts. 1.176 do CC/1916 e 549 do CC/2002) realizada pelo autor da herança em benefício de terceiros. Isso porque o fato de o herdeiro ter realizado a cessão de seus direitos hereditários não lhe retira a qualidade de herdeiro, que é personalíssima. De fato, a cessão de direitos hereditários apenas transfere ao cessionário a titularidade da situação jurídica do cedente, de modo a permitir que aquele exija a partilha dos bens que compõem a herança. (REsp 1.361.983-SC, Rel. Min. Nancy Andrighi, julgado em 18/3/2014).

Sobre a questão do excesso e o momento de sua fixação, segue, abaixo, Recurso Especial 254.894/SP, do qual foi relator o Ministro Castro Filho:

> RECURSO ESPECIAL. DOAÇÕES INOFICIOSAS. FRAUDE À LEI. FIXAÇÃO DO EXCESSO. MOMENTO. FALTA DE PREQUESTIONAMENTO. EXCLUSÃO. PARTE. ACÓRDÃO RECORRIDO. FALTA DE INTERESSE. BENEFICIÁRIO. LEGITIMIDADE PASSIVA. JUIZ. ADSTRIÇÃO À NARRATIVA DOS FATOS. PRESCRIÇÃO VINTENÁRIA. I – Ausente o prequestionamento da matéria referente ao momento de apuração do patrimônio, para fins de verificação do excesso inoficioso, nos termos da Súmula 211 do Superior Tribunal de Justiça. II – Se excluída a parte da relação processual pelas instâncias ordinárias, porquanto não aquinhoado com acréscimo patrimonial indevido, falta-lhe interesse recursal, mormente quando vêm arguindo sua ilegitimidade. III – O beneficiário das doações ilegais tem legitimidade para figurar no polo passivo das ações que

visam à anulação dos negócios dela decorrentes. IV – Conforme reiterados precedentes, o juiz não está adstrito à qualificação jurídica dos fatos formulada na exordial. V – Sob a égide do Código Civil de 1916, o prazo para pleitear a anulação de negócios jurídicos praticados com fraude à lei era vintenário. Precedentes. Recursos especiais não conhecidos, com ressalva quanto à terminologia. (REsp 254.894/SP, Rel. Ministro CASTRO FILHO, TERCEIRA TURMA, julgado em 9.8.2005, DJ 12.9.2005 p. 314).

A parte prejudicada, ao ingressar com a ação de anulação da doação, deverá comprovar ter ocorrido excesso quando da realização do negócio jurídico, demonstrando patrimônio existente àquela época para que seja possível a comparação entre o que foi doado e o que restou para os herdeiros necessários. Daí que a nulidade do ato jurídico depende da prova da inoficiosidade, ou seja, se houve ou não excesso na doação efetuada.

Capítulo 30
DA REVOGAÇÃO DO TESTAMENTO

30.1 Considerações Iniciais

O testamento pode ser revogado pelo mesmo modo e forma como pode ser feito (artigo 1.969, CC). Isto não significa dizer que para revogar um testamento seja necessário a utilização da mesma forma do ato jurídico. Se o autor da herança fizer um testamento na modalidade particular, ele pode revogá-lo através da feitura de um testamento público. O testamento é ato personalíssimo, podendo ser mudado a qualquer tempo (artigo 1.858, CC).[1] A revogação do testamento decorre da vontade do testado em alterar o seu testamento anterior. O ato de revogar o testamento possui eficácia *ex tunc*, ou seja, retroage até a data da celebração do testamento. Para se revogar o testamento torna-se necessária a mesma capacidade exigida para realizar o testamento.[2]

---

1 CIVIL. TESTAMENTO PARTICULAR. PRETENSÃO DE REVOGAÇÃO DE TESTAMENTO PÚBLICO. VIOLAÇÃO AOS ARTS. 1.876 A 1.880 DO CÓDIGO CIVIL. NULIDADE. IMPOSSIBILIDADE DE CONVALIDAÇÃO. 1. "A mitigação do rigor formal em prol da finalidade é critério que se impõe na interpretação dos textos legais. Entretanto, no caso dos testamentos, deve-se redobrar o zelo na observância da forma, tanto por não viver o testador no momento de esclarecer suas intenções, quanto pela suscetibilidade de fraudes na elaboração do instrumento e, consequentemente, na deturpação da vontade de quem dispõe dos bens para após a morte.Na lição de Pontes, "a nulidade dos atos jurídicos de intercâmbio ou inter vivos é, praticamente, reparável: fazem-se outros, com as formalidades legais, ou se intentam ações que compensem o prejuízo, como a ação de in rem verso. Não se dá o mesmo com as declarações de última vontade: nulas, por defeito de forma, ou por outro motivo, não podem ser renovadas, pois morreu quem as fez. Razão maior para se evitar, no zelo do respeito à forma, o sacrifício do fundo" (Tratado de Direito Privado, t. LVIII, 2a ed., Rio de Janeiro: Borsoi, 1969, § 5.849, p. 283)" (STJ – REsp 147.959/SP – Quarta Turma – Rel. Min. Sálvio de Figueiredo Teixeira – Julg. 14.12.2000 – DJ 19.03.2001).2. O depoimento testemunhal, com divergências sobre fatos importantes relativos à confecção do testamento particular, não permite que se chegue a uma conclusão indubitável sobre a fiel vontade da testadora, não havendo motivos para que sejam relativizadas as formalidades exigidas pelo Código Civil, inclusive porque a convalidação do ato nulo ensejaria sério prejuízo para um dos herdeiros.3. Recurso a que se nega provimento. TJPE-APL 3369535 PE-14/01/2015.
2 AÇÃO DE ANULAÇÃO DE REVOGAÇÃO DE TESTAMENTO. AUSÊNCIA DE CAPACIDADE. Verificado que o testador estava incapacitado para os atos da vida civil quando revo-

30.2 Revogação total ou parcial

A revogação do testamento pode ser total ou parcial (artigo 1.970, CC).[3] Se a revogação do testamento for total, o novo testamento prevalecerá sobre o testamento anterior. Na hipótese de revogação parcial, ou se o testamento posterior não contiver cláusula revogatória expressa, o anterior subsiste em tudo que não for contrário ao posterior (artigo 1.970, parágrafo único, CC). Neste caso, subsistem os dois testamentos naquilo que não forem conflitantes.

30.3 Caducidade e Invalidade

A revogação produzirá seus efeitos, ainda quando o testamento, que a encerra, vier a caducar por exclusão, incapacidade ou renúncia do herdeiro nele nomeado; não valerá, se o testamento revogatório for anulado por omissão ou infração de solenidades essenciais ou por vícios intrínsecos (artigo 1.971, CC). São, portanto, hipóteses apresentadas neste artigo: a) o testamento que encerrava a revogação *caduca* por exclusão, incapacidade ou renúncia do herdeiro nele nomeado; b) *invalidade* do testamento revogatório.

30.4 Revogação do testamento cerrado

O testamento cerrado que o testador abrir ou dilacerar, ou for aberto ou dilacerado com seu consentimento, haver-se-á como revogado (artigo 1.972, CC). Neste sentido, a jurisprudência do TJSP, apelação SP 0001017-11.2011.8.26.0059, julgada em 21/07/20115, na 3ª Câmara de Direito Pri-

---

gou o testamento, dias antes do seu falecimento, de ser reconhecida a invalidade do ato. Apelação desprovida. (Apelação Cível N° 70056703937, Sétima Câmara Cível, Tribunal de Justiça do RS, Relator: Jorge Luís Dall'Agnol, Julgado em 18/12/2013).

3 1. Havendo prova incontestável de revogação do testamento cerrado, objeto da presente demanda pela existência de testamento particular posterior, com disposições diversas do primeiro e, pretendendo, a parte, analisar a validade deste último, deve ser tal pretensão formulada em ação própria, já que este sequer foi objeto da demanda. v.v. PARÁGRAFO ÚNICO DO ARTIGO 1970 DO CCB – AFERIÇÃO DA VALIDADE DO INSTRUMENTO REVOGATÓRIO – CONDIÇÃO PARA REVOGAÇÃO – ARTIGO 1971 DO CCB – PRINCÍPIO DA CONSERVAÇÃO DOS NEGÓCIOS JURÍDICOS – "ERROR IN PROCEDENDO" – CONFIGURAÇÃO – QUESTÃO PREJUDICIAL – INOBSERVÂNCIA – SUSPENSÃO DO FEITO – ARTIGO 265, IV, a do CPC. 1. Constatada a existência de mais de um testamento, cumpre ao magistrado, em atenção ao princípio da conversação dos negócios jurídicos, aferir os requisitos de validade do último instrumento, por se tratar de condição para reconhecimento da revogação. 2. A revogação do testamento cerrado com amparo exclusivamente no fator temporal, na forma prevista no parágrafo único do artigo 1970 do CCB. sem análise da validade do testamento particular, mais recente, na forma preconizada no artigo 1971, in fine, do mesmo codex, configura "error in procedendo", vício de atividade que impõe o decreto de nulidade parcial do processo, eis que configurada questão de ordem prejudicial que impunha a suspensão do feito, nos moldes em que autoriza o artigo 265, IV, a do CPC. TJMG – AC 10372130048013001 MG, 13/07/2015.

vado: "Testamento cerrado que foi apresentado aberto. Inexistência, no entanto, de comprovação de que a abertura foi realizada com o consentimento da testadora. Pleito de revogação do testamento afastado. Inteligência artigo 1.972 do CC. Alegação de que a testadora não leu o testamento e que exibia, na ocasião, dificuldade visual e plena capacidade de compreensão pela medicação que tomava. Afastamento. Menção, no testamento, de atestado médico no sentido de que a testadora se encontrava no pleno gozo das faculdades mentais (fls.47), o que, per si, aparta a alegações lançadas a respeito da capacidade da testadora. Atestado médico, outrossim, embora singelo, não suplantado por qualquer outra prova de igual quilate. Eventual coação exercida pela legatária Mara em relação à testadora Adélia. Alegação não comprovada nos autos. Afastamento. Suspeição das testemunhas que figuraram no testamento. Restrições suscitadas (fls.378) que não encontram amparo no art. 1.868, Código Civil. Presença de testemunhas limitada apenas à formalidade da entrega e aprovação do testamento, sem qualquer ingerência em relação ao seu conteúdo. Premoriência do legatário (art. 1.939, inciso V, CC). Ocorrência, na espécie, que deve ser tratada nos autos da Ação de Abertura, Registro e Encerramento de testamento, já ajuizada (fls.42/43). Presença, outrossim, de outros legatários, de modo que a morte de um deles, per si, não importa na caducidade integral do legado. SENTENÇA DE IMPROCEDÊNCIA MANTIDA. APELO IMPROVIDO".

Capítulo 31
DO ROMPIMENTO DO TESTAMENTO

31.1 Rompimento do Testamento

De acordo com as lições de Eduardo de Oliveira Leite, as hipóteses de *rompimento do testamento* referem-se à "superveniência de descendente sucessível do testador, quer porque não o tinha e nasceu depois, quer porque não conhecia sua existência e o reconheceu posteriormente, quer porque o adotou. Em qualquer das hipóteses apontadas o rompimento do testamento torná-lo-á integralmente ineficaz nulificando-se as disposições de última vontade nele contidas. O rompimento é integral, isto é, tudo se destrói e restaura-se plenamente a sucessão legítima. Desaparece a sucessão testamentária e ressurge veemente a sucessão legítima".[1]

O artigo 1.973 afirma que "sobrevindo descendente sucessível ao testador, que não o tinha ou não o conhecia quando testou, rompe-se o testamento em todas as suas disposições, se esse descendente sobreviver ao testador".

"O art. 1.973 do Código Civil de 2002 trata do rompimento do testamento por disposição legal, espécie de revogação tácita pela superveniência de fato que retira a eficácia da disposição patrimonial. Encampa a lei uma presunção de que se o fato fosse de conhecimento do testador – ao tempo em que testou –, não teria ele testado ou o agiria de forma diversa. Nesse passo, o mencionado artigo somente tem incidência se, à época da disposição testamentária, o falecido não tivesse prole ou não a conhecesse, mostrando-se inaplicável na hipótese de o falecido já possuir descendente e sobrevier outro (s) depois da lavratura do testamento. Precedentes desta Corte Superior. (STJ – AgRg no AREsp: 229064 SP 2012/0190055-9, Relator: Ministro LUIS FELIPE SALOMÃO, Data de Julgamento: 03/10/2013, T4 – QUARTA TURMA. Data de Publicação: DJe 15/10/2013)".[2]

---

1 LEITE. Op. cit., p. 672-673.
2 DIREITO DAS SUCESSÕES. RECURSO ESPECIAL. TESTAMENTO. SUPERVENIÊNCIA DE DESCENDENTE. ROMPIMENTO. NÃO OCORRÊNCIA. PEDIDO REALIZADO PELOS DESCENDENTES JÁ EXISTENTES. IMPOSSIBILIDADE. PRESUNÇÃO DE QUE O FALECIDO TESTARIA DE FORMA DIVERSA INEXISTENTE NO CASO CONCRETO.
1. Incide a Súmula n. 284/STF, no que concerne à alegação de ofensa ao art. 535 do Código de Processo Civil, sempre que o recurso somente trouxer lições doutrinárias e

31.2 Herdeiros desconhecidos

Rompe-se também o testamento feito na ignorância de existirem outros herdeiros necessários (artigo 1.974, CC). Ora, se no artigo antecedente, a norma jurídica trata do rompimento do testamento na hipótese de "sobrevindo descendente sucessível ao testador, que não o tinha ou não o conhecia quando testou", o artigo 1.974 cuidou da situação de "outros herdeiros necessários", ou seja, ascendentes e cônjuge com capacidade sucessória.

De acordo com o artigo 1.845 do Código Civil, "são herdeiros necessários os descendentes, os ascendentes e o cônjuge." Da mesma forma, o rompimento do testamento deve atingir a união estável.

31.3 Não rompimento do testamento

Não se rompe o testamento, se o testador dispuser da sua metade, não contemplando os herdeiros necessários de cuja existência saiba, ou quando

---

jurisprudenciais conhecidas acerca da exigência de que o Judiciário se manifeste de forma fundamentada sobre os pontos relevantes ao desate da controvérsia, sem, todavia, indicar nenhum aspecto em concreto acerca do qual não tenha havido manifestação, ou no qual tenha o julgado incorrido em contradição ou obscuridade.
2. Os arts. 1.973 e 1.974 do Código Civil de 2002 tratam do rompimento do testamento por disposição legal, espécie de revogação tácita pela superveniência de fato que retira a eficácia da disposição patrimonial. Encampa a lei uma presunção de que se o fato fosse de conhecimento do testador – ao tempo em que testou –, não teria ele testado ou o agiria de forma diversa.
3. Nesse passo, o art. 1.973 somente tem incidência se, à época da disposição testamentária, o falecido não tivesse prole ou não a conhecesse, mostrando-se inaplicável na hipótese de o falecido já possuir descendente e sobrevier outro(s) depois da lavratura do testamento. Precedentes desta Corte Superior.
4. Com efeito, a disposição da lei visa a preservar a vontade do testador e, a um só tempo, os interesses de herdeiro superveniente ao testamento que, em razão de uma presunção legal, poderia ser contemplado com uma parcela maior da herança, seja por disposição testamentária, seja por reminiscência de patrimônio não comprometido pelo testamento.
5. Por outro lado, no caso concreto, o descendente superveniente – filho havido fora do casamento – nasceu um ano antes da morte do testador, sendo certo que, se fosse de sua vontade, teria alterado o testamento para contemplar o novo herdeiro, seja apontando-o diretamente como sucessor testamentário, seja deixando mais bens livres para a sucessão hereditária. Ademais, justifica-se o tratamento diferenciado conferido pelo morto aos filhos já existentes – que também não eram decorrentes do casamento com a então inventariante –, porque depois do reconhecimento do filho biológico pelo marido, a viúva pleiteou sua adoção unilateral, o que lhe foi deferido. Assim, era mesmo de supor que os filhos já existentes pudessem receber, em testamento, quinhão que não receberia o filho superveniente, haja vista que se tornou filho (por adoção) da viúva-meeira e também herdeira testamentária.
Recurso especial parcialmente conhecido e, na extensão, não provido.
(REsp 1169639/MG, Rel. Ministro LUIS FELIPE SALOMÃO, QUARTA TURMA, julgado em 11/12/2012, DJe 04/02/2013).

os exclua dessa parte (artigo 1.975). Neste caso, o autor da herança não desconhece a existência de herdeiros necessários, apenas dispõe da metade do seu patrimônio, como bem lhe aprouver, ou seja, pode dispor livremente da metade do seu patrimônio.

Vale lembrar que se o testador, possuindo herdeiros necessários, extrapola de sua metade disponível, cabe, portanto, a redução das disposições testamentárias e não o rompimento do testamento.

31.4 Quadro Sinóptico: Revogação, nulidade, caducidade e rompimento do testamento

É preciso não confundir os institutos jurídicos da revogação, nulidade, caducidade e rompimento do testamento. Vejamos:

	Testamento
Revogação	Revogar o testamento significa tornar sem efeito a declaração de última vontade válida.
Nulidade	A nulidade se desvela quando falta ao negócio jurídico um de seus requisitos essenciais. A nulidade é cogitada no artigo 166 do nosso Código Civil. Testamento nulo é aquele ato jurídico praticado contra a vontade da lei. Por exemplo, o testamento firmado por uma pessoa incapaz é nulo. Da mesma forma que a revogação do testamento, a nulidade do negócio jurídico impedirá que este produza efeitos jurídicos.
Caducidade	A caducidade também priva o testamento de eficácia em razão de fato superveniente. É o caso, por exemplo, da premoriência do herdeiro ou legatário instituído pelo autor da herança.
Rompimento	Já o rompimento do testamento ocorre quando o autor da herança, ao elaborar as disposições de última vontade, desconhecia a existência de herdeiros necessários ou se, após a feitura do testamento, sobrevir algum descendente. Aqui, o rompimento se opera automaticamente.

Capítulo 32
DO TESTAMENTEIRO

32.1 Testamenteiro

O testador pode nomear um ou mais testamenteiros, conjuntos ou separados, para lhe darem cumprimento às disposições de última vontade (artigo 1.976, CC). O testamenteiro é aquela pessoa que executa o testamento.[1] A execução testamentária é uma função personalíssima que não comporta delegação e nem se transmite aos sucessores do testamenteiro. Neste sentido, o artigo 1.985 determina que "o encargo da testamentaria não se transmite aos herdeiros do testamenteiro, nem é delegável; mas o testamenteiro pode fazer-se representar em juízo e fora dele, mediante mandatário com poderes especiais".

Na falta de testamenteiro nomeado pelo testador, a execução testamentária compete a um dos cônjuges, e, em falta destes, ao herdeiro nomeado pelo juiz (artigo 1.984).

A instituição do testamenteiro é uma mera faculdade do autor da herança e a pessoa indicada pode ser até mesmo estranha à sucessão. A aceitação do encargo deve ser manifestada pelo nomeado, uma vez que este possui a liberdade de aceitar ou não o cargo de testamenteiro, de cunho estritamente privado.

---

[1] PROCESSO CIVIL. RECURSO ESPECIAL. INVENTÁRIO. TESTAMENTO. NOMEAÇÃO DE INVENTARIANTE. ORDEM LEGAL. ART. 990 DO CPC. NOMEAÇÃO DE TESTAMENTEIRO. IMPOSSIBILIDADE. HERDEIROS TESTAMENTÁRIOS, MAIORES E CAPAZES. PREFERÊNCIA. – Para efeitos de nomeação de inventariante, os herdeiros testamentários são equiparados aos herdeiros necessários e legítimos. – Herdeiro menor ou incapaz não pode ser nomeado inventariante, pois é impossibilitado de praticar ou receber diretamente atos processuais; sendo que para os quais não é possível o suprimento da incapacidade, uma vez que a função de inventariante é personalíssima. – Os herdeiros testamentários, maiores e capazes, preferem ao testamenteiro na ordem para nomeação de inventariante. – Existindo herdeiros maiores e capazes, viola o inciso III, do art. 990, do CPC, a nomeação de testamenteiro como inventariante. Recurso especial conhecido e provido. (REsp 658.831/RS, Rel. Ministra NANCY ANDRIGHI, TERCEIRA TURMA, julgado em 15.12.2005, DJ 01.02.2006, p. 537).

32.2 Testamenteiro Universal

É aquela pessoa que tem a posse e a administração da herança. De acordo com a regra jurídica do artigo 1.977, o testador pode conceder ao testamenteiro a posse e a administração da herança, ou de parte dela, *não havendo cônjuge ou herdeiros necessários*. Da mesma forma, se existir companheiro sobrevivente, inexiste a possibilidade de o testador conceder ao testamenteiro a posse e a administração da herança.[2]

Se os bens estiverem nas mãos do testamenteiro, qualquer herdeiro pode requerer partilha imediata, ou devolução da herança, habilitando o testamenteiro com os meios necessários para o cumprimento dos legados, ou dando caução de prestá-los (artigo 1.977, parágrafo único, CC).

32.3 Deveres do Testamenteiro

Uma vez aceito o cargo de testamenteiro, este assume diversos deveres. Vejamos, abaixo, os principais deveres do testamenteiro.

32.3.1 Requerimento do Inventário e Registro do Testamento

Uma vez aceito o cargo de testamenteiro, este deve *requerer o inventário* e *cumprir o testamento* (artigo 1.978, CC).

O requerimento de inventário e de partilha incumbe a quem estiver na posse e na administração do espólio (artigo 615, CPC), no prazo estabelecido no artigo 611 do CPC. O processo de inventário e de partilha deve ser instaurado dentro de 2 (dois) meses, a contar da abertura da sucessão, ultimando-se nos 12 (doze) meses subsequentes, podendo o juiz prorrogar esses prazos, de ofício ou a requerimento de parte (artigo 611, CPC).

O requerimento será instruído com a certidão de óbito do autor da herança (artigo 615, parágrafo único, CPC).

O testamenteiro nomeado, ou qualquer parte interessada, pode requerer, assim como o juiz pode ordenar, de ofício, ao detentor do testamento, que o leve a registro (artigo 1.979, CC).

32.3.2 Prazo e Prestação de Contas

O testamenteiro é obrigado a cumprir as disposições testamentárias, no prazo marcado pelo testador, e a dar contas do que recebeu e despendeu,

---

2   CC – Art. 1.797. Até o compromisso do inventariante, a administração da herança caberá, sucessivamente: I – ao cônjuge ou companheiro, se com o outro convivia ao tempo da abertura da sucessão; II – ao herdeiro que estiver na posse e administração dos bens, e, se houver mais de um nessas condições, ao mais velho; III – ao testamenteiro; IV – a pessoa de confiança do juiz, na falta ou escusa das indicadas nos incisos antecedentes, ou quando tiverem de ser afastadas por motivo grave levado ao conhecimento do juiz.

subsistindo sua responsabilidade enquanto durar a execução do testamento (artigo 1.980, CC).

32.3.3 Outros deveres

Compete ao testamenteiro, com ou sem o concurso do inventariante e dos herdeiros instituídos, defender a validade do testamento (artigo 1.981, CC).

Além dos deveres apresentados acima, são deveres do testamenteiro aqueles que lhe forem conferidos pelo testador, nos limites da lei, conforme o artigo 1.982 do Código Civil.

32.4 Prazo para o cumprimento do testamento e prestação de contas

Não concedendo o testador prazo maior, cumprirá o testamenteiro o testamento e prestará contas em cento e oitenta dias, contados da aceitação da testamentária (art. 1.983, CC). Pode esse prazo ser prorrogado se houver motivo suficiente (art. 1.983, parágrafo único, CC).

32.5 Responsabilidade solidária dos testamenteiros aceitantes

Torna-se necessário verificar se o testador indicou mais de um testamenteiro com ou sem funções distintas, ou seja, se a atuação do primeiro testamenteiro exclui a atuação do segundo testamenteiro ou não. Se o testador não estabeleceu nenhuma ordem de atuação, ambos devem atuar em simultaneidade. Isto importa para a verificação da extensão da responsabilidade de cada um deles.

Assim, de acordo com o artigo 1.986, havendo simultaneamente mais de um testamenteiro, que tenha aceitado o cargo, poderá cada qual exercê-lo, em falta dos outros; mas todos ficam solidariamente obrigados a dar conta dos bens que lhes forem confiados, salvo se cada um tiver, pelo testamento, funções distintas, e a elas se limitar.

32.6 Prêmio, remuneração ou Vintena

O testamenteiro tem direito a um prêmio que poderá ser fixado pelo testador, caso contrário, será de um a cinco por cento, arbitrado pelo magistrado, sobre a herança líquida, conforme o grau de dificuldade na execução do testamento. Daí a testamentária é uma função remunerada.[3]

---

3 SUCESSÕES. AGRAVO DE INSTRUMENTO. INVENTÁRIO. PRÊMIO DO TESTAMENTEIRO. BASE DE CÁLCULO. O prêmio do testamenteiro tem como base de cálculo o total da herança líquida, sendo que pelo pagamento não responderão as legítimas dos herdeiros necessários, deduzindo-se da metade disponível. Pacífico o entendimento jurispruden-

É o que diz o artigo 1.987 do Código Civil. Vejamos: "Salvo disposição testamentária em contrário, o testamenteiro, que não seja herdeiro ou legatário, terá direito a um prêmio, que, se o testador não o houver fixado, será de um a cinco por cento, arbitrado pelo juiz, sobre a herança líquida, conforme a importância dela e maior ou menor dificuldade na execução do testamento.[4]

O prêmio arbitrado será pago à conta da parte disponível, quando houver herdeiro necessário (art. 1.987, parágrafo único, CC).[5]

A base de cálculo do prêmio do testamenteiro é a herança líquida, conforme o art. 1.987 do CCB, devendo ser deduzidas, exclusivamente, a meação, dívidas e tributos. Todavia, a legítima dos herdeiros necessários não responde pelo valor apurado da vintena testamentária, devendo este ser pago à conta da parte disponível. (Agravo de Instrumento nº 70052108347, Oitava Câmara Cível, Tribunal de Justiça do RS, Relator: Luiz Felipe Brasil Santos, Julgado em 02/05/2013).

Vale destacar que a ineficácia de disposição testamentária não afasta o prêmio do testamenteiro. "A perda de finalidade de testamento – elaborado apenas para que os bens imóveis herdados pelos filhos do testador fossem gravados com cláusula de incomunicabilidade – não ocasiona a perda do direito do testamenteiro de receber um prêmio pelo exercício de seu encargo (art. 1.987 do CC/2002) caso a execução da disposição testamentária só tenha sido obstada em razão de omissão do próprio testador que, após a vigência do novo Código Civil, deixou de aditar o testamento para indicar a justa

---

cial acerca da matéria. Precedentes do STJ e desta Corte. NEGADO PROVIMENTO AO RECURSO. (Agravo de Instrumento Nº 70013508601, Sétima Câmara Cível, Tribunal de Justiça do RS, Relator: Maria Berenice Dias, Julgado em 15.02.2006).

4 SUCESSÃO. TESTAMENTO PARTICULAR. PAGAMENTO DO PRÊMIO DO TESTAMENTEIRO. Quando houver herdeiro necessário, o prêmio do testamenteiro deve ser deduzido somente da porção distribuída pelo testador da metade disponível. Na espécie, os bens legados no testamento foram vendidos em vida pela testadora, fazendo com que o testamento perdesse o objeto nessa parte. A parte do testamento que não caducou enquanto não executada, não enseja o pagamento de prêmio à testamenteira. Ou seja, a parte do testamento que não caducou dispõe sobre o destino dos bens recebidos pela herdeira necessária da sua genitora, os quais, segundo o testamento, quando da morte da agravante serão doados para entidade beneficente. Assim, o pagamento do prêmio somente será devido quando da execução do testamento, isto é, após o falecimento da única herdeira necessária, a ora agravante. RECURSO DESPROVIDO. (Agravo de Instrumento Nº 70015446560, Sétima Câmara Cível, Tribunal de Justiça do RS, Relator: Ricardo Raupp Ruschel, Julgado em 02.08.2006).

5 O prêmio do testamenteiro deve ser deduzido somente da porção distribuída pelo testador da metade disponível, quando houver herdeiro necessário. A vintena do testamento será fixada com moderação, consideradas as circunstâncias do caso concreto. Na espécie, o percentual estabelecido pelo juízo para a vintena é compatível com a natureza e a importância da causa, o trabalho realizado pelo testamenteiro, o tempo exigido para o seu serviço, o lugar da execução da tarefa e o grau de zelo do profissional. Agravo provido em parte. (Agravo de Instrumento Nº 70013504139, Sétima Câmara Cível, Tribunal de Justiça do RS, Relator: Ricardo Raupp Ruschel, Julgado em 25.01.2006).

causa da restrição imposta (art. 1.848 c/c art. 2.042 do CC/2002). Com a vigência do CC/2002, passou-se a exigir a indicação de justa causa para que o testador imponha cláusula de incomunicabilidade sobre os bens da legítima, tendo sido concedido o prazo de 1 (um) ano após a entrada em vigor do Código para que fosse feito o aditamento (art. 1.848 c/c art. 2.042 do CC/2002), o que não foi observado, no caso, pelo testador. A despeito de a ineficácia da referida cláusula afetar todo o testamento, não há que se falar em afastamento do pagamento do prêmio ao testamenteiro, a pretexto de que a sua atuação no feito teria sido singela, uma vez que o maior ou menor esforço no cumprimento das disposições testamentárias deve ser considerado apenas como critério para a fixação da vintena, que poderá variar entre o mínimo de 1% e o máximo de 5% sobre a herança líquida (art. 1.987 do CC/2002), mas não para ensejar a sua supressão. Na hipótese, a fiel execução da disposição testamentária foi obstada pela própria inação do disponente ante a exigência da lei, razão pela qual não pode ser atribuída ao testamenteiro nenhuma responsabilidade por seu descumprimento. Ademais, cabe ressaltar que a perda do direito ao prêmio só é admitida, excepcionalmente, em caso de sua remoção, nas situações previstas em lei (art. 1.989 do CC/2002 e art. 1.140, I e II, do CPC). REsp 1.207.103-SP, Rel. Min. Marco Aurélio Bellizze, julgado em 2/12/2014, DJe 11/12/2014)".

Vale destacar que o herdeiro ou o legatário nomeado testamenteiro poderá preferir o prêmio à herança ou ao legado (artigo 1.988, CC).

Reverterá à herança o prêmio que o testamenteiro perder, por ser removido ou por não ter cumprido o testamento (artigo 1.989, CC).

32.7 Funções de Inventariante

De acordo com o artigo 1.990, se o testador tiver distribuído toda a herança em legados, exercerá o testamenteiro as funções de inventariante.

INVENTÁRIO E PARTILHA

Capítulo 33
DO INVENTÁRIO

33.1 Inventário

O *inventário* é o processo, formado em juízo competente, com o fim de legalizar a transferência do patrimônio do defunto a seus herdeiros e sucessores na proporção exata de seus direitos mediante a partilha.[1] O inventário é o instituto jurídico que tem por finalidade precípua a prática da sucessão hereditária, isto é, a divisão do acervo patrimonial.

O *inventário judicial* está previsto nos artigos 610 e seguintes do Código de Processo Civil. O inventário judicial é feito com o acompanhamento de um juiz e deve ocorrer em três casos: quando o falecido deixou um testamento; quando há interessados incapazes (menores ou interditados); e quando há divergência quanto à partilha entre os herdeiros. *Qual a natureza jurídica do procedimento de inventário judicial?* Tradicionalmente o inventário judicial era tratado como uma forma de jurisdição voluntária. Ocorre que não é incomum a existência de litígios, no decorrer do procedimento do inventário, entre os próprios herdeiros, entre estes e os credores, sendo, pois, necessário, a resolução do conflito pelo magistrado. O CPC de 2015 inseriu o inventário dentro dos seus procedimentos especiais.

Já o *inventário extrajudicial*, feito em cartório, foi regulado pela Resolução nº 35, de 27 de abril de 2007, do Conselho Nacional da Justiça, disciplina os serviços cartorários para a realização de divórcios, separações, partilhas e inventários consensuais (Lei nº 11.441).

Se todos forem capazes e concordes, o inventário e a partilha poderão ser feitos por escritura pública, a qual constituirá documento hábil para qualquer ato de registro, bem como para levantamento de importância depositada em instituições financeiras (art. 610, § 1º, CPC).

O tabelião somente lavrará a escritura pública se todas as partes interessadas estiverem assistidas por advogado ou por defensor público, cuja qualificação e assinatura constarão do ato notarial (art. 610, § 2º, CPC).

---

1 *Dicionário eletrônico Aurélio século XXI*.

33.2 Inventário Negativo

O inventário negativo é aquele que tem por finalidade a obtenção de prova de inexistência de acervo hereditário. Os herdeiros respondem pelas dívidas do falecido até o limite da herança. Na falta de bens, não há como responsabilizá-lo. O credor tem legitimidade concorrente para pleitear a abertura do inventário dos bens deixados pelo falecido, e, ainda que estes não existam, pode pleitear a abertura do inventário negativo com a finalidade de definir a inexistência de bens.[2]

Nesse sentido, a despeito da ausência de regulamentação legislativa própria, o *inventário negativo* é medida amplamente admitida pela doutrina pátria e pela jurisprudência dos Tribunais, nas hipóteses em que se verifique a necessidade de se comprovar a ausência de bens deixados pelo *de cujus*. (TJES, Classe: Apelação Cível, 27090010490, Relator: NAMYR CARLOS DE SOUZA FILHO, Órgão julgador: SEGUNDA CÂMARA CÍVEL. Data de Julgamento: 21/09/2010, Data da Publicação no Diário: 11/11/2010).

33.3 Inventário Judicial

33.3.1 Considerações Iniciais

Desde a assinatura do compromisso até a homologação da partilha, a administração da herança será exercida pelo inventariante (artigo 1.991, CC).

Havendo testamento ou interessado incapaz, proceder-se-á ao inventário judicial (artigo 610, CPC). *Qual o foro competente para o procedimento do inventário*? De acordo com o artigo 48 do CPC, o foro de domicílio do autor da herança, no Brasil, é o competente para o inventário, a partilha, a arrecadação, o cumprimento de disposições de última vontade, a impugnação ou anulação de partilha extrajudicial e para todas as ações em que o espólio for réu, ainda que o óbito tenha ocorrido no estrangeiro.

E se o autor da herança não possuía domicílio certo? Neste caso, o parágrafo único do artigo 48 diz que é competente: I – o foro de situação dos bens

---

[2] APELAÇÃO CÍVEL. NEGÓCIOS JURÍDICOS BANCÁRIOS. AÇÃO MONITÓRIA. INSTRUMENTO PARTICULAR DE CONFISSÃO DE DÍVIDA. ESTADO DO RIO GRANDE DO SUL, SUCESSOR DA CAIXA ECONÔMICA ESTADUAL. SUCESSORES DO DEVEDOR. LEGITIMIDADE RECONHECIDA. RESPONSABILIDADE, CONTUDO, LIMITADA ÀS FORÇAS DA HERANÇA. Conquanto sustentem que nada receberam com a morte do devedor originário, já que este não possuía bens em seu nome, nenhuma prova foi produzida neste sentido, sendo certo que a mera inserção de observação na certidão de óbito, no sentido de que o falecido não deixou bens e testamento, é incapaz de afastar o direcionamento da persecução do crédito em desfavor dos sucessores. A abertura de inventário negativo, na casuística, seria o único meio apto a afastar a responsabilização dos herdeiros. A observância das regras insertas nos artigos 43 e 597 do CPC, de outro lado, impede que o patrimônio pessoal dos sucessores seja atingido. RECURSO IMPROVIDO. UNÂNIME. (Apelação Cível nº 70062152194, Décima Oitava Câmara Cível, Tribunal de Justiça do RS, Relator: Pedro Celso Dal Pra, Julgado em 11/12/2014).

imóveis; II – havendo bens imóveis em foros diferentes, qualquer destes; III – não havendo bens imóveis, o foro do local de qualquer dos bens do espólio.

Já o artigo 23, inciso II, do CPC diz que "compete à autoridade judiciária brasileira, com exclusão de qualquer outra: [...] II – em matéria de sucessão hereditária, proceder à confirmação de testamento particular e ao inventário e à partilha de bens situados no Brasil, ainda que o autor da herança seja de nacionalidade estrangeira ou tenha domicílio fora do território nacional";

Outrossim, o processo de inventário e de partilha deve ser instaurado dentro de 2 (dois) meses, a contar da abertura da sucessão, ultimando-se nos 12 (doze) meses subsequentes, podendo o juiz prorrogar esses prazos, de ofício ou a requerimento de parte (artigo 611, CPC).

De acordo com a Súmula 542 do STF, "não é inconstitucional a multa instituída pelo estado membro, como sanção pelo retardamento do início ou da ultimação do inventário".

O juiz decidirá todas as questões de direito desde que os fatos relevantes estejam provados por documento, só remetendo para as vias ordinárias as questões que dependerem de outras provas (artigo 612, CPC).

33.3.2 Administrador Provisório

Até que o inventariante preste o compromisso, continuará o espólio na posse do administrador provisório (artigo 613, CPC).

O administrador provisório representa ativa e passivamente o espólio, é obrigado a trazer ao acervo os frutos que desde a abertura da sucessão percebeu, tem direito ao reembolso das despesas necessárias e úteis que fez e responde pelo dano a que, por dolo ou culpa, der causa (artigo 614, CPC). Apesar de o administrador provisório ser o representante do Espólio antes da abertura do inventário, a jurisprudência tem admitido que o falecido seja sucedido num processo pela totalidade dos seus herdeiros (STJ, 1ª Seção, MS 20368/DF, Rel. Min. Sérgio Kukina, j. 09.04.2004).

O artigo 1.797 do Código Civil prevê a seguinte ordem para a nomeação do administrador provisório:

a) Ao cônjuge ou companheiro, se com o outro convivia ao tempo da abertura da sucessão.

b) Ao herdeiro que estiver na posse e administração dos bens, e, se houver mais de um nessas condições, ao mais velho.

c) Ao testamenteiro, pessoa responsável pela administração do testamento.

d) À pessoa de confiança do juiz, na falta ou escusa das indicadas nos incisos antecedentes, ou quando tiverem de ser afastadas por motivo grave levado ao conhecimento do magistrado.

33.3.3 Legitimidade para requerer o inventário

Como dito alhures, o requerimento de inventário e de partilha incumbe a quem estiver na posse e na administração do espólio, no prazo estabelecido no art. 611 do CPC. O processo de inventário e de partilha deve ser instaurado dentro de 2 (dois) meses, a contar da abertura da sucessão, ultimando-se nos 12 (doze) meses subsequentes, podendo o juiz prorrogar esses prazos, de ofício ou a requerimento de parte (artigo 611, CPC).

O requerimento de inventário e de partilha deverá ser instruído com os documentos do *de cujus* e a certidão de óbito do autor da herança, consoante o artigo 615, parágrafo único do CPC. São documentos fundamentais para a propositura da ação.

De acordo com o artigo 616, têm, contudo, legitimidade concorrente: I – o cônjuge ou companheiro supérstite; II – o herdeiro; III – o legatário; IV – o testamenteiro; V – o cessionário do herdeiro ou do legatário; VI – o credor do herdeiro, do legatário ou do autor da herança; VII – o Ministério Público, havendo herdeiros incapazes; VIII – a Fazenda Pública, quando tiver interesse; IX – o administrador judicial da falência do herdeiro, do legatário, do autor da herança ou do cônjuge ou companheiro supérstite.

Da mesma forma, o artigo 2.013 do Código Civil diz que "o herdeiro pode sempre requerer a partilha, ainda que o testador o proíba, cabendo igual faculdade aos seus cessionários e credores".

33.3.4 Inventariante e Primeiras Declarações

33.3.4.1 Nomeação do Inventariante e Ordem de Preferência

Como dito alhures, o inventariante é um administrador judicial,[3] nomeado no procedimento de inventário e partilha com o firme propósito de administrar e representar o espólio. O inventariante representa o espólio também em juízo e fora dele, ativa e passivamente (art. 77, VI, CPC), desde

---

3   CPC – Do Depositário e do Administrador
    Art. 159. A guarda e a conservação de bens penhorados, arrestados, sequestrados ou arrecadados serão confiadas a depositário ou a administrador, não dispondo a lei de outro modo.
    Art. 160. Por seu trabalho o depositário ou o administrador perceberá remuneração que o juiz fixará levando em conta a situação dos bens, ao tempo do serviço e às dificuldades de sua execução.
    Parágrafo único. O juiz poderá nomear um ou mais prepostos por indicação do depositário ou do administrador.
    Art. 161. O depositário ou o administrador responde pelos prejuízos que, por dolo ou culpa, causar à parte, perdendo a remuneração que lhe foi arbitrada, mas tem o direito a haver o que legitimamente despendeu no exercício do encargo.
    Parágrafo único. O depositário infiel responde civilmente pelos prejuízos causados, sem prejuízo de sua responsabilidade penal e da imposição de sanção por ato atentatório à dignidade da justiça.

sua nomeação até o trânsito em julgado da sentença de partilha. Após o trânsito em julgado da sentença judicial, cada herdeiro, separadamente ou em conjunto, deverá estar em juízo.[4]

O juiz nomeará inventariante na seguinte ordem: I – o cônjuge ou companheiro sobrevivente, desde que estivesse convivendo com o outro ao tempo da morte deste; II – o herdeiro que se achar na posse e na administração do espólio, se não houver cônjuge ou companheiro sobrevivente ou se estes não puderem ser nomeados; III – qualquer herdeiro, quando nenhum deles estiver na posse e na administração do espólio; IV – o herdeiro menor, por seu representante legal; V – o testamenteiro, se lhe tiver sido confiado a administração do espólio ou se toda a herança estiver distribuída em legados; VI – o cessionário do herdeiro ou do legatário; VII – o inventariante judicial, se houver; VIII – pessoa estranha idônea, quando não houver inventariante judicial (artigo 617, CPC).

No rol de legitimados aos cargos de inventariante o artigo 617 do CPC incluiu o herdeiro "menor" (na verdade, incapaz), por seu representante legal (TJSP, 10ª Câmara de Direito Privado, AI 0127705-30.2013.8.26.0000, Rel. Des. Carlos Alberto Garbi, j. 17.12.2013), e o cessionário de direitos do herdeiro ou legatário (STJ, 4ª T., REsp 402891/RJ, Rel. Min. Barros Monteiro, j. 01.03.2005).[5]

De acordo com FELIPPE BORRING ROCHA, não se trata, no entanto, de uma sequência rigorosa, já que pode o juiz, diante do caso concreto, verificar que outra pessoa, que não aquela ordenada pela lei, tem mais aptidão para gerir o espólio (STJ, 3ª T., REsp 1055633/SP, Rel. Min. Nancy Andrighi, j. 21.10.2008).[6]

O inventariante, uma vez intimado da nomeação, deve prestar o compromisso de bem e fielmente desempenhar o cargo, assinando o correspondente termo de inventariante, no prazo de cinco dias.

33.3.4.2 Termo de Compromisso

O inventariante, intimado da nomeação, prestará, dentro de 5 (cinco) dias, o compromisso de bem e fielmente desempenhar a função (art. 617, parágrafo único, CC).

---

4   CPC – Art. 655. Transitada em julgado a sentença mencionada no art. 654, receberá o herdeiro os bens que lhe tocarem e um formal de partilha, do qual constarão as seguintes peças: I – termo de inventariante e título de herdeiros; II – avaliação dos bens que constituíram o quinhão do herdeiro; III – pagamento do quinhão hereditário; IV – quitação dos impostos; V – sentença.
    Parágrafo único. O formal de partilha poderá ser substituído por certidão de pagamento do quinhão hereditário quando esse não exceder a 5 (cinco) vezes o salário-mínimo, caso em que se transcreverá nela a sentença de partilha transitada em julgado.
5   ROCHA, Felippe Borring. In: Passo, CABRAL, Antonio d., CRAMER, (orgs.). *Comentários ao Novo Código de Processo Civil, 2ª edição*. Método, 06/2016.
6   Ibid.

33.3.4.3 Atribuições do Inventariante

Consoante a regra jurídica estabelecida no artigo 618 do CC, incumbe ao inventariante: I – representar o espólio ativa e passivamente, em juízo ou fora dele, observando-se, quanto ao dativo, o disposto no art. 75, § 1º do CPC; II – administrar o espólio, velando-lhe os bens com a mesma diligência que teria se seus fossem; III – prestar as primeiras e as últimas declarações pessoalmente ou por procurador com poderes especiais; IV – exibir em cartório, a qualquer tempo, para exame das partes, os documentos relativos ao espólio; V – juntar aos autos certidão do testamento, se houver; VI – trazer à colação os bens recebidos pelo herdeiro ausente, renunciante ou excluído; VII – prestar contas de sua gestão ao deixar o cargo ou sempre que o juiz lhe determinar; VIII – requerer a declaração de insolvência.

Incumbe ainda ao inventariante, ouvidos os interessados e com autorização do juiz: I – alienar bens de qualquer espécie; II – transigir em juízo ou fora dele; III – pagar dívidas do espólio; IV – fazer as despesas necessárias para a conservação e o melhoramento dos bens do espólio (artigo 619, CPC).

33.3.4.4 Primeiras Declarações

O artigo 620 do CPC dispõe que dentro de 20 (vinte) dias contados da data em que prestou o compromisso, o inventariante fará as *primeiras declarações*, das quais se lavrará termo circunstanciado, assinado pelo juiz, pelo escrivão e pelo inventariante, no qual serão exarados: I – o nome, o estado, a idade e o domicílio do autor da herança, o dia e o lugar em que faleceu e se deixou testamento; II – o nome, o estado, a idade, o endereço eletrônico e a residência dos herdeiros e, havendo cônjuge ou companheiro supérstite, além dos respectivos dados pessoais, o regime de bens do casamento ou da união estável; III – a qualidade dos herdeiros e o grau de parentesco com o inventariado; IV – a relação completa e individualizada de todos os bens do espólio, inclusive aqueles que devem ser conferidos à colação, e dos bens alheios que nele forem encontrados, descrevendo-se: a) os imóveis, com as suas especificações, nomeadamente local em que se encontram, extensão da área, limites, confrontações, benfeitorias, origem dos títulos, números das matrículas e ônus que os gravam; b) os móveis, com os sinais característicos; c) os semoventes, seu número, suas espécies, suas marcas e seus sinais distintivos; d) o dinheiro, as joias, os objetos de ouro e prata e as pedras preciosas, declarando-se-lhes especificadamente a qualidade, o peso e a importância; e) os títulos da dívida pública, bem como as ações, as quotas e os títulos de sociedade, mencionando-se-lhes o número, o valor e a data; f) as dívidas ativas e passivas, indicando-se-lhes as datas, os títulos, a origem da obrigação e os nomes dos credores e dos devedores; g) direitos e ações; h) o valor corrente de cada um dos bens do espólio.

O juiz determinará que se proceda: I – ao balanço do estabelecimento, se o autor da herança era empresário individual; II – à apuração de haveres, se o autor da herança era sócio de sociedade que não anônima (artigo 620, § 1º, CPC).

As declarações podem ser prestadas mediante petição, firmada por procurador com poderes especiais, à qual o termo se reportará (artigo 620, § 2º, CPC).

33.3.4.5 Sonegação de Bens

Só se pode arguir sonegação ao inventariante depois de encerrada a descrição dos bens, com a declaração, por ele feita, de não existirem outros por inventariar (art. 621, CPC).

FELIPPE BORRING ROCHA explica que "dentro do regime previsto no Código Civil, o herdeiro que dolosamente sonegar bens da herança, não os descrevendo no inventário, perderá o direito sobre eles (art. 1.992), por meio de uma ação de sonegados (art. 1.994), a ser manejada no prazo de dez anos (art. 205) e distribuída por dependência (art. 61 do CPC/2015). Por isso, o CPC previu que o herdeiro, uma vez citado das primeiras declarações, deverá descrever os bens pertencentes ao espólio que estão em seu poder e impugnar a omissão no rol de outros bens que ali deveriam estar (art. 627, I, do CPC/2015). Se o sonegador for o próprio inventariante, tal circunstância poderá levar à sua remoção do cargo (art. 1.993 do CC e art. 622, VI, do CPC/2015)".[7]

O momento próprio para a alegação de sonegação contra o inventariante é quando for encerrada a fase de descrição dos bens (art. 1.996 do CC), ou seja, nas últimas declarações, prevista no art. 634 do CPC/2015 (STJ, 3ª T., REsp 52/CE, Rel. Min. Gueiros Leite, j. 15.08.1989).[8]

33.3.4.6 Remoção do Inventariante

De acordo com o artigo 622 do CPC, o inventariante será removido de ofício ou a requerimento: I – se não prestar, no prazo legal, as primeiras ou as últimas declarações; II – se não der ao inventário andamento regular, se suscitar dúvidas infundadas ou se praticar atos meramente protelatórios; III – se, por culpa sua, bens do espólio se deteriorarem, forem dilapidados ou sofrerem dano; IV – se não defender o espólio nas ações em que for citado, se deixar de cobrar dívidas ativas ou se não promover as medidas necessárias para evitar o perecimento de direitos; V – se não prestar contas ou se as que prestar não forem julgadas boas; VI – se sonegar, ocultar ou desviar bens do espólio.

---

7 ROCHA, Felippe Borring. In: Passo, CABRAL, Antonio d., CRAMER, (orgs.). *Comentários ao Novo Código de Processo Civil, 2ª edição*. Método, 06/2016.
8 Ibid.

As hipóteses indicadas no artigo 622 do CPC não são taxativas. Dessa forma, e.g., em razão da existência de "animosidade manifestada pelas partes" é possível, também, a remoção (STJ, REsp 988.527/RS, 4ª T., j. 24.03.2009, rel. Min. Aldir Passarinho Junior).

Requerida a remoção com fundamento em qualquer dos incisos do art. 622, será intimado o inventariante para, no prazo de 15 (quinze) dias, defender-se e produzir provas (artigo 623, CPC). Neste sentido, a remoção do inventariante pressupõe a sua intimação, no prazo de cinco dias, para se defender e produzir provas (STJ, AgRg no REsp 1.461.526/RS, rel. Min. Mauro Campbell Marques, 2ª T., j. 16.10.2014).

O *incidente da remoção* correrá em apenso aos autos do inventário (artigo 623, parágrafo único). Decorrido o prazo, com a defesa do inventariante ou sem ela, o juiz decidirá (artigo 624, CPC). Se remover o inventariante, o juiz nomeará outro, observada a ordem estabelecida no art. 617 do CPC.[9]

O inventariante removido entregará imediatamente ao substituto os bens do espólio e, caso deixe de fazê-lo, será compelido mediante mandado de busca e apreensão ou de imissão na posse, conforme se tratar de bem móvel ou imóvel, sem prejuízo da multa a ser fixada pelo juiz em montante não superior a três por cento do valor dos bens inventariados (artigo 625, CPC).

33.3.4.7 Destituição do Inventariante

Pode ocorrer que o inventariante saia do seu cargo independentemente de ter cometido falhas no cumprimento do seu dever. Neste caso, não se fala em remoção do inventariante, senão em sua destituição. BORRING alerta que "é o caso, por exemplo, do inventariante que entrega o cargo por não ter mais condições de saúde para bem exercê-lo, ou quando o juiz verifica que o posto deve ser ocupado por outra pessoa mais bem posicionada no rol do art. 617 do CPC/2015. A distinção tem relevância, na medida em que a remoção na maioria das vezes tem natureza de sanção e pode acarretar responsabilidade civil do removido".[10]

---

9 O juiz nomeará inventariante na seguinte ordem: I – o cônjuge ou companheiro sobrevivente, desde que estivesse convivendo com o outro ao tempo da morte deste; II – o herdeiro que se achar na posse e na administração do espólio, se não houver cônjuge ou companheiro sobrevivente ou se estes não puderem ser nomeados; III – qualquer herdeiro, quando nenhum deles estiver na posse e na administração do espólio; IV – o herdeiro menor, por seu representante legal; V – o testamenteiro, se lhe tiver sido confiada a administração do espólio ou se toda a herança estiver distribuída em legados; VI – o cessionário do herdeiro ou do legatário; VII – o inventariante judicial, se houver; VIII – pessoa estranha idônea, quando não houver inventariante judicial (artigo 617, CPC).

10 Ibid.

33.3.4.8 Citações e Impugnações

Feitas as primeiras declarações, o juiz mandará citar, para os termos do inventário e da partilha, o cônjuge, o companheiro, os herdeiros e os legatários e intimar a Fazenda Pública, o Ministério Público, se houver herdeiro incapaz ou ausente, e o testamenteiro, se houver testamento (artigo 626, CPC).

O cônjuge ou o companheiro, os herdeiros e os legatários serão citados pelo correio, sendo, ainda, publicado edital, nos termos do inciso III do art. 259 do CPC.[11] A citação será acompanhada de cópia das primeiras declarações. Incumbe ao escrivão remeter cópias à Fazenda Pública, ao Ministério Público, ao testamenteiro, se houver, e ao advogado, se a parte já estiver representada nos autos.

Concluídas as citações, abrir-se-á vista às partes, em cartório e pelo prazo comum de 15 (quinze) dias, para que se manifestem sobre as primeiras declarações, incumbindo às partes: I – arguir erros, omissões e sonegação de bens; II – reclamar contra a nomeação de inventariante; III – contestar a qualidade de quem foi incluído no título de herdeiro (artigo 627, CPC).[12]

Aquele que se julgar preterido poderá demandar sua admissão no inventário, requerendo-a antes da partilha (artigo 628, CPC).[13]

A Fazenda Pública, no prazo de 15 (quinze) dias, após a vista de que trata o art. 627 do CPC, informará ao juízo, de acordo com os dados que constam de seu cadastro imobiliário, o valor dos bens de raiz descritos nas primeiras declarações (artigo 629, CPC).

Na prática, segundo FELIPPE BORRING, a Fazenda Pública normalmente requer a nomeação de avaliador judicial para estabelecer os valores de todos os bens integrantes do espólio, inclusive os de raiz. A avaliação, entretanto, pode ser dispensada, caso concorde com os valores atribuídos pelas partes (art. 633 do CPC/2015). A omissão da Fazenda Pública em indicar os valores dos bens de raiz é considerada mera irregularidade e não é capaz de impedi-la de posteriormente impugná-los.[14]

---

11 CPC – Art. 259. Serão publicados editais: [...] III – em qualquer ação em que seja necessária, por determinação legal, a provocação, para participação no processo, de interessados incertos ou desconhecidos.

12 CPC – artigo 627 – § 1º Julgando procedente a impugnação referida no inciso I, o juiz mandará retificar as primeiras declarações.
§ 2º Se acolher o pedido de que trata o inciso II, o juiz nomeará outro inventariante, observada a preferência legal.
§ 3º Verificando que a disputa sobre a qualidade de herdeiro a que alude o inciso III demanda produção de provas que não a documental, o juiz remeterá a parte às vias ordinárias e sobrestará, até o julgamento da ação, a entrega do quinhão que na partilha couber ao herdeiro admitido.

13 CPC – Artigo 628 – § 1º Ouvidas as partes no prazo de 15 (quinze) dias, o juiz decidirá.
§ 2º Se para solução da questão for necessária a produção de provas que não a documental, o juiz remeterá o requerente às vias ordinárias, mandando reservar, em poder do inventariante, o quinhão do herdeiro excluído até que se decida o litígio.

14 Ibid.

Depois da intimação prevista no art. 629 do CPC/2015, a Fazenda Pública deverá ser sempre ouvida sobre os atos e termos do processo, sob pena de nulidade. Trata-se, por certo, de nulidade sanável, vinculado à existência de efetivo prejuízo ao Erário. De qualquer forma, o pagamento dos tributos é condição para a prolação da sentença de partilha (art. 654 do CPC/2015).[15]

33.3.4.9 Avaliação e Cálculo do Imposto

O valor atribuído pelo inventariante, junto às primeiras declarações, de cada um dos bens do espólio, representa apenas um valor preliminar. É necessário, entretanto, se calcular o valor efetivo dos bens que estão no acervo hereditário. Assim, findo o prazo de 15 dias para que as partes se manifestem sobre as primeiras declarações (art. 617, CPC), sem impugnação ou decidida a impugnação que houver sido oposta, o juiz nomeará, se for o caso, perito para avaliar os bens do espólio, se não houver na comarca avaliador judicial (art. 630, CPC).

Na hipótese prevista no art. 620, § 1º do CPC,[16] o juiz nomeará perito para avaliação das quotas sociais ou apuração dos haveres.

De acordo com o artigo 631 do CPC, ao avaliar os bens do espólio, o perito observará, no que for aplicável, o disposto nos arts. 872 e 873, ambos do CPC.[17]

Não se expedirá carta precatória para a avaliação de bens situados fora da comarca onde corre o inventário se eles forem de pequeno valor ou perfeitamente conhecidos do perito nomeado (art. 632, CPC).

---

15 Ibid.
16 CPC – Art. 620. Dentro de 20 (vinte) dias contados da data em que prestou o compromisso, o inventariante fará as primeiras declarações, das quais se lavrará termo circunstanciado, assinado pelo juiz, pelo escrivão e pelo inventariante, no qual serão exarados: [...] § 1º O juiz determinará que se proceda: I – ao balanço do estabelecimento, se o autor da herança era empresário individual; II – à apuração de haveres, se o autor da herança era sócio de sociedade que não anônima.
17 CPC – Art. 872. A avaliação realizada pelo oficial de justiça constará de vistoria e de laudo anexados ao auto de penhora ou, em caso de perícia realizada por avaliador, de laudo apresentado no prazo fixado pelo juiz, devendo-se, em qualquer hipótese, especificar:
I – os bens, com as suas características, e o estado em que se encontram;
II – o valor dos bens.
§ 1º Quando o imóvel for suscetível de cômoda divisão, a avaliação, tendo em conta o crédito reclamado, será realizada em partes, sugerindo-se, com a apresentação de memorial descritivo, os possíveis desmembramentos para alienação.
§ 2º Realizada a avaliação e, sendo o caso, apresentada a proposta de desmembramento, as partes serão ouvidas no prazo de 5 (cinco) dias.
Art. 873. É admitida nova avaliação quando:
I – qualquer das partes arguir, fundamentadamente, a ocorrência de erro na avaliação ou dolo do avaliador;
II – se verificar, posteriormente à avaliação, que houve majoração ou diminuição no valor do bem;
III – o juiz tiver fundada dúvida sobre o valor atribuído ao bem na primeira avaliação.
Parágrafo único. Aplica-se o art. 480 à nova avaliação prevista no inciso III do *caput* deste artigo.

Sendo capazes todas as partes, não se procederá à avaliação se a Fazenda Pública, intimada pessoalmente, concordar de forma expressa com o valor atribuído, nas primeiras declarações, aos bens do espólio (art. 633, CPC).

Se os herdeiros concordarem com o valor dos bens declarados pela Fazenda Pública, a avaliação cingir-se-á aos demais (artigo 634, CPC).

Entregue o laudo de avaliação, o juiz mandará que as partes se manifestem no prazo de 15 (quinze) dias, que correrá em cartório (artigo 635, CPC).

Versando a impugnação sobre o valor dado pelo perito, o juiz a decidirá de plano, à vista do que constar dos autos (artigo 635, § 1º, CPC).

Julgando procedente a impugnação, o juiz determinará que o perito retifique a avaliação, observando os fundamentos da decisão (artigo 635, § 2º, CPC).

Aceito o laudo ou resolvidas as impugnações suscitadas a seu respeito, lavrar-se-á em seguida o termo de últimas declarações, no qual o inventariante poderá emendar, aditar ou completar as primeiras (artigo 636, CPC).

Ouvidas as partes sobre as últimas declarações no prazo comum de 15 (quinze) dias, proceder-se-á ao cálculo do tributo (artigo 637, CPC).

O STF editou seis súmulas tratando do cálculo do imposto *causa mortis*. Vejamos:

a) Súmula 112 do STF: "O imposto de transmissão causa mortis é devido pela alíquota vigente ao tempo da abertura da sucessão";

b) Súmula 113 do STF: "O imposto de transmissão causa mortis é calculado sobre o valor dos bens na data da avaliação";

c) Súmula 114 do STF: "O imposto de transmissão causa mortis não é exigível antes da homologação do cálculo";

d) Súmula 115 do STF: "Sobre os honorários do advogado contratado pelo inventariante, com a homologação do juiz, não incide o imposto de transmissão causa mortis"; e

e) Súmula 331 do STF: "É legítima a incidência do imposto de transmissão causa mortis no inventário por morte presumida".

f) Súmula 590 do STF: "Calcula-se o imposto de transmissão "causa mortis" sobre o saldo credor da promessa de compra e venda de imóvel, no momento da abertura da sucessão do promitente vendedor".

Feito o cálculo, sobre ele serão ouvidas todas as partes no prazo comum de 5 (cinco) dias, que correrá em cartório, e, em seguida, a Fazenda Pública (artigo 638, CPC). Se acolher eventual impugnação, o juiz ordenará nova remessa dos autos ao contabilista, determinando as alterações que devam ser feitas no cálculo (artigo 638, § 1º, CPC). Cumprido o despacho, o juiz julgará o cálculo do tributo (artigo 638, § 2º, CPC).[18]

---

18 Decidiu-se que "em sede de inventário propriamente dito (procedimento mais complexo que o destinado ao arrolamento), compete ao Juiz apreciar o pedido de isenção do Imposto sobre Transmissão *Causa Mortis*, a despeito da competência administrativa atri-

"Nos termos do art. 173 do CTN, somente no primeiro dia do exercício seguinte ao ano em que o lançamento poderia ter sido realizado é que começa a transcorrer o prazo decadencial de 5 anos para a constituição do crédito tributário. No caso, tratando-se de inventário, compete ao juiz, depois de ouvida a Fazenda Pública, proceder ao cálculo do Imposto de Transmissão *Causa Mortis*, conforme dispõem os arts. 1.012 e 1.013 do CPC [de 1973, correspondentes aos arts. 637 e 638 do CPC/2015]. Consequentemente, enquanto não homologado o cálculo do inventário, não há como efetuar a constituição definitiva do tributo, porque incertos os valores inventariados sobre o qual incidirá o percentual da exação, haja vista as possíveis modificações que os cálculos sofrerão ante questões a serem dirimidas pelo magistrado, nos termos dos arts. 1.003 a 1.011 do CPC [de 1973, correspondentes aos arts. 630 a 636 do CPC/2015]" (STJ, AgRg no REsp 1.257.451/SP, rel. Min. Humberto Martins, 2ª T., j. 06.09.2011; no mesmo sentido, STJ, AgRg na MC 20.630/MS, rel. Min. Mauro Campbell Marques, 2ª T., j. 16.04.2013).

33.4 Inventário Extrajudicial

Como dito alhures, o *inventário extrajudicial*, feito em cartório, foi regulado pela Resolução nº 35, de 27 de abril de 2007, do Conselho Nacional da Justiça, disciplina os serviços cartorários para a realização de divórcios, separações, partilhas e inventários consensuais (Lei nº 11.441).[19] Ora, por

---

buída à autoridade fiscal pelo art. 179 do CTN. [...] Por seu turno, os arts. 1.031 e ss. [do CPC/1973, correspondentes aos arts. 658 e ss. do CPC/2015], estabelecem o procedimento a ser observado no âmbito do arrolamento sumário, cujo rito é mais simplificado que o do arrolamento comum previsto no art. 1.038 [do CPC/1973, correspondente ao art. 667 do CPC/2015] e o do inventário propriamente dito, não abrangendo o cálculo judicial do Imposto de Transmissão *Causa Mortis*" (STJ, REsp 1.150.356/SP, 1.ª Seção, j. 09.08.2010, rel. Min. Luiz Fux).

19 Livre escolha – Para a lavratura dos atos notariais é livre a escolha do tabelião de notas, não se aplicando as regras de competência do Código de Processo Civil.
Desistência da via judicial – É facultada aos interessados a opção pela via judicial ou extrajudicial; podendo ser solicitada, a qualquer momento, a suspensão, pelo prazo de 30 dias, ou a desistência da via judicial, para promoção da via extrajudicial.
Não haverá homologação judicial – As escrituras públicas de inventário e partilha, separação e divórcio consensuais não dependem de homologação judicial.
Custas sem percentual – O valor dos emolumentos deverá corresponder ao efetivo custo e à adequada remuneração dos serviços prestados, sendo vedada a fixação de emolumentos em percentual incidente sobre o valor do negócio jurídico objeto dos serviços notariais e de registro.
Isenção de custas – A gratuidade compreende as escrituras de inventário, partilha, separação e divórcio consensuais. Para a obtenção da gratuidade, basta a simples declaração dos interessados de que não possuem condições de arcar com os emolumentos, ainda que as partes estejam assistidas por advogado constituído. Não haverá dispensa do pagamento de impostos.
Tabelião não pode indicar advogado – É vedada ao tabelião a indicação de advogado às partes, que deverão comparecer para o ato notarial acompanhadas de profissional de sua confiança. Se as partes não dispuserem de condições econômicas para contratar advo-

gado, o tabelião deverá recomendar-lhes a Defensoria Pública, onde houver, ou, na sua falta, a Seccional da OAB.

Retificação – A escritura pública pode ser retificada desde que haja o consentimento de todos os interessados

Antecipação dos impostos – O recolhimento dos tributos incidentes deve anteceder a lavratura da escritura.

Meação de companheiro(a) – Esta pode ser reconhecida na escritura pública, desde que todos os herdeiros e interessados na herança, absolutamente capazes, estejam de acordo.

Presença de um só herdeiro – Havendo um só herdeiro, maior e capaz, com direito à totalidade da herança, não haverá partilha, lavrando-se a escritura de inventário e adjudicação dos bens.

Bens no exterior – É vedada a lavratura de escritura pública de inventário e partilha referente a bens localizados no exterior

Não exigência de comparecimento das partes na separação e divórcio consensuais – O comparecimento pessoal das partes é dispensável à lavratura de escritura pública de separação e divórcio consensuais, sendo admissível ao(s) separando(s) ou ao(s) divorciando(s) se fazer representar por mandatário constituído, desde que por instrumento público com poderes especiais, descrição das cláusulas essenciais e prazo de validade de trinta dias.

Sem segredo cartorário – Não há sigilo nas escrituras públicas de separação e divórcio consensuais.

Abaixo, a íntegra da Resolução nº 35, de 24 de abril de 2007:

Disciplina a aplicação da Lei nº 11.441/07 pelos serviços notariais e de registro.

A PRESIDENTE DO CONSELHO NACIONAL DE JUSTIÇA, no uso de suas atribuições constitucionais e regimentais, e tendo em vista o disposto no art. 19, I, do Regimento Interno deste Conselho, e Considerando que a aplicação da Lei nº 11.441/2007 tem gerado muitas divergências;

Considerando que a finalidade da referida lei foi tornar mais ágeis e menos onerosos os atos a que se refere e, ao mesmo tempo, descongestionar o Poder Judiciário;

Considerando a necessidade de adoção de medidas uniformes quanto à aplicação da Lei nº 11.441/2007 em todo o território nacional, com vistas a prevenir e evitar conflitos;

Considerando as sugestões apresentadas pelos Corregedores-Gerais de Justiça dos Estados e do Distrito Federal em reunião promovida pela Corregedoria Nacional de Justiça;

Considerando que, sobre o tema, foram ouvidos o Conselho Federal da Ordem dos Advogados do Brasil e a Associação dos Notários e Registradores do Brasil;

RESOLVE:

Art. 1º Para a lavratura dos atos notariais de que trata a Lei nº 11.441/07, é livre a escolha do tabelião de notas, não se aplicando as regras de competência do Código de Processo Civil.

Art. 2º É facultada aos interessados a opção pela via judicial ou extrajudicial; podendo ser solicitada, a qualquer momento, a suspensão, pelo prazo de 30 dias, ou a desistência da via judicial, para promoção da via extrajudicial.

Art. 3º As escrituras públicas de inventário e partilha, separação e divórcio consensuais não dependem de homologação judicial e são títulos hábeis para o registro civil e o registro imobiliário, para a transferência de bens e direitos, bem como para promoção de todos os atos necessários à materialização das transferências de bens e levantamento de valores (DETRAN, Junta Comercial, Registro Civil de Pessoas Jurídicas, instituições financeiras, companhias telefônicas etc.)

Art. 4º O valor dos emolumentos deverá corresponder ao efetivo custo e à adequada e suficiente remuneração dos serviços prestados, conforme estabelecido no parágrafo único do art. 1º da Lei nº 10.169/2000, observando-se, quanto a sua fixação, as regras previstas no art. 2º da citada lei.

Art. 5º É vedada a fixação de emolumentos em percentual incidente sobre o valor do negócio jurídico objeto dos serviços notariais e de registro (Lei nº 10.169, de 2000, art. 3º, inciso II).

Art. 6º A gratuidade prevista na Lei nº 11.441/07 compreende as escrituras de inventário, partilha, separação e divórcio consensuais.

Art. 7º Para a obtenção da gratuidade de que trata a Lei nº 11.441/07, basta a simples declaração dos interessados de que não possuem condições de arcar com os emolumentos, ainda que as partes estejam assistidas por advogado constituído.

Art. 8º É necessária a presença do advogado, dispensada a procuração, ou do defensor público, na lavratura das escrituras decorrentes da Lei 11.441/07, nelas constando seu nome e registro na OAB.

Art. 9º É vedada ao tabelião a indicação de advogado às partes, que deverão comparecer para o ato notarial acompanhadas de profissional de sua confiança. Se as partes não dispuserem de condições econômicas para contratar advogado, o tabelião deverá recomendar-lhes a Defensoria Pública, onde houver, ou, na sua falta, a Seccional da Ordem dos Advogados do Brasil.

Art. 10. É desnecessário o registro de escritura pública decorrente da Lei nº 11.441/2007 no Livro "E" de Ofício de Registro Civil das Pessoas Naturais, entretanto, o Tribunal de Justiça deverá promover, no prazo de 180 dias, medidas adequadas para a unificação dos dados que concentrem as informações dessas escrituras no âmbito estadual, possibilitando as buscas, preferencialmente, sem ônus para o interessado.

SEÇÃO II
DISPOSIÇÕES REFERENTES AO INVENTÁRIO E À PARTILHA

Art. 11. É obrigatória a nomeação de interessado, na escritura pública de inventário e partilha, para representar o espólio, com poderes de inventariante, no cumprimento de obrigações ativas ou passivas pendentes, sem necessidade de seguir a ordem prevista no art. 990 do Código de Processo Civil.

Art. 12. Admitem-se inventário e partilha extrajudiciais com viúvo(a) ou herdeiro(s) capazes, inclusive por emancipação, representado(s) por procuração formalizada por instrumento público com poderes especiais, vedada a acumulação de funções de mandatário e de assistente das partes.

Art. 13. A escritura pública pode ser retificada desde que haja o consentimento de todos os interessados. Os erros materiais poderão ser corrigidos, de ofício ou mediante requerimento de qualquer das partes, ou de seu procurador, por averbação à margem do ato notarial ou, não havendo espaço, por escrituração própria lançada no livro das escrituras públicas e anotação remissiva.

Art. 14. Para as verbas previstas na Lei nº 6.858/80, é também admissível a escritura pública de inventário e partilha.

Art. 15. O recolhimento dos tributos incidentes deve anteceder a lavratura da escritura.

Art. 16. É possível a promoção de inventário extrajudicial por cessionário de direitos hereditários, mesmo na hipótese de cessão de parte do acervo, desde que todos os herdeiros estejam presentes e concordes.

Art. 17. Os cônjuges dos herdeiros deverão comparecer ao ato de lavratura da escritura pública de inventário e partilha quando houver renúncia ou algum tipo de partilha que importe em transmissão, exceto se o casamento se der sob o regime da separação absoluta.

Art. 18. O(A) companheiro(a) que tenha direito à sucessão é parte, observada a necessidade de ação judicial se o autor da herança não deixar outro sucessor ou não houver consenso de todos os herdeiros, inclusive quanto ao reconhecimento da união estável.

Art. 19. A meação de companheiro(a) pode ser reconhecida na escritura pública, desde que todos os herdeiros e interessados na herança, absolutamente capazes, estejam de acordo.

Art. 20. As partes e respectivos cônjuges devem estar, na escritura, nomeados e qualificados (nacionalidade; profissão; idade; estado civil; regime de bens; data do casamento; pacto antenupcial e seu registro imobiliário, se houver; número do documento de identidade; número de inscrição no CPF/MF; domicílio e residência).

Art. 21. A escritura pública de inventário e partilha conterá a qualificação completa do autor da herança; o regime de bens do casamento; pacto antenupcial e seu registro imobiliário, se houver; dia e lugar em que faleceu o autor da herança; data da expedição da certidão de óbito; livro, folha, número do termo e unidade de serviço em que consta o registro do óbito; e a menção ou declaração dos herdeiros de que o autor da herança não deixou testamento e outros herdeiros, sob as penas da lei.

Art. 22. Na lavratura da escritura deverão ser apresentados os seguintes documentos: a) certidão de óbito do autor da herança; b) documento de identidade oficial e CPF das partes e do autor da herança; c) certidão comprobatória do vínculo de parentesco dos herdeiros; d) certidão de casamento do cônjuge sobrevivente e dos herdeiros casados e pacto antenupcial, se houver; e) certidão de propriedade de bens imóveis e direitos a eles relativos; f) documentos necessários à comprovação da titularidade dos bens móveis e direitos, se houver; g) certidão negativa de tributos; e h) Certificado de Cadastro de Imóvel Rural – CCIR, se houver imóvel rural a ser partilhado.

Art. 23. Os documentos apresentados no ato da lavratura da escritura devem ser originais ou em cópias autenticadas, salvo os de identidade das partes, que sempre serão originais.

Art. 24. A escritura pública deverá fazer menção aos documentos apresentados.

Art. 25. É admissível a sobrepartilha por escritura pública, ainda que referente a inventário e partilha judiciais já findos, mesmo que o herdeiro, hoje maior e capaz, fosse menor ou incapaz ao tempo do óbito ou do processo judicial.

Art. 26. Havendo um só herdeiro, maior e capaz, com direito à totalidade da herança, não haverá partilha, lavrando-se a escritura de inventário e adjudicação dos bens.

Art. 27. A existência de credores do espólio não impedirá a realização do inventário e partilha, ou adjudicação, por escritura pública.

Art. 28. É admissível inventário negativo por escritura pública.

Art. 29. É vedada a lavratura de escritura pública de inventário e partilha referente a bens localizados no exterior.

Art. 30. Aplica-se a Lei n.º 11.441/07 aos casos de óbitos ocorridos antes de sua vigência.

Art. 31. A escritura pública de inventário e partilha pode ser lavrada a qualquer tempo, cabendo ao tabelião fiscalizar o recolhimento de eventual multa, conforme previsão em legislação tributária estadual e distrital específicas.

Art. 32. O tabelião poderá se negar a lavrar a escritura de inventário ou partilha se houver fundados indícios de fraude ou em caso de dúvidas sobre a declaração de vontade de algum dos herdeiros, fundamentando a recusa por escrito.

SEÇÃO III
DISPOSIÇÕES COMUNS À SEPARAÇÃO E DIVÓRCIO CONSENSUAIS

Art. 33. Para a lavratura da escritura pública de separação e de divórcio consensuais, deverão ser apresentados: a) certidão de casamento; b) documento de identidade oficial e CPF/MF; c) pacto antenupcial, se houver; d) certidão de nascimento ou outro documento de identidade oficial dos filhos absolutamente capazes, se houver; e) certidão de propriedade de bens imóveis e direitos a eles relativos; e f) documentos necessários à comprovação da titularidade dos bens móveis e direitos, se houver.

Art. 34. As partes devem declarar ao tabelião, no ato da lavratura da escritura, que não têm filhos comuns ou, havendo, que são absolutamente capazes, indicando seus nomes e as datas de nascimento.

Art. 35. Da escritura, deve constar declaração das partes de que estão cientes das consequências da separação e do divórcio, firmes no propósito de pôr fim à sociedade conjugal ou ao vínculo matrimonial, respectivamente, sem hesitação, com recusa de reconciliação.

Art. 36. O comparecimento pessoal das partes é dispensável à lavratura de escritura pública de separação e divórcio consensuais, sendo admissível ao(s) separando(s) ou ao(s) divorciando(s) se fazer representar por mandatário constituído, desde que por instrumento público com poderes especiais, descrição das cláusulas essenciais e prazo de validade de trinta dias.

Art. 37. Havendo bens a serem partilhados na escritura, distinguir-se-á o que é do patrimônio individual de cada cônjuge, se houver, do que é do patrimônio comum do casal, conforme o regime de bens, constando isso do corpo da escritura.

Art. 38. Na partilha em que houver transmissão de propriedade do patrimônio individual de um cônjuge ao outro, ou a partilha desigual do patrimônio comum, deverá ser comprovado o recolhimento do tributo devido sobre a fração transferida.

Art. 39. A partilha em escritura pública de separação e divórcio consensuais far-se-á conforme as regras da partilha em inventário extrajudicial, no que couber.

Art. 40. O traslado da escritura pública de separação e divórcio consensuais será apresentado ao Oficial de Registro Civil do respectivo assento de casamento, para a averbação necessária, independente de autorização judicial e de audiência do Ministério Público.

Art. 41. Havendo alteração do nome de algum cônjuge em razão de escritura de separação, restabelecimento da sociedade conjugal ou divórcio consensuais, o Oficial de Registro Civil que averbar o ato no assento de casamento também anotará a alteração no respectivo assento de nascimento, se de sua unidade, ou, se de outra, comunicará ao Oficial competente para a necessária anotação.

Art. 42. Não há sigilo nas escrituras públicas de separação e divórcio consensuais.

Art. 43. Na escritura pública deve constar que as partes foram orientadas sobre a necessidade de apresentação de seu traslado no registro civil do assento de casamento, para a averbação devida.

Art. 44. É admissível, por consenso das partes, escritura pública de retificação das cláusulas de obrigações alimentares ajustadas na separação e no divórcio consensuais.

Art. 45. A escritura pública de separação ou divórcio consensuais, quanto ao ajuste do uso do nome de casado, pode ser retificada mediante declaração unilateral do interessado na volta ao uso do nome de solteiro, em nova escritura pública, com assistência de advogado.

Art. 46. O tabelião poderá se negar a lavrar a escritura de separação ou divórcio se houver fundados indícios de prejuízo a um dos cônjuges ou em caso de dúvidas sobre a declaração de vontade, fundamentando a recusa por escrito.

SEÇÃO IV
DISPOSIÇÕES REFERENTES À SEPARAÇÃO CONSENSUAL

Art. 47. São requisitos para lavratura da escritura pública de separação consensual: a) um ano de casamento; b) manifestação da vontade espontânea e isenta de vícios em não mais manter a sociedade conjugal e desejar a separação conforme as cláusulas ajustadas; c) ausência de filhos menores não emancipados ou incapazes do casal; e d) assistência das partes por advogado, que poderá ser comum.

Art. 48. O restabelecimento de sociedade conjugal pode ser feito por escritura pública, ainda que a separação tenha sido judicial. Neste caso, é necessária e suficiente a apresentação de certidão da sentença de separação ou da averbação da separação no assento de ser mais célere e menos oneroso, o *inventário extrajudicial* é o procedimento mais recomendável quando não há impedimentos.

É necessário, pois, que se escolha um Cartório de Notas onde será realizado todo o procedimento do inventário extrajudicial, bem como a contratação obrigatória de um advogado, que pode ser comum ou individual para cada herdeiro ou interessado.

Os interessados devem nomear um inventariante, que será a pessoa que administrará os bens do espólio. Após o início do processo, o tabelião levanta as eventuais dívidas deixadas pelo falecido. Dessa maneira, para verificar a existência ou ausência de pendências, o cartório reúne as certidões negativas de débito, documentos que atestam que o falecido não deixou dívidas em quaisquer esferas públicas. Além das dívidas, deve ser informado todos os bens deixados pelo falecido para que sejam reunidos, pelo tabelião ou pelo advogado, os documentos de posse atualizados, como matrículas de registro de imóveis, o Documento Único de Transferência (DUT) dos carros, dentre outros.

É necessário ainda o pagamento do Imposto de Transmissão Causa Mortis e Doações (ITCMD), imposto de origem estadual cuja alíquota varia de estado para estado, podendo chegar a até 8%. Deve-se preencher a declaração do ITCMD no site da Secretaria da Fazenda do seu estado. O documen-

---

casamento.

Art. 49. Em escritura pública de restabelecimento de sociedade conjugal, o tabelião deve: a) fazer constar que as partes foram orientadas sobre a necessidade de apresentação de seu traslado no registro civil do assento de casamento, para a averbação devida; b) anotar o restabelecimento à margem da escritura pública de separação consensual, quando esta for de sua serventia, ou, quando de outra, comunicar o restabelecimento, para a anotação necessária na serventia competente; e c) comunicar o restabelecimento ao juízo da separação judicial, se for o caso.

Art. 50. A sociedade conjugal não pode ser restabelecida com modificações.

Art. 51. A averbação do restabelecimento da sociedade conjugal somente poderá ser efetivada depois da averbação da separação no registro civil, podendo ser simultâneas.

SEÇÃO V
DISPOSIÇÕES REFERENTES AO DIVÓRCIO CONSENSUAL

Art. 52. A Lei nº 11.441/07 permite, na forma extrajudicial, tanto o divórcio direto como a conversão da separação em divórcio. Neste caso, é dispensável a apresentação de certidão atualizada do processo judicial, bastando a certidão da averbação da separação no assento de casamento.

Art. 53. A declaração dos cônjuges não basta para a comprovação do implemento do lapso de dois anos de separação no divórcio direto. Deve o tabelião observar se o casamento foi realizado há mais de dois anos e a prova documental da separação, se houver, podendo colher declaração de testemunha, que consignará na própria escritura pública. Caso o notário se recuse a lavrar a escritura, deverá formalizar a respectiva nota, desde que haja pedido das partes neste sentido.

Art. 54. Esta Resolução entra em vigor na data de sua publicação.

Ministra Ellen Gracie
Presidente

to funciona como um resumo dos bens deixados, dos herdeiros envolvidos e dos valores a serem pagos. Neste momento, a divisão de bens já deve ter sido acordada com a família, os registros e certidões negativas devem ter sido providenciados, e as informações sobre os herdeiros e a partilha devem ter sido realizados.

O imposto é calculado sobre o valor venal dos bens. Dessa forma, no momento de preenchimento da declaração do ITCMD são informados os valores de mercado de cada bem. No caso dos bens imóveis, e.g., o valor informado é aquele que aparece no carnê do IPTU. Logo a seguir, o sistema emite uma guia de recolhimento do imposto para cada herdeiro, já com o valor que cada um deve pagar.

O *inventário extrajudicial* tem como pressuposto que os familiares acordaram com a partilha dos bens. Cabe, pois, ao advogado contratado e ao tabelião explicar as partes envolvidas quais são os direitos e deveres de cada herdeiro. É na declaração de ITCMD e no inventário que devem constar as condições diferentes de partilha. Com a declaração do ITCMD finalizada e todos os documentos reunidos, o cartório ou o advogado envia a minuta da escritura (esboço do inventário), à procuradoria estadual. A partir daí, a procuradoria avalia as informações, confere sobretudo as declarações dos bens do espólio e seus valores para que não haja erro no cálculo do imposto, e autoriza a realização da escritura do inventário.

Logo após a autorização da procuradoria, será agendada no cartório a data para a lavratura da Escritura de Inventário e Partilha pelo tabelião, que encerrará o processo. Se houver bens imóveis envolvidos na partilha, os herdeiros devem levar a *certidão do inventário* aos Cartórios de Registros de Imóveis onde estão matriculados os imóveis para que ocorra a transferência da propriedade. A certidão do inventário poderá ser apresentada ao Detran para a transferência de propriedade de veículos, e às repartições públicas e empresas para regularizar a nova propriedade do titular dos bens, direitos e ações.

33.5 Arrolamento

O *arrolamento* está previsto no artigo 659 e seguintes do Código de Processo Civil. É um procedimento de jurisdição voluntária e concentra numa única fase as atividades de inventariança e partilhamento.[20]

---

20   CPC – Art. 659. A partilha amigável, celebrada entre partes capazes, nos termos da lei, será homologada de plano pelo juiz, com observância dos arts. 660 a 663.
§ 1º O disposto neste artigo aplica-se, também, ao pedido de adjudicação, quando houver herdeiro único.
§ 2º Transitada em julgado a sentença de homologação de partilha ou de adjudicação, será lavrado o formal de partilha ou elaborada a carta de adjudicação e, em seguida, serão expedidos os alvarás referentes aos bens e às rendas por ele abrangidos, intimando-se o fisco para lançamento administrativo do imposto de transmissão e de outros tributos

33.5.1 Arrolamento Sumário

De acordo com o artigo 660 do CPC, na petição de inventário, que se processará na forma de arrolamento sumário, independentemente da lavratura de termos de qualquer espécie, os herdeiros: I – requererão ao juiz a nomeação do inventariante que designarem; II – declararão os títulos dos herdeiros e os bens do espólio, observado o disposto no art. 630; III – atribuirão valor aos bens do espólio, para fins de partilha.[21]

No arrolamento, não serão conhecidas ou apreciadas questões relativas ao lançamento, ao pagamento ou à quitação de taxas judiciárias e de tributos incidentes sobre a transmissão da propriedade dos bens do espólio (artigo 662, CPC).[22]

A existência de credores do espólio não impedirá a homologação da partilha ou da adjudicação, se forem reservados bens suficientes para o pagamento da dívida (artigo 663, CPC). A reserva de bens será realizada pelo valor estimado pelas partes, salvo se o credor, regularmente notificado, impugnar a estimativa, caso em que se promoverá a avaliação dos bens a serem reservados (artigo 663, parágrafo único, CPC).

33.5.2 Arrolamento Simples

Quando o valor dos bens do espólio for igual ou inferior a 1.000 (mil) salários-mínimos, o inventário processar-se-á na forma de arrolamento, cabendo ao inventariante nomeado, independentemente de assinatura de termo de compromisso, apresentar, com suas declarações, a atribuição de valor aos bens do espólio e o plano da partilha (artigo 664, CPC).

Se qualquer das partes ou o Ministério Público impugnar a estimativa, o juiz nomeará avaliador, que oferecerá laudo em 10 (dez) dias (artigo 664, § 1º, CPC).

Apresentado o laudo, o juiz, em audiência que designar, deliberará sobre a partilha, decidindo de plano todas as reclamações e mandando pagar as dívidas não impugnadas (artigo 664, § 2º, CPC).

Lavrar-se-á de tudo um só termo, assinado pelo juiz, pelo inventariante e pelas partes presentes ou por seus advogados (artigo 664, § 3º, CPC).

---

porventura incidentes, conforme dispuser a legislação tributária, nos termos do § 2º do art. 662.
21 CPC – Art. 661. Ressalvada a hipótese prevista no parágrafo único do art. 663, não se procederá à avaliação dos bens do espólio para nenhuma finalidade.
22 CPC – § 1º A taxa judiciária, se devida, será calculada com base no valor atribuído pelos herdeiros, cabendo ao fisco, se apurar em processo administrativo valor diverso do estimado, exigir a eventual diferença pelos meios adequados ao lançamento de créditos tributários em geral.
§ 2º O imposto de transmissão será objeto de lançamento administrativo, conforme dispuser a legislação tributária, não ficando as autoridades fazendárias adstritas aos valores dos bens do espólio atribuídos pelos herdeiros.

Aplicam-se a essa espécie de arrolamento, no que couber, as disposições do art. 672, relativamente ao lançamento, ao pagamento e à quitação da taxa judiciária e do imposto sobre a transmissão da propriedade dos bens do espólio (artigo 664, § 4º, CPC).

Provada a quitação dos tributos relativos aos bens do espólio e às suas rendas, o juiz julgará a partilha (artigo 664, § 5º, CPC).

33.5.3 Aplicação do rito de arrolamento simples para o caso de herdeiro incapaz

O artigo 665 do CPC diz que o inventário processar-se-á também na forma do artigo 664 do CPC ainda que haja interessado incapaz, desde que concordem todas as partes e o Ministério Público.

33.6 Alvará Judicial

O artigo 666 do CPC preceitua que independerá de inventário ou de arrolamento o pagamento dos valores previstos na Lei 6.858/80. Isto significa dizer que não será necessário o inventário e partilha para o pagamento dos valores que puderem ser obtidos por meio do procedimento especial de jurisdição voluntária conhecido como alvará judicial, previsto na Lei 6.858/80. Tal rito é aplicável para que os dependentes ou sucessores do falecido, não habilitados, possam levantar valores depositados em instituições financeiras, tais como FGTS e PIS-PASEP, quando forem estes os únicos bens transmitidos pela morte.[23]

---

23 ROCHA, Felippe Borring. In: Passo, CABRAL, Antonio d., CRAMER, (orgs.). *Comentários ao Novo Código de Processo Civil*, 2. ed. Método, 06/2016.

Capítulo 34

SONEGADOS

34.1 Sonegados

De acordo com o *Dicionário Aurélio século XXI*, sonegar significa: 1. Ocultar, deixando de descrever ou de mencionar nos casos em que a lei exige a descrição ou a menção; 2. Ocultar com fraude; 3. P. ext. Ocultar, encobrir; esconder; encapotar. Daí a sonegação é a ocultação dos bens que deveriam ser inventariados ou levados à colação.

São considerados sonegados os bens que, embora devessem ser partilhados, não o foram, em razão de ocultação daquele que estava em sua administração. Isto é, a sobrepartilha de bens sonegados encontra fundamento no desconhecimento ou ocultação sobre determinado bem por uma das partes (REsp 1204253/RS, Rel. Ministro LUIS FELIPE SALOMÃO, QUARTA TURMA, julgado em 27/05/2014, DJe 15/08/2014).

O artigo 1.992 do Código Civil diz que "o herdeiro que sonegar bens da herança, não os descrevendo no inventário quando estejam em seu poder, ou, com o seu conhecimento, no de outrem, ou que os omitir na colação, a que os deva levar, ou que deixar de restituí-los, perderá o direito que sobre eles lhe cabia".[1]

Dessa maneira, a pena ao sonegador é a perda do direito sobre o bem sonegado. O sonegador ainda poderá ser responsabilizado penalmente conforme o artigo 168 do Código Penal, com o aumento da pena previsto no §

---

[1] DIREITO DAS SUCESSÕES. AÇÃO DE SONEGADOS. DOLO PRESUMIDO. INVERSÃO DO ÔNUS DA PROVA. 1. A renitência do meeiro em apresentar os bens no inventário não configura dolo, sendo necessário, para tanto, demonstração inequívoca de que seu comportamento foi inspirado pela fraude. Não caracterizado o dolo de sonegar, afasta-se a pena da perda dos bens (CC, art. 1.992).
2. No regime da comunhão universal de bens, cada cônjuge tem a posse e propriedade em comum, indivisa de todos os bens, cabendo a cada um a metade ideal. Portanto, o ato de transferência de quotas de sociedades limitadas entre cônjuges é providência inócua diante do inventário, já que os bens devem ser apresentados em sua totalidade e, a partir daí, respeitada a meação, ser divididos entre os herdeiros.
Portanto, a aplicação da pena de sonegados prevista no art. 1.992 do Código Civil é medida desproporcional ao ato de transferência de quotas sociais realizada entre cônjuges casados em comunhão universal, pois tais bens não podem ser escondidos.
3. Recurso especial conhecido e desprovido. (REsp 1267264/RJ, Rel. Ministro JOÃO OTÁVIO DE NORONHA, TERCEIRA TURMA, julgado em 19/05/2015, DJe 25/05/2015)

1º, II. Vejamos: Apropriação indébita. Art. 168 – Apropriar-se de coisa alheia móvel, de que tem a posse ou a detenção: Pena – reclusão, de um a quatro anos, e multa. Aumento de pena § 1º – A pena é aumentada de um terço, quando o agente recebeu a coisa: I – em depósito necessário; II – na qualidade de tutor, curador, síndico, liquidatário, inventariante, testamenteiro ou depositário judicial.

A pena deverá ser requerida em ação própria (ação de sonegados), movida pelos herdeiros ou testamentários. Além da pena cominada, se o sonegador for o próprio inventariante, remover-se-á, em se provando a sonegação, ou negando ele a existência dos bens, quando indicados (artigo 1.993). Isto significa dizer que se o sonegador for o próprio inventariante, ele sofrerá uma pena dupla, a saber: perda dos direitos sobre os bens sonegados e remoção do cargo.

Da mesma maneira, se o testamenteiro for sonegador, a pena aplicada será a perda da inventariança, bem como da *vintena*.

34.2 Ação de Sonegados

Para que haja interesse processual para propositura de ação de sonegados, é necessário que haja uma declaração da inventariante de não existir mais nada a acrescer ao inventário. No caso, a inventariante, ao fazer as últimas declarações, protestou pela apresentação de outras informações ou retificações e aditamentos de eventuais bens, ainda não descritos. Assim, cabe ao interessado que tenha conhecimento da existência de outros bens interpelar a inventariante para que os declare, apontando-os. Logo, só com a recusa ou omissão, que caracterizará a malícia, é que ensejará a ação de sonegados. (REsp 265.859-SP, Rel. Min. Sálvio de Figueiredo, julgado em 20/3/2003).

A pena de sonegados só se pode requerer e impor em ação movida pelos herdeiros ou pelos credores da herança (artigo 1.994). A sentença que se proferir na ação de sonegados, movida por qualquer dos herdeiros ou credores, aproveita aos demais interessados (artigo 1.994, parágrafo único, CC).[2][3]

---

2 Trata-se de ação de sonegados movida por três filhas herdeiras do *de cujus* contra outros dois irmãos. As circunstâncias específicas do caso revelam uma conturbada disputa patrimonial envolvendo aparente sonegação fiscal, comportamento irregular do ex-inventariante no exercício do cargo e escamoteamento de depósito no exterior. Nada disso constou das primeiras declarações do primeiro inventariante e, no exame do mérito pelo juiz singular, concluiu-se que também os imóveis arrolados na inicial da lide teriam integrado o patrimônio dos dois filhos recorridos como doação indireta e não como aquisição com recursos próprios deles. As declarações finais, mesmo que imperfeitas na dicção do acórdão que verificou a partilha, foram apresentadas, e delas não constaram os imóveis tidos como sonegados. A Turma conheceu do recurso e lhe deu provimento para afastar a carência da ação e determinar que o TJ prossiga o julgamento do mérito das apelações interpostas pelos réus. REsp 586.807-RJ, Rel. Min. Aldir Passarinho Junior, julgado em 7/12/2004.

3 RECURSO ESPECIAL. PROCESSUAL CIVIL. AÇÃO RESCISÓRIA. DECISÃO INTERLOCUTÓRIA PROFERIDA EM AÇÃO DE INVENTÁRIO. ARROLAMENTO DE BENS SU-

Capítulo 34 – Sonegados

A ação de sonegados deverá ser proposta no foro do inventário e a prescrição opera-se no prazo de 10 (dez) anos, contados da homologação da partilha. Dessa forma, "a prescrição da ação de sonegados, de dez anos, conta-se a partir do encerramento do inventário, pois, até essa data, podem ocorrer novas declarações, trazendo-se bens a inventariar. No caso de entrega de dinheiro pelo *de cujus* para a aquisição de bens imóveis, a sonegação é dos valores entregues, e não dos próprios imóveis [...] A simples renitência do herdeiro, mesmo após interpelação, não configura dolo, sendo necessário, para tanto, demonstração inequívoca de que seu comportamento foi inspirado pela fraude. Não caracterizado o dolo de sonegar, afasta-se a pena da perda dos bens (CC, art. 1.992)".[4]

---

[4] POSTAMENTE SONEGADOS. ANÁLISE DE MÉRITO. PROJEÇÃO DE EFEITOS PARA FORA DO PROCESSO. REDISCUSSÃO DA MATÉRIA. PRECLUSÃO. PEDIDO RESCISÓRIO. CABIMENTO.
1. Ação rescisória ajuizada na origem objetivando a rescisão de acórdão proferido em agravo de instrumento, confirmatório de decisão interlocutória que determinou o arrolamento de bens supostamente deixados pelo de cujus, em atendimento a requerimento apresentado por credores do espólio, no qual se indicava a existência de bens sonegados.
2. Hipótese em que a indicação de bens possivelmente sonegados operou-se mediante simples requerimento apresentado nos autos do inventário e não por meio da ação própria a que se referem os arts. 994 do Código de Processo Civil/1973 e 1.994 do Código Civil.
3. Impossibilidade de rediscussão da matéria em outra oportunidade, considerados os limites objetivos da ação de inventário, destinada, em regra, à apuração do patrimônio deixado pelo falecido e à partilha entre seus sucessores legais.
4. Existência de trânsito em julgado tendo em vista o escoamento do prazo recursal para interposição de eventual recurso contra o acórdão rescindendo, tornando preclusa a matéria relacionada à obrigatoriedade de arrolamento dos bens supostamente sonegados.
5. Decisão que, ao determinar o arrolamento de bens que, segundo os sucessores, não mais pertenciam ao de cujus à época da sucessão universal, afeta, positiva ou negativamente, o direito material dos herdeiros e dos credores do espólio, projetando efeitos substanciais para fora do processo, o que legitima o ajuizamento da ação rescisória.
6. Recurso especial provido. (REsp 1231806/SC, Rel. Ministro RICARDO VILLAS BÔAS CUEVA, TERCEIRA TURMA, julgado em 05/05/2016, DJe 23/05/2016).
RECURSOS ESPECIAIS. AÇÃO DE SONEGADOS. BENS IMÓVEIS ADQUIRIDOS COM VALORES PRESTADOS PELO DE CUJUS E NÃO DECLARADOS PELOS HERDEIROS. NEGATIVA DE PRESTAÇÃO JURISDICIONAL AFASTADA. PRESCRIÇÃO DECENAL CONTADA A PARTIR DA DATA DO ENCERRAMENTO DO INVENTÁRIO. CITAÇÃO DO CÔNJUGE. DESNECESSIDADE ANTE A SONEGAÇÃO DO VALOR DOS BENS, E NÃO DE IMÓVEIS. INEXISTÊNCIA DE DOLO. AFASTAMENTO DA PENA DE PERDA DOS BENS. RESTITUIÇÃO EM DINHEIRO, PELA METADE, DOS VALORES DOADOS. ILEGITIMIDADE ATIVA DA VIÚVA MEEIRA PARA A AÇÃO DE SONEGADOS.
1. Afasta-se a alegação de negativa de prestação jurisdicional (CPC, art. 535) quando há suficiente motivação do acórdão recorrido, congruente com o dispositivo que deles decorreu, de modo a constituir julgamento válido.
2. É cabível o ajuizamento da ação de sonegados quando não trazidos à colação os numerários doados pelo pai a alguns dos herdeiros para a aquisição de bens imóveis.
3. A prescrição da ação de sonegados, de dez anos, conta-se a partir do encerramento do inventário, pois, até essa data, podem ocorrer novas declarações, trazendo-se bens

Caso não seja mais possível a restituição dos bens ao espólio (nos casos de alienação ou inexistência), o magistrado ordenará o pagamento correspondente ao valor da coisa, acrescidos de perdas e danos. É que determina o artigo 1.995 ao dizer: "se não se restituírem os bens sonegados, por já não os ter o sonegador em seu poder, pagará ele a importância dos valores que ocultou, mais as perdas e danos".

Só se pode arguir de sonegação o inventariante depois de encerrada a descrição dos bens, com a declaração, por ele feita, de não existirem outros por inventariar e partir, assim como arguir o herdeiro, depois de declarar-se no inventário que não os possui (artigo 1.996).

---

a inventariar.

4. No caso de entrega de dinheiro pelo de cujus para a aquisição de bens imóveis, a sonegação é dos valores entregues, e não dos próprios imóveis, o que afasta o acionamento dos cônjuges em litisconsórcio necessário (CPC, arts. 10, § 1º, I, e 47).

5. A simples renitência do herdeiro, mesmo após interpelação, não configura dolo, sendo necessário, para tanto, demonstração inequívoca de que seu comportamento foi inspirado pela fraude. Não caracterizado o dolo de sonegar, afasta-se a pena da perda dos bens (CC, art. 1.992).

6. No regime da comunhão universal de bens, cada cônjuge tem a posse e propriedade em comum, indivisa de todos os bens, cabendo a cada um a metade ideal. Assim, entende-se que cada cônjuge contribui com metade das doações feitas, razão pela qual não se pode apontar como sonegada, no inventário do marido, a metade doada pela esposa.

7. Como a colação tem por escopo equalizar as legítimas dos herdeiros necessários, falece interesse jurídico à viúva meeira para o ajuizamento das ações de sonegados, visto que estes não serão acrescidos à sua meação.

8. Recursos especiais providos em parte. (REsp 1196946/RS, Rel. Ministro SIDNEI BENETI, Rel. p/ Acórdão Ministro JOÃO OTÁVIO DE NORONHA, TERCEIRA TURMA, julgado em 19/08/2014, DJe 05/09/2014).

Capítulo 35
PAGAMENTO DAS DÍVIDAS

35.1 Pagamento das Dívidas

A herança responde pelo pagamento das dívidas do falecido, no entanto, realizada a partilha, os herdeiros respondem somente na proporção da parte que lhe coube.

Assim, de acordo com o artigo 1.997, a herança responde pelo pagamento das dívidas do falecido; mas, feita a partilha, só respondem os herdeiros, cada qual em proporção da parte que na herança lhe coube.[1][2]

---

[1] RECURSO ESPECIAL. PROCESSUAL CIVIL. CIVIL. SUCESSÕES. EXECUÇÃO. EMBARGOS DE TERCEIRO. ILEGITIMIDADE ATIVA DO HERDEIRO (CPC, ARTS. 43 E 1.046). SUJEIÇÃO AOS EFEITOS DO TÍTULO EXECUTADO. A HERANÇA RESPONDE PELAS DÍVIDAS DO FALECIDO (CC/1916, ART 1.796; CC/2002, ART. 1.997). QUALIDADE PARA OPOR EMBARGOS À EXECUÇÃO. BENS PERTENCENTES AOS GARANTES. RECURSO PROVIDO.
1. Nos termos do art. 1.997 do Código Civil (CC/1.916, art. 1.796), a herança responde pelo pagamento das dívidas do falecido.
2. Na hipótese, o herdeiro não ostenta a qualidade de terceiro, pois se sujeita aos efeitos do título executado, já que os bens penhorados, integrantes de acervo hereditário, foram previamente dados pelos então proprietários, o casal fiador, em alienação fiduciária e em garantia hipotecária dos títulos executados.
Precedente.
3. Embora seja certo que os herdeiros podem defender os bens a serem recebidos por herança, mesmo antes da partilha, deverão fazê-lo na condição de sucessores do falecido (CPC, art. 43), e não de terceiro (CPC, art. 1.046), máxime quando os bens a serem inventariados, ainda indivisos, acham-se gravados de ônus real previamente ajustado pelo *de cujus*.
4. Recurso especial provido.
(REsp 1264874/MA, Rel. Ministro RAUL ARAÚJO, QUARTA TURMA, julgado em 07/05/2015, DJe 16/06/2015).

[2] No mesmo sentido, "em execução de dívida divisível do autor da herança ajuizada após a partilha, cada herdeiro beneficiado pela sucessão responde na proporção da parte que lhes coube na herança. De fato, os herdeiros e legatários do autor da herança não respondem pelas dívidas do *de cujus* acima das forças dos bens que receberam. Destarte, com a abertura da sucessão, há a formação de um condomínio necessário, que somente é dissolvido com a partilha, estabelecendo o quinhão hereditário de cada beneficiário no tocante ao acervo transmitido. Nesse contexto, a herança é constituída pelo acervo patrimonial e dívidas (obrigações) deixadas por seu autor, sendo que aos credores do autor da herança é facultada, antes da partilha dos bens transmitidos, a habilitação de seus créditos no juízo do inventário ou o ajuizamento de ação em face do espólio. Ultimada a partilha,

Em execução de dívida divisível do autor da herança ajuizada após a partilha, cada herdeiro beneficiado pela sucessão responde na proporção da parte que lhes coube na herança. De fato, os herdeiros e legatários do autor da herança não respondem pelas dívidas do *de cujus* acima das forças dos bens que receberam. Dessarte, com a abertura da sucessão, há a formação de um condomínio necessário, que somente é dissolvido com a partilha, estabelecendo o quinhão hereditário de cada beneficiário no tocante ao acervo transmitido. Nesse contexto, a herança é constituída pelo acervo patrimonial e dívidas (obrigações) deixadas por seu autor, sendo que aos credores do autor da herança é facultada, antes da partilha dos bens transmitidos, a habilitação de seus créditos no juízo do inventário ou o ajuizamento de ação em face do espólio. Ultimada a partilha, o acervo outrora indiviso, constituído pelos bens e direitos que pertenciam ao *de cujus*, transmitidos com o seu falecimento, estará discriminado e especificado, de modo que só caberá ação em face dos beneficiários, que, em todo caso, responderão até o limite de seus quinhões. Com efeito, é nítido do exame do art. 1.997, *caput*, do CC, c/c o art. 597 do CPC (correspondente ao art. 796 do novo CPC) que, feita a partilha, cada herdeiro responde pelas dívidas (divisíveis) do falecido dentro das forças da herança e na proporção da parte que lhe coube, e não necessariamente no limite de seu quinhão hereditário. Portanto, após a partilha, não há cogitar em solidariedade entre os herdeiros de dívidas divisíveis, motivo pelo qual caberá ao credor executar os herdeiros *pro rata*, observando a proporção da parte que lhes coube (quinhão) no tocante ao acervo partilhado. Precedente citado: REsp 1.290.042-SP, Sexta Turma, DJe 29/2/2012. (REsp 1.367.942-SP, Rel. Min. Luis Felipe Salomão, julgado em 21/5/2015, DJe 11/6/2015).

35.2 Requerimento dos Credores

Antes da partilha, poderão os credores do espólio requerer ao juízo do inventário o pagamento das dívidas vencidas e exigíveis (artigo 642, CPC).

"A habilitação de crédito nos autos de inventário do devedor não é uma obrigatoriedade da parte, mas sim consiste em uma faculdade a teor do disposto no artigo 1.017, *caput*, do Código de Processo Civil [de 1973, corres-

---

o acervo outrora indiviso, constituído pelos bens e direitos que pertenciam ao *de cujus*, transmitidos com o seu falecimento, estará discriminado e especificado, de modo que só caberá ação em face dos beneficiários, que, em todo caso, responderão até o limite de seus quinhões. Com efeito, é nítido do exame do art. 1.997, *caput*, do CC, c/c o art. 597 do CPC [correspondente ao art. 796 do novo CPC] que, feita a partilha, cada herdeiro responde pelas dívidas (divisíveis) do falecido dentro das forças da herança e na proporção da parte que lhe coube, e não necessariamente no limite de seu quinhão hereditário. Portanto, após a partilha, não há cogitar em solidariedade entre os herdeiros de dívidas divisíveis, motivo pelo qual caberá ao credor executar os herdeiros *pro rata*, observando a proporção da parte que lhes coube (quinhão) no tocante ao acervo partilhado" (STJ, REsp 1.367.942/SP, Rel. Min. Luis Felipe Salomão, j. 21.05.2015, *DJe* 11.06.2015).

pondente ao art. 642 do CPC/2015]. Os herdeiros só receberão a herança depois de solucionadas as pendências com os credores. Assim, é perfeitamente possível que a execução tenha prosseguimento, inclusive com reserva de bens suficientes, se o débito não puder ser solucionado no inventário" (STJ, CC 96.042-AC, j. 13.10.2010, rel. Min. Massami Uyeda).

A petição, acompanhada de prova literal da dívida, será distribuída por dependência e autuada em apenso aos autos do processo de inventário (artigo 642, § 1º, CPC).

Quando, antes da partilha, for requerido no inventário o pagamento de dívidas constantes de documentos, revestidos de formalidades legais, constituindo prova bastante da obrigação, e houver impugnação, que não se funde na alegação de pagamento, acompanhada de prova valiosa, o juiz mandará reservar, em poder do inventariante, bens suficientes para solução do débito, sobre os quais venha a recair oportunamente a execução (artigo 1.997, § 1º, CC).[3]

O credor será obrigado a iniciar a ação de cobrança no prazo de trinta dias, sob pena de se tornar de nenhum efeito a providência indicada (artigo 1.997, § 2º, CC).

---

[3] CPC – Art. 642. Antes da partilha, poderão os credores do espólio requerer ao juízo do inventário o pagamento das dívidas vencidas e exigíveis.
§ 1º A petição, acompanhada de prova literal da dívida, será distribuída por dependência e autuada em apenso aos autos do processo de inventário.
§ 2º Concordando as partes com o pedido, o juiz, ao declarar habilitado o credor, mandará que se faça a separação de dinheiro ou, em sua falta, de bens suficientes para o pagamento.
§ 3º Separados os bens, tantos quantos forem necessários para o pagamento dos credores habilitados, o juiz mandará aliená-los, observando-se as disposições deste Código relativas à expropriação.
§ 4º Se o credor requerer que, em vez de dinheiro, lhe sejam adjudicados, para o seu pagamento, os bens já reservados, o juiz deferir-lhe-á o pedido, concordando todas as partes.
§ 5º Os donatários serão chamados a pronunciar-se sobre a aprovação das dívidas, sempre que haja possibilidade de resultar delas a redução das liberalidades.
Art. 643. Não havendo concordância de todas as partes sobre o pedido de pagamento feito pelo credor, será o pedido remetido às vias ordinárias.
Parágrafo único. O juiz mandará, porém, reservar, em poder do inventariante, bens suficientes para pagar o credor quando a dívida constar de documento que comprove suficientemente a obrigação e a impugnação não se fundar em quitação.
Art. 644. O credor de dívida líquida e certa, ainda não vencida, pode requerer habilitação no inventário. Parágrafo único. Concordando as partes com o pedido referido no *caput*, o juiz, ao julgar habilitado o crédito, mandará que se faça separação de bens para o futuro pagamento.
Art. 645. O legatário é parte legítima para manifestar-se sobre as dívidas do espólio:
I – quando toda a herança for dividida em legados;
II – quando o reconhecimento das dívidas importar redução dos legados.
Art. 646. Sem prejuízo do disposto no art. 860, é lícito aos herdeiros, ao separarem bens para o pagamento de dívidas, autorizar que o inventariante os indique à penhora no processo em que o espólio for executado.

35.3 Despesas Funerárias

As despesas funerárias, haja ou não herdeiros legítimos, sairão do monte da herança; mas as de sufrágios por alma do falecido só obrigarão a herança quando ordenadas em testamento ou codicilo (artigo 1.998, CC).

As despesas funerárias são aquelas que decorrem do falecimento, especialmente, em relação à aquisição de sepultura, translado do corpo, cremação do corpo, dentre outras. Já as despesas inerentes à missa ou atos religiosos, somente sairão do monte da herança, caso decorra de disposição de última vontade ou codicilo.

CLÓVIS BEVILAQUA diz que as despesas funerárias "são as que se fazem em razão da morte e da imunização do corpo, inclusive a aquisição da sepultura. [...] O Código manda pagá-las pelo monte da herança, isto é, pelo conjunto de bens, que deixou aquele que se conduziu à sepultura, pelo denominado monte mor, que difere do monte partível. Este último é o acervo de bens, já deduzidas as dívidas e as despesas do funeral [...] As despesas com a doença, de que faleceu o *de cujus*, deduzem-se do monte da herança, porque são dívidas contraídas pelo enfermo, ou em seu nome, e para seu uso".[4]

Nesse sentido, "Inventário. Despesas com o Funeral e Pagamentos Adiantados pela Inventariante. Ressarcimento Cabível. Devem ser atendidas prioritariamente todas as despesas decorrentes dos funerais, pois constituem gastos necessários ao sepultamento. Recurso provido." (Apelação Cível nº 70065450140, Sétima Câmara Cível, Tribunal de Justiça do RS, Relator: Sérgio Fernando de Vasconcellos Chaves, Julgado em 29/07/2015).

Vale lembrar que goza de privilégio geral sobre os bens do devedor, o crédito por despesa de seu funeral, feito segundo a condição do morto e o costume do lugar.[5] Assim, "na dicção do art. 1.998 do Código Civil, "as despesas funerárias, haja ou não herdeiros legítimos, sairão do monte da he-

---

4 BEVILAQUA, Clóvis. *Código Civil dos Estados Unidos do Brasil comentado por Clóvis Bevilaqua*. Edição Histórica. Rio de Janeiro: Rio, 1976, p. 1.033.
5 CC – Art. 965. Goza de privilégio geral, na ordem seguinte, sobre os bens do devedor:
I – o crédito por despesa de seu funeral, feito segundo a condição do morto e o costume do lugar;
II – o crédito por custas judiciais, ou por despesas com a arrecadação e liquidação da massa;
III – o crédito por despesas com o luto do cônjuge sobrevivo e dos filhos do devedor falecido, se foram moderadas;
IV – o crédito por despesas com a doença de que faleceu o devedor, no semestre anterior à sua morte;
V – o crédito pelos gastos necessários à mantença do devedor falecido e sua família, no trimestre anterior ao falecimento;
VI – o crédito pelos impostos devidos à Fazenda Pública, no ano corrente e no anterior;
VII – o crédito pelos salários dos empregados do serviço doméstico do devedor, nos seus derradeiros seis meses de vida;
VIII – os demais créditos de privilégio geral.

rança" e, conforme dispõe o art. 965, 1., do mesmo diploma legal, o crédito por despesas decorrentes do funeral, feito segundo a condição do morto e o costume do lugar, goza de privilégio geral sobre os bens do espólio. 2. Comprovadas as despesas realizadas com o funeral da autora da herança na ordem de R$ 2.350,00, bem como patente a necessidade de reembolso da quantia despendida por herdeira para fazer frente a tal gasto, é de ser mantida a decisão que incluiu as despesas funerárias nas dívidas a serem pagas quando da partilha dos bens deixados pelo *de cujus*, a fim de ressarcir a herdeira que arcou com tais valores. 3. Não se conhece do recurso em relação a pedido que não foi objeto de apreciação pelo Juízo de origem na decisão agravada, pois qualquer manifestação por este Tribunal a respeito implicaria inadmissível supressão de grau de jurisdição. CONHECERAM EM PARTE E, NA PARTE CONHECIDA, NEGARAM PROVIMENTO. UNÂNIME". (Agravo de Instrumento nº 70057474926, Oitava Câmara Cível, Tribunal de Justiça do RS, Relator: Luiz Felipe Brasil Santos, Julgado em 20/03/2014).

No mesmo sentido, a decisão do TJSP: "APELAÇÃO. INVENTÁRIO. SENTENÇA HOMOLOGATÓRIA DE PARTILHA. Apelo de co-herdeira insistindo na partilha de três imóveis e aduzindo descabida, como dívida do espólio, tanto a inclusão de despesas com funeral, como a totalidade de gastos com cartão de crédito do falecido. Inconsistência do inconformismo. Comprovação, nos autos, de que um dos imóveis fora alienado pelo próprio *de cujus*. Pretendida partilha do imóvel que, segundo a recorrente, fora alienada sem observância da forma especial prescrita pelo art. 108 Código Civil. Questão a ser dirimida em sede própria, por envolver direitos de terceiro adquirente que não figurou como interessado no presente feito. Alegação, não comprovada, de que a inventariante ocultou um terceiro bem imóvel da partilha de bens. Despesas com funeral. Obrigação do espólio a teor do art. 1998 do Código Civil. Alegação de que a viúva deve responder por 50% da dívida de cartão de crédito do falecido. Inovação recursal descabida. Sentença mantida. NEGADO PROVIMENTO AO RECURSO". (Relator(a): Viviani Nicolau; Comarca: Jales; Órgão julgador: 3ª Câmara de Direito Privado. Data do julgamento: 26/01/2016; Data de registro: 26/01/2016).

35.4 Ação Regressiva

Se um dos herdeiros efetuou os pagamentos devidos pela herança, ele terá direito de regresso contra os demais sucessores e na hipótese de insolvência de algum destes, a sua quota será rateada entre os outros proporcionalmente na proporção de seus quinhões. É o que diz o artigo 1.999 ao afirmar que "sempre que houver ação regressiva de uns contra outros herdeiros, a parte do co-herdeiro insolvente dividir-se-á em proporção entre os demais".

JOÃO LUIZ ALVES ensina que "realizada a partilha, cada herdeiro só responde pelas dívidas da sucessão, em parte proporcional ao seu quinhão hereditário, salvo se a dívida for indivisível.

Na primeira hipótese, insolvente um herdeiro, perde o credor a sua parte, porque poderia fazer valer o seu direito contra a massa, antes da partilha.

Na segunda, indivisível a dívida, o herdeiro, que pagar, terá direito regressivo contra os outros.

Se um deles for insolvente, é justo que os outros co-herdeiros sofram proporcionalmente o prejuízo da parte do insolvente, a qual, sem isso, pesaria exclusivamente sobre o herdeiro que pagou, não uma dívida sua, mas uma dívida da sucessão".[6]

35.5 Exigência de Legatários e credores

Com o firme propósito de não haver dúvidas e confusão entre o patrimônio particular do herdeiro e o da herança, mormente em face dos credores, "os legatários e credores da herança podem exigir que do patrimônio do falecido se discrimine o do herdeiro, e, em concurso com os credores deste, ser-lhes-ão preferidos no pagamento (art. 2.000, CC).

35.6 Herdeiro devedor

Se o herdeiro for devedor ao espólio, sua dívida será partilhada igualmente entre todos, salvo se a maioria consentir que o débito seja imputado inteiramente no quinhão do devedor (artigo 2.001, CC). A regra jurídica trata da hipótese em que a herança é credora de um dos herdeiros. Frise-se que a maioria é em relação à quota dos herdeiros.

Dessa maneira, "INVENTÁRIO. IMPUTAÇÃO DO CRÉDITO DO ESPÓLIO NO QUINHÃO DO HERDEIRO DEVEDOR. Diante do pedido do herdeiro devedor e da manifesta concordância da maioria dos herdeiros e interessados, deve ser deferida a imputação do crédito do espólio no quinhão do herdeiro devedor, nos termos do art. 2.001 do Código Civil. O que se partilha entre os herdeiros é o crédito que o espólio tem a receber, assim como é o crédito do espólio que se imputa no quinhão do devedor. O dispositivo não induz interpretação errônea, mas dessa forma seria melhor entendido: "se o herdeiro for devedor ao espólio, o crédito (do espólio) será partilhado igualmente entre todos (os herdeiros), salvo se a maioria consentir que o crédito seja imputado inteiramente no quinhão do devedor". E assim é para que o herdeiro devedor não seja obrigado a ter a dívida imputada no seu quinhão quando, eventualmente, tiver interesse em outro bem do espólio, ou para que a maioria dos herdeiros não seja obrigada a ficar com outros bens dos

---

6 ALVES, João Luiz. *Código Civil da República dos Estados Unidos do Brasil Anotado*. Rio de Janeiro: F. Briguiet e Cia. Editores-Livreiros, 1917, p. 1.276.

quais não tenham interesse, e não com o crédito que o espólio tem a receber. É por esse motivo que a lei determina duas condições para que o crédito do espólio seja imputado inteiramente no quinhão do devedor: o pedido do herdeiro devedor e o consentimento da maioria dos herdeiros. Recurso não provido". (Relator(a): Carlos Alberto Garbi; Comarca: Presidente Venceslau; Órgão julgador: 10ª Câmara de Direito Privado; Data do julgamento: 08/10/2013; Data de registro: 09/10/2013).

Capítulo 36
COLAÇÃO

36.1 Colação

É o ato jurídico através do qual os herdeiros descendentes trazem ao monte quaisquer liberalidades (doações) recebidas em vida do ascendente comum, sob pena de sonegação. A palavra é originada do latim *collatione*. Daí é o ato de restituir à massa da herança os bens recebidos pelos herdeiros com antecipação em vida do *de cujus*, para que se obtenha igualdade nas partilhas.[1]

A finalidade da colação é o tratamento isonômico entre os herdeiros legítimos, daí a necessidade de considerar os bens recebidos a título de liberalidade em vida visando à "recomposição" do acervo hereditário.

De acordo com as lições de JOÃO LUIZ ALVES, na obra de comentários ao Código Civil de 1916: "a colação, só tem por fim igualar as legítimas, os bens conferidos não aumentam, pois, a quota disponível. São somados à metade não disponível, para serem, com esta, partilhados, com igualdade, [...]

Os bens que vem a colação não fazem parte do patrimônio do *de cujus*; constituem doações que já produziram a transferência da propriedade para os donatários e cujo valor só é conferido para um fim especial de igualdade entre os herdeiros".[2]

"A finalidade da colação é a de igualar as legítimas, sendo obrigatório para os descendentes sucessivos (herdeiros necessários) trazer à conferência bem objeto de doação ou de dote que receberam em vida do ascendente comum, porquanto, nessas hipóteses, há a presunção de adiantamento da herança (arts. 1.785 e 1.786 do CC/1916; arts. 2.002 e 2.003 do CC/2002). O instituto da colação diz respeito, tão somente, à sucessão legítima; assim, os bens eventualmente conferidos não aumentam a metade disponível do autor da herança, de sorte que benefício algum traz ao herdeiro testamentário a reivindicação de bem não colacionado no inventário" (STJ, REsp 400.948/SE, rel. Min. Vasco Della Giustina, 3ª T., j. 23.03.2010).

---
1 Dicionário eletrônico Aurélio século XXI.
2 ALVES, João Luiz. Código Civil da República dos Estados Unidos do Brasil Anotado. Rio de Janeiro: F. Briguiet e Cia. Editores-Livreiros, 1917, p. 1.262.

"O direito de exigir a colação dos bens recebidos a título de doação em vida do *de cujus* é privativo dos herdeiros necessários, pois a finalidade do instituto é resguardar a igualdade das suas legítimas. A exigência de imputação no processo de inventário desses bens doados também é direito privativo dos herdeiros necessários, pois sua função é permitir a redução das liberalidades feitas pelo inventariado que, ultrapassando a parte disponível, invadam a legítima a ser entre eles repartida. Correto o acórdão recorrido ao negar legitimidade ao testamenteiro ou à viúva para exigir a colação das liberalidades recebidas pelas filhas do inventariado" (STJ, REsp 167.421/SP, rel. Min. Paulo de Tarso Sanseverino, 3ª T., j. 07.12.2010).

O artigo 2.002 afirma que "os descendentes que concorrerem à sucessão do ascendente comum são obrigados, para igualar as legítimas, a conferir o valor das doações que dele em vida receberam, sob pena de sonegação. Para cálculo da legítima, o valor dos bens conferidos será computado na parte indisponível, sem aumentar a disponível" (art. 2.002, parágrafo único, CC).[3]

---

[3] DIREITO CIVIL. PRETENSÃO ANULATÓRIA DE DOAÇÃO-PARTILHA. Na hipótese em que o autor da herança tenha promovido em vida a partilha da integralidade de seus bens em favor de todos seus descendentes e herdeiros necessários, por meio de escrituras públicas de doação nas quais ficou consignado o consentimento de todos eles e, ainda, a dispensa de colação futura, a alegação de eventual prejuízo à legítima em decorrência da referida partilha deve ser pleiteada pela via anulatória apropriada, e não por meio de ação de inventário. Com efeito, segundo entendimento doutrinário, "inventário é o processo judicial que se destina a apurar os bens deixados pelo finado, a fim de sobre o monte proceder-se à partilha". Consiste, portanto, na descrição pormenorizada dos bens da herança, tendente a possibilitar o recolhimento de tributos, o pagamento de credores e, por fim, a partilha. Em regra, a doação feita de ascendente para descendente, por si só, não é considerada inválida ou ineficaz pelo ordenamento jurídico, mas impõe ao donatário a obrigação protraída no tempo de, à época do óbito do doador, trazer o patrimônio recebido à colação, a fim de igualar as legítimas, caso não seja aquele o único herdeiro necessário (arts. 2.002, parágrafo único, e 2.003 do CC), sob pena de perda do direito sobre os bens não colacionados. O teor do *caput* do art. 2.002 dispõe expressamente que os descendentes que concorrerem à sucessão do ascendente comum são obrigados, para preservar a regra de igualdade das legítimas, a conferir o valor das doações que dele em vida receberam, sob pena de sonegação. Não obstante, o dever de colacionar os bens admite exceções, sendo de destacar, entre elas, "as doações que o doador determinar saiam da parte disponível, contanto que não a excedam, computado o seu valor ao tempo da doação" (art. 2.005). Assim, a única restrição imposta pela lei à livre vontade do disponente é o respeito à legítima dos herdeiros necessários, que, por óbvio, não pode ser reduzida. Desde que observado esse limite, não fica o autor da herança obrigado nem mesmo a proceder à distribuição igualitária dos quinhões, contanto que eventuais desigualdades sejam imputadas à sua quota disponível. Isso porque, sendo-lhe lícito dispor livremente de metade de seus bens, nada impede que beneficie um de seus herdeiros mais do que os outros, embora sejam todos necessários, contando que não lhes lese a legítima. Complementando a regra anterior, o art. 2.006 do mesmo diploma legal preconiza que a dispensa da colação "pode ser outorgada pelo doador em testamento, ou no próprio título de liberalidade", revelando, portanto, a necessidade de que seja expressa. No caso em análise, os atos de liberalidade foram realizados abrangendo todo o patrimônio do cedente, com a anuência dos herdeiros, o que configura partilha em vida dos bens, tendo constado, ainda, das escrituras públicas de doação a dispensa de colação futura. Para a doutrina, "no caso do que vulgarmente se denomina doação-partilha, não existe dádiva, porém inventário antecipado, em vida; não

O que deve prevalecer é a ideia de que a doação feita de ascendente para descendente, por si só, não é considerada inválida ou ineficaz pelo ordenamento jurídico, mas impõe ao donatário obrigação protraída no tempo, de à época do óbito do doador, trazer o patrimônio recebido à colação, a fim de igualar as legítimas, caso não seja aquele o único herdeiro necessário (arts. 2.002, parágrafo único, e 2.003 do CC). Importante destacar que o dever de colacionar os bens recebidos a título de liberalidade só se dispensa por expressa manifestação do doador, determinando que a doação seja extraída da parte disponível de seus bens, o que também não ocorre na hipótese em análise, na qual a liberalidade de fato configura adiantamento da legítima. Precedentes citados: REsp 730.483-MG, Terceira Turma, DJ 20/6/2005; e REsp 9.081-SP, Terceira Turma, DJ 20/4/1992. (REsp 1.298.864-SP, Rel. Min. Marco Aurélio Bellizze, julgado em 19/5/2015, DJe 29/5/2015).

O artigo 544 prescreve que "a doação de ascendentes a descendentes, ou de um cônjuge a outro, importa adiantamento do que lhes cabe por herança".[4]

De acordo com as lições de SYLVIO CAPANEMA DE SOUZA, a regra do artigo 544 possui enorme densidade ética, já que "evita problemas, presumindo como adiantamento do que lhe couber na herança a doação feita a um, ou apenas a alguns dos filhos, o que iguala os quinhões hereditários, quando aberta a sucessão. Os descendentes, beneficiados pela doação, feita ainda em vida pelos ascendentes, terão que trazer à colação os bens doados, o que representa restituir à massa da herança os bens ou valores que lhes foram antecipadamente transferidos".[5]

Ademais, o artigo 544 deve ser interpretado juntamente com os artigos 2.002 a 2.012, que tratam da colação.

Assim, a colação[6] visa igualar as legítimas dos descendentes e do cônjuge sobrevivente, obrigando também os donatários que, ao tempo do falecimento do doador, já não possuírem os bens doados.[7]

---

se dá colação; rescinde-se ou corrige-se a partilha, quando ilegal ou errada". Desse modo, considera-se que os autores são carecedores de interesse de agir para o processo de inventário, o qual, ante o ato constitutivo de partilha em vida e consequente dispensa de colação, não teria nenhuma utilidade. Ressalte-se que eventual prejuízo à legítima do herdeiro necessário em decorrência de partilha em vida dos bens feita pelo autor da herança deve ser buscada pela via anulatória apropriada, e não por meio de ação de inventário. Afinal, se não há bens a serem partilhados, não há a necessidade de processo do inventário. REsp 1.523.552-PR, Rel. Min. Marco Aurélio Bellizze, julgado em 3/11/2015, DJe 13/11/2015.
4 Correspondente ao art. 1.171 do CCB/1916.
5 SOUZA, Sylvio Capanema de. Comentários ao Novo Código Civil. Volume VIII. Rio de Janeiro: Forense, 2004, p. 154.
6 AGRAVO DE INSTRUMENTO. DOAÇÃO DE ASCENDENTE A DESCENDENTE. COLAÇÃO. A doação de ascendente a descendente configura, em regra, adiantamento de legítima. Se o descendente não fez expressa dispensa de colação, impõe-se que o bem seja colacionado. RECURSO PROVIDO. (Agravo de Instrumento Nº 70015756992, Oitava Câmara Cível, Tribunal de Justiça do RS, Relator: Claudir Fidélis Faccenda, Julgado em 20.7.2006).
7 CC 2002 – Art. 1.845. São herdeiros necessários os descendentes, os ascendentes e o cônju-

Na doação de ascendente a descendente é necessária a anuência dos demais descendentes? Neste caso, a jurisprudência observa que

> Doação de ascendente a descendente. Anuência dos demais descendentes. Não exige a lei, na doação de ascendente a descendente, a anuência dos demais descendentes, por isso que a mesma se considera adiantamento de legítima, sujeita a conferência inaplicável o art. 1.132 do Código Civil (REsp 17.555/MG, Rel. Ministro DIAS TRINDADE, TERCEIRA TURMA, julgado em 9.3.1992, DJ 6.4.1992 p. 4495).

> Civil. Doação de ascendente a descendente. Ausência de consentimento de um dos filhos. Desnecessidade. Validade do ato. Art. 171. Não é nula a doação efetivada pelos pais a filhos, com exclusão de um, só e só porque não contou com o consentimento de todos os descendentes, não se aplicando à doação a regra inserta no art. 1.132 do Código Civil. Do contido no art. 1.171 do CC deve-se, ao revés, extrair-se o entendimento de que a doação dos pais a filhos é válida, independentemente da concordância de todos estes, devendo-se apenas considerar que ela importa em adiantamento da legítima. Como tal – e quando muito – o mais que pode o herdeiro necessário, que se julgar prejudicado, pretender, e a garantia da intangibilidade da sua quota legitimária, que em linha de princípio só pode ser exercitada quando for aberta a sucessão, postulando pela redução dessa liberalidade até complementar a legítima, se a doação for além da metade disponível. Hipótese em que a mãe doou determinado bem a todos os filhos, com exceção de um deles, que pretende a anulação da doação, ainda em vida a doadora, por falta de consentimento do filho não contemplado. Recurso não conhecido (REsp 124.220/MG, Rel. Ministro CÉSAR ASFOR ROCHA, QUARTA TURMA, julgado em 25.11.1997, DJ 13.4.1998 p. 126).

A colação tem por fim igualar, na proporção estabelecida neste Código, as legítimas dos descendentes e do cônjuge sobrevivente, obrigando também os donatários que, ao tempo do falecimento do doador, já não possuírem os bens doados (artigo 2.003, CC).

---

ge.
CC 2002 – Art. 1.846. Pertence aos herdeiros necessários, de pleno direito, a metade dos bens da herança, constituindo a legítima.
CC 2002 – Art. 1.847. Calcula-se a legítima sobre o valor dos bens existentes na abertura da sucessão, abatidas as dívidas e as despesas do funeral, adicionando-se, em seguida, o valor dos bens sujeitos a colação.

Se, computados os valores das doações feitas em adiantamento de legítima, não houver no acervo bens suficientes para igualar as legítimas dos descendentes e do cônjuge, os bens assim doados serão conferidos em espécie, ou, quando deles já não disponha o donatário, pelo seu valor ao tempo da liberalidade (artigo 2.003, parágrafo único, CC).

Assim, "Todo ato de liberalidade, inclusive doação, feito a descendente e/ou herdeiro necessário nada mais é do que adiantamento de legítima, impondo, portanto, o dever de trazer à colação, sendo irrelevante a condição dos demais herdeiros: se supervenientes ao ato de liberalidade, se irmãos germanos ou unilaterais" (STJ, Ministra Nancy Andrighi). (TJ-SC – AI: 278910 SC 2007.027891-0, Relator: Luiz Carlos Freyesleben. Data de Julgamento: 18/01/2010, Segunda Câmara de Direito Civil, Data de Publicação: Agravo de Instrumento n°, de Lages).

A colação é obrigação imposta aos descendentes que concorrem à sucessão comum, por exigência legal, para acertamento das legítimas, na proporção estabelecida em lei, sob pena de sonegados e, consequentemente, da perda do direito sobre os bens não colacionados, voltando esses ao monte-mor, para serem sobrepartilhados (REsp 1315606/SP, Rel. Ministro LUIS FELIPE SALOMÃO, QUARTA TURMA, julgado em 23/08/2016, DJe 28/09/2016).

36.2 Sistemas de Colação

Existem dois sistemas de colação, a saber: o sistema de *colação real* e o sistema de *colação do valor* (*ad valorem*) ou colação por estimativa. Naquele, as doações efetuadas devem ser entregues materialmente ao espólio ou *in natura*. Neste, a colação acontece através de informações sobre o objeto da doação e seu valor. Aqui, os bens não são entregues materialmente ao espólio. Frise-se que neste caso, o bem pode até não existir no momento da abertura da sucessão.

36.3 Valor da colação dos bens doados

36.3.1 Conceito

De acordo com o dispositivo legal sob comento, o valor da colação é aquele atribuído no ato de liberalidade e, na sua falta, os bens doados serão avaliados com base no que valiam ao tempo do contrato de doação. Dessa forma, o magistrado, no processo de inventário, deverá ordenar a avaliação do bem na época em que ocorreu a liberalidade. É uma espécie de avaliação retrospectiva.

O artigo 2.004 diz que "o valor de colação dos bens doados será aquele, certo ou estimativo, que lhes atribuir o ato de liberalidade".

Se do ato de doação não constar valor certo, nem houver estimação feita naquela época, os bens serão conferidos na partilha pelo que então se calcular valessem ao tempo da liberalidade (artigo 2.004, § 1º, CC).

Só o valor dos bens doados entrará em colação; não assim o das benfeitorias acrescidas, as quais pertencerão ao herdeiro donatário, correndo também à conta deste os rendimentos ou lucros, assim como os danos e perdas que eles sofrerem (artigo 2.004, § 2º, CC).

36.3.2 Correção monetária

O dispositivo legal (CC 2002 – Art. 2.004) deveria ter previsto a atualização monetária do valor do bem doado até o momento da época da abertura da sucessão, por uma questão de equilíbrio e justiça entre os herdeiros.

O Conselho da Justiça Federal, na I Jornada de Direito Civil, publicou o enunciado 119 que afirma: "para evitar o enriquecimento sem causa, a colação será efetuada com base no valor da época da doação, nos termos do *caput* do art. 2.004, exclusivamente na hipótese em que o bem doado não mais pertença ao patrimônio do donatário. Se, ao contrário, o bem ainda integrar seu patrimônio, a colação se fará com base no valor do bem na época da abertura da sucessão, nos termos do art. 1.014 do CPC, de modo a preservar a quantia que efetivamente integrará a legítima quando esta se constituiu, ou seja, na data do óbito (resultado da interpretação sistemática do art. 2.004 e seus parágrafos, juntamente com os arts. 1.832 e 884 do Código Civil)".

Vale destacar que o artigo 639, parágrafo único, do CPC diz que "os bens a serem conferidos na partilha, assim como as acessões e as benfeitorias que o donatário fez, calcular-se-ão pelo valor que tiverem ao tempo da abertura da sucessão". Existe, portanto, uma antinomia: o Código Civil afirma que a avaliação deve ser feita tomando por base o valor dos bens na data da liberalidade, enquanto o CPC afirma que esse valor deve ser apurado no momento da abertura da sucessão (art. 639, parágrafo único). FELIPPE BORRING ROCHA entende que "diante dos dispositivos, a única interpretação que parece possível é que a regra prevista Código Civil foi afastada pela regra contida no CPC/2015, por ser mais recente (em sentido contrário, sustentando a aplicação da regra prevista no CC, MARINONI; ARENHART; MITIDIERO, 2015, p. 649)".[8]

Entendemos que a melhor exegese está no enunciado 119, publicado na I Jornada de Direito Civil, acima referido. Melhor dizendo: para evitar o enriquecimento sem causa, a colação será efetuada com base no valor da época da doação, nos termos do *caput* do art. 2.004, exclusivamente na hipótese em que o bem doado não mais pertença ao patrimônio do donatário. Se, ao contrário, o bem ainda integrar seu patrimônio, a colação se fará com base no valor do bem na época da abertura da sucessão.

---

8 ROCHA, Felippe Borring. In: Passo, CABRAL, Antonio d., CRAMER, (orgs.). *Comentários ao Novo Código de Processo Civil*, 2. ed. Método, 06/2016.

Em um caso concreto decidendo antes da entrada em vigor do CPC/2015, o STJ decidiu, recentemente, que deveria ser utilizado o valor calculado no momento da doação, acrescido de correção monetária. Vejamos: O valor de colação dos bens doados deverá ser aquele atribuído ao tempo da liberalidade, corrigido monetariamente até a data da abertura da sucessão. (STJ. 4ª Turma. REsp 1.166.568-SP, Rel. Min. Lázaro Guimarães (Desembargador convocado do TRF da 5ª Região), julgado em 12/12/2017).

A polêmica deve continuar se consideramos uma situação concreta que deva ser aplicado o diploma processual de 2015 (artigo 639, parágrafo único).

36.4 Dispensa da Colação

São dispensadas da colação as doações que o doador determinar saiam da parte disponível, contanto que não a excedam, computado o seu valor ao tempo da doação (artigo 2.005, CC).[9]

Presume-se imputada na parte disponível a liberalidade feita a descendente que, ao tempo do ato, não seria chamado à sucessão na qualidade de herdeiro necessário (artigo 2.005, parágrafo único, CC).

A dispensa da colação pode ser outorgada pelo doador em testamento, ou no próprio título de liberalidade (artigo 2006, CC).[10]

36.5 Doação Inoficiosa e sujeitas à redução

O artigo 549 do CC trata da *doação inoficiosa*. Neste artigo se estabelece que "nula é também a doação quanto à parte que exceder à de que o doador, no momento da liberalidade, poderia dispor em testamento".[11] Daí que a doação inoficiosa é a parte que ultrapassa à legítima dos herdeiros necessários.[12]

---

9   AGRAVO DE INSTRUMENTO – SUCESSÕES – ADIANTAMENTO DE LEGÍTIMA – DOAÇÕES INCONTROVERSAS – Inexistência de dispensa de colação (art. 2.005, CC). Dever de colacionar, que não se afasta diante de eventual sonegação de outros bens por parte dos agravados (art. 2.002, CC) – Alegações que, se verdadeiras, deverão ser comprovadas pelas agravantes, não as eximindo de sua obrigação legal, em relação às doações recebidas pelo de cujus em vida. Recurso improvido. (Relator(a): Fábio Podestá; Comarca: Bragança Paulista; Órgão julgador: 5ª Câmara de Direito Privado; Data do julgamento: 05/12/2016; Data de registro: 05/12/2016).

10 inventário – decisão determinando a inclusão de bem doado a herdeiro necessário nas primeiras declarações – doadores que consignaram expressamente na escritura de doação que o bem foi tirado da parte disponível e que o donatário estava dispensado da colação por ocasião da abertura da sucessão dos doadores – inteligência do art. 2.006 do CC – inexistência de elementos nos autos indicativos de que a liberalidade ultrapassou a legítima – decisão reformada – agravo provido. (Relator(a): Theodureto Camargo; Comarca: São Paulo; Órgão julgador: 8ª Câmara de Direito Privado; Data do julgamento: 28/11/2016; Data de registro: 28/11/2016).

11 Correspondente ao art. 1.176 do CCB/1916.

12 TJRJ – 1998.001.04162 – APELACAO CIVEL. DES. SÉRGIO CAVALIERI FILHO – Julgamento: 09/06/1998 – SEGUNDA CÂMARA CÍVEL. DOAÇÃO INOFICIOSA. Legitima Não Vulnerada. Nulidade Inexistente. Para que se caracterize a doação inoficiosa é preciso que

São herdeiros necessários os descendentes, os ascendentes e o cônjuge (CC 2002 – Art. 1.845). Pertence aos herdeiros necessários, de pleno direito, a metade dos bens da herança, constituindo a legítima (CC 2002 – Art. 1.846). Havendo herdeiros necessários, o testador só poderá dispor da metade da herança (CC 2002 – Art. 1.789).

Dessa forma, o doador poderá efetuar a doação até o limite da chamada porção ou quota disponível, calculada pelo patrimônio à época da liberalidade. O excesso da quota disponível constitui a parte inoficiosa da doação.

A doação, para que seja válida, não pode exceder os 50% de patrimônio disponível do doador, restando os demais 50% reservados para a legítima, na hipótese de existência de herdeiros necessários. A parte que exceder esse limite – doação inoficiosa – deve ser anulada em benefício dos demais herdeiros. *Essa verificação deve ser realizada considerando-se o patrimônio do doador no ato da liberalidade, e não quando da realização da partilha, consoante determina o art. 549 do diploma civil.*

A nulidade abarca somente a parte que exceder a disponível. Trata-se de nulidade parcial, também chamada de ineficácia relativa, "em que se aproveita a parte não contaminada do contrato, que continua íntegra, na sua essência, inclusiva quanto ao *animus donandi*".

O herdeiro que cede seus direitos hereditários possui legitimidade para pleitear a declaração de nulidade de doação inoficiosa (arts. 1.176 do CC/1916 e 549 do CC/2002) realizada pelo autor da herança em benefício de terceiros. Isso porque o fato de o herdeiro ter realizado a cessão de seus direitos hereditários não lhe retira a qualidade de herdeiro, que é personalíssima. De fato, a cessão de direitos hereditários apenas transfere ao cessionário a titularidade da situação jurídica do cedente, de modo a permitir que aquele exija a partilha dos bens que compõem a herança. (REsp 1.361.983-SC, Rel. Min. Nancy Andrighi, julgado em 18/3/2014).

Sobre a questão do excesso e o momento de sua fixação, segue, abaixo, Recurso Especial 254.894/SP, do qual foi relator o Ministro Castro Filho:

> RECURSO ESPECIAL. DOAÇÕES INOFICIOSAS. FRAUDE À LEI. FIXAÇÃO DO EXCESSO. MOMENTO. FALTA DE PREQUESTIONAMENTO. EXCLUSÃO. PARTE. ACÓRDÃO RECORRIDO. FALTA DE INTERESSE. BENEFICIÁRIO. LEGITIMIDADE PASSIVA. JUIZ. ADSTRIÇÃO À NARRATIVA DOS FATOS. PRESCRIÇÃO VINTENÁRIA. I – Ausente o prequestionamento da matéria referente ao momento de apuração do patrimônio, para fins de verificação do excesso inoficioso, nos termos da Súmula 211 do Superior Tribunal de Justiça. II – Se excluída a parte da relação

---

o bem doado ultrapasse efetivamente a parte disponível de que poderia dispor o doador no momento da liberalidade. Provada a não vulneração da legítima, a doação deve ser tida como válida. Desprovimento do recurso.

processual pelas instâncias ordinárias, porquanto não aquinhoado com acréscimo patrimonial indevido, falta-lhe interesse recursal, mormente quando vêm arguindo sua ilegitimidade. III – O beneficiário das doações ilegais tem legitimidade para figurar no polo passivo das ações que visam à anulação dos negócios dela decorrentes. IV – Conforme reiterados precedentes, o juiz não está adstrito à qualificação jurídica dos fatos formulada na exordial. V – Sob a égide do Código Civil de 1916, o prazo para pleitear a anulação de negócios jurídicos praticados com fraude à lei era vintenário. Precedentes. Recursos especiais não conhecidos, com ressalva quanto à terminologia. (REsp 254.894/SP, Rel. Ministro CASTRO FILHO, TERCEIRA TURMA, julgado em 9.8.2005, DJ 12.9.2005 p. 314).

A parte prejudicada, ao ingressar com a ação de anulação da doação, deverá comprovar ter ocorrido excesso quando da realização do negócio jurídico, demonstrando patrimônio existente àquela época para que seja possível a comparação entre o que foi doado e o que restou para os herdeiros necessários. Daí que a nulidade do ato jurídico depende da prova da inoficiosidade, ou seja, se houve ou não excesso na doação efetuada.

A jurisprudência do TJRS corrobora esse entendimento: "APELAÇÃO. ANULATÓRIA. DOAÇÃO INOFICIOSA. PROVA. HONORÁRIOS. A doação inoficiosa tem por base o excesso da parte disponível do doador. Esse excesso deve vir demonstrado, de forma comparativa, através do que foi doado e do que ficou para os alegados prejudicados, à data da doação. A inexistência de demonstração do excesso impossibilita a caracterização da inoficiosidade. Os honorários advocatícios devem ser fixados nos termos do § 3º, do art. 20, do CPC. DERAM PROVIMENTO À PRIMEIRA APELAÇÃO E NEGARAM PROVIMENTO À SEGUNDA." (Apelação Cível Nº 70012645727, Oitava Câmara Cível, Tribunal de Justiça do RS, Relator: Rui Portanova, Julgado em 29.9.2005).

Ademais, são sujeitas à redução as doações em que se apurar excesso quanto ao que o doador poderia dispor, no momento da liberalidade (artigo 2.007, CC).

O excesso será apurado com base no valor que os bens doados tinham, no momento da liberalidade (artigo 2.007, § 1º, CC).

A redução da liberalidade far-se-á pela restituição ao monte do excesso assim apurado; a restituição será em espécie, ou, se não mais existir o bem em poder do donatário, em dinheiro, segundo o seu valor ao tempo da abertura da sucessão, observadas, no que forem aplicáveis, as regras deste Código sobre a redução das disposições testamentárias (artigo 2.007, § 2º, CC).

Dessa maneira, "a doação é tida como inoficiosa, caso exceda a parte a qual pode ser disposta, sendo nula a liberalidade deste excedente, podendo haver ação de anulação ou de redução. Da mesma forma, a redução será do bem em espécie e, se esse não mais existir em poder do donatário, se dará em dinheiro (CC, art. 2.007, § 2°)". (REsp 1315606/SP, Rel. Ministro LUIS FELIPE SALOMÃO, QUARTA TURMA, julgado em 23/08/2016, DJe 28/09/2016).

Sujeita-se a redução, portanto, a parte da doação feita a herdeiros necessários que exceder a legítima e mais a quota disponível (artigo 2.007, § 3°, CC).

Sendo várias as doações a herdeiros necessários, feitas em diferentes datas, serão elas reduzidas a partir da última, até a eliminação do excesso (artigo 2.007, § 4°, CC).

36.6 Renúncia ou exclusão da herança

Aquele que renunciou a herança ou dela foi excluído, deve, não obstante, conferir as doações recebidas, para o fim de repor o que exceder o disponível (artigo 2.008, CC).

A renúncia da herança deve constar expressamente de instrumento público ou termo judicial (artigo 1.806, CC).

São excluídos da sucessão os herdeiros ou legatários: I – que houverem sido autores, coautores ou partícipes de homicídio doloso, ou tentativa deste, contra a pessoa de cuja sucessão se tratar, seu cônjuge, companheiro, ascendente ou descendente; II – que houverem acusado caluniosamente em juízo o autor da herança ou incorrerem em crime contra a sua honra, ou de seu cônjuge ou companheiro; III – que, por violência ou meios fraudulentos, inibirem ou obstarem o autor da herança de dispor livremente de seus bens por ato de última vontade (artigo 1.814, CC).

O herdeiro que renunciou à herança ou o que dela foi excluído não se exime, pelo fato da renúncia ou da exclusão, de conferir, para o efeito de repor a parte inoficiosa, as liberalidades que obteve do doador (artigo 640, CPC).

É lícito ao donatário escolher, dentre os bens doados, tantos quantos bastem para perfazer a legítima e a metade disponível, entrando na partilha o excedente para ser dividido entre os demais herdeiros (artigo 640, § 1°, CPC).

Se a parte inoficiosa da doação recair sobre bem imóvel que não comporte divisão cômoda, o juiz determinará que sobre ela se proceda a licitação entre os herdeiros (artigo 640, § 2°, CPC). O donatário poderá concorrer na licitação, em igualdade de condições, terá preferência sobre os herdeiros (artigo 640, § 3°, CPC).

36.7 Representação do herdeiro donatário

De acordo com o artigo 2.009 do Código Civil, quando os netos, representando os seus pais, sucederem aos avós, serão obrigados a trazer à colação, ainda que não o hajam herdado, o que os pais teriam de conferir.[13]

---

13 CC 2002 – Art. 1.835. Na linha descendente, os filhos sucedem por cabeça, e os outros descendentes, por cabeça ou por estirpe, conforme se achem ou não no mesmo grau.
CC 2002 – Art. 1.851. Dá-se o direito de representação, quando a lei chama certos paren-

36.8 Gastos Ordinários

De acordo com o artigo 2.010, "não virão à colação os gastos ordinários do ascendente com o descendente, enquanto menor, na sua educação, estudos, sustento, vestuário, tratamento nas enfermidades, enxoval, assim como as despesas de casamento, ou as feitas no interesse de sua defesa em processo-crime".

Neste sentido, o STJ já decidiu que "é prescindível que herdeiro necessário traga à colação o valor correspondente à ocupação e ao uso a título gratuito de imóvel que pertencia ao autor da herança". (REsp 1.722.691-SP, Rel. Min. Paulo de Tarso Sanseverino, por unanimidade, julgado em 12/03/2019, DJe 15/03/2019). Vejamos:

> Inicialmente, salienta-se que a utilização do imóvel decorre de comodato e a colação restringe-se a bens doados a herdeiros e não a uso e ocupação a título de empréstimo gratuito, razão pela qual não se vislumbra ofensa ao art. 2.002 do Código Civil. Com efeito, não se pode confundir comodato, que é o empréstimo gratuito de coisas não fungíveis, com a doação, mediante a qual uma pessoa, por liberalidade, transfere do seu patrimônio bens ou vantagens para o de outra. Somente a doação tem condão de provocar eventual desequilíbrio entre as quotas-partes atribuídas a cada herdeiro necessário (legítima), importando, por isso, em regra, no adiantamento do que lhe cabe por herança. Já a regra do art. 2.010 do Código Civil dispõe que não virão à colação os gastos ordinários do ascendente com o descendente, enquanto menor, na sua educação, estudos, sustento, vestuário, tratamento nas enfermidades, enxoval, assim como as despesas de casamento, ou as feitas no interesse de sua defesa em processo-crime. À luz dessa redação, poderia haver interpretação, *a contrario sensu*, de que quaisquer outras liberalidades recebidas pelos descendentes deveriam ser trazidas à colação. No entanto, o empréstimo gratuito não pode ser considerado "gasto não ordinário", na medida em que a autora da herança nada despendeu em favor de uma das herdeiras a fim de justificar a necessidade de colação.

36.9 Doações Remuneratórias

O artigo 540 do CCB, também, trata da doação remuneratória. A doação remuneratória é uma espécie de recompensa a serviços ou favores prestados pelo donatário ao doador.

---

tes do falecido a suceder em todos os direitos, em que ele sucederia, se vivo fosse.
CC 2002 – Art. 1.852. O direito de representação dá-se na linha reta descendente, mas nunca na ascendente.

Por exemplo, um profissional liberal, especialista em pinturas residenciais, realiza um serviço na casa de um amigo e ao término da atividade se recusa a receber o pagamento do serviço que estaria orçado em R$ 2.000,00 (dois mil reais). O amigo do pintor, agradecido pelo serviço, resolve lhe doar uma "mobilete" no valor de R$ 3.000,00 (três mil reais).

A doação remuneratória não deixa de ser uma liberalidade, já que o doador, por um sentimento de gratidão, procura gratificar o donatário. Neste caso, não há falar em *pagamento*, já que inexiste contraprestação e não pode ser confundida com *dação em pagamento*. No exemplo, o doador transferiu a "mobilete" para seu amigo porque quis, ou seja, através de um ato de liberalidade. Portanto, doação. A parte que exceder ao valor dos serviços remunerados não perde o caráter de liberalidade (doação pura).

As *doações remuneratórias* de serviços feitos ao ascendente também não estão sujeitas a colação (CC 2002 – Art. 2.011).[14]

36.10 Doação por Ambos os Cônjuges

O artigo 2.012 diz que "sendo feita a doação por ambos os cônjuges, no inventário de cada um se conferirá por metade." Aqui, a suposição é de que cada um dos cônjuges contribuiu igualmente, cada um dos cônjuges doando a metade do objeto doado. Caso contrário, se as quotas de participação na doação forem desiguais, a colação se dará, em cada sucessão, pelo valor correspondente.

36.11 Impugnação à Colação

Se o herdeiro negar o recebimento dos bens ou a obrigação de os conferir, o juiz, ouvidas as partes no prazo comum de 15 (quinze) dias, decidirá à vista das alegações e das provas produzidas (artigo 641, CPC).

Declarada improcedente a oposição, se o herdeiro, no prazo improrrogável de 15 (quinze) dias, não proceder à conferência, o juiz mandará sequestrar-lhe, para serem inventariados e partilhados, os bens sujeitos à colação ou imputar ao seu quinhão hereditário o valor deles, se já não os possuir (artigo 641, § 1º, CPC).

Se a matéria exigir dilação probatória diversa da documental, o juiz remeterá as partes às vias ordinárias, não podendo o herdeiro receber o seu quinhão hereditário, enquanto pender a demanda, sem prestar caução correspondente ao valor dos bens sobre os quais versar a conferência (artigo 641, § 2º, CPC).

Ao comentar este dispositivo processual, FELIPPE BORRING ROCHA ensina que "conforme estabelecido no inciso IV do art. 620 do CPC/2015, o inventariante deverá apresentar nas primeiras declarações a relação completa

---

14 CC 2002 – Art. 564. Não se revogam por ingratidão: I – as doações puramente remuneratórias; II – as oneradas com encargo já cumprido; III – as que se fizerem em cumprimento de obrigação natural; IV – as feitas para determinado casamento.

e individualizada dos bens do espólio, inclusive aqueles que devem ser conferidos à colação. Portanto, o herdeiro que for citado das primeiras declarações (art. 626 do CPC/2015), com a indicação de que deve trazer bens a colação, poderá apresentá-los por termo nos autos (art. 639 do CPC/2015) ou impugnar a alegação de colação, no prazo de quinze dias (art. 641 do CPC/2015). O prazo foi dilatado em relação ao art. 1.016 do CPC/1973. A impugnação pode ser oferecida atacando apenas a colação ou também os demais elementos do inventário (art. 627 do CPC/2015). Neste último caso, haverá cumulação de pedidos impugnativos, numa única petição.

Se a questão demandar dilação probatória não documental, o juiz deverá remeter as partes às vias ordinárias, para propositura da correspondente ação de sonegados (art. 1994 do CC). Nesse caso, o juiz deverá decidir se reserva a parte litigiosa dos bens para futura sobrepartilha (art. 669, I, do CPC/2015) ou se autoriza o seu levantamento, mediante caução idônea.

A lei não atribuiu efeito suspensivo à impugnação da colação, mas, se ela puder ser julgada nos autos do inventário (sem remessa para as "vias ordinárias"), o ideal é que o procedimento não tenha curso até a resolução da questão, situação prejudicial às demais etapas do processo.

Se o juiz negar a impugnação, por meio de decisão interlocutória, sujeita a agravo de instrumento (art. 1.015, parágrafo único, do CPC/2015), determinará que o impugnante traga os bens à colação, sob pena de mandar sequestrá-los ou imputar ao seu quinhão hereditário o valor deles, se já os não possuir. Nessa hipótese, o inventariante ficará como administrador dos bens sequestrados ou dos valores retidos, até o final do procedimento de inventariança e partilhamento. O sequestro (rectiu "busca e apreensão") aqui mencionado tem natureza satisfativa, tal qual as medidas de apoio previstas no art. 536, § 1º, do CPC/2015 (MARINONI; ARENHART; MITIDIERO, 2015, p. 651)".[15]

---

15 Ibid.

Capítulo 37
PARTILHA

37.1 Partilha

A *partilha* é a divisão do acervo entre os sucessores do falecido após o inventário, ou seja, através da partilha cada herdeiro recebe o seu quinhão hereditário. (CC 2002 – Art. 2.023). A regra jurídica é clara: a partilha é o fato jurídico necessário à repartição do patrimônio do falecido entre os herdeiros legítimos ou testamentários, de forma que cada um receba o seu quinhão. Com a realização da partilha os bens patrimoniais ficam devidamente definidos para cada um dos herdeiros. A partilha será sempre necessária quando houver pluralidade de herdeiros.[1]

A realização da partilha é um direito subjetivo dos herdeiros, cessionários e credores. De acordo com o artigo 2.013, "o herdeiro pode sempre requerer a partilha, ainda que o testador o proíba, cabendo igual faculdade aos seus cessionários e credores".[2][3]

---

[1] CPC – Art. 647. Cumprido o disposto no art. 642, § 3º, o juiz facultará às partes que, no prazo comum de 15 (quinze) dias, formulem o pedido de quinhão e, em seguida, proferirá a decisão de deliberação da partilha, resolvendo os pedidos das partes e designando os bens que devam constituir quinhão de cada herdeiro e legatário.
Parágrafo único. O juiz poderá, em decisão fundamentada, deferir antecipadamente a qualquer dos herdeiros o exercício dos direitos de usar e de fruir de determinado bem, com a condição de que, ao término do inventário, tal bem integre a cota desse herdeiro, cabendo a este, desde o deferimento, todos os ônus e bônus decorrentes do exercício daqueles direitos.

[2] AGRAVO REGIMENTAL NO AGRAVO EM RECURSO ESPECIAL. PARTILHA AMIGÁVEL.
ANULAÇÃO. PRAZO DECADENCIAL ÂNUO. 1. A jurisprudência desta Corte é firme no sentido de que o prazo decadencial ânuo previsto no artigo 178, § 6º, inciso V, do Código Civil de 1916 é aplicável quando os autores da ação anulatória não se enquadrarem na condição de herdeiros necessários excluídos da partilha. 2. Agravo regimental não provido. (AgRg no AREsp 362.130/ES, Rel. Ministro RICARDO VILLAS BÔAS CUEVA, TERCEIRA TURMA, julgado em 21/03/2017, DJe 24/03/2017).

[3] DIREITO CIVIL. NECESSIDADE DE OBSERVÂNCIA, NA PARTILHA, DAS NORMAS VIGENTES AO TEMPO DA AQUISIÇÃO DOS BENS. Ainda que o término do relacionamento e a dissolução da união estável tenham ocorrido durante a vigência da Lei 9.278/1996, não é possível aplicar à partilha do patrimônio formado antes da vigência da referida lei a presunção legal de que os bens adquiridos onerosamente foram fruto de esforço comum

De acordo com o artigo 642 do CPC, "antes da partilha, poderão os credores do espólio requerer ao juízo do inventário o pagamento das dívidas vencidas e exigíveis".[4]

---

dos conviventes (art. 5º da Lei 9.278/1996), devendo-se observar o ordenamento jurídico vigente ao tempo da aquisição de cada bem a partilhar. Antes da Lei 9.278/1996, a partilha de bens ao término da união estável dava-se mediante a comprovação – e na proporção respectiva – do esforço direto ou indireto de cada companheiro para a formação do patrimônio amealhado durante a convivência (Súmula 380 do STF). Apenas com a referida Lei, estabeleceu-se a presunção legal relativa de comunhão dos bens adquiridos a título oneroso durante a união estável (art. 5º da Lei 9.278/1996), excetuados os casos em que existe estipulação em sentido contrário (*caput* do art. 5º) e os casos em que a aquisição patrimonial decorre do produto de bens anteriores ao início da união (§ 1º do art. 5º). Os bens adquiridos anteriormente à Lei 9.278/1996 têm a propriedade – e, consequentemente, a partilha ao término da união – disciplinada pelo ordenamento jurídico vigente quando da respectiva aquisição. Com efeito, a aquisição da propriedade dá-se no momento em que se aperfeiçoam os requisitos legais para tanto. Desse modo, a titularidade dos bens não pode ser alterada por lei posterior em prejuízo ao direito adquirido e ao ato jurídico perfeito (art. 5, XXXVI, da CF e art. 6º da LINDB). Cumpre esclarecer, a propósito, que os princípios legais que regem a sucessão e a partilha de bens não se confundem: a sucessão é disciplinada pela lei em vigor na data do óbito; a partilha de bens, ao contrário – seja em razão do término, em vida, do relacionamento, seja em decorrência do óbito do companheiro ou cônjuge – deve observar o regime de bens e o ordenamento jurídico vigente ao tempo da aquisição de cada bem a partilhar. A aplicação da lei vigente ao término do relacionamento a todo o período de união implicaria expropriação do patrimônio adquirido segundo a disciplina da lei anterior, em manifesta ofensa ao direito adquirido e ao ato jurídico perfeito, além de causar insegurança jurídica, podendo atingir até mesmo terceiros. Ademais, deve-se levar em consideração que antes da edição da Lei 9.278/1996 os companheiros não dispunham de instrumento eficaz para, caso desejassem, dispor sobre a forma de aquisição do patrimônio durante a união estável. Efetivamente, como não havia presunção legal de meação de bens entre conviventes, não havia sequer razão para que os conviventes fizessem estipulação escrita em contrário a direito dispositivo inexistente. REsp 1.124.859-MG, Rel. originário Min. Luis Felipe Salomão, Rel. para acórdão Min. Maria Isabel Gallotti, julgado em 26/11/2014, DJe 27/2/2015.

4   CPC – Do Pagamento das Dívidas
Art. 642. Antes da partilha, poderão os credores do espólio requerer ao juízo do inventário o pagamento das dívidas vencidas e exigíveis.
§ 1º A petição, acompanhada de prova literal da dívida, será distribuída por dependência e autuada em apenso aos autos do processo de inventário.
§ 2º Concordando as partes com o pedido, o juiz, ao declarar habilitado o credor, mandará que se faça a separação de dinheiro ou, em sua falta, de bens suficientes para o pagamento.
§ 3º Separados os bens, tantos quantos forem necessários para o pagamento dos credores habilitados, o juiz mandará aliená-los, observando-se as disposições deste Código relativas à expropriação.
§ 4º Se o credor requerer que, em vez de dinheiro, lhe sejam adjudicados, para o seu pagamento, os bens já reservados, o juiz deferir-lhe-á o pedido, concordando todas as partes.
§ 5º Os donatários serão chamados a pronunciar-se sobre a aprovação das dívidas, sempre que haja possibilidade de resultar delas a redução das liberalidades.
Art. 643. Não havendo concordância de todas as partes sobre o pedido de pagamento feito pelo credor, será o pedido remetido às vias ordinárias.
Parágrafo único. O juiz mandará, porém, reservar, em poder do inventariante, bens su-

Não podemos esquecer que possuem legitimidade concorrente para abrir o inventário, consoante o artigo 616 do CPC: "Têm, contudo, legitimidade concorrente:

I – o cônjuge ou companheiro supérstite;
II – o herdeiro;
III – o legatário;
IV – o testamenteiro;
V – o cessionário do herdeiro ou do legatário;
VI – o credor do herdeiro, do legatário ou do autor da herança;
VII – o Ministério Público, havendo herdeiros incapazes;
VIII – a Fazenda Pública, quando tiver interesse;
IX – o administrador judicial da falência do herdeiro, do legatário, do autor da herança ou do cônjuge ou companheiro supérstite.

Outrossim, pode o testador indicar os bens e valores que devem compor os quinhões hereditários, deliberando ele próprio a partilha, que prevalecerá, salvo se o valor dos bens não corresponder às quotas estabelecidas (artigo 2.014, CC).

37.2 Espécies de Partilha

A partilha pode ocorrer da seguinte forma: a) partilha extrajudicial; b) partilha amigável com homologação e; c) partilha judicial.

37.2.1 Partilha Extrajudicial

O artigo 610 do CPC diz que "havendo testamento ou interessado incapaz, proceder-se-á ao inventário judicial".

Se todos forem capazes e concordes, *o inventário e a partilha poderão ser feitos por escritura pública*, a qual constituirá documento hábil para qualquer ato de registro, bem como para levantamento de importância depositada em instituições financeiras (artigo 610, § 1º, CPC).

---

ficientes para pagar o credor quando a dívida constar de documento que comprove suficientemente a obrigação e a impugnação não se fundar em quitação.
Art. 644. O credor de dívida líquida e certa, ainda não vencida, pode requerer habilitação no inventário.
Parágrafo único. Concordando as partes com o pedido referido no *caput*, o juiz, ao julgar habilitado o crédito, mandará que se faça separação de bens para o futuro pagamento.
Art. 645. O legatário é parte legítima para manifestar-se sobre as dívidas do espólio:
I – quando toda a herança for dividida em legados;
II – quando o reconhecimento das dívidas importar redução dos legados.
Art. 646. Sem prejuízo do disposto no art. 860, é lícito aos herdeiros, ao separarem bens para o pagamento de dívidas, autorizar que o inventariante os indique à penhora no processo em que o espólio for executado.

O tabelião somente lavrará a escritura pública se todas as partes interessadas estiverem assistidas por advogado ou por defensor público, cuja qualificação e assinatura constarão do ato notarial (artigo 610, § 2°, CPC).

37.2.2 Partilha amigável com homologação

A partilha amigável pode ser realizada da seguinte forma: a) mediante escritura pública; b) mediante termo nos autos do inventário; e c) mediante instrumento particular. Salvo a modalidade da partilha existente na Lei 11.441/07, a partilha deve ser homologada pelo magistrado, a quem compete verificar a regularidade do negócio jurídico.

De acordo com o artigo 2.015, "se os herdeiros forem capazes, poderão fazer partilha amigável, por escritura pública, termo nos autos do inventário, ou escrito particular, homologado pelo juiz".[5] Dessa maneira, a partilha amigável prevista no artigo 2.015 do CC, requer, pois, homologação. O artigo 659 do CPC afirma que a partilha amigável será homologada pelo magistrado.[6]

A partilha amigável possui natureza jurídica de contrato e deve respeitar os elementos dos planos de existência, validade e eficácia do negócio jurídico.

A partilha é anulável pelos vícios e defeitos que invalidam, em geral, os negócios jurídicos (artigo 2.027, CC). Extingue-se em um ano o direito de anular a partilha. (artigo 2.027, parágrafo único, CC).

De acordo com o artigo 657 do CPC, a partilha amigável, lavrada em instrumento público, reduzida a termo nos autos do inventário ou constante de escrito particular homologado pelo juiz, pode ser anulada por dolo, coação, erro essencial ou intervenção de incapaz, observado o disposto no § 4° do artigo 966 do mesmo diploma processual.[7]

Já o parágrafo único do artigo 657 do CPC diz que "o direito à anulação de partilha amigável extingue-se em 1 (um) ano, contado esse prazo: I – no

---

5 LRP – Art. 167 – No Registro de Imóveis, além da matrícula, serão feitos. I – o registro: [...] 24) das sentenças que nos inventários, arrolamentos e partilhas, adjudicarem bens de raiz em pagamento das dívidas da herança;

6 CPC – Art. 659. A partilha amigável, celebrada entre partes capazes, nos termos da lei, será homologada de plano pelo juiz, com observância dos arts. 660 a 663.
§ 1° O disposto neste artigo aplica-se, também, ao pedido de adjudicação, quando houver herdeiro único.
§ 2° Transitada em julgado a sentença de homologação de partilha ou de adjudicação, será lavrado o formal de partilha ou elaborada a carta de adjudicação e, em seguida, serão expedidos os alvarás referentes aos bens e às rendas por ele abrangidos, intimando-se o fisco para lançamento administrativo do imposto de transmissão e de outros tributos porventura incidentes, conforme dispuser a legislação tributária, nos termos do § 2o do art. 662.

7 § 4º Os atos de disposição de direitos, praticados pelas partes ou por outros participantes do processo e homologados pelo juízo, bem como os atos homologatórios praticados no curso da execução, estão sujeitos à anulação, nos termos da lei.

caso de coação, do dia em que ela cessou; II – no caso de erro ou dolo, do dia em que se realizou o ato; III – quanto ao incapaz, do dia em que cessar a incapacidade.

Outrossim, é *rescindível a partilha* julgada por sentença: I – nos casos mencionados acima no artigo 657 do CPC; II – se feita com preterição de formalidades legais; III – se preteriu herdeiro ou incluiu quem não o seja.

37.2.3 Partilha Judicial

Será sempre judicial a partilha, se os herdeiros divergirem, assim como se algum deles for incapaz (artigo 2.016, CC). Caberá ao magistrado adotar, na realização da partilha, o princípio da igualdade quanto ao valor, natureza e qualidade dos quinhões. É o que diz o artigo 2.017 ao afirmar que no partilhar os bens, observar-se-á, quanto ao seu valor, natureza e qualidade, a maior igualdade possível. Da mesma forma, o artigo 648 do CPC diz que "na partilha, serão observadas as seguintes regras: I – a máxima igualdade possível quanto ao valor, à natureza e à qualidade dos bens; II – a prevenção de litígios futuros; III – a máxima comodidade dos co-herdeiros, do cônjuge ou do companheiro, se for o caso.

37.3 Bens insuscetíveis de divisão cômoda

Os bens insuscetíveis de divisão cômoda, que não couberem na meação do cônjuge sobrevivente ou no quinhão de um só herdeiro, serão vendidos judicialmente, partilhando-se o valor apurado, a não ser que haja acordo para serem adjudicados a todos (artigo 2.019, CC).[8]

Não se fará a venda judicial se o cônjuge sobrevivente ou um ou mais herdeiros requererem lhes seja adjudicado o bem, repondo aos outros, em dinheiro, a diferença, após avaliação atualizada (artigo 2.019, § 1º, CC).

---

8 "Inventário. Pedido de alvará judicial para venda de imóvel pertencente ao espólio. Possibilidade. 1. O inventário é o processo judicial destinado a apurar o acervo hereditário e verificar as dívidas deixadas pelo *de cujus*, bem como as contraídas pelo espólio para, após o pagamento do passivo, estabelecer a divisão dos bens deixados entre os herdeiros, consistindo, assim, no procedimento destinado a entregar os bens herdados aos seus titulares, fazendo-os ingressar efetivamente no patrimônio individual dos herdeiros. 2. Tratando-se de um estado de administração patrimonial transitório, cabível liberar a venda do imóvel postulada, quando existem vários herdeiros e um único bem imóvel, que não comporta divisão cômoda, é cabível autorizar a sua alienação, mormente quando se trata de um imóvel antigo e que demanda gastos com sua conservação. Inteligência do art. 2.019 do Código Civil. 4. Para que o bem seja alienado é imprescindível que seja feita a avaliação judicial do bem, a fim de ser apurado o seu valor real e o valor deverá ser depositado em conta judicial, somente sendo admitida a liberação dos quinhões hereditários após a exibição das certidões negativas fiscais. Recurso provido" (TJRS, Agravo de Instrumento 287570-45.2014.8.21.7000, Caxias do Sul, 7.ª Câmara Cível, Rel. Des. Sérgio Fernando de Vasconcellos Chaves, j. 24.09.2014, *DJERS* 01.10.2014).

Se a adjudicação for requerida por mais de um herdeiro, observar-se-á o processo da licitação (artigo 2.019, § 2°, CC).

Da mesma forma, o artigo 649 do CPC dispõe que "os bens insuscetíveis de divisão cômoda que não couberem na parte do cônjuge ou companheiro supérstite ou no quinhão de um só herdeiro serão licitados entre os interessados ou vendidos judicialmente, partilhando-se o valor apurado, salvo se houver acordo para que sejam adjudicados a todos.

Se um dos interessados for nascituro, o quinhão que lhe caberá será reservado em poder do inventariante até o seu nascimento (artigo 650, CPC).

37.4 Partilha-testamento e Partilha-doação

De acordo com a regra estabelecida no artigo 2.018 do Código Civil, é válida a partilha feita por ascendente, por ato entre vivos ou de última vontade, contanto que não prejudique a legítima dos herdeiros necessários.

Assim, a *partilha-testamento* é aquela realizada através de declaração de última vontade, facultando ao disponente a deliberação sobre a partilha, indicando, pois, os bens que integrarão cada um dos quinhões. Vale frisar que na ausência de herdeiros necessários, a liberdade do disponente será total na divisão de seus bens. Caso contrário, na existência de herdeiros necessários (descendentes, ascendentes e cônjuge), a legítima deverá ser preservada. Vale lembrar ainda que a partilha-testamento pode ser revogada a qualquer momento, sem nenhuma justificativa, através da realização de testamento posterior.

Já a *partilha-doação* é aquela realizada em vida pelo titular dos bens. Esta ocorre através de atos inter vivos, através do qual o titular dos bens expõe o seu interesse em partilhar seu patrimônio. Importante destacar que o titular dos bens não pode dispor de todos os seus bens em razão da regra estabelecida no artigo 548 do Código Civil.

A doação universal é aquela em que o doador doa todos os seus bens sem reserva de parte, ou renda suficiente para a sua subsistência. A referida doação é nula conforme preceitua o artigo 548: "É nula a doação de todos os bens sem reserva de parte, ou renda suficiente para a subsistência do doador".[9] A razão de ser da nulidade está fulcrada na proteção do doador, evitando que este faça doações excessivas, colocando em risco seu próprio sustento.

A doação universal com cláusula de usufruto vitalício em favor do doador não incide a sanção do artigo em comento. Da mesma forma, na doação universal, se o donatário impuser ao donatário encargo de prover a subsistência do doador, não incidirá a sanção do artigo 548. De forma contrária, Washington de Barros Monteiro entende que a nulidade atinge a doação ir-

---

9   CC 2002 – Art. 166. É nulo o negócio jurídico quando: [...] VII – a lei taxativamente o declarar nulo, ou proibir-lhe a prática, sem cominar sanção.

restrita, ainda que gravada com o encargo de prover o donatário a subsistência do doador, enquanto viver.[10]

37.5 Frutos

Os herdeiros em posse dos bens da herança, o cônjuge sobrevivente e o inventariante são obrigados a trazer ao acervo os frutos que perceberam, desde a abertura da sucessão; têm direito ao reembolso das despesas necessárias e úteis que fizeram, e respondem pelo dano a que, por dolo ou culpa, deram causa (artigo 2.020, CC).

37.6 Bens remotos

Quando parte da herança consistir em bens remotos do lugar do inventário, litigiosos, ou de liquidação morosa ou difícil, poderá proceder-se, no prazo legal, à partilha dos outros, reservando-se aqueles para uma ou mais sobrepartilhas, sob a guarda e a administração do mesmo ou diverso inventariante, e consentimento da maioria dos herdeiros (artigo 2.021, CC).

37.7 Sobrepartilha

Ficam sujeitos a sobrepartilha os bens sonegados e quaisquer outros bens da herança de que se tiver ciência após a partilha (artigo 2.022, CC).[11]

---

10 MONTEIRO, Washington de Barros. *Curso de Direito Civil:* direito das obrigações. 2ª Parte. Vol. 5. 34. ed. São Paulo: Saraiva, 2003, p. 143.
11 RECURSO ESPECIAL. AÇÃO DE SOBREPARTILHA. PRETENSÃO DE PARTILHAR QUOTAS SOCIAIS DA SOCIEDADE DE ADVOGADOS ENTÃO PERTENCENTES AO VARÃO. POSSIBILIDADE DE DIVISÃO DO CONTEÚDO ECONÔMICO DA PARTICIPAÇÃO SOCIETÁRIA (NÃO SE LHE CONFERINDO O DIREITO À DISSOLUÇÃO COMPULSÓRIA DA SOCIEDADE, PARA TAL PROPÓSITO). RECURSO ESPECIAL PROVIDO.
1. A partir do modo pelo qual a atividade profissional intelectual é desenvolvida – com ou sem organização de fatores de produção – será possível identificar o empresário individual ou sociedade empresarial; ou o profissional intelectual ou sociedade uniprofissional. De se ressaltar, ainda, que, para a definição da natureza da sociedade, se empresarial ou simples, o atual Código Civil apenas aparta-se desse critério (desenvolvimento de atividade econômica própria de empresário) nos casos expressos em lei, ou em se tratando de sociedade por ações e cooperativa, hipóteses em que necessariamente serão empresária e simples, respectivamente.
1.1 Especificamente em relação às sociedades de advogados, que naturalmente possuem por objeto a exploração da atividade profissional de advocacia exercida por seus sócios, estas são concebidas como sociedade simples por expressa determinação legal, independente da forma que como venham a se organizar (inclusive, com estrutura complexa).
2. Para os efeitos perseguidos na presente ação (partilha das quotas sociais), afigura-se despiciendo perquirir a natureza da sociedade, se empresarial ou simples, notadamente porque, as quotas sociais – comuns às sociedades simples e às empresariais que não as de ações – são dotadas de expressão econômica, não se confundem com o objeto social,

De acordo com o artigo 669 do CPC, são sujeitos à sobrepartilha os bens:
I – sonegados;
II – da herança descobertos após a partilha;
III – litigiosos, assim como os de liquidação difícil ou morosa;
IV – situados em lugar remoto da sede do juízo onde se processa o inventário.

Os bens mencionados nos incisos III e IV serão reservados à sobrepartilha sob a guarda e a administração do mesmo ou de diverso inventariante, a consentimento da maioria dos herdeiros (artigo 669, parágrafo único, CPC).

---

tampouco podem ser equiparadas a proventos, salários ou honorários, tal como impropriamente procedeu à instância precedente.

Esclareça-se, no ponto, que a distinção quanto à natureza da sociedade, se empresarial ou simples, somente teria relevância se a pretensão de partilha da demandante estivesse indevidamente direcionada a bens incorpóreos, como a clientela e seu correlato valor econômico e fundo de comércio, elementos típicos de sociedade empresária, espécie da qual a sociedade de advogados, por expressa vedação legal, não se insere.

3. Ante a inegável expressão econômica das quotas sociais, a compor, por consectário, o patrimônio pessoal de seu titular, estas podem, eventualmente, ser objeto de execução por dívidas pessoais do sócio, bem como de divisão em virtude de separação/divórcio ou falecimento do sócio.

3.1 In casu, afigura-se incontroverso que a aquisição das quotas sociais da sociedade de advogados pelo recorrido deu-se na constância do casamento, cujo regime de bens era o da comunhão universal. Desse modo, se a obtenção da participação societária decorreu naturalmente dos esforços e patrimônios comuns dos então consortes, sua divisão entre os cônjuges, por ocasião de sua separação, é medida de justiça e consonante com a lei de regência.

3.2 Naturalmente, há que se preservar o caráter personalíssimo dessas sociedades, obstando-se a atribuição da qualidade de sócio a terceiros que, nessa condição, não detenham com o demais a denominada affectio societatis. Inexistindo, todavia, outro modo de se proceder à quitação do débito ou de implementar o direito à meação ou à sucessão, o direito destes terceiros (credor pessoal do sócio, ex-cônjuge e herdeiros) são efetivados por meio de mecanismos legais (dissolução da sociedade, participação nos lucros etc.) a fim de amealhar o valor correspondente à participação societária.

3.3 Oportuno assinalar que o atual Código Civil, ao disciplinar a partilha das quotas sociais em razão do falecimento do cônjuge ou da decretação da separação judicial ou do divórcio, apenas explicitou a repercussão jurídica de tais fatos, que naturalmente já era admitida pela ordem civil anterior. E, o fazendo, tratou das sociedades simples, de modo a tornar evidente o direito dos herdeiros e do cônjuge do sócio em relação à participação societária deste e, com o notável mérito de impedir que promovam de imediato e compulsoriamente a dissolução da sociedade, conferiu-lhes o direito de concorrer à divisão periódica dos lucros.

4. Recurso especial provido, para, reconhecendo, em tese, o direito da cônjuge, casada em comunhão universal de bens, à partilha do conteúdo econômico das quotas sociais da sociedade de advogados então pertencentes ao seu ex-marido (não se lhe conferindo, todavia, o direito à dissolução compulsória da sociedade), determinar que o Tribunal de origem prossiga no julgamento das questões remanescentes veiculadas no recurso de apelação.

(REsp 1531288/RS, Rel. Ministro MARCO AURÉLIO BELLIZZE, TERCEIRA TURMA, julgado em 24/11/2015, DJe 17/12/2015).

Na sobrepartilha dos bens, observar-se-á o processo de inventário e de partilha (artigo 670, CPC). A sobrepartilha correrá nos autos do inventário do autor da herança (artigo 670, parágrafo único, CPC).

Nessa linha entendeu o STJ (AgRg no REsp 1552356/RJ, Rel. Ministro HUMBERTO MARTINS, SEGUNDA TURMA, julgado em 24/11/2015, DJe 01/12/2015).[12]

O termo inicial da prescrição para o ajuizamento da ação de sobrepartilha "conta-se a partir do encerramento do inventário, pois, até essa data, podem ocorrer novas declarações, trazendo-se bens a inventariar". (REsp 1196946/RS, Rel. Ministro SIDNEI BENETI, Rel. p/ Acórdão Ministro JOÃO OTÁVIO DE NORONHA, TERCEIRA TURMA, julgado em 19/8/2014, DJe 5/9/2014).[13]

---

[12] ADMINISTRATIVO. PROCESSUAL CIVIL. EXECUÇÃO EM MANDADO DE SEGURANÇA.
HABILITAÇÃO DE HERDEIROS. INVENTÁRIO ENCERRADO. OBSERVÂNCIA DOS ARTS. 1040, II, E 1.041 DO CPC.
Nos termos da jurisprudência pacífica do STJ, o encerramento do inventário, sem que haja a inclusão de direitos e ações em juízo, somente habilita o espólio ou os herdeiros após a sobrepartilha.
Assim, a habilitação incidente formulada por herdeiros e sucessores de impetrantes que possuíam bens, cujo processo de inventário já finalizou com a partilha de bens, deve ser requerida ao juízo em que correu o processo de inventário, nos termos dos arts. 1.040, II, e 1041 do CPC. Precedente: AgRg na ExeMS 115/DF, Rel. Ministro LUIZ FUX, PRIMEIRA SEÇÃO, julgado em 24/6/2009, DJe 14/8/2009.
Agravo regimental improvido. (AgRg no REsp 1552356/RJ, Rel. Ministro HUMBERTO MARTINS, SEGUNDA TURMA, julgado em 24/11/2015, DJe 01/12/2015).

[13] RECURSO ESPECIAL. SOBREPARTILHA. SONEGAÇÃO DE BENS. ART. 535, II, DO CPC. VIOLAÇÃO NÃO CARACTERIZADA. PRESCRIÇÃO. ART. 205 DO CC.
CONHECIMENTO DO BEM PELA AUTORA. NÃO COMPROVAÇÃO. REEXAME. SÚMULA Nº 7/STJ. AUSÊNCIA DE PREQUESTIONAMENTO. SÚMULA Nº 211/STJ.
1. Discute-se a natureza jurídica da ação originária – se anulatória de negócio jurídico ou sobrepartilha de bens –, para fins de definição do prazo prescricional.
2. O nome atribuído à ação é irrelevante para aferir sua natureza jurídica, que se define pelo pedido e pela causa de pedir.
3. A pretensão de incluir bens sonegados por um dos cônjuges à época do acordo da separação, para posterior divisão, enquadra-se em ação de sobrepartilha de bens, cujo prazo prescricional é decenal (art. 205 do Código Civil).
4. Inviável rever o entendimento do Tribunal de origem, que concluiu pela realização da sobrepartilha em virtude de os ativos financeiros dos cônjuges não terem constado no plano de partilha porque foram sonegados pelo cônjuge varão, ante o óbice da Súmula nº 7/STJ.
5. A concordância com os termos do acordo de separação judicial não implica renúncia à meação correspondente ao bem ocultado.
6. Recurso especial parcialmente conhecido e não provido.
(REsp 1525501/MG, Rel. Ministro RICARDO VILLAS BÔAS CUEVA, TERCEIRA TURMA, julgado em 17/12/2015, DJe 03/02/2016).

37.8 Formal de Partilha

37.8.1 O esboço de partilha feito pelo partidor Judicial

De acordo com o artigo 651 do CPC,[14] o partidor organizará o esboço da partilha de acordo com a decisão judicial, observando nos pagamentos a seguinte ordem:

I – dívidas atendidas;
II – meação do cônjuge;
III – meação disponível;
IV – quinhões hereditários, a começar pelo co-herdeiro mais velho.

37.8.2 Impugnação ao esboço de partilha

Feito o esboço, as partes manifestar-se-ão sobre esse no prazo comum de 15 (quinze) dias, e, resolvidas as reclamações, a partilha será lançada nos autos (artigo 652, CPC).

37.8.3 Requisitos da Partilha

A partilha constará, consoante o teor do artigo 653, CPC:

I – de auto de orçamento, que mencionará:

a) os nomes do autor da herança, do inventariante, do cônjuge ou companheiro supérstite, dos herdeiros, dos legatários e dos credores admitidos;

b) o ativo, o passivo e o líquido partível, com as necessárias especificações;

c) o valor de cada quinhão;

II – de folha de pagamento para cada parte, declarando a quota a pagar-lhe, a razão do pagamento e a relação dos bens que lhe compõem o quinhão, as características que os individualizam e os ônus que os gravam.

O auto e cada uma das folhas serão assinados pelo juiz e pelo escrivão (artigo 653, parágrafo único, CPC).

37.8.4 Sentença homologatória da partilha

Pago o imposto de transmissão a título de morte e juntada aos autos certidão ou informação negativa de dívida para com a Fazenda Pública, o juiz julgará por sentença a partilha (artigo 654, CPC).

A existência de dívida para com a Fazenda Pública não impedirá o julgamento da partilha, desde que o seu pagamento esteja devidamente garantido

---

14 FPPC, Enunciado 181: A previsão do parágrafo único do art. 647 é aplicável aos legatários na hipótese do inciso I do art. 645, desde que reservado patrimônio que garanta o pagamento do espólio.
FPPC, Enunciado 182: Aplica-se aos legatários o disposto no parágrafo único do art. 647, quando ficar evidenciado que os pagamentos do espólio não irão reduzir os legados.

(artigo 654, parágrafo único, CPC). É, pois, mais uma regra flexibilizadora do comando contido no artigo 192 do Código Tributário Nacional, que diz que "nenhuma sentença de julgamento de partilha ou adjudicação será proferida sem prova da quitação de todos os tributos relativos aos bens do espólio".

37.8.5 Efetivação da Sentença

Transitada em julgado a sentença, receberá o herdeiro os bens que lhe tocarem e um formal de partilha, do qual constarão as seguintes peças (artigo 655, CPC):

I – termo de inventariante e título de herdeiros;
II – avaliação dos bens que constituíram o quinhão do herdeiro;
III – pagamento do quinhão hereditário;
IV – quitação dos impostos;
V – sentença.

O formal de partilha poderá ser substituído por certidão de pagamento do quinhão hereditário quando esse não exceder a 5 (cinco) vezes o salário-mínimo, caso em que se transcreverá nela a sentença de partilha transitada em julgado (artigo 655, parágrafo único, CPC).

37.8.6 Correção dos vícios da partilha transitada em julgada

A partilha, mesmo depois de transitada em julgado a sentença, pode ser emendada nos mesmos autos do inventário, convindo todas as partes, quando tenha havido erro de fato na descrição dos bens, podendo o juiz, de ofício ou a requerimento da parte, a qualquer tempo, corrigir-lhe as inexatidões materiais (artigo 656, CPC).

Capítulo 38
GARANTIA DOS QUINHÕES HEREDITÁRIOS

38.1 Considerações Iniciais

Os herdeiros enquanto não realizada a partilha são condôminos do acervo hereditário; somente após a partilha assumem a titularidade de seus quinhões hereditários. Assim, julgada a partilha, fica o direito de cada um dos herdeiros circunscrito aos bens do seu quinhão (artigo 2.023, CC).

Dessa maneira, "transitada em julgado a sentença que homologou a partilha, cessa o condomínio hereditário e os sucessores passam a exercer, exclusiva e plenamente, a propriedade dos bens e direitos que compõem o seu quinhão, nos termos do art. 2.023 do CC/02. Não há mais falar em espólio, sequer em representação em juízo pelo inventariante, de tal forma que a ação anulatória deve ser proposta em face daqueles que participaram da partilha; na espécie, a filha (recorrente) e a ex-mulher do falecido". (REsp 1238684/SC, Rel. Ministra NANCY ANDRIGHI, TERCEIRA TURMA, julgado em 03/12/2013, REPDJe 21/02/2014, DJe 12/12/2013).

38.2 Evicção dos bens herdados

38.2.1 Evicção

A evicção é uma garantia legal ofertada ao adquirente, no caso dele perder a propriedade, a posse ou o uso em razão de uma decisão judicial ou de um ato administrativo, que reconheça tal direito a terceiro, possa ele recobrar de quem lhe transferiu esse domínio – posse – uso, o que pagou pela coisa (CCB, art. 447). A palavra evicção deriva do latim *evictio*, do verbo *evincere*. Pontes de Miranda ensina que *"evincere* é *ex vincere*, vencer pondo fora, tirando, afastando. A língua portuguesa possui o verbo "evencer": o terceiro, ou o próprio outorgante que vence, quer como demandante quer como demandado, evence, porque vence e põe fora, no todo ou em parte, o direito do outorgado".[1]

---
1 MIRANDA, Pontes de. *Tratado de Direito Privado*. Tomo 38. Campinas: Bookseller, 2005, p.

Evencer significa, portanto, despojar; desapossar, ou seja, promover a evicção de.[2] A pessoa que reivindica o bem é denominada evictor ou evincente (vencedor) e aquela pessoa que perde o bem pela evicção é o evicto (vencido).

Washington de Barros Monteiro frisava: "o alienante é obrigado não só a entregar ao adquirente a coisa alienada, como também a garantir-lhe o uso e gozo. Pode suceder, entretanto, que o adquirente venha a perdê-la, total ou parcialmente, por força de decisão judicial, baseada em causa preexistente ao contrato. É a essa perda, oriunda de sentença fundada em motivo jurídico anterior, que se atribui o nome de evicção (*evincere est vincendo in judicio aliquid auferre*)".[3]

A evicção é uma *obrigação de fazer* do alienante que se encontra implícita em todo e qualquer contrato, já que representa uma garantia legal estabelecida em benefício do adquirente. São requisitos para a configuração da evicção:

a) perda da coisa, isto é, o adquirente deve perder o domínio da coisa adquirida;
b) sentença judicial ou ato administrativo[4] que reconhece o direito aquisitivo preexistente ao contrato;
c) vício anterior ao contrato aquisitivo. Vale destacar que consoante o artigo 457 "não pode o adquirente demandar pela evicção, se sabia que a coisa era alheia ou litigiosa".

Os co-herdeiros são reciprocamente obrigados a indenizar-se no caso de evicção dos bens aquinhoados (artigo 2.024, CC).

38.2.2 Excludentes da responsabilidade

Cessa a obrigação mútua estabelecida no artigo antecedente, havendo convenção em contrário, e bem assim dando-se a evicção por culpa do evicto, ou por fato posterior à partilha (artigo 2.025, CC).

38.2.3 Indenização dos co-herdeiros

O evicto será indenizado pelos co-herdeiros na proporção de suas quotas hereditárias, mas, se algum deles se achar insolvente, responderão os demais na mesma proporção, pela parte desse, menos a quota que corresponderia ao indenizado (artigo 2.026, CC).

221.
2 Dicionário Eletrônico Aurélio Século XXI.
3 MONTEIRO, Washington de Barros. *Curso de Direito Civil*. Vol. 5. 34. ed. São Paulo: Saraiva, 2003, p. 55.
4 Ver posição jurisprudencial que reconhece a inexigibilidade de sentença judicial.

Capítulo 39
ANULAÇÃO DA PARTILHA

39.1 Anulação da Partilha

A partilha é anulável pelos vícios e defeitos que invalidam, em geral, os negócios jurídicos. (artigo 2.027, CC). Extingue-se em um ano o direito de anular a partilha. (artigo 2.027, parágrafo único, CC).

A vontade negocial viciada poderá ser anulada pela parte prejudicada, uma vez que o regime da *anulabilidade* visa a sua proteção. O *erro*, *dolo*, *coação*, *estado de perigo*, *lesão* e *fraude contra credores* são defeitos que tornam anulável o negócio jurídico (CC, art. 171, II).

De acordo com o Conselho da Justiça Federal, na VII Jornada de Direito Civil, foi publicado o Enunciado 612 que diz: "O prazo para exercer o direito de anular a partilha amigável judicial, decorrente de dissolução de sociedade conjugal ou de união estável, extingue-se em 1 (um) ano da data do trânsito em julgado da sentença homologatória, consoante dispõem o art. 2.027, parágrafo único, do Código Civil de 2002, e o art. 1.029, parágrafo único, do Código de Processo Civil (art. 657, parágrafo único, do Novo CPC)".

Capítulo 40
TRANSMISSIBILIDADE DE ALIMENTOS

40.1 Considerações Iniciais
40.1.1 Conceito

Os *alimentos* estão relacionados diretamente com a sobrevivência do ser humano. Alimentos são, pois, prestações periódicas para satisfazer as necessidades básicas de quem não possuir condições de fazê-las por si. Vale dizer que *alimentos* é muito mais do que a alimentação em si, senão tudo aquilo que é necessário para a subsistência digna de uma pessoa, tais como moradia, educação, saúde etc. De acordo com CAHALI, "adotado no direito para designar o conteúdo de uma pretensão ou de uma obrigação, a palavra "alimentos" vem significar tudo o que é necessário para satisfazer aos reclamos da vida; são as prestações com as quais podem ser satisfeitas as necessidades vitais de quem não pode provê-las por si; mais amplamente, é a contribuição periódica assegurada a alguém, por um titular de direito, para exigi-la de outrem, como necessária à sua manutenção".[1]

40.1.2 Fundamentos

São fundamentos constitucionais da obrigação de prestar alimentos: a) Princípio da preservação da dignidade da pessoa humana (CRFB/88 – Art. 1º – A República Federativa do Brasil, formada pela união indissolúvel dos Estados e Municípios e do Distrito Federal, constitui-se em Estado Democrático de Direito e tem como fundamentos: [...]; III – a dignidade da pessoa humana); b) Princípio da solidariedade social e familiar (CRFB/88 – Art. 3º – Constituem objetivos fundamentais da República Federativa do Brasil: I – construir uma sociedade livre, justa e solidária; II – garantir o desenvolvimento nacional; III – erradicar a pobreza e a marginalização e reduzir as desigualdades sociais e regionais; IV – promover o bem de todos, sem preconceitos de origem, raça, sexo, cor, idade e quaisquer outras formas de discriminação).

---
1 Ibid., p. 16.

40.1.3 Finalidade

A *finalidade* precípua dos *alimentos* é o atendimento a uma vida digna, ou seja, a subsistência da própria pessoa. O instituto jurídico dos alimentos está ancorado na solidariedade social e familiar (*função social da família*).

Os alimentos podem ser concedidos da seguinte forma: a) *in natura*, ou seja, entregues em bens da vida, tais como entrega de cesta básica, pagamento da escola, do plano de saúde etc.; e b) *in pecúnia*, é a denominada pensão alimentícia, podendo ser fixados em salários mínimos.[2]

40.1.4 Trinômio: Possibilidade, Necessidade e Proporcionalidade

Os alimentos são estruturados a partir do trinômio *necessidade-possibilidade-proporcionalidade*. Esta conjugação de elementos pode ser traduzida a partir da *necessidade* de quem pleiteia os alimentos (alimentando),[3] a *possibilidade* do requerido (alimentante) e a proporcionalidade alimentar que vai nortear a fixação do quantum da pensão alimentícia. Daí que podemos afirmar que este trinômio é, pois, um pressuposto do direito alimentar (artigo 1.694, § 1º, do CC). O alimentando não pode exigir o mesmo padrão de vida que possuía enquanto vivia com o alimentante, aquele terá que readequar a sua vida de acordo com os seus rendimentos.

O artigo 1.695 diz que "são devidos os alimentos quando quem os pretende não tem bens suficientes, nem pode prover, pelo seu trabalho, à pró-

---

[2] Súmula 490 do STF – A pensão correspondente à indenização oriunda de responsabilidade civil deve ser calculada com base no salário mínimo vigente ao tempo da sentença e ajustar-se-á às variações ulteriores.

[3] De acordo com as lições de CAHALI, "o pressuposto da necessidade do alimentando somente se descaracteriza se referidos bens de que é titular se mostram hábeis para ministrar-lhe rendimento suficiente a sua mantença; ou não se mostra razoável exigir-lhe a conversão de tais bens em valores monetários capazes de atender aos reclamos vitais do possuidor. Mas a matéria é controvertida, impondo-se temperamentos com vistas a uma solução de equidade, ínsita, aliás, na natureza do instituto. Para Laurent, aquele que possui imóveis não se encontra em estado de necessidade, se ele pode procurar os meios para viver, vendendo-os. Diana Amati e Tamburrino dizem que o fato de possuir o alimentando bens não exclui a necessidade, quando a alienação destes, bastando para satisfazer apenas temporariamente às suas necessidades, resolve-se em inútil dilapidação de seu patrimônio. Divergindo deste entendimento, Tedeschi aproxima-se da opinião de Laurent. Tratando-se de questão de fato, nenhum princípio pode ser enunciado. Daí a observação de Cunha Gonçalves: 'Não se pode dizer que é necessitado quem possui importantes valores improdutivos, cuja alienação lhe pode produzir um capital suficiente para subsistir por largo tempo, consumindo-o regradamente, pois necessitado é somente quem não possui recursos alguns para satisfazer às necessidades ou que só os tem os suficientes para parte delas.' [...] Donde se ter decidido que 'poderá reclamar alimentos de seus parentes aquele que, embora possuindo bens, não aufira rendas, por serem os mesmos improdutivos e lhe faltarem possibilidades para explorá-los, para aquela finalidade". CAHALI, Yussef Said. *Dos Alimentos*. 8. ed. São Paulo: Revista dos Tribunais, 2013, p. 500-501.

pria mantença, e aquele, de quem se reclamam, pode fornecê-los, sem desfalque do necessário ao seu sustento".

Os pressupostos da obrigação alimentar podem ser identificados da seguinte maneira: a) existência de um vínculo de parentesco; b) necessidade do reclamante; c) possibilidade da pessoa obrigada; d) proporcionalidade.

Vale mencionar o Enunciado 573 do CJF publicado na VI Jornada de Direito Civil que diz "Na apuração da possibilidade do alimentante, observar-se-ão os sinais exteriores de riqueza.[4]

40.2 Classificação

De modo geral, os alimentos são classificados de acordo com os seguintes critérios:

> a) *quanto à natureza* (naturais/indispensáveis/necessários e civis/côngruos e necessários); Os alimentos civis ou côngruos visam à manutenção da condição social e status da família; os alimentos naturais, indispensáveis ou necessários são aqueles que correspondem ao indispensável à satisfação das necessidades básicas de uma pessoa, para sobrevivência. Assim, excepcionalmente os alimentos podem ser necessários, isto é, são os alimentos fixados meramente para a subsistência da pessoa, por exemplo, conforme o artigo 1.694, § 2º do Código Civil que diz: "§ 2º Os alimentos serão apenas os indispensáveis à subsistência, quando a situação de necessidade resultar de culpa de quem os pleiteia." Neste caso, estes alimentos se confundem com a alimentação e podem ser fixa-

---

[4] Justificativa: De acordo com o ordenamento jurídico brasileiro, o reconhecimento do direito a alimentos está intrinsicamente relacionado com a prova do binômio necessidade e capacidade, conforme expresso no § 1º do art. 1.694 do Código Civil. Assim, está claro que, para a efetividade da aplicação do dispositivo em questão, é exigida a prova não só da necessidade do alimentado, mas também da capacidade financeira do alimentante. Contudo, diante das inúmeras estratégias existentes nos dias de hoje visando à blindagem patrimonial, torna-se cada vez mais difícil conferir efetividade ao art. 1.694, § 1º, pois muitas vezes é impossível a comprovação objetiva da capacidade financeira do alimentante.
Por essa razão, à míngua de prova específica dos rendimentos reais do alimentante, deve o magistrado, quando da fixação dos alimentos, valer-se dos sinais aparentes de riqueza. Isso porque os sinais exteriorizados do modo de vida do alimentante denotam seu real poder aquisitivo, que é incompatível com a renda declarada.
Com efeito, visando conferir efetividade à regra do binômio necessidade e capacidade, sugere-se que os alimentos sejam fixados com base em sinais exteriores de riqueza, por presunção induzida da experiência do juízo, mediante a observação do que ordinariamente acontece, nos termos do que autoriza o art. 335 do Código de Processo Civil, que é também compatível com a regra do livre convencimento, positivada no art. 131 do mesmo diploma processual.

dos em cestas básicas. Eles decorrem de culpa de quem os pleiteia e são resquícios da discussão da culpa no direito de família. Dessa maneira, o culpado não perde o direito a alimentos. O que se altera é a própria natureza dos alimentos, ou seja, o culpado deixa de ter direito aos *alimentos civis* e passa a ter direitos aos *alimentos necessários*, visando a sua mera subsistência (é o caso, por exemplo, do filho que tenteou matar os pais e, posteriormente, pede alimentos). Da mesma forma, o artigo 1.704, parágrafo único, do CC determina que "Se o cônjuge declarado culpado vier a necessitar de alimentos, e não tiver parentes em condições de prestá-los, nem aptidão para o trabalho, o outro cônjuge será obrigado a assegurá-los, fixando o juiz o valor indispensável à sobrevivência".

b) *quanto à causa jurídica* (lei, ato de vontade e delito/sanção); Os alimentos podem ser classificados como *alimentos legítimos ou legais* se provenientes da relação familiar de parentesco, matrimônio ou união estável.

Os *alimentos voluntários* (atos de vontade) se estabelecem mediante declaração unilateral de vontade ou por convenção (ato *inter vivos*) e até mesmo por ato *causa mortis*, como no *legado de alimentos* (sempre fixados por testamento,[5] podem ser temporários ou vitalícios e não superam as forças da herança).[6] Aqui vale lembrar a regra do artigo 557, inciso IV, do Código Civil que diz: "Podem ser revogadas por ingratidão as doações:[7] [...] IV – se, podendo ministrá-los, recusou ao doador os alimentos de que este necessitava." A revogação da doação por ingratidão é uma penalidade que o doador poderá impor aos donatários, haja vista a violação do dever moral de gratidão que estes deveriam manter com aquele. Daí, a ação de revogação da doação por ingratidão é um ato personalíssimo, já que apenas o doador poderá praticar o ato. O prazo para a revogação da doação é de um ano, a contar de quando chegue ao conhecimento do doador o fato que a autorizar, e de ter sido o donatário o seu autor (CCB, art. 559).[8] Este prazo é de natureza decadencial, já que representa um direito potestativo do doador.[9]

---

5 CC – Art. 1.920. O legado de alimentos abrange o sustento, a cura, o vestuário e a casa, enquanto o legatário viver, além da educação, se ele for menor.
6 CC – Art. 1.792. O herdeiro não responde por encargos superiores às forças da herança; incumbe-lhe, porém, a prova do excesso, salvo se houver inventário que a escuse, demonstrando o valor dos bens herdados.
7 Correspondente ao art. 1.183, caput, do CCB/1916.
8 Correspondente ao art. 1.184 do CCB/1916.
9 CC 2002 – Da Decadência. Arts. 207 a 211.CC 2002 – Art. 207. Salvo disposição legal em contrário, não se aplicam à decadência as normas que impedem, suspendem ou interrompem

Da mesma forma, o artigo 542 do Código Civil (doação por subvenção periódica) informa que "a doação em forma de subvenção periódica ao beneficiado extingue-se morrendo o doador, salvo se este outra coisa dispuser, mas não poderá ultrapassar a vida do donatário".[10]

É uma espécie de contrato, através do qual o doador, de forma reiterada, se compromete a realizar uma liberalidade em benefício do donatário. Em regra esta doação se manifesta através de auxílios pecuniários ao donatário, cuja periodicidade é acordada entre as partes contraentes. Esta doação poderá ser pactuada com número certo de prestações ou sem limite temporal de cumprimento das mesmas. Neste último caso, não poderá ultrapassar a vida do donatário. Vale lembrar que com a morte do doador, os herdeiros somente estarão obrigados dentro das forças da herança.

Por fim, os alimentos *indenizatórios, ressarcitórios ou reparatórios*. O artigo 948, inciso II, do Código Civil determina que "no caso de homicídio, a indenização consiste, sem excluir outras reparações: [...] II – na prestação de alimentos às pessoas a quem o morto os devia, levando-se em conta a duração provável da vida da vítima." E o artigo 950 do CC diz que "Art. 950. Se da ofensa resultar defeito pelo qual o ofendido não possa exercer o seu ofício ou profissão, ou se lhe diminua a capacidade de trabalho, a indenização, além das despesas do tratamento e lucros cessantes até ao fim da convalescença, incluirá pensão correspondente à importância do trabalho para que se inabilitou, ou da depreciação que ele sofreu. Dessa forma, a indenização é estipulada através de uma pensão mensal a ser fixada com base nos ganhos comprovados da vítima e será calculada de acordo com sua provável sobrevida e, no caso de acarretar redução laboral, temporária ou permanente, a pensão será fixada na proporção da redução de sua capacidade para o trabalho. Aqui, a sentença judicial é prolatada por um magistrado da Vara Cível e não da Vara de Família. Daí que a natureza é mista (direito de família/direito obrigacional), com origem compensatória e não meramente alimentar.

---

a prescrição.
CC 2002 – Art. 208. Aplica-se à decadência o disposto nos arts. 195 e 198, inciso I.
CC 2002 – Art. 209. É nula a renúncia à decadência fixada em lei.
CC 2002 – Art. 210. Deve o juiz, de ofício, conhecer da decadência, quando estabelecida por lei.
CC 2002 – Art. 211. Se a decadência for convencional, a parte a quem aproveita pode alegá-la em qualquer grau de jurisdição, mas o juiz não pode suprir a alegação.
10 Correspondente ao art. 1.172 do CCB/1916.

c) *quanto à finalidade* (provisórios, provisionais, definitivos/regulares ou transitórios/resolúveis); Os *alimentos provisórios* são deferidos em caráter precário pelo magistrado em ação de alimentos, de acordo com o rito da Lei 5.478/68. Melhor dizendo: são alimentos antecipatórios, arbitrados preliminarmente pelo magistrado, exigindo prova pré-constituída da obrigação alimentar.[11] Os alimentos provisionais são aqueles fixados em outras ações que não seguem o rito especial da ação de alimentos. Diz o artigo 1.706 do Código Civil que "os alimentos provisionais serão fixados pelo juiz, nos termos da lei processual. Vejamos: o artigo 305 do CPC diz que "a petição inicial da ação que visa à prestação de tutela cautelar em caráter antecedente indicará a lide e seu fundamento, a exposição sumária do direito que se objetiva assegurar e o perigo de dano ou o risco ao resultado útil do processo".

Os *alimentos definitivos ou regulares* são aqueles fixados, de forma definitiva, através de acordo de vontades ou sentença judicial transitada em julgado. Vale lembrar o artigo 733 do CPC que diz: O divórcio consensual, a separação consensual e a extinção consensual de união estável, não havendo nascituro ou filhos incapazes e observados os requisitos legais, poderão ser realizados por escritura pública, da qual constarão as disposições de que trata o art. 731 do CPC.[12] Ademais, ainda que com a denominação de *alimentos definitivos*, a qualquer momento, sobrevindo alteração na situação financeira do alimentante ou alimentado, é possível requerer a sua exoneração, redução ou majoração do encargo.[13] Dessa maneira, estes alimentos estão submetidos à cláusula *re-*

---

[11] Lei 5.478/68 (Lei de Alimentos) – Art. 4º As despachar o pedido, o juiz fixará desde logo alimentos provisórios a serem pagos pelo devedor, salvo se o credor expressamente declarar que deles não necessita.Parágrafo único. Se se tratar de alimentos provisórios pedidos pelo cônjuge, casado pelo regime da comunhão universal de bens, o juiz determinará igualmente que seja entregue ao credor, mensalmente, parte da renda líquida dos bens comuns, administrados pelo devedor.

[12] CPC – Art. 733. O divórcio consensual, a separação consensual e a extinção consensual de união estável, não havendo nascituro ou filhos incapazes e observados os requisitos legais, poderão ser realizados por escritura pública, da qual constarão as disposições de que trata o art. 731.

§ 1º A escritura não depende de homologação judicial e constitui título hábil para qualquer ato de registro, bem como para levantamento de importância depositada em instituições financeiras.

§ 2º O tabelião somente lavrará a escritura se os interessados estiverem assistidos por advogado ou por defensor público, cuja qualificação e assinatura constarão do ato notarial.

[13] CC – Art. 1.699. Se, fixados os alimentos, sobrevier mudança na situação financeira de quem os supre, ou na de quem os recebe, poderá o interessado reclamar ao juiz, conforme as circunstâncias, exoneração, redução ou majoração do encargo.

bus sic stantibus, no entanto, se houver alteração na situação fática subjacente do alimentante ou alimentado, é possível a propositura de uma ação de revisão de alimentos.

Por fim, os *alimentos transitórios* ou *resolúveis* são fixados por determinado período e tempo a favor do ex-cônjuge ou ex-companheiro. Vejamos decisão jurisprudencial sobre o tema: "A estipulação de alimentos transitórios (por tempo certo) é possível quando o alimentando ainda possua idade, condição e formação profissional compatíveis com sua provável inserção no mercado de trabalho. Assim, a necessidade de alimentos perdura apenas até que se atinja a aguardada autonomia financeira, pois, nesse momento, não mais necessitará da tutela do alimentante, então, liberado da obrigação" (que se extinguirá automaticamente). REsp 1.025.769-MG, Rel. Min. Nancy Andrighi, julgado em 24/8/2010.

d) *quanto ao momento da prestação* (alimentos presentes/atuais, *alimenta futura* e *alimenta praeterita*); Os *alimentos pretéritos* são aqueles que ficaram no passado e que não podem mais ser cobrados. De acordo com o artigo 206, § 2º, prescreve em dois anos, a pretensão para haver prestações alimentares, a partir da data em que se vencerem. Os *alimentos presentes (atuais)* são aqueles que estão sendo exigidos neste momento, através de acordo entre as partes ou ação judicial específica. Por fim, os *alimentos futuros* são aqueles pendentes, ou seja, aqueles alimentos computáveis a partir da sentença.

e) *quanto à modalidade da prestação* (obrigação alimentar própria/ *in natura* e imprópria). A prestação alimentar própria, também denominada *in natura*, é aquela em que os alimentos são prestados através do fornecimento de alimentação, sustento e hospedagem. Já os *alimentos impróprios* são aqueles fornecidos através de pensão. A prestação alimentícia poderá ser fixada tomando por base o salário-mínimo.[14]

---

14 CPC – Art. 533. Quando a indenização por ato ilícito incluir prestação de alimentos, caberá ao executado, a requerimento do exequente, constituir capital cuja renda assegure o pagamento do valor mensal da pensão.
§ 1º O capital a que se refere o *caput*, representado por imóveis ou por direitos reais sobre imóveis suscetíveis de alienação, títulos da dívida pública ou aplicações financeiras em banco oficial, será inalienável e impenhorável enquanto durar a obrigação do executado, além de constituir-se em patrimônio de afetação.
§ 2º O juiz poderá substituir a constituição do capital pela inclusão do exequente em folha de pagamento de pessoa jurídica de notória capacidade econômica ou, a requerimento do executado, por fiança bancária ou garantia real, em valor a ser arbitrado de

40.3 Características dos Alimentos

As principais características dos alimentos no direito de família serão abaixo apresentadas.

40.3.1 Direito Personalíssimo

Os alimentos constituem um direito personalíssimo, ou seja, somente aquelas pessoas que fazem parte da relação de parentesco, casamento ou união estável com o alimentante podem propor a ação de alimentos, considerando, ainda o binômio possibilidade/necessidade, ancorada no princípio da proporcionalidade ou razoabilidade. O artigo 1.694, § 1º do CC dispõe que "os alimentos devem ser fixados na proporção das necessidades do reclamante e dos recursos da pessoa obrigada".

40.3.2 Reciprocidade

A obrigação alimentar possui caráter de reciprocidade entre cônjuges, companheiros e parentes. O artigo 1.694, *caput*, do Código Civil afirma que "podem os parentes, os cônjuges ou companheiros pedir uns aos outros os alimentos de que necessitem para viver de modo compatível com a sua condição social, inclusive para atender às necessidades de sua educação". Ademais, o artigo 1.696 determina que "o direito à prestação de alimentos é recíproco entre pais e filhos, e extensivo a todos os ascendentes, recaindo a obrigação nos mais próximos em grau, uns em falta de outros".[15] Vale lembrar que com o com o casamento, a união estável ou o concubinato do credor, cessa o dever de prestar alimentos (artigo 1.708, CC). Com relação ao credor cessa, também, o direito a alimentos, se tiver procedimento indigno em relação ao devedor (artigo 1.708, parágrafo único, CC). A reciprocidade possui fundamento na solidariedade familiar (função social da família).

Nos termos da jurisprudência atualmente consolidada no STJ, os alimentos entre ex-cônjuges devem ser fixados, como regra, com termo certo, somente se justificando a manutenção por prazo indeterminado do pensionamento em face de situação excepcional, como a incapacidade permanente para o trabalho ou a impossibilidade de reinserção no mercado de trabalho.

---

imediato pelo juiz.

§ 3º Se sobrevier modificação nas condições econômicas, poderá a parte requerer, conforme as circunstâncias, redução ou aumento da prestação.

§ 4º A prestação alimentícia poderá ser fixada tomando por base o salário-mínimo.

§ 5º Finda a obrigação de prestar alimentos, o juiz mandará liberar o capital, cessar o desconto em folha ou cancelar as garantias prestadas.

15 Conselho da Justiça Federal – V Jornada de Direito Civil – CJF – Enunciado 522 – Arts. 1.694, 1.696, primeira parte, e 1.706. Cabe prisão civil do devedor nos casos de não prestação de alimentos gravídicos estabelecidos com base na Lei nº 11.804/2008, inclusive deferidos em qualquer caso de tutela de urgência.

(REsp 1558070/SP, Rel. Ministro MARCO BUZZI, Rel. p/ Acórdão Ministra MARIA ISABEL GALLOTTI, QUARTA TURMA, julgado em 25/10/2016, DJe 01/12/2016).[16]

40.3.3 Proximidade

Isto significa dizer que o credor de alimentos deve ingressar com a ação de alimentos em face dos parentes de grau mais próximo, de acordo com a regra jurídica estabelecida no artigo 1.696 do Código Civil: o direito à prestação de alimentos é recíproco entre pais e filhos, e extensivo a todos os ascendentes, *recaindo a obrigação nos mais próximos em grau,* uns em falta de outros (grifo nosso). Dessa forma, o filho necessitando de alimentos deve, pois, acionar inicialmente o pai, para, após, direcionar a ação ao seu avô. O falecimento do pai do alimentando não implica a automática transmissão do dever alimentar aos avós. É orientação do STJ que a responsabilidade dos avós de prestar alimentos é subsidiária, e não sucessiva.[17]

É possível a formação de um *litisconsórcio passivo facultativo sucessivo.* Aplica-se, pois, a regra da divisibilidade próxima proporcional subsidiária. Nesse sentido, a decisão do REsp 658.139-RS: "Cuida-se de ação revisional de alimentos proposta por menor impúbere, representada por sua mãe, contra o pai e o avô paterno. Os réus arguiram a necessidade de citação também dos avós maternos sob a alegação de existir litisconsórcio necessário. Pelo art. 397 do CC/1916, este Superior Tribunal havia pacificado a tese de que, na ação de alimentos proposta por netos contra o avô paterno, seria dispen-

---

16 (VOTO VENCIDO) (MIN. MARCO BUZZI) – "[...] não tendo os alimentos sido fixados com lastro na incapacidade laboral permanente ou na impossibilidade prática de inserção no mercado de trabalho, classificam-se na condição de alimentos temporários, dada a característica da excepcionalidade conferida pelos Tribunais Superiores aos alimentos entre ex-cônjuges ou ex-companheiros". "[...] não se pode desprezar as peculiaridades do caso concreto, tais como, o longo período de tempo durante o qual a recorrida recebe a pensão alimentícia, o seu tempo de afastamento do mercado de trabalho [...], além do fato de contar atualmente com 57 anos de idade e não gozar de um favorável estado de saúde. Diante de tais circunstâncias, não se mostra razoável a cessação imediata do pagamento dos alimentos, tão pouco a redução brusca da verba alimentar, porém, acolhendo em parte o pedido do recorrente, revela-se adequada a minoração do valor pago à alimentada, devendo ser estabelecido um prazo para tanto".

17 O falecimento do pai do alimentando não implica a automática transmissão do dever alimentar aos avós. É orientação do STJ que a responsabilidade dos avós de prestar alimentos é subsidiária, e não sucessiva. Essa obrigação tem natureza complementar e somente exsurge se ficar demonstrada a impossibilidade de os genitores proverem os alimentos de seus filhos (REsp 1.415.753-MS, Terceira Turma, DJe 27/11/2015; e REsp 831.497-MG, Quarta Turma, DJe 11/2/2010). Assim, para intentar ação contra ascendente de segundo grau, deve o alimentando demonstrar não somente a impossibilidade ou insuficiência de cumprimento da obrigação pela mãe, como também pelo espólio do pai falecido. REsp 1.249.133-SC, Rel. Min. Antonio Carlos Ferreira, Rel. para acórdão Min. Raul Araújo, julgado em 16/6/2016, DJe 2/8/2016.

sável a citação dos avós maternos, por não se tratar de litisconsórcio necessário, mas sim, facultativo impróprio. A questão consiste em saber se o art. 1.698 do CC/2002 tem o condão de modificar a interpretação pretoriana firmada sobre o art. 397 do Código Civil revogado. Em primeira análise, a interpretação literal do dispositivo parece conceder uma faculdade ao autor da ação de alimentos de trazer para o polo passivo os avós paternos e/ou os avós maternos, de acordo com sua livre escolha. Todavia, essa não representa a melhor exegese. É sabido que a obrigação de prestar alimentos aos filhos é, originariamente, de ambos os pais, sendo transferida aos avós subsidiariamente, em caso de inadimplemento, em caráter complementar e sucessivo. Nesse contexto, mais acertado o entendimento de que a obrigação subsidiária – em caso de inadimplemento da principal – deve ser diluída entre os avós paternos e maternos, na medida de seus recursos, diante de sua divisibilidade e possibilidade de fracionamento. Isso se justifica, pois a necessidade alimentar não deve ser pautada por quem paga, mas sim por quem recebe, representando para o alimentando, maior provisionamento tantos quantos réus houver no polo passivo da demanda. Com esse entendimento, a Turma, prosseguindo o julgamento, conheceu do recurso e deu-lhe provimento para determinar a citação dos avós maternos, por se tratar da hipótese de litisconsórcio obrigatório simples. Precedentes citados: REsp 50.153-RJ, DJ 14/11/1994; REsp 261.772-SP, DJ 20/11/2000; REsp 366.837-RJ, DJ 22/9/2003, e REsp 401.484-PB, DJ 20/10/2003. REsp 658.139-RS, Rel. Min. Fernando Gonçalves, julgado em 11/10/2005".

40.3.4 Irrenunciabilidade

O artigo 1.707 diz que pode o credor não exercer, porém lhe é vedado renunciar o direito a alimentos, sendo o respectivo crédito insuscetível de cessão, compensação ou penhora. Aqui, a melhor exegese é no sentido de ter como irrenunciável os alimentos decorrentes do poder familiar a favor dos descendentes. Todavia, os alimentos entre cônjuges e companheiros é admitida a renúncia, ou seja, "após a homologação do divórcio, não pode o ex-cônjuge pleitear alimentos se deles desistiu expressamente por ocasião do acordo de separação consensual" (AgRg no Ag 1.044.922-SP, Quarta Turma, DJe 2/8/2010).

O Conselho da Justiça Federal, na III Jornada de Direito Civil, publicou o enunciado – 263: "O art. 1.707 do Código Civil não impede seja reconhecida válida e eficaz a renúncia manifestada por ocasião do divórcio (direto ou indireto) ou da dissolução da "união estável". A irrenunciabilidade do direito a alimentos somente é admitida enquanto subsista vínculo de Direito de Família".

No mesmo sentido, "o art. 404 do CC/1916 (art. 1.707 do CC/2002), que lastreia a Súm. nº 379-STF não se aplica à espécie, pois a irrenunciabilidade lá expressa está contida no capítulo que trata dos alimentos fundados no parentesco. Ora, entre marido e mulher não há parentesco, o direito a alimentos baseia-se na obrigação mútua de assistência prevista no art. 231, III, do CC/1916 (art. 1.566, III, do CC/ 2002), a qual cessa com a separação ou divórcio. Logo, a cláusula de renúncia a alimentos disposta no acordo de separação ou divórcio é válida e eficaz, não autorizando o cônjuge que renunciou a voltar a pleitear o encargo. A Turma conheceu e deu provimento ao recurso para julgar a recorrida carecedora da ação e extinguiu o processo sem julgamento do mérito (art. 267, VI, do CPC). Precedentes citados: REsp 17.719-BA, DJ 16/3/1992; REsp 8.862-DF, DJ 22/6/1992; REsp 85.683-SP, DJ 16/9/1996; REsp 36.749-SP, DJ 18/10/1999, e REsp 226.330-GO, DJ 12/5/2003. REsp 701.902-SP, Rel. Min. Nancy Andrighi, julgado em 15/9/2005".

É possível a prévia dispensa de alimentos? "Tendo os conviventes estabelecido, no início da união estável, por escritura pública, a dispensa à assistência material mútua, a superveniência de moléstia grave na constância do relacionamento, reduzindo a capacidade laboral e comprometendo, ainda que temporariamente, a situação financeira de um deles, autoriza a fixação de alimentos após a dissolução da união. De início, cabe registrar que a presente situação é distinta daquelas tratadas em precedentes do STJ, nos quais a renúncia aos alimentos se deu ao término da relação conjugal. Naqueles casos, o entendimento aplicado foi no sentido de que, "após a homologação do divórcio, não pode o ex-cônjuge pleitear alimentos se deles desistiu expressamente por ocasião do acordo de separação consensual" (AgRg no Ag 1.044.922-SP, Quarta Turma, DJe 2/8/2010). No presente julgado, a hipótese é de prévia dispensa dos alimentos, firmada durante a união estável, ou seja, quando ainda existentes os laços conjugais que, por expressa previsão legal, impõem aos companheiros, reciprocamente, o dever de assistência. Observe-se que a assistência material mútua constitui tanto um direito como uma obrigação para os conviventes, conforme art. 2°, II, da Lei 9.278/1996 e arts. 1.694 e 1.724 do CC. Essas disposições constituem normas de interesse público e, por isso, não admitem renúncia, nos termos do art. 1.707 do CC: "Pode o credor não exercer, porém lhe é vedado renunciar o direito a alimentos, sendo o respectivo crédito insuscetível de cessão, compensação ou penhora". Nesse contexto, e não obstante considere-se válida e eficaz a renúncia manifestada por ocasião de acordo de separação judicial ou de divórcio, nos termos da reiterada jurisprudência do STJ, não pode ela ser admitida na constância do vínculo familiar. Nesse sentido há entendimento doutrinário e, de igual, dispõe o Enunciado 263, aprovado na III Jornada de Direito Civil, segundo o qual: "O art. 1.707 do Código Civil não impede seja reconhecida válida e eficaz a renúncia manifestada por ocasião do divórcio (direto ou indireto) ou da dissolução da 'união estável'. A irrenunciabilidade do direito a alimentos somente é admitida enquanto subsista vínculo de

Direito de Família". Com efeito, ante o princípio da irrenunciabilidade dos alimentos, decorrente do dever de mútua assistência expressamente previsto nos dispositivos legais citados, não se pode ter como válida disposição que implique renúncia aos alimentos na constância da união, pois esses, como dito, são irrenunciáveis. REsp 1.178.233-RJ, Rel. Min. Raul Araújo, julgado em 18/11/2014, DJe 9/12/2014".

Se a mulher renunciar aos alimentos, ela terá direito à pensão previdenciária? A Súmula 336 do STJ possibilita o direito à pensão previdenciária, ainda que tenha renunciado aos alimentos na separação. Nesse sentido, ⬚PENSÃO POR MORTE DE SERVIDOR PÚBLICO REQUERIDA POR EX-CÔNJUGE. RENÚNCIA AOS ALIMENTOS POR OCASIÃO DO DIVÓRCIO NÃO IMPEDE A CONCESSÃO DO BENEFÍCIO. SÚMULA 336/STJ. NECESSIDADE DE COMPROVAÇÃO DA SUPERVENIENTE DEPENDÊNCIA ECONÔMICA. AGRAVO REGIMENTAL DESPROVIDO. Consoante disposto na Súmula 336/STJ: a mulher que renunciou aos alimentos na separação judicial tem direito à pensão previdenciária por morte do ex-marido, comprovada a necessidade econômica superveniente. Só o fato de a recorrente ter-se divorciado do falecido e, à época, dispensado os alimentos, não a proíbe de requerer a pensão por morte, uma vez devidamente comprovada a necessidade (REsp. 472.742/RJ, Rel. Min. JOSÉ ARNALDO DA FONSECA, DJU 31.03.2003). Agravo Regimental desprovido. (AgRg no REsp 1015252/RS, Rel. Ministro NAPOLEÃO NUNES MAIA FILHO, QUINTA TURMA, julgado em 12/04/2011, DJe 25/04/2011)".

40.3.5 Transmissibilidade da obrigação

De acordo com o art. 1.700 do CC, "a obrigação de prestar alimentos transmite-se aos herdeiros do devedor, na forma do art. 1.694". Esse comando deve ser interpretado à luz do entendimento doutrinário de que a obrigação alimentar é fruto da solidariedade familiar, não devendo, portanto, vincular pessoas fora desse contexto. A morte do alimentante traz consigo a extinção da personalíssima obrigação alimentar, pois não se pode conceber que um vínculo alimentar decorrente de uma já desfeita solidariedade entre o falecido-alimentante e a alimentada, além de perdurar após o término do relacionamento, ainda lance seus efeitos para além da vida do alimentante, deitando garras no patrimônio dos herdeiros, filhos do *de cujus*. Entender que a obrigação alimentar persiste após a morte, ainda que nos limites da herança, implicaria agredir o patrimônio dos herdeiros (adquirido desde o óbito por força da *saisine*). Aliás, o que se transmite, no disposto do art. 1.700 do CC, é a dívida existente antes do óbito e nunca o dever ou a obrigação de pagar alimentos, pois personalíssima. Não há vínculos entre os herdeiros e a ex-companheira que possibilitem se protrair, indefinidamente, o pagamento dos alimentos a esta, fenecendo, assim, qualquer tentativa de transmitir a obrigação de prestação de alimentos após a morte do alimentante. O que há, e isso é inegável, até mesmo por força do expresso texto de lei, é a transmissão da dívida decorrente do débito alimentar que por ventura não tenha sido paga pelo alimentante enquanto em vida. Essa limitação de efeitos não torna inócuo o texto legal que preconiza a transmissão, pois, no âmbito do STJ, se vem dando interpretação que, embora lhe outorgue efetividade, não descura dos comandos macros que regem as relações das obrigações alimentares. Daí a existência de precedentes que limitam a prestação dos alimentos, pelo espólio, à circunstância do alimentado também ser herdeiro, ante o grave risco de demoras, naturais ou provocadas, no curso do inventário, que levem o alimentado a carência material inaceitável (REsp 1.010.963-MG, Terceira Turma, DJe 5/8/2008). Qualquer interpretação diversa, apesar de gerar mais efetividade ao art. 1.700 do CC, vergaria de maneira inaceitável os princípios que regem a obrigação alimentar, dando ensejo à criação de situações teratológicas, como o de viúvas pagando alimentos para ex-companheiras do de *cujus*, ou verdadeiro digladiar entre alimentados que também sejam herdeiros, todos pedindo, reciprocamente, alimentos. Assim, admite-se a transmissão tão somente quando o alimentado também seja herdeiro, e, ainda assim, enquanto perdurar o inventário, já se tratando aqui de uma excepcionalidade, porquanto extinta a obrigação alimentar desde o óbito. A partir de então (no caso de herdeiros) ou a partir do óbito do alimentante (para aqueles que não o sejam), fica extinto o direito de perceber alimentos com base no art. 1.694 do CC, ressaltando-se que os valores não pagos pelo alimentante podem ser cobrados do espólio. REsp 1.354.693-SP, Rel. originário Min. Maria Isabel Gallotti, voto vencedor Min. Nancy Andrighi, Rel. para acórdão Min. Antonio Carlos Ferreira, julgado em 26/11/2014, DJe 20/2/2015".

40.3.5.1 Limites à transmissibilidade dos alimentos

A questão dos limites à transmissibilidade dos alimentos é uma questão controvertida. Em linhas gerais, teríamos cinco correntes, a saber:

a) a transmissão da obrigação alimentar seria de acordo com as forças da herança;
b) a transmissão seria até o momento da realização da partilha dos bens. Cabe ao espólio a obrigação de prestar alimentos a quem o *"de cujus"* (falecido) os devia, e até que se opere a partilha nos autos do inventário.
c) a transmissão seria até o momento da realização da partilha dos bens, *mediante a devida compensação*, para que o *alimentado-herdeiro não receba duplamente*.

d) a transmissão ocorreria somente se o espólio do falecido-alimentante produzisse frutos.[18]
e) A transmissão seria, em favor, apenas, de credores que não participassem do espólio.

A jurisprudência do STJ admite a transmissão da obrigação alimentar ao espólio apenas nos casos em que havia estipulação por sentença judicial ou acordo prévios da obrigação alimentar, de modo a garantir a manutenção do alimentando durante a tramitação do inventário.[19] Dessa maneira, o espólio não pode ser demandado em pedido original de alimentos. O que se transmite, destarte, é a obrigação alimentar pré-existente proveniente de um acordo judicial ou sentença condenatória.[20]

---

18 APELAÇÃO CÍVEL. AÇÃO DE ALIMENTOS. ESPÓLIO. TRANSMISSIBILIDADE. O pedido de alimentos fundamenta-se aqui na transmissibilidade da obrigação alimentar, contemplada no art. 1.700 do CCB. Seu deferimento depende de prova da necessidade da requerente e da possibilidade do patrimônio deixado pelo falecido alimentante produzir frutos suficientes para suportar a verba. Desta forma, para a procedência do pedido, imprescindível a prova da necessidade da autora. Necessidade esta que, de acordo com o disposto no art. 1.695 do CCB, caracteriza-se pela impossibilidade de prover, pelo seu trabalho, ou bens, à própria subsistência. Considerando: (a) a idade da apelante (45 anos), (b) a falta de demonstração de sua incapacidade laboral, (c) o fato de que possui ofício, não sendo, por certo, difícil sua colocação no mercado de trabalho, (d) a circunstância de que possui renda própria, proveniente de pensão por morte, (e) que possui a integralidade de um bem imóvel e parte de outro, e (f) que ficou com valores depositados em conta bancária, cujo montante não se tem conhecimento, não está caracterizada a necessidade da recorrente ao recebimento da pensão de modo a justificar a reforma da sentença. NEGARAM PROVIMENTO. UNÂNIME. (Apelação Cível nº 70054523949, Oitava Câmara Cível, Tribunal de Justiça do RS, Relator: Luiz Felipe Brasil Santos, Julgado em 04/07/2013).
19 CIVIL E PROCESSUAL. AÇÃO DE ALIMENTOS. CONCUBINATO. PENSÃO AINDA NÃO INSTITUÍDA PELA JUSTIÇA AO TEMPO DO ÓBITO. IMPOSSIBILIDADE DE PROSSEGUIMENTO CONTRA O ESPÓLIO. LEI N. 6.515/1977, ART. 23.EXEGESE. I. A hipótese prevista no art. 23 da Lei n. 6.515/1977, sobre a transmissão aos herdeiros da obrigação de prestar alimentos supõe que esse ônus já houvesse sido instituído em desfavor do alimentante falecido, hipótese diversa da presente nos autos, em que quando do óbito ainda não houvera decisão judicial estabelecendo os provisionais. II. Precedentes do STJ. III. Recurso especial não conhecido.(REsp 509.801/SP, Rel. Ministro ALDIR PASSARINHO JUNIOR, QUARTA TURMA, julgado em 21/10/2010, DJe 11/11/2010).
20 APELAÇÃO CÍVEL. AÇÃO DE ALIMENTOS. MORTE DO ALIMENTADO. TRANSMISSIBILIDADE À SUCESSÃO DA OBRIGAÇÃO JÁ CONSTITUÍDA. A morte da parte alimentada implica, em princípio, na extinção da obrigação, dada a sua natureza personalíssima. Contudo, uma vez fixada a obrigação alimentar, falecendo o alimentado, transmitem-se ao seu espólio os direitos de crédito resultantes de eventuais parcelas alimentares não adimplidas até a sua morte. Nesse contexto, ainda que o alimentado tenha falecido, as parcelas alimentares a ele devidas até a sua morte, podem ser cobradas do alimentante. E já havendo sentença condenatória transitada em julgado antes da morte do alimentado, não há falar em extinção do processo sem resolução de mérito. DERAM PROVIMENTO. (Apelação Cível nº 70052761335, Oitava Câmara Cível, Tribunal de Justiça do RS, Relator: Rui Portanova, Julgado em 21/03/2013).

Vejamos: "O espólio de genitor do autor de ação de alimentos não possui legitimidade para figurar no polo passivo da ação na hipótese em que inexista obrigação alimentar assumida pelo genitor por acordo ou decisão judicial antes da sua morte. De fato, o art. 23 da Lei do Divórcio e o art. 1.700 do CC estabelecem que a "obrigação de prestar alimentos transmite-se aos herdeiros do devedor". Ocorre que, de acordo com a jurisprudência do STJ e com a doutrina majoritária, esses dispositivos só podem ser invocados se a obrigação alimentar já fora estabelecida anteriormente ao falecimento do autor da herança por acordo ou sentença judicial. Isso porque esses dispositivos não se referem à transmissibilidade em abstrato do dever jurídico de prestar alimentos, mas apenas à transmissão (para os herdeiros do devedor) de obrigação alimentar já assumida pelo genitor por acordo ou decisão judicial antes da sua morte. Precedentes citados: AgRg no REsp 981.180/RS, Terceira Turma, DJe 15/12/2010; e REsp 1.130.742/DF, Quarta Turma, DJe 17/12/2012. REsp 1.337.862-SP, Rel. Min. Luis Felipe Salomão, julgado em 11/2/2014".

No mesmo sentido, "Trata-se de REsp em que se discute a legitimidade do espólio para figurar como réu em ação de alimentos e a possibilidade de ele contrair obrigação de alimentar, mesmo que inexistente condenação antes do falecimento do autor da herança. A Turma entendeu que, inexistindo condenação prévia do autor da herança, não há por que falar em transmissão do dever jurídico de prestar alimentos em razão de seu caráter personalíssimo, portanto intransmissível. Assim, é incabível, no caso, ação de alimentos contra o espólio, visto que não se pode confundir a regra do art. 1.700 do CC/2002, segundo a qual a obrigação de prestar alimentos transmite-se aos herdeiros do devedor, com a transmissão do dever jurídico de alimentar, utilizada como argumento para a propositura da referida ação. Trata-se de coisas distintas. O dever jurídico é abstrato e indeterminado e a ele se contrapõe o direito subjetivo, enquanto a obrigação é concreta e determinada e a ela se contrapõe uma prestação. Ressaltou-se que, na hipótese, as autoras da ação eram netas do *de cujus* e, já que ainda vivo o pai, não eram herdeiras do falecido. Assim, não há sequer falar em alimentos provisionais para garantir o sustento enquanto durasse o inventário. Por outro lado, de acordo com o art. 1.784 do referido código, aberta a sucessão, a herança é transmitida, desde logo, aos herdeiros legítimos e testamentários. Dessa forma, o pai das alimentandas torna-se herdeiro e é a sua parte da herança que deve responder pela obrigação de alimentar seus filhos, não o patrimônio dos demais herdeiros do espólio. REsp 775.180-MT, Rel. Min. João Otávio de Noronha, julgado em 15/12/2009".

Ademais, "Não cabe prisão civil do inventariante em razão do descumprimento do dever do espólio de prestar alimentos. Isso porque a restrição da liberdade constitui sanção de natureza personalíssima que não pode recair sobre terceiro, estranho ao dever de alimentar. De fato, a prisão administrativa atinge apenas o devedor de alimentos, segundo o art. 733, § 1°, do CPC, e não terceiros. Dessa forma, sendo o inventariante um terceiro na relação entre exequente e executado – ao espólio é que foi transmitida a obrigação de prestar alimentos (haja vista o seu caráter personalíssimo) –, configura constrangimento ilegal a coação, sob pena de prisão, a adimplir obrigação do referido espólio, quando este não dispõe de rendimento suficiente para tal fim. Efetivamente, o inventariante nada mais é do que, substancialmente, auxiliar do juízo (art. 139 do CC/2002), não podendo ser civilmente preso pelo descumprimento de seus deveres, mas sim destituído por um dos motivos do art. 995 do CC/2002. Deve-se considerar, ainda, que o próprio herdeiro pode requerer pessoalmente ao juízo, durante o processamento do inventário, a antecipação de recursos para a sua subsistência, podendo o magistrado conferir eventual adiantamento de quinhão necessário à sua mantença, dando assim efetividade ao direito material da parte pelos meios processuais cabíveis, sem que se ofenda, para tanto, um dos direitos fundamentais do ser humano, a liberdade. Precedente citado: REsp 1.130.742-DF, Quarta Turma, DJe 17/12/2012. HC 256.793-RN, Rel. Min. Luis Felipe Salomão, julgado em 1º/10/2013".

40.3.6 Imprescritibilidade

Não há prescrição para o ajuizamento da ação de alimentos, mas há prescrição para executar os alimentos fixados (*quantum fixado*). É o que diz o artigo 206, § 2º do Código Civil: "em dois anos, a pretensão para haver prestações alimentares, a partir da data em que se vencerem." Melhor dizendo: o direito aos alimentos é imprescritível, mas se o alimentante deve 3 anos de alimentos, o credor (alimentado) somente poderá requerer as prestações dos últimos dois anos. Assim, a prescrição não atinge o direito a alimentos em si, esse imprescritível, e sim a das prestações vencidas e não cobradas.

Todavia, se a mãe, ante o inadimplemento do pai obrigado a prestar alimentos a seu filho, assume essas despesas, o prazo prescricional da pretensão de cobrança do reembolso é de 10 anos. (STJ. 4ª Turma. REsp 1.453.838-SP, Rel. Min. Luis Felipe Salomão, julgado em 24/11/2015).

40.3.7 Irrepetibilidade

Os alimentos são irrepetíveis, ou seja, o que já se pagou a título de alimentos não se recebe mais de volta, mesmo que se prove a inexistência da causa geradora.[21] Todavia, nos alimentos pagos por *erro*, a restituição deve-

---

21 O Instituto Nacional do Seguro Social (INSS) ajuizou a ação rescisória (AR) com fundamento no art. 485, V, do CPC para rescindir acórdão que aplicou lei nova mais benéfica à pensão por morte, o que possibilitou a gradativa elevação no cálculo da cota familiar do

ria ser devida, sob pena de ferir o princípio que veda o enriquecimento sem causa.

ROLF MADALENO entende que "deve ser admitida a possibilidade de restituição judicial da obrigação alimentícia da ex-mulher que já tem renda própria; do filho que já se casou e não mais estuda, mas segue recebendo indevidamente os alimentos, em afrontoso enriquecimento ilícito, regulado pelos arts. 884 a 886 do Código Civil em vigor. De acordo com tais dispositivos, será obrigado a restituir o que foi indevidamente auferido aquele que, sem justa causa, enriquecer à custa de outrem. E ordenam que a restituição também será devida se deixou de existir a causa justificadora do enriquecimento. Transportando a disposição legal para o Direito familista, afigura-se incontroverso o enriquecimento imotivado naquelas prestações alimentícias destinadas aos filhos já maiores e capazes, que trabalham, têm renda própria ou deixaram de estudar, mesmo em curso superior, postergando no tempo, com malícia, a demanda de exoneração, para assim acumular riqueza por causa alimentar que deixou de existir apenas porque, em tese, o crédito alimentar seria irrestituível. O mesmo pode acontecer no caso de relações afetivas reconstruídas, quando o alimentando já mantém outra relação e não ressalva em juízo o seu crédito, recebendo a pensão por conta da morosidade da ação de exoneração alimentar, que atinge todos os estágios processuais. O credor de alimentos arbitrados na separação conjugal continua recebendo mensalmente a sua pensão, apenas com o propósito de amealhar prestações consideradas irrestituíveis, porque venceram no curso da lenta ação de exoneração. Há situações de notório e aberrante enriquecimento sem causa que deveriam motivar até mesmo o mais formal dos julgadores a deferir a exoneração alimentar em sede de tutela antecipada. No entanto, o crédito con-

---

benefício previdenciário em manutenção, mas concedido antes da vigência das Leis ns. 8.213/1991, 9.032/1995 e 9.528/1997; ainda afirmava o acórdão que isso não configuraria retroação da lei nem ofensa ao ato jurídico perfeito. Ressaltou o Min. Relator que, à época do acórdão rescindendo, esse era o entendimento jurisprudencial deste Superior Tribunal, contudo foi alterado após decisões divergentes do STF. Então, o STJ passou a adotar o posicionamento do STF, segundo o qual os benefícios previdenciários concedidos antes da edição da Lei n. 9.032/1995 deveriam ser calculados de acordo com a lei vigente ao tempo da concessão (aplicação do princípio *lex tempus regit actum*), salvo se houver disposição expressa de lei e desde que atendida a necessidade de apontar prévia fonte de custeio. Quanto ao pedido de devolução dos valores eventualmente recebidos pela ré por força do acórdão rescindendo, esclareceu o Min. Relator que se deve considerar o princípio da irrepetibilidade dos alimentos, segundo o qual não é cabível a restituição de valores recebidos a título de benefício previdenciário em cumprimento à decisão judicial posteriormente rescindida e em atenção à boa-fé do beneficiário. Diante do exposto, afastada a previsão da Súm. nº 343-STF, a Seção julgou procedente o pedido do INSS. Precedentes citados do STF: RE 415.454-SC, DJ 26/10/2007; RE 416.827-SC, DJ 26/10/2007; do STJ: AR 3.252-AL, DJe 12/5/2010; AgRg no Ag 1.239.940-SP, DJe 28/6/2010; AR 2.927-AL, DJe 3/11/2009; AR 4.185-SE, DJe 24/9/2010, e EDcl no REsp 996.850-RS, DJe 24/11/2008. AR 3.939-SP, Rel. Min. Gilson Dipp, julgada em 25/5/2011.

tinua ingressando indevidamente no ativo do alimentário, que se favorece do processo e da ausência do trânsito em julgado da sentença de exoneração. Afinal, os alimentos são devidos até o término da ação, o que agrava mais ainda a frágil posição processual do devedor alimentar, desprovido de qualquer mecanismo de contrapressão toda vez que, indignado, deixa de pagar os alimentos a que ainda está formalmente obrigado, mas acaba coagido a prestar o que deixou de dever. Deve o julgador deferir a repetição do indébito, pois a morosidade processual não pode servir de motivação ao credor que, a toda evidência, está enriquecendo à custa alheia, sabendo não ser merecedor dos alimentos, seja porque experimenta o ingresso dos recursos financeiros provenientes de um emprego, seja porque refez a sua vida sentimental e passou a viver com outra pessoa. Por isso, deve ser relativizada a não-compensação judicial dos alimentos quando o seu pagamento resulta em enriquecimento sem causa do alimentando e sempre que a pensão constituir mera obrigação alimentar condicional".[22]

40.3.8 Incedibilidade

O artigo 1.707 diz que "pode o credor não exercer, porém lhe é vedado renunciar ao direito a alimentos, sendo o respectivo crédito insuscetível de *cessão*, compensação ou penhora". (grifo nosso). Os alimentos são incessíveis, isto é, não são suscetíveis de negócio jurídico com terceiros. Assim, os alimentos não podem ser objeto de cessão de direitos. PAULO NADER esclarece que "não há de se confundir cessão do direito a alimentos com cessão de crédito de alimentos vencidos. Naquele, o titular do direito seria substituído na relação alimentar e estaria negociando com as prestações futuras; neste, a sub-rogação se opera em relação aos direitos obrigacionais de crédito e o ato negocial tem em vista prestações vencidas".[23]

40.3.9 Impenhorabilidade

Os alimentos não podem ser penhorados. O artigo 1.707 diz que "pode o credor não exercer, porém lhe é vedado renunciar ao direito a alimentos, sendo o respectivo crédito insuscetível de cessão, compensação ou *penhora*". (grifo nosso).

---

22 MADALENO, Rolf. *Obrigação, Dever de Assistência e Alimentos Transitórios*. In: R. CEJ, Brasília, nº 27, p. 69-78, out./dez. 2004, p. 76-77. Conferência proferida no "II Encontro de Direito de Família do IBDFAM/DF", realizado pelo Instituto Brasileiro de Direito de Família – Seção Distrito Federal, de 10 a 14 de maio de 2004, no auditório do Superior Tribunal de Justiça, em Brasília – DF. Disponível em: http://www.cjf.jus.br/ojs2/index.php/revcej/article/viewFile/636/816. Acesso em 21 jan. 2017.

23 NADER, Paulo. *Curso de Direito Civil*: Direito de Família. Vol. 5. Rio de Janeiro: Forense, 2016, p. 514

40.3.10 Incompensabilidade

O crédito alimentar não pode ser extinto pela compensação. Como conceitua WASHINGTON DE BARROS MONTEIRO, a compensação é a extinção de duas obrigações, cujos credores são ao mesmo tempo devedores um do outro.[24]

É o que diz o artigo 368 do CCB: "Se duas pessoas forem ao mesmo tempo credor e devedor uma da outra, as duas obrigações extinguem-se, até onde se compensarem". Dessa maneira, a *compensação* é uma forma indireta de extinção da relação jurídica obrigacional entre sujeitos que são, concomitantemente, credor e devedor um do outro. Melhor dizendo: ocorrerá a compensação na ocorrência de créditos e débitos recíprocos entre os sujeitos da relação jurídica.

De acordo com o artigo 373, inciso II, do Código Civil, as dívidas não serão compensáveis por força de lei nos casos previstos no artigo 373 do nosso Código Civil: "A diferença de causas nas dívidas não impedem a compensação, exceto: [...] II – se uma se originar de comodato, depósito ou alimentos";

Quando se tratar de prestação alimentícia a razão é clara: a compensação poderá prejudicar a subsistência de uma das partes. Neste diapasão a decisão do Tribunal de Justiça do Estado do Rio Grande do Sul: "EXECUÇÃO DE ALIMENTOS. PAGAMENTOS A MAIOR. PEDIDO DE COMPENSAÇÃO. DESCABIMENTO. Os alimentos são incompensáveis e irrepetíveis, sendo descabida a pretensão do executado de ver compensado nas prestações vincendas os valores que lhe foi descontado a maior em favor da filha. Inteligência dos art. 373, inc. II, e art. 1.707 do Código Civil. O valor pago a mais não elide a obrigação alimentar do genitor. Recurso desprovido (Agravo de Instrumento n° 70014937866, Sétima Câmara Cível, Tribunal de Justiça do RS, Relator: Sérgio Fernando de Vasconcellos Chaves, Julgado em 19.7.2006)".

O artigo 1.707 diz que "pode o credor não exercer, porém lhe é vedado renunciar ao direito a alimentos, sendo o respectivo crédito insuscetível de cessão, *compensação* ou penhora". (grifo nosso).

40.3.11 Não Solidariedade (artigo 265, CC) da obrigação alimentar

A obrigação alimentar é recíproca e não solidária. O artigo 265 do Código Civil diz que a solidariedade não se presume, resulta da lei ou vontade das partes. Como inexiste previsão legal, a obrigação alimentar não pode ser considerada solidária, salvo aquela prevista no artigo 12 do *Estatuto do Idoso* (Lei 10.741/03) que diz: "a obrigação alimentar é solidária, podendo o idoso optar entre os prestadores." Dessa maneira, a Lei 10.741/2003, atribuiu natureza solidária à obrigação de prestar alimentos quando os credores forem

---
24 MONTEIRO. Op. cit., p. 298.

idosos, que por força da sua natureza especial prevalece sobre as disposições específicas do Código Civil. – O Estatuto do Idoso, cumprindo política pública (art. 3º), assegura celeridade no processo, impedindo intervenção de outros eventuais devedores de alimentos. – A solidariedade da obrigação alimentar devida ao idoso lhe garante a opção entre os prestadores (art. 12). Para o STJ deve-se aplicar uma interpretação restrita deste dispositivo.

O artigo 1.698 determina que "se o parente, que deve alimentos em primeiro lugar, não estiver em condições de suportar totalmente o encargo, serão chamados a concorrer os de grau imediato; sendo várias as pessoas obrigadas a prestar alimentos, todas devem concorrer na proporção dos respectivos recursos, e, intentada ação contra uma delas, poderão as demais ser chamadas a integrar a lide".

Dessa forma, frustrada a *obrigação alimentar principal*, de responsabilidade dos pais, a obrigação subsidiária deve ser diluída entre os avós paternos e maternos na medida de seus recursos, diante de sua divisibilidade e possibilidade de fracionamento.[25]

40.4 Alternatividade da prestação alimentar

Como visto acima, a obrigação alimentar pode ser satisfeita de forma *in natura*, isto é, aquela em que os alimentos são prestados através do fornecimento de alimentação, sustento e hospedagem ou podem ser fornecidas

---

[25] Cuida-se de ação revisional de alimentos proposta por menor impúbere, representada por sua mãe, contra o pai e o avô paterno. Os réus arguiram a necessidade de citação também dos avós maternos sob a alegação de existir litisconsórcio necessário. Pelo art. 397 do CC/1916, este Superior Tribunal havia pacificado a tese de que, na ação de alimentos proposta por netos contra o avô paterno, seria dispensável a citação dos avós maternos, por não se tratar de litisconsórcio necessário, mas sim, facultativo impróprio. A questão consiste em saber se o art. 1.698 do CC/2002 tem o condão de modificar a interpretação pretoriana firmada sobre o art. 397 do Código Civil revogado. Em primeira análise, a interpretação literal do dispositivo parece conceder uma faculdade ao autor da ação de alimentos de trazer para o polo passivo os avós paternos e/ou os avós maternos, de acordo com sua livre escolha. Todavia, essa não representa a melhor exegese. É sabido que a obrigação de prestar alimentos aos filhos é, originariamente, de ambos os pais, sendo transferida aos avós subsidiariamente, em caso de inadimplemento, em caráter complementar e sucessivo. Nesse contexto, mais acertado o entendimento de que a obrigação subsidiária – em caso de inadimplemento da principal – deve ser diluída entre os avós paternos e maternos, na medida de seus recursos, diante de sua divisibilidade e possibilidade de fracionamento. Isso se justifica, pois a necessidade alimentar não deve ser pautada por quem paga, mas sim por quem recebe, representando para o alimentando, maior provisionamento tantos quantos réus houver no pólo passivo da demanda. Com esse entendimento, a Turma, prosseguindo o julgamento, conheceu do recurso e deu-lhe provimento para determinar a citação dos avós maternos, por se tratar da hipótese de litisconsórcio obrigatório simples. Precedentes citados: REsp 50.153-RJ, DJ 14/11/1994; REsp 261.772-SP, DJ 20/11/2000; REsp 366.837-RJ, DJ 22/9/2003, e REsp 401.484-PB, DJ 20/10/2003. REsp 658.139-RS, Rel. Min. Fernando Gonçalves, julgado em 11/10/2005.

através de pensão (através de numerário para aquisição das utilidades). De acordo com o artigo 1.701 do Código Civil, "a pessoa obrigada a suprir alimentos poderá pensionar o alimentando, ou dar-lhe hospedagem e sustento, sem prejuízo do dever de prestar o necessário à sua educação, quando menor".

Dessa maneira, é possível a alteração da forma de pagamento dos alimentos em ação revisional de alimentos. Vejamos a decisão do Ministro Raul Araújo, no REsp 1.505.030-MG: "Em sede de ação revisional de alimentos, é possível a modificação da forma da prestação alimentar (em espécie ou *in natura*), desde que demonstrada a razão pela qual a modalidade anterior não mais atende à finalidade da obrigação, ainda que não haja alteração na condição financeira das partes nem pretensão de modificação do valor da pensão. A ação revisional de alimentos tem como objeto a exoneração, redução ou majoração do encargo, diante da modificação da situação financeira de quem presta os alimentos ou os recebe, nos termos do que dispõe o art. 1.699 do CC. A variabilidade ou possibilidade de alteração que caracteriza os alimentos, que está prevista e reconhecida no referido artigo, não diz respeito somente à possibilidade de sua redução, majoração e exoneração na mesma forma em que inicialmente fixados, mas também à alteração da própria forma do pagamento sem modificação de valor, pois é possível seu adimplemento mediante prestação em dinheiro ou o atendimento direto das necessidades do alimentado (*in natura*), conforme dispõe o art. 1.701 do CC. Nesse contexto, a ação de revisão de alimentos, que tem rito ordinário e se baseia justamente na característica de variabilidade da obrigação alimentar, também pode contemplar a pretensão de modificação da forma da prestação alimentar, devendo ser demonstrada a razão pela qual a modalidade anterior não mais atende à finalidade da obrigação, ainda que não haja alteração na condição financeira das partes nem pretensão de modificação do valor da pensão, cabendo ao juiz fixar ou autorizar, se for o caso, um novo modo de prestação. Precedente citado: REsp 1.284.177-DF, Terceira Turma, DJe de 24/10/2011. REsp 1.505.030-MG, Rel. Min. Raul Araújo, julgado em 06/8/2015, DJe 17/8/2015".

40.5 Prisão Civil

O artigo 5°, inciso LXVII, da Constituição da República determina que não haverá prisão por dívida, salvo a do responsável pelo inadimplemento voluntário e inescusável de *obrigação alimentícia* e a do depositário infiel (grifo nosso). Somente cabe a prisão civil se a inadimplência da obrigação alimentar for proveniente dos alimentos legais existentes entre parentes, cônjuges ou companheiros.[26] Não cabe, pois, a prisão civil decorrente de alimentos

---
26 Conselho da Justiça Federal – V Jornada de Direito Civil – CJF – Enunciado 522 – Arts.

voluntários e indenizatórios. A prisão civil do devedor de alimentos originados de ato ilícito deriva da obrigação *ex delicto*, ou seja, decorre da ocorrência de dano causado a outrem; nascendo, pois, a obrigação de indenizar. Neste caso, inexiste caráter meramente alimentar e sim ressarcitório, daí, que não há razão de pena privativa de liberdade.[27]

"Apenas as prestações vencidas até três meses antes da execução e aquelas que porventura venham a vencer dão ensejo à decretação de prisão do devedor de alimentos." (RHC nº 17039/SP, 3ª Turma, Relatora Nancy Andrighi, em 24/05/05).[28]

"A prisão civil é medida coercitiva extrema, aplicável apenas em situações de débito de pensão alimentícia, em razão da premissa de que a liberdade do alimentante deve ser constrangida para garantir a sobrevivência do alimentando. Por isso, ao decretar a prisão civil do devedor de alimentos, devem-se considerar as peculiaridades do caso concreto, adequando-o à correta compreensão da norma jurídica. Deve-se considerar, nesse contexto, que, por ocasião do arbitramento dos alimentos provisórios, o binômio necessidade e possibilidade é examinado sumariamente, mediante análise de cognição perfunctória. Já na prolação da sentença, o referido binômio é apreciado sob um juízo cognitivo exauriente. Assim, a medida da prisão civil, por ser extrema, não se revela como a via executiva adequada (razoabilidade/proporcionalidade) para coagir o alimentante ao pagamento de um valor fixado em sede de cognição perfunctória e correspondente a montante superior ao arbitrado definitivamente em sentença, após ampla análise do conjunto probatório. Portanto, a prisão civil de devedor de alimentos, no caso de fixação pela sen-

---

1.694, 1.696, primeira parte, e 1.706. Cabe prisão civil do devedor nos casos de não prestação de alimentos gravídicos estabelecidos com base na Lei nº 11.804/2008, inclusive deferidos em qualquer caso de tutela de urgência.

27 Conselho da Justiça Federal – VII Jornada de Direito Civil – CJF – Enunciado 599 – Deve o magistrado, em sede de execução de alimentos avoengos, analisar as condições do(s) devedor(es), podendo aplicar medida coercitiva diversa da prisão civil ou determinar seu cumprimento em modalidade diversa do regime fechado (prisão em regime aberto ou prisão domiciliar), se o executado comprovar situações que contraindiquem o rigor na aplicação desse meio executivo e o torne atentatório à sua dignidade, como corolário do princípio de proteção aos idosos e garantia à vida. Parte da legislação: art. 733 do Código de Processo Civil de 1973 (Lei nº 5.689/1973), art. 528 do Código de Processo Civil de 2015 (Lei nº 13.105/2015), art. 19 da Lei de Alimentos (Lei nº 5.478/1968).

28 A Turma reafirmou que o pagamento parcial da obrigação alimentar não afasta a regularidade da prisão civil. Destacou-se que este Superior Tribunal entende ser legítima a prisão civil do devedor de alimentos, quando fundamentada na falta de pagamento de prestações vencidas nos três meses anteriores à propositura da execução ou daquelas vencidas no decorrer do processo (Súm. nº 309/STJ). Ademais, eventuais alegações quanto à incapacidade material do recorrente de satisfazer a prestação alimentícia devem ser discutidas nos autos da ação de alimentos, não no âmbito estreito do *writ*, cujo trâmite não comporta dilação probatória. Precedente citado: HC 209.137-SP, DJe 13/9/2011. RHC 31.302-RJ, Rel. Min. Antonio Carlos Ferreira, julgado em 18/9/2012.

tença de alimentos definitivos em valor inferior aos provisórios, somente poderá ser admitida diante do não pagamento com base no novo valor estabelecido pela sentença. A diferença deve ser buscada nos termos do art. 732 do CPC. HC 271.637-RJ, Rel. Min. Sidnei Beneti, julgado em 24/9/2013".

40.5.1 Impossibilidade de Prisão Civil do Inventariante pelo Inadimplemento de Pensão Alimentícia

"Não cabe prisão civil do inventariante em razão do descumprimento do dever do espólio de prestar alimentos. Isso porque a restrição da liberdade constitui sanção de natureza personalíssima que não pode recair sobre terceiro, estranho ao dever de alimentar. De fato, a prisão administrativa atinge apenas o devedor de alimentos e não terceiros. Dessa forma, sendo o inventariante um terceiro na relação entre exequente e executado – ao espólio é que foi transmitida a obrigação de prestar alimentos (haja vista o seu caráter personalíssimo) -, configura constrangimento ilegal a coação, sob pena de prisão, a adimplir obrigação do referido espólio, quando este não dispõe de rendimento suficiente para tal fim. Efetivamente, o inventariante nada mais é do que, substancialmente, auxiliar do juízo (art. 139 do CC/2002), não podendo ser civilmente preso pelo descumprimento de seus deveres, mas sim destituído por um dos motivos do art. 995 do CC/2002. Deve-se considerar, ainda, que o próprio herdeiro pode requerer pessoalmente ao juízo, durante o processamento do inventário, a antecipação de recursos para a sua subsistência, podendo o magistrado conferir eventual adiantamento de quinhão necessário à sua mantença, dando assim efetividade ao direito material da parte pelos meios processuais cabíveis, sem que se ofenda, para tanto, um dos direitos fundamentais do ser humano, a liberdade. Precedente citado: REsp 1.130.742-DF, Quarta Turma, DJe 17/12/2012. HC 256.793-RN, Rel. Min. Luis Felipe Salomão, julgado em 1º/10/2013".

40.6 Alimentos na União Estável entre Pessoas do mesmo Sexo

Um dos efeitos do rompimento de união estável entre pessoas do mesmo sexo é a possibilidade de ingressar com uma ação de alimentos em face do outro ex-convivente. Como dito alhures, é perfeitamente possível as uniões estáveis formadas por companheiros do mesmo sexo sob a égide do sistema constitucional inaugurado em 1988, que tem como caros os princípios da dignidade da pessoa humana, a igualdade e repúdio à discriminação de qualquer natureza. "Ninguém, absolutamente ninguém, pode ser privado de direitos nem sofrer quaisquer restrições de ordem jurídica por motivo de sua orientação sexual" (RE 477.554 AgR, Segunda Turma, DJe 26/8/2011).

"De fato, a igualdade e o tratamento isonômico supõem o direito a ser diferente, o direito a autoafirmação e a um projeto de vida independente de tradições e ortodoxias, sendo a base jurídica para a construção do direito à orientação sexual como direito personalíssimo, atributo inerente e inegável da pessoa humana. Em outras palavras, resumidamente: o direito à igualdade somente se realiza com plenitude se for garantido o direito à diferença. Conclusão diversa também não se mostra consentânea com o ordenamento constitucional, que prevê o princípio do livre planejamento familiar (§ 7º do art. 226), tendo como alicerce a dignidade da pessoa humana (art. 1º, III) somada à solidariedade social (art. 3º) e à igualdade substancial (arts. 3º e 5º). É importante ressaltar, ainda, que o planejamento familiar se faz presente tão logo haja a decisão de duas pessoas em se unirem, com escopo de constituírem família. Nesse momento, a Constituição lhes franqueia ampla proteção funcionalizada na dignidade de seus membros. Trilhando esse raciocínio é que o STF, no julgamento conjunto da ADPF 132-RJ e da ADI 4.277-DF, conferiu interpretação conforme ao art. 1.723 do CC ("é reconhecida como entidade familiar a união estável entre o homem e a mulher, configurada na convivência pública, contínua e duradoura e estabelecida com o objetivo de constituição de família") para afastar qualquer exegese que impeça o reconhecimento da união contínua, pública e duradoura entre pessoas do mesmo sexo como "entidade familiar", entendida esta como sinônimo perfeito de família. Por conseguinte, "este reconhecimento é de ser feito segundo as mesmas regras e com as mesmas consequências da união estável heteroafetiva". Portanto, a legislação que regula a união estável deve ser interpretada de forma expansiva e igualitária, permitindo que as uniões homoafetivas tenham o mesmo regime jurídico protetivo conferido aos casais heterossexuais, trazendo efetividade e concreção aos princípios da dignidade da pessoa humana, não discriminação, igualdade, liberdade, solidariedade, autodeterminação, proteção das minorias, busca da felicidade e ao direito fundamental e personalíssimo à orientação sexual. Nessa ordem de ideias, não há como afastar da relação de pessoas do mesmo sexo a obrigação de sustento e assistência técnica, protegendo-se, em última análise, a própria sobrevivência do mais vulnerável dos parceiros, uma vez que se trata de entidade familiar, vocacionalmente amorosa, parental e protetora dos respectivos membros, constituindo-se no espaço ideal das mais duradouras, afetivas, solidárias ou espiritualizadas relações humanas de índole privada, o que a credenciaria como base da sociedade (ADI 4.277-DF e ADPF 132-RJ). Ora, se a união homoafetiva é reconhecidamente uma família e se o fundamento da existência das normas de direito de família consiste precisamente em gerar proteção jurídica ao núcleo familiar, parece desproposital concluir que o elevado instrumento jurídico dos alimentos não pudesse alcançar os casais homoafetivos, relação também edificada na solidariedade familiar, com espeque no dever de cooperação, reciprocidade e assistência mútuas (art. 1.724 do CC). De fato, o direito a alimentos do companheiro que se encontra em situação precária e de vulnerabilidade assegura a máxima efetividade do interesse prevalente, a saber, o mínimo existencial, com a preservação da dignidade do indivíduo, conferindo a satisfação de necessidade humana básica. É por isso que a doutrina afirma que a proteção das pessoas "em situação de vulnerabilidade e necessitadas de auxílio material encontra suas requisições alimentícias na solidariedade familiar, edificada na cooperação, ajuda, contribuição, reciprocidade e na assistência dos demais indivíduos que compõem o seu núcleo familiar, pois é dentro das diferentes relações de família, sejam elas de origem biológica ou advindas de vínculos afetivos hétero ou homossexuais, que seus componentes materializam seus direitos e suas expectativas pessoais". Realmente, o projeto de vida advindo do afeto, nutrido pelo amor, solidariedade, companheirismo, sobeja obviamente no amparo material dos componentes da união, até porque os alimentos não podem ser negados a pretexto de uma preferência sexual diversa. O art. 1.694 do CC, ao prever que os parentes, os cônjuges ou companheiros podem pedir uns aos outros alimentos, na qualidade de sujeitos potencialmente ativos e passivos dessa obrigação recíproca, não exclui o casal homossexual dessa normatização. De fato, a conclusão que se extrai no cotejo de todo ordenamento é a de que a isonomia entre casais heteroafetivos e pares homoafetivos somente ganha plenitude de sentido se desembocar no igual direito subjetivo à formação de uma autonomizada família (ADI 4.277-DF e ADPF 132-RJ), incluindo-se aí o reconhecimento do direito à sobrevivência com dignidade por meio do pensionamento alimentar. REsp 1.302.467-SP, Rel. Min. Luis Felipe Salomão, julgado em 3/3/2015, DJe 25/3/2015".

40.7 Alimentos no vínculo Socioafetivo

"A esposa infiel não tem o dever de restituir ao marido traído os alimentos pagos por ele em favor de filho criado com estreitos laços de afeto pelo casal, ainda que a adúltera tenha ocultado do marido o fato de que a referida criança seria filha biológica sua e de seu "cúmplice". Isso porque, se o marido, ainda que enganado por sua esposa, cria como seu o filho biológico de outrem, tem-se por configurada verdadeira relação de paternidade socioafetiva, a qual, por si mesma, impede a repetição da verba alimentar, haja vista que, a fim de preservar o elo da afetividade, deve-se considerar secundária a verdade biológica, porquanto a CF e o próprio CC garantem a igualdade absoluta dos filhos de qualquer origem (biológica ou não biológica). Além do mais, o dever de fidelidade recíproca dos cônjuges, atributo básico do casamento, em nada se comunica com a relação paternal gerada, mostrando-se desarrazoado transferir o ônus por suposto insucesso da relação à criança alimentada. Ademais, o STJ já firmou o entendimento de que a mulher não está obrigada a restituir ao marido o valor dos alimentos pagos por ele em favor da criança que, depois se soube, era filha de outro homem (REsp 412.684-SP, Quarta Turma, DJ 25/11/2002). De mais a mais, quaisquer valores que sejam porventura apurados em favor do alimentante estarão cobertos pelo princípio da irrepetibilidade dos alimentos já pagos, justificado pelo dever de solidariedade entre os seres humanos, uma vez que, em última análise, os alimentos garantem a própria existência do alimentando. REsp 922.462-SP, Rel. Min. Ricardo Villas Bôas Cueva, julgado em 4/4/2013".

40.8 Alimentos aos Sobrinhos

Em regra geral, os tios não devem ser compelidos a prestar alimentos aos sobrinhos. Vejamos a decisão da Ministra Nancy Andrighi: "A Turma decidiu que as tias dos menores representados pela mãe na ação de alimentos não são obrigadas a pagar alimentos aos sobrinhos após a separação dos pais. No caso dos autos, a mãe não trabalha e o pai, com problemas de alcoolismo, cumpre apenas parcialmente o débito alimentar (equivalente a um salário mínimo mensal). Ressalta a Min. Relatora que a voluntariedade das tias idosas que vinham ajudando os sobrinhos após a separação dos pais é um ato de caridade e solidariedade humana, que não deve ser transmudado em obrigação decorrente do vínculo familiar. Ademais, a interpretação majoritária da lei pela doutrina e jurisprudência tem sido que os tios não devem ser compelidos a prestar alimentos aos sobrinhos. Por tratar-se de ato de caridade e de mera liberalidade, também não há o direito de ação para exigibilidade de ressarcimentos dos valores já pagos. Invocou, ainda, que, no julgamento do HC 12.079-BA, DJ 16/10/2000, da relatoria do Min. Sálvio de Figueiredo, reconheceu-se que a obrigação alimentar decorre da lei, que indica os parentes obrigados de forma taxativa e não enunciativa, sendo assim são devidos os alimentos, reciprocamente, pelos pais, filhos, ascendentes, descendentes e colaterais até segundo grau, não abrangendo, consequentemente, tios e sobrinhos". REsp 1.032.846-RS, Rel. Min. Nancy Andrighi, julgado em 18/12/2008.

40.9 Alimentos Gravídicos

Já os *alimentos gravídicos* são aqueles devidos ao nascituro e compreendem os valores suficientes para cobrir as despesas adicionais do período de gravidez e que sejam dela decorrentes, da concepção ao parto, inclusive as referentes a alimentação especial, assistência médica e psicológica, exames complementares, internações, parto, medicamentos e demais prescrições preventivas e terapêuticas indispensáveis, a juízo do médico, além de outras que o juiz considere pertinentes (Lei 11.804, de 05 de novembro de 2008). Tais alimentos referem-se à parte das despesas que deverá ser custeada pelo futuro pai, considerando-se a contribuição que também deverá ser dada pela mulher grávida, na proporção dos recursos de ambos. (art. 2º, parágrafo único, da Lei 11.804/08).

Convencido da existência de indícios da paternidade, o juiz fixará alimentos gravídicos que perdurarão até o nascimento da criança, sopesando as necessidades da parte autora e as possibilidades da parte ré (Lei 11.804/08, art. 6º). Após o nascimento com vida, os alimentos gravídicos ficam convertidos em pensão alimentícia em favor do menor até que uma das partes solicite a sua revisão. (Lei 11.804/08, art. 6º, parágrafo único).

40.10 Alimentos entre genro/nora e sogro/sogra

O parentesco por afinidade é um laço de parentesco do ponto de vista formal, estabelecido pelo casamento/união estável, ou seja, é a relação de parentesco que circunda o cônjuge aos parentes consanguíneos do outro cônjuge (companheiro), através do casamento ou união estável. Nesse sentido, o artigo 1.595 do CC diz que "cada cônjuge ou companheiro é aliado aos parentes do outro pelo vínculo da afinidade".

O parentesco por afinidade limita-se aos ascendentes, aos descendentes e aos irmãos do cônjuge ou companheiro (artigo 1.595, § 1º, CC). Verifica-se, pois, que o vínculo estabelecido pode ser tanto na linha reta que não possui limites de grau (sogro, nora, genro), mantendo-se mesmo após a dissolução do casamento ou da união estável. É o que diz o artigo 1.595, § 2º: "Na linha reta, a afinidade não se extingue com a dissolução do casamento ou da união estável". Dessa maneira, permanece, pois, a afinidade entre sogro(a) e nora ou genro, padrasto/madrasta e enteado(a). Logo, inexiste ex-sogro ou ex-sogra, ex-enteado(a). Ao permanecer o vínculo de parentesco, permanece, pois, o impedimento matrimonial entre eles. Dessa maneira nunca será possível o casamento com o sogro(a) ou enteada(o). Todavia, é possível o casamento com o irmão(a), tios, sobrinhos ou primos de seu ex-cônjuge ou ex-companheiro.

Já o parentesco por afinidade entre cunhados acaba com a dissolução do casamento ou união estável, estando, os mesmos, aptos para o casamento após esse fato. A afinidade na linha colateral não passa do segundo grau e se restringe aos cunhados. Da mesma forma, a afinidade colateral existe entre os filhos de um dos cônjuges ou companheiros (padrasto/madrasta e enteado).

Não obstante a manutenção do vínculo de parentesco entre a sogra(o) com os genros e noras, em relação aos alimentos, não há falar-se em extensão legal à obrigação alimentar em relação a eles. Neste sentido, a decisão do Desembargador Sérgio Lellis Santiago, do TJMG, em 16/09/2002 (Apelação – 1.0000.00.251952-8/000 – 2519528-92.2000.8.13.0000 (1), *verbis*: Ação Declaratória de União Estável cumulada com Tutela Antecipada de Pensão

Alimentícia – Não há extensão legal de alimentos à nora pela sogra – Ilegitimidade passiva "*ad causam*" – «Não há extensão legal à obrigação de alimentos à nora pelo sogro ou sogra, ou ambos. Nora está no campo do parentesco por afinidade estabelecida pelo casamento. Embora a afinidade não se dissolva pela morte do cônjuge, ela não municia, no ordenamento legislativo atual e específico, direito à pretensão de alimentos aos sogros, pelo que há de se reconhecer a ilegitimidade passiva ad causam destes, na ação de alimentos proposta pela nora".

40.11 Alimentos de Idosos

> Por acaso, surpreendo-me no espelho: quem é esse Que me olha e é tão mais velho do que eu? Porém, seu rosto... é cada vez menos estranho... Meu Deus, meu Deus... Parece Meu velho pai – que já morreu! Como pude ficarmos assim? Nosso olhar – duro – interroga: "o que fizeste de mim?!" Eu, Pai?! Tu é que me invadiste, Lentamente, ruga a ruga... Que importa? Eu sou, ainda, Aquele mesmo menino teimoso de sempre. E os teus planos enfim lá se foram por terra. Mas sei que vi, um dia – a longa, a inútil guerra! – Vi sorrir, nesses cansados olhos, um orgulho triste... (Mário Quintana – O Velho do Espelho).[29]

O artigo 230 da Constituição da República prevê que "a família, a sociedade e o Estado têm o dever de amparar as pessoas idosas, assegurando sua participação na comunidade, defendendo sua dignidade e bem-estar e garantindo-lhes o direito à vida". Já o art. 229 da Carta Magna determina: "Os pais têm o dever de assistir, criar e educar os filhos menores, e os filhos maiores têm o dever de ajudar e amparar os pais na velhice, carência ou enfermidade". O artigo 12 do *Estatuto do Idoso* (Lei 10.741/03) que diz: "a obrigação alimentar é solidária, podendo o idoso optar entre os prestadores." Dessa maneira, a Lei 10.741/2003, atribuiu natureza solidária à obrigação de prestar alimentos quando os credores forem idosos, que por força da sua natureza especial prevalece sobre as disposições específicas do Código Civil.

O Estatuto do Idoso, cumprindo política pública (art. 3°), assegura celeridade no processo, impedindo intervenção de outros eventuais devedores de alimentos. – A solidariedade da obrigação alimentar devida ao idoso lhe garante a opção entre os prestadores (art. 12). Para o STJ deve-se aplicar uma interpretação restrita deste dispositivo. (REsp 775.565/SP, Rel. Ministra NANCY ANDRIGHI, TERCEIRA TURMA, julgado em 13/06/2006, DJ 26/06/2006, p. 143).

---

29 QUINTANA, Mário. *Poesia completa*. Rio de Janeiro: Nova Aguilar, 2005, p. 410.

40.12 Alimentos Compensatórios ou Compensação Econômica

Os *alimentos compensatórios* é um instituto que inexiste no ordenamento jurídico civilístico. Ele está ancorado nos princípios da solidariedade, dignidade da pessoa humana, igualdade e responsabilidade. Não significa uma pensão alimentícia ordinária, mas sim uma pensão que tem por finalidade o equilíbrio econômico-financeiro do ex-cônjuge ou ex-companheiro, após a realização do divórcio ou a dissolução de união estável e a partilha.

É um direito alimentar surgido na Alemanha que prevê a pensão compensatória àquele ex-consorte que efetivamente não puder trabalhar, e possui uma natureza previdenciária a fim de remunerar o trabalho doméstico exercido, normalmente pela mulher, durante a vida conjugal. No mesmo diapasão os franceses introduziram a referida obrigação alimentar compensatória em sua legislação civilística, prevista em substituição aos alimentos, sempre que o término da vida a dois trouxer uma disparidade entre os ex-cônjuges. Os espanhóis, posteriormente, acolheram os referidos alimentos compensatórios de forma que fosse possível amparar aquele cônjuge que se vê desfavorecido economicamente em razão da ruptura do matrimônio.[30] Neste caso, o juiz deve levar em consideração diversos fatores, dentre eles: o acordo firmado entre o ex-casal, a qualificação profissional e as probabilidade de acesso a um emprego, a idade e o estado de saúde de ambos, a dedicação passada e futura à família; etc.

Os alimentos compensatórios possuem natureza jurídica reparatória, uma vez que procuram indenizar uma das partes em razão do desequilíbrio-financeiro decorrente da dissolução conjugal.

ROLF MADALENO, com lastro no direito espanhol e argentino, ensina que os alimentos compensatórios constituem "uma prestação periódica em dinheiro, efetuada por um cônjuge em favor do outro na ocasião da separação ou do divórcio vincular, onde se produziu um desequilíbrio econômico em comparação com o estilo de vida experimentado durante a convivência matrimonial, compensando deste modo a disparidade social e econômica com a qual se depara o alimentando em função da separação, comprometendo suas obrigações materiais, seu estilo de vida e a sua subsistência pessoal"[31] Portanto, a sua finalidade precípua é evitar o desequilíbrio econômico decorrente da redução do padrão social do cônjuge, "sem pretender a igualdade econômica do casal que desfez sua relação, mas que procura reduzir os efeitos deletérios surgidos da súbita indigência social".[32]

Os *alimentos compensatórios*, não têm por escopo suprir as necessidades de subsistência do credor, tal como ocorre com a pensão alimentícia regu-

---

30 Código Civil Espanhol – Artigo 97.
31 MADALENO, Rolf. *Curso de Direito de Família*. Rio de Janeiro: Forense, 2008. p. 725.
32 Ibid, p. 726.

lada pelo art. 1.694 do CC/2002, senão corrigir ou atenuar eventual desequilíbrio econômico-financeiro decorrente da ruptura do vínculo conjugal, em relação ao cônjuge desprovido de bens e de meação. (REsp 1290313/AL, Rel. Ministro ANTONIO CARLOS FERREIRA, QUARTA TURMA, julgado em 12/11/2013, DJe 7/11/2014).[33]

---

[33] PROCESSUAL CIVIL. DIREITO CIVIL. FAMÍLIA. SEPARAÇÃO JUDICIAL. PENSÃO ALIMENTÍCIA. BINÔMIO NECESSIDADE/POSSIBILIDADE. ART. 1.694 DO CC/2002. TERMO FINAL. ALIMENTOS COMPENSATÓRIOS (PRESTAÇÃO COMPENSATÓRIA). POSSIBILIDADE. EQUILÍBRIO ECONÔMICO-FINANCEIRO DOS CÔNJUGES. JULGAMENTO EXTRA PETITA NÃO CONFIGURADO. VIOLAÇÃO DO ART. 535 DO CPC NÃO DEMONSTRADA.
1. A violação do art. 535 do CPC não se configura na hipótese em que o Tribunal de origem, ainda que sucintamente, pronuncia-se sobre a questão controvertida nos autos, não incorrendo em omissão, contradição ou obscuridade. Ademais, a ausência de manifestação acerca de matéria não abordada em nenhum momento do iter processual, salvo em embargos de declaração, não configura ofensa ao art. 535 do CPC.
2. Na ação de alimentos, a sentença não se subordina ao princípio da adstrição, podendo o magistrado arbitrá-los com base nos elementos fáticos que integram o binômio necessidade/capacidade, sem que a decisão incorra em violação dos arts. 128 e 460 do CPC. Precedentes do STJ.
3. Ademais, no caso concreto, uma vez constatada a continência entre a ação de separação judicial e a de oferta de alimentos, ambas ajuizadas pelo cônjuge varão, os processos foram reunidos para julgamento conjunto dos pedidos. A sentença não se restringiu, portanto, ao exame exclusivo da pretensão deduzida na ação de oferta da prestação alimentar.
4. Em tais circunstâncias, a suposta contrariedade ao princípio da congruência não se revelou configurada, pois a condenação ao pagamento de alimentos e da prestação compensatória baseou-se nos pedidos também formulados na ação de separação judicial, nos limites delineados pelas partes no curso do processo judicial, conforme se infere da sentença.
5. Os chamados alimentos compensatórios, ou prestação compensatória, não têm por finalidade suprir as necessidades de subsistência do credor, tal como ocorre com a pensão alimentícia regulada pelo art.
1.694 do CC/2002, senão corrigir ou atenuar grave desequilíbrio econômico-financeiro ou abrupta alteração do padrão de vida do cônjuge desprovido de bens e de meação.
6. Os alimentos devidos entre ex-cônjuges devem, em regra, ser fixados com termo certo, assegurando-se ao alimentando tempo hábil para sua inserção, recolocação ou progressão no mercado de trabalho, que lhe possibilite manter, pelas próprias forças, o status social similar ao período do relacionamento.
7. O Tribunal estadual, com fundamento em ampla cognição fático-probatória, assentou que a recorrida, nada obstante ser pessoa jovem e com instrução de nível superior, não possui plenas condições de imediata inserção no mercado de trabalho, além de o rompimento do vínculo conjugal ter-lhe ocasionado nítido desequilíbrio econômico-financeiro.
8. Recurso especial parcialmente conhecido e, nessa parte, parcialmente provido para fixar o termo final da obrigação alimentar.
(REsp 1290313/AL, Rel. Ministro ANTONIO CARLOS FERREIRA, QUARTA TURMA, julgado em 12/11/2013, DJe 07/11/2014).

40.13 Alimentos Transitórios ou Resolúveis

Como dito acima, os *alimentos transitórios* ou *resolúveis* são fixados por determinado período e tempo a favor do ex-cônjuge ou ex-companheiro. Vejamos decisão jurisprudencial sobre o tema: "A estipulação de alimentos transitórios (por tempo certo) é possível quando o alimentando ainda possua idade, condição e formação profissional compatíveis com sua provável inserção no mercado de trabalho. Assim, a necessidade de alimentos perdura apenas até que se atinja a aguardada autonomia financeira, pois, nesse momento, não mais necessitará da tutela do alimentante, então, liberado da obrigação (que se extinguirá automaticamente)". REsp 1.025.769-MG, Rel. Min. Nancy Andrighi, julgado em 24/8/2010.

40.14 Alimentos *intuitu familiae* ou globais

De acordo com ROLF MADALENO, os "alimentos *intuitu familiae* são aqueles arbitrados, ou acordados de forma global, para todo o grupo familiar, sem pormenorizar e separar as quotas de cada integrante da célula familiar, destinatária coletiva da pensão alimentar. O montante dos alimentos é estabelecido em prol de todos os familiares, e quando um deles deixa de ser credor dos alimentos pode até ocorrer uma pequena redução da pensão, mas não uma divisão proporcional ao número de alimentandos, sucedendo, se for o caso, um ajuste com a simples readequação do valor dos alimentos".[34]

FLÁVIO TARTUCE diz que "a fixação dos alimentos com intuito familiar (*intuitu familiae*) tem como escopo atender às finalidades de determinado grupo de pessoas que compõe a entidade familiar. Em realidade, a fixação alimentar *intuitu familiae* não tem qualquer amparo legal, não havendo norma jurídica que lhe dê fundamento".[35]

40.15 Reembolso de Despesas de Caráter Alimentar

Como dito alhures, se a mãe, ante o inadimplemento do pai obrigado a prestar alimentos a seu filho, assume essas despesas, o prazo prescricional da pretensão de cobrança do reembolso é de 10 anos. Vejamos: "Se a mãe, ante o inadimplemento do pai obrigado a prestar alimentos a seu filho, assume essas despesas, o prazo prescricional da pretensão de cobrança do reembolso é de 10 anos, e não de 2 anos. Realmente, se, na hipótese em análise, houvesse sub-rogação da pessoa que assumiu as despesas de caráter alimentar, essa pessoa, na qualidade de terceira interessada, substituiria, na condição de credor, o alimentado com todas as suas características e atributos (art. 349 do CC), e, apesar de propiciar a satisfação do credor originário, remanesceria

---

34 MADALENO, Rolf. *Direito de Família*, 7. ed. São Paulo: Forense, 11/2016. VitalBook file.
35 TARTUCE, Op. cit., 2016, p. 566.

o vínculo obrigacional anterior (agora, entre o terceiro adimplente e o devedor). Dessa maneira, havendo sub-rogação, o prazo prescricional a incidir na espécie seria o previsto no art. 206, § 2º, do CC: 2 anos para a pretensão de cobrança de prestações alimentares. Contudo, na situação aqui analisada, o credor não pode ser considerado terceiro interessado, não podendo ser futuramente obrigado na quitação do débito. Desse modo, não há falar em sub-rogação, porquanto não existe enquadramento a nenhuma das hipóteses previstas no art. 346 do CC e, principalmente, porque o direito a alimentos é pessoal, não podendo sua titularidade ser transferida a outrem, tampouco os seus atributos. Nessa hipótese, está caracterizada a gestão de negócios, que ocorre quando uma pessoa, "sem autorização do interessado, intervém na gestão de negócio alheio", dirigindo-o "segundo o interesse e a vontade presumível de seu dono, ficando responsável a este e às pessoas com que tratar" (art. 861 do CC). Inclusive, no capítulo específico da gestão de negócios, há previsão especial atinente ao dever legal de alimentos àquele que os presta no lugar daquele que era realmente obrigado: "Quando alguém, na ausência do indivíduo obrigado a alimentos, por ele os prestar a quem se devem, poder-lhes-á reaver do devedor a importância, ainda que este não ratifique o ato" (art. 871 do CC). Nesse contexto, observa-se que a razão de ser do instituto, notadamente por afastar eventual necessidade de concordância do devedor, é conferir a máxima proteção ao alimentado e, ao mesmo tempo, garantir àqueles que prestam socorro o direito de reembolso pelas despesas despendidas, evitando o enriquecimento sem causa do devedor de alimentos. Dessa forma, reconhecida a ocorrência de gestão de negócios, deve-se ter, com relação ao reembolso de valores, o tratamento conferido ao terceiro não interessado, notadamente por não haver sub-rogação, nos termos do art. 305, *caput*, do CC, segundo o qual o "terceiro não interessado, que paga a dívida em seu próprio nome, tem direito a reembolsar-se do que pagar; mas não se sub-roga nos direitos do credor". Nesse sentido, aliás, a Terceira Turma do STJ (REsp 1.197.778-SP, DJe 1º/4/2014) já afirmou que "equipara-se à gestão de negócios a prestação de alimentos feita por outrem na ausência do alimentante. Assim, a pretensão creditícia ao reembolso exercitada por terceiro é de direito comum, e não de direito de família". Em razão disso, inclusive, é o entendimento do STJ pelo não cabimento da execução de alimentos e de seu rito especialíssimo por quem prestou alimentos no lugar do verdadeiro devedor (REsp 859.970-SP, Terceira Turma, DJ 26/3/2007). Apesar disso, não se pode deixar de destacar que há precedente antigo desta Quarta Turma do STJ que, aparentemente, está em sentido diverso, tendo-se pela ocorrência da sub-rogação: "Solvidas as prestações alimentícias (mensalidades e transporte escolares dos filhos menores) pela mãe (ex-mulher) e não pelo originariamente obrigado (o pai), o reconhecimento da sub-rogação em favor da primeira torna impróprio para a execução o rito do art. 733 do CPC, com o modo de coerção que lhe é inerente, a prisão, em face da inexistência de atualidade dos alimentos" (REsp 110.241-SP, DJ 19/12/2003). No entanto, no caso de um terceiro alheio à obrigação alimentar e que vem a pagar o débito, é o próprio legislador que assevera se tratar de gestão de negócios. Sendo assim, a prescrição a incidir na espécie não é a prevista no § 2º do art. 206 do CC, mas a regra geral prevista no art. 205 do CC, segundo o qual a "prescrição ocorre em dez anos, quando a lei não lhe haja fixado prazo menor". REsp 1.453.838-SP, Rel. Min. Luis Felipe Salomão, julgado em 24/11/2015, DJe 7/12/2015.

40.16 Alimentos entre parentes

De acordo com os artigos 1.696 e 1.697, o direito à prestação de alimentos é recíproco entre pais e filhos, e extensivo a todos os ascendentes, recaindo a obrigação nos mais próximos em grau, uns em falta de outros. Na falta dos ascendentes cabe a obrigação aos descendentes, guardada a ordem de sucessão e, faltando estes, aos irmãos, assim germanos como unilaterais. Dessa forma, os irmãos só serão convocados a prestarem alimentos uns aos outros se não existirem parentes consanguíneos em linha reta ou se os que existirem carecerem de recursos.

Como visto alhures, os avós somente poderão ser acionados em relação à obrigação alimentar se os carecem de recursos ou forem falecidos.

A obrigação alimentar em relação aos filhos maiores e capazes é de responsabilidade dos pais.[36][37] O artigo 1.698 diz que "se o parente, que deve ali-

---

36 DIREITO CIVIL. INEXISTÊNCIA DE OBRIGAÇÃO DOS PAIS DE FORNECER ALIMENTOS À FILHA MAIOR DE 25 ANOS E COM CURSO SUPERIOR COMPLETO, NO CASO DE AUSÊNCIA DE PROVA REFERENTE A PROBLEMAS QUANTO À SUA SAÚDE FÍSICA OU MENTAL. Os pais não têm obrigação de fornecer alimentos à filha maior de 25 anos e com curso superior completo, se inexistirem elementos que indiquem quaisquer problemas quanto à sua saúde física ou mental. Durante a menoridade, ou seja, até os dezoitos anos de idade, não é necessário que o alimentando faça prova efetiva da inexistência de meios próprios de subsistência, o que se presume pela incapacidade civil, estando o dever de alimentos fundamentado no poder familiar. Alcançada a maioridade, essa prova é necessária e, uma vez realizada, o filho continuará com o direito de receber alimentos dos pais, inclusive no que se refere às verbas necessárias à sua educação. Nesse contexto, haverá presunção de dependência do alimentando que, quando da extinção do poder familiar, estiver frequentando regularmente curso superior ou de natureza técnica, mas o dever de prestar alimentos passará a ser fundado na relação de parentesco, e não no poder familiar. Tratando-se, entretanto, de filho maior, capaz e com curso superior completo, não mais se admite a presunção da necessidade, que deverá ser efetivamente demonstrada. Com efeito, nessa situação, há de se considerar que os filhos civilmente capazes e graduados podem e devem gerir suas próprias vidas, inclusive buscando meios de assegurar sua própria subsistência. REsp 1.312.706-AL, Rel. Min. Luis Felipe Salomão, julgado em 21/2/2013.

37 ALIMENTOS. NECESSIDADE. MESTRADO. Trata-se de recurso interposto contra decisão do tribunal *a quo* que reformou a sentença para julgar procedente pedido de alimentos feito por estudante maior de idade – que cursa mestrado em universidade pública – contra

mentos em primeiro lugar, não estiver em condições de suportar totalmente o encargo, serão chamados a concorrer os de grau imediato; sendo várias as pessoas obrigadas a prestar alimentos, todas devem concorrer na proporção dos respectivos recursos, e, intentada ação contra uma delas, poderão as demais ser chamadas a integrar a lide". Neste sentido, "no caso de a genitora dos autores da ação de alimentos também exercer atividade remuneratória, é juridicamente razoável que seja chamada a compor o polo passivo do processo a fim de ser avaliada sua condição econômico-financeira para assumir, em conjunto com o genitor, a responsabilidade pela manutenção dos filhos maiores e capazes. Segundo a jurisprudência do STJ, "o demandado (...) terá

---

seu pai (recorrente). É consabido que o advento da maioridade não extingue, automaticamente, o direito à percepção de alimentos, mas esses deixam de ser devidos em razão do poder familiar, passando a ter fundamento nas relações de parentesco (art. 1.694 do CC), exigindo a prova da necessidade do alimentado. Por essa razão, é presumível (presunção *iuris tantum*) a necessidade de os filhos continuarem a perceber alimentos após a maioridade, quando frequentam curso universitário ou técnico, porque se entende que a obrigação parental de cuidar dos filhos inclui a outorga de adequada formação profissional. Porém, o estímulo à qualificação profissional dos filhos não pode ser imposto aos pais de forma perene, sob pena de subverter o instituto da obrigação alimentar oriunda das relações de parentesco, que objetiva preservar as condições mínimas de sobrevida do alimentado. Em rigor, a formação profissional completa-se com a graduação, que, de regra, permite ao bacharel o exercício da profissão para a qual se graduou, independentemente de posterior especialização, podendo assim, em tese, prover o próprio sustento, circunstância que afasta, por si só, a presunção *iuris tantum* de necessidade do filho estudante. Assim, considerando o princípio da razoabilidade e o momento socioeconômico do país, depreende-se que a missão de criar os filhos se prorroga mesmo após o término do poder familiar, porém finda com a conclusão, pelo alimentado, de curso de graduação. A partir daí persistem as relações de parentesco que ainda possibilitam a busca de alimentos, desde que presente a prova da efetiva necessidade. Com essas e outras considerações, a Turma deu provimento ao recurso para desonerar o recorrente da obrigação de prestar alimentos à sua filha. REsp 1.218.510-SP, Rel. Min. Nancy Andrighi, julgado em 27/9/2011.EXONERAÇÃO. ALIMENTOS. MAIORIDADE. ÔNUS. PROVA. Trata-se, na origem, de ação de exoneração de alimentos em decorrência da maioridade. No REsp, o recorrente alega, entre outros temas, que a obrigação de pagar pensão alimentícia encerra-se com a maioridade, devendo, a partir daí, haver a demonstração por parte da alimentanda de sua necessidade de continuar a receber alimentos, mormente se não houve demonstração de que ela continuava os estudos. A Turma entendeu que a continuidade do pagamento dos alimentos após a maioridade, ausente a continuidade dos estudos, somente subsistirá caso haja prova da alimentanda da necessidade de continuar a recebê-los, o que caracterizaria fato impeditivo, modificativo ou extintivo desse direito, a depender da situação. Ressaltou-se que o advento da maioridade não extingue, de forma automática, o direito à percepção de alimentos (Súm. n. 358-STJ), mas esses deixam de ser devidos em face do poder familiar e passam a ter fundamento nas relações de parentesco (art. 1.694 do CC/2002), em que se exige prova da necessidade do alimentando. Dessarte, registrou-se que é da alimentanda o ônus da prova da necessidade de receber alimentos na ação de exoneração em decorrência da maioridade. *In casu*, a alimentanda tinha o dever de provar sua necessidade em continuar a receber alimentos, o que não ocorreu na espécie. Assim, a Turma, entre outras considerações, deu provimento ao recurso. Precedente citado: RHC 28.566-GO, DJe 30/9/2010. REsp 1.198.105-RJ, Rel. Min. Nancy Andrighi, julgado em 1º/9/2011.

direito de chamar ao processo os corresponsáveis da obrigação alimentar, caso não consiga suportar sozinho o encargo, para que se defina quanto caberá a cada um contribuir de acordo com as suas possibilidades financeiras" (REsp nº 658.139/RS, Quarta Turma, relator Ministro Fernando Gonçalves, DJ de 13/3/2006). Não obstante se possa inferir do texto do art. 1.698 do CC – norma de natureza especial – que o credor de alimentos detém a faculdade de ajuizar ação apenas contra um dos coobrigados, não há óbice legal a que o demandado exponha, circunstanciadamente, a arguição de não ser o único devedor e, por conseguinte, adote a iniciativa de chamamento de outro potencial devedor para integrar a lide. (REsp 964.866/SP, Rel. Ministro JOÃO OTÁVIO DE NORONHA, QUARTA TURMA, julgado em 01/03/2011, DJe 11/03/2011).

40.17 Alimentos entre cônjuges ou companheiros

Os alimentos somente serão fixados depois da dissolução da entidade familiar, isto porque durante o casamento ou união estável não existe a obrigação alimentar, senão a obrigação de assistência recíproca, independentemente do regime de bens.

O artigo 1.702 determina que "na separação judicial litigiosa, sendo um dos cônjuges inocente e desprovido de recursos, prestar-lhe-á o outro a pensão alimentícia que o juiz fixar, obedecidos os critérios estabelecidos no art. 1.694". E o artigo 1.704 dispõe que "se um dos cônjuges separados judicialmente vier a necessitar de alimentos, será o outro obrigado a prestá-los mediante pensão a ser fixada pelo juiz, caso não tenha sido declarado culpado na ação de separação judicial".

Se o cônjuge declarado culpado vier a necessitar de alimentos, e não tiver parentes em condições de prestá-los, nem aptidão para o trabalho, o outro cônjuge será obrigado a assegurá-los, fixando o juiz o valor indispensável à sobrevivência (artigo 1.704, parágrafo único, do CC). É o que se denomina de *alimentos necessários*.

Seria, portanto, necessária a verificação da culpa no âmbito familiar? Está é mais uma questão controvertida no direito familiar. Isto porque com o advento da Emenda Constitucional nº 66/2010, em tese, a discussão de culpa para a dissolução do casamento, incluindo a questão dos alimentos, é despicienda. Nessa toada, os artigos 1.702, 1.704, *caput* e 1.694, § 2º, todos do Código Civil não produziriam mais seus efeitos jurídicos, em razão da revogação tácita. Assim teríamos três correntes:

a) Uma corrente entende que não se discute mais a culpa em direito de direito de família e os artigos acima mencionados estariam revogados tacitamente; A doutrina majoritária afasta qualquer questionamento sobre culpas ou responsabilidades, quando da fixação do encargo alimentar entre cônjuges, devendo atentar-se somente ao binômio necessidade-possibilidade. Neste sentido, por todos, MARIA BERENICE DIAS alerta que "sempre que se perquire culpa, atenta-se à dignidade da pessoa humana (CF 1º III) e s e afronta o direito à privacidade (CF 5º X), princípios consagrados constitucionalmente. A verba alimentar é indispensável à sobrevivência e os parâmetros para sua fixação só podem estar atrelados à necessidade de quem os pleiteia e à possibilidade de quem os paga (CC 1.694, § 1º). Assim, de todo descabido impor um fator redutor como base da culpa (CC 1.694, § 2º, 1.702 e 1.704 e seu parágrafo único)."[38]

b) Outra solução caminha no sentido de que tais dispositivos continuam produzindo efeitos e, dessa maneira, a culpa seria determinante em sede de *ação específica de alimentos* (neste caso, não caberia a discussão da culpa na ação de divórcio).

c) Por fim, ainda existe a possibilidade da discussão da culpa *na própria ação de divórcio*, se a questão estiver relacionada aos alimentos necessários.

Em tese, não há como se desconsiderar a culpa de forma absoluta no direito de família, até mesmo em razão das questões que envolvem a responsabilidade civil no âmbito familiar.

40.18 Novo relacionamento familiar do credor de alimentos (alimentando)

Se o alimentando estabelece um novo casamento, união estável, união homoafetiva ou mantém concubinato, o artigo 1.708 diz que deve cessar o dever de prestar os alimentos, isto porque a dependência dos alimentos advém dos vínculos de parentesco.[39]

---

38 DIAS, Op. cit., 2016, p. 563.
39 *In casu*, trata-se de saber se a desoneração do ora recorrente quanto ao pagamento de pensão ao ex-cônjuge, ora recorrida, abrange IPTU, água, luz e telefone referentes ao imóvel onde ela vive com novo companheiro e dois filhos do casamento findo. A Turma entendeu que a desoneração do recorrente relativa à obrigação alimentar que tinha com sua ex-esposa compreende, também, o pagamento do IPTU, luz, água e telefone relativos ao imóvel onde ela reside. Registrou-se que entendimento contrário, além de perenizar o pagamento ao menos de fração dos alimentos, imporia ao alimentante a teratológica obrigação de, em pequena parcela, subsidiar a mantença do novo companheiro de sua ex-esposa. Também o sujeitaria ao pagamento dos serviços, mesmo que esses fossem usados de maneira desregrada, ônus que teria enquanto durasse o pagamento dos alimentos aos filhos, não importando a forma de utilização dos serviços nem mesmo quantas pessoas dele usufruiriam, hipóteses que, obviamente, não se coadunam com o objetivo da prestação alimentar. Consignou-se, ademais, que os benefícios reflexos que os filhos têm pelo pagamento dos

Neste sentido, a decisão da Ministra Nancy Andrighi: "Em regra, os alimentos devidos a ex-cônjuges são fixados com termo certo ao assegurar tempo hábil para que o alimentando seja inserido, recolocado ou obtenha progressão no mercado de trabalho, com o fim de manter, a moto próprio, o *status* social similar ao que ostentava durante o relacionamento, tudo a depender das circunstâncias de fato de cada hipótese. Todavia, há casos excepcionais que exigem alimentos perenes, tal como os de incapacidade laboral permanente ou de impossibilidade prática da inserção no mercado de trabalho. Mas, em qualquer caso, os alimentos estão sujeitos à cláusula *rebus sic stantibus*, a possibilitar alteração dos valores diante da variação do binômio necessidade/possibilidade. Mesmo assim, é lícito dispensar sopesar essa variação para conceder a desoneração total ou parcial na hipótese de alimentos fixados sem termo certo quando demonstrado o pagamento da pensão por lapso temporal suficiente a que o alimentando revertesse a condição desfavorável que detinha, o que se amolda ao caso: os alimentos remontam a 10 anos e a alimentanda, desde a separação, exerce a profissão liberal de arquiteta. Pesa também o fato de o alimentante ter contraído novo casamento, do qual adveio prole portadora de necessidades especiais, o que, com certeza, representa impacto significativo em sua fortuna (*veritas evidens non probanda*). REsp 1.205.408-RJ, Rel. Min. Nancy Andrighi, julgado em 21/6/2011".

40.19 Novo relacionamento familiar do devedor de alimentos (alimentante)

O novo casamento do cônjuge devedor não extingue a obrigação constante da sentença de divórcio (artigo 1.709, CC). Neste caso, é possível o ingresso de uma ação revisional de alimentos com o intuito de alterar a obrigação alimentar, especialmente, se desta nova entidade familiar provier o nascimento de filhos. Vejamos, abaixo, as decisões do TJRS:

a) AGRAVO DE INSTRUMENTO. REVISÃO DE ALIMENTOS. NASCIMENTO DE NOVO FILHO. Embora seja certo que a constituição de nova família, com filho, não signifique, necessariamente, redução na possibilidade do alimentante, é preciso sempre analisar o caso em sua concretude. Quando se trata de alimentante abonado, o advento de novo filho provavelmente não repercutirá em sua capacidade contributiva. Porém, diversa é a situação quando os alimentos são fixados em valor ínfimo, equivalente a 60% do salário mínimo, demonstrando, com isto, que se trata de

referidos débitos da ex-esposa são absorvidos pela obrigação materna em relação à sua prole, que continua a existir, embora haja o pagamento de alimentos pelo pai, visto que a obrigação de criar os filhos é conjunta. Diante disso, deu-se provimento ao recurso. REsp 1.087.164-SP, Rel. Min. Nancy Andrighi, julgado em 2/8/2011.

alimentante pobre e que já se encontrava em seu limite máximo tolerável de disponibilidade financeira quando foi fixada a pensão. Assim, no caso, a superveniência do nascimento de outros dois filhos após a fixação da pensão significa inequivocamente a redução da capacidade financeira do alimentante, de modo a justificar a redução da verba. DERAM PROVIMENTO EM PARTE. UNÂNIME. (Agravo de Instrumento nº 70065231102, Oitava Câmara Cível, Tribunal de Justiça do RS, Relator: Luiz Felipe Brasil Santos, Julgado em 06/08/2015).

b) ALIMENTOS. AÇÃO DE REVISÃO. PEDIDO DE REDUÇÃO. NASCIMENTO DE NOVO FILHO. FIXAÇÃO DA PENSÃO EM PERCENTUAL SOBRE OS GANHOS DO ALIMENTANTE. 1. A alteração do binômio possibilidade e necessidade constitui pressuposto da ação de revisão de alimentos, cuja finalidade é a readequação do encargo alimentar. Inteligência do art. 1.699 do CC. 2. O aumento dos encargos de família decorrentes do nascimento de novo filho, quando se trata de pessoa assalariada e com clara limitação econômica, justifica a redução da obrigação alimentar, adequando-a às condições do alimentante. Recursos desprovidos. (Apelação Cível nº 70065483661, Sétima Câmara Cível, Tribunal de Justiça do RS, Relator: Sérgio Fernando de Vasconcellos Chaves, Julgado em 29/07/2015).

c) DIREITO CIVIL. VALOR DA PRESTAÇÃO ALIMENTAR EM FACE DE CONSTITUIÇÃO DE NOVA UNIDADE FAMILIAR PELO ALIMENTANTE. A constituição de nova família pelo devedor de alimentos não acarreta, por si só, revisão da quantia estabelecida a título de alimentos em favor dos filhos advindos de anterior unidade familiar formada pelo alimentante, sobretudo se não houver prova da diminuição da capacidade financeira do devedor em decorrência da formação do novo núcleo familiar. Precedentes citados: REsp 703.318-PR, Quarta Turma, DJ 1º/8/2005; e REsp 1.027.930-RJ, Terceira Turma, DJe 16/3/2009. REsp 1.496.948-SP, Rel. Ministro Moura Ribeiro, julgado em 3/3/2015, DJe 12/3/2015.

40.20 Quadro Sinóptico

Considerando a diversidade de nomenclaturas utilizadas na diferenciação dos *alimentos*, o quadro, abaixo, apresenta as suas principais denominações.

Alimentos	
Tipo	**Descrição**
civis ou côngruos	visam à manutenção da condição social e status da família.
naturais, indispensáveis ou necessários	são aqueles que correspondem ao indispensável à satisfação das necessidades básicas de uma pessoa, para sobrevivência, isto é, são os alimentos fixados meramente para a subsistência da pessoa, por exemplo, conforme o artigo 1.694, §2º do Código Civil que diz: "§ 2o Os alimentos serão apenas os indispensáveis à subsistência, quando a situação de necessidade resultar de culpa de quem os pleiteia." Neste caso, estes alimentos se confundem com a alimentação e podem ser fixados em cestas básicas. Eles decorrem de culpa de quem os pleiteia e são resquícios da discussão da culpa no direito de família. Dessa maneira, o culpado não perde o direito a alimentos. O que se altera é a própria natureza dos alimentos, ou seja, o culpado deixa de ter direito aos *alimentos civis* e passa a ter direitos aos *alimentos necessários*, visando a sua mera subsistência (é o caso, por exemplo, do filho que tenteou matar os pais e, posteriormente, pede alimentos).
legítimos ou legais	provenientes da relação familiar de parentesco, matrimônio ou união estável
voluntários	se estabelecem mediante declaração unilateral de vontade ou por convenção (ato inter vivos) e até mesmo por ato causa mortis, como no legado de alimentos (sempre fixados por testamento, podem ser temporários ou vitalícios e não superam as forças da herança
indenizatórios, ressarcitórios ou reparatórios	Baseados nos artigos 948, II e 950 do Código Civil.
provisórios	Fixados imediatamente na ação de alimentos que segue o rito da Lei 5.478/68. Deferidos em caráter precário pelo magistrado em ação de alimentos.
provisionais	Fixados em outras ações que não seguem o rito especial da ação de alimentos. Artigo 1.706, CC: os alimentos provisionais serão fixados pelo juiz, nos termos da lei processual. Artigos 305 a 310 do CPC.
definitivos ou regulares	fixados, de forma definitiva, através de acordo de vontades ou sentença judicial transitada em julgado.
transitórios ou resolúveis	fixados por determinado período e tempo a favor do ex--cônjuge ou ex-companheiro.
pretéritos	aqueles que ficaram no passado e que não podem mais ser cobrados.

Tipo	Descrição
presentes (atuais)	estão sendo exigidos neste momento, através de acordo entre as partes ou ação judicial específica.
futuros	pendentes, ou seja, aqueles alimentos computáveis a partir da sentença.
próprio / in natura	prestados através do fornecimento de alimentação, sustento e hospedagem.
impróprio	fornecidos através de pensão (espécie, pode ser fixado tomando por base o salário-mínimo)
gravídicos	aqueles devidos ao nascituro.
idoso	devido aos idosos, artigo 12 do *Estatuto do Idoso* (Lei 10.741/03).
compensatórios	é um instituto que inexistente no ordenamento jurídico civilístico. Ele está ancorado nos princípios da solidariedade, dignidade da pessoa humana, igualdade e responsabilidade. Não significa uma pensão alimentícia ordinária, mas sim uma pensão que tem por finalidade o equilíbrio econômico-financeiro do ex-cônjuge ou ex-companheiro, após a realização do divórcio ou a dissolução de união estável e a partilha.
intuitu familiae ou globais	arbitrados, ou acordados de forma global, para todo o grupo familiar, sem pormenorizar e separar as quotas de cada integrante da célula familiar.
Avoengo	a obrigação conjunta dos avós paternos e maternos pela prestação alimentícia aos netos.

ANEXO

RECURSO EXTRAORDINÁRIO 898.060 SÃO PAULO
RELATOR : MIN. LUIZ FUX
RECTE.(S) : A.N.
ADV.(A/S) : RODRIGO FERNANDES PEREIRA
RECDO.(A/S) : F.G.

EMENTA: RECURSO EXTRAORDINÁRIO. REPERCUSSÃO GERAL RECONHECIDA. DIREITO CIVIL E CONSTITUCIONAL. CONFLITO ENTRE PATERNIDADES SOCIOAFETIVA E BIOLÓGICA. PARADIGMA DO CASAMENTO. SUPERAÇÃO PELA CONSTITUIÇÃO DE 1988. EIXO CENTRAL DO DIREITO DE FAMÍLIA: DESLOCAMENTO PARA O PLANO CONSTITUCIONAL. SOBREPRINCÍPIO DA DIGNIDADE HUMANA (ART. 1º, III, DA CRFB). SUPERAÇÃO DE ÓBICES LEGAIS AO PLENO DESENVOLVIMENTO DAS FAMÍLIAS. DIREITO À BUSCA DA FELICIDADE. PRINCÍPIO CONSTITUCIONAL IMPLÍCITO. INDIVÍDUO COMO CENTRO DO ORDENAMENTO JURÍDICO-POLÍTICO. IMPOSSIBILIDADE DE REDUÇÃO DAS REALIDADES FAMILIARES A MODELOS PRÉ-CONCEBIDOS. ATIPICIDADE CONSTITUCIONAL DO CONCEITO DE ENTIDADES FAMILIARES. UNIÃO ESTÁVEL (ART. 226, § 3º, CRFB) E FAMÍLIA MONOPARENTAL (ART. 226, § 4º, CRFB). VEDAÇÃO À DISCRIMINAÇÃO E HIERARQUIZAÇÃO ENTRE ESPÉCIES DE FILIAÇÃO (ART. 227, § 6º, CRFB). PARENTALIDADE PRESUNTIVA, BIOLÓGICA OU AFETIVA. NECESSIDADE DE TUTELA JURÍDICA AMPLA. MULTIPLICIDADE DE VÍNCULOS PARENTAIS. RECONHECIMENTO CONCOMITANTE. POSSIBILIDADE. PLURIPARENTALIDADE. PRINCÍPIO DA PATERNIDADE RESPONSÁVEL (ART. 226, § 7º, CRFB). RECURSO A QUE SE NEGA PROVIMENTO. FIXAÇÃO DE TESE PARA APLICAÇÃO A CASOS SEMELHANTES.

1. O prequestionamento revela-se autorizado quando as instâncias inferiores abordam a matéria jurídica invocada no Recurso Extraordinário na fundamentação do julgado recorrido, tanto mais que a Súmula nº 279 desta Egrégia Corte indica que o apelo extremo deve ser apreciado à luz das assertivas fáticas estabelecidas na origem.

2. A família, à luz dos preceitos constitucionais introduzidos pela Carta de 1988, apartou-se definitivamente da vetusta distinção entre filhos legítimos, legitimados e ilegítimos que informava o sistema do Código Civil de 1916, cujo paradigma em matéria de filiação, por adotar presunção baseada na centralidade do casamento, desconsiderava tanto o critério biológico quanto o afetivo.

3. A família, objeto do deslocamento do eixo central de seu regramento normativo para o plano constitucional, reclama a reformulação do tratamento jurídico dos vínculos parentais à luz do sobreprincípio da dignidade humana (art. 1º, III, da CRFB) e da busca da felicidade.

4. A dignidade humana compreende o ser humano como um ser intelectual e moral, capaz de determinar-se e desenvolver-se em liberdade, de modo que a eleição individual dos próprios objetivos de vida tem preferência absoluta em relação a eventuais formulações legais definidoras de modelos preconcebidos, destinados a resultados eleitos a *priori* pelo legislador. Jurisprudência do Tribunal Constitucional alemão (BVerfGE 45,187).

5. A superação de óbices legais ao pleno desenvolvimento das famílias construídas pelas relações afetivas interpessoais dos próprios indivíduos é corolário do sobreprincípio da dignidade humana.

6. O direito à busca da felicidade, implícito ao art. 1º, III, da Constituição, ao tempo que eleva o indivíduo à centralidade do ordenamento jurídico-político, reconhece as suas capacidades de autodeterminação, autossuficiência e liberdade de escolha dos próprios objetivos, proibindo que o governo se imiscua nos meios eleitos pelos cidadãos para a persecução das vontades particulares. Precedentes da Suprema Corte dos Estados Unidos da América e deste Egrégio Supremo Tribunal Federal: RE 477.554-AgR, Rel. Min. Celso de Mello, DJe de 26/08/2011; ADPF 132, Rel. Min. Ayres Britto, DJe de 14/10/2011.

7. O indivíduo jamais pode ser reduzido a mero instrumento de consecução das vontades dos governantes, por isso que o direito à busca da felicidade protege o ser humano em face de tentativas do Estado de enquadrar a sua realidade familiar em modelos pré-concebidos pela lei.
8. A Constituição de 1988, em caráter meramente exemplificativo, reconhece como legítimos modelos de família independentes do casamento, como a união estável (art. 226, § 3º) e a comunidade formada por qualquer dos pais e seus descendentes, cognominada "família monoparental" (art. 226, § 4º), além de enfatizar que espécies de filiação dissociadas do matrimônio entre os pais merecem equivalente tutela diante da lei, sendo vedada discriminação e, portanto, qualquer tipo de hierarquia entre elas (art. 227, § 6º).
9. As uniões estáveis homoafetivas, consideradas pela jurisprudência desta Corte como entidade familiar, conduziram à imperiosidade da interpretação não-reducionista do conceito de família como instituição que também se forma por vias distintas do casamento civil (ADI nº 4277, Relator(a): Min. AYRES BRITTO, Tribunal Pleno, julgado em 05/05/2011).
10. A compreensão jurídica cosmopolita das famílias exige a ampliação da tutela normativa a todas as formas pelas quais a parentalidade pode se manifestar, a saber:
(i) pela presunção decorrente do casamento ou outras hipóteses legais, (ii) pela descendência biológica ou
(iii) pela afetividade.
11. A evolução científica responsável pela popularização do exame de DNA conduziu ao reforço de importância do critério biológico, tanto para fins de filiação quanto para concretizar o direito fundamental à busca da identidade genética, como natural emanação do direito de personalidade de um ser.
12. A afetividade enquanto critério, por sua vez, gozava de aplicação por doutrina e jurisprudência desde o Código Civil de 1916 para evitar situações de extrema injustiça, reconhecendo-se a posse do estado de filho, e consequentemente o vínculo parental, em favor daquele utilizasse o nome da família *(nominatio)*, fosse tratado como filho pelo pai *(tractatio)* e gozasse do reconhecimento da sua condição de descendente pela comunidade *(reputatio)*.

13. A paternidade responsável, enunciada expressamente no art. 226, § 7º, da Constituição, na perspectiva da dignidade humana e da busca pela felicidade, impõe o acolhimento, no espectro legal, tanto dos vínculos de filiação construídos pela relação afetiva entre os envolvidos, quanto daqueles originados da ascendência biológica, sem que seja necessário decidir entre um ou outro vínculo quando o melhor interesse do descendente for o reconhecimento jurídico de ambos.

14. A pluriparentalidade, no Direito Comparado, pode ser exemplificada pelo conceito de "dupla paternidade" *(dual paternity)*, construído pela Suprema Corte do Estado da Louisiana, EUA, desde a década de 1980 para atender, ao mesmo tempo, ao melhor interesse da criança e ao direito do genitor à declaração da paternidade. Doutrina.

15. Os arranjos familiares alheios à regulação estatal, por omissão, não podem restar ao desabrigo da proteção a situações de pluriparentalidade, por isso que merecem tutela jurídica concomitante, para todos os fins de direito, os vínculos parentais de origem afetiva e biológica, a fim de prover a mais completa e adequada tutela aos sujeitos envolvidos, ante os princípios constitucionais da dignidade da pessoa humana (art. 1º, III) e da paternidade responsável (art. 226, § 7º).

16. Recurso Extraordinário a que se nega provimento, fixando-se a seguinte tese jurídica para aplicação a casos semelhantes: "A paternidade socioafetiva, declarada ou não em registro público, não impede o reconhecimento do vínculo de filiação concomitante baseado na origem biológica, com todas as suas consequências patrimoniais e extrapatrimoniais".

RECURSO EXTRAORDINÁRIO 898.060 SÃO PAULO
ELATOR : MIN. LUIZFUX
RECTE.(S) : A.N.
ADV.(A/S) : RODRIGO FERNANDESPEREIRA
RECDO.(A/S) : F.G.

PATERNIDADE SOCIOAFETIVA E
PLURIPARENTALIDADE.

VOTO

O SENHOR MINISTRO LUIZ FUX – Senhora Presidente, egrégio Plenário, ilustre representante do Ministério Público, senhores advogados e demais presentes.

O caso ora em julgamento, seja qual for o resultado proclamado pelo colegiado, constituirá precedente essencial para a definição do estatuto constitucional das famílias, em especial a densificação conceitual de um dos componentes mais elementares dos direitos da personalidade: a filiação.

Admissibilidade do recurso extraordinário

A recorrida arguiu questões processuais preliminares atinentes à admissibilidade recursal que devem ser enfrentadas antes de se adentrar no mérito do recurso extraordinário, a saber: (i) a matéria constitucional discutida nesta sede não teria sido objeto de prequestionamento nas instâncias ordinárias (óbices das Súmulas 282 e 356 do STF); e (ii) haveria necessidade de reexame de fatos controvertidos e de provas produzidas nos autos (óbice da Súmula 279 do STF).

Primeiramente, quanto à arguição de falta de prequestionamento, ressoa inequívoco que a controvérsia sobre a prevalência ou não da paternidade socioafetiva sobre a biológica, à luz do artigo 226, *caput*, e outros dispositivos constitucionais, foi amplamente debatida nas instâncias ordinárias, como se verifica da simples leitura dos acórdãos proferidos pela Quarta Câmara de Direito Civil do TJSC, em sede de apelação, e pelo Grupo de Câmaras de Direito Civil do TJSC, em sede de embargos infringentes. Nesse sentido, destaco os seguintes excertos desses julgados (grifos meus):

> "*Estabelece o Código Civil de 2002, em seu art. 1.603, que 'a filiação prova-se pela certidão do termo de nascimento registrada no Registro Civil'.*
> *Ao tratar sobre a filiação, Luiz Edson Fachin registra que 'a prova da filiação mencionada no art. 1.603 pode também sustentar a posse do estado de filho, fundada em elementos que espelham o nomem, a tractatio, e a fama (reputação). Por conseguinte, o termo de nascimento pode espelhar uma filiação socioafetiva' (in Comentários ao novo Código Civil, Coord. TEIXEIRA, Sálvio de Figueiredo. Vol. XVIII. Rio de Janeiro: Forense, 2003, p. 89).*

(...)

A Carta Magna estabelece, in verbis, que

Art. 226. A família, base da sociedade, tem especial proteção do Estado.

[...]

Art. 227. É dever da família, da sociedade e do Estado assegurar à criança, ao adolescente e ao jovem, com absoluta prioridade, o direito à vida, à saúde, à alimentação, à educação, ao lazer, à profissionalização, à cultura, à dignidade, ao respeito, à liberdade e à convivência familiar e comunitária, além de colocá-los a salvo de toda forma de negligência, discriminação, exploração, violência, crueldade e opressão.

[...]

$ 6° os filhos, havidos ou não da relação do casamento, ou por adoção, terão os mesmos direitos e qualificações, proibidas quaisquer designações discriminatórias relativas à filiação.

E o prefalado Luiz Edson Fachin, ao discorrer acerca da posse do estado de filho – com destaque para a paternidade socioafetiva –, afirma que

[...] o chamamento de filho, os cuidados na alimentação e na instrução, o carinho no tratamento (quer em público, quer na intimidade do lar) revelam no comportamento a base da parentalidade. A verdade sociológica da filiação se constrói. Essa dimensão da relação paterno-filial não se explica apenas na descendência genética que deveria pressupor aquela e serem coincidentes. Apresenta-se então a paternidade como aquela que, fruto do nascimento mais emocional e menos fisiológico, 'reside antes no serviço e amor que na procriação' (in A tríplice paternidade dos filhos imaginários. Repertório de Jurisprudência e Doutrina sobre Direito de Família.

Aspectos Constitucionais, Civis e Processuais. Teresa Arruda Alvim (coord.). Ed. RT, v. 2, 1995, p. 178/179).

(...)

Por isso, em que pese ter o vínculo de afetividade origem em registro cuja informação não corresponde à verdade biológica, ante a consolidação dos laços sentimentais/afetivos entre F. G. e I. G., o estado de filiação que esta última agora vindica em relação ao réu/apelante, não poderá ser reconhecido, simplesmente porque outro já se estabeleceu antes, com o pai registral, o qual não deverá ser desfeito". (Apelação Cível 2011.027498-4)

"Não há, data venia, como se conceber que, diante da expressa vontade da embargante de desvendar a sua verdadeira ascendência genética, possa prevalecer no registro a paternidade socioafetiva iniciada por ignorância da verdade.

(...)

A dignidade da pessoa humana encontra proteção constitucional, sendo, inclusive, fundamento da República Federativa do Brasil (art. 1º, III, da Constituição Federal).

E é a própria Constituição Federal que estabelece, expressamente (art. 227, § 6º), o princípio da igualdade entre os filhos, in verbis: 'Os filhos, havidos ou não da relação do casamento, ou por adoção, terão os mesmos direitos e qualificações, proibidas quaisquer designações discriminatórias relativas à filiação'.

(...)

Dessa forma, não se pode negar o direito de todas as partes envolvidas em relações de filiação – genitores biológicos, afetivos e filhos – de ver respeitado tal princípio, porquanto, nas palavras de Claudete Carvalho Canezin, 'A dignidade constitui-se num fato primordial à formação da personalidade humana, sendo essencial ao relacionamento paterno-filial' (CANEZIN, Claudete Carvalho. Da reparação do dano existencial ao filho decorrente do abandono paterno-filial. Revista Brasileira de Direito de Família, Porto Alegre, v. 8)". (Embargos Infringentes 2012.038525-9).

Fica claro, portanto, que não apenas a discussão jurídica dotada de repercussão geral foi travada nas instâncias ordinárias, mas também que o seu deslinde foi alcançado mediante fundamentação expressamente baseada nos preceitos constitucionais pertinentes, razão pela qual não há que se falar em ausência de prequestionamento.

No que diz respeito à alegação da ora recorrida de que incidiria, na espécie, o óbice da Súmula 279 do STF, saliente-se que todas as controvérsias relativas a fatos e provas, no presente caso, já foram devidamente equacionadas pelo tribunal de origem, remanescendo apenas a controvérsia relativa à prevalência ou não da paternidade socioafetiva sobre a biológica, matéria estritamente de direito.

Superadas essas questões preliminares, o recurso é tempestivo, preparado e apresenta preliminar formal e fundamentada de repercussão geral, estando igualmente presentes os demais requisitos de admissibilidade.

Por tais motivos, deve ser conhecido o recurso extraordinário, passando-se ao exame do seu mérito, nos limites da questão constitucional de repercussão geral reconhecida pelo Plenário Virtual, sintetizados na ementa transcrita abaixo:

> "RECURSO EXTRAORDINÁRIO COM AGRAVO. DIREITO CIVIL. AÇÃO DE ANULAÇÃO DE
> ASSENTO DE NASCIMENTO. INVESTIGAÇÃO DE PATERNIDADE. IMPRESCRITIBILIDADE. RETIFICAÇÃO DE REGISTRO. PATERNIDADE BIOLÓGICA. PATERNIDADE SOCIOAFETIVA. CONTROVÉRSIA GRAVITANTE EM TORNO DA PREVALÊNCIA DA PATERNIDADE SOCIOAFETIVA EM DETRIMENTO DA PATERNIDADE BIOLÓGICA. ART. 226, *CAPUT*, DA CONSTITUIÇÃO FEDERAL. PLENÁRIO VIRTUAL. REPERCUSSÃO GERAL".
>
> (ARE 692.186 RG, Rel. Min. Luiz Fux, Plenário Virtual, DJe de 21/02/2013)

Mérito do recurso extraordinário

Nos presentes autos, o recorrente sustenta a necessidade de preponderância da paternidade socioafetiva em detrimento da biológica, com fundamento nos artigos 226, §§ 4º e 7º, 227, *caput* e § 6º, 229 e 230 da Constituição Federal. Cumpre definir, assim, nos casos em que há vínculo parental previamente reconhecido, quais os efeitos jurídicos da descoberta posterior da paternidade biológica.[1]

A Constituição de 1988 promoveu verdadeira revolução no campo do Direito de Família. Sabe-se que, sob a égide do Código Civil de 1916, a família era centrada no instituto do casamento, vínculo indissolúvel e objeto de especial proteção da lei. Era estabelecida vetusta distinção entre filhos legítimos, legitimados e ilegítimos, baseando-se a filiação na rígida presunção de paternidade do marido (*pater is est quem nuptiae demonstrant*). O paradigma de então não era nem o afeto entre os familiares, nem sequer a origem biológica, mas sim a presunção baseada na centralidade do casamento.

Ocorre que, com o passar dos anos, a sociedade evoluiu e novas formas de organização familiar à margem do casamento começaram a proliferar. Sociedades de fato, uniões estáveis, coabitações concubinárias, famílias monoparentais, entre outras estruturas familiares passaram a se tornar cada vez mais frequentes. Esse quadro é muito bem retratado pelo sociólogo britânico Anthony Giddens, ex-professor das universidades de Cambridge e London School of Economics:

> *"Ao longo das últimas décadas, a Grã-Bretanha e outros países ocidentais passaram por mudanças nos padrões familiares, que seriam inimagináveis para gerações anteriores. A grande diversidade de famílias e formas de agregados familiares tornou-se um traço distintivo da época actual. As pessoas têm menos probabilidades de se virem a casar do que no passado,*

---

[1] Art. 226, § 4º "Entende-se, também, como entidade familiar a comunidade formada por qualquer dos pais e seus descendentes".
Art. 226, § 7º "Fundado nos princípios da dignidade da pessoa humana e da paternidade responsável, o planejamento familiar é livre decisão do casal, competindo ao Estado propiciar recursos educacionais e científicos para o exercício desse direito, vedada qualquer forma coercitiva por parte de instituições oficiais ou privadas".
Art. 227. "É dever da família, da sociedade e do Estado assegurar à criança, ao adolescente e ao jovem, com absoluta prioridade, o direito à vida, à saúde, à alimentação, à educação, ao lazer, à profissionalização, à cultura, à dignidade, ao respeito, à liberdade e à convivência familiar e comunitária, além de colocá-los a salvo de toda forma de negligência, discriminação, exploração, violência, crueldade e opressão".
Art. 227, § 6º "Os filhos, havidos ou não da relação do casamento, ou por adoção, terão os mesmos direitos e qualificações, proibidas quaisquer designações discriminatórias relativas à filiação".
Art. 229. "Os pais têm o dever de assistir, criar e educar os filhos menores, e os filhos maiores têm o dever de ajudar e amparar os pais na velhice, carência ou enfermidade".
Art. 230. "A família, a sociedade e o Estado têm o dever de amparar as pessoas idosas, assegurando sua participação na comunidade, defendendo sua dignidade e bem-estar e garantindo-lhes o direito à vida".

e fazem-no numa idade mais tardia. O índice de divórcios subiu significativamente, contribuindo para o crescimento de famílias monoparentais. Constituem-se 'famílias recompostas' através de segundos casamentos, ou através de novas relações que envolvem filhos de relações anteriores. As pessoas optam cada vez mais por viver juntas em coabitação antes do casamento, ou em alternativa ao casamento. Em resumo, o mundo familiar é hoje muito diferente do que o era há cinquenta anos. Apesar das instituições do casamento e da família ainda existirem e serem importantes nas nossas vidas, o seu carácter mudou radicalmente".

Era preciso evoluir. E a necessidade de modernizar a disciplina jurídica da filiação constituiu preocupação central do texto constitucional que informa a democracia em que hoje vivemos. O eixo central do sistema se deslocou do Código Civil para a Constituição, cujo conjunto axiológico-normativo deve informar a interpretação dos institutos que regem o Direito de Família.

Assumindo caráter de sobreprincípio fundante do ordenamento, insculpido logo no art. 1º, III, da Carta magna, a dignidade humana passa a exercer papel fundamental nesse contexto. O núcleo base da dignidade humana é expresso na formulação do imperativo categórico de Immanuel Kant: o ser humano deve sempre ser um fim em si mesmo, nunca um meio para um fim ("*Handle so, dass du die Menschheit sowohl in deiner Person, als in der Person eines jeden anderen jederzeit zugleich als Zweck, niemals bloß als Mittel brauchst*" – KANT, Immanuel. *Grundlegung zur Metaphysik der Sitten*. AA IV. Berlin: Ausgabe der Preußischen Akademie der Wissenschaften, 1900. p. 429).

Como afirma o Tribunal Constitucional Federal alemão, a dignidade humana compreende o ser humano como um ser intelectual e moral, capaz de determinar-se e desenvolver-se em liberdade ("*Dem liegt die Vorstellung vom Menschen als einem geistig-sittlichen Wesen zugrunde, das darauf angelegt ist, in Freiheit sich selbst zu bestimmen und sich zu entfalten*") (BVerfGE 45, 187). Cuida-se, assim, da assunção, pelo ordenamento jurídico, de que a eleição das próprias finalidades e objetivos de vida do indivíduo tem preferência absoluta em relação a eventuais formulações legais definidoras de modelos preconcebidos, destinados a resultados eleitos a priori pelo legislador. No campo da família, tem-se que a dignidade humana exige a superação de óbices impostos por arranjos legais ao pleno desenvolvimento dos formatos de família construídos pelos próprios indivíduos em suas relações afetivas interpessoais.

Em estreita conexão com a dignidade humana, dela derivando ao mesmo passo que constitui o seu cerne, apresenta-se o denominado direito à busca da felicidade. Se a referência a este direito é relativamente recente no Brasil, a sua origem remonta ao próprio surgimento do conceito moderno de Constituição.

Em 4 de julho de 1776, na Filadélfia, Pensilvânia, foi publicada a declaração de independência dos Estados Unidos da América. Em seu preâmbulo, o documento exibe a memorável frase elaborada por Thomas Jefferson em seus rascunhos para a declaração e que sobreviveu às revisões posteriores, segundo a qual seriam verdades autoevidentes certos direitos inalienáveis, dentre os quais os direitos à vida, à liberdade e à busca da felicidade (*"We hold these truths to be self-evident, that all men are created equal, that they are endowed by their Creator with certain unalienable Rights, that among these are Life, Liberty and the pursuit of Happiness"*). Dias antes, a declaração de direitos da Virgínia, pela pena de George Mason, já havia reconhecido a todos os homens certos direitos inerentes, que jamais podem ser molestados na vida em sociedade, em especial o desfrute da vida e da liberdade, com os meios para aquisição de propriedade, bem como a busca e obtenção de felicidade e segurança (*"all men are by nature equally free and independent and have certain inherent rights, of which, when they enter into a state of society, they cannot, by any compact, deprive or divest their posterity; namely, the enjoyment of life and liberty, with the means of acquiring and possessing property, and pursuing and obtaining happiness and safety"*). Massachusetts e Wisconsin adotam preceitos semelhantes em suas Constituições. Muito embora não exista previsão expressa do direito à busca da felicidade no texto da Constituição dos Estados Unidos, é inegável a sua importância histórica e seu enorme valor para a interpretação das demais cláusulas da carta fundamental.

Cuida-se, a busca da felicidade, de preceito que eleva o indivíduo à centralidade do ordenamento jurídico-político, reconhecendo-se não apenas as suas capacidades de autodeterminação, autossuficiência e liberdade de escolha dos próprios objetivos, mas também que o Estado, então recém-criado, deveria atuar apenas na extensão em que essas capacidades próprias fossem respeitadas. Traduz-se em um mandamento a que o governo se abstenha de eleger finalidades a serem perseguidas nas mais diversas esferas da vida humana, bem assim a que não se imiscua nos meios eleitos pelos cidadãos para a persecução das vontades particulares. Nenhum arranjo político é capaz de prover bem-estar social em caso de sobreposição de vontades coletivas a objetivos individuais.

O primeiro caso em que a Suprema Corte dos Estados Unidos reconheceu a força normativa do direito à busca da felicidade foi no caso *Meyer v. Nebraska*, de 1923 (262 U.S. 390). Na oportunidade, um professor de alemão chamado Robert T. Meyer desafiou a constitucionalidade de uma lei do Estado de Nebraska de 1919 que proibia o ensino conduzido em idiomas estrangeiros, assim como o estudo de línguas estrangeiras, como objeto de aprendizado, por estudantes até determinado nível. O objetivo da lei, denominada *Siman Act*, era a de perseguição aos imigrantes alemães, no contexto da primeira guerra mundial. Na oportunidade, a Corte reconheceu que a cláusula do devido processo legal (*due process*), prevista na décima quarta emenda à Constituição, sem dúvidas, denota não apenas a mera liberdade contra restrições de ordem corporal, mas também o direito do indivíduo de contratar, de se engajar em qualquer das ocupações ordinárias da vida, de adquirir conhecimento útil e em geral gozar de tudo o que for reconhecido como essencial para a busca ordenada da felicidade por homens livres ("*denotes not merely freedom from bodily restraint but also the right of the individual to contract, to engage in any of the common occupations of life, to acquire useful knowledge (...) and generally to enjoy those privileges long recognized at common law as essential to the orderly pursuit of happiness by free men*"). Ante o reconhecimento do direito à busca da felicidade como norma constitucional implícita, reconheceu-se a invalidade da lei que interferiu na vocação de professores, nas oportunidades dos alunos de adquirirem conhecimento e na prerrogativa dos pais de controlar a educação de seus descendentes ("*Evidently the Legislature has attempted materially to interfere with the calling of modern language teachers, with the opportunities of pupils to acquire knowledge, and with the power of parents to controlthe education of their own*"). A lição mais importante a ser extraída do caso é a de que sequer em tempos de guerra, excepcionais por natureza, poderá o indivíduo ser reduzido a mero instrumento de consecução da vontade dos governantes.

Transportando-se a racionalidade para o Direito de Família, o direito à busca da felicidade funciona como um escudo do ser humano em face de tentativas do Estado de enquadrar a sua realidade familiar em modelos pré--concebidos pela lei. É o direito que deve se curvar às vontades e necessidades das pessoas, não o contrário, assim como um alfaiate, ao deparar-se com uma vestimenta em tamanho inadequado, faz ajustes na roupa, e não no cliente.

A Suprema Corte norte-americana teve a oportunidade de aplicar o direito à busca da felicidade no contexto familiar em algumas oportunidades. No caso *Loving v. Virginia*, de 1967 (388 U.S. 1), o referido Tribunal reverteu a condenação de Mildred Loving, uma mulher negra, e de Richard Loving, um homem branco, que haviam sido sentenciados a um ano de prisão por terem se casado em descumprimento do *Racial Integrity Act* de 1924, estatuto que proibia casamentos considerados "inter-raciais". Por decisão unânime, a Corte declarou a proibição inconstitucional, adotando, dentre outros fundamentos, o de que o direito à liberdade de casamento é um dos direitos individuais vitais e essenciais para a busca ordenada da felicidade por homens livres (*"freedom to marry has long been recognized as one of the vital personal rights essential to the orderly pursuit of happiness by freemen"*).

Esse precedente foi essencial para a recente decisão da Suprema Corte sobre casamento entre pessoas do mesmo sexo, no caso *Obergefell v. Hodges*, de 2015 (576 U.S.). Neste último, a maioria do colegiado reputou que a Constituição exige o reconhecimento, pelos Estados, do casamento de casais homoafetivos, na medida em que o direito a casar seria decorrência essencial do direito à busca da felicidade. Cumpre transcrever a primeira frase do voto do *Justice* Anthony Kennedy, que escreveu pela maioria vencedora: "A Constituição promete liberdade a todos aqueles sob seu alcance, uma liberdade que inclui certos direitos específicos que permitem a pessoas, dentro de um âmbito legal, definir e expressar sua identidade" (*"The Constitution promises liberty to all within its reach, a liberty that includes certain specific rights that allow persons, within a lawful realm, to define and express their identity"*).

A jurisprudência deste Supremo Tribunal Federal já teve a oportunidade de invocar o direito à busca da felicidade, como se colhe dos seguintes arestos:

> *"O princípio constitucional da busca da felicidade, que decorre, por implicitude, do núcleo de que se irradia o postulado da dignidade da pessoa humana, assume papel de extremo relevo no processo de afirmação, gozo e expansão dos direitos fundamentais, qualificando-se, em função de sua própria teleologia, como fator de neutralização de práticas ou de omissões lesivas cuja ocorrência possa comprometer, afetar ou, até mesmo, esterilizar direitos e franquias individuais. – Assiste, por isso mesmo, a todos, sem qualquer exclusão, o direito à busca da felicidade, verdadeiro postulado constitucional implícito, que se qualifica como expressão de uma ideia – força que deriva do princípio da essencial dignidade da pessoa humana".*
>
> (RE 477.554-AgR, Rel. Min. Celso de Mello, DJe de 26/08/2011)

> "Reconhecimento do direito à preferência sexual como direta emanação do princípio da 'dignidade da pessoa humana': direito a autoestima no mais elevado ponto da consciência do indivíduo. Direito à busca da felicidade. Salto normativo da proibição do preconceito para a proclamação do direito à liberdade sexual".
>
> (ADPF 132, Rel. Min. Ayres Britto, DJe de 14/10/2011)

Tanto a dignidade humana, quanto o devido processo legal, e assim também o direito à busca da felicidade, encartam um mandamento comum: o de que indivíduos são senhores dos seus próprios destinos, condutas e modos de vida, sendo vedado a quem quer que seja, incluindo-se legisladores e governantes, pretender submetê-los aos seus próprios projetos em nome de coletivos, tradições ou projetos de qualquer sorte.

Sob essa lógica merece ser interpretada a legislação infraconstitucional, abdicando-se o operador do direito de pré-compreensões e formatos padronizados de família para atender, na sua totalidade, às idiossincrasias das formulações particulares de organização familiar. Como explica Gustavo Tepedino, *in verbis*:

> "O fato de os princípios de ordem pública permearem todas as relações não significa ter o direito de família migrado para o direito público; devendo-se, ao reverso, submeter a convivência familiar, no âmbito do próprio direito civil, aos princípios constitucionais, de tal maneira que a família deixe de ser valorada como instituição, por si só merecedora de tutela privilegiada, como quisera o Código Civil de 1916, em favor de uma proteção funcionalizada à realização da personalidade e da dignidade dos seus integrantes, como quer o texto constitucional".

A partir da Carta de 1988, exige-se uma inversão de finalidades no campo civilístico: o regramento legal passa a ter de se adequar às peculiaridades e demandas dos variados relacionamentos interpessoais, em vez de impor uma moldura estática baseada no casamento entre homem e mulher. De forma percuciente, esclarece o Ministro Luiz Edson Fachin aquilo que denomina "concepção eudemonista da família":

> "Sob as relações de afeto, de solidariedade e de cooperação, proclama-se, com mais assento, a concepção eudemonista da

família: não é mais o indivíduo que existe para a família e para o casamento, mas a família e o casamento existem para o seu desenvolvimento pessoal, em busca de sua aspiração à felicidade".

A própria Constituição, em caráter meramente exemplificativo, reconhece como legítimos modelos de família independentes do casamento, como a união estável (art. 226, § 3º) e a comunidade formada por qualquer dos pais e seus descendentes, cognominada "família monoparental" (art. 226, § 4º). Por outro lado, a Carta fundamental enfatizou que espécies de filiação dissociadas do matrimônio entre os pais merecem equivalente tutela diante da lei, sendo vedada discriminação e, portanto, qualquer tipo de hierarquia entre elas. Um exemplo da tradição civilística brasileira é a adoção, capaz de estabelecer um vínculo parental na ausência de casamento ou liame sanguíneo, bastando o amor entre os indivíduos que se recebem como pais e filhos. O art. 227, § 6º, da Constituição é assertivo ao determinar que, *verbis*: *"Os filhos, havidos ou não da relação do casamento, ou por adoção, terão os mesmos direitos e qualificações, proibidas quaisquer designações discriminatórias relativas à filiação".*

Ante a impossibilidade de engessamento da configuração familiar, esta Egrégia Corte atribuiu a qualidade de entidade familiar às uniões estáveis homoafetivas, em julgamento histórico cujo acórdão estabelece premissa indispensável para o caso ora examinado. Invocando o direito à busca da felicidade, este colegiado declarou a "Imperiosidade da interpretação não-reducionista do conceito de família como instituição que também se forma por vias distintas do casamento civil", bem como a "Inexistência de hierarquia ou diferença de qualidade jurídica entre as duas formas de constituição de um novo e autonomizado núcleo doméstico" (ADI 4277, Relator(a): Min. AYRES BRITTO, Tribunal Pleno, julgado em 05/05/2011).

Se o conceito de família não pode ser reduzido a modelos padronizados, nem é lícita a hierarquização entre as diversas formas de filiação, afigura-se necessário contemplar sob o âmbito jurídico todas as formas pelas quais a parentalidade pode se manifestar, a saber: (i) pela presunção decorrente do casamento ou outras hipóteses legais (como a fecundação artificial homóloga ou a inseminação artificial heteróloga – art. 1.597, III a V do Código Civil de 2002); (ii) pela descendência biológica; ou (iii) pela afetividade.

O Código Civil de 2002 promoveu alguns passos à frente nessa concepção cosmopolita do Direito de Família. Conforme observa o Ministro Luiz Edson Fachin, o diploma inovou ao reconhecer o direito fundamental à paternidade, independentemente do estado civil dos pais; a possibilidade de declaração de paternidade sem que haja ascendência genética; o reconhecimento de filho extramatrimonial; a igualdade material entre os filhos; a presunção de paternidade na fecundação artificial, seja ela homóloga ou heteróloga; e a abertura de espaço jurídico para a construção do conceito de paternidade socioafetiva.

Igualmente, a evolução da ciência contribuiu para que a paternidade baseada no casamento, outrora central ao sistema, perdesse a sua importância para dar lugar a outras modalidades de filiação. A popularização do exame de DNA permitiu o alcance de resultados seguros e rápidos sobre vínculos biológicos para fins de ações de investigação e negatórias de paternidade, tornando despiciendo, na maioria dos casos, o recurso a presunções para a definição da filiação. Inclusive, este Pretório Excelso assegurou a possibilidade de relativização da coisa julgada para a realização posterior de exame de DNA, em homenagem ao "direito fundamental à busca da identidade genética, como natural emanação do direito de personalidade de um ser" (RE 363.889, Rel. Min. Dias Toffoli, DJe de 16/12/2011). Além de direito constitucional implícito, como esclareceu esta Corte, a busca da identidade genética é garantida pela legislação infraconstitucional, prevendo o art. 48 do Estatuto da Criança e do Adolescente o "direito de conhecer sua origem biológica".

Em paralelo à filiação biológica, demanda igual proteção jurídica o vínculo de parentalidade construído apenas a partir do afeto. Para evitar situações de extrema injustiça, desde o Código de 1916 já reconheciam a doutrina e a jurisprudência a figura da posse do estado de filho, mediante interpretação elástica do art. 349, II, daquele diploma, segundo o qual a filiação poderia ser provada, na falta de registro, por *"veementes presunções resultantes de fato já certos"*. Assim, seria considerado filho aquele que utilizasse o nome da família (*nominatio*), fosse tratado como filho pelo pai (*tractatio*) e gozasse do reconhecimento da sua condição de descendente pela comunidade (*reputatio*). Na lição de Silvio Rodrigues, a "posse do estado consiste no desfrute público, por parte de alguém, daquela situação peculiar ao filho legítimo, tal o uso do nome familiar, o fato de ser tratado como filho pelos pretensos pais, aliado à persuasão geral de ser a pessoa, efetivamente, filho legítimo".

Mais que reproduzir a norma do art. 349, II, do diploma anterior em seu art. 1.605, o Código Civil de 2002 passou a preceituar, em seu art. 1.593, que o *"parentesco é natural ou civil, conforme resulte de consanguinidade ou outra origem"*. Desse modo, a própria lei passa a reconhecer que a consanguinidade concorre com outras formas de parentesco, dentre as quais certamente se inclui a afetividade.

Um exemplo bastante comum na realidade pátria é a chamada "adoção à brasileira", em que o sujeito se vale da presunção de veracidade do registro público para declarar a paternidade em relação à criança que sabe não possuir sua herança genética. Cuida-se de gesto nobre, decorrente da vontade de preencher um espaço afetivo que de outra forma restaria vago na vida do menor. Por isso mesmo, alguns Tribunais de Justiça já regulamentaram o reconhecimento espontâneo da paternidade socioafetiva diretamente perante o Registro Civil de Pessoas Naturais, independentemente de declaração judicial. Tal regramento já existe, por exemplo, no âmbito do TJMA (Provimento 21/2013), do TJPE (Provimento 9/2013), do TJCE (Portaria 15/2013), do TJSC (Provimento 11/2014) e do TJAM (Provimento 234/2014), por exemplo. A filiação socioafetiva, porém, independe da realização de registro, bastando a consolidação do vínculo afetivo entre as partes ao longo do tempo, como sói ocorrer nos casos de posse do estado de filho.

Estabelecida a possibilidade de surgimento da filiação por origens distintas, é de rigor estabelecer a solução jurídica para os casos de concurso entre mais de uma delas.

O sobreprincípio da dignidade humana, na sua dimensão de tutela da felicidade e realização pessoal dos indivíduos a partir de suas próprias configurações existenciais, impõe o reconhecimento, pelo ordenamento jurídico, de modelos familiares diversos da concepção tradicional. O espectro legal deve acolher, nesse prisma, tanto vínculos de filiação construídos pela relação afetiva entre os envolvidos, quanto aqueles originados da ascendência biológica, por imposição do princípio da paternidade responsável, enunciado expressamente no art. 226, § 7º, da Constituição.

Não cabe à lei agir como o Rei Salomão, na conhecida história em que propôs dividir a criança ao meio pela impossibilidade de reconhecer a parentalidade entre ela e duas pessoas ao mesmo tempo. Da mesma forma, nos tempos atuais, descabe pretender decidir entre a filiação afetiva e a biológica quando o melhor interesse do descendente é o reconhecimento jurídico de ambos os vínculos. Do contrário, estar-se-ia transformando o ser humano em mero instrumento de aplicação dos esquadros determinados pelos legisladores. É o direito que deve servir à pessoa, não o contrário.

O conceito de pluriparentalidade não é novidade no Direito Comparado. Nos Estados Unidos, onde os Estados têm competência legislativa em matéria de Direito de Família, a Suprema Corte de Louisiana ostenta jurisprudência consolidada quanto ao reconhecimento da "dupla paternidade" (*dual paternity*). No caso *Smith v. Cole* (553 So.2d 847, 848), de 1989, o Tribunal aplicou o conceito para estabelecer que a criança nascida durante o casamento de sua mãe com um homem diverso do seu pai biológico pode ter a paternidade reconhecida com relação aos dois, contornando o rigorismo do art. 184 do Código Civil daquele Estado, que consagra a regra *"pater ist est quem nuptiae demonstrant"*. Nas palavras da Corte, a "aceitação, pelo pai presumido, intencionalmente ou não, das responsabilidades paternais, não garante um benefício para o pai biológico. (...) O pai biológico não escapa de suas obrigações de manutenção do filho meramente pelo fato de que outros podem compartilhar com ele da responsabilidade" (*"The presumed father's acceptance of paternal responsibilities, either by intent or default, does not ensure to the benefit of the biological father. (...) The biological father does not escape his support obligations merely because others may share with him the responsibility"*).

Em idêntico sentido, o mesmo Tribunal assentou, no caso *T.D., wife of M.M.M. v. M.M.M.*, de 1999 (730 So. 2d 873), o direito do pai biológico à declaração do vínculo de filiação em relação ao seu filho, ainda que resulte em uma dupla paternidade. Ressalvou-se, contudo, que o genitor biológico perde o direito à declaração da paternidade, mantendo as obrigações de sustento, quando não atender ao melhor interesse da criança ,notadamente nos casos de demora desarrazoada em buscar o reconhecimento do *status* de pai (*"a biological father who cannot meet the best-interest-of-the-child standard retains his obligation of support but cannot claim the privilege of parental rights"*).

A consolidação jurisprudencial levou à revisão do Código Civil estadual de Louisiana, que a partir de 2005 passou a reconhecer a dupla paternidade nos seus artigos 197 e 198 (PALMER, Vernon Valentine. *Mixed Jurisdictions Worldwide: The Third Legal Family*. 2. ed. Cambridge: Cambridge University Press, 2012). Louisiana se tornou, com isso, o primeiro Estado norteamericano a permitir legalmente que um filho tenha dois pais, atribuindo-se a ambos as obrigações inerentes à parentalidade (McGINNIS, Sarah. You Are Not The Father: How State Paternity Laws Protect (And Fail To Protect) the Best Interests of Children. *In: Journal of Gender, Social Policy & the Law*, v. 16, issue 2, 2008, pp. 311-334).

A omissão do legislador brasileiro quanto ao reconhecimento dos mais diversos arranjos familiares não pode servir de escusa para a negativa de proteção a situações de pluriparentalidade. É imperioso o reconhecimento, para todos os fins de direito, dos vínculos parentais de origem afetiva e biológica, a fim de prover a mais completa e adequada tutela aos sujeitos envolvidos. Na doutrina brasileira, encontra-se a valiosa conclusão de Maria Berenice Dias, *in verbis*: "não mais se pode dizer que alguém só pode ter um pai e uma mãe. Agora é possível que pessoas tenham vários pais. Identificada a pluriparentalidade, é necessário reconhecer a existência de múltiplos vínculos de filiação.

Todos os pais devem assumir os encargos decorrentes do poder familiar, sendo que o filho desfruta de direitos com relação a todos. Não só no âmbito do direito das famílias, mas também em sede sucessória. (...) Tanto é este o caminho que já há a possibilidade da inclusão do sobrenome do padrasto no registro do enteado" (Manual de Direito das Famílias. 6ª. ed. São Paulo: RT, 2010. p. 370). Tem-se, com isso, a solução necessária ante os princípios constitucionais da dignidade da pessoa humana (art. 1º, III) e da paternidade responsável (art. 226, § 7º).

No caso concreto trazido à Corte pelo Recurso Extraordinário, infere-se da leitura da sentença prolatada pelo Juízo da 2ª Vara da Família da Comarca de Florianópolis e dos acórdãos proferidos pelo Tribunal de Justiça do Estado de Santa Catarina, a autora, F. G., ora recorrida, é filha biológica de A. N., como ficou demonstrado, inclusive, pelos exames de DNA produzidos no decorrer da marcha processual (fls. 346 e 449-450). Ao mesmo tempo, por ocasião do seu nascimento, em 28/8/1983, a autora foi registrada como filha de I. G., que cuidou dela como se sua filha biológica fosse por mais de vinte anos. Por isso, é de rigor o reconhecimento da dupla parentalidade, devendo ser mantido o acórdão de origem que reconheceu os efeitos jurídicos do vínculo genético relativos ao nome, alimentos e herança.

Ex positis, nego provimento ao Recurso Extraordinário e proponho a fixação da seguinte tese para aplicação a casos semelhantes: "**A paternidade socioafetiva, declarada ou não em registro público, não impede o reconhecimento do vínculo de filiação concomitante baseado na origem biológica, com todas as suas consequências patrimoniais e extrapatrimoniais**".

É como voto.

REFERÊNCIAS BIBLIOGRÁFICAS

𝓐

ABREU, Célia Barbosa. *Curatela & Interdição Civil*. Rio de Janeiro: Lumen Juris, 2009.

ALVES, João Luiz. *Código Civil da República dos Estados Unidos do Brasil Anotado*. Rio de Janeiro: F.Briguiet e Cia Editores-Livreiros, 1917.

AMARAL, Francisco. *Direito civil: introdução*. 3. ed. Rio de Janeiro: Renovar, 2000.

_____. *Direito Civil: introdução*. 6. ed. Rio de Janeiro: Renovar, 2006.

ANDRADE, Manuel A. de. *Teoria Geral da Relação Jurídica*. Vol. I. Coimbra: Livraria Almedina, 1997.

AQUINO, São Tomás de. *Suma de Teología*. 4. ed. Madri: Biblioteca de Autores Cristianos, 2001.

ASCENÇÃO, José de Oliveira. *O Direito: introdução e teoria geral*. 2. ed Rio de Janeiro: Renovar, 2001.

ÁVILA, Humberto. *Teoria dos Princípios: da definição à aplicação dos princípios jurídicos*. 5. ed. São Paulo: Malheiros, 2006.

AZEVEDO, Antônio Junqueira de. *Negócio Jurídico: existência, validade e eficácia*. 4. ed. São Paulo: Saraiva, 2007.

𝓑

BARACHO, José Alfredo de Oliveira. *Direito Processual Constitucional*. Belo Horizonte: Fórum, 2006.

BARBOZA, Heloísa Helena. Perspectivas do direito civil brasileiro para o próximo século. In *Revista da Faculdade de Direito*, RJ: UERJ/ Renovar, 1998-1999.

_____. *Direitos Sucessórios dos Companheiros: reflexões sobre o artigo 1.790 do Código Civil*. Revista da Faculdade de Direito de Campos, Ano VI, n° 7 – Dezembro de 2005, p. 149. Disponível em: < https://docs.google.com> Acesso em: 25 fev. 2012.

_____. *Efeitos Jurídicos do Parentesco Socioafetivo*. In: Revista da Faculdade de Direito da UERJ-RFD, v. 2, n. 24, 2013.

BARCELLOS, Ana Paula. *A Eficácia Jurídica dos Princípios Constitucionais*. O princípio da Dignidade da Pessoa Humana. Rio de Janeiro: Renovar, 2002.

BARROSO, Luís Roberto. *O direito Constitucional e a Efetividade de suas normas*. 5. ed. Rio de Janeiro: Renovar, 2001.

_____. *Curso de Direito Constitucional Contemporâneo*. Os conceitos fundamentais e a construção do novo modelo. São Paulo: Saraiva, 2009.

_____. *Fundamentos Teóricos e Filosóficos do Novo Direito Constitucional Brasileiro*. Revista de Direito da Procuradoria Geral do Estado do Rio de Janeiro. Rio de Janeiro, volume 54, 2001, p. 72.

_____. *A Dignidade da Pessoa Humana no Direito Constitucional Contemporâneo*: Natureza Jurídica, Conteúdos Mínimos e Critérios de Aplicação. Disponível em: <http://www.luisrobertobarroso.com.br/wp-content/uploads/2010/12/Dignidade_texto-base_11dez2010.pdf>. Acesso em: 10 fev. 2014.

BEVILÁQUA, Clóvis. *Código Civil dos Estados Unidos do Brasil comentado por Clóvis Beviláqua*. V. 1. Edição histórica. Rio de Janeiro: Rio, 1976.

_____. *Código Civil dos Estados Unidos do Brasil comentado por Clóvis Bevilaqua*. V. 2. Edição Histórica. Rio de Janeiro: Rio, 1976,

_____. *Código Civil Comentado*. Vol. IV. Rio de Janeiro: Rio, 1976.

_____. *Direito das Obrigações*. Bahia: José Luiz da Fonseca Magalhães, 1896.

_____. *Direito das Sucessões (edição histórica)*. Rio de Janeiro: Editora Rio, 1978.

BITTAR, Carlos Alberto. *Os Direitos da Personalidade*. 7. ed. Rio de Janeiro: Forense Universitária, 2004.

BODIN DE MORAES, Maria Celina. *Princípios do Direito Civil contemporâneo*. Rio de Janeiro: Renovar, 2006.

_____. *Constituição e Direito Civil: tendências*. Revista Direito, Estado e Sociedade, n. 15, Rio de Janeiro: PUC-Rio. Ago.-dez. 1999.

_____. *Um Ano Histórico para o Direito de Família*. Editorial à Civilistica. com. Rio de Janeiro, a. 5, n. 2, 2016. Disponível em:< http://civilistica.com/wp-content/uploads/2016/12/Editorial-civilistica.com-a.5.n.2.2016.pdf>. Acesso em: 21 jan. 2017

BOÉCIO. *Escritos* (OPUSCULA SACRA). Tradução, introdução, estudos introdutórios e notas Juvenal Savian Filho. Prefácio de Marilena Chauí. São Paulo: Martins Fontes, 2005.

BONAVIDES, Paulo. *Curso de Direito Constitucional*. 8. ed. São Paulo: Malheiros, 1999. p. 525.

C

CAHALI, Francisco José. *Curso Avançado de Direito Civil*: direito das sucessões. 2. ed. São Paulo: Revista dos Tribunais, 2003. v. VI.

_____. *Direito das Sucessões*. 3. ed. São Paulo: Revista dos Tribunais, 2007.

CAMPOS, Diogo Leite de. *Lições de Direito da Família e das Sucessões*. Coimbra: Almedina, 1990.

CANELLAS, Alfredo. *Constituição Interpretada pelo STF, tribunais superiores e textos legais*. 2. ed. Rio de Janeiro: Freitas Bastos, 2006.

CANOTILHO, José Joaquim Gomes. *Direito Constitucional e Teoria da Constituição*. 7. ed. Coimbra: Almedina, 2003.

CANOTILHO, Joaquim José Gomes. *Direito Constitucional e Teoria da Constituição*. 7. ed. Coimbra: Almedina, 2010.

CAPELO DE SOUZA, Rabindranath. *Lições de Direito das Sucessões*. 4. ed. Coimbra: Coimbra Editora, 2000. v. I.

CARPENA, Heloísa. *Abuso do Direito no Código de 2002: relativização de direitos na ótica civil-constitucional*. In: TEPEDINO, Gustavo. A parte geral do novo Código Civil: estudos na perspectiva civil-constitucional. Rio de Janeiro: Renovar, 2002.

CARVALHO FILHO, José dos Santos. *Manual de Direito Administrativo*. 15. ed. Rio de Janeiro: Lumen Juris, 2006, p. 373.

CARVALHO NETO, Inácio de. *Direito Sucessório do Cônjuge e do Companheiro*. São Paulo: Método, 2007.

CARVALHO SANTOS, J. M. de. *Código Civil Brasileiro interpretado*. 5. ed. Vol. III. Rio de Janeiro: Freitas Bastos, 1953.

_____. *Código Civil Brasileiro Interpretado*. Vol. I. 6. ed. Rio de Janeiro: Freitas Bastos. 1955.

_____. *Código Civil Brasileiro Interpretado*. Vol. XI. 6. ed. Rio de Janeiro: Freitas Bastos, 1953.

_____. *Código Civil Brasileiro Interpretado*. 6. ed. Vol XIII. Rio de Janeiro: Freitas Bastos, 1955.

_____. *Código Civil Brasileiro Interpretado*. 6. ed. Vol XXII. Rio de Janeiro: Freitas Bastos, 1955.

CASTRO, Isabele Soares de. Da Emenda Constitucional n. 66/2010 e a polêmica quanto à permanência do instituto da separação judicial no ordenamento jurídico brasileiro. In: *Revista Interdisciplinar da Faculdade de Direito de Valença*. Disponível em: < http://faa.edu.br/revistas/fdv-2012>. Acesso em: 20 jan. 2017.

_____; PIERRI, Jean Carlos Cardoso. *O Reconhecimento dos Efeitos Positivos da Putatividade na União Estável, em Obediência aos Princípios da Isonomia e da Dignidade da Pessoa Humana*. In: PEREIRA, Antônio Celso Alves; MELLO, Cleyson de Moraes. Hermenêutica, Direitos Fundamentais e Dignidade da Pessoa Humana: Primeiras Linhas. Juiz de Fora, Editar, 2011, p. 79-80.

CAVALIERI FILHO, Sérgio. *Programa de Responsabilidade Civil*. 6. ed. São Paulo: Malheiros, 2005.

_____. DIREITO, C. A. M.; *Comentários ao novo Código Civil*. Revista IOB de Direito de Família, n° 54, vol. XIII. Rio de Janeiro: Forense, 2004. jun-jul/09, p. 101.

CHAVES, Antônio. *Tratado de Direito Civil*. Volume II. Direito das obrigações. Tomo I. 3. ed. São Paulo: Revista dos Tribunais, 1984.

CAHALI, Yussef Said. *Dos Alimentos*. 2. ed. São Paulo: Revista dos Tribunais, 1993.

CHOERI, Raul Cleber da Silva. *O Conceito de Identidade e a Redesignação Sexual*. Rio de Janeiro: Renovar, 2004.

CUNHA GONÇALVES, Luiz da. *Tratado de Direito Civil*. Vol. I, Tomo I, 2. ed. São Paulo: Max Limonad, 1955.

_____.Vol. III, Tomo II. São Paulo: Max Limonad, 1956.

_____.Vol. IV. Tomo II. São Paulo: Max Limonad, 1958.

_____.Vol. V. Tomo I. São Paulo: Max Limonad, 1955.

D

DANTAS, San Tiago. *Programa de Direito Civil II: Aulas proferidas na Faculdade Nacional de Direito, fim de 1943 – 1945*. Rio de Janeiro: Rio, 1978.

DE RUGGIERO, Roberto. *Instituições de Direito Civil*. Vol. I. São Paulo: Saraiva, 1972.

DELGADO, José Augusto. *Comentários ao novo Código Civil*. Volume XI. Tomo II. Rio de Janeiro: Forense, 2004.

DIAS, Maria Berenice. *Manual de Direito das Famílias*. 11. ed. São Paulo: Revista dos Tribunais, 2016.

_____. *Manual de Direito das Famílias*. 6. ed. São Paulo: Revista dos Tribunais, 2010.

DINIZ, Maria Helena. *Norma Constitucional e seus Efeitos*. 6. ed. São Paulo: Saraiva, 2003.

DIREITO, Carlos Alberto Menezes; CAVALIERI FILHO, Sérgio. *Comentários ao novo Código Civil*. Volume XIII. Rio de Janeiro: Forense, 2004.

_____. *Comentários ao novo Código Civil*. Revista IOB de Direito de Família, n. 54, vol. XIII. Rio de Janeiro: Forense, 2004. jun-jul/09, p. 101.

F

FACHIN, Luiz Edson. *Estabelecimento da Filiação e Paternidade Presumida*. Porto Alegre: Fabris, 1992.

_____. *Comentários ao novo Código Civil*. Volume XVIII. Rio de Janeiro: Forense, 2004.

FARIAS, Cristiano Chaves de; ROSENVALD, Nélson. *Direito Civil:* Teoria Geral. 6. ed. Rio de Janeiro: Lumen Juris, 2007.

_____. *Direito das obrigações*. Rio de Janeiro: Lumen Juris, 2006.

_____. ROSENVALD, Nelson. *Curso de Direito Civil*. Direito das sucessões. v. 7, São Paulo: Atlas, 2015.

_____. *Curso de Direito Civil*. Vol. 7. Salvador: Juspodivm, 2016.

FLORENCE, Tatiana Magalhães. *Aspectos pontuais da cláusula penal*. In: TEPEDINO, Gustavo. *Obrigações*: estudos na perspectiva civil-constitucional. Rio de Janeiro: Renovar, 2005.

FRAGA, Thelma Araújo Esteves; MELLO, Cleyson de Moraes. *Direito Civil: Introdução e Parte Geral*. Niterói: Impetus, 2004.

FRAGA, Thelma Araújo Esteves. *A Guarda e o Direito à Visitação sob o Prisma do Afeto*. Niterói, RJ: Impetus, 2005.

FORBES, Jorge; FERRAZ JUNIOR, Tercio Sampaio; REALE JÚNIOR, Miguel (Org.). *A Invenção do Futuro*: Um debate sobre a pós-modernidade e a hipermodernidade. Barueri: Manole, 2005

FULGÊNCIO, Tito. *In*: LACERDA, Paulo. *Manual do Código Civil brasileiro: do direito das obrigações*. Vol X. Rio de Janeiro: Jacintho Ribeiro dos Santos, 1928, p. 15.

G

GADAMER, Hans-Georg. *Verdade e Método: traços fundamentais de uma hermenêutica filosófica*. Tradução Flávio Paulo Meurer. Petrópolis: Vozes, 1997.

GAIO JÚNIOR, Antônio Pereira. *Tutela Específica das Obrigações de Fazer*. 6. ed. Curitiba: Juruá Editora, 2016.

GAMA, Guilherme Calmon Nogueira da. *A Nova Filiação ☒ O Biodireito e as Relações Parentais*. Rio de Janeiro: Renovar, 2003

GOMES, Orlando. *Introdução ao Direito Civil*. 19. ed. Rio de Janeiro: Forense, 2007.

_____. *Obrigações*. 17. ed. Rio de Janeiro: Forense, 2007.

_____. *Direito de Família*. 7. ed. – Rio de Janeiro: Forense, 1987.

GONÇALVES, Carlos Roberto. *Direito Civil Brasileiro: parte geral*. Vol. I. São Paulo: Saraiva, 2003.

_____. *Direito Civil Brasileiro*. Vol. II: Teoria geral das obrigações. São Paulo: Saraiva, 2004.

_____. *Direito Civil Brasileiro*. v. VI. São Paulo: Saraiva, 2005

GRAU, Eros Roberto; GUERRA FILHO, Willis Santiago. *Direito Constitucional: estudos em homenagem a Paulo Bonavides*. São Paulo: Malheiros, 2001.

GRONDIN, Jean. *Introdução à Hermenêutica Filosófica*. Tradução: Benno Dischinger. São Leopoldo: Unisinos, 1999.

GUASTINI, Ricardo. *Estudios de Teoria Constitucional*. UNAM/Fontamara, México, 2003.

GUSMÃO, Paulo Dourado de. *Introdução ao Estudo do Direito*. 33. ed. Rio de Janeiro: Forense, 2003.

ℋ

HABERMAS, Jürgen. *Um Ensaio sobre a Constituição da Europa*. Tradução de Mirian Toldy; Teresa Toldy. Lisboa: Edições 70, 2012.

HEIDEGGER, Martin. *Sobre o Humanismo*. Tradução de Emmanuel Carneiro Leão. 2. ed. Rio de Janeiro: Tempo Brasileiro, 1995.

_____. *Ser e Tempo*. Parte I. Tradução de Márcia Sá Cavalcante Schuback. 12. ed. Petrópolis: Vozes, 2002.

HENRIQUES, Rodrigo Arruda de Holanda; LEITE, Tatiana Henriques. *Bioética em Reprodução Humana Assistida: influência dos fatores sócio-econômicoculturais sobre a formulação das legislações e guias de referência no Brasil e em outras nações*. In: Physis Revista de Saúde Coletiva, Rio de Janeiro, 24 [1]: 31-47, 2014

HOFFE, Otfried. *Immanuel Kant*. Tradução Christian Viktor Hamm e Valerio Rohden. São Paulo: Martins Fontes, 2005.

HIRONAKA, Giselda. *Principiologia Contratual e a Valoração Ética no Código Civil Brasileiro*. Civilistica.com. Rio de Janeiro, a. 3, n. 1, jan.-jun./2014. Disponível em: <http://civilistica.com/principiologia-contratual-e-a-valoracao-etica-no-codigo-civil-brasileiro/>. 03 out. 2016.

𝒦

KANT, Immanuel. *Crítica da Razão Prática*. Tradução Valerio Rohden. São Paulo: Martins Fontes, 2002.

_____. *Fondements de la Métaphysique des Moeurs*. Paris: Librairie Philosophique J. Vrin, 1992.

KELSEN, Hans. *Teoria Pura do Direito*. Tradução João Baptista Machado. São Paulo: Martins Fontes, 1995.

ℒ

LACERDA DE ALMEIDA, Francisco de Paula. *Successões*. Rio de Janeiro: Revista dos Tribunais, 1915.

LACERDA, Bruno Amaro. *A Dignidade Humana em Giovanni Pico Della Mirandola*. In: Revista Legis Augustus (Revista Jurídica) Vol. 3, n. 1, p. 16-23, setembro 2010.

LARENZ, Karl. *Derecho Civil: parte general*. Traducción y notas de Miguel Izquierdo y Macías-Picavea. Madrid: Editoriales de Derecho Reunidas, 1978.

___. *Derecho Justo: fundamentos de ética jurídica*. Tradução: Luis Díez-Picazo. Madrid: Civitas, 2001.

LARENZ, Karl. *Metodologia da Ciência do Direito*. Lisboa: Fundação Calouste Gulbenkian, 1997.

LEAL, Câmara. *Da Prescrição e da Decadência*, n. 96, p. 146. In: THEODORO JÚNIOR, Humberto. Comentários ao novo Código Civil. 2. ed. Vol. III, Tomo II. Rio de Janeiro: Forense, 2003.

LEITE, Tatiana Henriques; HENRIQUES, Rodrigo Arruda de Holanda. *Bioética em Reprodução Humana Assistida: influência dos fatores sócio-econômicoculturais sobre a formulação das legislações e guias de referência no Brasil e em outras nações*. In: Physis Revista de Saúde Coletiva, Rio de Janeiro, 24 [1]: 31-47, 2014

LIPOVETSKY, Gilles. *A Sociedade Pós-Moralista:* O crepúsculo do dever e a ética indolor dos novos tempos democráticos. Tradução Armando Braio Ara. Barueri, São Paulo: Manole, 2005.

LÔBO, Paulo. *Direito Civil: Famílias*. São Paulo: Saraiva, 2008.

_____. *Guarda e Convivência dos Filhos após a Lei n. 11.698/2008*. Revista brasileira de direito das famílias e sucessões, v. 6. Porto Alegre: Magister; Belo Horizonte: IBDFAM, out. nov. 2008.

_____. *Direito Civil: Sucessões*, São Paulo: Saraiva, 2013,

M

MADALENO, Rolf. *Alimentos e sua Restituição Judicial*. Revista Jurídica, Porto Alegre, n. 211, p. 5, maio 1995.

_____. *Curso de Direito de Família*. Rio de Janeiro: Forense, 2008, p. 66

_____. *Direito de Família*, 7. ed. São Paulo: Forense, 11/2016. VitalBook file.

_____. *Obrigação, Dever de Assistência e Alimentos Transitórios*. In: R. CEJ, Brasília, n. 27, p. 69-78, out./dez. 2004, p. 76-77

_____. *Legados e Direito de Acrescer entre Herdeiros e Legatários*. In: HIRONAKA, Giselda Maria Fernandes Novaes; PEREIRA, Rodrigo da Cunha (org.). Direito Das Sucessões. Belo Horizonte: Del Rey, 2007.

MALUF, Carlos Alberto Dabus; MALUF, Adriana Caldas do Rego Freitas Dabus. *Curso de Direito das Sucessões*. São Paulo: Saraiva, 2013.

MARTÍNEZ, Gregorio Peces-Barba. *Lecciones de Derechos Fundamentales*. Madrid: Dykinson, 2004.

MARTINS-COSTA. Judith. *Comentários ao novo Código Civil*. Volume V. Tomo I. 2. ed. Rio de Janeiro: Freitas Bastos, 2006.

MARTINS FILHO, Ives Gandra. *O que Significa Dignidade da Pessoa Humana?* Jornal Correio Braziliense de 08-09-08. p. 27.

MASSAÚ, Guilherme Camargo. Dignidade Humana e Marsilio Ficino: a perspectiva do Renascimento. In: *Revista Direitos Humanos e Democracia* Unijuí: Unijuí, ano 2, n. 3, jan./jun, 2014.

MAXIMILIANO, Carlos. *Direito das Sucessões*, volume II. 5. ed. – Rio de Janeiro: Livraria Freitas Bastos, 1964. MONTEIRO, Washington de Barros. Curso de Direito Civil, v. 6 – São Paulo: Saraiva, 1999.

MELLO, Cleyson de Moraes. *Hermenêutica e Direito*. Rio de Janeiro: Freitas Bastos, 2006.

_____. *Introdução ao Estudo do Direito*. Rio de Janeiro: Freitas Bastos, 2006.

_____. *Código Civil interpretado*. Rio de Janeiro: Freitas Bastos, 2007.

_____; FRAGA, Thelma Araújo Esteves (Orgs.). *Direitos Humanos: Coletânea de Legislação*. Rio de Janeiro: Freitas Bastos Editora. 2003.

_____. *Direito Civil: Introdução e Parte Geral*. Niterói: Impetus, 2005.

_____. *Famílias*. Rio de Janeiro: Freitas Bastos, 2017.

MELLO, Marcos Bernardes de. *Teoria do Fato Jurídico: Plano da Existência*. 13. ed. São Paulo: Saraiva, 2007.

MIRANDA, Jorge. *Manual de Direito Constitucional*. v. 4. Coimbra: Coimbra Editores, 1988.

MONTEIRO, Washington de Barros. *Curso de Direito Civil: Direito das Obrigações*. 1ª Parte. Vol. 4. 32. ed. São Paulo: Saraiva, 2003.

MORENTE, Manuel García. *Fundamentos de Filosofia: Lições Preliminares*. Tradução Guillermo de la Cruz Coronado. 8. ed. São Paulo: Mestre Jou, 1980.

MÜLLER, Friedrich. *Métodos de Trabalho do Direito Constitucional*. 3. ed. Rio de Janeiro: Renovar, 2005.

𝒩

NADER, Paulo. *Introdução ao Estudo do Direito*. 21. ed. Rio de Janeiro: Forense, 2001.

_____. NADER, Paulo. *Curso de Direito Civil*: Direito de Família. Vol. 5. Rio de Janeiro: Forense, 2016.

_____. *Curso de Direito Civil*: Direito das Sucessões. 7. ed. Vol. 6. Rio de Janeiro: Forense, 2016.

NEGREIROS, Teresa. *Teoria do Contrato* – novos paradigmas. Rio de Janeiro. Renovar. 2002.

NEVES, Castanheira. *O actual Problema Metodológico da Interpretação Jurídica* – I. Coimbra: Coimbra Editores, 2003.

NEVES, José Roberto de Castro. *Uma Introdução ao Direito Civil*. Parte geral. Rio de Janeiro: Letra Legal, 2005, p. 123-124.

NERY JÚNIOR, Nélson; ANDRADE NERY, Rosa Maria de. *Código Civil Comentado*. 4. ed. São Paulo: Revista do Tribunais, 2006.

_____. *Código Civil Comentado*. 11. ed. São Paulo: RT, 2014.

NONATO, Orosimbo. *Estudos sobre Sucessão Testamentária*, volume II. Rio de Janeiro: Revista Forense, 1957.

_____. *Estudos sobre Sucessão Testamentária*, volume III. Rio de Janeiro: Revista Forense, 1957. PEREIRA, Caio Mário da Silva. Instituições de direito civil, v. 6: Direito das Sucessões. 20. ed. – Rio de Janeiro: Forense, 2013.

NOVAIS, Jorge Reis. *Direitos Fundamentais: Trunfos contra a Maioria*. Coimbra: Coimbra Editora, 2006.

O

OLIVEIRA, J. M. Leoni Lopes de. *Introdução ao Direito*. Rio de Janeiro: Lumen Juris, 2004.

_____. *Novo Código Civil anotado*. Vol. I. Rio de Janeiro: Lúmen Júris, 2004.

_____. *Novo Código Civil anotado*. 2. ed. Vol. II. Rio de Janeiro: Lumen Juris, 2003.

OLIVEIRA, Carlos Santos de. *Da Prova dos Negócios Jurídicos*. In: TEPEDINO, Gustavo. A parte geral do novo Código Civil: estudos na perspectiva constitucional. Rio de Janeiro: Renovar, 2002.

OLIVEIRA, Euclides de. *Os 7 Pecados Capitais do Novo Direito Sucessório*. Disponível em: <http://www.mundonotarial.org/7pecados.pdf> Acesso em: 15 abril 2017.

OLIVEIRA, Manfredo Araújo de. *Reviravolta Lingüístico-Pragmática na Filosofia Contemporânea*. 2. ed. São Paulo: Loyola, 2001b. p. 232.

P

PACHECO, José da Silva. *Inventários e Partilhas*. 13. ed. Rio de Janeiro: Forense, 1999.

PECES-BARBA, Gregorio; FERNÁNDEZ, Eusebio; ASÍS, Rafael de. *Curso de Teoría del Derecho*. 2. ed. Madrid: Marcial Pons, 2000.

PEREZ LUNO, Antonio-Enrique. *Los Derechos Fundamentales*. 8. ed. Madrid: Tecnos, 2004.

PEREIRA, Caio Mário da Silva. *Instituições de Direito Civil: Teoria Geral das Obrigações*. V. II, 20. ed. Rio de Janeiro: Forense, 2003.

_____. *Instituições de Direito Civil*. 22. ed. Vol. VI: Direito das Sucessões. Rio de Janeiro: Forense, 2015

PEREIRA, Rodrigo da Cunha. *Comentários ao Novo Código Civil*. Vol. XX. Rio de Janeiro: Forense, 2007, p. 5-6.

PIERRI, Jean Carlos Cardoso; CASTRO, Isabele Soares de. *O Reconhecimento dos Efeitos Positivos da Putatividade na União Estável, em Obediência aos Princípios da Isonomia e da Dignidade da Pessoa Humana*. In: PEREIRA, Antônio Celso Alves; MELLO, Cleyson de Moraes. *Hermenêutica, Direitos Fundamentais e Dignidade da Pessoa Humana*: Primeiras Linhas. Juiz de Fora, Editar, 2011, p. 79-80.

PIOVESAN, Flávia. *Direitos Humanos e o Direito Constitucional Internacional*. 13. ed. São Paulo: Saraiva, 2012.

PONTES DE MIRANDA, Francisco Cavalcanti. *Tratado de Direito Privado*. Parte especial. Tomo XXII. 2. ed. Rio de Janeiro: Borsoi, 1958.

_____. *Tratado de Direito Privado. Parte Especial*. Tomo XXIII. 2. ed. Rio de Janeiro: Borsoi, 1958.

_____. *Tratado de Direito Privado. Parte especial*. Tomo XXIV. 2. ed. Rio de Janeiro: Borsoi, 1959.

_____. *Tratado de Direito Privado: parte especial*, Tomo LV. Rio de Janeiro: Borsoi, 1968.

_____. *Tratado de Direito Privado: parte especial*, Tomo LVII. Rio de Janeiro: Borsoi, 1969.

_____. *Tratado de Direito Privado: parte especial*, Tomo LVIII. Rio de Janeiro: Borsoi, 1969. RODRIGUES, Silvio. Direito Civil, V. 7. 23. ed. rev. – São Paulo: Saraiva, 1999.

Q

QUEIROZ, Cristina. *Direitos Fundamentais Sociais*. Coimbra: Coimbra, 2006.

QUINTANA, Mário. *Poesia Completa*. Rio de Janeiro: Nova Aguilar, 2005.

R

RÁO, Vicente. *Ato Jurídico*. 4. ed. São Paulo: Revista dos Tribunais, 1997.

_____. *O direito e a Vida dos Direitos*. 4. ed. V. 2. São Paulo: Revista dos Tribunais, 1997.

REALE, Miguel. *Filosofia do Direito*. 19. ed. São Paulo: Saraiva, 1999.

_____. *Lições Preliminares de Direito*. 27. ed. São Paulo: Saraiva, 2003.

RENNER, Rafael Henrique. *O novo Direito Contratual: a tutela do equilíbrio contratual no Código Civil*. Rio de Janeiro: Freitas Bastos, 2007.

RIBEIRO, Joaquim de Souza. *O Problema do Contrato: as cláusulas contratuais gerais e o princípio da liberdade contratual*. Coimbra: Almedina, 2003.

RODRIGUES, Ricardo Antonio. *A Pessoa Humana é Relação*. In: Thaumazein, Ano IV, número 08, Santa Maria (Dezembro de 2011).

_____. *Severino Boécio e a Invenção Filosófica da Dignidade Humana*. In: Seara Filosófica. N. 5, Verão, 2012.

S

SARLET, Ingo Wolfgang. *A Eficácia dos Direitos Fundamentais*. 3. ed. Porto Alegre: Livraria do Advogado, 2003.

_____. *O novo Código Civil e a Constituição*. 2. ed. Porto Alegre: Livraria do Advogado, 2006.

_____. *A Eficácia Dos Direitos Fundamentais: Uma Teoria Geral dos Direitos Fundamentais na Perspectiva Constitucional*. 10. ed. Porto Alegre: Livraria dos Advogados; 2011.

SARMENTO, Daniel. *Direitos Fundamentais e Relações Privadas*. 2. ed. Rio de Janeiro: Lumen Juris, 2006.

_____. *A Ponderação de Interesses na Constituição Federal*. Rio de Janeiro: Lumen Juris, 2002

SILVA, José Afonso da. *Aplicabilidade das Normas Constitucionais*. 2. ed. São Paulo: Malheiros, 1998.

_____. *A Dignidade da Pessoa Humana como Valor Supremo da Democracia*. Revista de Direito Administrativo, n. 212, 1998, p. 91.

SOUZA NETO, Cláudio Pereira de; SARMENTO, Daniel. (Orgs.) *A constitucionalização do Direito: Fundamentos Teóricos e Aplicações Específicas*. Rio de Janeiro. Lumen Juris, Renovar. 2007.

STEIN, Ernildo. *Nas Proximidades da Antropologia*: Ensaios e Conferências Filosóficas. Ijuí: Unijuí, 2003.

STOLZE, Pablo. *Novo Curso de Direito Civil. Direito das Sucessões*, 2. ed. São Paulo: Saraiva, 2015.

T

TARTUCE, Flávio. *Direito Civil: Direito de Família*. Vol. 5. 11. ed. Rio de Janeiro: Forense, 2016.

_____. TARTUCE, Flávio. 2016: *O Ano da Afetividade na Jurisprudência Superior Brasileira*. Disponível em: http://www.migalhas.com.br/FamiliaeSucessoes/104,MI250528,91041-2016+O+ano+da+afetividade+na+jurisprudencia+superior+brasileira.> Acesso em: 22 jan. 2017.

_____. *Curso de Direito Civil*. 10. ed. v. 6. São Paulo, 2017.

_____. *Direito Civil: Direito das sucessões*. 9. ed. Rio de Janeiro: GEN/Forense, 2016.

_____. *Direito Civil*, 6: *Direito das sucessões*. 3. ed. São Paulo: Gen/ Método, 2010.

TEPEDINO, Gustavo. *Direitos Humanos e Relações Jurídicas Privadas*. In: Temas de direito civil. Rio de Janeiro: Renovar: 1999.

_____. *O Código Civil, os Chamados Microssistemas e a Constituição*: premissas para uma reforma legislativa. In: TEPEDINO, Gustavo (Org.) Problemas de direito civil-constitucional. Rio de Janeiro. Renovar. 2000.

_____. *Obrigações: estudos na perspectiva civil-constitucional*. Rio de Janeiro: Renovar, 2005.

_____. *A Disciplina Civil-Constitucional das Relações Familiares*. Disponível em: < http://www.egov.ufsc.br/portal/sites/default/files/anexos/15079-15080-1-PB.pdf>. Acesso em: 15 abril 2017.

THEODORO JÚNIOR, Humberto. *Comentários ao novo Código Civil*. Vol. III. Tomo I. Rio de Janeiro: Forense, 2003, p. 41-42.

_____. *As novas Reformas do Código de Processo Civil*. Rio de Janeiro: Forense, 2006.

TORRES, Ricardo Lobo. *O Direito ao Mínimo Existencial*. Rio de Janeiro: Renovar, 2009.

℧

VARELA, João de Matos Antunes. *Das Obrigações em Geral*. Vol. I, 10. ed. Coimbra: Almedina, 2006.

VASCONCELOS, Pedro Pais de. *Teoria Geral do Direito Civil*. Coimbra: Almedina, 2005.

VATTIMO, Gianni. *O Fim da Modernidade:* Niilismo e Hermenêutica na Cultura Pós-Moderna. Tradução Maria de Fátima Boavida. Lisboa: Presença, 1987.

VAZ, Henrique Cláudio Lima. *Antropologia Filosófica II*. 4. ed. São Paulo: Loyola, 2003.

VELOSO, Zeno. *Código Civil Comentado*. In: SILVA, Regina Beatriz Tavares da (Coord.). 6. ed. São Paulo: Saraiva, 2008.

_____. *Comentários ao Código Civil*: da Sucessão Testamentária. São Paulo: Saraiva, 2003. v. XXI.

_____. *Sucessão do Cônjuge no novo Código Civil*. Revista Brasileira de Direito de Família, v. 17, 2003.

VENCELAU, Rose Melo. *Status de Filho e Direito ao Conhecimento da Origem Biológica*. In: RAMOS, Carmem Lucia Silveira; TEPEDINO, Gustavo; BARBOZA, Heloisa Helena; GEDIEL, José Antônio Peres; FACHIN, Luiz Edson; MORAES, Maria Celina Bodin de (Org.). *Diálogos sobre Direito Civil: construindo uma racionalidade contemporânea*. Rio de Janeiro: Renovar, 2002.

VESSELIZZA, Juliana de A. *França dos Anjos*. In: FONSECA PINTO, Adriano Moura da (Coord.). *Curso de direito processual civil: procedimentos especiais*. Rio de Janeiro: Freitas Bastos, 2007.

VIEIRA DE CARVALHO, Luiz Paulo. *Direito das Sucessões*. 2. ed. São Paulo: Atlas, 2015.

_____. *Direito das Sucessões*. 3. ed. São Paulo: Atlas, 2017.

_____. *Direito Civil: Questões Fundamentais e Controvérsias na Parte Geral, no Direito de Família e no Direito das Sucessões*. 4. ed. Niterói: Impetus, 2010.

Von TUHR, Andreas. *Derecho Civil: Teoría General del Derecho Civil Alemán*. Vol. I. Tradução: Tito Ravà. Buenos Aires: Depalma, 1946.

_____. *Derecho Civil: Teoría General del Derecho Civil Alemán*.

W

WARAT, Luis Alberto. *Epistemologia e Ensino do Direito:* O Sonho Acabou. Florianópolis: Fundação Boiteux, 2004b. v. 2, p. 28.

Z

ZAGREBELSKY. Gustavo. *Historia y Constitución*. Madrid: Trotta, 2005.

ÍNDICE REMISSIVO

A
Aceitação da herança *154, 155, 157, 158, 159, 161, 325*
Anulação *109, 410*

C
Codicilo *284, 285*
Colação *384, 388, 390, 395*

D
Deserdação *331*
Direito das sucessões *75, 151, 174, 194, 232, 471, 474, 481*
Direito das Sucessões *75, 77, 149, 150, 151, 156, 158, 160, 163, 170, 171, 192, 198, 217, 238, 239, 264, 308, 316, 319, 326, 328, 342, 373, 471, 472, 473, 476, 477, 478, 480, 482*
Direito sucessório *75, 76, 83, 95, 103, 132, 133, 145, 150, 160, 166, 170, 180, 181, 192, 195, 197, 198, 212, 213, 214, 215, 216, 217, 298, 472, 478*
Disposições testamentárias *294, 302*

E
Exclusão da herança *162, 168, 169, 171, 172, 393*

F
Fideicomisso *206, 207, 315, 327, 238, 329, 330*
Formal de Partilha *406*

H
Herança *29, 35, 47, 75, 76, 77, 78, 80, 81, 82, 84, 88, 89, 90, 91, 92, 93, 94, 95, 98*
Herança jacente *173, 174, 175, 178, 247*
Herdeiro aparente *185*
Herdeiros necessários *80, 81, 82, 91, 95, 134, 145, 155, 163, 173, 180, 189, 194, 218, 232, 235, 238, 245, 329, 331, 332, 333, 335, 336*

I
Inventariante *93, 118, 349, 356, 358, 359, 360, 380, 433*
Inventário *84, 85, 89, 90, 92, 94, 96, 98, 103, 104, 108, 109, 110, 111, 115, 116, 118, 119, 120, 136, 139, 148, 156, 157, 158, 159, 161, 169, 170, 174, 175, 178, 180, 181, 182, 185, 190, 198, 213, 221, 232, 246, 247, 274, 306, 317, 328, 334, 345, 346, 347, 351, 353, 354, 355, 356, 359, 360, 361, 362, 363, 364, 365, 366, 367, 368, 369, 370. 371, 372, 373, 374, 375, 376, 377, 378, 379, 380, 381, 382, 384, 385, 388, 390, 395, 396, 397, 398, 399, 400, 401, 402, 403, 404, 405, 407, 414, 423, 424, 425, 426, 433, 478*
ITCD *111, 112*

L
Legado *307, 308, 310, 311, 314, 316, 317, 318, 321, 324, 476*

P
Partilha *80, 103, 154, 322, 370, 397, 399, 400, 401, 402, 406, 410, 478*

R
Renúncia da herança *109, 154, 159, 160, 161, 241, 329, 393*
Revogação do testamento *340*
Rompimento do Testamento *82, 342*

S
Substituição Fideicomissária *327, 328*
Sucessão dos descendentes *190, 227*
Sucessão entre Cônjuges *213*
Sucessão inter vivos *75*
Sucessão legítima *80, 82, 144, 148, 149, 160, 169, 172, 189, 190, 203, 217, 218, 239, 303, 342, 384*
Sucessão legítima *87*
Sucessão mortis causa *75, 80*
Sucessão por representação *239*
Sucessão provisória *86, 87, 96, 97, 98, 100, 101*
Sucessão testamentária *80, 150, 163, 189, 281, 342, 478, 481*

T
Testamenteiro *345, 346*
Testamento *82, 153, 171, 245, 246, 263, 264, 272, 274, 275, 280, 283, 286, 287, 288, 322, 334, 339, 341, 342, 344, 346*
Testamento Aeronáutico *286*
Testamento Cerrado *275*
Testamento conjuntivo *263*
Testamento Marítimo *286*
Testamento Militar *287*
Testamento Particular *280*
Testamento Público *272*
Testamento Vital *264*

V
Vocação hereditária *80, 81, 82, 84, 95, 141, 144, 148, 150, 160, 189, 193, 195, 204, 212, 213, 214, 231, 232, 233, 302, 305, 306, 336*